Sueton | Kaiserbiographien

C. Suetonius Tranquillus
Kaiserbiographien

Caesar · Augustus · Tiberius · Caligula · Claudius · Nero · Galba · Otho · Vitellius · Vespasian · Titus · Domitian

Aus dem Lateinischen übersetzt und kommentiert
von Ursula Blank-Sangmeister, Marion Giebel,
Hans Martinet und Dietmar Schmitz

Herausgegeben und mit einem Nachwort versehen
von Ursula Blank-Sangmeister

Reclam

Lateinischer Originaltitel: *De vita Caesarum*

RECLAMS UNIVERSAL-BIBLIOTHEK Nr. 19284
2018 Philipp Reclam jun. GmbH & Co. KG,
Siemensstraße 32, 71254 Ditzingen
info@reclam.de
Gestaltung: Cornelia Feyll, Friedrich Forssman
Druck und Bindung: Elanders Waiblingen GmbH,
Anton-Schmidt-Straße 15, 71332 Waiblingen
Printed in Germany 2025

ISBN 978-3-15-019284-9
reclam.de

1. BUCH

Der göttliche Iulius

1 (1) Im Alter von 15 Jahren verlor Caesar seinen Vater.[1] Im folgenden Jahr wurde er zum Priester des Iuppiter bestimmt;[2] zuerst war er als Jugendlicher[3] mit Cossutia verlobt, die einer ritterlichen, aber ungemein wohlhabenden Familie entstammte; nachdem er diese Verbindung gelöst hatte, heiratete er Cornelia, die Tochter des viermaligen Konsuls Cinna[4]; aus dieser Ehe ging bald eine Tochter namens Iulia hervor. Von dem Diktator Sulla[5] konnte er durch nichts dazu gedrängt werden, Cornelia zu verstoßen. (2) Daher verlor er sowohl seine Priesterstelle als auch die Mitgift seiner Frau sowie seine Erbschaften und galt als Anhänger der Gegenpartei, so dass er gezwungen wurde, sich aus der großen Welt zurückzuziehen; obgleich sich sein Fieber[6] verschlimmerte, musste er fast jede Nacht einen anderen Schlupfwinkel aufsuchen und sich von seinen Verfolgern mit Geld freikaufen, bis ihm durch die Vermittlung der Vestalischen Jungfrauen und seiner Freunde und Verwandten, Aemilius Mamercus und Aurelius Cotta, Vergebung gewährt wurde. (3) Es ist genügend bekannt, dass sich Sulla, nachdem er ziemlich lange die Bitten von besonders engen Freunden und sehr angesehenen Männern abgeschlagen hatte, aufgrund ihres beharrlichen Drängens schließlich geschlagen gab und, sei es durch göttliche Eingebung oder durch irgendeine mutmaßliche Annahme, heftig ausrief: Sie sollten sich mit ihrem Willen durchsetzen und ihn behalten, wenn sie nur wüssten, dass er, dessen Unversehrtheit sie so sehr wünschten, einst für den Untergang der Adelspartei sorgen werde, die sie gemeinsam mit ihm verteidigt hätten; denn in Caesar stecke mehr als ein Marius[7].

2 Seinen ersten Kriegsdienst leistete er in Kleinasien in der Gefolgschaft[8] des Prätors Marcus Thermus[9], von dem er nach Bithynien entsandt wurde, um die Flotte einzuberufen; er verbrachte eine längere Mußezeit bei König Nikomedes, wobei das Gerücht aufkam, er habe sexuelle Beziehungen zu ihm aufgenommen. Dieses Gerücht erhielt dadurch neue Nahrung, dass er innerhalb weniger Tage ein zweites Mal Bithynien aufsuchte, und zwar unter dem Vorwand, für einen seiner Klienten, einen Freigelassenen, eine Geldschuld[10] einzufordern. In der restlichen Dienstzeit genoss er einen besseren Ruf, und es wurde ihm von Thermus bei der Eroberung von Mytilene die Bürgerkrone[11] verliehen.

3 Caesar hat auch unter Servilius Isauricus in Kilikien gedient, aber nur kurze Zeit. Denn nach dem Bekanntwerden von Sullas Tod kehrte er schnell nach Rom zurück, auch in der Hoffnung auf neue Unruhen, die von Marcus Lepidus geschürt wurden. Freilich verzichtete er auf ein Bündnis mit Lepidus, obwohl dieser ihn durch beträchtliche Angebote zu verlocken suchte, weil er zu dessen Fähigkeiten und den politischen Umständen kein Vertrauen hatte, die er ungünstiger vorfand, als er erwartet hatte.

4 (1) Übrigens belangte er nach Beilegung dieser offen ausgetragenen Parteikämpfe den ehemaligen Konsul Cornelius Dolabella, einen Mann, der einen Triumph gehalten hatte, gerichtlich wegen Erpressung; nach dessen Freispruch beschloss er, sich nach Rhodos zurückzuziehen, sowohl um der üblen Stimmung zu entgehen als auch um in Ruhe und Muße bei Apollonios Molon[12], dem zu dieser Zeit angesehensten Lehrer der Beredsamkeit, zu studieren. Nach Rhodos fuhr er bereits zur Winterszeit und wurde dabei in der Nähe der Insel Pharmakussa von Seeräubern aufgegriffen; bei ihnen musste er, in höchstem Grade entrüstet, an die 40 Tage ausharren, lediglich in Begleitung eines einzigen Arztes und zweier Kammerdiener. (2) Denn seine übrigen Begleiter und Sklaven hatte er gleich am Anfang ausgesandt, um das verlangte Lösegeld aufzutreiben. Nach Zahlung von 50 Talenten wurde er umgehend an der Küste freigelassen, machte sich sofort daran, eine Flotte zusammenzustellen und die Verfolgung der Fliehenden aufzunehmen, und ließ sie, nachdem er sie in seine Gewalt gebracht hatte, hinrichten, wie er es ihnen oft im Scherz angedroht hatte. Mithridates zerstörte zur selben Zeit die seinem Reich benachbarten Gebiete,[13] und deshalb begab sich Caesar sogleich von Rhodos, wohin er geeilt war, nach Kleinasien[14], um nicht als untätig zu erscheinen, wo doch die Bundesgenossen in Gefahr waren; er konzentrierte Hilfstruppen, vertrieb den Befehlshaber des Königs aus der Provinz und brachte die bereits schwankend und unsicher gewordenen Städte dazu, den Römern weiterhin die Treue zu halten.

5 Im Amt des Militärtribuns, das ihm als Erstes nach seiner Rückkehr nach Rom durch Volksabstimmung zufiel, unterstützte er nach besten Kräften die Befürworter einer Wiederherstellung der tribunizischen Machtbefugnis, die Sulla geschmälert hatte. Auch erwirkte er für seinen Schwager L. Cinna[15] und diejenigen, die mit ihm im Bürgerkrieg Anhänger des Lepidus gewesen waren und nach dem Tod des Konsuls zu Sertorius geflüchtet waren, auf Gesetzesvorschlag des Plotius[16] die Rückkehr nach Rom und hielt selbst im Zusammenhang mit dieser Angelegenheit eine Rede in der Volksversammlung.

6 (1) Als er Quästor[17] war, hielt er nach alter Sitte auf dem Forum eine Leichenrede auf seine Tante Iulia und auf seine Gattin Cornelia. In der Rede auf seine Tante berichtete er über deren und seines Vaters Abstammung Folgendes:

»Die Familie meiner Tante Iulia stammt mütterlicherseits von Königen, väterlicherseits von den unsterblichen Göttern ab. Denn von Ancus Marcius nehmen die Nachfahren des Marcius Rex ihren Ursprung, einen Namen, den ihre Mutter trug, von Venus[18] aber die Iulier, zu deren Geschlecht unsere Familie gehört. Demnach verbindet sich in ihrer Abstammung sowohl die Ehrwürdigkeit der Könige, die unter den Menschen den größten Einfluss haben, als auch die Heiligkeit der Götter, unter deren Herrschaft selbst die Könige stehen.«

(2) An Stelle Cornelias aber heiratete er Pompeia, die Tochter des Quintus Pompeius und Enkelin des L. Sulla. Später ließ er sich von ihr wieder scheiden, weil er die Vermutung hatte, sie habe Ehebruch begangen mit Publius Clodius, der während öffentlicher Feierlichkeiten in Frauenkleidung zu ihr ins Gemach vorgedrungen sein soll;[19] und das Gerücht hielt sich so hartnäckig, dass der Senat eine Untersuchung wegen Entehrung der gottesdienstlichen Zeremonie anordnete.

7 (1) Als Quästor fiel ihm Südspanien zu. Weil er dort auf Weisung des Prätors an verschiedenen Orten Gerichtstage abhielt und auch nach Gades gekommen war, seufzte er beim Anblick des Bildnisses von Alexander dem Großen in der Nähe des Herkules-Tempels laut auf und empfand gewissermaßen Ekel über seinen eigenen Mangel an Tatkraft, weil er in einem Alter, in welchem Alexander bereits den Erdkreis bezwungen hatte, noch nichts Denkwürdiges vollbracht hatte; er forderte unverzüglich seine Entlassung, um möglichst bald in Rom Gelegenheiten zu bedeutenderen Taten zu erhalten. (2) Auch war er durch einen Traum in der vorangegangenen Nacht aus der Fassung gebracht worden – denn es war ihm im Schlaf so vorgekommen, als habe er seine Mutter vergewaltigt; Traumdeuter weckten in ihm überaus weitreichende Hoffnungen, indem sie erklärten, dies bedeute die unbeschränkte Macht über den Erdkreis, weil die Mutter, die er im Traum überwältigt habe, nichts anderes sei als die Erde, die doch als die Mutter aller Menschen gelte.

8 Daher verließ er die Provinz vorzeitig und begab sich in die mit dem latinischen Bürgerrecht ausgestatteten Kolonien, die sich um das römische Bürgerrecht bemühten,[20] und er hätte sie auch aufgewiegelt, sich mutig auf Kampfhandlungen einzulassen, wenn nicht die Konsuln die für Kilikien ausgehobenen Legionen gerade wegen dieser Gefahr eine kurze Zeit zurückgehalten hätten.

9 (1) Dessen ungeachtet arbeitete er in Rom bald auf bedeutendere Unternehmungen hin. Er geriet nämlich wenige Tage, bevor er sein Amt als Ädil antrat, in den Verdacht, sich mit dem Konsular Marcus Crassus, ebenso mit Publius Sulla[21] und Lucius Autronius, die nach ihrer Ernennung zum Konsul wegen Wahlbestechung verurteilt worden waren, verschworen zu haben, um zu Beginn des Jahres den Senat tätlich anzugreifen und diejenigen, die zuvor bestimmt worden seien, niederzumetzeln; Crassus sollte dann gewaltsam die Diktatur[22] errichten, er selbst zu seinem Stellvertreter ernannt werden, und nach einer in ihrem Sinne erfolgten Umstrukturierung der Verfassung sollten Sulla und Autronius wieder ihr Konsulat erhalten. (2) An diese Verschwörung erinnert Tanusius Geminus in seinem Geschichtswerk[23], Marcus Bibulus[24] in seinen Verordnungen und Gaius Curio der Ältere in seinen Reden[25]. Darauf scheint auch Cicero in einem Brief an Axius hinzuweisen, wenn er berichtet, Caesar habe während seines Konsulats die Königsherrschaft gestärkt, über die er als Ädil bereits nachgedacht habe. Tanusius fügt hinzu, Crassus habe entweder aus Reue oder aus Furcht den für den Mord festgesetzten Tag nicht eingehalten, und daher habe auch Caesar das Zeichen, das sie verabredet hatten, nicht geben können. Wie Curio berichtet, hatte man vereinbart, dass Caesar seine Toga von der Schulter herabfallen lassen solle. (3) Derselbe Curio, aber auch Marcus Actorius Naso verbürgen sich dafür, dass Caesar sich ebenfalls mit dem jungen Gnaeus Piso verschworen habe; ihm sei wegen des Verdachts, er wolle in Rom eine Verschwörung anzetteln, wider alle Ordnung die Provinz Spanien gegeben worden.

Man sei übereingekommen, dass sich beide zugleich, Piso außerhalb von Rom, Caesar in Rom, gegen den Staat erheben sollten, und zwar mit Hilfe der Ambraner und Transpadaner[26]. Gescheitert sei der Plan der beiden nur wegen Pisos Tod.

10 (1) Als Ädil schmückte er außer dem Comitium, dem Forum und den Basiliken[27] auch das Kapitol mit Säulenhallen, die nur für kurze Zeit errichtet wurden und in denen – angesichts der vorhandenen Überfülle – nur ein Teil der Gerätschaften[28] ausgestellt werden sollte. Tierhetzen und Spiele veranstaltete er aber entweder mit einem Amtskollegen oder unter eigener Regie, was dazu führte, dass er allein den Dank erntete, selbst wenn sie die Unkosten gemeinsam bezahlt hatten; seinem Kollegen Marcus Bibulus blieb dies nicht verborgen, so dass er sich folgendermaßen äußern konnte: Ihm werde dasselbe Los zuteil wie Pollux; wie nämlich der für die Zwillingsbrüder auf dem Forum erbaute Tempel stets nur Kastor-Tempel heiße, so spreche man von seiner und Caesars Freigebigkeit immer von der des Caesar allein. (2) Obendrein veranstaltete Caesar noch ein festliches Gladiatorenspiel, jedoch mit deutlich weniger Fechterpaaren, als er vorgesehen hatte; denn da er mit seiner von überall her gekauften Truppe seine Feinde eingeschüchtert hatte, wurde die Höchstzahl der Gladiatoren gesetzlich festgelegt und verfügt, dass in Rom niemand mehr Gladiatoren aufbieten dürfe.

11 Nachdem er sich die Volksgunst verschafft hatte, versuchte er durch die Beteiligung einiger Tribunen zu erreichen, dass ihm auf der Grundlage eines Volksbeschlusses die Provinz Ägypten[29] übertragen werde; ihm bot sich nämlich die Gelegenheit für einen außerordentlichen Oberbefehl, weil die Einwohner von Alexandria ihren König, der vom Senat als »Bundesgenosse und Freund«[30] tituliert worden war, verjagt hatten,[31] eine Maßnahme, die allgemein getadelt wurde. Aber er vermochte sich mit seinem Vorhaben nicht durchzusetzen, weil sich die Partei der Optimaten dem widersetzte. Um andererseits deren Ansehen mit den ihm zur Verfügung stehenden Mitteln herabzusetzen, ließ er die Siegeszeichen des Gaius Marius, die dieser wegen seiner Siege über Iugurtha und über die Kimbern und Teutonen hatte aufstellen lassen und die von Sulla einst zerstört worden waren, wieder aufrichten. Des Weiteren rechnete er bei einer Untersuchung wegen Meuchelmords auch diejenigen zu den Mördern, die zur Zeit der Proskriptionen, da sie die Köpfe römischer Bürger abgeliefert hatten, Gelder aus der Staatskasse bekommen hatten, obwohl sie durch Sullas Gesetze von Strafe ausgenommen waren.

12 Insgeheim stiftete er auch jemanden an, Gaius Rabirius[32] wegen Hochverrats vor Gericht zu bringen; insbesondere mit seiner Hilfe hatte der Senat einige Jahre[33] zuvor den Tribunen Lucius Saturninus, der in seiner Amtszeit mehrfach für Aufruhr gesorgt hatte, in seine Schranken gewiesen. Caesar wurde durch das Los als Richter über den Angeklagten eingesetzt und betrieb so engagiert seine Verurteilung, dass ihm bei der Berufung an das Volk[34] nichts mehr nützte als die rücksichtslose Strenge des Richters.

13 Nachdem er sich gezwungen gesehen hatte, die Hoffnung auf eine Provinz[35] aufzugeben, begehrte er die Würde des Oberpriesters[36], nicht ohne höchst kostspielige Bestechungen. Beim Nachdenken über seine immensen Schulden soll er an dem Morgen, als er zu der Wahl gehen wollte, seiner Mutter beim Abschiedskuss vorhergesagt haben, er werde nur als Oberpriester nach Hause zurückkehren. Und so war er denn auch seinen beiden Mitbewerbern, sehr mächtigen Männern, die ihn sowohl an Alter als auch an Würde bei Weitem übertrafen, bei den Wahlen derart überlegen, dass er sogar in ihren eigenen Wahlkreisen mehr Stimmen bekam als beide in allen zusammen.

14 (1) Nach Caesars Wahl zum Prätor[37] wurde die Verschwörung des Catilina aufgedeckt; obgleich der gesamte Senat für die Todesstrafe gegen die Mittäter stimmte,[38] beantragte er als Einziger, dass man sie auf einzelne Landstädte verteilen und in Haft halten und zudem ihr Vermögen konfiszieren müsse. Ja, er jagte den Senatoren, die härtere Maßnahmen empfohlen hatten, durch den wiederholten Hinweis auf den großen Hass, den sie zukünftig beim römischen Volk zu erwarten hätten, eine solche Angst ein, dass sich der designierte Konsul Decimus Silanus[39] nicht schämte, sein bereits abgegebenes Votum durch folgende Auslegung abzuschwächen – weil es als schändlich gegolten hätte, es zu ändern –: Es sei schärfer aufgefasst worden, als er es selbst gemeint habe. (2) Caesar hätte seinen Willen durchgesetzt, hatte er doch schon mehrere Senatoren auf seine Seite gebracht, unter ihnen auch den Bruder Ciceros, des amtierenden Konsuls, wenn nicht Marcus Cato[40] durch seine Rede dem bereits schwankend gewordenen Senat Mut zugesprochen hätte. Aber nicht einmal in dieser Situation ließ Caesar davon ab, den Fortgang der Verhandlung zu behindern, bis eine Schar römischer Ritter, die bewaffnet als Schutzwache die Versammlung stehend umgab, ihn, der immer zügelloser auf seinem Widerspruch beharrte, mit dem Tod bedrohte; sogar mit gezückten Schwertern bedrohten sie ihn, so dass sich die in seiner Nähe Sitzenden von ihm entfernten und nur wenige ihn mit ihrem Körper und durch Vorhalten der Toga schützten. Ganz und gar eingeschüchtert gab er damals nicht nur nach, sondern blieb auch den Senatssitzungen für den Rest des Jahres fern.

15 Am ersten Tag seiner Prätur[41] rief er Quintus Catulus[42] zur Rechenschaft über den Wiederaufbau des Kapitols[43] vor das Volk, nachdem er einen Gesetzesvorschlag zur allgemeinen Kenntnis gebracht hatte, aufgrund dessen er die Leitung darüber auf einen anderen zu übertragen gedachte. Der einmütigen Haltung der Optimaten fühlte er sich nicht gewachsen;

als er allerdings bemerkte, dass diese sogleich das Geleit, das sie den neuen Konsuln gaben,[44] abbrachen und zum Widerstand fest entschlossen in großer Zahl zusammenliefen, zog er diesen Gesetzesvorschlag zurück.[45]

16 (1) Im Übrigen erwies er sich als überaus energischer Förderer und Vorkämpfer des Volkstribunen Caecilius Metellus[46], als dieser in höchstem Maße revolutionäre Gesetze gegen das Veto seiner Kollegen einbrachte, bis beide aufgrund eines Senatsbeschlusses[47] aus der Staatsverwaltung entlassen wurden. Und trotzdem unternahm er das Wagnis, im Amt zu bleiben und Recht zu sprechen; sobald er aber erfahren hatte, dass Leute angeworben worden seien, die ihn durch Waffengewalt daran hindern sollten, entließ er seine Liktoren[48], legte sein Amtskleid ab und flüchtete heimlich nach Hause, um sich angesichts der besonderen Situation ruhig zu verhalten. (2) Er beruhigte auch die Menge, die sich zwei Tage später ganz und gar aus eigenem Antrieb vor seinem Haus einfand und ihm recht geräuschvoll versprach, ihn bei der Wiedereinsetzung in sein Amt tatkräftig zu unterstützen. Weil dies wider Erwarten geschehen war, trat der Senat gerade wegen dieser Zusammenrottung eilends zusammen, sagte durch seine angesehensten Mitglieder Caesar Dank und ließ ihn ins Rathaus kommen; der Senat setzte ihn mit erlauchten Lobesworten wieder in sein Amt ein, nachdem der frühere Beschluss für ungültig erklärt worden war.

17 (1) Er geriet wiederum in eine neue gefährliche Situation, weil ihm vorgeworfen wurde, er gehöre zu den Genossen des Catilina, und zwar einerseits beim Untersuchungsrichter Novius Niger[49] von dem Denunzianten Lucius Vettius[50], andererseits im Senat von Quintus Curius[51], welchem im Namen des Staates Belohnungen zuerkannt worden waren, da er als Erster die Pläne der Verschwörer aufgedeckt hatte. Curius behauptete, er habe es von Catilina erfahren, Vettius versprach sogar, einen eigenhändig geschriebenen Brief Caesars an Catilina vorzulegen. (2) Weil Caesar dies für unerträglich hielt, erbat er Ciceros Zeugnis und belegte damit, dass er ihm gewisse Informationen bezüglich der Verschwörung freiwillig überbracht hatte; auf diese Weise setzte er durch, dass dem Curius die Belohnungen nicht bezahlt wurden. Vettius, der durch Pfändung und Verschleuderung seines Hausrats hart mitgenommen und in einer Versammlung vor der Rednertribüne beinahe in Stücke gerissen worden wäre, ließ er ins Gefängnis werfen. Dasselbe Schicksal erlitt der Untersuchungsrichter Novius, weil er es zugelassen hatte, dass ein höherstehender Amtsinhaber vor sein Gericht zitiert wurde.

18 (1) Als unmittelbar nach seiner Prätur Caesar durch das Los das südliche Spanien (als Provinz) bestimmt wurde, entzog er sich den Gläubigern, die ihn nicht abreisen lassen wollten, durch den Beistand von Bürgen und brach gegen Sitte und Recht auf, noch bevor der Senat ihm für die Verwaltung der Provinz alles Erforderliche angewiesen hatte. Es ist unsicher, ob er dies aus Furcht vor einem Prozess tat, der gegen ihn als Privatmann[52] geplant war, oder weil er den Bundesgenossen möglichst rasch zur Hilfe kommen wollte, die sich in ihrer Not an ihn wandten. Er stellte den Frieden in der Provinz wieder her und verließ sie in gleicher Eile, ohne einen Nachfolger abzuwarten,[53] um seinen Triumph zu feiern und sich zugleich um das Konsulat zu bewerben.[54] (2) Aber der Termin für die Abhaltung der Komitien[55] war bereits anberaumt, und er konnte nur für den Fall berücksichtigt werden, dass er als Privatmann die Stadt betrat;[56] daher sah er sich gezwungen, als sich viele seiner Bitte widersetzten,[57] von den gesetzlichen Regelungen befreit zu werden, auf den Triumph zu verzichten, um nicht von der Bewerbung um das Konsulat ausgeschlossen zu werden.

19 (1) Von seinen beiden Mitbewerbern um das Konsulat, Lucius Lucceius[58] und Marcus Bibulus[59], zog er Lucceius auf seine

Seite; sie verständigten sich darauf, dass dieser in ihrer beider Namen in den einzelnen Zenturien Geldversprechungen machen sollte, weil Lucceius zwar geringeres Ansehen genoss, dafür aber über sehr viel Geld verfügte. Als die Optimaten von diesem Plan erfahren hatten, wurden sie von der Furcht befallen, Caesar werde vor nichts mehr zurückschrecken, wenn er einmal das höchste Amt bekleidete, zumal an der Seite eines mit ihm harmonierenden und gleichgesinnten Kollegen; sie rieten Bibulus, ebensoviel Geld zu versprechen, und die meisten stellten Geldbeträge zur Verfügung, ja nicht einmal Cato bestritt, dass eine solche Art von Spenden im Interesse des Gemeinwesens geschehe.

(2) So wurde Caesar mit Bibulus zum Konsul gewählt. Aus dem gerade erläuterten Grund waren die Optimaten darum bemüht, dass den zukünftigen Konsuln nur Amtsgeschäfte von sehr geringer Bedeutung übertragen wurden, das heißt die Aufsicht über Wälder und Gebirgstriften[60]. Insbesondere durch diese Kränkung angestachelt, schloss er sich mit allen möglichen Gefälligkeiten Pompeius[61] an, der sich durch die Senatoren verletzt fühlte, weil diese die von ihm erlassenen Verfügungen nach seinem Sieg über König Mithridates nur recht zögerlich bestätigten.[62] Caesar versöhnte auch Pompeius mit dessen altem Feind Marcus Crassus; die Feindschaft zwischen ihnen war in der Zeit ihres Konsulats entstanden, das beide gemeinsam in größter Zwietracht verwaltet hatten.[63] Caesar schloss mit beiden ein Bündnis des Inhalts, dass nichts im Gemeinwesen geschehen solle, was einem der drei missfalle.[64]

20 (1) Nach Amtsantritt richtete er als erste von allen Verfügungen ein, dass die täglichen Verhandlungen sowohl des Senats als auch des Volkes schriftlich protokolliert und veröffentlicht werden sollten.[65] Auch stellte er die alte Sitte wieder her, dass in dem Monat, in welchem er nicht die Amtsgeschäfte führte, ein persönlicher Diener vor ihm hergehen und die Liktoren ihm folgen sollten.[66] Nach der öffentlichen Verkündigung des Agrargesetzes[67] vertrieb er seinen Kollegen, der Einspruch einlegte,[68] mit Waffengewalt vom Forum; als sich Bibulus am folgenden Tag im Senat darüber beklagte, aber niemanden fand, der es gewagt hätte, bezüglich eines derart empörenden Benehmens einen Antrag zu stellen oder auch nur seine Ansicht darüber zu äußern, obgleich bei geringeren Streitereien oft amtliche Verordnungen erlassen worden waren, geriet er in eine solche Verzweiflung, dass er sich bis zu seinem Rücktritt vom Amt in seinem Haus versteckt hielt und lediglich durch Edikte seine Einwände erhob.

(2) Seit diesem Zeitpunkt regelte Caesar alle staatlichen Maßnahmen allein und nach freiem Ermessen, so dass einige geistreiche Leute, wenn sie etwas zur Beurkundung unterzeichnen sollten, scherzhaft schrieben, es sei im Konsulatsjahr von Iulius und Caesar anstatt im Konsulatsjahr von Caesar und Bibulus geschehen; demnach setzten sie zweimal dieselbe Person ein, und zwar mit Gentilnamen und Beinamen[69]; und so verbreiteten sich im Volk bald darauf folgende Verse:

Nicht unter Bibulus geschah neulich etwas, sondern unter
Caesar;
denn ich erinnere mich nicht, dass unter dem Konsul
Bibulus etwas geschehen ist.

(3) Das Stellatische Land, das die Vorfahren feierlich zum Staatseigentum erklärt hatten, und das Gebiet von Kampanien, das der Staat als Steuereinnahme für Notfälle hatte brachliegen lassen, verteilte er ohne zu losen auf 20 000 Bürger, die drei oder mehr Kinder besaßen. Den Generalpächtern der römischen Staatseinkünfte[70], die einen Nachlass erbaten, erließ er ein Drittel ihres Pachtgeldes, ermahnte sie aber öffentlich, bei der Verpachtung neuer Abgaben nicht maßlos hoch zu ge-

hen. Ebenso verschenkte er alles reichlich an jeden, der etwas von ihm erbat, wobei ihm niemand widersprach, und wenn es jemand versuchte, so wurde er davon abgeschreckt. (4) Er ließ Marcus Cato, der Einwände erhob, durch einen Liktor[71] aus der Kurie schaffen und ins Gefängnis abführen.[72] Lucius Lucullus, der sich ihm allzu offen widersetzte, jagte er eine solche Furcht vor einer Verleumdungsklage ein, dass er ihm freiwillig zu Füßen fiel. Als Cicero in einem Prozess die derzeitigen traurigen Zeiten beklagte, gestattete er es dem Todfeind Ciceros, Publius Clodius, noch am selben Tag zur neunten Stunde [gerechnet ab Sonnenaufgang] von dem Patrizier- in den Plebejerstand überzuwechseln, worum sich dieser schon lange vergeblich bemüht hatte.[73] (5) Schließlich ging er gegen sämtliche politische Gegner vor, indem er den Denunzianten Vettius mit Bestechungen zum Geständnis bewegte, er sei von einigen Leuten aufgefordert worden, Pompeius zu töten; Vettius sollte auch vor die Rednertribüne zitiert werden und die Urheber des Plans entsprechend der Verabredung mit Namen bezeichnen. Aber als der eine oder andere Name ohne Erfolg genannt wurde und ein Betrugsverdacht aufkam, ließ Caesar die Hoffnung auf ein Gelingen des voreiligen Planes fahren und soll den Denunzianten durch Gift umgebracht haben.[74]

21 Um diese Zeit heiratete Caesar Calpurnia, die Tochter des Lucius Piso, der ihm im Konsulat folgen sollte, und verheiratete seine Tochter Iulia mit Gnaeus Pompeius, nachdem er ihre Verlobung mit dem früheren Bräutigam Servilius Caepio, mit dessen Hilfe er vor allem kurz zuvor den Bibulus bekämpft hatte, annuliert hatte.[75] Nach dieser neuen verwandtschaftlichen Beziehung begann er Pompeius zuerst um seine Stellungnahme zu bitten, obwohl er sonst gewöhnlich bei Crassus anfing und es üblich war, dass der Konsul die Reihenfolge der Befragung, die er am 1. Januar festgelegt hatte, das ganze Jahr über beibehielt[76].

22 (1) Mit Unterstützung seines Schwiegervaters und Schwiegersohnes [Piso und Pompeius] wählte er sich aus der gesamten Zahl der Provinzen vor allem Gallien aus, ein Land, das durch seinen Reichtum und seine günstige Lage eine geeignete Voraussetzung für das Feiern von Triumphen bot. Anfangs erhielt er nur Gallia Cisalpina gemeinsam mit dem Illyricum, und zwar auf Antrag des Vatinius, bald darauf aber auch durch Senatsbeschluss Gallia Comata[77]; denn die Senatoren befürchteten, dass das Volk ihm auch diese Provinz zusprechen könne, wenn sie selbst ihm diese verweigerten. (2) Außer sich vor Freude konnte er der Versuchung nicht widerstehen, sich wenige Tage später vor der fast vollzähligen Ratsversammlung zu brüsten: Gegen den Willen und unter Seufzen seiner Gegner habe er erreicht, was er sich gewünscht habe; daher könne er von nun an allen auf den Köpfen herumtanzen. Als aber jemand den Einwand erhob, um ihn zu beleidigen, dies sei für eine Frau[78] nicht leicht, antwortete er, wie wenn er darauf zum Spaß einginge, auch in Syrien [d. h. das antike Assyrien] habe eine Semiramis[79] geherrscht, und einen großen Teil Kleinasiens hätten einst die Amazonen innegehabt.

23 (1) Als nach Beendigung seines Konsulats die Prätoren Gaius Memmius und Lucius Domitius Berichte über die Amtshandlungen des vergangenen Jahres vorlegten, übertrug Caesar dem Senat die Untersuchung. Da aber jener diese Aufgabe nicht übernahm und bereits drei Tage in erfolglosen Wortwechseln verstrichen waren, reiste Caesar in seine Provinz ab. Sofort danach wurde sein Quästor[80] wegen einiger Vorwürfe zu einer Vorentscheidung vor Gericht geladen.[81] Bald darauf wurde Caesar selbst von dem Volkstribunen Lucius Antistius angeklagt; und nur dadurch, dass er schließlich das gesamte Kollegium (der Tribunen) um Hilfe anrief, setzte er durch, dass er nicht angeklagt werden durfte, da er ja im Interesse des Gemeinwesens abwesend war. (2) Um sich also für die

Zukunft abzusichern, hielt er es für seine Hauptaufgabe, sich die Amtsträger eines jeden Jahres zu verpflichten und von den Bewerbern lediglich solche zu unterstützen oder zu einem Amt gelangen zu lassen, die die Absicht bekundet hatten, in seiner Abwesenheit seine Interessen zu vertreten. Er hatte auch keine Skrupel, zur Bestätigung dieser Übereinkunft eine eidesstattliche Erklärung und sogar eine schriftliche Verpflichtung einzufordern.

24 (1) Als sich aber Lucius Domitius um das Konsulat bewarb und öffentlich damit drohte, er werde als Konsul durchsetzen, was er als Prätor nicht habe erreichen können, und Caesar seine Truppen wegnehmen, drängte dieser Crassus und Pompeius dazu, nach Luca[82] zu kommen, einer Stadt seiner Provinz, und bewegte sie, sich erneut[83] um das Konsulat zu bewerben, um Domitius der Aussicht auf das Amt zu berauben; er erreichte auch, dass ihm aufgrund der Unterstützung der beiden sein Kommando um fünf Jahre verlängert wurde. (2) Im Vertrauen darauf fügte er den Legionen[84], die er vom Staat erhalten hatte, noch andere auf eigene Kosten hinzu; eine hob er sogar mit Bewohnern aus der Provinz Transalpina aus, wobei er ihr auch einen gallischen Namen gab, nämlich Alauda[85]. Allen Soldaten dieser Legion, die ganz und gar nach römischem Muster ausgebildet und bewaffnet war, schenkte er später das römische Bürgerrecht. (3) Seit dieser Zeit ließ er keine Gelegenheit zu einem Krieg aus, nicht einmal wenn es sich um einen ungerechten[86] und gefährlichen handelte; aus freien Stücken griff er sowohl verbündete als auch feindliche und wilde Stämme an, so dass der Senat einmal den Beschluss fasste,[87] Gesandte zu schicken, die die Lage in Gallien prüfen sollten; einige Senatoren traten sogar für eine Auslieferung Caesars an die Feinde ein.[88] Aber weil alle seine Aktionen günstig ausgingen, erhielt er häufigere und längere Dankfeste als jemals irgendjemand zuvor.[89]

25 (1) Er hat in den neun Jahren seines Kommandos[90] ungefähr Folgendes vollbracht:

Ganz Gallien, ein Gebiet, das von den Pyrenäen, den Alpen, den Cevennen und von Rhein und Rhône umschlossen wird und das einen Umfang von annähernd 3200 Meilen hat, hat er mit Ausnahme einiger verbündeter und um Rom verdienter Städte zu einer Provinz gemacht und hat ihr die Zahlung von jährlich 40 Millionen Sesterzen auferlegt. (2) Die Germanen, die jenseits des Rheins wohnten, griff er an und brachte ihnen besonders schwere Niederlagen bei, nachdem er als erster Römer eine Brücke über den Rhein errichtet hatte.[91] Er griff auch die vorher noch unbekannten Britannier an, besiegte sie und verlangte von ihnen Geld und Geiseln.[92] Bei so vielen erfolgreichen Unternehmungen erlitt er lediglich dreimal ein Missgeschick: In Britannien verlor er wegen eines gewaltigen Sturmes beinahe seine ganze Flotte,[93] in Gallien wurde bei Gergovia[94] eine Legion niedergeworfen, und auf germanischem Gebiet[95] gerieten die Legaten Titurius und Aurunculeius in einen Hinterhalt und wurden getötet.

26 (1) Zur selben Zeit verlor er zunächst seine Mutter[96], dann seine Tochter und kurz darauf sein Enkelkind[97]. Inzwischen herrschte wegen der Ermordung des Publius Clodius[98] im Gemeinwesen Unruhe; daher hatte der Senat beschlossen, es solle lediglich ein einziger Konsul, und zwar Pompeius, gewählt werden; Caesar verhandelte demzufolge mit den Volkstribunen,[99] die ihn zum Amtskollegen des Pompeius ausersehen hatten, sie möchten lieber beim Volk folgenden Antrag stellen: Es solle ihm trotz seiner Abwesenheit von Rom, da sich ja die Zeit seines Oberbefehls dem Ende zuneige, die Bewerbung um sein zweites Konsulat gestattet werden, damit er nicht aus diesem Grund zu früh das Feld räumen müsse, obwohl er den Krieg bis dahin noch nicht beendet hätte. (2) Sobald er dieses Ziel erreicht hatte, dachte er über höhere nach und ließ, da er überhaupt voller Hoffnung war, keine Gelegenheit zu Spenden oder Gefälligkeiten öffentlicher oder privater Art gegenüber möglichst vielen Personen aus. Vom Erlös seines Beuteanteils begann er den Bau eines neuen Forums[100], dessen Grundstück allein über 100 Millionen Sesterzen verschlang. Ein Gladiatorenspiel und ein Festessen versprach er dem Volk zur Erinnerung an seine Tochter, was vor ihm noch niemand getan hatte.[101] Um eine möglichst große Spannung darauf zu erzielen, ließ er die für das Festessen benötigten Speisen auch in Privathäusern zubereiten, obgleich er mit der Lieferung Fleischwarenhändler beauftragt hatte. (3) Bekannte Gladiatoren hat er, sobald sie auf Wunsch des Publikums einen gefährlichen Kampf austragen sollten[102], mit Gewalt aus der Arena abführen und für sich aufsparen lassen. Neulinge ließ er weder in einer Fechtschule noch durch Fechtlehrer ausbilden, sondern in Privathäusern von römischen Rittern, ja sogar von im Umgang mit Waffen erfahrenen Senatoren, die er – was aus seinen Briefen hervorgeht – dringend bat, die Unterweisung jedes Einzelnen zu übernehmen und persönlich bei ihren Fechtübungen die Kommandos zu erteilen. Den Legionen verdoppelte er den Sold für alle Zeiten. Getreide verteilte er, sooft in genügendem Maße davon vorhanden war, auch ohne Rücksicht auf ein bestimmtes Limit; manchmal gab er aus der Beute jedem Mann einen Sklaven.

27 (1) Zur Erhaltung der verwandtschaftlichen und freundschaftlichen Verbindungen zu Pompeius bot er ihm Octavia, die Enkelin seiner Schwester, die mit Gaius Marcellus verheiratet war,[103] als Frau an und bewarb sich um die Tochter des Pompeius, die für Faustus Sulla vorgesehen war. Er verpflichtete sich die gesamte Umgebung des Pompeius und auch einen großen Teil des Senats durch zinslose Kredite oder durch Darlehen zu äußerst günstigen Konditionen und beschenkte Personen aus allen Ständen, die er entweder eingeladen hatte[104] oder die ihn von sich aus aufgesucht hatten, überaus reichlich; darüber hinaus auch deren Freigelassene und Sklaven, je nachdem, wie sehr sie von ihren Herren und Patronen geschätzt wurden. (2) Zum damaligen Zeitpunkt war Caesar der einzige und bereitwilligste Rückhalt für Angeklagte, Schuldner und verschwenderische junge Leute, außer wenn ein zu großes Maß an Verbrechen, Schulden und Verschwendungssucht sie bedrängte, als dass er ihnen hätte beistehen können. Solchen Leuten sagte er gewöhnlich ganz offen, für sie sei ein Bürgerkrieg zweckmäßig.[105]

28 (1) Mit nicht geringerem Eifer versuchte er, Könige und Provinzen auf dem gesamten Erdkreis für sich zu gewinnen, indem er den einen Tausende von Kriegsgefangenen zum Geschenk anbot, anderen ohne Vollmacht des Senats und des Volkes Hilfstruppen schickte, wohin und so oft sie nur wollten. Überdies verschönerte er die mächtigsten Städte Italiens, Galliens, Spaniens sowie Kleinasiens und Griechenlands mit prächtigen Bauwerken. (2) Alle waren darüber bereits bestürzt und machten sich Gedanken darum, auf welches Ziel dies gerichtet sei, bis endlich der Konsul Marcus Claudius Marcellus in einem Edikt öffentlich erklärte, er werde für das höchste Wohl des Staates Maßnahmen einleiten, und an den Senat den Antrag stellte, einerseits solle für Caesar vorzeitig ein Nachfolger bestimmt werden, weil der Krieg beendet, der Friede wiederhergestellt sei und das siegreiche Heer entlassen werden müsse; andererseits solle bei den Konsulwahlen[106] keine Rücksicht auf Caesar genommen werden, auch wenn er abwesend sei, da Pompeius das entsprechende Gesetz später ja nicht mittels eines Volksbeschlusses abgeändert habe. (3) Es hatte sich nämlich zugetragen, dass Pompeius bei der Einbringung des Gesetzesantrages über das Recht der Magistrate in dem Abschnitt, in dem er Abwesende von der Bewerbung um die Ehrenämter ausschloss, aus Vergesslichkeit[107] auch für Caesar keine Ausnahme gemacht hatte; bald darauf hat er, nachdem das Gesetz bereits in Erz eingemeißelt und im Archiv deponiert worden war, den Irrtum berichtigt. Da aber Marcellus nicht damit zufrieden war, Caesar die Provinzen und jenes Sonderrecht zu entziehen, stellte er sogar den Antrag, den Kolonisten, die Caesar aufgrund des Vatinischen Gesetzes in Novum Comum angesiedelt hatte, das römische Bürgerrecht wieder wegzunehmen, da es ihnen in eigennütziger Absicht und in Übertretung des Gesetzes verliehen worden sei.

29 (1) Caesar, durch diese Entwicklung sehr beunruhigt und wohl der Meinung – die er oft geäußert haben soll –, es sei schwieriger, ihn, den ersten Mann des Staates, vom ersten an den zweiten Platz als vom zweiten an den letzten Platz zu verdrängen, leistete mit allen Mitteln Widerstand, teils durch die Einsprüche der Volkstribunen, teils mit Hilfe des zweiten Konsuls, Servius Sulpicius[108]. Auch im folgenden Jahr, als Gaius Marcellus, der Nachfolger seines Vetters Marcus im Konsulat, dieselben Ziele zu erreichen versuchte, gewann Caesar dessen Amtskollegen Aemilius Paulus[109] und Gaius Curio, den ungestümsten unter den Volkstribunen, mit enormen Geldsummen zu seinen Verteidigern. (2) Als er aber sah, dass man in allem noch hartnäckiger gegen ihn zu Werke ging und auch die designierten Konsuln[110] von der gegnerischen Partei gestellt wurden, bat er den Senat schriftlich, ihm das vom Volk gewährte Vorrecht nicht zu nehmen oder aber auch die übrigen Feldherren von ihren Heeren abzuziehen. Er vertraute nämlich – wie man meinte – darauf, dass er leichter seine Veteranen zusammenrufen könne, sobald es ihm beliebe, als Pompeius neue Soldaten. Mit seinen Gegnern aber kam er überein, dass er acht Legionen entlasse und auf Gallia Transalpina verzichte, dass ihm hingegen zwei Legionen und Gallia Cisalpina oder auch nur eine einzige Legion mit dem Illyricum überlassen werde, bis er Konsul sei.

30 (1) Der Senat indes nahm sich der Sache nicht an, und seine Gegner weigerten sich, mit ihm hinsichtlich des Gemeinwesens eine Vereinbarung zu treffen; daher begab sich Caesar ins diesseitige Gallien, hielt Gerichtstage ab und blieb in Ravenna; er hatte die Absicht, durch kriegerische Maßnahmen seinen Ansprüchen Geltung zu verschaffen, wenn der Senat gegen die für ihn eintretenden Volkstribunen zu harte Beschlüsse fassen sollte.

(2) Auch dies war in der Tat für ihn nur der Vorwand für den Bürgerkrieg; seine eigentlichen Gründe waren nach allgemeiner Auffassung andere. Gnaeus Pompeius pflegte Folgendes zu sagen: Caesar habe deswegen alles vollkommen durcheinanderbringen wollen, weil er weder die von ihm begonnenen Vorhaben vollenden noch die Erwartung des Volkes, die er anlässlich seiner Ankunft geweckt hatte, mit eigenen Mitteln hätte erfüllen können. (3) Andere hingegen sagen, er habe gefürchtet, sich rechtfertigen zu müssen wegen jener Maßnahmen, die er während seines ersten Konsulats gegen Auspizien[111], Gesetze und die Einsprüche der Volkstribunen[112] ergriffen habe; denn Marcus Cato habe wiederholt unter Eid angekündigt, er werde ihn anklagen, sobald er das Heer entlassen habe. Des Weiteren wurde allgemein mit Nachdruck hervorgehoben, dass Caesar, wenn er als Privatmann zurückkehre, sich dann wie Milo[113] vor einem mit Soldaten umstellten Gericht[114] verantworten müsse. (4) Dies gewinnt durch einen Bericht des Asinius Pollio[115] an Wahrscheinlichkeit, dem zufolge Caesar nach der Schlacht bei Pharsalos, als er die getöteten und niedergemetzelten Gegner erblickte, Folgendes gesagt haben soll: »Sie haben es so gewollt! Nach meinen so bedeutenden Taten wäre ich, Gaius Caesar, verurteilt worden, wenn ich nicht das Heer um Hilfe ersucht hätte.« (5) Manche vertreten die Auffassung, durch die lange Vertrautheit mit der Befehlsgewalt und nach Abwägen seiner eigenen Kräfte und

derer seiner Feinde sei er veranlasst worden, die Gelegenheit zu ergreifen, die Alleinherrschaft an sich zu reißen, die er bereits in früher Jugend begehrt habe. Diese Meinung scheint auch Cicero vertreten zu haben, wenn er im dritten Buch seiner Schrift *Über die Pflichten* schreibt, Caesar habe stets die von Cicero übersetzten Verse des Euripides[116] im Munde geführt:

> Wenn Recht gebrochen werden soll, so muss es um der Königsherrschaft willen
> gebrochen werden: In anderen Fällen sollst du die Treue zum Gesetz bewahren.

31 (1) Als nun gemeldet worden war, das Veto der Volkstribunen sei aufgehoben worden und sie selbst hätten die Stadt verlassen, schickte er sogleich heimlich seine Kohorten voraus, damit kein Verdacht aufkäme, und nahm, um seine Absichten zu verschleiern, an einem öffentlichen Schauspiel teil, betrachtete prüfend einen Bauplan, nach dem er eine Gladiatorenschule errichten lassen wollte, und begab sich wie üblich zu einer Tischgesellschaft, bei der zahlreiche Gäste zugegen waren. (2) Alsdann ließ er nach Sonnenuntergang Maultiere aus der nächsten Mühle vor seinen Wagen spannen und begann in aller Heimlichkeit seine Reise mit kleinem Gefolge. Weil die Fackeln ausgingen, kam er vom Weg ab, irrte lange Zeit umher, bis er schließlich bei Tagesanbruch einen Führer ausfindig machte und über äußerst schmale Pfade zu Fuß sein Ziel erreichte. Er holte seine Kohorten am Rubikon ein, der die Grenze seiner Provinz bildete, legte eine kurze Pause ein, dachte bei sich, welch gewaltigen Plan er da habe, und wandte sich an seine Umgebung mit folgenden Worten: »Jetzt können wir noch umkehren. Wenn wir aber die kleine Brücke überquert haben, müssen die Waffen über alles entscheiden.«

32 Während er noch zögerte, geschah folgendes Wunder: Es erschien plötzlich ein Mann von außergewöhnlicher Größe und Schönheit, der sich ganz in seiner Nähe niederließ und auf einer Flöte[117] spielte. Um ihn zu hören, liefen außer Hirten auch sehr viele Soldaten von ihren Posten, unter ihnen auch Tubabläser; nachdem er einem von ihnen die Tuba entrissen hatte, sprang er zum Fluss, begann mit ungeheurer Stärke das Signal zum Angriff zu blasen und eilte zum anderen Ufer. Daraufhin bemerkte Caesar: »Lasst uns also gehen, wohin die Zeichen der Götter und die Ungerechtigkeit der Feinde uns rufen! Der Würfel ist gefallen.«[118]

33 Und so führte Caesar das Heer[119] über den Fluss, zog die Volkstribunen hinzu, die (aus Rom) vertrieben worden waren und sich ihm angeschlossen hatten, und hielt vor den versammelten Soldaten eine Rede, wobei er sie unter Tränen um ihr Vertrauen anflehte und sein Gewand von der Brust riss.[120] Es wird auch die Meinung vertreten, er habe jedem Einzelnen das Vermögen eines Ritters versprochen, was aber auf einem Missverständnis beruht. Denn weil er während seiner Ansprache häufiger mahnend den Ringfinger seiner linken Hand zeigte und bekräftigte, er werde, um den Ansprüchen aller, mit deren Hilfe er seine Würde verteidigen könne, Genüge zu tun, ihnen sogar wohlwollend seinen Ring abtreten, glaubten die Leute aus den hinteren Reihen, für die es leichter war, den Redner zu sehen als ihn zu hören, Caesar habe wirklich das gesagt, was sie aus seinen Gesten vermutungsweise herauslasen. Und es verbreitete sich das Gerücht, er habe ihnen das Recht auf den Ritterring[121] mitsamt den 400 000 Sesterzen versprochen.[122]

34 (1) Die Reihenfolge der wichtigsten Aktionen, die Caesar dann unternahm, war diese: Er besetzte das Picenum, Umbrien und Etrurien und brachte Lucius Domitius[123], der angesichts der Unruhen zu seinem Nachfolger ernannt worden war und

Corfinium besetzt hielt, in seine Gewalt, gab ihm aber wieder die Freiheit. Dann marschierte er am Adriatischen Meer entlang nach Brundisium, wohin die Konsuln und Pompeius geflüchtet waren, um so schnell wie möglich nach Griechenland überzusetzen. (2) Nachdem er vergeblich versucht hatte, sie mit allen möglichen Verzögerungstaktiken an der Abfahrt zu hindern, begab er sich nach Rom,[124] hielt vor dem Senat eine Rede über den Zustand des Staates und griff die außergewöhnlich starken Truppen des Pompeius an, die in Spanien unter dem Kommando von drei Legaten standen, nämlich Marcus Petreius, Lucius Afranius und Marcus Varro. Zuvor hatte er zu Vertrauten seiner Umgebung geäußert, er ziehe gegen das Heer ohne Führer und werde von dort zum Führer ohne Heer zurückkehren. Und obwohl er durch die Belagerung von Massilia, das ihm bei seinem Anmarsch die Tore verschlossen hatte, und wegen erheblichen Mangels an Lebensmitteln aufgehalten wurde, unterwarf er dennoch alles in kurzer Zeit.

35 (1) Von dort kehrte er nach Rom zurück, setzte nach Makedonien über und besiegte Pompeius, den er fast vier Monate[125] lang durch riesige Belagerungswerke in die Enge getrieben hatte, schließlich in der Schlacht bei Pharsalos[126] und verfolgte den Fliehenden bis Alexandria. Da dieser bereits ermordet worden war, traf Caesar ihn nicht mehr lebend an; mit dem König Ptolemaios, der auch ihm – wie er sah – nach dem Leben trachtete, führte er einen überaus gefährlichen Krieg, und dies, obwohl die örtlichen und zeitlichen Verhältnisse ungünstig waren; es war aber Winter, und Caesar hielt sich innerhalb der Stadtmauern eines außergewöhnlich gut ausgerüsteten und besonders raffinierten Feindes auf, während er selbst an allem Mangel litt und nicht (auf den Kampf) vorbereitet war. Gleichwohl war er siegreich und überließ das Königreich Ägypten Kleopatra und ihrem jüngeren Bruder; er scheute sich, das Land zu einer Provinz zu machen, damit es nicht, wenn es einmal einen allzu ungestümen Statthalter erhalten sollte, zum Grund neuer Unruhe werde.[127] (2) Von Alexandria zog er nach Syrien und von dort nach Pontos; Nachrichten über Pharnakes ließen ihm keine Ruhe. Dieser war ein Sohn von Mithridates dem Großen, der zum damaligen Zeitpunkt die günstige Gelegenheit nutzte, einen Krieg zu führen, und der bereits wegen seiner zahlreichen Erfolge übermütig geworden war. Am fünften Tag nach seiner Ankunft schlug Caesar ihn in einer einzigen Schlacht und benötigte dafür lediglich vier Stunden, nachdem er ihn zu Gesicht bekommen hatte. Häufig brachte er die Rede auf das Glück des Pompeius, dem außerordentliche militärische Anerkennung zuteil geworden sei, obwohl er so unkriegerische Feinde besiegt habe. Daraufhin besiegte er Scipio[128] und Iuba[129] völlig, die in Afrika die Reste der gegnerischen Partei neu zu stärken versuchten, schließlich die Söhne des Pompeius in Spanien.

36 In allen Bürgerkriegen erlitt Caesar keine Niederlage, nur seine Befehlshaber. Von ihnen fiel Gaius Curio in Afrika, Gaius Antonius geriet im Illyricum in Feindeshand, Publius Dolabella verlor seine Flotte ebenfalls im Illyricum und Gnaeus Domitius Calvinus[130] ein Heer in Pontos. Caesar selbst kämpfte stets sehr erfolgreich, und sein Kriegsglück war niemals gefährdet, außer in zwei Fällen: einmal bei Dyrrhachion, wo er von Pompeius geschlagen, aber nicht verfolgt wurde und daher behaupten konnte, Pompeius verstehe nicht zu siegen,[131] zum anderen während seiner letzten Schlacht in Spanien, als die Lage so verzweifelt war, dass er sogar an Selbstmord dachte.

37 (1) Nach Beendigung der Kriege feierte er fünf Triumphe, nachdem er Scipio völlig besiegt hatte, und zwar vier in ein und demselben Monat, aber es lagen jeweils einige Tage dazwischen; und dann wieder einen Triumph nach Überwindung der Söhne des Pompeius. Seinen ersten und prächtigsten Triumphzug hielt er über Gallien ab, den folgenden über

Alexandria, dann den über Pontos, ihm folgten zunächst der über Afrika, dann der letzte über Spanien, wobei ein jeder in Prunk und Ausstattung verschieden war.[132] (2) Am Tag des gallischen Triumphes wäre er beinahe, als er am Velabrum vorbeifuhr, infolge eines Achsbruches aus dem Wagen geschleudert worden; er bestieg das Kapitol beim Schein von Fackeln, wobei 40 Elefanten zur Rechten und zur Linken die Leuchter trugen. Beim Pontischen Triumph ließ er unter den Traggestellen des Festzugs (für die Trophäen[133]) eine Inschrift von drei Worten: »ICH KAM, SAH UND SIEGTE«[134] vorantragen; diese Inschrift wies nicht wie sonst auf seine Kriegstaten hin, sondern auf die schnelle Beendigung des Krieges.

38 (1) Auf die einzelnen Fußsoldaten seiner Veteranenlegionen verteilte er von der Beute außer 2000 Sesterzen, die er zu Beginn des Bürgerkrieges hatte auszahlen lassen, noch weitere 24 000. Er wies ihnen auch Grundstücke zu, die aber nicht zusammenhingen, damit kein Besitzer vertrieben werden musste. Dem Volk teilte er Mann für Mann außer zehn Scheffeln Getreide und ebensoviel Pfund Öl auch noch 300 Sesterzen zu, die er jedem einst versprochen hatte, und darüber hinaus weitere 100 für die verzögerte Auszahlung. (2) Er bezahlte auch eine Jahresmiete, in Rom bis zu 2000 Sesterzen, in Italien nicht über 500. Er spendierte außerdem ein Festessen, nahm eine Fleischverteilung an das Volk vor und gab nach dem Sieg in Spanien zwei öffentliche Mahlzeiten zur Mittagszeit. Da er nämlich die Auffassung vertrat, die erste sei zu karg und nicht seiner Freigebigkeit entsprechend ausgefallen, ließ er fünf Tage später eine andere sehr üppige Mahlzeit servieren.

39 (1) Er veranstaltete Spiele verschiedener Art: ein Gladiatorenspiel, auch Theateraufführungen bezirksweise in der gesamten Stadt, und zwar durch Schauspieler aller Sprachen,[135] ebenso Circusspiele, Wettkämpfe unter Athleten und eine Seeschlacht. Bei der Veranstaltung auf dem Forum kämpften

Furius Leptinus, der einer Prätorenfamilie entstammte, sowie Quintus Calpenus, ein ehemaliger Senator und Rechtsanwalt, auf Leben und Tod.[136] Einen Waffentanz[137] führten Fürstensöhne aus Kleinasien und Bithynien auf. (2) Bei den Theaterdarbietungen trat der römische Ritter Decimus Laberius in seinem eigenen Mimus[138] auf und erhielt dafür 500 Sesterzen als Geschenk und dazu den goldenen Ritterring; daraufhin verließ er die Bühne und schritt durch die Orchestra zu seinem Platz auf den 14 Ritterbänken[139]. Bei den Circusspielen – der Circus war nach beiden Seiten erweitert und rings mit einem Wassergraben umgeben worden – führten sehr vornehme junge Männer ihre Kunst auf Vier- und Zweigespannen vor und sprangen auch von einem Pferd auf das andere. Das Trojaspiel[140] führten zwei Schwadronen älterer und jüngerer Knaben auf. (3) Tierhetzen wurden während fünf Tagen veranstaltet, und bei der letzten wurde ein Kampf gezeigt, in dem zwei Abteilungen von je 500 Mann zu Fuß, 20 Elefanten und 300 Reiter auf beiden Seiten gegeneinander antraten. Damit auf einem geräumigeren Platz gekämpft werden konnte, wurden die Zielsäulen entfernt und an deren Stelle zwei einander gegenüberliegende Lager errichtet. Die Athleten wetteiferten drei Tage lang miteinander in einem in der Gegend des Marsfeldes provisorisch errichteten Stadion. (4) Für die Seeschlacht hatte man in der dort gelegenen Kleineren Codeta einen See ausgehoben; Zwei-, Drei- und Vierdecker vom Typ der tyrischen und ägyptischen Flotte stießen mit einer großen Anzahl Kämpfer aufeinander. Zu all diesen Schauspielen kam von allen Seiten eine so große Menschenmenge herbeigeströmt, dass die meisten Fremden entweder in Gassen oder Straßen in Zelten übernachten mussten; und des Öfteren wurden bei dem großen Andrang sehr viele Leute erdrückt oder ohnmächtig, darunter sogar zwei Senatoren.

40 (1) Darauf wandte sich Caesar der Ordnung des Gemeinwesens zu, korrigierte alsdann den Kalender, der schon lange durch die Schuld der Priester, die willkürlich Tage eingeschaltet hatten, derart in Unordnung geraten war, dass weder das Erntefest mit dem Sommer noch das Winzerfest mit dem Herbst zusammenfiel. Auch ordnete er das Jahr nach dem Sonnenlauf, so dass es 365 Tage umfasste, der Schaltmonat wegfiel und alle vier Jahre ein Tag eingeschoben wurde. (2) Damit aber zukünftig die Zeitrechnung vom neuen 1. Januar an stimme, schob er zwischen den Monaten November und Dezember zwei weitere ein. So umfasste das Jahr, in dem diese Neuordnung festgelegt wurde, 15 Monate mit dem Schaltmonat, der nach der bisherigen Regelung auf genau dieses Jahr gefallen war.

41 (1) Den Senat ergänzte er, wählte Patrizier dazu und erhöhte die Zahl der Prätoren, Ädilen und Quästoren, auch die der Magistrate niederen Ranges. Diejenigen Amtsträger, die von den Zensoren[141] ihres Amtes enthoben oder durch einen richterlichen Beschluss wegen Wahlbestechung verurteilt worden waren, setzte er wieder in ihre alten Rechte ein. (2) Das Wahlrecht teilte er sich mit dem Volk, so dass mit Ausnahme der Bewerber um das Konsulat von den verbleibenden Kandidaten die eine Hälfte nach dem Willen des Volkes, die andere nach seiner Wahl ernannt werden sollte. Er versandte auch Schreiben an die einzelnen Wahlbezirke mit folgenden knappen Worten: »Caesar, der Diktator[142], grüßt den Wahlbezirk soundso. Ich empfehle euch den und den, damit sie durch eure Stimmen ihr Amt erhalten.« Zu Ehrenämtern ließ er auch Söhne von Geächteten zu. Die Gerichte beschränkte er auf zwei Arten von Richtern: Ritter und Senatoren; die dritte Art, die Ärartribunen, hob er auf.[143]

(3) Die Volkszählung ließ er weder in der üblichen Art und Weise noch am gewohnten Ort durchführen,[144] sondern straßenweise durch die Besitzer der Mietshäuser[145]; dabei vermin-

derte er die Zahl derer, die aus öffentlichen Mitteln Getreide erhielten, von 320 000 auf 150 000. Damit aber wegen dieser Volkszählung über kurz oder lang keine neuen Unruhen entstehen könnten, ordnete er an, dass der Prätor anstelle der Verstorbenen jährlich Leute aus der Zahl derjenigen auslosen solle, die noch nicht in die Liste (der Getreideempfänger) aufgenommen worden waren.

42 (1) Nachdem er aber 80 000 Bürger auf überseeische Kolonien verteilt hatte, verfügte er, damit die dezimierte Stadt immer noch genügend Einwohner habe, dass sich kein Bürger über 20 und unter 40 Jahren, der keinen Kriegsdienst leistete, mehr als drei Jahre lang ununterbrochen außerhalb von Italien aufhalten dürfe; auch dürfe kein Senatorensohn ins Ausland gehen, es sei denn als Zeltgenosse eines Feldherrn oder als Begleiter eines Amtsträgers[146]. Auch sollten die Viehzüchter unter ihren Hirten mindestens ein Drittel erwachsene Freigeborene halten.[147] Allen Ärzten und Lehrern der freien Künste[148] in Rom schenkte er das römische Bürgerrecht, damit sie selbst umso lieber in der Stadt wohnten und noch weitere hinzukämen. (2) Er machte die häufig geweckte Hoffnung auf neue Schuldbücher hinsichtlich der Darlehen zunichte; schließlich beschloss er, dass die Schuldner die Gläubiger mit ihren Grundstücken, so wie sie jeweils vor dem Bürgerkrieg bewertet worden waren, entschädigen sollten.[149] Dabei sollte von der Schuldsumme der Betrag an Zinsen abgezogen werden, der bar oder durch Anweisung bezahlt worden war. Aufgrund dieser Regelung ging beinahe ein Viertel der Schuldsumme verloren. (3) Sämtliche Kollegien mit Ausnahme der in alter Zeit gegründeten löste er auf.[150] Das Strafmaß für Verbrechen setzte Caesar herauf; und da sich die Reichen umso leichter eines Verbrechens schuldig machten, weil sie ohne Verlust ihres Vermögens in die Verbannung gehen konnten, bestrafte er – wie Cicero schreibt – die Mörder mit dem Entzug des gesamten Vermögens, die übrigen Verbrecher mit dem der Hälfte.

43 (1) Die Rechtsprechung[151] übte er ganz besonders gewissenhaft und streng aus. Solche Senatoren, die der Erpressung überführt worden waren, stieß er aus dem Senat. Er schied die Ehe eines gewesenen Prätors, der eine Frau sofort geheiratet hatte, die sich erst zwei Tage zuvor von ihrem Mann getrennt hatte, obgleich kein Verdacht auf Ehebruch bestand. Für ausländische Waren führte er Zölle ein.[152] Die Benutzung von Sänften ebenso wie das Tragen von Purpurkleidern und Perlen räumte er lediglich bestimmten Personen und Altersklassen ein, und dies auch nur an gewissen Tagen.[153] (2) Vor allem achtete er auf die Einhaltung des Gesetzes gegen den Luxus.[154] Rings um den Fleischmarkt ließ er Wächter aufstellen, die verbotene Lebensmittel[155] beschlagnahmen und zu ihm bringen sollten, wobei er zuweilen Liktoren[156] und Soldaten in die Häuser schickte mit dem Auftrag, auch bereits aufgetragene Speisen aus dem Speisezimmer zu entfernen, wenn die Wächter sie übersehen haben sollten.

44 (1) Was die Verschönerung und die Ausgestaltung Roms anbelangt, ebenso wie den Schutz und die Erweiterung des Reiches, steckte er sich von Tag zu Tag immer zahlreichere und größere Ziele. Insbesondere wollte er einen Mars-Tempel errichten lassen, und zwar von bislang unbekannter Ausdehnung, wobei der See, auf dem er die Seeschlacht[157] hatte aufführen lassen, aufgefüllt und eingeebnet worden wäre; sodann ein Theater[158] von ungeheuerer Größe, das sich an den Tarpeischen Felsen anschmiegen sollte. (2) Das Zivilrecht[159] beabsichtigte er auf ein vernünftiges Maß zu reduzieren und aus der überaus großen und unübersichtlichen Menge von Gesetzen das Beste und Notwendigste in sehr wenigen Büchern zusammenzufassen. Möglichst große griechische und lateinische Bibliotheken wollte er der Öffentlichkeit zugänglich machen,

wobei Marcus Varro[160] die Sorge für die Beschaffung und Ordnung der Bücher anvertraut werden sollte. (3) Seine weiteren Pläne bestanden darin, die Pontinischen Sümpfe[161] trockenzulegen, den Fuciner See[162] ablaufen zu lassen, eine feste Straße vom Adriatischen Meer über den Apenninenkamm bis zum Tiber anzulegen, den Isthmos[163] zu durchstechen, die Daker[164], die in großer Anzahl in Pontos und Thrakien eingefallen waren, in ihre Schranken zu weisen und bald danach von Kleinarmenien aus mit den Parthern[165] Krieg anzufangen, eine Schlacht aber erst dann zu wagen, wenn er (in kleineren Gefechten) ihre Kampfesart kennengelernt hätte.[166]

(4) Während Caesar solche Maßnahmen vorbereitete und plante, ereilte ihn der Tod. Bevor ich mich aber darüber äußere, wird es nicht deplatziert sein, kurz über sein äußeres Erscheinungsbild, seine Kleidung, seine Bildung und seinen Charakter sowie seine politischen und militärischen Interessen Bericht zu erstatten.

45 (1) Caesar war der Überlieferung zufolge hochgewachsen, seine Haut weiß, seine Gliedmaßen waren schlank, sein Gesicht war ein wenig zu voll, seine Augen schwarz und lebhaft; er soll eine gute Gesundheit gehabt haben, außer dass er am Ende seines Lebens häufig plötzlich ohnmächtig und auch während des Schlafs immer wieder von Traumbildern aufgeschreckt wurde.[167] Auch von der Epilepsie[168] wurde er zweimal während öffentlicher Versammlungen befallen. (2) In der Pflege seines Körpers war er ziemlich pedantisch, derart, dass er sich nicht nur sorgfältig die Haare schneiden und rasieren, sondern auch – wie ihm manche Leute zum Vorwurf machten – am Körper entfernen ließ; seine hässliche Glatze ertrug er aber mit größtem Widerwillen, da er doch immer wieder die Erfahrung machen musste, dass sie seinen Widersachern Anlass zum Spott bot. Deshalb hatte er es sich angewöhnt, sein lichter werdendes Haar vom Scheitel nach vorne zu kämmen, und von allen Ehrungen, die ihm der Senat und das Volk zuerkannt hatten, nahm er keine lieber an und machte von keiner mehr Gebrauch als von dem Recht, stets einen Lorbeerkranz tragen zu dürfen.

(3) Auch soll er auffallend gekleidet gewesen sein: Er habe nämlich eine mit dem breiten Purpurstreifen versehene Tunika getragen, die Fransen hatte, welche bis zu den Händen reichten, und niemals anders als mit einem Gürtel darüber, und zwar recht locker.[169] Daher sei ein Ausspruch Sullas bekannt geworden, der die Optimaten des Öfteren ermahnte, sie sollten sich vor dem schlecht gegürteten Knaben in Acht nehmen.[170]

46 Caesar wohnte zuerst in der Subura in einem bescheidenen Haus[171], nachdem er aber Oberpriester geworden war, in einem staatlichen Gebäude in der Via Sacra. Viele sagten ihm nach, er sei der feinen Lebensart und dem Luxus sehr zugetan gewesen: Ein Landhaus in der Nähe des Nemisees, das er von Grund auf neu errichten und mit großem Aufwand fertigstellen ließ, habe er, weil es seinem Geschmack nicht ganz entsprochen habe, vollständig abreißen lassen, obgleich er zum damaligen Zeitpunkt noch unbedeutend und hochverschuldet war. Auch habe er auf seinen Feldzügen Mosaikfußböden und bunte Marmorfliesen mit sich geführt.

47 Nach Britannien sei er gegangen, weil er hoffte, dort Perlen[172] zu finden; wenn er deren Größe verglich, habe er zuweilen das Gewicht mit eigener Hand gemessen; Edelsteine, getriebene Kunstwerke[173], Statuen und alte Gemälde habe er stets besonders leidenschaftlich angekauft. Schlanke und geistig kultivierte Sklaven habe er zu ungeheuren Summen erworben; dessen schämte er sich sogar derart, dass er einen Eintrag in die Rechnungsbücher verbot.

48 Beständig habe er in den Provinzen Festessen gegeben, und zwar jeweils an zwei Tafeln: An der einen ließen sich die

Offiziere und ihre griechischen Begleiter nieder, an der anderen römische Bürger mit den Honoratioren der Provinzen. Auf die Einhaltung bestimmter Grundsätze achtete er in seinem Haus in kleinen wie in großen Dingen so sorgfältig und streng, dass er zum Beispiel einem Bäcker, der den Gästen ein anderes Brot[174] vorsetzte als ihm, Fußfesseln anlegen oder einen ihm sehr lieben Freigelassenen, der mit der Gattin eines römischen Ritters Ehebruch[175] begangen hatte, hinrichten ließ, obgleich niemand als Ankläger auftrat.

49 (1) Dem Ruf seiner Keuschheit schadete nichts so sehr wie das kameradschaftliche Zusammenleben mit Nikomedes[176], das ihm jedoch heftige und fortwährende Vorwürfe einbrachte sowie Schmähungen von allen Seiten. Ich übergehe die allgemein bekannten Verse des Calvus Licinius:

Was auch immer Bithynien
und der Verführer Caesars jemals besaß.

Ich gehe auch nicht auf die Reden Dolabellas und des älteren Curio ein, in denen ihn Dolabella »Buhlknabe der Königin«, »Matratze der königlichen Sänfte«, Curio hingegen »Stall des Nikomedes« und »bithynisches Bordell« nennen. (2) Ich lasse ebenfalls die Edikte des Bibulus beiseite, in welchen er seinen Amtskollegen verächtlich als »Königin von Bithynien« bezeichnete und sagte, früher habe ihm ein König am Herzen gelegen, heute aber die Königsherrschaft. Zu dieser Zeit hat auch – wie Marcus Brutus berichtet – ein gewisser Octavius, der geistig verwirrt war und daher ziemlich hemmungslos daherredete, in Gegenwart sehr vieler Leute Pompeius als König, Caesar hingegen als Königin begrüßt. C. Memmius aber machte ihm sogar den Vorwurf, er habe Nikomedes bei einem zahlreich besuchten Gastmahl, an dem auch einige Kaufleute aus Rom, deren Namen er nennt, teilgenommen haben, zusammen mit den anderen Lustknaben als Mundschenk gedient. (3) Cicero hingegen war nicht damit zufrieden, in gewissen Briefen geschrieben zu haben,[177] Caesar sei von Begleitern (des Königs) in das königliche Schlafgemach geführt worden, habe sich im Purpurgewand auf das goldene Bett gelegt, und die Blüte eines jungen Mannes, der doch von der Venus abstamme,[178] sei in Bithynien besudelt worden; er, Cicero, sagte sogar einmal im Senat, als Caesar die Verteidigungsrede für Nysa[179], die Tochter des Nikomedes, hielt und die ihm erwiesenen Gunstbezeugungen des Königs erwähnte: »Lass das, bitte, da es ja bekannt ist, was jener dir und was du ihm gewährt hast.« (4) Beim gallischen Triumph endlich sangen seine Soldaten unter anderen Liedern, die sie, dem Wagen (des Feldherrn) folgend, zum Spaß vortrugen, auch jene sehr verbreiteten Verse:

Beide Gallien hat Caesar bezwungen, Nikomedes den Caesar:
Siehe, Caesar, der beide Gallien bezwungen hat, feiert jetzt einen Triumph,
Nikomedes, der Caesar bezwungen hat, triumphiert nicht.[180]

50 (1) Allgemein ist man der Meinung, dass Caesar zu Ausschweifungen neigte und dafür viel Geld verschwendet hat; so soll er zahlreiche vornehme Frauen verführt haben, unter ihnen Postumia, die Gattin des Servius Sulpicius[181], Lollia, die Frau des Aulus Gabinius, Tertulla, die Ehefrau des Marcus Crassus[182], sogar Mucia, die Gattin des Gnaeus Pompeius[183]. Jedenfalls machten Curio, Vater und Sohn, und viele andere dem Pompeius den Vorwurf, später Caesars Tochter aus Machtgier geheiratet zu haben, des Mannes, dessentwillen er seine Frau, von der er drei Kinder gehabt hatte, verstoßen hat und den er seufzend seinen Aigisthos[184] zu nennen pflegte. (2) Aber vor allen anderen Frauen liebte Caesar Servilia[185], die Mutter des

Marcus Brutus, für die er in seinem ersten Konsulat eine Perle im Wert von sechs Millionen Sesterzen kaufte und der er im Verlauf des Bürgerkrieges neben anderen Schenkungen bei öffentlichen Versteigerungen enorme Landgüter zu einem Spottpreis zuschlagen ließ. Als sich freilich viele über den geringen Preis wunderten, sagte Cicero sehr witzig: »Wisst, er hat noch viel besser gekauft – wenn man Tertia abzieht«;[186] man glaubte nämlich, dass Servilia auch ihre Tochter Tertia an Caesar verkuppelte.

51 Dass nicht einmal in den Provinzen Ehefrauen vor ihm sicher waren, geht aus folgendem Verspaar hervor, das gleichfalls von den Soldaten beim gallischen Triumph wiederholt gesungen wurde:

Städter, bewacht eure Frauen: Den kahlen Ehebrecher
führen wir heran.
Gold hast du in Gallien verhurt, das du hier gepumpt hast.

52 (1) Unter seinen Geliebten waren auch Königinnen, zum Beispiel Eunoë, die Gattin des Maurenkönigs Bogud[187]. Ihr und ihrem Mann machte Caesar sehr viele äußerst kostbare Geschenke, wie Naso schreibt, aber ganz besonders liebte er Kleopatra, mit der er oft bis zum frühen Morgen tafelte; auf ihrem Prachtschiff fuhr er durch ganz Ägypten und hätte beinahe Äthiopien erreicht, wenn sich das Heer nicht geweigert hätte, ihm zu folgen; schließlich holte er sie nach Rom und überhäufte sie mit den allergrößten Ehrungen und Geschenken; danach erst ließ er sie wieder ziehen. Er war auch damit einverstanden, dass der von ihr geborene Sohn nach ihm benannt wurde [Caesarion]. (2) Gemäß der Überlieferung einiger griechischer Autoren habe er Caesar auch im Aussehen und Gang geähnelt. Marcus Antonius bestätigte dem Senat, dieser Sohn sei von Caesar auch anerkannt worden, was ebenfalls Gaius Matius[188],

Gaius Oppius[189] und die übrigen Freunde Caesars wüssten; von ihnen gab Gaius Oppius, als ob die Sache einer Verteidigung und Rechtfertigung ausdrücklich bedurft hätte, ein Buch heraus, in welchem er behauptet, es sei nicht Caesars Sohn, den Kleopatra dafür ausgebe. (3) Der Volkstribun Helvius Cinna bekannte sehr vielen Leuten gegenüber, er habe einen schriftlichen Gesetzesvorschlag[190] bereitliegen gehabt, den Caesar ihm in seiner Abwesenheit einzubringen befohlen habe, und zwar, dass es Caesar erlaubt sei, jede beliebige Frau und so viele, wie er wolle, zu heiraten, um Kinder zu zeugen. Damit aber für niemand irgendein Zweifel besteht, dass er wegen seiner Unzucht und seines ehebrecherischen Treibens verrufen war, weise ich darauf hin, dass der ältere Curio ihn in einer Rede als »Mann aller Frauen und als Frau aller Männer« bezeichnet.[191]

53 Dass er äußerst wenig Wein trank, haben nicht einmal seine Gegner bestritten. Folgender Satz stammt von Marcus Cato: Caesar sei als Einziger von allen nüchtern[192] an den Umsturz des Gemeinwesens herangegangen. Auch was das Essen anbelangt, so war er – wie Gaius Oppius berichtet – so gleichgültig, dass er, als ihm einmal ein Gastgeber ranziges anstelle von frischem Öl vorsetzte, als Einziger noch mehr davon verlangt habe, während die Übrigen es ablehnten, damit es nicht so aussähe, als ob er dem Gastgeber Nachlässigkeit oder Mangel an Lebensart vorwerfe.

54 (1) Genügsamkeit zeigte er weder in der Ausübung seiner militärischen Aufgaben noch seiner zivilen Funktionen. Denn wie einige in ihren Geschichtswerken bezeugt haben, nahm er in Spanien während seines Prokonsulats[193] auch von den Bundesgenossen Geld an, das er zur Tilgung seiner Schulden erbettelt hatte; des Weiteren plünderte er einige Städte der Lusitaner, als handele es sich um Feinde, obgleich sie sich seinen Befehlen nicht verweigert, sondern ihm bei seiner Ankunft die

Tore geöffnet hatten. (2) In Gallien hat er die mit Geschenken angefüllten Heiligtümer und Tempel der Götter ausgeplündert, Städte zerstörte er öfter um der Beute willen als wegen eines Vergehens. So kam es, dass er Gold im Überfluss besaß und in Italien und in den Provinzen das Pfund für 3000 Sesterzen verkaufte.[194] (3) In seinem ersten Konsulat[195] entwendete er aus dem Kapitol 3000 Pfund Gold und ersetzte es durch ebensoviel vergoldetes Kupfer. Bündnisse und Königreiche bot er zum Kauf an; so nahm er allein dem Ptolemaios beinahe 6000 Talente in seinem und in des Pompeius Namen ab. Später hingegen beglich er die Lasten der Bürgerkriege und die Kosten für die Triumphe und Gefälligkeiten durch eindeutige Diebstähle und durch Tempelraub.

55 (1) Auf dem Gebiet der Beredsamkeit und der Kriegskunst hat er den Ruhm der Hervorragendsten entweder erreicht oder sogar noch übertroffen. Nach seiner Anklagerede gegen Dolabella[196] wurde er ganz unzweifelhaft zu den führenden Anwälten gerechnet. Cicero jedenfalls sagte bei der Aufzählung der Redner in seiner Schrift *Brutus*[197], er sehe keinen, dem Caesar weichen müsse; er fügte noch hinzu, Caesar habe eine elegante, glänzende und auch erhabene und gewissermaßen adlige Art zu reden; und in einem Brief an Cornelius Nepos[198] schrieb er folgendermaßen über ihn: (2) »Wie? Welchen Redner von denen, die nichts anderes getan haben als Reden zu halten, könntest du ihm vorziehen? Wer ist scharfsinniger oder reicher an Gedanken? Wer in der Wortwahl reichhaltiger oder stilvoller?« Als Vorbild in der Beredsamkeit scheint sich Caesar zumindest in seiner Jugend an Strabo Caesar orientiert zu haben, aus dessen Rede *Für die Sardinier*[199] er einiges wortwörtlich in seine *divinatio*[200] übernommen hat. Er soll seine Rede mit heller Stimme vorgetragen haben, wobei Bewegungen und Gesten lebhaft waren, jedoch nicht ohne Anmut. (3) Einige Reden hat er hinterlassen, von denen ihm einige fälschlicherweise zugeschrieben werden. Die Rede *Für Quintus Metellus*[201] betrachtet Augustus völlig zu Recht eher von Stenographen[202] aufgezeichnet, die den Worten des Redners nur schlecht zu folgen vermochten, als von ihm selbst herausgegeben; denn in bestimmten Kopien finde ich nicht einmal den Titel *Für Metellus*, sondern die Überschrift »Die Rede, die er für Metellus geschrieben hat«, obgleich Caesar in ihr die Rolle des Redners übernimmt und Metellus und sich selbst gegen die Vorwürfe gemeinsamer Widersacher rechtfertigt. (4) Auch die Rede *An die Soldaten in Spanien* sei – wie Augustus glaubt – kaum von ihm [Caesar] selbst, obgleich sie in zwei Fassungen überliefert ist: Die eine soll er vor der ersten Schlacht, die andere vor der zweiten gehalten haben; bei der letzten soll Caesar – wie Asinius Pollio berichtet – nicht einmal die Zeit gefunden haben, vor seinen Soldaten eine Ansprache zu halten, da der Angriff der Feinde plötzlich erfolgte.

56 (1) Er hinterließ auch Rechenschaftsberichte über seine Taten im Gallischen Krieg und im Bürgerkrieg gegen Pompeius; denn der Verfasser des Alexandrinischen, Afrikanischen und Spanischen Krieges ist unsicher.[203] Die einen halten Oppius für den Autor, die anderen Hirtius, der auch das letzte unvollendete Buch des *Gallischen Krieges* ergänzt haben soll. Über Caesars Rechenschaftsberichte schreibt Cicero im bereits erwähnten *Brutus* Folgendes:[204] (2) »Er hat Rechenschaftsberichte verfasst, die ganz gewiss sehr lobenswert sind. Sie sind schlicht, korrekt und anmutig. Jeglicher Redeschmuck ist wie ein Gewand abgelegt. Aber während er anderen, die Geschichte schreiben wollten, nur Material bereitzustellen beabsichtigte, aus dem sie auswählen könnten, so hat er möglicherweise Dummköpfen einen Gefallen getan, die seine Werke mit Brenneisen frisieren wollen,[205] die vernünftigen Menschen hat er hingegen vom Schreiben abgeschreckt.« (3) Über dieselben Rechenschaftsberichte äußert sich Hirtius folgendermaßen lobend: »Sie werden nach dem Urteil aller so hoch geschätzt, dass es den Anschein hat, als ob den Schriftstellern die Möglichkeit [denselben Gegenstand historisch zu behandeln] entrissen, nicht jedoch gegeben worden sei. Gleichwohl ist meine Bewunderung noch größer als die der übrigen Leser; denn diese wissen lediglich, wie gut und fehlerfrei er geschrieben hat, wir aber auch, wie leicht und schnell.«[206] (4) Pollio Asinius[207] vertritt die Auffassung, sie seien nicht sorgfältig genug verfasst und wiesen Defizite an historischer Genauigkeit auf, da Caesar auf der einen Seite sehr viele Taten, die andere vollbracht hatten, leichtfertig geglaubt habe, auf der anderen Seite manche eigene Taten, sei es mit Absicht oder auch aufgrund mangelnden genauen Erinnerungsvermögens, falsch dargestellt habe; auch glaubt er, Caesar habe beabsichtigt, sie umzuschreiben und zu korrigieren. (5) Er hinterließ auch zwei Bücher *Über die Analogie*[208], desgleichen zwei Bücher *Anticato*[209] sowie ein Gedicht mit dem Titel *Die Reise*[210]. Das erste dieser Werke schrieb er beim Übergang über die Alpen, als er nach Abhaltung der Gerichtstage aus dem diesseitigen Gallien zu seinem Heer zurückkehrte, das zweite zur Zeit der Schlacht bei Munda, das letzte während der 24 Tage, die er für die Reise von Rom ins jenseitige Spanien benötigte. (6) Es sind auch Briefe an den Senat von ihm erhalten, die er – wie es scheint – zum ersten Mal auf einzelne Seiten in Form eines Notizbuches niederschrieb, während früher die Konsuln und Heerführer lediglich solche Briefe verschickten, die quer über das ganze Blatt beschrieben waren.[211] Es existieren auch Briefe von ihm an Cicero, desgleichen an seine Freunde über private Angelegenheiten, in denen er, wenn etwas Geheimes mitgeteilt werden sollte, in einer Geheimschrift schrieb, das heißt, er hat die Buchstaben so geordnet, dass kein (sinnvolles) Wort entstand: Wenn sie jemand entziffern will, so muss er den vierten Buchstaben des Alphabets, das heißt D für A setzen und die übrigen entsprechend verschieben. (7) Er soll auch als Knabe und als junger Mann einige Werke verfasst haben, wie *Das Lob des Herkules*, eine Tragödie *Oedipus*, ebenfalls eine *Sentenzensammlung*. Augustus erließ ein Verbot der Veröffentlichung all dieser Bücher in einem recht kurzen und bündigen Brief an Pompeius Macer, dem er die Aufsicht über die Bibliotheken übertragen hatte.

57 Im Umgang mit Waffen war er sehr erfahren, er war ein hervorragender Reiter und vermochte unglaubliche Anstrengungen zu ertragen. Auf dem Marsch übernahm er immer die Spitze, manchmal zu Pferde, öfter aber ging er zu Fuß; dabei ließ er das Haupt unbedeckt, ob die Sonne schien oder ob es regnete.[212] Ausgesprochen weite Wege legte er mit unglaublicher Schnelligkeit zurück, ohne Gepäck, in einem gemieteten Wagen, 100 Meilen am Tag [etwa 150 km]. Wenn Flüsse ihn aufhielten, durchquerte er sie schwimmend oder benutzte aufgeblasene Schläuche[213], so dass er sehr oft seinen Boten zuvorkam, die seine Ankunft melden sollten.

58 (1) Ob er bei der Durchführung seiner Feldzüge eher Vorsicht oder Verwegenheit zeigte, ist schwer zu entscheiden; er führte sein Heer niemals über Wege, bei denen Gefahr bestand, in einen Hinterhalt zu geraten, ohne zuvor die Gegend genau erforscht zu haben; auch nach Britannien setzte er erst dann über, als er zuvor persönlich Häfen, Überquerungsbedingungen und den Zugang zur Insel erkundet hatte.[214] Dennoch hat sich derselbe Mann, als ihm berichtet wurde, sein Lager in Germanien befinde sich im Belagerungszustand, in gallischer Kleidung durch die feindlichen Wachposten zu seinen Leuten durchgeschlagen. (2) Von Brundisium aus setzte er mitten durch die gegnerischen Flotten zur Winterszeit nach Dyrrhachion über; als die Truppen, denen er zu folgen Befehl erteilt hatte, ausblieben und er öfter vergeblich Boten geschickt hatte, die sie holen sollten, bestieg er schließlich selbst heimlich in der Nacht, ganz ohne Begleiter, mit verhülltem Kopf, ein kleines Boot und gab erst dann seine Identität zu erkennen und gestattete dem Steuermann, dem widrigen Sturm auszuweichen, als er in den Fluten beinahe versunken wäre.[215]

59 Nicht einmal durch religiöse Bedenken ließ sich Caesar je von irgendeinem Vorhaben abschrecken oder darin aufhalten. Obwohl während eines Opfers das Opfertier vor ihm flüchtete, verschob er den Marsch gegen Scipio und Iuba nicht; beim Verlassen des Schiffes fiel er sogar hin, legte das Vorzeichen positiv aus und sagte: »Ich halte dich, Afrika!«[216] Um aber die Prophezeiungen zu verhöhnen, nach denen das Schicksal dem Namen der Scipionen in dieser Provinz Glück und Unbesiegbarkeit zusprach, führte er in seinem Lager ein ganz und gar verächtliches Mitglied aus der Familie der Cornelier mit sich, das wegen seines schimpflichen Lebenswandels den Beinamen Salvito[217] trug.

60 Gefechte begann er nicht nur nach reiflicher Überlegung, sondern auch, wenn sich eine günstige Gelegenheit bot, oft sofort vom Marsch aus, manchmal bei scheußlichstem Wetter, wenn man am wenigsten mit seinem Vorrücken rechnete. Erst in der letzten Zeit seines Lebens verhielt er sich abwartender, wenn es um das Austragen einer Schlacht ging, da er die Auffassung vertrat, je häufiger er gesiegt habe, umso weniger dürfe er das Glück erproben, und durch einen Sieg werde er nicht so viel gewinnen, wie ihm eine Niederlage wegnehmen könne. Niemals vertrieb er einen Feind, ohne ihn auch seines Lagers zu berauben: So gewährte er den Erschreckten keine Zeit (zum Verschnaufen). Bei Gefechten mit unsicherem Ausgang schickte er gewöhnlich die Pferde zurück, und insbesondere sein eigenes, damit der Zwang zum Durchhalten umso größer wäre und dadurch die Möglichkeit zur Flucht genommen werde.[218]

61 Er benutzte ein auffallendes Pferd, denn es hatte Füße fast wie ein Mensch und Hufe, die wie Zehen gespalten waren;

dieses Pferd war in seinem Stall geboren, und da die Wahrsager[219] verkündet hatten, es bedeute für den Besitzer die Herrschaft über den gesamten Erdkreis, zog Caesar es mit großer Sorgfalt auf und bestieg es als Erster, da es keinen anderen Reiter duldete; er hat ihm sogar später vor dem Tempel der Venus Genetrix ein Standbild gleicher Größe geweiht.[220]

62 Eine ins Wanken geratene Schlachtreihe hat er oft allein wieder dadurch zum Stehen gebracht, dass er den Fliehenden entgegentrat, Einzelne zurückhielt, sie am Hals packte und zum Feind hin wandte; meistens waren sie so ängstlich, dass etwa ein Adlerträger ihn mit der Spitze (der Fahnenstange) bedrohte, als er ihn aufzuhalten versuchte, und ein anderer sein Feldzeichen in der Hand Caesars zurückließ, als dieser ihn festhalten wollte.

63 Nicht geringer dürfte wohl seine Beharrlichkeit gewesen sein, ja eher größer noch die Beweise dafür. Nach der Schlacht bei Pharsalos hatte er seine Truppen nach Kleinasien vorausgeschickt und fuhr selbst durch die Meerenge des Hellespont auf einem kleinen Frachtschiff[221]; in dieser Situation kam ihm Lucius Cassius[222] von der Gegenpartei mit zehn Kriegsschiffen entgegen, Caesar hingegen ergriff nicht die Flucht, sondern fuhr ganz nah heran, ermahnte ihn darüber hinaus, sich zu ergeben, und nahm ihn bei sich auf, als er sich ergab.

64 In Alexandria wurde er bei einem Angriff auf eine Brücke durch einen plötzlichen Ausfall der Feinde in ein Boot gedrängt; weil einige andere ebenfalls in dieses Boot stürzten, sprang er ins Meer und rettete sich, indem er 200 Doppelschritt [etwa 300 m] zum nächsten Schiff schwamm, wobei er die linke Hand hochhielt, damit die schriftlichen Unterlagen, die er bei sich hatte, nicht nass würden, und den Feldherrnmantel mit den Zähnen hinter sich her zog, um zu verhindern, dass er eine Beute für die Feinde würde.[223]

65 Einen Soldaten beurteilte Caesar weder nach dessen charakterlichen Eigenschaften noch nach seinem Vermögen, sondern lediglich nach seinen körperlichen Kräften und behandelte ihn in gleichem Maße mit Strenge[224] wie mit Nachsicht. Denn nicht überall und nicht immer hielt er ihn kurz, sondern nur, wenn ein Feind in unmittelbarer Nähe war: In einer solchen Situation aber forderte er unerbittlich Disziplin ein, und zwar so, dass er weder den Zeitpunkt des Abmarsches noch den eines Gefechtes bekanntgab, sondern sein Heer, das zu jedem Zeitpunkt kampfbereit und voller Erwartung war, plötzlich aus dem Lager herausführte, wohin er wollte. Dies pflegte er sogar meist ohne Grund zu machen, vor allem wenn es regnete[225] und an Festtagen. Immer wieder ermahnte er seine Soldaten, ihn zu beobachten, und machte sich tagsüber oder nachts plötzlich davon und erhöhte die Marschgeschwindigkeit, um die zu ermüden, die ihm zu spät gefolgt waren.

66 Wenn aber ein Gerücht über die feindliche Truppenstärke die Soldaten in Angst und Schrecken versetzt hatte, versuchte er ihnen Mut zuzusprechen, jedoch nicht, indem er die Angaben bestritt oder die Zahlen herabsetzte, sondern noch obendrein übertrieb und Falsches hinzudichtete. Als die Ankunft Iubas mit Schrecken erwartet wurde, rief er demzufolge die Soldaten zu einer Versammlung zusammen und sagte zu ihnen: »Ihr sollt wissen, dass in den nächsten Tagen der König in Begleitung von zehn Legionen, 30 000 Reitern, 100 000 Leichtbewaffneten und 300 Elefanten eintreffen wird. Daher sollen gewisse Leute damit aufhören, immer weitere Fragen zu stellen oder Vermutungen zu äußern und mir vertrauen, der ich über genaue Informationen verfüge, oder ich werde anordnen, diese auf das älteste Schiff zu schaffen und in die Länder fahren zu lassen, wohin der Wind sie treibt.«

67 (1) Weder beachtete Caesar alle Vergehen, noch ahndete er sie im Verhältnis zu ihrer Schwere; lediglich gegen Deserteure und Meuterer suchte er die nötigen Beweismittel für eine Anklage und bestrafte sie mit unerbittlicher Strenge, sonst jedoch war er stets nachsichtig.[226] Und so befreite er sie manchmal nach einer großen siegreichen Schlacht von ihren Dienstpflichten und räumte ihnen ein, sich überall ausgelassen zu vergnügen; gewöhnlich brüstete er sich mit der Bemerkung, seine Soldaten könnten sogar gesalbt[227] gut kämpfen. (2) Bei Ansprachen bezeichnete er sie gewöhnlich nicht als »Soldaten«, sondern redete sie mit dem schmeichelhafteren Begriff »Kameraden« an[228] und hielt auf ihr schmuckes Äußeres: So schenkte er ihnen silber- und goldverzierte Waffen, einerseits, damit sie gut aussähen, andererseits, damit sie aus Furcht vor einem Verlust umso hartnäckiger in der Schlacht kämpften. Auch liebte er seine Soldaten so sehr, dass er auf die Nachricht von der Niederlage des Titurius[229] Bart und Haar wachsen und nicht früher schneiden ließ, als bis er Rache geübt hatte.

68 (1) Durch diese Maßnahmen bewirkte er, dass seine Soldaten ihm äußerst ergeben und besonders tapfer waren. Bei Beginn des Bürgerkrieges machten ihm die Zenturionen einer jeden Legion das Angebot, die Mittel für je einen Reiter von ihren Ersparnissen bereitzustellen, und sämtliche Soldaten, umsonst zu dienen, ohne Sold und unter Verzicht auf Getreideversorgung, da die reicheren den Unterhalt der ärmeren Soldaten übernommen hatten. Und überhaupt niemand wurde während des so lang währenden Zeitraums abtrünnig, sehr viele, die in Gefangenschaft geraten waren, lehnten das Angebot auf Rettung ihres Lebens ab, wenn sie dafür gegen ihn kämpfen sollten. (2) Hunger und andere Notlagen ertrugen sie nicht nur, wenn sie belagert wurden, sondern auch dann, wenn sie selbst andere belagerten, so tapfer, dass Pompeius, als er in den Befestigungsanlagen bei Dyrrhachion ein aus Kräutern hergestelltes Brot sah, von dem sich die Soldaten ernährten, sagte, er habe es mit wilden Tieren zu tun, und das Brot recht schnell beiseite schaffen und niemandem zeigen ließ, damit der Mut seiner Leute nicht durch das Durchhaltevermögen und die Hartnäckigkeit des Feindes gebrochen werde.

(3) Mit welch großer Tapferkeit sie gekämpft haben, beweist die Tatsache, dass sie nach der einzigen ungünstig verlaufenen Schlacht bei Dyrrhachion von sich aus ihre Bestrafung einforderten, so dass der Feldherr der Meinung war, sie eher trösten als bestrafen zu müssen. In den übrigen Gefechten besiegten sie, obwohl sie selbst in der Minderheit waren, problemlos unzählige feindliche Truppen. Ja sogar eine einzige Kohorte[230] der sechsten Legion, welcher die Bewachung eines Kastells anvertraut war, hielt über mehrere Stunden hinweg vier Legionen des Pompeius stand; dabei wurden beinahe alle von den zahlreichen feindlichen Pfeilen durchbohrt, von denen 130 000[231] innerhalb der Verschanzung aufgefunden wurden. (4) Und das ist auch nicht erstaunlich, wenn man die Taten Einzelner berücksichtigt, etwa des Zenturio Cassius Scaeva oder des Soldaten Gaius Acilius, um nur einige Beispiele zu nennen. Obgleich Scaeva schon ein Auge ausgestoßen worden war, Oberschenkel und Schulter durchbohrt und sein Schild von 120 Treffern durchlöchert war, behauptete er seinen Posten am Tor des ihm anvertrauten Kastells. Acilius hielt sich im Verlauf eines Seegefechtes bei Massilia mit der rechten Hand am Heck eines feindlichen Schiffes fest, wobei sie ihm abgeschlagen wurde; er ahmte damit das bei den Griechen berühmte Beispiel des Kynaigeiros[232] nach, sprang auf das Schiff und trieb alle, die sich ihm entgegenstellten, mit dem Schildbuckel vor sich her.

69 Keine einzige Meuterei haben die Soldaten während der zehn Jahre des Gallischen Krieges angestiftet, im Bürgerkrieg einige, doch kehrten sie schnell wieder zu ihren Pflichten zurück, nicht so sehr wegen der Nachsicht des Heerführers als vielmehr wegen seines Ansehens. Denn er gab den Aufständischen niemals nach, ja, er trat ihnen sogar stets entgegen; er hat beispielsweise die gesamte neunte Legion bei Placentia[233] mit Schimpf und Schande entlassen, obwohl Pompeius noch unter Waffen stand, und hat sie nur ungern nach zahlreichen flehentlichen Bitten wieder aufgenommen, allerdings erst nachdem er die Schuldigen bestraft hatte.[234]

70 Als aber in Rom die Soldaten der zehnten Legion[235] zu einem Zeitpunkt, da in Afrika der Krieg loderte, unter ungeheuren Drohungen, ja sogar unter höchster Gefahr für die Stadt ihre Entlassung und ihre Belohnungen einforderten, zögerte er weder an sie heranzutreten noch sie zu entlassen, obgleich Freunde ihm dringend davon abrieten.[236] Indes hat er sie mit einem einzigen Wort, nämlich »Bürger«[237], mit dem er sie – anstatt mit »Soldaten« – anredete, so leicht umgestimmt und gefügig gemacht, dass sie ihm umgehend antworteten, sie seien Soldaten, und ihm trotz seines Protestes freiwillig nach Afrika folgten. Die Aufrührer jedoch bestrafte er, indem er den Anteil an der Beute und am ihnen zugedachten Ackerland um ein Drittel kürzte.[238]

71 Anhänglichkeit und Treue gegenüber seinen Klienten bekundete er bereits als junger Mann. Masintha, einen jungen Adligen, verteidigte er gegen den König Hiempsal so eifrig, dass er Iuba, dem Sohn des Königs, während des Wortwechsels vor Gericht in den Bart griff; als Masintha die Zahlung eines Tributes auferlegt worden war, entriss Caesar ihn sofort denen, die ihn fortschleppen wollten, und versteckte ihn lange Zeit bei sich; kurz darauf machte er sich nach Beendigung seiner Prätur nach Spanien auf und führte ihn unter den Leuten, die ihm das Ehrengeleit gaben, und unter dem Schutz seiner Liktoren[239] in seiner Sänfte mit sich (aus Rom) fort.

72 Seine Freunde hat er stets mit einer solchen Gefälligkeit und Nachsicht behandelt, dass er etwa seinem Begleiter Gaius Oppius, als dieser bei einem Marsch durch ein Waldgebiet plötzlich erkrankte, das einzige dort befindliche Absteigequartier überließ und selbst auf dem Erdboden und unter freiem Himmel die Nacht verbrachte. Als er schon auf der Höhe seiner Macht war, beförderte er sogar einige Leute aus den untersten Schichten zu den höchsten Ehrenämtern, obgleich er deshalb getadelt wurde. In aller Öffentlichkeit bekannte er, dass er, wenn er bei der Behauptung seiner Stellung die Unterstützung von Banditen und Meuchelmördern in Anspruch genommen hätte, auch solchen Leuten gleichen Dank abstatten würde.

73 Andererseits hat er niemals so tiefe Feindschaften empfunden, dass er sie nicht gern bei sich bietender Gelegenheit beigelegt hätte. Den Gaius Memmius, auf dessen äußerst bissige Reden er mit nicht minderer Schärfe schriftlich geantwortet hatte, begünstigte er sogar bald darauf bei dessen Bewerbung um das Konsulat.[240] Dem Gaius Calvus, der sich nach Veröffentlichung seiner verleumderischen Epigramme durch Vermittlung von Freunden um Versöhnung bemühte, schrieb er von sich aus und als Erster.[241] Valerius Catullus[242], der ihn – woraus er keinen Hehl gemacht hatte – in seinen Verschen über Mamurra auf immer gebrandmarkt hatte, lud er am selben Tag, als dieser sich bei ihm entschuldigte, zum Abendessen ein und pflegte weiterhin die Gastfreundschaft zu dessen Vater, so wie er es gewohnt war.

74 (1) Aber auch in der Rache zeigte sich Caesar von Natur aus überaus milde. Die Piraten, die ihn gefangen genommen hatten, ließ er, als er sie in seine Gewalt gebracht hatte, ans Kreuz schlagen, weil er es ihnen zuvor geschworen hatte, ließ sie aber vorher erdrosseln.[243] Er brachte es nicht übers Herz, dem Cornelius Phagita jemals ein Leid zuzufügen; dieser hatte ihn einst, als er krank war und sich versteckt hielt, um nicht an Sulla ausgeliefert zu werden, heimtückisch zu nächtlicher Stunde überfallen; er hatte es nur mit Mühe und durch Zahlung einer Summe geschafft zu entkommen.[244] Seinen Sekretär Philemon, einen Sklaven, der seinen Feinden versprochen hatte, seinen Tod durch Gift herbeizuführen, bestrafte er lediglich mit einfacher Hinrichtung.[245] (2) Gegen Publius Clodius, der seine Gattin Pompeia verführt hatte und aus demselben Grund wegen Entweihung der heiligen Handlungen angeklagt war, wurde er als Zeuge geladen und behauptete, nichts in Erfahrung gebracht zu haben, obgleich sowohl seine Mutter Aurelia als auch seine Schwester Iulia vor denselben Richtern alles wahrheitsgemäß dargelegt hatten. Als er danach gefragt wurde, warum er dennoch seine Frau verstoßen habe, antwortete er: »Weil ich die Auffassung vertrete, dass meine Verwandten ebenso frei von Verdacht wie von Verbrechen sein müssen.«

75 (1) Mäßigung und Milde aber bewies er sowohl während des Bürgerkriegs als auch ganz besonders nach dem Sieg in bewunderungswürdiger Art und Weise. Als Pompeius in aller Form ankündigte, er werde diejenigen als Feinde betrachten, die das Gemeinwesen nicht unterstützten, gab Caesar öffentlich bekannt, er werde all diejenigen, die sich völlig neutral[246] verhielten, als seine Freunde ansehen. All denen aber, die er auf Empfehlung des Pompeius auf höhere Funktionsstellen[247] befördert hatte, stellte er es frei, zu diesem überzutreten. (2) Als bei Ilerda Kapitulationsverhandlungen begonnen worden waren und als Afranius und Petreius – unterdessen herrschte zwischen beiden Seiten ein reger Austausch und Handel – in einem Anflug plötzlicher Reue die Caesaranhänger, die sich im Lager befanden, aufgreifen und töten ließen, brachte es Caesar nicht übers Herz, den gegen ihn begangenen Treubruch mit gleicher Münze heimzuzahlen.[248] In der Schlacht von Pharsalos ließ er laut die Devise verkünden, die Bürger sollten geschont werden, und später räumte er jedem seiner Leute die Möglichkeit ein, einem beliebigen Anhänger der Gegenseite das Leben zu schenken. (3) Es wird sich auch niemand finden lassen, der anders als in der Schlacht sein Leben verloren hat, lediglich mit Ausnahme von Afranius, Faustus und Lucius

Caesar[249]. Und es wird die Meinung vertreten, dass nicht einmal sie auf seine Weisung hin getötet worden sind; die beiden Ersteren jedoch hatten den Krieg gegen ihn erneut aufgenommen, obwohl ihnen bereits einmal Verzeihung gewährt worden war, und der Dritte im Bunde[250] hatte nicht nur Caesars Freigelassene und Sklaven mit Feuer und Schwert auf grausame Art und Weise umbringen, sondern auch die von Caesar für ein öffentliches Schauspiel beschafften wilden Tiere niedermetzeln lassen. (4) Während seiner letzten Lebensjahre erlaubte er schließlich sogar allen, welchen er noch keine Verzeihung gewährt hatte, die Rückkehr nach Italien und die Übernahme sowohl ziviler als auch militärischer Führungspositionen. Ja, er ließ sogar die vom Volk zerstörten Statuen des Lucius Sulla und des Pompeius wieder aufstellen.[251] Und wenn in der Folgezeit irgendetwas Feindseliges gegen ihn geplant oder gesagt wurde, wollte er dies lieber unterbinden als bestrafen. (5) Daher verfolgte er aufgedeckte Verschwörungen und nächtliche Zusammenkünfte nicht weiter, vielmehr gab er durch eine Verordnung zu verstehen, sie seien ihm bekannt; und im Falle derjenigen, die Schmähreden gegen ihn hielten, begnügte er sich damit, sie in einer öffentlichen Rede eindringlich davor zu warnen, damit fortzufahren. Gelassen nahm er es hin, dass durch die überaus gehässige Schrift des Aulus Caecina und durch die höchst verleumderischen Gedichte des Pitholaus sein guter Ruf verunglimpft wurde.

76 (1) Seine übrigen Worte und Taten jedoch überwiegen, so dass man die Auffassung vertreten kann, er habe seine Machtstellung missbraucht und sei zu Recht ermordet worden. Er hat ja nicht nur übermäßig viele Ehrungen angenommen, etwa: ein fortwährendes Konsulat[252], die Diktatur und das Amt des höchsten Sittenrichters auf Lebenszeit[253], darüber hinaus den Vornamen »Imperator«[254] und den Beinamen »Vater des Vaterlandes«[255], ein Standbild unter denen der Könige[256] und einen erhöhten Sitz in der Orchestra; sondern er duldete es sogar, dass man ihm Ehrungen zusprach, die über das menschliche Maß weit hinausgingen: einen goldenen Sessel in der Kurie[257] und bei Gericht, einen Prozessionswagen und eine Trage beim Umzug im Circus, Tempel, Altäre, Bilder neben denen der Götter, ein Götterpolster, einen eigenen Priester[258], eine eigene Gruppe von Panpriestern[259] sowie die Benennung eines Monats nach seinem Namen[260]; sämtliche Ehrenstellen nahm und vergab Caesar rein willkürlich. (2) Sein drittes und viertes Konsulat[261] übte er nur dem Namen nach aus; er gab sich mit der Macht zufrieden, die ihm die Diktatur[262] einräumte und die man ihm zusammen mit den Konsulaten zugesprochen hatte; in beiden Jahren berief er für die letzten drei Monate zwei Konsuln zu seinen Stellvertretern, so dass er in der Zwischenzeit keine Wahlversammlungen abhielt, mit Ausnahme der für die Berufung der Volkstribunen und der plebejischen Ädilen, und anstelle der Prätoren Präfekten[263] ernannte, die während seiner Abwesenheit die Stadtverwaltung leiteten. Als einmal am 31. Dezember einer der beiden Konsuln plötzlich verstarb, gab er einem Bewerber die freiwerdende Ehrenstelle für die wenigen Stunden.[264] (3) Mit derselben Willkür setzte er unter Missachtung der traditionellen Grundsätze Personen für mehrere Jahre[265] in ein Ehrenamt ein,[266] gewährte zehn ehemaligen Prätoren das Recht, konsularische Ehrenzeichen zu tragen, und nahm Leute, die er mit dem Bürgerrecht beschenkt hatte, und einige Halbbarbaren[267] gallischer Herkunft in den Senat auf. Darüber hinaus übertrug er die Leitung des Münzwesens und der öffentlichen Steuern seinen eigenen Sklaven.[268] Das Kommando über die drei Legionen, die er in Alexandria zurückließ, übertrug er seinem Lustknaben Rufio[269], dem Sohn eines Freigelassenen.

77 Von nicht geringerer Überheblichkeit zeugten, wie Titus Ampius schreibt, die Reden, die er in aller Öffentlichkeit hielt:

Das Gemeinwesen sei ein Nichts, lediglich ein Name ohne Körper und Gestalt. Sulla habe Sprache und Regeln der Politik nicht gekannt, da er die Diktatur[270] niedergelegt habe; die Leute müssten nunmehr überlegter mit ihm reden und das, was er sage, als Gesetze erachten. Ja, als ein Opferschauer[271] einmal verkündete, die Eingeweide verhießen Unglück und seien ohne Herz, ging er in seiner Arroganz so weit, zu behaupten, sie hätten eine glücklichere Vorbedeutung, wenn er es nur wolle; auch dürfe man es nicht für ein Wunder halten, wenn einem Vieh das Herz fehle.

78 (1) Aber den empfindlichsten und zu seinem Untergang führenden Hass zog sich Caesar vor allem durch Folgendes zu: Die Senatoren, die ihn vollzählig mit zahlreichen und ungewöhnlich schmeichelhaften Beschlüssen aufsuchten, empfing er vor dem Tempel der Venus Genetrix, und zwar sitzend. Einige vertreten die Auffassung, er sei von Cornelius Balbus[272] zurückgehalten worden, als er aufstehen wollte; andere hingegen, er habe nicht einmal den Versuch dazu gemacht, sondern habe sogar Gaius Trebatius[273], als dieser ihn ermahnte, sich zu erheben, einen recht unfreundlichen Blick zugeworfen. (2) Diese seine Handlungsweise schien deshalb umso unerträglicher, als er selbst darüber entrüstet war, dass sich Pontius Aquila[274] als einziges Mitglied des Kollegiums[275] nicht erhoben hatte, als er bei einem Triumphzug an den Sitzen der Tribunen vorbeifuhr; Caesar war so empört, dass er ausrief: »Dann fordere du, Aquila, Tribun, von mir auch das Gemeinwesen zurück.« Und noch mehrere Tage danach unterließ er es nicht, irgendjemandem ein Versprechen mit der Einschränkung zu geben: »Aber nur, wenn Pontius Aquila seine Erlaubnis erteilt.«

79 (1) Caesar fügte einer so unerhörten Kränkung des Senats ein noch weitaus arroganteres Benehmen hinzu; als nämlich beim Opfer anlässlich des Latinerfests[276] – er war bereits auf dem Rückweg – ein Mann aus der Menge unter ungebührlichen und beispiellosen Beifallsrufen des Volkes Caesars Statue einen von einer weißen Binde[277] umwundenen Lorbeerkranz aufsetzte, ließen die Volkstribunen Epidius Marullus und Caesetius Flavus die Binde vom Kranz entfernen und den Mann abführen; darüber war er verärgert, sei es, dass der Vorschlag, ihn zum König zu erheben, so ungeschickt inszeniert worden war, oder dass ihm, wie er sagte, der Ruhm genommen worden sei, die Königswürde abgelehnt zu haben. Daher fuhr er die Volkstribunen heftig an und enthob sie ihres Amtes. (2) Dennoch vermochte er nicht das üble Gerücht aus der Welt zu schaffen, er habe sogar nach der Königswürde gestrebt, obgleich er dem Volk, das ihn als König begrüßte, entgegnete, er sei Caesar und nicht König; am Luperkalienfest[278] wies er vor der Rednertribüne das Diadem, das der Konsul Antonius ihm mehrmals aufzusetzen versuchte, zurück und ließ es auf das Kapitol dem Iuppiter Optimus Maximus bringen. (3) Ja, es verbreitete sich sogar verschiedentlich das Gerücht, er wolle nach Alexandria oder Troja übersiedeln und dabei zugleich das politische Zentrum verlegen, nachdem er Italien durch Aushebungen geschwächt und die Verwaltung der Stadt seinen Freunden anvertraut hätte; auf der nächsten Senatssitzung aber werde Lucius Cotta, ein Mitglied des Fünfzehnmännerkollegiums[279], den Antrag stellen, Caesar zum König zu ernennen, weil bekanntlich nach Aussagen der Sibyllinischen Bücher[280] nur ein König die Parther besiegen könne.

80 (1) Dies war für die Verschwörer der Grund, ihre Pläne schnell in die Tat umzusetzen, um (diesem Antrag) nicht ihre Zustimmung erteilen zu müssen.

Daher kamen sie, die zuvor verstreut und oft nur zu zweit oder zu dritt Beratungen abgehalten hatten, zu einer Vollversammlung zusammen, da nicht einmal das Volk über den gegenwärtigen Zustand froh war, sondern heimlich und auch in aller Öffentlichkeit die Alleinherrschaft nicht mehr gelten ließ und Befreier forderte. (2) Als Ausländer in den Senat hinzugewählt worden waren,[281] wurde ein Plakat angeschlagen: »Glückauf![282] Niemand soll einem neuen Senator den Weg zur Kurie zeigen!« Und folgender Spruch wurde im Volk gesungen:

Gallier führt Caesar im Triumphzug mit, aber auch in die Kurie.
Gallier legten die Hosen ab und den breiten Purpurstreifen an.[283]

Als Quintus Maximus, der für drei Monate zum Konsul nachgewählt worden war, das Theater betrat und der Liktor[284] – wie es Sitte war – Aufmerksamkeit einforderte, hörte man von allen Seiten den Ruf, dieser sei kein Konsul. (3) Nachdem Caesar die Volkstribunen Caesetius und Marullus aus ihren Ämtern hatte entfernen lassen, wurde bei den darauffolgenden Wahlversammlungen eine Reihe von Stimmzetteln, auf denen sie zu Konsuln erklärt wurden, gefunden. Einige Leute haben auf das Standbild des Lucius Brutus geschrieben: »Wenn du doch noch lebtest!« Und auf das Caesars:

Brutus wurde unser erster Konsul, weil er die Könige vertrieb,
dieser wurde schließlich König, weil er die Konsuln vertrieb.

(4) Es haben sich mehr als 60 Personen gegen ihn verschworen; dabei waren Gaius Cassius[285] sowie Marcus[286] und Decimus Brutus[287] die führenden Kräfte. Zunächst schwankten sie, ob einige von ihnen ihn auf dem Marsfeld im Verlauf der Wahlversammlung, wenn er die Stadtbezirke zur Wahl riefe, von der Brücke[288] stürzen, andere ihn unten abfangen und nie-

dermetzeln oder ob sie ihn auf der Via Sacra[289] oder am Eingang des Theaters angreifen sollten. Nachdem aber eine Senatssitzung für die Iden des März[290] in der Kurie des Pompeius anberaumt worden war, zogen sie diesen Zeitpunkt und diesen Ort gern vor.

81 (1) Allerdings ist Caesar die baldige Ermordung durch unverkennbare Vorzeichen prophezeit worden. Wenige Monate zuvor, als die Ansiedler in der Kolonie Capua[291], denen nach dem Iulischen Gesetz[292] dieses Gebiet zugewiesen war, für ihren Häuserbau uralte Gräber einrissen – und dies taten sie umso sorgfältiger, da sie beim Durchstöbern auf eine beträchtliche Anzahl alter Gefäße stießen –, wurde in dem Grabmal, in dem Capys, der Gründer Capuas, der Überlieferung nach bestattet war, eine bronzene Tafel gefunden, auf der in griechischer Schrift und Sprache folgender Satz stand: »Wenn die Gebeine des Capys einmal entdeckt werden, wird ein Nachkomme des Iulus von der Hand seiner Blutsverwandten[293] ermordet, sein Tod aber unter großen Verlusten für Italien gerächt werden.« (2) Das bezeugt auch Cornelius Balbus[294], ein sehr enger Freund Caesars: Niemand soll dieses Faktum also für ein Märchen oder eine Erfindung halten. Wenige Tage vor seinem Tod erfuhr Caesar, dass die Pferdeherden, die er beim Übergang über den Rubikon dem Flussgott geweiht und ohne Hüter hatte frei herumlaufen lassen, beharrlich die Futteraufnahme verweigerten und heftig weinten. Und als er ein Opfer darbrachte, warnte ihn der Wahrsager[295] Spurinna, er solle sich vor einer Gefahr hüten, die nicht über die Iden des März hinaus auf sich warten lassen werde. (3) Am Tag aber vor den genannten Iden verfolgten verschiedene Vögel von einem nahegelegenen Wald aus einen Zaunkönig, der mit einem Lorbeerzweig im Schnabel zur Kurie des Pompeius flog, und rissen ihn genau dort in Stücke. In der Nacht vor seiner Ermordung aber erschien es ihm, als ob er während des Schlafes zuweilen über den Wolken flöge, ein anderes Mal, als ob er Iuppiter die Hand reiche.[296] Und seine Gattin Calpurnia[297] träumte, der Giebel ihres Hauses stürze ein und ihr Mann werde in ihrem Schoß erdolcht; und plötzlich öffneten sich von selbst die Türen des Schlafgemachs.

(4) Aus diesen Gründen und auch wegen seiner schlechten körperlichen Verfassung war Caesar längere Zeit im Zweifel darüber, ob er lieber zu Hause bleiben und auf einen späteren Zeitpunkt verschieben sollte, was er vor dem Senat vorzutragen beabsichtigt hatte; weil Decimus Brutus[298] ihn schließlich ermahnte, er solle die zahlreich erschienenen und schon länger wartenden Senatoren nicht im Stich lassen, brach er um die fünfte Stunde [zwischen 11 und 12 Uhr] auf und steckte ein Schreiben, das ihm von jemandem überreicht wurde und ihn über den geplanten Anschlag informierte, zwischen die übrigen Schriftstücke, die er in der linken Hand hielt, um es später zu lesen. Obwohl er dann mehrere Opfertiere tötete und kein günstiges Vorzeichen für sein Unternehmen[299] erhielt, trat er dennoch unter Missachtung religiöser Bedenken in das Senatsgebäude ein, verhöhnte Spurinna und warf ihm vor, er sei ein falscher Prophet, angesichts der Tatsache, dass die Iden des März ohne jeglichen Schaden für ihn gekommen seien; indes erwiderte dieser, die Iden seien zwar gekommen, aber noch nicht vorüber.

82 (1) Als er dabei war, sich hinzusetzen, stellten sich die Verschworenen um ihn herum auf, um den Anschein zu erwecken, sie wollten ihm ihre Reverenz erweisen; sofort näherte sich ihm Cimber Tillius[300], der die erste Rolle übernommen hatte, so als ob er ihn um eine Gefälligkeit bitten wollte; als Caesar ihn abwies und mit einer Handbewegung auf einen späteren Zeitpunkt vertröstete, fasste ihn Cimber an beiden Schultern an der Toga. Als Caesar ausrief: »Das ist ja Gewalt!«, verwundete ihn einer der beiden Casca von hinten etwas unterhalb der Kehle. (2) Caesar packte Casca am Unterarm und durchstach ihn mit einem Schreibgriffel; als er daraufhin versuchte, aufzuspringen, wurde er durch eine zweite Verwundung daran gehindert. Sobald er aber feststellte, dass er von allen Seiten mit gezückten Dolchen angegriffen wurde, verhüllte er mit der Toga sein Haupt und zog gleichzeitig mit der linken Hand den Faltenbausch bis zu den Füßen herunter, um mit Würde zu fallen und auch den unteren Körperteil zu bedecken. Auf diese Weise wurde er von 23 Stichen durchbohrt; dabei gab er lediglich beim ersten Stich einen Seufzer von sich, sagte aber kein Wort; gleichwohl wussten einige Leute zu berichten, er habe zu dem sich auf ihn stürzenden Marcus Brutus (auf Griechisch) gesagt: »Auch du, mein Kind?«[301] (3) Als sich alle zerstreuten, blieb er eine Zeitlang leblos liegen, bis schließlich drei junge Sklaven ihn auf eine Bahre legten und nach Hause trugen, wobei sein Arm herabhing. Trotz der so zahlreichen Verwundungen führte – wie sein Leibarzt Antistius meinte – lediglich eine einzige zum Tod, nämlich die zweite, die er an der Brust erhalten hatte.

(4) Die Verschworenen hatten vorgehabt, die Leiche des Ermordeten in den Tiber zu werfen[302], sein Hab und Gut zu konfiszieren und seine Verordnungen für ungültig zu erklären, aber aus Furcht vor dem Konsul Marcus Antonius und dem Reiteroberst Lepidus nahmen sie von ihrem Plan Abstand.[303]

83 (1) Daher wurde auf Antrag seines Schwiegervaters Lucius Piso sein Testament, welches er am 13. September des Vorjahres auf seinem Landgut in Lavicum verfasst und der ranghöchsten Vestalin anvertraut hatte,[304] eröffnet und im Haus des Antonius verlesen. Quintus Tubero teilt mit, Caesar habe seit seinem ersten Konsulat bis zu Beginn des Bürgerkriegs stets Gnaeus Pompeius als Erben eingesetzt und dies auch den Soldaten in einer Versammlung so vorgelesen. (2) In seinem letzten Testament hingegen hat er drei Erben eingesetzt, nämlich die Enkel seiner Schwestern: Gaius Octavius mit drei Vierteln, Lucius Pinarius und Quintus Pedius mit dem restlichen Viertel; am Ende des Testaments nahm er Gaius Octavius sogar durch Adoption in seine Familie auf und verlieh ihm seinen Namen; die meisten seiner Mörder hat er zu Vormündern seines Sohnes bestimmt, falls ihm noch einer geboren würde, Decimus Brutus sogar zum Erben zweiten Grades. Dem Volk hinterließ er seine Gärten am Tiber zur allgemeinen Benutzung und 300 Sesterzen pro Kopf.

84 (1) Nachdem der Termin für das Begräbnis bekanntgegeben war, wurde ein Scheiterhaufen auf dem Marsfeld neben dem Grabmal der Iulia und vor der Rednertribune ein vergoldetes Haus nach dem Vorbild des Tempels der Venus Genetrix errichtet; in seinem Inneren befand sich ein elfenbeinernes Bett, welches mit goldverbrämten Purpurdecken ausgelegt war, und am Kopfende ein Siegespfeiler[305] mit der Kleidung, die Caesar bei seiner Ermordung getragen hatte. Wer dem Leichenzug Geschenke voranzutragen gedachte, dem wurde, weil ein Tag nicht auszureichen schien, die Anweisung erteilt, er solle diese unter Missachtung der sonst gewohnten Ordnung auf jedem beliebigen Weg durch die Stadt zum Marsfeld tragen. (2) Im Verlauf der Leichenspiele wurden auch Verse vorgetragen, die dazu angetan waren, Mitleid mit Caesar zu wecken und Hass auf seine Mörder zu schüren, etwa aus dem *Urteil über die Waffen* des Pacuvius: »Habe ich sie gerettet, damit sie mich zugrunde richten können?«[306], und aus der *Elektra* des Atilius[307] mit ähnlicher Sinnrichtung. Anstelle einer Leichenrede[308] ließ der Konsul Antonius durch einen Herold den Senatsbeschluss verlesen, durch den Caesar alle göttlichen und menschlichen Ehrungen zugleich zuerkannt worden waren, ebenso den Eid, mit dem sich alle Senatoren für die persönliche Sicherheit dieses einen Mannes verbürgt hatten; diesen Worten fügte er selbst nur wenige eigene hinzu. (3) Die noch amtierenden und ehemaligen Magistrate trugen die Bahre vor die Rednertribüne auf dem Forum. Während einige die Bahre im Inneren des Iuppiter-Tempels auf dem Kapitol verbrennen lassen wollten und andere dafür die Kurie des Pompeius vorschlugen, erschienen plötzlich zwei Männer, die mit Schwertern ausgerüstet waren, zwei Wurfspieße in Händen hielten und die Bahre mit Wachsfackeln anzündeten; sogleich trug die Menge der Herumstehenden trockenes Reisig, die Richterstühle mit den Bänken und alles, was an Totengaben vorhanden war, zusammen. (4) Daraufhin zogen sich die Flötenspieler und Schauspieler die Gewänder aus, die sie der Requisitenkammer der Triumphzüge entnommen und für die gegenwärtige Feier angelegt hatten, zerrissen sie und warfen sie in die Flammen, desgleichen die Legionssoldaten der Veteranen die eigenen Waffen, in deren Schmuck sie an der Leichenfeier teilnahmen; auch sehr viele ehrbare Frauen ihre Schmuckstücke, die sie trugen, und die Amulette und Obergewänder ihrer Kinder[309].

(5) Während dieser tiefen Staatstrauer ließen auch zahlreiche auswärtige Landsmannschaften gruppenweise ihre Klagen entsprechend ihrem jeweiligen Ritus erschallen, vor allem die Juden, die sogar mehrere Nächte hintereinander seinen Scheiterhaufen besuchten.[310]

85 Das Volk eilte sogleich mit Fackeln von der Leichenfeier zum Haus des Brutus und Cassius und konnte nur mit Mühe zurückgetrieben werden; es tötete den ihm begegnenden Helvius Cinna wegen einer Namensverwechslung – man hielt ihn nämlich für Cornelius Cinna, den man suchte, da er tags zuvor während einer öffentlichen Versammlung eine heftige Rede gegen Caesar gehalten hatte – und spießte sein Haupt auf einer Lanze auf und trug es herum. Später errichtete das Volk auf dem Forum eine annähernd 20 Fuß hohe massive Säule aus numidischem Marmor mit der Inschrift: »DEM VATER DES

VATERLANDES«. Hier pflegte man noch lange Zeit Opfer darzubringen, Gelübde abzulegen und bestimmte Streitigkeiten durch einen Schwur bei Caesars Namen zu schlichten.

86 (1) Caesar hinterließ bei einigen der ihm Nahestehenden den Verdacht, er habe nicht länger leben wollen und sich auch nicht weiter in Acht genommen, weil er eine angegriffene Gesundheit hatte; aus demselben Grund habe er auch die warnenden Vorzeichen und die Mahnungen seiner Freunde ignoriert. Einige vertreten die Auffassung, er habe im Vertrauen auf den letzten Senatsbeschluss und den abgelegten Eid sogar die spanischen Wachposten entlassen, die ihn sonst überallhin mit Schwertern begleiteten. (2) Andere hingegen meinen, er habe es vorgezogen, die Gefahren, die ihm von allen Seiten drohten, lieber einmal auf sich zu nehmen als ständig in Angst vor ihnen zu leben. Wieder andere berichten, er habe häufig erklärt, es liege nicht so sehr in seinem Interesse als vielmehr in dem des Gemeinwesens, dass er am Leben bleibe; er habe schon längst Macht und Ruhm im Überfluss erreicht; das Gemeinwesen werde, falls ihm etwas passieren sollte, keine Ruhe finden, sondern unter weitaus schlechteren Bedingungen Bürgerkriege erleben.

87 Darin herrscht bei fast allen Einigkeit, dass ihm ein derartiger Tod beinahe nach Wunsch gekommen ist. Denn einst, als er bei Xenophon[311] gelesen hatte, dass Kyros im Verlauf seiner letzten Krankheit Anordnungen bezüglich seiner Bestattung getroffen habe, hat er seine Abneigung gegen ein so langsames Sterben zum Ausdruck gebracht und sich einen plötzlichen und schnellen Tod gewünscht; und als am Tag vor seiner Ermordung während des Essens im Hause des Marcus Lepidus das Gespräch darauf kam, welches wohl das angenehmste Lebensende sei, hatte er ein plötzliches und unerwartetes vorgezogen.

88 Caesar starb im 56. Lebensjahr und wurde unter die

Götter aufgenommen, aber nicht nur durch den Mund derer, die das beschlossen, sondern auch weil das Volk davon überzeugt war. Während der ersten Spiele, die sein Erbe Augustus zu seiner Aufnahme unter die Götter veranstalten ließ, erstrahlte ein Komet, der ungefähr zur elften Stunde [zwischen 16 und 17 Uhr] aufging, sieben Tage lang am Himmel; man glaubte, es sei die Seele des in den Himmel aufgenommenen Caesar; deshalb wird an seinem Standbild über dem Scheitel stets ein Stern angebracht.

Entsprechend einem Beschluss wurde das Senatsgebäude, in dem Caesar ermordet worden war, zugemauert, die Iden des März wurden »Vatermordstag« genannt, und es sollte an diesem Tag niemals eine Senatssitzung stattfinden.

89 Fast keiner seiner Mörder überlebte ihn um mehr als drei Jahre, und keiner starb eines natürlichen Todes. Alle wurden verurteilt, alle kamen auf unterschiedliche Weise um, einige bei einem Schiffbruch, andere in der Schlacht; wieder andere töteten sich selbst mit genau dem Dolch, mit dem sie Caesar ermordet hatten.

2. BUCH

Der göttliche Augustus

1 Vieles weist deutlich darauf hin, dass die Familie der Octavii[1] einst zu den vornehmsten in Velitrae gehörte. Denn im belebtesten Teil der Stadt hieß ein Viertel schon seit langer Zeit Octavius, und es wurde ein Altar gezeigt, der einem Octavius geweiht war; dieser hatte in einem Grenzkrieg, da er gerade dem Mars ein Opfer darbrachte, als Feldherr Meldung vom plötzlichen Angriff der Feinde erhalten. Daraufhin riss er die halbrohen Eingeweide des Opfertieres aus dem Feuer, zerschnitt sie, und nachdem er so in den Kampf geschritten war, kehrte er als Sieger zurück. Es gab sogar einen öffentlichen Beschluss, der sicherstellte, dass auch in Zukunft dem Mars die Eingeweide in ähnlicher Weise dargebracht und die Reste an die Octavii abgeliefert wurden.

2 (1) Diese Familie gehörte zu den Geschlechtern[2] zweiter Klasse; nachdem sie von König Tarquinius Priscus in den Senat hinzugewählt, später von Servius Tullius unter die Patrizier aufgenommen worden war, wechselte sie im Laufe der Zeit auf die Seite der Plebejer und kehrte erst nach langer Zeit wieder in den Patrizierstand zurück, und zwar durch den göttlichen Iulius. Als Erster erhielt aus dieser Familie ein Amt durch Volkswahl C. Rufus[3]. (2) Dieser bekleidete den Rang eines Quästors und hatte zwei Söhne, nämlich Gnaeus und Gaius, von denen sich die zweifache Linie der Familie der Octavii herleitete und deren Schicksal sehr verschiedenen war, insofern als Gnaeus und alle, die später von ihm abstammten, die höchsten Ehrenämter bekleideten, wohingegen Gaius und seine Nachkommen, sei es schicksalhaft oder auf eigenen Wunsch, bis zum

Vater des Augustus im Ritterstand blieben. Augustus' Urgroßvater diente als Militärtribun im Zweiten Punischen Krieg in Sizilien unter dem Oberbefehl des Aemilius Papus. Sein Großvater, zufrieden mit den Aufgaben eines kleinstädtischen Wegaufsehers, erreichte auf sehr ruhige Art und Weise ein hohes Alter, wobei ihm ein reiches Erbe zur Verfügung stand. (3) Aber diese Informationen haben andere überliefert; Augustus selbst schreibt nichts weiter, als dass er von einer alten und reichen Familie des Ritterstandes abstamme, in der sein Vater der erste Senator gewesen sei. M. Antonius macht ihm zum Vorwurf, dass sein Urgroßvater Freigelassener sei, ein Seiler aus dem Polisgebiet von Thurii, sein Großvater Geldwechsler. Darüber hinaus habe ich über die väterlichen Vorfahren des Augustus nichts in Erfahrung gebracht.

3 (1) C. Octavius, der Vater von Augustus, zeichnete sich von früher Jugend an sowohl durch umfangreichen Besitz aus als auch durch großes Ansehen, so dass ich mich freilich wundere, dass einige behaupteten, er sei Geldwechsler gewesen und hätte sich sogar unter den Wahlgeldausteilern und Beifallklatschern auf dem Marsfeld befunden; denn in ansehnlichem Reichtum aufgewachsen, hat er mühelos Staatsämter erreicht und vortrefflich verwaltet: Nach seiner Prätur erloste er die Provinz Makedonien und vernichtete auf seinem Weg dorthin Flüchtlinge, die übriggebliebene Schar des Spartacus und des Catilina, die die Mark von Thurii besetzt hielt; diese Aufgabe war ihm im Senat aufgrund eines besonderen Beschlusses übertragen worden. (2) Die Provinz leitete er gleichermaßen mit Gerechtigkeit und Tapferkeit; denn nachdem er die Besser und Thraker in einer großen Schlacht geschlagen hatte, behandelte er die Bundesgenossen derart, dass M. Cicero in noch vorhandenen Briefen seinen Bruder Quintus, der zur selben Zeit als Prokonsul Kleinasien verwaltete und sich dabei keiner günstigen Beurteilung erfreuen durfte, eindringlich ermahnte, seinen Nachbarn Octavius im Umgang mit Bundesgenossen nachzuahmen.[4]

4 (1) Bei seiner Abreise von Makedonien, noch bevor er seine Kandidatur für das Konsulat bekanntgeben konnte, verstarb er plötzlich,[5] wobei er aus der Ehe mit Ancharia die ältere Octavia hinterließ; die jüngere Octavia sowie Augustus waren Kinder, die er gemeinsam mit Atia hatte. Diese war eine Tochter von M. Atius Balbus und Iulia, der Schwester des C. Caesar. Balbus, der väterlicherseits aus Aricia stammte und in dessen Familie zahlreiche Senatoren waren, stand mütterlicherseits in sehr enger Beziehung zu Pompeius dem Großen. Nachdem er die Prätur[6] innegehabt hatte, gehörte er dem Zwanzigmännerkollegium an, das gemäß dem Iulischen Gesetz[7] die kampanische Mark unter das Volk aufteilte. (2) Derselbe Antonius aber, der auf die mütterlichen Ahnen des Augustus mit Verachtung herabsieht, erhebt gegen ihn den Vorwurf, sein Urgroßvater sei von afrikanischer Herkunft gewesen und habe in Aricia bald einen Salbenladen, bald das Müller- und Bäckerhandwerk betrieben. Cassius aus Parma[8] freilich behauptet in einem Brief, Augustus sei nicht nur der Enkel eines Bäckers, sondern sogar eines Geldmaklers: »Das Mehl deiner Mutter kommt aus der primitivsten Mühle von Aricia: Ein Geldwechsler aus Nerulum hat es geformt mit Händen, die vom Aufpreis beim Geldwechseln geschwärzt waren.«

5 Geboren wurde Augustus im Konsulatsjahr von M. Tullius Cicero und C. Antonius[9] am 23. September kurz vor Sonnenaufgang in der Gegend des Palatins, die »Bei den Rinderköpfen« heißt; dort befindet sich jetzt ein Heiligtum, das eine Reihe von Jahren nach seinem Hinscheiden errichtet wurde. Denn wie in den Senatsakten festgehalten, hat C. Laetorius, ein junger Mann aus dem Patrizierstand, als er eine schwerere Strafe wegen eines von ihm begangenen Ehebruchs durch flehentliches Bitten abwenden wollte, neben seinem Alter und

seiner Abstammung auch dies vor den Senatoren (als Milderungsgrund) geltend gemacht, dass er Besitzer und gewissermaßen Hüter des Bodens sei, den der göttliche Augustus bei seiner Geburt berührt habe; und als er darum bat, dass ihm die Strafe erlassen werde aufgrund der ihm gleichsam persönlich und als Eigentum zugehörigen Gottheit, wurde der Beschluss gefasst, diesen Teil des Hauses zum Heiligtum zu erklären.

6 Noch heute wird der Ort seiner ersten Jugendjahre im großväterlichen Landgut nahe bei Velitrae gezeigt, ein Raum, der nur so groß wie eine Vorratskammer ist; und die Nachbarschaft vertritt die Meinung, dass Augustus dort auch geboren sei. Es gilt als Frevel, hier einzutreten, außer wenn es unvermeidlich ist und in frommer Absicht geschieht; entsprechend einem alten Glauben wird denen, die unbesonnen diesen Ort aufsuchen, Schrecken und Furcht eingejagt; dies bestätigte sich auch bald. Denn als ein neuer Besitzer des Landhauses, sei es zufällig, sei es, um seinen Wagemut zu erproben, sich dorthin zum Schlafen begeben hatte, geschah es, dass er nach sehr wenigen Stunden der Nacht von dort durch eine plötzlich auftretende, unbekannte Macht hinausgeworfen und beinahe halbtot zusammen mit seinem Lager vor der Tür aufgefunden wurde.

7 (1) Als Kind gab man Augustus den Beinamen Thurinus zur Erinnerung an die Herkunft seiner Vorfahren oder weil sein Vater Octavius in der Gegend von Thurii gleich nach der Geburt des Sohnes entlaufene Sklaven mit Erfolg bekämpft hatte[10]. Als sicheren Beweis dafür, dass er den Beinamen Thurinus wirklich erhalten hat, möchte ich anführen, dass ich zufällig eine alte Bronzestatuette gefunden habe, die Augustus als Knaben darstellt und auf der eine alte Inschrift aus eisernen, kaum noch leserlichen Buchstaben mit diesem Namen angebracht ist; diese Statuette, die ich dem Kaiser zum Geschenk gemacht habe, wird von ihm unter den Hausgöttern in seinem Schlafgemach verehrt. Augustus aber wird von M. Antonius in seinen Briefen aus Verunglimpfung oft »Thurinus« genannt, und er selbst erwidert nichts weiter, als dass er sich darüber wundere, dass ihm der frühere Name zum Vorwurf gemacht werde. (2) Später nahm er die Beinamen Gaius Caesar und dann Augustus an, den einen entsprechend dem Testament seines Großonkels, den anderen aufgrund des Antrags von Munatius Plancus[11]. Obgleich einige Senatoren beantragten, er müsse Romulus genannt werden, gewissermaßen als zweiter Gründer der Stadt, setzte sich die Ansicht durch, ihn eher Augustus zu nennen, nicht nur wegen des neuen, sondern auch wegen des erlauchteren Beinamens, weil auch Plätze für religiöse Handlungen und solche, auf denen nach Einholung der Vorzeichen Weihungen vorgenommen wurden, als *augustus*[12] [»geweiht, erhaben«] bezeichnet werden, ein Wort, das sich herleitet von *auctus* [»Gedeihen, Fülle«] oder von *avium gestu gustuve* [»Gebaren oder Fressen der Vögel«], wie auch Ennius[13] lehrt, wenn er schreibt: »Nachdem das berühmte Rom aufgrund erhabener Vogelschau gegründet war.«

8 (1) Im Alter von vier Jahren[14] verlor Augustus seinen Vater. Mit zwölf Jahren hielt er die öffentliche Leichenrede[15] für seine verstorbene Großmutter Iulia. Vier Jahre später wurde er, nachdem er schon die Männertoga[16] angelegt hatte, beim afrikanischen Triumph Caesars[17] mit militärischen Auszeichnungen geehrt, obgleich er wegen seines Alters am Krieg nicht teilgenommen hatte. Als sein Onkel bald danach gegen die Söhne des Cn. Pompeius in die beiden spanischen Provinzen aufbrach,[18] folgte er ihm sofort, obwohl kaum von schwerer Krankheit genesen, auf den von Feinden bedrohten Straßen, wobei ihn nur wenige begleiteten und er obendrein noch Schiffbruch erlitten hatte; dadurch machte er sich hoch verdient; auch seine guten charakterlichen Veranlagungen wurden rasch anerkannt, ganz abgesehen von der Energie, die er unterwegs gezeigt hatte.

(2) Nachdem Caesar die beiden spanischen Provinzen eingenommen hatte,[19] beschloss er, einen Feldzug zu den Dakern und von dort zu den Parthern zu unternehmen; Augustus wurde nach Apollonia vorausgeschickt, wo er Zeit für wissenschaftliche Studien hatte. Als er erfahren hatte, dass Caesar ermordet worden war und er zu seinem Erben bestellt sei, war er lange unschlüssig, ob er nicht die Legionen, die ganz in der Nähe stationiert waren, um Hilfe bitten sollte, ließ allerdings diesen Plan als überstürzt und noch nicht ausgereift fallen. Aber er kehrte nach Rom zurück und trat die Erbschaft an, obwohl seine Mutter Zweifel äußerte und sein Stiefvater Marcius Philippus, ein Konsular, energisch abriet.[20] (3) Und von diesem Zeitpunkt an hatte er, nachdem er Heere aufgestellt hatte, zunächst gemeinsam mit M. Antonius und M. Lepidus, dann nur mit Antonius, fast zwölf Jahre lang, zuletzt allein 44 Jahre die Macht im Staat inne.

9 Nachdem ich gewissermaßen einen allgemeinen Überblick über sein Leben gegeben habe, will ich nun die Abschnitte im Einzelnen darstellen, jedoch nicht nach zeitlichen, sondern nach thematischen Gesichtspunkten, damit Darlegung und Verständnis umso deutlicher werden können.

Augustus hat fünf Bürgerkriege geführt: den von Mutina, Philippi, Perusia, Sizilien und Actium[21]; den ersten und letzten gegen M. Antonius, den zweiten gegen Brutus und Cassius,[22] den dritten gegen L. Antonius, den Bruder des Triumvirn[23], den vierten gegen Sextus Pompeius, den Sohn des Gnaeus.

10 (1) Den Anfang und die Ursache für alle Kriege leitete er aus Folgendem ab: Nichts hielt er für angemessener, als die Ermordung seines Onkels zu rächen und dessen Verfügungen zu verteidigen. Sobald er unverzüglich von Apollonia[24] zurückgekehrt war, beschloss er, gegen Brutus und Cassius, solange sie noch nichts ahnten, mit Gewalt, dann, weil sie sich heimlich der von ihnen vorausgesehenen Gefahr entzogen hatten, gesetzlich vorzugehen und sie in ihrer Abwesenheit wegen Mordes anzuklagen. Er veranstaltete aber selbst die Spiele zu Ehren von Caesars Sieg[25], weil diejenigen, denen diese Aufgabe zugefallen war, nicht den Mut aufbrachten, sie durchzuführen. (2) Und um auch die übrigen Vorhaben umso konsequenter in die Tat umsetzen zu können, erklärte er sich zum Bewerber um das Amt eines zufällig verstorbenen Volkstribuns, obwohl er Patrizier und noch nicht Senator war.[26] Aber seinen Bestrebungen stellte sich der Konsul M. Antonius entgegen, auf dessen ganz besonderen Beistand er gehofft hatte; und dieser gewährte ihm nicht einmal das übliche und überlieferte Recht, ohne sich eine außergewöhnlich hohe Belohnung auszubedingen; deshalb wandte er sich an die Optimaten, die – wie er merkte – Antonius hassten, besonders weil er D. Brutus in Mutina[27] zunächst belagert hatte und dann mit Waffengewalt den Versuch unternahm, ihn zu vertreiben, obwohl ihm von Caesar die Provinzverwaltung übertragen und dieser Akt auch durch den Senat bestätigt worden war. (3) Als daher einige Optimaten ihn aufforderten, etwas zu unternehmen, beauftragte Augustus heimlich Männer, die Antonius umbringen sollten; nach Aufdeckung dieses Verbrechens zog er aus Furcht vor einem nun gegen ihn gerichteten Anschlag – gegen einen seinen finanziellen Möglichkeiten entsprechenden äußerst großzügigen Geldbetrag – Veteranen zum Schutz für sich und den Staat zusammen; er erhielt den Befehl, als Proprätor das neu aufgestellte Heer zu führen, und zusammen mit Hirtius und Pansa, die das Konsulamt übernommen hatten, dem D. Brutus Hilfe zu bringen; den ihm übertragenen Krieg beendete er im dritten Monat in zwei Schlachten. (4) In der ersten – so schreibt Antonius – sei er geflüchtet und ohne Feldherrnmantel und

Pferd erst nach zwei Tagen wieder aufgetaucht; in der zweiten Schlacht hat er – wie hinlänglich bekannt ist – nicht nur die Aufgabe eines Führers, sondern auch eines Soldaten erfüllt, und er soll mitten im Kampf, als der Adlerträger seiner Legion schwer verwundet war, den Adler auf seine Schultern genommen und lange getragen haben.

11 Als in diesem Krieg Hirtius bei einer Schlacht, Pansa kurz darauf infolge einer Verwundung umgekommen waren, verbreitete sich das Gerücht, beide seien unter seiner Mitwirkung ermordet worden, damit er, Augustus, nachdem Antonius in die Flucht geschlagen und der Staat seiner Konsuln beraubt worden war, allein die siegreichen Heere übernehmen könne. Der Tod des Pansa erregte in der Tat so sehr Verdacht, dass der Arzt Glyco in Gewahrsam genommen wurde, weil er angeblich Gift in die Wunde gegeben hätte. Diesen Gerüchten fügt Aquilius Niger[28] noch hinzu, dass der andere Konsul, nämlich Hirtius, im allgemeinen Kampfgetümmel von Augustus persönlich getötet worden sei.

12 Aber sobald Augustus erfahren hatte, dass Antonius nach seiner Flucht von M. Lepidus aufgenommen worden war und die übrigen Führer und Heere mit den Gegenparteien gemeinsame Sache machten, ließ er die Partei der Optimaten ohne zu zögern im Stich, und um seinen angeblichen Sinneswandel zu rechtfertigen, pervertierte er die Worte und Taten gewisser Leute; so hätten die einen wiederholt die Ansicht geäußert, er sei ein Knabe, andere, man müsse ihn auszeichnen und befördern[29], damit der angemessene Dank weder ihm noch den Veteranen abgestattet werde. Und um seine Reue über die Zugehörigkeit zur früheren Partei desto mehr unter Beweis zu stellen, trieb er die Einwohner von Nursia[30], nachdem er sie mit einer großen Geldstrafe belegt hatte und sie diese nicht zu zahlen imstande waren, aus der Stadt, weil sie mit öffentlichen Mitteln ein Grabmal für die in der Schlacht bei Mutina[31] gefallenen Mitbürger mit folgender Inschrift hatten erbauen lassen: »SIE STARBEN FÜR DIE FREIHEIT.«

13 (1) Nachdem er mit Antonius und Lepidus ein Bündnis eingegangen war, beendete er auch den Krieg bei Philippi[32], obwohl er krank und schwach war, in zwei Schlachten, wobei er in der ersten den Verlust seines Lagers zu beklagen hatte und nur mit Mühe zum Flügel des Antonius entkommen war. Den Erfolg des Sieges nutzte er aber nicht maßvoll aus, sondern wütete, nachdem er das Haupt des Brutus nach Rom geschickt hatte, damit es dem Standbild Caesars zu Füßen gelegt werde, gerade gegen die bedeutendsten Kriegsgefangenen nicht ohne beleidigende Worte. (2) So soll er nämlich einem Mann, der inständig um eine Bestattung bat, geantwortet haben, dafür würden die Vögel sorgen; es heißt, er habe zwei anderen, Vater und Sohn, die um ihr Leben flehten, aufgetragen, das Los entscheiden zu lassen oder im Moraspiel[33] auszumachen, wem von beiden die Gnade zugestanden werde, weiter zu leben; und er soll zugeschaut haben, wie beide starben, da der Sohn, nachdem der Vater ermordet worden war, weil er sich freiwillig dem Henker angeboten hatte, ebenfalls den Freitod gewählt hatte. Deshalb haben die Übrigen, unter ihnen M. Favonius, der berühmte Nacheiferer des Cato, als sie in Ketten vorgeführt wurden, Antonius als Imperator ehrenvoll gegrüßt, Augustus hingegen mit besonders hässlichen Schmähworten in aller Öffentlichkeit beschimpft.

(3) Als sie nach dem Sieg die Aufgaben verteilt hatten, übernahm Antonius die Verwaltung des Ostens, er selbst die Rückführung der Veteranen nach Italien und deren Ansiedlung auf dem Gebiet der Kleinstädte; hierfür erhielt er weder den Dank der Veteranen noch den der Besitzer, da die einen sich beklagten, dass sie vertrieben würden, die anderen, dass sie, anders als sie erwartet hatten, nicht ihren Verdiensten entsprechend behandelt würden.

14 Zu diesem Zeitpunkt zwang er L. Antonius, der im Vertrauen auf das Konsulat, das er innehatte, und auf die Macht seines Bruders einen Umsturz plante, nach Perusia zu fliehen, und trieb ihn durch Aushungern zur Aufgabe, wobei er jedoch selbst sowohl vor als auch während des Krieges in große Gefahr geriet. Denn als er während einer Aufführung von Spielen einem gemeinen Soldaten, der in einer der 14 (für die Ritter reservierten) Reihen[34] saß, durch einen Amtsdiener den Befehl hatte geben lassen, sich zu erheben, und von Widersachern das Gerücht verbreitet worden war, er habe denselben Mann sogleich grausam martern und töten lassen, fehlte nicht viel, und er wäre bei dem Auflauf der aufgebrachten Soldaten ums Leben gekommen. Seine Rettung war, dass der Vermisste plötzlich wieder erschien, und zwar unversehrt und unverletzt. Als er aber in der Nähe der Stadtmauer von Perusia ein Opfer darbrachte, wäre er beinahe von einer Schar Gladiatoren, die einen Ausbruch aus der Stadt gemacht hatte, abgefangen worden.

15 Nach der Einnahme von Perusia bestrafte er sehr viele, wobei er denen, die den Versuch unternahmen, Gnade zu erbitten oder eine Entschuldigung anzuführen, kurzum entgegnete: »Man muss sterben.« Gewisse Schriftsteller[35] behaupteten, dass aus jedem Stand 300 von denen, die sich ihm ergeben hatten, ausgewählt wurden und an den Iden des März am Altar des göttlichen Iulius nach Art von Opfertieren geschlachtet worden seien. Nach Auskunft einiger Gewährsleute soll er in Übereinkunft mit Antonius zu den Waffen gegriffen haben, um verborgene Feinde und solche, die mehr die Furcht als freier Wille im Zaum hielt, ausfindig zu machen, nachdem ihnen die Gelegenheit geboten worden war, sich dem Führer L. Antonius anzuschließen; Augustus habe sie dann völlig besiegt und ihre Güter eingezogen, so dass er den Veteranen die versprochenen Belohnungen auszahlen konnte.

16 (1) Den Krieg in Sizilien begann er als einen der ersten, der aber zog sich lange hin, da er häufiger unterbrochen wurde, bald zur Beschaffung neuer Flotten, die er infolge der Stürme zweimal bei Schiffbrüchen, und zwar im Verlauf des Sommers, verloren hatte, bald dadurch, dass Augustus Frieden geschlossen hatte, weil dies das Volk wegen der unterbrochenen Lieferung der Lebensmittel und der wachsenden Hungersnot leidenschaftlich forderte. Nachdem Augustus ganz neue Schiffe hatte bauen lassen, 20 000 Sklaven freigelassen und für die Arbeit an den Rudern bereitgestellt hatte, ließ er bei Baiae[36] den Iulischen Hafen anlegen, wobei er den Lucriner und Averner See mit dem Meer verband. Da er hier die Truppen im ganzen Winter gedrillt hatte, besiegte er Pompeius zwischen Mylai und Naulochos, obwohl er unmittelbar vor der Stunde der Schlacht plötzlich so fest eingeschlafen war, dass er von seinen Freunden geweckt werden musste, um das Zeichen zum Kampf geben zu können. (2) Dies hat – so möchte ich glauben – dem Antonius den Anlass zu seinen Vorwürfen gegeben: Augustus sei nicht einmal in der Lage gewesen, mit ruhigem Blick die aufgestellte Schlachtreihe anzusehen, sondern er habe auf dem Rücken liegend zum Himmel geschaut und stumpfsinnig dagelegen; er habe sich erst erhoben und seinen Soldaten gezeigt, als die feindlichen Schiffe von M. Agrippa in die Flucht geschlagen worden seien. Andere werfen ihm folgende Äußerung und Handlungsweise vor: Er habe nach dem Verlust der Flotten durch einen Sturm ausgerufen, sogar gegen den Willen Neptuns werde er den Sieg davontragen, und er habe einen Tag später bei den Circusspielen aus dem feierlichen Festzug der Götterbilder das Abbild dieses Gottes entfernen lassen. (3) Und es hat seinen guten Grund, dass er in keinem anderen Krieg mehr und größere Gefahren auf sich zu nehmen hatte. Als er etwa nach dem Übersetzen seines Heeres nach Sizilien den restlichen Teil der Truppen vom Festland abholen wollte, wurde er unversehens von Demochares und Apollophanes, zwei Präfekten des Pompeius, überfallen, konnte aber schließlich unter größter Anstrengung mit einem einzigen Schiff entkommen. Als er ein anderes Mal an Lokroi vorbei zu Fuß nach Regium zog, erblickte er zweirudrige Galeeren der pompeianischen Flotte, die die Küste entlang segelten. Da er glaubte, es handle sich um die eigenen, ging er zum Strand hinunter und wäre beinahe gefangen genommen worden. Als er damals, noch dazu auf unwegsamen Pfaden, flüchtete, versuchte ein Sklave seines Begleiters Aemilius Paulus, ihn zu töten, da dieser Schmerz darüber empfand, dass der Vater des Paulus einst von Augustus geächtet worden war, und er nun gewissermaßen die Möglichkeit sah, Rache zu nehmen.

(4) Nach der Flucht des Pompeius nahm Augustus dem anderen Kollegen, M. Lepidus, den er aus Afrika zu Hilfe gerufen hatte, das Heer, weil dieser im Vertrauen auf die 20 Legionen übermütig wurde und unter einschüchternden Drohungen die Hauptrolle für sich beanspruchte; als dieser flehentlich um sein Leben bat, gewährte Augustus ihm diese Bitte, verbannte ihn aber für immer nach Circei.

17 (1) Das Bündnis mit M. Antonius, das stets unzuverlässig und unsicher und durch mannigfaltige Versöhnungsversuche nur unzureichend wiederbelebt worden war, wurde von Augustus schließlich beendet. Und um den Beweis zu erbringen, dass Antonius sich immer mehr von römischer Lebensweise abgewandt hatte, ließ er das Testament, das dieser in Rom hinterlegt und in dem er sogar Kleopatras Kinder zu Miterben ernannt hatte, öffnen und vor versammeltem Volk verlesen.[37] (2) Augustus erklärte ihn zwar zum Staatsfeind, gestattete jedoch allen seinen Verwandten und Freunden, sich zu ihm zu begeben, unter ihnen C. Sosius und T. Domitius, die zu diesem Zeitpunkt noch Konsuln waren. Den Einwohnern von Bononia erließ er es sogar öffentlich, auf seine Sache zu schwören, wie es ganz Italien tun musste, weil sie von alters her zur Klientel der Antonii gehörten. Und nicht lange danach siegte er in der Seeschlacht bei Actium, wobei sich der Kampf so lange hinzog, dass der Sieger die Nacht auf dem Schiff verbringen musste. (3) Als er sich von Actium nach Samos in das Winterlager zurückgezogen hatte, wurde er durch Nachrichten beunruhigt, dass Soldaten aus allen Truppenabteilungen, die er nach dem Sieg nach Brundisium vorausgeschickt hatte, meuterten und ihre Belohnungen und ihre Entlassung forderten. Sogleich kehrte er nach Italien zurück und wurde bei der Überfahrt zweimal von einem Unwetter heimgesucht: Zuerst zwischen dem Vorgebirge der Peloponnes und Ätoliens, dann wiederum in der Nähe des Keraunischen Gebirges, wobei jedesmal einige Liburner-Schiffe untergingen; zugleich wurde das Takelwerk des Schiffes, auf dem er fuhr, erheblich beschädigt und das Steuerruder zerbrochen. Er blieb nicht länger als 27 Tage in Brundisium, bis alles nach den Wünschen der Soldaten geregelt war, und fuhr auf dem Umweg über Kleinasien und Syrien nach Ägypten. Dann bemächtigte er sich nach kurzer Belagerung Alexandrias, wohin sich Antonius mit Kleopatra geflüchtet hatte. (4) Und Antonius, der zu spät um einen Frieden nachsuchte, zwang er, Selbstmord zu begehen, und sah sich die Leiche an. Für Kleopatra, die er sehr gern für seinen Triumphzug gerettet sehen wollte, zog er sogar Psyller hinzu, die aus ihrer Wunde das Gift aussaugen sollten, weil man glaubte, dass sie an dem Biss einer Viper zugrunde gegangen sei. Beiden gewährte er dann aber die Ehre einer gemeinsamen Bestattung und ließ das Grabmal, das sie selbst zu errichten begonnen hatten, vollenden. (5) Den jungen Antonius, den älteren der beiden Söhne Fulvias, ließ er vom Standbild des göttlichen Iulius, zu dem er nach zahlreichen, aber vergeblichen Bitten geflohen war, wegreißen und töten. Ebenso ließ er den auf der Flucht aufgegriffenen Caesarion hinrichten, den Kleopatra –

wie sie sich rühmte – von Caesar empfangen hatte. Die übrigen gemeinsamen Kinder von Antonius und der Königin ließ er am Leben, behandelte sie nicht anders als seine eigenen Verwandten und unterstützte und förderte sie später entsprechend der Stellung eines jeden.

18 (1) Zur selben Zeit ließ er sich auch den Sarg mit der Leiche Alexanders des Großen, den er aus dem inneren Gemach hatte heraustragen lassen, zeigen; zum Ausdruck seiner Verehrung legte er einen goldenen Kranz nieder und ließ Blumen streuen; auf die Frage, ob er auch das Grabmal der Ptolemaier in Augenschein nehmen wolle, sagte er, er habe einen König sehen wollen, nicht Leichen. (2) Um Ägypten, das er in eine Provinz umgewandelt hatte, fruchtbarer und für die Getreideversorgung Roms ergiebiger zu machen, ließ er alle Kanäle, in die sich der Nil (zur Zeit der Überschwemmung) ergießt und die seit einem langen Zeitraum verschlammt waren, durch seine Soldaten reinigen. Und damit sein Sieg bei Actium auch für die Nachwelt in feierlicher Erinnerung blieb, gründete er bei Actium die Stadt Nikopolis[38], stiftete dort Spiele, die alle vier Jahre abgehalten werden sollten, erweiterte den alten Apollo-Tempel, schmückte seinen ehemaligen Lagerplatz mit Schiffstrophäen und weihte ihn Neptun und Mars.

19 (1) Später unterdrückte er jeweils an verschiedenen Orten und zu verschiedenen Zeiten mehrere Erhebungen, Umsturzversuche und Verschwörungen, die angezeigt worden waren, noch bevor sie sich voll hatten entfalten können; es handelt sich um die folgenden Erhebungen: Diejenige des jungen Lepidus, dann die von Varro und Fannius Caepio, bald danach die von M. Egnatius[39] alsdann die von Plautius Rufus und Lucius Paulus, dem Gatten seiner Enkelin, und außer diesen diejenige von Lucius Audasius, der wegen Urkundenfälschung angeklagt und ein altersschwacher Mann war, ebenso die von Asinius Epicadus, einem Mischling illyrischer Herkunft, schließlich die von Telephus, einem Sklaven, der bei einer Dame das Amt eines Nomenklators[40] innehatte. Denn nicht einmal vor Verschwörungen und Gefahren, die von Leuten niedrigsten Ranges ausgingen, blieb er verschont. (2) Audasius und Epicadus hatten die feste Absicht gehabt, seine Tochter Iulia und seinen Enkel Agrippa (Postumus)[41] von den Inseln, auf denen sie gefangen gehalten wurden, gewaltsam zu den Heeren zu entführen; Telephus hatte beschlossen, sowohl gegen Augustus selbst als auch gegen den Senat einen Angriff zu führen, da er die Auffassung vertrat, er sei vom Schicksal zur Alleinherrschaft vorgesehen. Ja, es wurde sogar einmal in der Nähe seines Schlafgemachs nachts ein Marketender aus dem illyrischen Heer aufgegriffen, dem es, mit einem Jagdmesser bewaffnet, gelungen war, die Türhüter zu täuschen; und ob er nicht Herr seiner Sinne war oder dies nur vorgab, blieb ungewiss, denn auch durch die Folter konnte nichts aus ihm herausgepresst werden.

20 Auswärtige Kriege hat Augustus selbst überhaupt nur zwei geführt: als er noch ein junger Mann war, den in Dalmatien und nach der Vernichtung des Antonius den in Kantabrien[42]. Im Dalmatischen Krieg trug er sogar Verwundungen davon: In der einen Schlacht wurde er von einem Stein am rechten Knie getroffen, in der anderen wurde er beim Einsturz einer Brücke sowohl am Schenkel als auch an beiden Armen erheblich verletzt. Die übrigen Kriege ließ er durch Unterfeldherren führen, auch wenn er bei einigen, wie etwa dem Pannonischen oder dem Germanischen Krieg, selbst anwesend war oder sich zumindest nicht weit davon entfernt aufhielt; denn er rückte von Rom bis nach Ravenna, Mediolanum oder Aquileia vor.

21 (1) Unterworfen aber hat Augustus teils unter seiner persönlichen Führung, teils unter seinem Oberbefehl, Kantabrien, Aquitanien, Pannonien, Dalmatien mit dem gesamten Illyricum, desgleichen Rätien und die Vindeliker und Salasser, zwei Alpenvölker. Er wehrte auch die Angriffe der Daker ab, wobei drei ihrer Führer und sehr viele Soldaten vernichtend geschlagen wurden, und die Germanen drängte er über die Elbe zurück; von diesen führte er die Sueben und Sugambrer, die sich freiwillig ergaben, nach Gallien hinüber und siedelte sie in Gebieten an, die ganz in der Nähe des Rheins lagen. Andere unruhige Stämme zwang er ebenso zum Gehorsam. (2) Aber mit keinem Volk führte er ohne gerechte und notwendige Gründe Krieg[43], und er war so weit von dem Verlangen entfernt, auf jede Art und Weise sein Reich zu erweitern oder den Kriegsruhm zu erhöhen, dass er gewisse Barbarenfürsten zwang, im Tempel des Mars Ultor zu schwören, sie würden den Frieden, um den sie baten, getreulich halten; von einigen Völkern aber versuchte er eine neue Art von Geiseln, nämlich Frauen, einzufordern, weil er den Eindruck gewonnen hatte, dass ihnen männliche Geiseln gleichgültig waren; und dennoch gab Augustus allen die Gelegenheit, so oft sie es wünschten, ihre Geiseln zurückzuerhalten. Und an Völkern, die sich entweder häufiger oder arglistiger auflehnten, nahm er niemals mit einer schwereren Strafe Rache, als dass er die Kriegsgefangenen unter der Bedingung verkaufte, sie sollten nicht in einer ihrer Heimat benachbarten Gegend Sklavendienst verrichten noch auch innerhalb von 30 Jahren freigelassen werden. (3) Durch diesen Ruf seiner Tapferkeit und seiner maßvollen Regierung nahm er sogar die Inder und Skythen[44], die nur vom Hörensagen bekannt waren, für sich ein und bewegte sie dazu, von sich aus durch Gesandte um seine Freundschaft und die des römischen Volkes zu bitten. Auch die Parther traten ihm ohne Weiteres Armenien ab, als er darauf Anspruch erhob, und gaben ihm auf sein Verlangen die Feldzeichen zurück, die sie M. Crassus und M. Antonius entrissen hatten; darüber hinaus boten sie ihm noch Geiseln an, und schließlich akzeptierten sie, als einmal mehrere Bewerber um die Königswürde stritten, nur denjenigen, den Augustus persönlich ausgewählt hatte.[45]

22 Den Tempel des Ianus Quirinus, der seit Gründung der Stadt vor seiner Zeit nur zweimal geschlossen war, ließ er in einem viel kürzeren Zeitraum dreimal schließen, nachdem er zu Lande und zu Wasser den Frieden hergestellt hatte. Zweimal kehrte er in einem kleinen Triumphzug[46] in die Stadt zurück, nach dem Krieg von Philippi, und dann wiederum nach dem Sizilischen Krieg.[47] Große Triumphzüge im Viergespann hielt er drei ab, für die Siege in Dalmatien, bei Actium und Alexandria, wobei alle Triumphzüge volle drei Tage dauerten.

23 (1) Schwere, schimpfliche Niederlagen hat er überhaupt nur zwei erlitten, und zwar ausschließlich in Germanien: die des Lollius und die des Varus.[48] Bei der Niederlage des Lollius war die Schmach größer als der Schaden, die Niederlage des Varus hätte beinahe zum Untergang des Reichs geführt, da drei Legionen mit dem Feldherrn, den Legaten und allen Hilfstruppen gänzlich geschlagen wurden. Auf die Meldung von dieser Niederlage hin ließ er überall in der Stadt Wachen aufstellen, um keine Unruhen aufkommen zu lassen, und verlängerte den Provinzstatthaltern den Oberbefehl, damit die Bundesgenossen von erfahrenen und ihnen bekannten Männern in Schranken gehalten würden. (2) Außerdem gelobte er dem Iuppiter Optimus Maximus große Spiele, wenn sich die Situation des Staates wieder gebessert hätte: So war man bereits im Krieg gegen die Kimbern und Marser verfahren. Schließlich soll er so verzweifelt gewesen sein, dass er mehrere Monate lang seinen Bart und seine Haare hat wachsen lassen und zuweilen den Kopf gegen die Tür schlug, wobei er ausrief: »Quintilius Varus, gib mir meine Legionen wieder!« Und den Tag der Niederlage soll er alljährlich traurig und niedergeschlagen verbracht haben.

24 (1) Im Militärwesen hat er vieles geändert und neu eingeführt, aber auch einige alte Sitten wieder neu belebt. Die Disziplin handhabte er besonders streng. Selbst einem Legaten erlaubte er es nur ungern und lediglich in den Wintermonaten, seine Frau zu besuchen. Einen römischen Ritter hat er, weil dieser seinen beiden jungen Söhnen die Daumen verstümmelt hatte, um sie dem Kriegsdienst zu entziehen, in die Sklaverei verkauft und dessen Hab und Gut öffentlich versteigern lassen; da er jedoch sah, dass die Steuerpächter danach trachteten, den Mann zu kaufen, überließ er ihn einem seiner Freigelassenen mit dem Auftrag, ihn aufs Land zu verbannen und wie einen Freien leben zu lassen. (2) Die gesamte zehnte Legion, die nur recht widerspenstig Gehorsam leistete, entließ er unter Schimpf und Schande, ebenso verabschiedete er andere, die anmaßend ihre Entlassung forderten, ohne die Belohnungen, die ausgedienten Soldaten üblicherweise zustanden. Kohorten, die etwa von ihren Posten gewichen waren, dezimierte er[49] und ließ ihnen nur Gerste (für ihr Brot) zukommen. Hauptleute, die ihre Stellung verlassen hatten, bestrafte er ebenso wie einfache Soldaten mit dem Tod. Für die übrigen Arten von Vergehen sah er verschiedene schimpfliche Strafen vor, wie zum Beispiel den ganzen Tag über vor dem Feldherrnzelt zu stehen, zuweilen lediglich mit der Tunika bekleidet und ohne Gürtel, manchmal mit einer zehn Fuß langen Messstange, oder sie mussten sogar ein Rasenstück tragen.

25 (1) Nach den Bürgerkriegen aber hat er weder auf einer Versammlung noch in einer Verordnung irgendwelche Soldaten als »Kameraden« bezeichnet, sondern als »Soldaten«, und er ließ sich nicht einmal von seinen Söhnen oder Stiefsöhnen, wenn sie einen Oberbefehl innehatten, auf andere Art und Weise anreden, da er die Auffassung vertrat, dass die Anrede »Kameraden« zu schmeichelhaft und dem Verhalten der Soldaten, den ruhigen Zeiten und seiner und seines Hauses Würde nicht angemessen sei. (2) Freigelassene als Soldaten hat Augustus, außer bei Bränden in Rom oder wenn ein Aufstand wegen gestiegener Getreidepreise befürchtet wurde, nur zweimal eingesetzt: einmal zum Schutz der Provinzen, die an das Illyricum[50] angrenzten, das andere Mal zur Sicherung des Rheinufers; und zwar ließ er diese, die noch als Sklaven von ziemlich begüterten Männern und Frauen gestellt und ohne Verzögerung freigelassen worden waren, in einer vorderen Abteilung kämpfen, wobei sie weder unter die Freigeborenen eingereiht noch auf dieselbe Art und Weise bewaffnet wurden.

(3) Als Auszeichnungen für den Kriegsdienst verlieh er viel eher Brustschmuck und Halsketten und andere Gegenstände aus Gold und Silber als Wall- und Mauerkronen, welche weitaus ehrenvoller waren; diese verteilte er aufs Sparsamste, ohne Ansehen der Person und oft sogar an gemeine Soldaten. M. Agrippa schenkte er in Sizilien nach dem Seesieg eine blaue Standarte. Er war der Meinung, dass nur die Feldherren, die bereits einen Triumph gefeiert hatten, niemals mit Geschenken bedacht werden dürften, auch wenn sie an den Feldzügen und an seinen Siegen beteiligt waren, weil sie selbst ebenfalls das Recht besessen hätten, Geschenke nach Belieben zu verteilen. (4) Augustus glaubte, für einen vollkommenen Feldherrn sei nichts weniger schicklich als Hast und Unbesonnenheit. Daher pflegte er häufig jene griechischen Worte zu zitieren: »Eile mit Weile« oder »Vorsicht ist nämlich für einen Heerführer besser als Verwegenheit«[51] und dazu auf Lateinisch: »Was gut genug getan wurde, ist auch schnell genug getan.« Eine Schlacht freilich oder einen Krieg dürfe man seiner Meinung nach überhaupt nur für den Fall unternehmen, wenn die Aussicht auf Nutzen größer scheine als die Furcht vor Schaden. Denn – so sagte er gewöhnlich – diejenigen, die sehr kleinen Gewinnen mit einem nicht geringen Aufwand nachjagten, glichen jenen, die mit einem goldenen Angelhaken angeln;

reißt dieser, so könne der Schaden durch keinen Fang ersetzt werden.

26 (1) Ämter und Ehrenstellen hat Augustus teils vor dem gesetzlich vorgesehenen Zeitpunkt innegehabt, teils wurden ihm einige neuerer Art und auf Lebenszeit übertragen. Des Konsulats bemächtigte er sich im Alter von 20 Jahren mit Gewalt, indem er die Legionen in feindseliger Absicht in die Nähe der Hauptstadt führte und Beauftragte entsandte, die für ihn im Namen des Heeres das Konsulat einfordern sollten; als freilich der Senat zögerte, schlug der Hauptmann Cornelius, der Führer der Gesandtschaft, den Kriegsmantel auf, zeigte auf den Knauf seines Schwerts und trug keine Bedenken, in der Kurie zu sagen: »Dies hier wird's tun, wenn ihr's nicht tut!« (2) Das zweite Konsulat bekleidete er nach neun Jahren, das dritte nach einer Unterbrechung von nur einem Jahr, die folgenden bis zum elften hat er hintereinander innegehabt.[52] Und viele Konsulate hat er später, obwohl sie ihm angetragen wurden, ausgeschlagen und hat sich erst nach einer langen Unterbrechung, das heißt nach 17 Jahren, von sich aus um das zwölfte Konsulat beworben und dann nach einem Zeitraum von zwei Jahren um das dreizehnte, um im Besitz des bedeutendsten Amts seine Söhne Gaius und Lucius zu ihrem ersten öffentlichen Auftritt auf das Forum zu führen. (3) Die mittleren fünf Konsulate, also vom sechsten bis zum zehnten, bekleidete er jeweils das ganze Jahr über, die übrigen entweder neun, sechs, vier oder drei Monate, das zweite aber nur sehr wenige Stunden lang; denn nachdem er am 1. Januar frühmorgens vor dem Tempel des Iuppiter Capitolinus auf seinem Amtsstuhl eine kurze Zeit den Vorsitz geführt hatte, legte er sein Ehrenamt nieder, wobei er einen Nachfolger bestimmte. Und nicht alle Konsulate trat er in Rom an, sondern das vierte in Kleinasien, das fünfte auf der Insel Samos, das achte und neunte in Tarraco.[53]

27 (1) Das Triumvirat zur Neuordnung des Staates verwaltete er zehn Jahre lang; dabei widersetzte er sich zwar eine Zeitlang seinen Kollegen, die Proskriptionen[54] vornehmen wollten; als diese aber begonnen worden waren, führte er sie rücksichtsloser aus als die anderen beiden. Denn während sich jene bei der persönlichen Begegnung vielen Leuten gegenüber häufig gnädig zeigten und ihren Bitten nachgaben, drang Augustus als Einziger sehr darauf, dass niemandem Schonung gewährt werde; und er ächtete sogar seinen ehemaligen Vormund C. Toranius, der als Ädil Amtskollege seines Vaters Octavius gewesen war.[55] (2) Iulius Saturninus berichtet darüber hinaus: Während M. Lepidus nach Beendigung der Proskriptionen im Senat die vergangenen Vorkommnisse entschuldigt und für die Zukunft Hoffnung auf Milde in Aussicht gestellt hatte, weil genug Strafen vollzogen worden seien, erklärte Augustus im Gegensatz dazu öffentlich, er habe der Beendigung der Proskriptionen nur unter der Bedingung zugestimmt, dass er in allem freie Hand behalte. Doch um seine Reue über seine starre Haltung unter Beweis zu stellen, ehrte er später T. Vinius Philopoemen,[56] indem er ihn in den Ritterstand erhob, weil dieser seinen proskribierten Patron angeblich einst versteckt hatte. (3) In eben dieser Machtposition zog sich Augustus den Hass verschiedenster Kreise zu. Als er vor einer Versammlung von Soldaten eine Rede hielt, zu der auch Zivilpersonen zugelassen waren, und bemerkte, dass der römische Ritter Pinarius einige Aufzeichnungen machte, gab er den Befehl, diesen vor aller Augen niederzustechen, da er ihn für einen Spion und Spitzel hielt; Tedius Afer, der schon zum Konsul gewählt war, setzte er, weil dieser irgendeine Maßnahme von Augustus mit einer boshaften Bemerkung kritisiert hatte, mit so heftigen Drohungen in Angst und Schrecken, dass er sich in den Tod stürzte. (4) Den Prätor Quintus Gallius, der bei einer offiziellen Begrüßung eine zusammengeklappte Schreibtafel unter dem Gewand versteckt hielt, verdächtigte er, ein Schwert zu verbergen, wagte es aber nicht, ihn sofort durchsuchen zu lassen, aus Furcht, es könne etwas anderes gefunden werden; kurz darauf ließ er ihn durch Hauptleute und Soldaten von seinem Richterstuhl fortreißen, ihn nach Sklavenart foltern und, obwohl er kein Geständnis abgelegt hatte, hinrichten, wobei er ihm zuvor eigenhändig die Augen ausgestochen hatte. Augustus jedoch schreibt dazu Folgendes: Gallius habe auf ihn, als auf sein Ersuchen hin ein Gespräch stattfand, einen Anschlag verübt und sei dafür von ihm ins Gefängnis geworfen worden; nachdem er dann aus der Stadt verbannt worden war, sei er entlassen worden und habe bei einem Schiffbruch oder durch Straßenräuber sein Leben verloren. (5) Die tribunizische Gewalt[57] übernahm Augustus auf Lebenszeit, wobei er sich zweimal, jeweils für einen Zeitraum von fünf Jahren, einen Amtskollegen hinzuwählte. Er übernahm auch die Aufsicht über die Sitten und Gesetze, und zwar ebenfalls auf Lebenszeit; aufgrund dieser rechtlichen Befugnis führte er, obwohl er nicht das Amt des Zensors innehatte, trotzdem dreimal eine Volkszählung durch, die erste und dritte zusammen mit einem Amtskollegen, die zweite allein.[58]

28 (1) Zweimal hat Augustus daran gedacht, die Staatsmacht wieder aus den Händen zu geben: das erste Mal sofort nachdem er Antonius niedergerungen hatte, weil er sich an dessen oftmaligen Vorwurf erinnerte, er selbst stehe sozusagen der Wiederherstellung der ehemaligen Staatsform im Wege; das zweite Mal, als er, zermürbt von einer langwierigen Krankheit, sogar die Amtsträger und den Senat in sein Haus kommen ließ und ihnen das Staatshaushaltsbuch aushändigte. Aber er trug der Tatsache Rechnung, dass er auch als Privatmann nicht ohne Gefahr leben werde und dass es unüberlegt sei, den Staat der Willkür einer Vielzahl von Personen auszuliefern; deshalb behielt er die Staatsmacht weiterhin, wobei schwer zu entscheiden ist, ob der Erfolg besser war oder die Absicht. (2) Diese Absicht bekundete er immer wieder öffentlich und bezeugte sie auch in einem Edikt mit folgenden Worten: »Es möge mir vergönnt sein, den Staat auf eine gesunde und sichere Grundlage zu stellen und dafür den Erfolg zu verbuchen, nach dem ich strebe, nämlich Begründer der besten Verfassung genannt zu werden, und bei meinem Tod in mir die Hoffnung zu tragen, dass die Grundlagen des Staates, die ich geschaffen habe, stets erhalten bleiben werden.« Und er erfüllte sich seinen Wunsch, indem er auf jede Art und Weise danach trachtete, dass niemandem die neuen Verhältnisse missfielen.

(3) Rom, das nicht entsprechend der Würde des Reichs baulich ausgestattet und Überschwemmungen und Feuersbrünsten ausgesetzt war, hat er in einem solchen Maß verschönern lassen, dass er sich mit Recht rühmen konnte, »eine Stadt aus Marmor zu hinterlassen, während er eine aus Ziegeln übernommen habe«. Er sicherte die Stadt, soweit nach menschlichem Ermessen Vorsichtsmaßregeln getroffen werden konnten, sogar für die Zukunft.

29 (1) Er errichtete sehr viele öffentliche Bauwerke, deren bedeutendsten die folgenden sind: ein Forum mit dem Tempel des Mars Ultor, der Apollo-Tempel auf dem Palatin, der Tempel des Iuppiter Tonans auf dem Kapitol. Der Grund für die Errichtung eines Forums war die große Anzahl von Menschen und Prozessen, die noch ein drittes[59] Forum zu erfordern schien, da zwei nicht mehr ausreichten; daher wurde es recht eilig, obwohl der Mars-Tempel noch nicht vollendet war, für die Öffentlichkeit freigegeben, und es wurde dafür gesorgt, dass auf ihm öffentliche Prozesse und Auslosungen der Richter gesondert stattfanden. (2) Den Mars-Tempel hatte er gelobt, als er den Krieg von Philippi zur Rache für seinen Vater aufgenommen hatte;[60] er ordnete daher an, dass sich der Senat hier über Kriege und Triumphe beraten, dass von dort denjenigen das Ehrengeleit gegeben werden sollte, die mit militärischem Kommando ausgestattet in ihre Provinzen aufbrachen, und dass hier die als Sieger Zurückkehrenden die Abzeichen ihrer Triumphe[61] deponieren sollten. (3) Den Tempel des Apollo ließ er in dem Teil seines Hauses auf dem Palatin erbauen, den sich der Gott, indem er dort einen Blitz hatte einschlagen lassen, wünschte – so hatten es die Eingeweideschauer[62] verkündet; daran anschließend ließ er Säulenhallen mit einer lateinischen und griechischen Bibliothek errichten, wo er, als er schon älter war, auch Senatssitzungen abzuhalten pflegte und die Dekurien der Richter überprüfte. Dem Iuppiter Tonans weihte er einen Tempel für seine Rettung aus Gefahr, da auf dem Feldzug in Kantabrien bei einem nächtlichen Marsch seine Sänfte vom Blitz gestreift und der Sklave, der ihm das Licht vorantrug, getötet worden war. (4) Einige Bauwerke ließ er auch im Namen anderer errichten, zum Beispiel seiner Enkel, seiner Gattin und seiner Schwester, wie die Säulenhalle und die Basilika des Gaius und Lucius; desgleichen die Säulenhallen der Livia und Octavia und das Theater des Marcellus. Aber er forderte häufig auch die übrigen führenden Männer Roms auf, es solle ein jeder entsprechend seinen Möglichkeiten die Stadt schmücken, entweder durch neue oder durch die Wiederherstellung und Verschönerung alter Denkmäler. (5) Und zahlreiche Bauten wurden damals von vielen errichtet, wie zum Beispiel von Marcius Philippus der Tempel des Herkules der Musen, von L. Cornificius der Tempel der Diana, von Asinius Pollio die Halle der Freiheitsgöttin, von Munatius Plancus der Tempel des Saturn, von Cornelius Balbus ein Theater, von Statilius Taurus ein Amphitheater und von M. Agrippa gar mehrere herrliche Bauten.

30 (1) Das Stadtgebiet teilte er in Bezirke und Stadtteile ein und traf folgende Anordnung: Über die Bezirke sollten jährlich durch das Los bestimmte Magistrate Aufsicht führen, über die Stadtteile Vorsteher, die von der Bevölkerung eines jeden Stadtteils gewählt wurden. Gegen Feuersbrünste setzte er nächtliche Wachposten und Feuerwehrleute ein; um die Überschwemmungen unter Kontrolle zu bringen, ließ er das Tiberbett verbreitern und reinigen, das schon lange mit Schutt gefüllt und durch Gebäudeerweiterungen eingeengt worden war. Damit aber die Stadt von allen Seiten leichter zu erreichen sei, übernahm er selbst den Ausbau der Via Flaminia bis nach Ariminum und verteilte auf die Triumphatoren die übrigen Straßen, die sie aus dem Geld ihres Beuteanteils pflastern lassen mussten.

(2) Sakralbauten, die infolge ihres Alters verfallen oder durch Feuer vernichtet waren, ließ er wiederherstellen und stattete diese und die übrigen mit besonders reichen Geschenken aus; so brachte er etwa für die Cella des Iuppiter Capitolinus 16 000 Pfund Gold, Edelsteine und Perlen im Wert von 50 Millionen Sesterzen in einer einzigen Schenkung auf.

31 (1) Als aber Augustus das höchste Priesteramt, das er zu Lebzeiten des Lepidus diesem nicht hatte nehmen wollen, nach dessen Tod endlich bekleidete, ließ er alles, was an griechischen und lateinischen Orakelbüchern – sei es von unbekannten oder von unzuverlässigen Verfassern – vorhanden war, zusammentragen, über 2000 Schriften, und verbrannte sie; lediglich die Sibyllinischen Bücher[63] behielt er zurück, und auch unter diesen traf er noch eine Auswahl und verwahrte sie in zwei vergoldeten Bücherschränken unter dem Sockel des palatinischen Apollo. (2) Den vom göttlichen Iulius [Caesar] neu geregelten Kalender, der aber später durch Nachlässigkeit völlig durcheinander geraten war, brachte er wieder in die frühere Ordnung. Bei der Neuregelung verlieh er dem Monat Sextilis seinen Beinamen [Augustus] und zog dabei diesen Monat dem September vor, in dem er geboren war, weil er im August sowohl das erste Konsulat als auch bedeutende Siege errungen hatte. (3) Die Zahl und die Würde der Priesterstellen, aber auch die finanziellen Vergünstigungen erhöhte er, insbesondere die der Vestalischen Jungfrauen. Und als es notwendig wurde, für eine verstorbene Priesterin eine Nachfolgerin zu bestimmen, und viele Eltern darum nachsuchten, dass ihre Töchter von der Auslosung verschont blieben, gab Augustus die eidliche Versicherung, dass er, wenn eine seiner Enkelinnen das vorgeschriebene Alter erreicht hätte, diese von sich aus vorschlagen werde. (4) Er setzte sogar einige alte Zeremonien, die nach und nach abgeschafft worden waren, wieder neu ein, wie zum Beispiel das Augurium[64] für das Wohl des Staates, das Amt des Iuppiterpriesters, das Luperkalienfest[65], die Jahrhundertspiele[66] und das Kompitalienfest[67]. Beim Luperkalienfest verbot er es jungen Männern, die noch keinen Bart hatten, am Festlauf teilzunehmen; ebenso untersagte er jungen Leuten beiderlei Geschlechts, an den Hundertjahrspielen ein nächtliches Schauspiel zu besuchen, wenn sie nicht von einem älteren Verwandten begleitet waren. Ferner verordnete er, dass an den Straßenkreuzungen die Schutzgottheiten der Verstorbenen zweimal im Jahr mit Frühlings- und Sommerblumen geschmückt werden sollten.

(5) Nächst den unsterblichen Göttern ehrte Augustus das Andenken an jene Feldherren, die das Reich des römischen Volkes aus den bescheidensten Anfängen zum größten Herrschaftsgebiet gemacht hatten. Deshalb ließ er unter Beibehaltung der Inschriften die Bauwerke einer jeden Persönlichkeit wieder aufrichten und weihte ihnen allen in den beiden Säulenhallen seines Forums Statuen, die sie als Triumphatoren darstellten; in einem Edikt gab er öffentlich bekannt: »Damit habe ich beabsichtigt, dass ich, solange ich lebe, von den Bürgern gemäß dem Vorbild dieser großen Männer beurteilt werde und ebenso die Kaiser der folgenden Generationen.« Auch das Standbild des Pompeius ließ er aus dem Rathaus, in dem C. Caesar ermordet worden war, fortschaffen und gegenüber

der Säulenhalle des Pompeius-Theaters über dem marmornen Ianus-Bogen aufstellen.

32 (1) Zum Verderben des Staates waren sehr viele Übelstände entweder als Folge von Gewöhnung und Willkür der Bürgerkriege bestehen geblieben oder sogar erst während der Friedenszeit entstanden. Denn sehr viele Wegelagerer zeigten sich in aller Öffentlichkeit mit einem Schwert an der Seite, so wie wenn sie sich schützen müssten, und auf freiem Feld wurden Reisende, ohne Unterschied, ob es sich um Freie oder Sklaven handelte, entführt und verschwanden in den Arbeitshäusern der Großgrundbesitzer. Darüber hinaus bildeten sich unter dem Namen einer neuen Genossenschaft zahlreiche Vereinigungen, deren Zweck darin bestand, alle nur denkbaren Verbrechen zu begehen. Deshalb gebot Augustus dadurch, dass er an geeigneten Plätzen Wachen aufstellte, der Wegelagerei Einhalt, unterzog die Arbeitshäuser einer genauen Kontrolle und löste die Genossenschaften mit Ausnahme der alten und rechtmäßigen auf. (2) Die Urkunden alter Schuldner der Staatskasse ließ Augustus als brisanten Stoff für Verleumdungen vernichten; staatliche Grundstücke in der Stadt, deren Besitzverhältnisse strittig waren, erkannte er den ursprünglichen Eigentümern zu. Die Namen derer, die bereits seit sehr langer Zeit auf der Anklagebank saßen und deren erbärmliche Lage den Gegnern nichts als Vergnügen bereitete, ließ er streichen; darüber hinaus bestimmte er, dass derjenige, der einen dieser Leute erneut vor Gericht stelle, ebenfalls Gefahr laufen solle, bestraft zu werden.[68] Um aber zu verhindern, dass ein Verbrechen ungesühnt blieb oder ein Rechtsstreit sich in die Länge zog, ordnete er an, mehr als 30 Tage, an denen wegen der Spiele zu Ehren des Volkes keine Verhandlungen stattzufinden pflegten, für die Prozesse anzusetzen. (3) Den drei Dekurien von Richtern fügte er eine vierte hinzu, die sich aus Richtern einer geringeren Vermögensklasse zusammensetzte; diese wurde daher die Klasse der *ducenarii*[69] genannt und war mit Prozessen befasst, in denen es um geringere Streitsummen ging. Zu Richtern verpflichtete er Personen, die das 30. Lebensjahr erreicht hatten, das heißt fünf Jahre früher, als es sonst üblich war. Und angesichts der Tatsache, dass sehr viele das Richteramt ablehnten, machte er, wenn auch widerstrebend, das Zugeständnis, dass die einzelnen Richterdekurien abwechselnd ein Jahr lang von ihrer Tätigkeit freigestellt werden und dass von nun an in den Monaten November und Dezember die Amtsgeschäfte ruhen sollten.

33 (1) Augustus sprach selbst unablässig Recht, manchmal sogar bis in die Nacht hinein; wenn er sich zu schwach fühlte, tat er dies von einer Sänfte aus, die vor der Richtertribüne aufgestellt war, oder sogar in seinem Haus von seinem Lager aus. Recht sprach er aber nicht nur mit allergrößter Sorgfalt, sondern auch mit großer Milde; einem Angeklagten, der eines offensichtlichen Vatermordes bezichtigt wurde, soll Augustus, um ihm die Todesstrafe durch Ertränken im Sack zu ersparen, die nur bei einem Geständnis verhängt wurde, die Frage gestellt haben: »Du hast doch deinen Vater bestimmt nicht ermordet?« (2) Und als einmal wegen einer Testamentsfälschung verhandelt wurde und alle, die ihre Unterschrift geleistet hatten, gegen die Bestimmungen des Cornelischen Gesetzes[70] verstoßen hatten, gab er denen, die mit ihm als Untersuchungsrichter tätig waren, nicht nur zwei Stimmtäfelchen für Verurteilung und Freispruch, sondern noch ein drittes, mit dem sie diejenigen begnadigen konnten, die erwiesenermaßen einem Betrug zum Opfer gefallen oder einem Irrtum erlegen waren. (3) Die Berufungen legte er, falls die Prozessführer ihren Wohnsitz in Rom hatten, jedes Jahr in die Verantwortung des Stadtprätors, solche der Provinzialen in die Verantwortung ehemaliger Konsuln, wobei er jeweils einem die Rechtsfälle in einer jeden Provinz zuwies.

34 (1) Die Gesetze hat Augustus umgeschrieben und einige neu eingeführt: etwa das Luxusgesetz, das Gesetz über Ehebruch und über Verletzung der Sittsamkeit, über Amtserschleichung und über die Eheordnung in den Ständen. Da er dieses letztere Gesetz erheblich strenger formuliert hatte als die übrigen, vermochte er es angesichts der unüberhörbaren Proteste nur dadurch durchzusetzen, dass er schließlich einen Teil der Strafen aufhob oder milderte sowie für die Wiederverheiratung eine Frist von drei Jahren gewährte und die Belohnungen erhöhte. (2) Als der Ritterstand während eines öffentlichen Schauspiels auch die Aufhebung dieses Gesetzes hartnäckig forderte, ließ er die Kinder des Germanicus herbeiholen, nahm sie teils selbst auf den Arm, teils setzte er sie auf den Schoß des Vaters und zeigte sie so in aller Öffentlichkeit; durch Gestik und Mimik bedeutete er, dass man es nicht als bedrückend empfinden solle, dem Beispiel dieses jungen Mannes zu folgen. Und weil Augustus einsah, dass man durch Verlobung mit noch nicht heiratsfähigen Mädchen und durch häufigen Wechsel der Ehepartner die Wirksamkeit des Gesetzes vereitelte, verkürzte er die Dauer der Verlöbnisse und schränkte die Ehescheidungen ein.

35 (1) Der Senat war durch die ungewöhnlich hohe Zahl seiner Mitglieder zu einem ehrlosen und undisziplinierten Haufen degeneriert – es gab nämlich über 1000 Senatoren, unter ihnen einige ganz und gar unwürdige, die nach der Ermordung Caesars durch Protektion und Bestechung Aufnahme in den Senat gefunden hatten und allgemein als *orcini*[71] bezeichnet wurden. Augustus setzte wieder die ursprüngliche Zahl der Senatoren fest und gab ihnen ihren alten Glanz zurück, und zwar durch zweimalige Überprüfung der Senatorenliste: Die erste nahmen die Senatoren selbst nach eigenem Ermessen vor, wobei jedes Mitglied ein anderes durch Wahl bestimmte, die zweite führten Augustus persönlich und Agrippa durch. Bei dieser Aktion soll er unter seinem Gewand ein Panzerhemd getragen haben und mit einem Schwert am Gürtel den Vorsitz übernommen haben, während sich um seinen Amtsstuhl zehn außergewöhnlich kräftige Freunde scharten, die dem Ritterstand angehörten. (2) Cordus Cremutius[72] schreibt, es sei damals nur demjenigen Senator Zutritt gewährt worden, der allein war und dessen Toga zuvor einer genauen Durchsuchung unterzogen worden war. Einige Senatoren veranlasste Augustus dazu, den Anstand zu wahren und Entschuldigungsgründe für ihren Rücktritt vorzubringen, und gestattete ihnen dafür, weiterhin das Senatorengewand zu tragen, in der Orchestra Platz zu nehmen und an den öffentlichen Festessen teilzunehmen. (3) Damit aber die ausgewählten und von Augustus bestätigten Senatoren ihre Aufgaben umso frommer, aber mit weniger Beschwernis erfüllen konnten, legte er fest, dass ein jeder, bevor er seinen Platz einnahm, am Altar des Gottes, in dessen Tempel die Zusammenkunft abgehalten wurde, unter Opferung von Weihrauch und reinem Wein die Götter anflehen solle und dass die ordentlichen Senatssitzungen nicht öfter als zweimal im Monat stattzufinden hätten, nämlich an den Kalenden und an den Iden, und dass im September und Oktober nur so viele durch das Los bestimmte Senatoren anwesend sein mussten, dass sie rechtmäßige Beschlüsse fassen konnten. Zu seiner eigenen Entlastung richtete er Ausschüsse ein – die Mitglieder wurden für sechs Monate ausgelost –, in denen er im Voraus die Fälle durchsprechen konnte, die dem gesamten Senat vorgelegt werden sollten. (4) Die Ansichten über wichtigere Angelegenheiten holte er nicht in der üblichen Reihenfolge ein, sondern wie es ihm gerade beliebte, damit auf diese Weise ein jeder so bei der Sache wäre, wie wenn er ein eigenes Urteil abgeben und nicht bloß zustimmen müsse.

36 Augustus führte auch noch andere Neuerungen ein, unter anderem die folgenden: Er erließ das Verbot, die Senatsprotokolle zu veröffentlichen und die Amtsträger sofort nach Beendigung ihrer Amtszeit in die Provinzen zu entsenden; hingegen verordnete er, dass den Prokonsularen für die Beschaffung von Mauleseln und Zelten, die zuvor gewöhnlich aus öffentlichen Mitteln erfolgt war, lediglich eine festgesetzte Summe gewährt wurde; sodann, dass die Aufsicht über die Staatskasse von den städtischen Quästoren auf die ehemaligen oder amtierenden Prätoren überging; und schließlich, dass das Hundertmännergericht[73] nicht mehr wie zuvor von den ehemaligen Quästoren, sondern von den Decemvirn einberufen werden sollte.

37 Damit sich noch mehr Personen an der Verwaltung des Staates beteiligten, erfand Augustus neue Ämter: Aufsicht über öffentliche Bauten, über die Wege und Wasserleitungen, über die Reinhaltung des Tibers, über die Getreideverteilung an das Volk, eine Stadtpräfektur, ein Triumvirat für die Senatorenwahl und ein weiteres zur Prüfung der Reiterabteilungen, sooft sich die Notwendigkeit dazu ergab. Er ließ Zensoren wählen, was lange Zeit nicht mehr geschehen war. Die Zahl der Prätoren erhöhte er. Er stellte auch die Forderung, dass er, sooft ihm das Konsulat angetragen werde, zwei anstatt nur eines Kollegen zur Seite habe; diese Forderung vermochte er nicht durchzusetzen, da alle laut Widerspruch einlegten; sein Ansehen werde bereits dadurch genug geschmälert, dass er dieses Ehrenamt nicht allein, sondern mit einem zweiten Kollegen ausübe.

38 (1) Und nicht zurückhaltender gab er sich auch bei der Belohnung von Tapferkeit im Krieg und ließ über 30 Feldherren richtige Triumphe und einer weitaus größeren Anzahl die Triumphalabzeichen[74] zuerkennen.

(2) Damit sich die Kinder von Senatoren umso schneller für eine Tätigkeit im Staatsdienst entschieden, erlaubte er ihnen, sogleich nach Erhalt der Männertoga das Senatorengewand an-

zulegen und an den Senatssitzungen teilzunehmen; und denen, die sich für den Militärdienst entschieden, gab er nicht nur eine Stelle als Legionstribun, sondern auch als Führer einer Reiterschwadron. Und damit niemand ohne Erfahrung im Militärdienst sei, stellte er meist je zwei Senatorensöhne an die Spitze einer Schwadron.

(3) Die Ritterabteilungen unterzog er häufig einer Prüfung, nachdem er die Sitte der Musterung nach langer Unterbrechung wieder eingeführt hatte. Er duldete aber nicht, dass irgendjemand im Verlauf der Musterung von einem Ankläger vom Pferd gezogen wurde, wie es sonst zu geschehen pflegte; und den Älteren oder denen, die ein körperliches Gebrechen hatten, erlaubte er, das Pferd während der Parade in der Reihe vorausführen zu lassen, und sooft sie namentlich aufgerufen wurden, zu Fuß zu kommen; bald darauf gestattete er denen, die älter als 35 Jahre waren, das Pferd abzugeben, wenn sie es nicht mehr behalten wollten.

39 Nachdem er sich vom Senat zehn Helfer erbeten hatte, zwang er einen jeden Ritter, einen Rechenschaftsbericht über seine Lebensführung abzugeben; und gegen die, bei denen er Grund zur Klage hatte, verordnete er teils Geld-, teils Ehrenstrafen, meistens aber sprach er unterschiedliche Verwarnungen aus. Die mildeste Art der Ermahnung bestand in der öffentlichen Übergabe einer Schreibtafel, die schweigend an Ort und Stelle sofort gelesen werden musste. Er tadelte auch einige, weil sie Geld, das sie zu einem recht niedrigen Zinsfuß geliehen, zu einem höheren weiterverliehen hatten.

40 (1) Und wenn es bei den Wahlen der Volkstribunen unter den Senatoren an Bewerbern fehlte, wählte er sie aus den Angehörigen des römischen Ritterstandes aus, wobei sie nach Beendigung ihrer Amtszeit entscheiden konnten, welchem Stand sie angehören wollten. Weil es aber die meisten Ritter, nachdem ihr väterliches Vermögen in den Bürgerkriegen aufgezehrt war, aus Furcht vor einer Strafe wegen Übertretung des Theatergesetzes nicht wagten, von den ersten 14 Rängen[75] aus den Spielen beizuwohnen, verkündete Augustus, dass die Gesetzesbestimmung nicht bei denen anzuwenden sei, die selbst oder deren Väter einst über das für den Ritterstand notwendige Mindestvermögen verfügt hätten.

(2) Die Volkszählung[76] führte er straßenweise durch, und damit das Volk nicht zu häufig wegen der Getreideverteilung von den Geschäften abgelenkt werde, legte er fest, dass dreimal jährlich Marken für den Bezug von Getreide für jeweils vier Monate ausgegeben werden sollten; weil das Volk aber die altgewohnte Regelung wünschte, erlaubte er wieder, dass ein jeder seinen Anteil monatlich erhielt. Er führte auch das alte Recht der Wahlversammlungen wieder ein und dämmte den Stimmenkauf durch vielfältige Strafen ein, ließ an die Angehörigen der Fabischen und Scaptischen Tribus[77], als deren Mitglied er gezählt wurde, jeweils 1000 Sesterzen aus seinem Privatvermögen verteilen, damit sie es nicht nötig hatten, von irgendeinem Bewerber Geld zu verlangen.

(3) Für wichtig hielt er es außerdem, das Volk von jeder Blutsvermischung mit Angehörigen fremder Völker oder Sklaven rein und unverfälscht zu erhalten; das römische Bürgerrecht verlieh er daher äußerst sparsam und schränkte die Anzahl der Freilassungen ein. An Tiberius, der sich für einen griechischen Klienten einsetzte, schrieb er zurück, er werde das Bürgerrecht nur dann verleihen, wenn dieser ihn persönlich davon überzeugen könne, dass er berechtigte Gründe für sein Ersuchen habe; und Livia, die für einen abgabepflichtigen Gallier das Bürgerrecht erbat, erfüllte er den Wunsch nicht, machte ihr jedoch das Angebot, ihm Abgabefreiheit zu gewähren, und erklärte zugleich, er werde es eher ertragen, dass der Staatskasse ein bestimmter Geldbetrag entzogen werde, als dass man die Ehre des römischen Bürgerrechts allen zukom-

men lasse. (4) Er gab sich nicht damit zufrieden, den Sklaven bei ihren Bemühungen um die Freilassung große Schwierigkeiten zu machen und denen, die sich um das volle Bürgerrecht bemühten, noch größere, indem er bezüglich der Zahl, der Bedingung und der unterschiedlichen Behandlung derer, die freigelassen werden sollten, sehr sorgfältige Vorsichtsmaßnahmen getroffen hatte; und er fügte noch hinzu, dass niemand, der jemals inhaftiert oder gefoltert worden war, durch irgendeine Form der Freilassung das Bürgerrecht erlangen dürfe.

(5) Auch bemühte sich Augustus darum, die früheren Kleider und Gewänder wieder einzuführen, und als er einmal bei einer Volksversammlung eine große Zahl von Leuten in dunklen Mänteln erblickte, rief er empört aus: »Siehe da! Die Römer, die Herren der Welt, und das togagewandete Volk!«[78]

Er gab den Ädilen den Auftrag, fortan niemanden mehr auf dem Forum oder in dessen Nähe zu dulden, der nicht den Mantel abgelegt hatte und die Toga trug.[79]

41 (1) Seine Freizügigkeit zeigte Augustus allen Ständen bei zahlreichen Gelegenheiten. Denn nachdem er beim Triumph über Alexandria den königlichen Schatz nach Rom gebracht hatte, kam dadurch eine solche Menge Geld in Umlauf, dass der Zinsfuß sank und die Grundstückspreise erheblich anstiegen. Und sooft später (in der Staatskasse) Geld aus dem Vermögen Verurteilter im Überfluss vorhanden war, überließ er es für einen bestimmten Zeitraum zinsfrei denen, welche die doppelte Sicherheit zu leisten imstande waren. Das Mindestvermögen der Senatoren erhöhte er, und zwar von 800 000 auf 1 200 000 Sesterzen; denjenigen Senatoren, die nicht über diesen Betrag verfügten, zahlte er den noch ausstehenden Rest hinzu. (2) Spenden an das Volk gab er häufig, aber in der Regel unterschiedliche Beträge: bald 400, bald 300, manchmal 250 Sesterzen pro Person; und er überging nicht einmal die jüngeren Knaben, obgleich sie in der Regel erst vom elften Lebensjahr an etwas bekamen. Bei Versorgungsengpässen verteilte er das Getreide häufig zu einem sehr geringen Preis, zuweilen umsonst, an jeden und verdoppelte die Gutscheine für Geldzuwendungen.

42 (1) Dass er aber als ein Herrscher galt, dem das Wohl des Volkes mehr am Herzen lag als dessen Gunst, soll Folgendes zeigen: Als das Volk sich darüber beklagte, dass Mangel an Wein herrsche und der Preis zudem hoch sei, wies er es besonders streng zurecht: »Von meinem Schwiegersohn Agrippa ist durch die Errichtung mehrerer Wasserleitungen in ausreichendem Maße dafür gesorgt, dass die Menschen keinen Durst zu leiden brauchen.« (2) Als das Volk einmal eine ihm versprochene Spende mit Nachdruck forderte, antwortete er: »Ich stehe zu meinem Wort.« Als das Volk aber eine nicht versprochene Spende leidenschaftlich verlangte, hielt er dem Volk in einem Erlass unverschämte Gemeinheit vor und versicherte, er werde die Spende nicht verteilen, obgleich dies in seiner Absicht gelegen habe. Und mit nicht geringerer Härte und Beharrlichkeit hat er, als er erfahren hatte, dass bei einer in Aussicht gestellten Geldspende viele Sklaven freigelassen und illegal in die Bürgerlisten eingetragen worden waren, erklärt, dass lediglich diejenigen etwas erhalten würden, denen es versprochen worden war, und den Übrigen gab er weniger, als er versprochen hatte, damit die festgelegte Summe ausreichte. (3) Als einmal eine große Hungersnot herrschte und sich Abhilfe als schwierig erwies, ließ er die für den Verkauf vorgesehenen Sklaven und die Truppen der Fechtmeister, dazu alle Ausländer mit Ausnahme der Ärzte und Lehrer, sowie einen Teil der Sklaven aus Rom ausweisen; sobald sich endlich die Versorgungslage entspannt hatte, habe er, wie er schreibt, den Entschluss gefasst, die öffentlichen Getreidezuwendungen auf immer abzuschaffen, weil durch die Hoffnung darauf der Ackerbau vernachlässigt werde; aber dennoch sei er nicht bei seinem Vorhaben geblieben, weil er der festen Überzeugung gewesen sei, dass dieser Brauch wieder eingeführt werde, um die Gunst des Volkes zu gewinnen. Und später regelte er die Sache so, dass er auf die Bauern und Händler in gleichem Maße Rücksicht nahm wie auf das Volk.

43 (1) Er übertraf alle seine Vorgänger an Zahl, Vielfalt und Prunk der Schauspiele. Er sagt, er habe in eigenem Namen viermal Spiele durchgeführt; für andere Magistrate, die entweder (von Rom) abwesend waren oder nicht über die nötigen Geldmittel verfügten, 23 Mal. Dies geschah manchmal auch in einzelnen Stadtteilen, und auf mehreren Bühnen agierten Schauspieler aller Sprachen. (Gladiatorenspiele)[80] veranstaltete er nicht nur auf dem Forum und im Amphitheater, sondern auch im Circus in den Saepten; und einmal ließ er nichts als eine Tierhetze aufführen. Wettkämpfer ließ er auch auf dem Marsfeld auftreten, wo hölzerne Sitzreihen errichtet wurden; desgleichen wurde eine Seeschlacht arrangiert, in der Nähe des Tibers; aus diesem Grund gab er den Auftrag, dort einen See auszuheben, wo sich jetzt der Park der Caesaren[81] befindet. An derartigen Festtagen verteilte er Wachen über die Stadt, damit Rom wegen der geringen Zahl derer, die zu Hause blieben, Banditen nicht schutzlos preisgegeben war. (2) Im Circus ließ er Wagenlenker, Wettläufer und Tierkämpfer auftreten, und manchmal nahmen junge Männer aus den ersten Adelsfamilien teil. Aber besonders häufig ließ er das Trojaspiel[82] von größeren und kleineren Jungen aufführen, da er es für einen althergebrachten und passenden Brauch hielt, dass die Nachkommen einer berühmten Familie auf diese Weise ihre Talente vorführten. Als bei einem solchen Schauspiel Nonius Asprenas hinfiel und sich verletzte, schenkte Augustus ihm eine goldene Halskette [*torquis*] und erlaubte ihm und seinen Nachfahren, den Beinamen Torquatus zu tragen. Bald aber stellte er derartige Veranstaltungen ein, weil sich der Redner Asinius

Pollio im Senat heftig und erbittert über einen (vergleichbaren) Sturz seines Enkels Aeserninus beklagte, der sich dabei sogar das Bein gebrochen hatte.

(3) Einmal ließ er bei Theaterveranstaltungen und Gladiatorenkämpfen sogar römische Ritter auftreten, noch bevor dies durch einen Senatsbeschluss verboten wurde. In späterer Zeit stellte er nur noch einmal einen jungen Mann namens Lycius, der von edler Abstammung war, der Öffentlichkeit vor, aber nur um zu zeigen, dass dieser kleiner als zwei Fuß war und lediglich 17 römische Pfund wog, jedoch eine außergewöhnlich kräftige Stimme besaß. (4) An einem Tag, an dem ein öffentliches Schauspiel stattfand, ließ er die Geiseln der Parther, die damals zum ersten Mal nach Rom geschickt worden waren, mitten durch die Arena zur Zuschauertribüne führen und direkt über seiner Loge in der zweiten Reihe Platz nehmen. Wenn etwas Seltenes und Sehenswertes nach Rom gebracht worden war, pflegte er es auch an Tagen, an denen keine Schauspiele angesetzt waren, an einem beliebigen Ort der Öffentlichkeit vorzustellen, wie zum Beispiel ein Rhinozeros in den Saepten, einen Tiger auf der Theaterbühne oder eine Schlange von 50 Ellen auf dem Comitium.

(5) Es ereignete sich bei Circusspielen, die Augustus feierlich gelobt hatte, dass er infolge eines Schwächeanfalls die Prozession der Götterwagen in der Sänfte liegend eröffnen musste; ein anderes Mal geschah es bei der Eröffnungsansprache anlässlich der Spiele, mit denen das Theater des Marcellus eingeweiht wurde, dass der Amtssessel unter Augustus nachgab und der Prinzeps rücklings hinfiel. Als das Volk im Verlauf eines Schauspiels, das seine Enkel veranstalteten, aus Furcht vor dem Einsturz (der Tribünen) in Unruhe versetzt war und auf keine Art und Weise zurückgehalten oder beruhigt werden konnte, verließ Augustus seinen Platz und setzte sich dort hin, wo es besonders gefährlich zu sein schien.

44 (1) Das äußerst chaotische und zügellose Verhalten der Zuschauer bei den Schauspielen verbesserte er und erließ genaue Verordnungen; Anlass dazu war für ihn die Beleidigung, die ein Senator erfahren musste, als ihm bei einer sehr gut besuchten Veranstaltung in Puteoli auf den vollbesetzten Rängen niemand einen Platz anbot. Augustus erwirkte daher einen Senatsbeschluss, der besagte, dass sooft irgendwo ein Schauspiel in der Öffentlichkeit veranstaltet werde, die erste Sitzreihe für die Senatoren frei bleiben müsse, und in Rom erteilte er Gesandten freier und verbündeter Völker das Verbot, in der Orchestra Platz zu nehmen, da er in Erfahrung gebracht hatte, dass auch Freigelassene unter ihnen waren. (2) Die Soldaten trennte er vom Volk. Den Ehemännern aus dem einfachen Volk wies er eigene Sitzreihen zu, den Knaben, die noch die Praetexta[83] trugen, einen eigenen Bereich und direkt daneben einen anderen für die Erzieher; er legte fest, dass niemand aus dem niederen Volk in der Mitte des Zuschauerraums sitzen dürfe. Frauen erlaubte er den Besuch von Gladiatorenkämpfen, die sie einst mitten unter den Männern mitverfolgen durften, nur unter der Bedingung, dass sie von den oberen Sitzreihen aus zuschauten. (3) Lediglich den Vestalischen Jungfrauen gewährte er einen gesonderten Platz im Theater, und zwar gegenüber der Loge des Prätors. Den Besuch der Athletenwettkämpfe verbot er dem weiblichen Geschlecht gänzlich, so dass er an den Spielen, die er als Pontifex Maximus aufführen ließ,[84] den Wettkampf eines Faustkämpferpaares, den das Volk gewünscht hatte, auf die frühen Morgenstunden des folgenden Tages verschob und die Verordnung erließ, dass die Frauen nicht vor der fünften Stunde [zwischen 10 und 11 Uhr morgens] ins Theater kommen dürften.

45 (1) Augustus selbst schaute sich in der Regel die Circusspiele aus den in den oberen Stockwerken gelegenen Esszimmern der Häuser seiner Freunde und Freigelassenen an,

zuweilen aus seiner mit Polstersesseln ausgestatteten Loge, wo er mit seiner Gattin und den Kindern Platz nahm. Dem Schauspiel blieb er häufig mehrere Stunden, manchmal ganze Tage fern, nachdem er stets um Nachsicht gebeten und Personen ernannt hatte, die an seiner Stelle den Vorsitz führen sollten. Sooft er aber anwesend war, konzentrierte er sich ganz auf das Schauspiel, sei es, um dem Tadel zu entgehen, dem, wie er sich erinnerte, sein Vater Caesar gewöhnlich ausgesetzt war – weil sich dieser während des Schauspiels häufig der Lektüre oder Beantwortung von Briefen und Bittschriften widmete –, sei es aus Interesse und Vergnügen am Zuschauen; niemals verhehlte er das und bekannte sich oft aufrichtig dazu. (2) Daher stiftete er aus seinem Privatvermögen häufig wertvolle Kränzchen und Belohnungen auch bei Spielen, die andere durchführten, und nahm an keinem griechischen Wettkampf teil, ohne einem jeden Wettkämpfer seinen Verdiensten entsprechend einen Ehrenpreis zuerkannt zu haben. Er schaute aber besonders interessiert Faustkämpfern zu, vor allem latinischen, und zwar nicht nur regelrecht ausgebildeten Boxern, die er sogar immer wieder mit griechischen kämpfen ließ, sondern auch Banden aus dem niederen Volk, die sich in den engen Gassen aufs Geratewohl und ohne technische Raffinessen gegenseitig verprügelten. (3) Schließlich hielt er alle Personen, die bei öffentlichen Schauspielen irgendwelche nützlichen Tätigkeiten verrichteten, seiner persönlichen Fürsorge für würdig: Die Privilegien der Athleten bestätigte er nicht nur, sondern vermehrte sie sogar, er verbot das Gladiatorenspiel, bei dem die Fechter auf Leben und Tod kämpften, er entzog den Magistraten das alte Recht, gegenüber den Schauspielern zu jeder Zeit und an jedem Ort strafrechtlich vorzugehen, außer während der Spiele und auf der Bühne. (4) Und dennoch überwachte er stets aufs Strengste die Wettbewerbe der Athleten und die Gladiatorenkämpfe. Denn Zügellosigkeit von

Schauspielern bestrafte er sehr hart; so ließ er etwa den Togataschauspieler[85] Stephanio, der – wie Augustus in Erfahrung gebracht hatte – von einer als Knabe verkleideten und kurzgeschorenen römischen Matrone bedient worden war, in drei Theatern mit Ruten schlagen und verbannte ihn aus Rom; den Pantomimen Hylas ließ er auf die Klage eines Prätors hin im Atrium seines Hauses vor aller Augen auspeitschen, und Pylades ließ er aus Rom und Italien entfernen, weil dieser auf einen Zuschauer, von dem er ausgepfiffen wurde, mit dem Finger gezeigt und so auf ihn aufmerksam gemacht hatte.

46 Auf diese Art und Weise verwaltete er Rom und ordnete die städtischen Angelegenheiten; er bevölkerte Italien mit 28 von ihm gegründeten Kolonien, stattete sie mit Bauwerken aus, sorgte für sie mit dem öffentlichen Steueraufkommen und stellte sie sogar in Bezug auf ihre Rechte und Würde zu einem gewissen Maße der Hauptstadt gleich, wobei er sich folgenden Wahlmodus ausgedacht hatte: Die Gemeinderäte sollten über die Amtsträger in Rom jeweils in ihren Kolonien abstimmen und die Wahlzettel versiegelt kurz vor dem Tag der Wahlen nach Rom schicken. Und damit es diesen Kolonien nicht an Adligen und bürgerlichem Nachwuchs mangele, gab er denjenigen, die sich um eine Offiziersstelle bei der Reiterei bewarben, lediglich auf die öffentliche Empfehlung einer jeden Stadt den gewünschten Posten und verteilte auf diejenigen aus dem Volk, die ihm bei seinen Provinzbesuchen Söhne oder Töchter vorzeigen konnten, für jedes Kind 1000 Sesterzen.

47 Die bedeutenderen Provinzen, die bei jährlichem Wechsel der Magistrate weder leicht noch sicher verwaltet werden konnten, übernahm er selbst, die übrigen vertraute er nach einem Losverfahren Prokonsuln an; und dennoch nahm er zuweilen Änderungen vor und besuchte des Öfteren die meisten Provinzen beider Verwaltungsarten. Gewissen Städten, die zwar mit Rom verbündet waren, die aber wegen der Zügellosigkeit ihrer Bewohner kurz vor dem Zusammenbruch standen, entzog er die Freiheit, andere, die wegen Schulden in arge Bedrängnis geraten waren, entlastete er; die durch ein Erdbeben vernichteten Städte baute er von Neuem auf; wieder andere, die Verdienste gegenüber dem römischen Volk anzuführen vermochten, beschenkte er mit dem latinischen oder gar mit dem römischen Bürgerrecht. Es gibt aber – wie ich meine – keine Provinz, mit Ausnahme von Afrika und Sardinien, die er nicht besucht hatte. Als er sich nach dem Sieg über Sextus Pompeius anschickte, von Sizilien aus in diese beiden Provinzen überzusetzen, hinderten ihn anhaltende starke Stürme an seinem Plan, und später bot sich weder eine Gelegenheit, noch gab es einen Grund, dorthin zu fahren.

48 Die Königreiche, die Augustus aufgrund des Kriegsrechts in seine Gewalt gebracht hatte, gab er, mit wenigen Ausnahmen, entweder denjenigen zurück, denen er sie genommen hatte, oder teilte sie auswärtigen Herrschern zu. Mit Rom verbündete Könige führte er auch untereinander durch gegenseitige familiäre Bande enger zusammen und vermittelte und förderte besonders eifrig jedes Verwandtschafts- und Freundschaftsverhältnis; um sie alle war er besorgt, gleichsam als ob sie Glieder und Teile des Reichs wären; er stellte auch den minderjährigen oder geistesschwachen Kronprinzen gewöhnlich einen Vormund zur Seite, bis sie groß waren oder ihre Sinne wieder beisammen hatten, und die Kinder zahlreicher Fürsten ließ er mit seinen eigenen erziehen und unterrichten.

49 (1) Von seinem gesamten Heer verteilte er die Legionen und Hilfstruppen auf die einzelnen Provinzen; eine Flotte stationierte er in Misenum, eine andere in Ravenna zum Schutz des Adriatischen und des Tyrrhenischen Meeres; den verbleibenden Rest seines Heeres beauftragte er teils mit der Bewachung Roms, teils mit seinem eigenen Schutz, nachdem er die

Abteilung der Calagurritani, die bis zu seinem Sieg über Antonius, ebenso die der Germanen, die bis zur Niederlage des Varus zu seinen Leibwächtern gehört hatten, aus dem Dienst entlassen hatte. Aber dennoch duldete er zu keinem Zeitpunkt die Anwesenheit von mehr als drei Kohorten in Rom, und auch diese hielt er nicht in einem speziellen Lager; die übrigen Kohorten entließ er gewöhnlich in Städte der näheren Umgebung in die Winter- und Sommerlager. (2) Alle Soldaten im gesamten Reich aber verpflichtete er zu einer festgesetzten Zahl von Dienstjahren und festgesetztem Sold, wobei er, entsprechend dem jeweiligen Dienstgrad, sowohl die Dauer des Heeresdienstes als auch die Vergünstigungen nach der Entlassung genau bestimmte, damit die Soldaten weder infolge einer zu langen Dienstzeit noch wegen einer eventuellen Notlage nach ihrer Entlassung zu Aufständen aufgewiegelt werden könnten. Und damit auf alle Zeiten und ohne Schwierigkeiten die Kosten für ihren Unterhalt und für ihre Zuwendungen nach der Entlassung gedeckt waren, richtete er mithilfe neuer Steuern eine Militärkasse ein.

(3) Und um schneller und müheloser Berichte und Informationen über das, was sich in einer jeden Provinz ereignete, zu erhalten, verteilte er zunächst junge Männer, später Wagen, in angemessenen Abständen auf den Heerstraßen. Die zweite Maßnahme schien zweckmäßiger, da so dieselben Boten, die die Mitteilungen von Ort und Stelle überbrachten, wenn es die Sachlage erforderte, auch direkt befragt werden konnten.

50 In Geleitschreiben, öffentlichen Bekanntmachungen und Briefen verwendete er als Siegel anfangs eine Sphinx, später das Bild Alexanders des Großen, zuletzt sein eigenes, das von der Hand des Dioskurides[86] geschnitten war, womit auch die nachfolgenden Kaiser immer ihre Schriftstücke siegelten. Allen Briefen fügte er auch die Stunden der Abfassung hinzu, und zwar sowohl die des Tages als auch die der Nacht.

51 (1) Zahlreich und bedeutend sind die Beweise für seine Milde und Leutseligkeit. Um nicht aufzuzählen, wie viele und welche Männer der Gegenpartei er mit seiner Gnade und Straflosigkeit beschenkt hat – er erlaubte ihnen sogar, eine besonders wichtige Stelle im Staatsdienst einzunehmen –, mögen zwei Beispiele genügen: Augustus gab sich damit zufrieden, Iunius Novatus und Cassius Patavinus, zwei Männer aus dem Plebejerstand, im einen Fall mit einer Geldstrafe, im anderen mit einer milden Verbannung zu belegen, obgleich jener unter dem Namen des jungen Agrippa (Postumus) einen bitterbösen Brief über ihn veröffentlicht und dieser bei einem stark besuchten Gastmahl laut ausgerufen hatte, ihm fehle weder das Verlangen noch der Mut, Augustus niederzustechen. (2) Als aber bei einer gerichtlichen Untersuchung dem Aemilius Aelianus aus Corduba neben anderen Anklagepunkten insbesondere vorgeworfen wurde, dass er sich immer wieder negativ über den Kaiser äußere, wandte sich Augustus an den Ankläger und sagte scheinbar erregt: »Hoffentlich vermagst du mir das zu beweisen; Aelianus soll wissen, dass auch ich eine Zunge habe, ich werde nämlich noch mehr über ihn reden«; und darüber hinaus betrieb er weder sofort noch später irgendwelche Nachforschungen. (3) An Tiberius, der sich ebenfalls über diese Angelegenheit, aber noch heftiger bei ihm in einem Brief beklagte, schrieb er Folgendes zurück: »Gib dich, mein lieber Tiberius, in dieser Angelegenheit nicht deinem jugendlichen Übereifer hin und entrüste dich nicht allzu sehr darüber, dass es Menschen gibt, die schlecht über mich reden; es genügt nämlich, wenn wir uns damit zufrieden geben, dass uns niemand etwas Schlechtes antun kann.«

52 Obgleich er wusste, dass es üblich war, den Bau von Tempeln sogar zu Ehren von Prokonsuln zu beschließen, ließ er dies jedoch in keiner Provinz für sich zu, außer wenn sie auch für die Göttin Roma bestimmt waren. Denn in Rom lehnte er

eine solche Ehre ganz energisch ab; und er ließ sogar die silbernen Statuen, die für ihn einst aufgestellt worden waren, allesamt einschmelzen, und aus dem Gewinn weihte er dem palatinischen Apollo goldene Dreifüße.

Als das Volk ihm mit aller Gewalt die Diktatur aufnötigen wollte,[87] kniete er nieder, riss die Toga von den Schultern, entblößte seine Brust und bat inständig darum, ihm das zu ersparen.

53 (1) Die Anrede »Herr« verabscheute er stets als schimpfliches Schmähwort. Als er sich einmal Schauspiele im Theater ansah und bei einer Komödie die Worte ausgesprochen wurden: »O gerechter und guter Herr!« und alle Anwesenden aufsprangen und Anerkennung zollten, gleichsam als bezögen sich diese Worte auf Augustus persönlich, wies er diese unschicklichen Schmeicheleien auf der Stelle durch Gestik und Mimik zurück und rügte sie am folgenden Tag in einem besonders streng formulierten Erlass. Er erlaubte in der Zukunft nicht einmal seinen Kindern oder Enkeln, sei es im Ernst oder im Spaß, ihn mit »Herr« anzureden, und Schmeicheleien dieser Art verbot er ihnen auch im Umgang miteinander. (2) Nicht zufällig verließ Augustus Rom oder irgendeine Provinzstadt oder betrat diese Städte nur abends oder nachts, um keine Unruhe durch offizielle Begrüßungs- oder Abschiedszeremonien zu erregen. Wenn er das Konsulat bekleidete, ging er in der Regel zu Fuß; übte er diese Funktion nicht aus, ließ er sich häufig in einer offenen Sänfte durch die Straßen tragen. Zu den gewöhnlichen Audienzen gestattete er auch dem einfachen Volk den Zutritt und nahm die Wünsche der Besucher so zuvorkommend entgegen, dass er jemanden einmal zum Scherz tadelte, er überreiche ihm die Bittschrift so zögernd, »wie einem Elefanten eine Geldspende«. (3) An den Versammlungstagen des Senats begrüßte er die Senatoren ausschließlich in der Kurie, und zwar blieben sie auf ihren Plätzen sitzen, während er sie einzeln namentlich aufrief, ohne dass ihm jemand dabei helfen musste; auch wenn er die Versammlung verließ, verabschiedete er sich gewöhnlich auf dieselbe Weise, wobei die Senatoren sitzen bleiben durften. Höflichkeitsbesuche erwies er vielen Bekannten beruhend auf Gegenseitigkeit, und er hörte erst auf, an Festtagen eines jeden Bekannten mitzufeiern, als er älter wurde und bei einer Verlobungsfeier im Gedränge hart mitgenommen worden war. Der Senator Gallus Cerrinius, der nicht zum näheren Freundeskreis von Augustus zählte, erblindete plötzlich und beschloss deshalb, den Hungertod zu sterben; Augustus suchte ihn persönlich auf und gab ihm durch seine tröstenden Worte neuen Lebensmut.

54 Im Senat wurde ihm einmal während einer Rede zugerufen: »Ich habe es nicht verstanden«, und von einem anderen: »Ich würde dir widersprechen, wenn ich Gelegenheit dazu hätte«. Wenn er zuweilen aus Zorn über die maßlosen Streitereien der miteinander diskutierenden Gruppierungen aus der Kurie hinausstürmte, riefen ihm einige nach: »Es muss den Senatoren erlaubt sein, über Staatsangelegenheiten zu sprechen.« Antistius Labeo[88] wählte bei der Senatorenwahl, als jeder Senator einen anderen zu bestimmen hatte, M. Lepidus, der ein alter Feind von Augustus war und der damals noch in der Verbannung lebte; als Antistius Labeo von Augustus gefragt wurde, ob es nicht andere Männer gebe, die würdiger seien als Lepidus, antwortete er: »Ein jeder hat sein eigenes Urteil.« Dennoch bedeutete für niemanden Offenheit oder Widerspenstigkeit einen Nachteil.

55 Augustus fürchtete zwar nicht die gegen ihn gerichteten Schmähschriften, die im Senat im Umlauf waren, verwendete aber große Mühe darauf, sie zu widerlegen; nicht einmal nach den Urhebern ließ er forschen, er verordnete lediglich, dass in Zukunft eine Untersuchung über die Personen durchgeführt werden müsse, die unter fremdem Namen Schmähschriften oder Gedichte herausgäben, gegen wen auch immer diese verfasst seien.

56 (1) Er antwortete auch auf die widerwärtigen oder frechen Scherze, mit denen ihn gewisse Personen angegriffen hatten, lediglich in einer Verordnung. Und dennoch verhinderte er, dass durch einen Senatsbeschluss die freie Meinungsäußerung in Testamenten eingeschränkt werde. Sooft er an den Wahlen der Magistrate teilnahm, ging er mit den von ihm favorisierten Bewerbern in den Wahlbezirken umher und bat nach alter Sitte für sie um Stimmen. Er gab sogar persönlich seine Stimme in seinem Wahlbezirk ab, wie ein gewöhnlicher Bürger. Mit höchster Gelassenheit duldete er es, in Prozessen als Zeuge befragt und widerlegt zu werden. (2) Das Forum legte er kleiner an (als ursprünglich geplant), da er es nicht wagte, die Besitzer der unmittelbar angrenzenden Häuser zu enteignen. Niemals empfahl er seine Söhne dem Volk, ohne hinzuzufügen: »Wenn sie es verdienen werden.« Als sie einmal ins Theater eintraten – sie trugen noch die Kindertoga – und sich alle erhoben und ihnen stehend Beifall klatschten, beklagte sich Augustus aufs Heftigste darüber. Seine Freunde sollten seinem Wunsch gemäß wichtige und mächtige Stellungen im Staat einnehmen, aber dennoch sollten sie den anderen Bürgern rechtlich gleichgestellt sein und in gleichem Maße an die vor Gericht angewendeten Gesetze gebunden sein. (3) Als Asprenas Nonius, der zu Augustus in recht enger Verbindung stand, von Cassius Severus wegen Giftmordes vor Gericht angeklagt wurde, befragte Augustus den Senat, was nach dessen Meinung seine Pflicht sei: »Ich bin nämlich unschlüssig; einerseits (befürchte ich,) dass ich ihn der gesetzlichen Strafe entziehe, wenn ich ihm vor Gericht beistehe, andererseits aber, dass man glauben könne, ich ließe einen Freund im Stich und verurteilte ihn im Voraus, wenn ich ihm nicht helfe.« Mit Zustimmung aller Senatoren nahm er für einige Stunden auf der Anklagebank (neben den Verteidigern) Platz, schwieg aber und legte vor Gericht nicht einmal ein günstiges Zeugnis für ihn ab. (4) Er stand auch seinen Klienten bei, wie zum Beispiel einem gewissen Scrutarius, einem seiner Veteranen,[89] der sich wegen Beleidigung vor Gericht zu verantworten hatte. Überhaupt hat er nur einen einzigen Angeklagten einer Verurteilung vor Gericht entzogen, und auch nur durch inständige Bitten, durch die er in Gegenwart der Richter den Ankläger milde gestimmt hatte; es handelt sich um Castricius, durch den er von der Verschwörung des Murena erfahren hatte.

57 (1) Dass sich Augustus durch derartige verdienstliche Taten sehr beliebt machte, ist leicht einzusehen. Ich übergehe die Senatsbeschlüsse, weil es den Anschein haben könnte, sie seien entweder durch Zwang oder Rücksichtnahme zustande gekommen. Die römischen Ritter feierten seinen Geburtstag aus eigenem Antrieb und nach einstimmigem Beschluss, und zwar stets zwei Tage lang. Alle Stände pflegten alljährlich aufgrund eines Gelübdes, das sie für sein Wohl abgelegt hatten, ein Geldstück in den Lacus Curtius[90] zu werfen; ebenso brachten sie ihm am 1. Januar, auch in seiner Abwesenheit, auf dem Kapitol ein Neujahrsgeschenk dar, aus dessen Erlös er besonders wertvolle Götterbilder kaufte, die er in verschiedenen Stadtteilen aufstellen ließ, wie zum Beispiel Apollo Sandaliarius, Iuppiter Tragoedus und andere. (2) Zum Wiederaufbau seines auf dem Palatin durch einen Brand vernichteten Palastes brachten die Veteranen, die Dekurien (der Richter), die Tribus[91] und sogar einzelne Privatleute aus allen Gesellschaftsschichten freiwillig und je nach Vermögen Geldbeträge zusammen, wobei er jedem Geldhaufen nur einen geringen Betrag entnahm, und zwar von keinem mehr als einen Denar. Wenn er aus einer Provinz zurückkehrte, gab man ihm nicht nur mit Glückwünschen, sondern auch mit melodischen Liedern das Geleit. Man achtete auch darauf, dass, wann immer er in

Rom Einzug hielt, an niemandem die Todesstrafe vollzogen wurde.

58 (1) Den Beinamen »Vater des Vaterlandes«[92] hat ihm das ganze Volk unvermutet und in vollster Einmütigkeit verliehen: zuerst die Plebs durch eine nach Antium entsandte Abordnung; dann, weil er diese Ehrung nicht annahm, bei dem Besuch eines Schauspiels in Rom die zahlreich versammelten Zuschauer, die mit Lorbeerkränzen geschmückt waren, bald darauf in der Kurie der Senat, und zwar weder durch einen Beschluss noch durch Akklamation, sondern durch Valerius Messala, der auf Anweisung aller Senatoren folgende Rede hielt: (2) »Gut und heilbringend sei dies für dich und dein Haus, Caesar Augustus! Wir glauben nämlich, so um ewiges Glück für den Staat und Freude für Rom zu bitten: Der Senat begrüßt dich im Einvernehmen mit dem römischen Volk als Vater des Vaterlandes.« Unter Tränen antwortete ihm Augustus mit folgenden Worten – ich führe nämlich wie bei Messala genau den Wortlaut an: »Da ich nun sehe, dass alle meine Wünsche erfüllt sind, Senatoren, um was kann ich die unsterblichen Götter noch bitten, als dass es mir vergönnt sei, mir diese eure Einmütigkeit bis zum letzten Tag in meinem Leben zu erhalten?«

59 Seinem Arzt Antonius Musa[93], mit dessen Hilfe Augustus sich von einer gefährlichen Krankheit erholt hatte, wurde aus freiwilligen Spenden eine Statue errichtet, direkt neben dem Bild des Aesculap[94]. Einige Familienväter stellten testamentarisch sicher, dass von ihren Erben Opfertiere auf das Kapitol geführt werden sollten, wobei eine Tafel mit einer Inschrift vorangetragen und ein Gelübde in ihrem Namen eingelöst würde für den Fall, dass Augustus sie überlebe. Einige Städte in Italien haben den Tag, an dem er zum ersten Mal zu ihnen gekommen war, zum Jahresanfang gemacht. Die meisten Provinzen haben neben dem Bau von Tempeln und Altären auch die Abhaltung von Spielen beschlossen, die in fast allen Städten alle vier Jahre stattfanden.

60 Befreundete und verbündete Könige, und zwar jeder in seinem Reich, haben Städte gegründet, die den Namen Caesarea[95] erhielten; und alle haben zusammen beschlossen, den Tempel des olympischen Zeus in Athen, dessen Bau schon vor langer Zeit begonnen worden war, auf gemeinsame Kosten vollenden zu lassen und ihn dem Genius des Augustus zu weihen. Und oft verließen sie ihre Reiche und machten nicht nur in Rom, sondern auch, wenn er Reisen durch die Provinzen unternahm, täglich Höflichkeitsbesuche, so wie es Klienten zu tun pflegen, und dabei trugen sie die Toga, keine königliche Abzeichen.

61 (1) Weil ich bisher dargelegt habe, wie sich Augustus in Macht- und Amtsstellen sowie als Herrscher über ein Weltreich in Krieg und Frieden verhalten hat, will ich nun von seinem Privat- und Familienleben berichten und mitteilen, nach welchen Gewohnheiten und unter welchen Verhältnissen er zu Hause und unter seinen Familienangehörigen von seiner Jugend bis zu seinem Todestag gelebt hat. (2) Seine Mutter hat Augustus während des ersten Konsulats verloren, seine Schwester Octavia, als er 53 Jahre alt war [10 v. Chr.]. Da er beiden zu ihren Lebzeiten besondere Wertschätzung entgegenbrachte, erwies er ihnen auch nach ihrem Tod allergrößte Ehren.

62 (1) In seiner Jugend war er mit der Tochter des P. Servilius Isauricus verlobt gewesen, aber als er sich nach einer ersten Auseinandersetzung wieder mit Antonius versöhnt hatte und die Soldaten der beiden mit Nachdruck forderten, sie sollten sich auch durch irgendein Verwandtschaftsverhältnis verbinden, nahm er Claudia, eine Stieftochter von Antonius und Tochter der Fulvia aus der Verbindung mit P. Clodius, zur Frau, obwohl sie kaum im heiratsfähigen Alter war; da er sich aber mit seiner Schwiegermutter Fulvia verfeindete, trennte er sich wieder von Claudia, die er nicht berührt hatte und die noch Jungfrau war. (2) Bald darauf heiratete er Scribonia, die zuvor schon zweimal verheiratet war, und zwar in beiden Fällen mit ehemaligen Konsuln; von einem hatte sie auch Kinder. Auch von dieser ließ er sich scheiden, »aus Ekel«, wie er schreibt, »vor ihrem schlechten Lebenswandel«, und ehelichte daraufhin sofort Livia Drusilla, die er ihrem Gatten Tiberius Nero fortnahm, obwohl sie schwanger war, und liebte und schätzte sie in einzigartiger Weise bis an sein Lebensende.

63 (1) Von Scribonia hatte er eine Tochter, nämlich Iulia, von Livia kein Kind, obgleich er sich sehr danach sehnte. Ein Kind, das sie empfangen hatte, wurde vorzeitig geboren. Iulia gab er zuerst Marcellus[96], dem Sohn seiner Schwester Octavia, zur Frau; dieser war kaum dem Knabenalter entwachsen. Als Marcellus verschieden war, verheiratete er sie mit M. Agrippa, nachdem er seine Schwester Octavia gebeten hatte, ihm diesen als Schwiegersohn zu überlassen; denn damals hatte Agrippa eine der beiden Schwestern Marcella zur Frau und von ihr auch Kinder. (2) Nachdem auch dieser verstorben war, suchte er lange, sogar im Ritterstand, nach einer passenden Partie für seine Tochter und wählte schließlich seinen Stiefsohn Tiberius aus und zwang ihn, seine schwangere Frau, mit der er bereits ein Kind hatte, zu verstoßen. M. Antonius schreibt, Augustus habe zunächst Iulia seinem Sohn Antonius versprochen, dann Cotiso, dem König der Geten, zu einem Zeitpunkt, als Augustus für sich selbst auch um die Hand einer Tochter des Königs angehalten habe.

64 (1) Aus der Ehe von Agrippa und Iulia hatte Augustus drei Enkel, nämlich Gaius, Lucius und Agrippa (Postumus), und zwei Enkelinnen, Iulia und Agrippina. Er verheiratete Iulia mit L. Paulus, dem Sohn des Zensors, und Agrippina mit Germanicus, dem Enkel seiner Schwester. Gaius und Lucius adoptierte er im Hause ihres Vaters Agrippa unter Beobachtung der herkömmlichen gesetzlichen Form. Bereits in jungen Jahren machte er sie mit der Staatsverwaltung vertraut und sandte sie als designierte Konsuln in verschiedene Provinzen und zu den Heeren. (2) Seine Tochter und Enkelinnen erzog er so, dass er sie sogar an das Wollespinnen gewöhnte und es ihnen untersagte, etwas zu sagen oder zu tun, was nicht für die Öffentlichkeit geeignet war und was nicht in den täglichen Hofnachrichten mitgeteilt werden konnte. Er verwehrte ihnen auch nachdrücklich den Kontakt mit fernerstehenden Personen, so dass er an L. Vinicius, einen vornehmen und anständigen jungen Mann, einmal schrieb, er habe nicht genügend sittsam gehandelt, indem er nach Baiae gekommen sei, um seiner Tochter seine Aufwartung zu machen. (3) Augustus brachte seinen Enkeln meist selbst das Lesen und Schreiben, Schwimmen und einige Elementarfächer bei, und er bemühte sich um nichts so sehr, als dass sie seine eigene Handschrift nachahmen lernten; er speiste mit ihnen gemeinsam nur, wenn sie am untersten Ende seines Speisediwans saßen, und eine Reise unternahm er mit ihnen nur, wenn sie im Wagen vorausfuhren oder neben ihm her ritten.

65 (1) Aber als Augustus mit großer Freude auf seine Nachkommenschaft und auf die Zucht seines Hauses vertraute, verließ ihn das Glück. Die beiden Iuliae, seine Tochter und seine Enkelin, schickte er in die Verbannung, da sie sich mit allen nur denkbaren Schandtaten befleckt hatten; Gaius und Lucius verlor er beide in einem Zeitraum von nur 18 Monaten: Gaius verstarb in Lykien, Lucius in Massilia. Augustus adoptierte seinen dritten Enkel Agrippa (Postumus) und mit ihm zugleich seinen Stiefsohn Tiberius auf dem Forum in der juristischen Form eines Gesetzes der Kuriatkomitien [Patrizierversammlungen]; aber kurz darauf verstieß er Agrippa wegen seines niederträchtigen und unbändigen Charakters und verbannte ihn nach Surrentum.

(2) Augustus ertrug aber den Tod der Seinen weit gefasster als ihre Schandtaten; so trug er an dem Tod von Gaius und Lucius nicht allzu schwer, über seine Tochter aber unterrichtete er den Senat in seiner Abwesenheit dadurch, dass er einen Quästor ein Schreiben vorlesen ließ; er selbst hielt sich aus Scham lange Zeit von der menschlichen Gesellschaft fern, ja, er erwog sogar, Iulia töten zu lassen. Jedenfalls meinte er, als ungefähr zu derselben Zeit die Vertraute Iulias, eine Freigelassene mit Namen Phoebe, ihrem Leben durch Erhängen ein Ende gesetzt hatte, er hätte lieber der Vater von Phoebe sein wollen. (3) Der verbannten Tochter entzog er den Genuss des Weines, verbot ihr jeden Komfort und Luxus und erlaubte ihr weder den Besuch eines Freien noch eines Sklaven, außer mit seiner ausdrücklichen Zustimmung, und zwar ließ er sich für diesen Fall über Alter, Statur, Gesichtsfarbe sowie etwaige Körpermerkmale oder Narben (des Besuchers) informieren. Erst nach einem Zeitraum von fünf Jahren ließ er sie von der Insel aufs Festland bringen und räumte ihr ein wenig angenehmere Lebensbedingungen ein. Denn er ließ sich auf keine Art und Weise durch Bitten dazu bewegen, sie ganz aus der Verbannung zurückzurufen, und dem Volk, das sich oft mit Nachdruck für sie einsetzte und ihn allzu sehr bedrängte, wünschte er vor der Versammlung »solche Töchter und Ehefrauen«. Er verbot, dass das Kind, das seine Enkelin nach der Verurteilung geboren hatte, anerkannt und aufgezogen wurde. (4) Agrippa (Postumus), mit dem man immer weniger auskommen konnte, ließ er sogar, da er von Tag zu Tag mehr dem Wahnsinn verfiel, auf eine Insel bringen und darüber hinaus von Soldaten streng bewachen. Er sorgte sogar durch einen Senatsbeschluss dafür, dass Agrippa lebenslänglich an diesem Ort in Haft bleiben musste. Und Augustus zitierte gewöhnlich bei jeder Er-

wähnung von Agrippa oder den beiden Iuliae seufzend sogar folgenden Vers: »Wäre ich doch unverheiratet geblieben und kinderlos gestorben!«[97] und pflegte sie nicht anders als seine drei Eiterbeulen und Krebsgeschwüre zu bezeichnen.

66 (1) Freundschaften ging Augustus nicht leicht ein, hielt dann aber, (wenn sie einmal geschlossen waren,) umso beständiger an ihnen fest; dabei verstand er es nicht nur, die Tugenden und Verdienste eines jeden zu würdigen, sondern auch seine Laster und Vergehen zu ertragen, solange sie geringfügig waren. Denn man wird aus der Gesamtzahl seiner Freunde kaum einen ausfindig machen, der in Ungnade fiel, mit Ausnahme von Salvidienus Rufus, den er zum Konsul, und Cornelius Gallus[98], den er zum Präfekten von Ägypten befördert hatte, obgleich beide aus niedrigsten Verhältnissen stammten. (2) Rufus, der nach Umsturz trachtete, übergab er dem Senat zur Verurteilung, Gallus untersagte er wegen seiner undankbaren und missgünstigen Gesinnung den Zutritt zu seinem Haus und seinen Provinzen. Aber als Gallus durch Anzeigen der Ankläger und Senatsbeschlüsse zum Selbstmord getrieben worden war, lobte er zwar die ihm erwiesene Treue derjenigen, die sich seinetwegen so sehr entrüsteten, brach aber in Tränen aus und beklagte sein Los, weil ihm allein nicht erlaubt sei, den Freunden so sehr zu zürnen, wie er es wolle. (3) Die übrigen Freunde erfreuten sich als die Ersten ihres Standes bis ans Lebensende ihrer Macht und ihres Reichtums, auch wenn es bisweilen zu Spannungen kam. Er vermisste nämlich manchmal bei M. Agrippa Nachsicht und bei Maecenas Verschwiegenheit – um von anderen gar nicht erst zu sprechen; denn M. Agrippa hatte, weil er den leisen Verdacht hegte, dass er kühl behandelt und Marcellus ihm vorgezogen werde, alles aufgegeben und sich nach Mytilene begeben, Maecenas hingegen hatte seiner Gattin Terentia das Geheimnis über die Entdeckung der Verschwörung des Murena preisgegeben.

(4) Augustus forderte auch seinerseits von seinen Freunden dasselbe Wohlwollen, sowohl nach ihrem Tod als auch zu ihren Lebzeiten. Denn obgleich er es keineswegs auf Erbschaften absah – so hat er niemals etwas aus dem Nachlass eines ihm Unbekannten angenommen –, wog er dennoch den letzten Willen seiner Freunde geradezu pedantisch ab und verhehlte weder seinen Schmerz, wenn jemand ihn mit recht kargen und zu wenig ehrenvollen Worten bedachte, noch seine Freude, wenn sich jemand dankbar und respektvoll zeigte. Vermächtnisse oder Erbschaftsanteile, die ihm von welchen Eltern auch immer hinterlassen wurden, gab er gewöhnlich entweder sofort an deren Kinder weiter oder, wenn sie noch unmündig waren, am Tag ihrer Mündigkeit oder Verheiratung mit Zinsen zurück.

67 (1) Als Patron und Herr konnte Augustus ebenso streng wie umgänglich und milde sein; viele seiner Freigelassenen genossen seine Wertschätzung, und er hatte fast täglich Umgang mit ihnen, wie zum Beispiel mit Licinus, Celadus und anderen. Seinem Sklaven Cosmus, der sich sehr abfällig über ihn äußerte, ließ er lediglich Fußfesseln anlegen. Seinen Verwalter Diomedes, von dem er im Verlauf eines gemeinsamen Spazierganges im Stich gelassen wurde, als plötzlich ein wilder Eber auf sie zustürmte, wollte er lieber wegen seiner Furchtsamkeit als wegen seines Vergehens tadeln und zog die Angelegenheit, wiewohl sie keineswegs ungefährlich war, ins Lächerliche, weil ja keine böswillige Absicht vorlag. (2) Derselbe Mann aber zwang Polus, einen seiner ihm liebsten Freigelassenen, Selbstmord zu begehen, weil er in Erfahrung gebracht hatte, dass er mit Damen aus vornehmer Gesellschaft Ehebruch begangen hatte; seinem Sekretär Thallus ließ er die Beine brechen, weil er den Inhalt eines Briefes von Augustus weitergegeben und dafür 500 Denare erhalten hatte; den Erzieher und die Diener seines Sohnes Gaius, die dessen Krankheit und Tod als Gelegenheit dazu benutzten, sich in der Provinz anmaßend und habgierig zu gebärden, ließ er mit schweren Gewichten am Hals in den Fluss stürzen.

68 In seiner frühen Jugendzeit gelangte Augustus in den Ruf, verschiedene Schandtaten begangen zu haben. Sextus Pompeius verunglimpfte ihn als Weichling; M. Antonius hielt ihm vor, sich die Adoption durch seinen Onkel durch Preisgabe seiner Unschuld verdient zu haben; ebenso Lucius, der Bruder des Marcus: Augustus habe die ihm bereits von Caesar genommene Unschuld noch einmal Aulus Hirtius in Spanien dargeboten, für einen Betrag von 300 000 Sesterzen, und er habe sich die Haare an seinen Beinen gewöhnlich mit einer heißen Nussschale abgesengt, damit umso weicheres Haar nachwachse. Aber auch das gesamte Volk fasste an einem Tag, als Theateraufführungen stattfanden, folgenden Vers[99], in dem es von einem die Handpauke schlagenden Priester der Kybele hieß: »Siehst du, wie der Wüstling mit einem Finger den (Erd-)Kreis[100] regiert?«, als eine Beleidigung des Augustus auf und begrüßte ihn mit tosendem Beifall.

69 (1) Dass Augustus Ehebruch mit verheirateten Frauen begangen hat, streiten nicht einmal seine Freunde ab, sie geben aber als Rechtfertigungsgrund an, er habe dies nicht aus Wollust, sondern aus wohlüberlegten politischen Erwägungen getan, um die Pläne seiner Gegner durch deren Frauen umso leichter in Erfahrung zu bringen. M. Antonius hielt ihm neben der übereilten Heirat mit Livia vor, er habe sogar die Gattin eines Konsulars vor den Augen ihres Mannes aus dem Speisesaal ins Schlafgemach geführt und habe sie mit roten Ohren und mit in Unordnung geratener Frisur zur Tischgesellschaft zurückgebracht; Scribonia sei deshalb verstoßen worden, weil sie sich zu freimütig über den allzu großen Einfluss einer Nebenbuhlerin beklagt habe; er habe sich durch Freunde Geliebte beschaffen lassen: Sie sollten verheiratete Frauen und erwachsene junge Mädchen entkleiden und in Augenschein nehmen, wie wenn der Sklavenhändler Toranius sie zum Kauf anböte. (2) Es schreibt Antonius sogar an ihn in einem freundschaftlich gehaltenen Brief, als er noch nicht sein Gegner oder Feind war: »Warum hast du dich verändert? Weil ich mit der Königin schlafe? Sie ist meine Frau. Habe ich erst jetzt damit begonnen oder schon vor neun Jahren? Und schläfst du denn nur mit Drusilla? Möge es dir so gut gehen, dass du, wenn du diesen Brief liest, nicht mit Tertulla, Terentilla, Rufilla, Salvia Titisenia oder allen zusammen geschlafen hast. Kommt es letztendlich darauf an, wo und mit wem man seine Lust befriedigt?«

70 (1) Auch eine bei ihm geladene geheime Tischgemeinschaft, die allgemein die Zwölf-Götter-Tafel genannt wurde, war Thema des Stadtgesprächs; an diesem Fest hatten die Gäste angeblich im Gewand von Göttern und Göttinnen zu Tisch gelegen und Augustus selbst als Apollo; diese Vorwürfe sind nicht nur in den Briefen des Antonius enthalten, der darin auch die Namen der einzelnen Gäste in besonders bitterem Unterton aufzählt, sondern auch in den allseits bekannten Versen eines anonymen Autors:[101]

Sobald die Tischgesellschaft dieser verkommenen Personen den
Bühnenausstatter gemietet und Mallia sechs Götter und sechs
Göttinnen erblickt hatte, während Caesar sich frevelnd anmaßte,
Apollo zu spielen, während er beim Mahl neue Liebschaften der
Götter darstellte: Da wandten sich alle Gottheiten von der Erde ab,
Iuppiter selbst sogar ergriff die Flucht von dem vergoldeten Thron.

(2) Dieses Mahl kam noch mehr ins Gerede angesichts der Tatsache, dass zum damaligen Zeitpunkt eine besonders große Hungersnot herrschte, und am folgenden Tag rief man ihm zu: »Das gesamte Getreide haben die Götter aufgegessen« und »Caesar ist ganz offensichtlich Apollo, aber Apollo der Folterer«, ein Beiname, unter dem dieser Gott in einem gewissen Stadtteil verehrt wurde. Man erhob gegenüber Augustus den Vorwurf, er sei auf wertvollen Hausrat und korinthische Vasen besonders erpicht und dem Würfelspiel allzu sehr ergeben. Denn auch zur Zeit der Proskriptionen schrieb man an sein Standbild: »Mein Vater war Argentarius, ich bin Korinthiarius«,[102] weil man die Auffassung vertrat, er habe wegen korinthischer Vasen einige Leute in die Proskriptionslisten aufnehmen lassen; und später, im Sizilischen Krieg, wurde folgendes Epigramm[103] verbreitet:

Nachdem er zweimal zur See besiegt seine Schiffe verloren hatte,
probiert er ständig sein Glück im Würfelspiel, um endlich einmal zu siegen.[104]

71 (1) Von diesen Anklagen oder Verleumdungen vermochte er durch die damalige wie auch die spätere Keuschheit seiner Lebensweise die Anschuldigung, unzüchtig zu leben, sehr leicht zu widerlegen, desgleichen auch den Vorwurf, das üppige Leben zu schätzen; er behielt nämlich nach der Einnahme von Alexandria aus dem königlichen Hausrat für sich selbst nichts außer einem einzigen Becher aus Flussspat und ließ später alle goldenen Gefäße für den täglichen Bedarf einschmelzen. Von den sinnlichen Ausschweifungen konnte er nicht loskommen, und er war auch später noch, wie man berichtet, allzu bereit, junge Mädchen zu entjungfern, die ihm von allen Seiten, sogar von seiner Gattin, vermittelt wurden. Das Gerede über seine

Schwäche für das Würfelspiel schreckte ihn keineswegs, und er spielte noch als alter Mann unbefangen und in aller Öffentlichkeit zu seiner Unterhaltung, und nicht nur im Monat Dezember, sondern auch an anderen Fest- und Werktagen. Und darüber besteht kein Zweifel. (2) In einem eigenhändig geschriebenen Brief teilt er mit: »Ich habe, mein lieber Tiberius, mit denselben Personen gespielt; es kamen Vinicius und der ältere Silius als Gäste hinzu. Während des Essens haben wir nach Greisenart gespielt, sowohl gestern als auch heute; wir würfelten nach der Regel, dass jeder, der den Hund oder die Sechs geworfen hatte, für jeden Würfel je einen Denar in die Mitte legen musste, die alle der nehmen durfte, der die Venus geworfen hatte.«[105] (3) Und wiederum in einem anderen Brief: »Wir haben, mein lieber Tiberius, das Minervafest recht angenehm verbracht; wir haben nämlich an allen Tagen gespielt und das Würfelbrett warm gehalten. Dein Bruder hat während des Spiels großes Geschrei gemacht; im Ganzen hat er aber nicht viel verloren, sondern hat sich von den großen Verlusten wider Erwarten nach und nach erholt. Ich für meine Person habe 20 000 Sesterzen verloren, aber nur aus dem Grund, weil ich beim Spiel, wie ich es meistens zu sein pflege, maßlos großzügig bin. Denn wenn ich alle Einsätze, die ich einem jeden erlassen habe, eingefordert oder zurückbehalten hätte, was ich einem jeden geschenkt habe, so hätte ich sogar 50 000 Sesterzen gewonnen. Aber so ist mir das lieber; denn meine Güte wird mich zu himmlischem Ruhm erheben.« (4) Er schreibt an seine Tochter: »Ich habe dir 250 Denare geschickt, die ich auch jedem einzelnen Gast gegeben habe, wenn sie während des Essens miteinander würfeln oder Gerade und Ungerade[106] spielen wollten.«

72 (1) In den übrigen Lebensbereichen war Augustus erwiesenermaßen äußerst enthaltsam und über jeden Verdacht irgendeines Lasters erhaben. Anfangs wohnte er direkt am

Forum Romanum oberhalb der Ringmachertreppe in einem Haus, das im Besitz des Redners Calvus gewesen war; später auf dem Palatin, aber auch dort lediglich in einem anspruchslosen Haus des Hortensius, das weder durch Geräumigkeit noch durch Luxus hervorstach, in dem sich vielmehr nur kurze Säulengänge mit Säulen aus albanischem Peperin[107] und Zimmer ohne Marmor und auffallende Mosaikböden befanden. Und er schlief über 40 Jahre lang, winters wie sommers, in ein und demselben Gemach; obgleich er am eigenen Leibe erfahren musste, dass das Klima in Rom zur Winterzeit seiner Gesundheit wenig zuträglich war, hielt er im Winter sich ständig dort auf. (2) Wenn er sich einmal vorgenommen hatte, nur für sich und ungestört zu arbeiten, so suchte er ein abgelegenes Zimmer im Obergeschoss auf, das er »Syrakus« und »kleines Atelier« nannte: Hierhin oder auf das Landgut eines seiner Freigelassenen, das in der Nähe von Rom lag, zog er sich zurück; wenn er aber krank war, pflegte er im Haus des Maecenas das Bett zu hüten. Seinen Sommeraufenthalt verbrachte er vornehmlich am Meer, auf den Kampanien vorgelagerten Inseln oder in den Landstädten in der unmittelbaren Umgebung von Rom, wie etwa Lanuvium, Praeneste und Tibur, wo er sogar in den Säulenhallen des Herkules-Tempels sehr häufig Recht sprach. (3) In weiträumigen und protzigen Palästen fühlte er sich nicht wohl. So ließ er etwa den Palast seiner Enkelin Iulia, den sie mit verschwenderischem Aufwand errichtet hatte, bis auf die Grundmauern zerstören, seine eigenen Paläste aber, obgleich bescheiden eingerichtet, stattete er weniger mit Statuen und Gemälden aus als vielmehr mit bedeckten Kolonnaden und Parkanlagen sowie mit Altertümern und Raritäten. So findet man in seinem Haus auf Capri riesenhafte Knochen gewaltiger Land- und Seetiere, die sogenannten Gigantenknochen, und Waffen von Heroen.

73 Die Sparsamkeit seiner Verwendung von Mobiliar und

Hausrat wird aus den noch heute existierenden Betten und Tischen deutlich, von denen die meisten wohl kaum für einen Privatmann fein genug sind. Man behauptet, er habe lediglich auf einem niedrigen und bescheiden gepolsterten Bett geschlafen. Er trug fast nur Hauskleidung, die von seiner Schwester, Gattin, Tochter oder seinen Enkelinnen angefertigt war; seine Toga war weder zu eng noch zu weit, der Purpursaum weder zu breit noch zu schmal, die Schuhsohle etwas dicker, damit er größer wirkte, als er war. Seine Staatsgewänder und Schuhe hielt er für unerwartete und plötzliche Fälle stets in seinem Gemach bereit.

74 Augustus lud regelmäßig Gesellschaften ein, wobei die Gäste stets ein vollständiges Mahl[108] erhielten; er berücksichtigte dabei besonders Rang und Person. Valerius Messala[109] überliefert, dass kein Freigelassener jemals von Augustus zu einem Essen geladen war, mit Ausnahme von Menas, der aber, nachdem er die Flotte des Sextus Pompeius an Augustus verraten hatte, den Status eines Freigelassenen erhalten hatte. Augustus selbst schreibt, er habe einmal einen ehemaligen Leibwächter, in dessen Landhaus er Quartier beziehen wollte, eingeladen. Manchmal kam er zu den Tischgesellschaften zu spät und verließ sie früher; doch die Gäste durften mit dem Mahl beginnen, bevor er Platz genommen hatte, und auch noch bleiben, nachdem er wieder fortgegangen war. Zu einem Mahl ließ er drei Gänge oder, wenn es besonders reichlich war, sechs Gänge auftragen, wobei der Aufwand zwar nicht allzu groß war, Augustus sich aber von seiner liebenswürdigsten Seite zeigte; denn er verstand es immer wieder, schweigsame oder solche Gäste, die sich nur leise miteinander unterhielten, dazu zu bewegen, am allgemeinen Gespräch teilzunehmen, und im Verlauf des Essens ließ er Musiker, Schauspieler oder sogar gewöhnliche Pantomimen aus dem Circus und noch öfter Tugendschwätzer[110] auftreten.

75 Feste und Feiertage beging Augustus mit verschwenderischem Aufwand, manchmal lediglich mit irgendwelchen Scherzen. An den Saturnalien[III], und wenn es ihm zu einem anderen Zeitpunkt beliebte, verteilte er bald Geschenke, Kleider, Gold und Silber, bald Münzen jeder Prägung, sogar alte königliche oder ausländische, zuweilen nur Decken aus Ziegenhaaren, Schwämme, Ofenhaken, Feuerzangen und andere derartige Gegenstände mit dunklen und zweideutigen Aufschriften. Gewöhnlich verkaufte er während des Gastmahls Lose für Gewinne von sehr ungleichem Wert sowie Gemälde, von denen lediglich die Rückseite zu sehen war, wobei der ungewisse Ausgang die Hoffnung der Käufer entweder enttäuschte oder erfüllte; dies geschah so, dass an den einzelnen Tischen jeweils geboten und der Verlust und der Gewinn gemeinsam getragen wurde.

76 (1) Die Speisen, die Augustus zu sich nahm – denn auch dies möchte ich nicht übergehen –, waren sehr bescheiden und beinahe gewöhnlich. Besonders schätzte er Brot der zweiten Qualität, kleine Fische, handgepressten Käse mit Löchern und grüne Feigen, von jener Sorte, die zweimal im Jahr reif werden. Er nahm auch vor der Hauptmahlzeit Speisen zu sich, zu jeder Zeit und an jedem Ort, wenn sein Magen danach verlangte. In seinen Briefen äußert er sich dazu wie folgt: »Wir haben im Wagen Brot und Datteln genossen.« (2) Und an anderer Stelle: »Während ich in der Sänfte von der Regia nach Hause zurückkehrte, habe ich eine Unze Brot und einige wenige hartschalige Weinbeeren verzehrt.« Und an einer dritten Stelle: »Nicht einmal ein Jude, mein lieber Tiberius, hält am Sabbat das Fasten so gewissenhaft ein, wie ich es heute getan habe, der ich im Bad erst eine Stunde nach Sonnenuntergang zwei Bissen zu mir genommen habe, bevor ich mich salben ließ.« Infolge dieser unregelmäßigen Lebensweise pflegte er zuweilen vor Beginn oder nach Aufhebung der Tafel allein zu speisen, während er bei Tisch nichts anrühren konnte.

77 Auch im Weingenuss war er von Natur aus äußerst zurückhaltend. Wie Cornelius Nepos[112] berichtet, hat Augustus während des Essens im Lager bei Mutina gewöhnlich nicht mehr als dreimal getrunken. Später hat er, jedesmal wenn er reichlich zechen wollte, nicht mehr als einen Liter getrunken oder musste sich, wenn er dieses Maß überschritten hatte, übergeben. Am meisten schätzte er den Räterwein[113], trank aber tagsüber im Allgemeinen nichts. Anstatt zu trinken, pflegte er in kaltes Wasser getauchtes Brot oder ein Stück Gurke, einen Lattichstengel oder auch frisches oder getrocknetes Obst mit leichtem Weingeschmack zu sich zu nehmen.

78 (1) Nach dem Mittagsmahl ruhte er sich gewöhnlich in Kleidern und Schuhen, die Füße unbedeckt, eine Zeitlang aus, wobei er die Hand auf seine Augen legte. Nach der Hauptmahlzeit zog er sich auf sein Sofa im Studierzimmer zurück: Dort verweilte er bis tief in die Nacht, bis er die verbleibenden Geschäfte des Tages gänzlich oder zum größten Teil erledigt hatte. Danach begab er sich zu Bett, schlief jedoch meist nicht mehr als sieben Stunden, aber selbst diese nicht einmal ununterbrochen, sondern wachte in dieser Zeit drei- oder viermal auf. (2) Wenn er nach einer Unterbrechung, wie es vorkam, nicht wieder einschlafen konnte, so ließ er Vorleser oder Geschichtenerzähler zu sich kommen und fand auf diese Weise wieder Schlaf, schlief dann aber oft bis nach Sonnenaufgang. In der Dunkelheit wachte er niemals, es sei denn, dass jemand an seinem Bett saß. In den frühen Morgenstunden aufzustehen behagte ihm ganz und gar nicht; und wenn er gezwungen war, wegen einer öffentlichen Verpflichtung oder einer Opferhandlung früher aufzustehen, so verbrachte er aus Bequemlichkeit die Nacht in der nächstgelegenen Wohnung von einem seiner Leute. Aber trotzdem war er oft noch müde, und während er in der Sänfte durch die Straßen getragen wurde oder wenn sie abgestellt war, schlief er noch eine Weile weiter.

79 (1) Augustus besaß eine außergewöhnlich schöne Gestalt, und sein Äußeres war in allen Altersstufen von größter Anmut, obgleich er auf jegliche kosmetische Behandlung verzichtete. Die Pflege seines Haares vernachlässigte er in einem solchen Maße, dass er, um Zeit zu sparen, mehrere Friseure zugleich beschäftigte und bald den Bart lediglich schneiden, bald ganz rasieren ließ, wobei er auch noch etwas las oder sogar schrieb. Sein Gesicht strahlte, ob er sprach oder schwieg, eine solche Ruhe und Heiterkeit aus, dass ein vornehmer Gallier seinen Leuten eingestand, er sei dadurch davon abgehalten und umgestimmt worden, ihn, wie er es vorgehabt habe, bei einer Alpenüberquerung in den Abgrund zu stürzen, als er unter dem Vorwand, ein Gespräch mit ihm zu suchen, näher an Augustus herantreten durfte. (2) Er hatte helle und glänzende Augen, in denen manche sogar – wie es sein Wunsch war – eine gewisse göttliche Kraft vermuteten, und er freute sich, wenn jemand, den er etwas schärfer ansah, den Blick senkte, wie wenn er von den Strahlen der Sonne geblendet wäre; im Alter aber sah er mit dem linken Auge weniger gut. Seine Zähne standen weit auseinander, waren klein und schlecht. Sein Haar war leicht gelockt und hellblond, seine Augenbrauen zusammengewachsen, seine Ohren von mittlerer Größe, seine Nase oben hervorspringend und nach unten gebogen. Seine Hautfarbe war zwischen dunkelbraun und weiß, seine Figur klein – jedoch überliefert sein Freigelassener Iulius Marathus[114], Augustus sei fünf dreiviertel Fuß [1,70 m] groß gewesen –, aber dies wurde durch das vollendete Ebenmaß seiner Glieder kaschiert, so dass man es nur erkennen konnte, wenn ein Größerer neben ihm stand und man somit eine Vergleichsmöglichkeit hatte.

80 Sein Körper war, wie überliefert wird, an Brust und Bauch so mit Flecken und Muttermalen übersät, dass sie nach ihrer Menge, Anordnung und Anzahl das Sternbild des Großen Bären darstellten. Er hatte auch viele Schwielen, von denen manche aus einem juckenden Grind am Körper durch ständigen und heftigen Gebrauch des Striegels an vielen Stellen zu einer Art chronischem Ausschlag geworden waren. Hüftgelenk, Ober- und Unterschenkel auf der linken Seite waren nicht so stark (wie auf der rechten Seite), so dass er oft sogar hinken musste; aber er verschaffte sich Linderung durch die Anwendung von Sandbädern und das Anlegen von Beinschienen. Er spürte auch zuweilen im Zeigefinger der rechten Hand eine derartige Schwäche, dass er ihn, da er dann steif und vor Kälte erstarrt war, selbst unter Zuhilfenahme eines Ringes aus Horn nur mit Mühe zum Schreiben gebrauchen konnte. Er klagte auch über Blasenschmerzen, die erst dann nachließen, wenn die Steine mit dem Urin abgegangen waren.

81 (1) Augustus hat im Laufe seines Lebens einige schwere und gefährliche Krankheiten durchstehen müssen; insbesondere ist jene nach der Unterwerfung Kantabriens zu nennen, als er durch Absonderungen aus seiner erkrankten Leber in einen hoffnungslosen Zustand geriet und notgedrungen eine den üblichen Methoden entgegengesetzte und bedenkliche Kur auf sich nahm: Weil die warmen Umschläge nichts genutzt hatten, musste er sich auf Anraten seines Arztes Antonius Musa[115] mit kalten behandeln lassen.

(2) Von gewissen Krankheiten wurde er alljährlich zu einem bestimmten Zeitpunkt immer wieder heimgesucht; so fühlte er sich um die Zeit seines Geburtstages meistens matt; und bei Frühlingsanfang befielen ihn Brustentzündungen, um die Zeit der stürmischen Südwinde kehrte der Schnupfen wieder; deshalb konnte sein entkräfteter Körper weder Kälte noch Hitze ohne Beschwerden ertragen.

82 (1) Im Winter schützte sich Augustus mit vier Tuniken und einer dicken Toga, einem Hemd, einem Brustlatz aus Wolle und Binden um Waden und Schenkel. Im Sommer schlief er bei offenen Türen, oft auch im Innenhof in der Nähe eines Springbrunnens, wobei ihm zuweilen ein Diener Kühlung zufächelte. Die Sonneneinwirkung aber vertrug er nicht einmal im Winter und ging daher auch zu Hause nur mit einem Hut im Freien spazieren. Reisen unternahm er gewöhnlich in der Sänfte und in der Regel bei Nacht, und zwar gemächlich in kleinen Etappen, so dass er Praeneste oder Tibur erst nach zwei Tagen erreichte; und wenn er einen Zielort über das Meer erreichen konnte, zog er die Seereise vor. (2) Aber die schwächliche Konstitution seines Körpers versuchte er durch große Umsicht zu schützen, besonders indem er nur selten ein Bad nahm; er ließ sich dafür häufiger salben oder schwitzte an einem Feuer, dann ließ er sich mit lauwarmem oder von starker Sonneneinstrahlung erwärmtem Wasser begießen. Und sooft er wegen seiner Nerven Meerbäder brauchte oder die warmen Albulaquellen aufsuchte, begnügte er sich damit, in einer hölzernen Badewanne sitzend, die er selbst mit dem spanischen Wort *dureta* zu bezeichnen pflegte, abwechselnd Hände und Füße zu bewegen.

83 Die Reit- und Waffenübungen auf dem Marsfeld gab Augustus sofort nach den Bürgerkriegen auf und wandte sich zunächst dem Spiel mit großen und kleinen Bällen zu; bald darauf machte er nur noch Ausfahrten oder ging spazieren, wobei er den Rest der Strecke jeweils in kleinen Sprüngen zurücklegte, eingehüllt in †[116] oder in eine gewebte Decke. Zur Entspannung angelte er oder spielte mit Würfeln oder Steinchen und Nüssen, und zwar mit kleinen Sklavenjungen, die er wegen ihres anmutigen Äußeren und ihres geschwätzigen Wesens von überallher kommen ließ, vorzugsweise aus Mauretanien und Syrien. Denn Zwerge und Verwachsene sowie alle andere Arten von Fehlbildungen waren ihm als Spottgeburten der Natur zuwider, und er betrachtete sie als schlechtes Omen.

84 (1) Mit der Beredsamkeit und den übrigen freien Künsten[117] befasste er sich von frühester Jugend an leidenschaftlich und mit größtem Fleiß. Im Krieg um Mutina[118] soll er trotz seiner gewaltigen Belastungen täglich gelesen, geschrieben und sich im Reden geübt haben. Denn später hat er weder im Senat noch vor dem Volk noch auch vor den Soldaten jemals gesprochen, ohne seine Rede wohl überlegt und sorgfältig ausgearbeitet zu haben, obwohl es ihm nicht an der Fähigkeit mangelte, in unvorhergesehenen Situationen aus dem Stegreif zu sprechen. (2) Und um zu verhindern, dass ihm das Gedächtnis einen Streich spielte oder er durch Auswendiglernen Zeit verlor, machte er es sich zur Gewohnheit, alles abzulesen. Auch Gespräche mit Einzelpersonen und sogar wichtigere mit seiner Gattin Livia führte er nur, wenn er sie in seinem Notizbuch schriftlich fixiert hatte, um nicht unvorbereitet zu viel oder zu wenig zu sagen. Seine Stimme war angenehm und hatte einen eigentümlichen Klang. Er arbeitete ständig mit einem Deklamationslehrer; aber wenn er manchmal Halsschmerzen hatte, ließ er anstatt seiner einen Herold zum Volk sprechen.

85 (1) Augustus verfasste zahlreiche Prosaschriften[119] verschiedenen Inhalts, von denen er einige im Kreise seiner Freunde, die gewissermaßen die Zuhörerschaft bildeten, vorlas, so etwa *Gegenschrift gegen Brutus' ›Über Cato‹*. Als er den größten Teil dieser Schrift vorgelesen hatte – er war damals bereits älter –, übertrug er erschöpft Tiberius die Aufgabe, die Lektüre fortzusetzen; weiterhin schrieb er *Aufforderungen zur Philosophie*, und ein anderes Werk mit dem Titel *Lebenserinnerungen*, in dem er in 13 Büchern die Ereignisse nur bis zum Kantabrischen Krieg und nicht darüber hinaus dargestellt hat. (2) An poetischen Texten hat er sich nur kurz versucht. Es existiert noch ein einziges von ihm in Hexametern abgefasstes Buch, dessen Inhalt und Titel *Sizilien* ist; daneben gibt es noch ein zweites, das ebenso unbedeutend ist: *Epigramme*; diese

Epigramme dachte er sich gewöhnlich im Bad aus. Allerdings hatte er auch mit großem Elan eine Tragödie begonnen, vernichtete sie aber, da sie ihm nicht recht gelingen wollte; auf die Frage seiner Freunde, was denn der Aiax mache, antwortete er, sein Aiax habe sich in den Schwamm gestürzt.[120]

86 (1) Er bemühte sich um einen eleganten und zugleich einfachen Stil, wobei er das alberne Streben nach gekünstelten Pointen und – wie er selbst sagt – »nach dem ekelhaften Geruch ungebräuchlicher Wörter« vermied; besondere Sorge verwandte er darauf, seine Gedanken möglichst klar auszudrücken. Um dies umso leichter zu erreichen und den Leser oder Hörer nirgendwo in Verwirrung zu bringen und aufzuhalten, zögerte er weder bei Städtenamen die Präpositionen hinzuzufügen[121] noch die Konjunktionen häufiger zu wiederholen, deren Fortlassung zuweilen zu Missverständnissen führt, auch wenn der Stil gefälliger wird. (2) Er empfand gleiche Abneigung gegen die Nachäffer (eines modernen Stils) wie gegen die Altertümelnden, weil sie beide entgegengesetzte Fehler begehen, und setzte sie daher zuweilen seinem Spott aus; insbesondere betraf dies seinen Freund Maecenas, dessen, wie er es nannte, »parfümierte Schnörkeleien« er ständig kritisierte und, indem er sie im Scherz nachahmte, verspottete. Aber er verschonte auch Tiberius nicht, der manchmal auf der Jagd nach in Vergessenheit geratenen und ungebräuchlichen Ausdrücken war. M. Antonius freilich tadelte er als einen Wahnsinnigen, weil er Dinge schreibe, die für die Leute eher erstaunlich als verständlich sein sollten; dann fügte er, indem er seinen schlechten und unsicheren Geschmack in der Wahl der Redeweise verspottete, noch Folgendes hinzu: (3) »Und du hegst noch Zweifel, ob du Cimber Annius oder Veranius Flaccus nachahmen sollst, indem du die Wörter verwendest, die Crispus Sallustius aus den *Origines* des Cato exzerpiert hat, oder ob du vielmehr die gedankenleere Wortfülle der asiatischen Redner auf unsere Sprache übertragen sollst?«[122] Und in einem Brief, in dem er die Begabung seiner Enkelin Agrippina lobte, sagte er: »Aber du musst darauf achten, dass du nicht schwerfällig schreibst oder sprichst.«

87 (1) Dass er in der täglichen Umgangssprache gewisse Ausdrücke häufiger und in auffälliger Weise verwendete, zeigen seine eigenhändig verfassten Briefe, in denen er immer wieder sagt, wenn er andeuten will, dass jemand niemals seine Schulden bezahlen werde, er werde sie »an den griechischen Kalenden bezahlen«;[123] und wenn er jemanden ermutigt, die Zeiten zu ertragen, wie sie sind: »Lasst uns mit unserem Cato zufrieden sein«;[124] und um die Schnelligkeit einer schleunig vollbrachten Angelegenheit auszudrücken: »schneller, als Spargel gekocht wird«. (2) Er verwendet fortwährend für *stultus* [»dumm«] *baceolus* [»stockdumm«], für *pullus* [»dunkelfarbig«] *pulleiaceus* [»schwarzfarbig«] und für *cerritus* [»verrückt«] *vacerrosus* [»vernagelt«]; *vapide se habere* [»Katzenjammer haben«] für *male se habere* [»sich schlecht fühlen«], *betizare* [»weich wie Mangold«] für *languere* [»schlaff sein«], was im Volksmund *lachanizare* [»dem Gemüsekraut gleichen«] heißt. Ebenso verwendet er *simus* [»wir sollen sein«] für *sumus* [»wir sind«] und *domos* im Genitiv Singular für *domuos* [»des Hauses«],[125] und niemals schrieb er diese zwei Wörter anders; es soll also niemand glauben, es handle sich etwa um Schreibfehler und nicht um seine Gewohnheit.

(3) Ich habe bei seiner Handschrift insbesondere Folgendes beobachtet: Er trennt die Wörter nicht, und am Ende der Zeilen überträgt er die überzähligen Buchstaben nicht auf die folgende Zeile, sondern fügt sie sogleich ebendort unter die Wörter und zieht sie mit einem Bogen in die obere Zeile.

88 Die Orthographie, das heißt die von den Grammatikern eingeführten Normen der Rechtschreibung, hat er nicht so genau beachtet und scheint vielmehr der Meinung derer gefolgt zu sein, welche die Auffassung vertreten, man müsse schreiben, wie man spreche. Denn dass er häufig nicht nur Buchstaben, sondern sogar Silben verwechselt oder auslässt, ist ein Fehler, der jedem unterlaufen kann. Ich würde es auch gar nicht anmerken, wenn nicht zu meinem Erstaunen einige Schriftsteller überliefert hätten, dass Augustus einmal für einen Legaten im Rang eines Konsulars einen Nachfolger bestellt habe, da er ihn für völlig ungebildet hielt, weil er festgestellt habe, dass dieser *ixi* statt *ipsi* [etwa: »selpst« statt »selbst«] geschrieben hatte. Sooft Augustus aber seinen Text verschlüsselte, setzte er ein B für ein A, ein C für ein B und so weiter, für X aber benutzte er ein zweifaches A.

89 (1) Nicht geringeren Eifer verwandte Augustus auf das Studium der griechischen Sprache und Literatur. Auch auf diesem Gebiet zeichnete er sich besonders aus, wobei er als Redelehrer Apollodor von Pergamon hinzuzog. Ihn, der bereits hochbetagt war, hatte Augustus als junger Mann auch von Rom nach Apollonia[126] mitgenommen. In späterer Zeit eignete er sich durch den Umgang mit dem Philosophen Areios[127] und dessen Söhnen Dionysios und Nikanor noch eine umfassendere Bildung an. Dennoch beherrschte er das Griechische nicht so gut, dass er fließend sprechen oder es wagen konnte, etwas in dieser Sprache abzufassen; denn wenn es die Sachlage erforderte, setzte er den Text lateinisch auf und ließ ihn dann von einem anderen übersetzen. Aber auf dem Gebiet der griechischen Poesie kannte er sich sehr gut aus, hatte auch ganz besondere Freude an der Alten Komödie und ließ anlässlich öffentlicher Spiele oft Stücke der Alten Komödie aufführen. (2) Beim Studium der Schriftsteller beider Sprachen achtete er im besonderen Maße auf solche Vorschriften und Beispiele, die für das öffentliche wie auch für das private Leben von großem Nutzen waren; diese schrieb er wörtlich heraus und sandte sie meistens entweder an die Mitglieder seines Hauses, an die

Heerführer und Provinzstatthalter oder auch an die Amtsträger der Stadt, je nachdem, wie sie einer Ermahnung zu bedürfen schienen. Er las dem Senat sogar ganze Bücher vor und setzte das Volk durch ein Edikt davon in Kenntnis, wie etwa von der Rede des Q. Metellus[128] *Die Hebung der Geburtenrate* und der Rede des Rutilius[129] *Einschränkung beim Häuserbau*, um dem Volk umso deutlicher zu machen, dass diese beiden Anordnungen nicht erst von ihm herrührten, sondern dass dies schon den Vorfahren am Herzen gelegen hatte.

(3) Begabte Zeitgenossen förderte er auf alle erdenkliche Art und Weise. Augustus hörte ihnen nachsichtig und geduldig zu, wenn sie ihre Werke vorlasen, und zwar nicht nur Gedichte und historische Werke, sondern auch Reden und Dialoge. Er nahm jedoch daran Anstoß, wenn etwas über ihn selbst geschrieben wurde, es sei denn, dass die Schriften seriös waren und von den vortrefflichsten Schriftstellern verfasst wurden; er ermahnte die Prätoren, nicht zuzulassen, dass sein Name bei rhetorischen Wettkämpfen an Ansehen verliere.

90 Über seinen Aberglauben haben wir Folgendes in Erfahrung gebracht: Bei Donner und Blitz geriet er gewöhnlich geradezu in Panik, so dass er stets überall als Abwehrmittel das Fell einer Robbe mit sich führte und sich bei dem geringsten Verdacht, dass ein stärkeres Gewitter heraufziehen könnte, in einen verborgenen und mit einem Gewölbe ausgestatteten Ort zurückzog, da er einst – wie wir bereits zuvor berichtet haben[130] – bei einer nächtlichen Fahrt durch einen Blitzschlag völlig außer sich geraten war.

91 (1) Er pflegte weder seine eigenen Träume zu ignorieren noch das, was fremde Personen von ihm träumten. Obgleich er in der Schlacht von Philippi[131] beschlossen hatte, sein Zelt wegen einer Unpässlichkeit nicht zu verlassen, tat er dies dennoch, nachdem er durch den Traum eines Freundes gewarnt worden war; und dies war sein Glück, weil das Lager eingenommen und seine Sänfte, in der sie ihn krank daniederliegend vermuteten, von den heranstürmenden Feinden durchbohrt und völlig zerfetzt wurde. Er selbst hatte im Verlauf eines jeden Frühlings zahlreiche und besonders schreckliche Träume, die sich aber als nichtig und folgenlos herausstellten, wogegen er in der restlichen Zeit des Jahres zwar seltener an Albträumen litt, diese sich dafür aber häufiger bewahrheiteten. (2) In dem Zeitraum, in dem er einen dem Iuppiter Tonans auf dem Kapitol geweihten Tempel oft aufsuchte, träumte er, der kapitolinische Iuppiter beklage sich darüber, dass ihm die Verehrer entzogen würden, und er, Augustus, habe zur Antwort gegeben, Iuppiter Tonans sei ihm lediglich als Türhüter beigegeben worden; aus diesem Grund ließ Augustus später den Giebel des Tempels mit Schellen schmücken, wie sie gewöhnlich an den Türen hingen. Ebenfalls aufgrund einer nächtlichen Erscheinung pflegte er alljährlich an einem bestimmten Tag das Volk um eine kleine Spende anzubetteln und streckte denen, die ihm ein As geben wollten, die hohle Hand entgegen.

92 (1) Gewisse Vorzeichen und Vorbedeutungen beachtete Augustus besonders genau: Wenn er sich frühmorgens die Schuhe verkehrt anzog, den linken statt des rechten, so erkannte er darin etwas Unheilvolles; wenn er eine ausgedehnte Reise zu Lande oder zu Wasser antrat und zufällig Tau gefallen war, so legte er dies als ein glückverheißendes Vorzeichen einer rechtzeitigen und gesunden Rückkehr aus. Aber auch durch Wunderzeichen ließ er sich gewöhnlich beeindrucken. Eine zwischen den Steinfugen vor seinem Haus emporgesprossene Palme ließ er in den Hofraum bringen, in dem die Statuen der Hausgötter aufgestellt waren, und seine besondere Sorge galt ihrem Gedeihen. (2) Über die Tatsache, dass auf der Insel Capri die bereits bis zur Erde kraftlos herabhängenden Zweige einer sehr alten Steineiche sich bei seiner Ankunft wieder aufgerichtet hatten, freute er sich so sehr, dass er sich von der Verwaltung der Stadt Neapel Capri im Tausch gegen die Insel Aenaria geben ließ. Er beobachtete auch gewisse Tage ganz genau, so dass er weder am Tag nach den Nundinen [»Wochenmarkt«] irgendwohin reiste noch an den Nonen etwas Wichtiges begann; ihn halte nichts anderes davon ab, wie er an Tiberius schreibt, als die ungünstige Vorbedeutung dieses Wortes.

93 Von den nichtrömischen Feierlichkeiten beging er die alten und seit langer Zeit veranstalteten ebenso ehrerbietig, wie er die übrigen verachtete. In Athen nämlich hatte er sich in die Mysterien einweihen lassen, und als er in späterer Zeit in Rom bei einer öffentlichen Gerichtssitzung eine Untersuchung über ein Vorrecht der Priester der attischen Ceres führte und bestimmte Geheimnisse besprochen werden mussten, entließ er das Richterkollegium sowie die versammelten Zuhörer und verhörte allein die streitenden Parteien. Hingegen ersparte er es sich, bei seiner Reise durch Ägypten einen kleinen Umweg zu machen, um das Apis-Heiligtum zu besuchen; ja, er lobte seinen Enkel Gaius ausdrücklich dafür, dass dieser, als er an Judäa vorbeifuhr, in Jerusalem kein Opfer dargebracht habe.

94 (1) Und weil wir auf diese Ereignisse zu sprechen gekommen sind, dürfte es auch angebracht sein, hier die Dinge einzufügen, die sich vor seiner Geburt, am Tag seiner Geburt und danach zugetragen haben und die seine zukünftige Größe und sein immerwährendes Glück erhoffen und erkennen ließen.

(2) In alter Zeit war in Velitrae ein Teil der Stadtmauer von einem Blitz getroffen worden; dies wurde so interpretiert, dass ein Bürger dieser Stadt sich irgendwann einmal der Herrschaft bemächtigen werde; im Vertrauen darauf hatten die Einwohner von Velitrae damals sofort und auch in späterer Zeit recht häufig gegen das römische Volk Kriege geführt, was beinahe ihren Untergang verursacht hätte. Erst später wurde durch die Tatsachen deutlich, dass jenes Zeichen die Macht des Augustus prophezeit hatte.

(3) Wie Iulius Marathus[132] berichtet, habe sich wenige Monate vor der Geburt des Augustus in Rom in aller Öffentlichkeit ein Wunderzeichen ereignet, durch das verkündet wurde, dass die Natur gerade dabei sei, dem römischen Volk einen König zu gebären. Der in Schrecken versetzte Senat habe daraufhin beschlossen, dass kein Kind aufgezogen werden dürfe, das in diesem Jahr geboren werde; die Männer aber, die schwangere Frauen hatten, hätten dafür gesorgt, dass der besagte Senatsbeschluss nicht rechtskräftig wurde, weil ein jeder die Prophezeiung mit seinem Kind in Verbindung gebracht habe.

(4) In den *Untersuchungen über Gott und göttliche Dinge* des Asklepiades aus Mendes lese ich: Atia habe sich um Mitternacht zu einem feierlichen Opfer für Apollo begeben; nachdem ihre Sänfte im Tempel abgestellt worden war, sei sie, während die übrigen Frauen schliefen, ebenfalls eingeschlafen. Plötzlich sei eine Schlange zu ihr in die Sänfte gekommen, sei dann aber kurz darauf wieder hinausgekrochen. Nach ihrem Erwachen habe sie sich gereinigt, wie wenn ihr Gatte mit ihr den Beischlaf vollzogen hätte. Und sogleich sei auf ihrem Körper ein Fleck, der wie eine aufgemalte Schlange aussah, entstanden, und dieser Fleck habe niemals mehr entfernt werden können, so dass sie daraufhin für immer auf den Besuch in einem öffentlichen Bad verzichten musste. Augustus sei im zehnten Monat danach geboren und wegen dieses Vorfalls für einen Sohn Apollos gehalten worden. Ebenso träumte Atia kurz vor ihrer Niederkunft, ihre Eingeweide würde zu den Sternen emporgetragen und sich über die gesamte Erde und den ganzen Himmel ausbreiten. Es träumte auch der Vater von Augustus, Octavius, dass aus Atias Schoß das strahlende Licht der Sonne aufgegangen sei.

(5) Am Tag von Augustus' Geburt wurde im Senat über die Verschwörung des Catilina verhandelt, und Octavius konnte wegen der Niederkunft seiner Gattin erst verspätet an der Sit-

zung teilnehmen; es ist ja eine allgemein bekannte Tatsache, dass P. Nigidius, sobald er den Grund für die Verspätung und auch die Stunde der Geburt erfahren hatte, erklärt hat, es sei der Herr der Welt geboren worden. Als Octavius später sein Heer durch abgelegene Orte Thrakiens führte und nach Brauch der Barbaren in einem Hain des Bacchus den Gott über seinen Sohn befragte, wurde ihm von den Priestern dasselbe bestätigt; denn der über den Altar gegossene Wein ließ eine so hohe Flamme hervorschießen, dass sie über dem Giebel des Tempels bis zum Himmel emporstieg, ein Wunderzeichen, das sich in ähnlicher Weise überhaupt nur Alexander dem Großen offenbart habe, als er auf denselben Altären ein Opfer darbrachte. (6) Und sofort in der folgenden Nacht glaubte Octavius seinen Sohn sogar in übermenschlicher Größe zu sehen, mit Blitz und Zepter, in den Prachtgewändern des Iuppiter Optimus Maximus und mit einer Strahlenkrone, hoch oben auf einem lorbeergeschmückten Wagen, den zweimal sechs weißglänzende Pferde zogen. Als Augustus noch ein ganz kleines Kind war – wie bei C. Drusus zu lesen ist –, wurde er eines Abends von seiner Amme im Erdgeschoss in die Wiege gelegt; am nächsten Morgen war er zunächst nicht auffindbar, wurde aber schließlich nach langem Suchen hoch oben in einem Turm entdeckt, wo er dem Sonnenaufgang zugewandt da lag.

(7) Als er angefangen hatte zu sprechen, befahl er auf dem Landgut seines Großvaters in der Nähe Roms, den gerade quakenden Fröschen zu schweigen, und wie man sagt, quaken die Frösche dort seitdem nicht mehr. Als er in einem Wald beim vierten Meilenstein[133] der Kampanischen Straße frühstückte, riss ihm unversehens ein Adler das Brot aus der Hand, stieg sehr hoch auf, schwebte dann sanft wieder herab und gab es Augustus ebenso unerwartet zurück.

(8) Quintus Catulus träumte nach der Einweihung des Kapi-

tols in zwei aufeinanderfolgenden Nächten dies: In der ersten, Iuppiter Optimus Maximus habe einen von mehreren Knaben, die um einen Altar herum spielten, zur Seite genommen und das Bild des römischen Staates, das er in Händen hielt, auf dessen Schoß gelegt; in der zweiten Nacht aber habe er auf dem Schoß des kapitolinischen Iuppiter denselben Knaben bemerkt und sei, als er befohlen habe, ihn herunterzuziehen, auf Weisung der Götter daran gehindert worden, mit dem Hinweis, der Knabe werde zum Schutz des Staates aufgezogen. Und am nächsten Tag sei ihm Augustus begegnet, der ihm sonst gänzlich unbekannt war, und er habe ihn voller Verwunderung angeschaut und gesagt, er gleiche bis aufs Haar dem Knaben, von dem er geträumt habe. Einige aber erzählen den ersten Traum des Catulus anders, nämlich in der Weise, dass Iuppiter, als mehrere Knaben von ihm einen Vormund forderten, auf einen von ihnen gezeigt habe, dem sie alle ihre Wünsche vortragen sollten, er habe dessen Mund mit den Fingern gestreichelt und sie dann an seinen eigenen Mund geführt.

(9) Als Marcus Cicero den Gaius Caesar auf das Kapitol begleitete, erzählte er seinen Freunden nebenbei einen Traum, den er in der vergangenen Nacht gehabt hatte: Ein Knabe von vornehmem Aussehen sei an einer goldenen Kette vom Himmel herabgelassen worden, habe sich vor dem Eingang des Kapitols aufgestellt, und Iuppiter habe ihm eine Geißel überreicht. Da erblickte Cicero plötzlich Augustus, der den meisten bis dahin unbekannt war und den sein Onkel Caesar zum Opfer hinzugezogen hatte, und versicherte, dies sei genau der Knabe, dessen Bild ihm im Schlaf erschienen sei.

(10) Als Augustus die Männertoga anlegte, fiel die Tunika mit dem breiten Purpursaum zu seinen Füßen, da sich zu beiden Seiten die Nähte gelöst hatten. Einige legten dies als Zeichen dafür aus, dass der Stand, dessen Ehrenzeichen dieser Saum war, Augustus einmal unterstellt sein werde.[134]

(11) Als der vergöttlichte Iulius bei Munda einen Wald schlagen ließ, um einen Platz für sein Lager zu haben, gab er den Befehl, die Palme, die man darin gefunden hatte, als gutes Vorzeichen für den Sieg zu schonen; ein Reis aus dieser Palme, das gleich darauf hervorspross, wuchs in wenigen Tagen zu solcher Höhe empor, dass es dem Stamm nicht nur an Größe gleichkam, sondern ihn sogar überwucherte und viele Tauben dort ihre Nester bauten, obgleich diese Vogelart hartes und raues Laub sonst ganz und gar meidet. Man behauptet, dass Caesar hauptsächlich durch dieses Vorzeichen dazu bewegt worden sei, sich keinen anderen zu seinem Nachfolger auszusuchen als den Enkel seiner Schwester.

(12) Als sich Augustus in dem abgelegenen Apollonia[135] aufhielt, hatte er in Begleitung Agrippas das Observatorium des Astrologen Theogenes bestiegen. Als dem Agrippa, der ihn als Erster befragte, große und beinahe unglaubliche Dinge vorausgesagt wurden, verschwieg Augustus selbst seine Geburtsstunde und weigerte sich, sie zu nennen, aus Furcht und Scham, als weniger bedeutend befunden zu werden. Nachdem er sie dennoch nach zahlreichen Ermunterungen mit Mühe und zögernd angegeben hatte, sprang Theogenes auf und bezeugte ihm seine Verehrung. In späterer Zeit hatte Augustus ein solches Vertrauen in sein Schicksal, dass er sein Sternbild allgemein bekanntgab und eine silberne Münze mit dem Zeichen des Steinbocks, in dem er geboren ist, prägen ließ.

95 Als er nach der Ermordung Caesars von Apollonia zurückkehrte und Rom betrat, umgab plötzlich bei klarem und heiterem Himmel ein Kreis nach Art eines Regenbogens die Sonne, und gleich darauf wurde das Grabmal von Caesars Tochter Iulia von einem Blitz getroffen. In seinem ersten Konsulat aber, als er ein Augurium[136] einholte, zeigten sich ihm zwölf Geier, wie dem Romulus, und beim Opfer schien die Leber aller Opfertiere von der untersten Faser nach innen verschlungen; kein Kundiger fasste dies anders auf, als dass dadurch großes Glück prophezeit werde.

96 (1) Ja sogar den Ausgang aller Kriege ahnte Augustus voraus. Als die Truppen der Triumvirn[137] bei Bononia zusammengezogen worden waren, setzte sich ein Adler auf sein Zelt und richtete zwei Raben, die ihn von zwei Seiten angriffen, übel zu und warf sie zu Boden; daraus folgerte das gesamte Heer einen zukünftigen Streit zwischen den Amtskollegen, der sich dann auch tatsächlich einstellte, und sagte den Ausgang voraus. Bei Philippi kündigte ihm ein Mann aus Thessalien im Auftrag des göttlichen Caesar, dessen Gestalt ihm auf einem abgelegenen Weg begegnet sei, den zukünftigen Sieg an.

(2) Als er in der Nähe von Perusia, da ihm das Opfer keinen guten Ausgang versprach, die Zahl der Opfertiere zu erhöhen befohlen hatte und die Feinde in einem plötzlichen Vorstoß die gesamten Opfergeräte und -tiere geraubt hatten, stimmten die Opferschauer[138] darin überein, dass alle Gefahren und Widrigkeiten, die dem Opfernden vorausgesagt worden waren, auf diejenigen fallen würden, die die Eingeweide besäßen. Und so geschah es. Als er am Tag vor der Seeschlacht bei Sizilien auf dem Strand spazieren ging, sprang ein Fisch aus dem Meer und blieb vor seinen Füßen liegen. Bei Actium begegnete ihm, als er in die Schlacht zog, ein Esel mit einem Eseltreiber: der Mann hieß Eutychos [»Glückskind«], das Tier Nikon [»Sieger«]; für beide stellte er nach seinem Sieg ein ehernes Standbild in dem Tempel auf, den er dort, wo sich sein Lager befunden hatte, errichtete.

97 (1) Auch sein Tod, über den ich nun reden werde, und seine Aufnahme unter die Götter nach seinem Tod wurden durch besonders augenscheinliche Zeichen im Voraus angekündigt. Als er auf dem Marsfeld vor zahlreich versammelter Volksmenge das Reinigungsopfer verrichtete, flog ein Adler mehrmals um ihn herum, schwang sich auf den Tempel, der sich in der Nähe befand, und ließ sich auf dem Namenszug des Agrippa nieder, und zwar über dem ersten Buchstaben.[139] Sobald Augustus das bemerkt hatte, befahl er seinem Kollegen Tiberius, die für die nächste Amtsperiode üblichen Gelübde zu sprechen; denn Augustus weigerte sich, Gelübde, obwohl sie bereits schriftlich fixiert bereit lagen, zu leisten, die er nicht mehr einzulösen in der Lage wäre. (2) Annähernd zur selben Zeit verschwand infolge eines Blitzschlages der erste Buchstabe seines Namens aus der Inschrift seiner Statue. Dies wurde von den Priestern so gedeutet, dass Augustus lediglich noch 100 Tage leben werde, denn diese Zahl bedeutet der Buchstabe C, und er werde unter die Götter aufgenommen werden, weil *aesar*, der verbleibende Rest des Namens Caesar, in der etruskischen Sprache »Gott« heiße.

(3) Als Augustus Tiberius nun nach Illyricum entsenden und bis Benevent begleiten wollte, aber durch immer neue Prozesse durch Leute, die ständig Einspruch einlegten, bei der Rechtsprechung (in Rom) zurückgehalten wurde, rief er aus – was später ebenfalls zu den Vorzeichen seines Todes gerechnet wurde –, dass er, auch wenn sich alles gegen ihn verschwöre, von nun an nicht länger in Rom bleiben werde. Und nachdem er die Reise begonnen hatte, gelangte er bis nach Astura; von dort segelte er, entgegen seiner sonstigen Gewohnheit, zur Nachtzeit weiter, um den günstigen Wind auszunutzen, zog sich hierbei aber einen Durchfall zu, der sich als die Ursache seiner Erkrankung beweisen sollte.

98 (1) Daraufhin segelte er an der Küste Kampaniens und den nächstliegenden Inseln vorbei und verbrachte zurückgezogen noch vier Tage auf Capri, wo er die freie Zeit in aller Heiterkeit genoss.

(2) Als er gerade an der Bucht von Puteoli vorbeisegelte, bedachten ihn die Passagiere und Seeleute eines soeben erst aus Alexandria eingelaufenen Schiffes, alle in weißen Kleidern,

mit Kränzen geschmückt und Weihrauch verbrennend, mit ihren Glückwünsch und überschwänglichen Lobeshymnen: Nur dank seiner lebten sie, dank seiner führen sie zur See und dank seiner erfreuten sie sich ihrer Freiheit und ihres Hab und Guts. Diese Ehrung freute ihn ungemein, und so verteilte er an seine Begleiter 40 Goldstücke, forderte aber von den Einzelnen die unter Eid bekräftigte Zusage, die geschenkte Summe lediglich zum Kauf alexandrinischer Waren zu verwenden. (3) Aber auch an allen folgenden Tagen verteilte er, abgesehen von verschiedenen kleineren Geschenken, (römische) Togen und (griechische) Mäntel; dies war mit der Auflage verbunden, dass die Römer griechische Kleidung trügen und dazu Griechisch sprächen, und die Griechen umgekehrt. Ständig schaute Augustus jungen Griechen beim Training zu, von denen es nach alter Sitte auf Capri noch ziemlich viele gab; diesen gab er sogar einen Festschmaus, wobei er persönlich anwesend war, und erteilte ihnen die Erlaubnis, ja stellte geradezu die Forderung, freche Scherze zu machen und sich auf die von ihm unter das Volk geworfenen Geschenke wie Früchte, Speisen sowie andere Dinge zu stürzen. Kurz, er gab sich ganz dem Frohsinn hin.

(4) Eine Capri benachbarte Insel nannte er Apragopolis [»Nichtstuerstadt«], und zwar nach dem müßigen Leben, das einige seiner Gefolgsleute führten, die sich dorthin zurückgezogen hatten. Aber einen seiner Auserwählten, Masgaba mit Namen, nannte er immer »Ktistes« [»Städtegründer«], wie wenn er der Gründer der Insel gewesen wäre. Als Augustus dann von seinem Speisezimmer aus bemerkte, dass das Grab des ein Jahr zuvor verstorbenen Masgaba von einer großen Menschenmenge mit vielen Fackeln besucht wurde, sprach er deutlich vernehmbar den folgenden griechischen Vers, den er gerade gedichtet hatte: »Des Gründers Grab seh ich im Feuerschein.« Und er wandte sich an Thrasyllus, einen Gefolgsmann des Tiberius, der ihm gegenüberlag und keine Kenntnis von

der Angelegenheit hatte, mit der Frage, von welchem Dichter seiner Meinung nach der Vers stamme. Als dieser zögerte, fügte Augustus noch einen zweiten Vers hinzu: »Siehst du mit Fackeln Masgaba verehrt?« und fragte ihn ebenfalls nach dem Verfasser dieses Verses. Als jener nichts anderes zu antworten wusste, als dass die Verse sehr gut seien, wer immer auch der Dichter sei, lachte Augustus hell auf und war zu allerlei Scherzen aufgelegt. (5) Bald darauf setzte er nach Neapel über, obwohl ihn auch damals seine Darmbeschwerden beeinträchtigten und sein Gesundheitszustand wechselnd war. Dennoch schaute er sich die zu seinen Ehren eingerichteten, alle vier Jahre stattfindenden gymnischen Wettspiele bis zum Ende an und begab sich mit Tiberius zu dem vorgesehenen Reiseziel. Aber bei der Rückreise verschlechterte sich sein Gesundheitszustand schließlich so, dass er sich in Nola krank niederlegte, Tiberius von dessen Reise zurückrufen ließ und mit ihm ein langes Gespräch unter vier Augen führte; danach befasste er sich mit keinem wichtigeren Geschäft mehr.

99 (1) An seinem letzten Lebenstag fragte er immer wieder danach, ob seinetwegen draußen bereits ein Aufruhr entstanden sei, verlangte nach einem Spiegel, ließ sich sein Haar kämmen, die herabhängenden Wangen hochziehen und erkundigte sich bei den zu ihm vorgelassenen Freunden, ob sie den Eindruck hätten, dass er die Komödie des Lebens bis zum Ende gefällig gespielt habe, und er fügte die (in einem Bühnenstück übliche) Schlussformel (auf Griechisch) hinzu:

> Wenn nun das Ganze Euch wohl gefallen hat, so klatscht Beifall,
> und entlasst uns alle mit Dank nach Hause.

Daraufhin entließ er alle, und während er die gerade aus Rom Angekommenen nach dem Zustand der kranken Tochter des

Drusus fragte, verschied er plötzlich unter den Küssen Livias mit den Worten: »Livia, gedenke stets unserer Ehe und lebe wohl!«; dabei hatte er einen leichten Tod, so wie er es sich immer gewünscht hatte. (2) Denn fast stets, wenn er hörte, dass jemand schnell und ohne Qualen verstorben sei, bat er (die Götter) für sich und die Seinen um eine ähnliche »Euthanasie« – denn dieses griechische Wort verwendete er gewöhnlich. Vor seinem Ableben zeigte er überhaupt nur ein einziges Zeichen von Geistesabwesenheit, als er plötzlich erschreckt auffuhr und sich darüber beklagte, dass er von 40 jungen Männern fortgeschleppt werde. Auch dies war eher eine Vorahnung als ein Zeichen geistiger Verwirrtheit, weil es ja ebenso viele Leibgardisten waren, die seine Leiche hinaustrugen.

100 (1) Augustus starb in demselben Zimmer wie sein Vater Octavius, im Konsulatsjahr der beiden Sextus, Pompeius und Appuleius,[140] am 19. August in der neunten Stunde [gerechnet ab Sonnenaufgang], 35 Tage vor seinem 76. Geburtstag.

(2) Seine Leiche trugen die Stadträte der Munizipien und Koloniestädte[141] von Nola bis nach Bovillae, und zwar wegen der Jahreszeit nachts; tagsüber wurde sie in der Basilika oder in dem Haupttempel einer jeden Stadt niedergelegt. Von Bovillae an übernahmen sie Angehörige des Ritterstandes und trugen sie nach Rom, wo sie in der Vorhalle seines Hauses aufgebahrt wurde. Die Senatoren überboten sich gegenseitig mit ihren Vorschlägen für die Gestaltung der Leichenfeier und für die Ehrung seines Andenkens, so dass unter vielem anderen einige sogar den Antrag einbrachten, der Leichenzug solle durch das Triumphtor ziehen und ihm solle das Bild der Siegesgöttin, das im Rathaus steht, vorangetragen werden. Söhne und Töchter der vornehmsten Familien sollten dazu das Trauerlied singen; andere schlugen vor, am Tag der Beisetzung die goldenen Ringe abzulegen und eiserne zu tragen; wieder andere, seine Gebeine durch Priester der obersten Kollegien sammeln zu las-

sen. (3) Ein Senator machte sogar den Vorschlag, den Monatsnamen August auf den September zu übertragen, weil Augustus in diesem geboren, in jenem gestorben sei; ein weiterer schließlich, den ganzen Zeitraum vom Tag seiner Geburt bis zu seinem Tod »augusteisches Zeitalter« zu nennen und es so in den Kalender einzutragen. Bei den Ehrungen aber bewahrte man Maß, und es wurden nur zwei Leichenreden auf Augustus gehalten: eine vor dem Tempel des göttlichen Iulius [Caesar] von Tiberius, die andere vor der alten Rednertribüne, und zwar von Drusus, dem Sohn des Tiberius, und danach wurde der Leichnam des Augustus auf den Schultern von Senatoren auf das Marsfeld getragen und dort verbrannt. (4) Und es fand sich auch ein ehemaliger Prätor, der eidlich bezeugte, er habe das Bild des Verbrannten zum Himmel aufsteigen sehen. Die sterblichen Reste sammelten die vornehmsten Mitglieder des Ritterstandes ein, lediglich mit der Tunika bekleidet, ohne Gürtel und mit nackten Füßen, und setzten sie im Mausoleum bei. Diesen Bau hatte Augustus zwischen der Via Flaminia und dem Tiberufer in seinem sechsten Konsulat errichten lassen und bereits damals die ringsum angelegten Parks und Alleen dem Volk zur öffentlichen Benutzung freigegeben.

101 (1) Sein Testament, das er am 3. April im Konsulatsjahr von L. Plancus und Gaius Silius,[142] ein Jahr und vier Monate vor seinem Tod, verfasst hatte und das in zwei Ausfertigungen, teils eigenhändig, teils von seinen Freigelassenen Polybius und Hilario schriftlich erstellt, bei den Vestalischen Jungfrauen hinterlegt worden war, haben diese mit drei weiteren in gleicher Art und Weise versiegelten Schriftrollen ausgehändigt. Diese Schriftstücke wurden alle im Senat geöffnet und vorgelesen. (2) Als ersten Erben bestimmte er Tiberius mit der Hälfte und einem Sechstel, Livia mit einem Drittel, die auch beide seinen Namen tragen sollten. Als Erben zweiten Grades setzte er Drusus ein, den Sohn des Tiberius, mit einem Drittel (des noch verbleibenden Zwölftels), sowie Germanicus und dessen drei Söhne mit den restlichen Teilen. Als Erben dritten Grades sah er mehrere Verwandte und Freunde vor. Er vermachte dem römischen Volk 40 Millionen Sesterzen, den Tribus[143] 3,5 Millionen, den Prätorianern jeweils 1000 Sesterzen, den städtischen Kohorten 500 pro Person und den Legionssoldaten je 300 Sesterzen. Diese Summe sollte seinem Befehl gemäß bar ausgezahlt werden, denn er hatte sie stets (zu diesem Zweck) in seiner Kasse aufgehoben und bereitliegen. (3) Die übrigen Legate waren unterschiedlich hoch, manche erreichten 20 000 Sesterzen. Zu ihrer Ausbezahlung legte er eine Frist von einem Jahr fest, was er mit der geringen Höhe seines Vermögens entschuldigte; weiterhin erklärte er ganz offen, dass auf seine Erben lediglich 150 Millionen kämen, obgleich er in den letzten 20 Jahren durch die Testamente seiner Freunde 1400 Millionen erhalten habe; diese Summe habe er fast ganz, zusammen mit seinen beiden väterlichen und den übrigen Erbschaften, für das Wohl des Staates verwandt. Die beiden Iuliae, seine Tochter und seine Enkelin, nach ihrem Ableben in seinem Grab beizusetzen, verbot er. (4) Von den drei anderen Schriftstücken enthielt das eine die Anordnungen über seine Bestattung, das zweite ein Verzeichnis seiner Taten; dieses sollte in erzene Tafeln[144] eingraviert und die Tafeln sollten vor seinem Mausoleum aufgestellt werden; das dritte gab eine kurze Übersicht über das gesamte Reich: wie viele Soldaten überall unter Waffen standen, wie viel Geld im Staatsschatz und in den kaiserlichen Kassen war und wie hoch die Steuerrückstände waren. Ferner hat er auch die Namen der Freigelassenen und Sklaven beigefügt, von denen Rechenschaft gefordert werden könnte.

3. BUCH

Tiberius

1 (1) Die patrizische *gens* Claudia – es gab nämlich auch eine plebejische von ebenso hohem Einfluss und Prestige[1] – stammte aus Regilli, einer Stadt der Sabiner. Von dort verlegte sie mit einem großen Gefolge von Klienten[2] ihren Wohnsitz in das soeben[3] gegründete Rom; dies geschah auf Betreiben des Titus Tatius, des Mitregenten des Romulus, oder aber, wofür mehr spricht, erst auf Betreiben des Familienoberhauptes Atta Claudius ungefähr im sechsten Jahr nach der Vertreibung der Könige.[4] Nachdem sie unter die patrizischen Geschlechter aufgenommen worden war, erhielt sie von Staats wegen noch ein Stück Land jenseits des Anio für ihre Klienten und für sich selbst eine Begräbnisstätte[5] am Fuße des Kapitols. (2) Danach erlangte sie im Laufe der Zeit 28 Mal das Konsulat, fünfmal die Diktatur[6] und siebenmal die Zensur[7] und feierte sechs Triumphe und zwei Ovationen[8]. Ihre einzelnen Zweige unterschieden sich zwar durch verschiedene Vor- und Beinamen, doch verwarf man einhellig den Vornamen Lucius, nachdem von zwei Angehörigen der *gens*, die diesen Namen trugen, der eine des Straßenraubes, der andere des Mordes überführt worden war. Zu den Beinamen nahm man aber auch den Namen Nero hinzu, der auf Sabinisch »tapfer und entschlossen« bedeutet.[9]

2 (1) Überliefert sind viele herausragende Verdienste vieler Claudier, aber auch zahlreiche am Staat verübte Verbrechen.[10] Doch um nur die wichtigsten Beispiele aufzuführen: Appius Caecus warnte vor einem Bündnis mit dem König Pyrrhos, da dies zu wenige Vorteile biete.[11] Claudius Caudex setzte als

Erster mit einer Flotte über die Meerenge (von Messina) über und vertrieb die Punier aus Sizilien. Tiberius[12] Nero bezwang Hasdrubal, der mit riesigen Truppenmassen aus Spanien heranrückte, bevor dieser sich mit seinem Bruder Hannibal vereinigen konnte. (2) Anderseits versuchte Claudius Regillianus, Decemvir[13] zur Aufzeichnung der Gesetze, aus sexueller Begierde eine freigeborenene junge Frau gewaltsam zu seiner Sklavin zu machen, und veranlasste damit die Plebs zu einer zweiten Sezession von den Patriziern.[14] Claudius Russus wollte, nachdem ihm bei Appi Forum eine mit einem Diadem[15] geschmückte Statue errichtet worden war, mithilfe seiner Klienten[16] ganz Italien in seine Gewalt bringen. Claudius Pulcher begann eine Seeschlacht, obwohl die Hühner beim Einholen der Auspizien[17] nicht fressen wollten; daher hatte er sie bei Sizilien unter Verhöhnung des Omens im Meer ertränken lassen: Sie sollten wenigstens trinken, da sie ja nicht hätten fressen wollen;[18] und als er nach seiner Niederlage vom Senat den Befehl erhielt, einen Diktator[19] zu bestimmen, berief er, gleichsam ein zweites Mal die gefährliche Lage des Staates verspottend, seinen Amtsdiener Glycias in dieses Amt.

(3) Überliefert sind auch ebenso unterschiedliche Beispiele von Frauen, insofern als die beiden (berühmten) Claudias derselben *gens* angehörten: Die eine machte das Schiff wieder flott, das mit den heiligen Kultgeräten der Idäischen Göttermutter auf einer Sandbank im Tiber gestrandet war, nachdem sie öffentlich gebetet hatte, das Schiff möge ihr nur folgen, wenn an ihrer Keuschheit kein Zweifel bestehe.[20] Der anderen wurde – was bei einer Frau noch nie vorgekommen war – beim Volk wegen Hochverrats der Prozess gemacht, weil sie, als ihr Wagen in der dichten Menschenmenge nur mühsam vorwärtskam, offen den Wunsch geäußert hatte, ihr Bruder Pulcher möge wieder lebendig werden und noch einmal eine Flotte verlieren, damit in Rom ein weniger großes Gedränge

herrsche.[21] (4) Außerdem ist allgemein bekannt, dass sämtliche Claudier – mit Ausnahme freilich des P. Clodius, der sich, um Cicero aus der Stadt zu vertreiben, von einem Plebejer, der dazu noch jünger war als er, hatte adoptieren lassen[22] – immer Optimaten und ganz fanatische Verteidiger der Würde und Macht der Patrizier waren und sich gegenüber der Plebs so brutal und halsstarrig zeigten, dass nicht einmal ein Claudier, der auf Leben und Tod angeklagt war, bereit war, vor dem Volk im Trauergewand zu erscheinen[23] oder es um Gnade zu bitten, und dass manche bei einem heftigen Wortwechsel den Volkstribunen gegenüber tätlich wurden. Eine Claudia, eine Vestalin, begleitete sogar ihren Bruder[24], der ohne Genehmigung des Volkes einen Triumph feierte, auf seinem Wagen bis aufs Kapitol, um so zu verhindern, dass ein Tribun von seinem Veto- oder Interzessionsrecht Gebrauch machen konnte.

3 (1) Aus diesem Geschlecht leitete Tiberius Caesar seine Herkunft ab, und zwar sowohl väterlicher- als auch mütterlicherseits: Sein Vater[25] war ein Nachkomme des Tiberius Nero, seine Mutter [Livia Drusilla] eine Nachfahrin des Appius Pulcher, die beide Söhne des Appius Caecus waren. Er war auch mit der Familie der Livier verwandt, da sein Großvater mütterlicherseits [M. Livius Drusus Claudianus] in diese adoptiert worden war. Obwohl plebejisch, genoss diese Familie auch ihrerseits hohes Ansehen und zeichnete sich durch acht Konsuln, zwei Zensoren[26], drei Triumphatoren sowie einen Diktator[27] und einen Reiterobersten[28] aus; Berühmtheit erlangte sie auch durch einige bedeutende Männer, und zwar insbesondere durch Salinator und diejenigen mit dem Beinamen Drusus. (2) Salinator sprach in seiner Zensur[29] sämtlichen Tribus[30] wegen ihrer Leichtfertigkeit einen Tadel aus, weil sie ihn, obwohl sie ihn nach seinem ersten Konsulat zu einer Geldstrafe verurteilt hatten,[31] ein zweites Mal zum Konsul sowie zum Zensor gemacht hatten. Drusus erwarb sich und seinen Nachkommen diesen Beinamen, da er den feindlichen Heerführer Drausus im Zweikampf getötet hatte. Auch soll er als Proprätor aus seiner Provinz Gallien das Gold zurückgebracht haben, das den Senonen einst bei der Belagerung des Kapitols ausgehändigt und ihnen nicht, wie die Sage geht, von Camillus wieder entrissen worden war.[32] Sein Urenkel[33], der wegen seiner außerordentlichen Dienste im Kampf gegen die Gracchen zum Schutzherrn des Senats ernannt worden war, hinterließ einen Sohn [M. Livius Drusus, Volkstribun 91 v. Chr], den die gegnerische Partei, als er bei einem vergleichbaren internen Zwist viele verschiedene Reformen umsetzen wollte, meuchlings ums Leben brachte.

4 (1) Der Vater des Tiberius, Nero, befehligte als Quästor des C. Caesar im Alexandrinischen Krieg[34] die Flotte und trug zum Sieg maßgeblich bei. Deshalb wurde er anstelle des P. Scipio[35] als Pontifex eingesetzt und nach Gallien gesandt, um dort Kolonien zu gründen, darunter Narbo und Arelate.[36] Doch als nach Caesars Ermordung alle aus Furcht vor Unruhen für eine Amnestie plädierten, beantragte er sogar noch, über Belohnungen für die Tyrannenmörder zu beraten. (2) Danach bekleidete er die Prätur, und als es am Jahresende zwischen den Triumvirn[37] zu Unstimmigkeiten kam, behielt er die Amtsinsignien über die gesetzlich vorgesehene Zeit hinaus, folgte dem Konsul L. Antonius, dem Bruder des Triumvirn, bis nach Perusia[38] und hielt, obwohl sich alle anderen bereits ergeben hatten, dessen Partei als Einziger weiterhin die Treue; er entwich zunächst nach Praeneste, von dort nach Neapel und floh, nachdem er die Sklaven vergeblich zum Kampf um die Freiheit aufgerufen hatte,[39] nach Sizilien. (3) Aber verärgert darüber, dass er nicht sofort zu Sextus Pompeius vorgelassen worden war und sich nicht mehr des Rutenbündels bedienen durfte,[40] setzte er nach Achaia über und schloss sich M. Antonius an.[41] Mit diesem kehrte er, nachdem kurz darauf ein allgemeiner

Frieden[42] geschlossen worden war, nach Rom zurück und überließ dem Augustus auf dessen Bitten hin seine Frau Livia Drusilla, obgleich sie damals schwanger war und ihm bereits einen Sohn geboren hatte.[43] Wenig später verstarb er und hinterließ zwei Söhne, Tiberius Nero und Drusus Nero.

5 Manche glauben, Tiberius sei in Fundi geboren, wobei sie sich auf die wenig stichhaltige Tatsache berufen, dass seine Großmutter mütterlicherseits[44] von dort stammte und dass man später auf Senatsbeschluss ein Bildnis der Göttin Felicitas in der Stadt aufgestellt habe. Doch wie die meisten und verlässlicheren Quellen überliefern, wurde er am 16. November im Konsulat des M. Aemilius Lepidus und im zweiten Konsulat des L. Munatius Plancus in Rom auf dem Palatin geboren, nach Beendigung des Krieges von Philippi[45]. So nämlich ist es in den Fasti[46] und in der amtlichen Stadtzeitung verzeichnet. Dennoch gibt es auch Schriftsteller, die seine Geburt teils in das vorhergehende Jahr, in das Konsulat des Hirtius und Pansa, teils in das folgende Jahr, in das Konsulat des Servilius Isauricus und L. Antonius, verlegen.

6 (1) Seine Kindheit und frühe Jugend waren äußerst beschwerlich, weil er seine Eltern auf ihrer Flucht überallhin begleiten musste.[47] Als diese bei Neapel bei einem Überfall der Feinde heimlich ein Schiff besteigen wollten, hätte er sie durch sein Weinen beinahe zweimal verraten, das erste Mal, als er von der Brust der Amme, das zweite Mal, als er hastig aus den Armen der Mutter gerissen wurde, da man angesichts der kritischen Situation den schwachen Frauen ihre Last abzunehmen versuchte. (2) Auch durch Sizilien und Griechenland wurde er mitgeschleppt und den Lakedaimoniern, da sie unter dem Schutz der Claudier standen, offiziell anempfohlen; als man bei Nacht von dort aufbrach, geriet er in Lebensgefahr: Plötzlich stiegen überall aus den Wäldern Flammen auf, schlossen die Reisegesellschaft ein und kamen ihr so nahe, dass ein Teil von Livias Kleidung und ihre Haare versengt wurden. (3) Die Geschenke, die er von Pompeia, der Schwester des Sex. Pompeius, in Sizilien erhalten hatte, ein griechischer Mantel, eine Spange sowie einige goldene Amulettkapseln[48], sind erhalten und werden noch heute in Baiae gezeigt. Nach der Rückkehr nach Rom wurde er vom Senator M. Gallius testamentarisch adoptiert, trat das Erbe an, legte aber kurz danach den (neuen) Namen[49] wieder ab, weil Gallius zur Partei der Augustus-Gegner gehört hatte.

(4) Im Alter von neun Jahren hielt er vor den Rostren für den verstorbenen Vater die Leichenrede.[50] Als Jugendlicher begleitete er dann im Triumphzug anlässlich des Sieges bei Actium[51] den Wagen des Augustus auf dem äußeren linken Pferd, während Marcellus, der Sohn der Octavia, auf dem äußeren rechten ritt.[52] Er führte den Vorsitz bei den städtischen Spielen[53] und befehligte beim Trojaspiel[54] im Circus die Schwadron der älteren Knaben.

7 (1) Nachdem er die Männertoga angelegt hatte,[55] verbrachte er seine gesamte Jugend und die folgenden Jahre bis zum Beginn des Prinzipats[56] etwa auf folgende Weise: Er gab ein Gladiatorenspiel zur Erinnerung an seinen Vater und ein weiteres zum Andenken an seinen Großvater Drusus, und zwar zu verschiedenen Zeiten und an unterschiedlichen Orten; das erste fand auf dem Forum statt, das zweite im Amphitheater[57], wobei auch etliche in Ehren entlassene Gladiatoren für einen Sold von jeweils 100 000 Sesterzen reaktiviert wurden. Außerdem veranstaltete er noch andere Spiele, allerdings in Abwesenheit; alle diese Darbietungen waren sehr prachtvoll, finanziert von seiner Mutter und seinem Stiefvater.

(2) Er heiratete Agrippina, die Tochter des Marcus Agrippa und Enkelin des römischen Ritters Caecilius Atticus, an den Ciceros Briefe gerichtet sind. Nachdem sie ihm einen Sohn, Drusus, geboren hatte, wurde er gezwungen, sie zu verstoßen,

obwohl sie sehr gut zu ihm passte und wieder schwanger war, und umgehend Iulia, die Tochter des Augustus, zu ehelichen;[58] das bekümmerte ihn sehr, weil er sehr an Agrippina hing und weil er den Charakter Iulias abstoßend fand, da er wusste, dass sie schon zu Lebzeiten ihres früheren Ehemanns[59] ein begehrliches Auge auf ihn geworfen hatte, was freilich auch allgemein bekannt war. (3) Dass er Agrippina verstoßen hatte, schmerzte ihn aber auch noch nach der Scheidung, und als sie ihm einmal zufällig begegnete, folgte er ihr mit so angespannten und tränenreichen Blicken, dass man dafür sorgte, dass sie ihm später niemals mehr vor Augen kam. Mit Iulia lebte er anfangs in Harmonie und gegenseitiger Zuneigung, bald aber überwarf er sich mit ihr und zwar so heftig, dass er sogar ständig getrennt von ihr schlief, nachdem ihnen der gemeinsame Sohn, das Unterpfand ihrer Liebe, entrissen worden war; dieser Sohn, in Aquileia geboren, war als Kleinkind gestorben. Seinen Bruder Drusus verlor er in Germanien[60] und geleitete den Leichnam – den gesamten Weg an der Spitze des Zuges zu Fuß zurücklegend – bis nach Rom.[61]

8 Die ersten Proben seines öffentlichen Wirkens waren die folgenden: Vor Augustus als Untersuchungsrichter verteidigte er aus jeweils unterschiedlichen Anlässen den König Archelaos, die Bewohner von Tralleis und die Thessalier.[62] Für die Bewohner von Laodikeia, Thyateira und Chios, die von einem Erdbeben[63] heimgesucht worden waren und um Hilfe baten, legte er beim Senat Fürsprache ein. Fannius Caepio, der sich mit Varro Murena gegen Augustus verschworen hatte, klagte er vor Gericht des Hochverrats an und sorgte für seine Verurteilung.[64] Währenddessen übernahm er zwei weitere öffentliche Aufgaben: Er kümmerte sich um die zu knapp gewordene Getreideversorgung und unterzog in ganz Italien die Sklavengefängnisse[65] einer strengen Kontrolle; ihre Herren waren nämlich in den üblen Verdacht geraten, nicht nur Reisende, sondern auch Männer abgefangen und bei sich versteckt zu haben, die die Furcht vor dem Kriegsdienst in derartige Schlupfwinkel getrieben hatte.[66]

9 (1) Seinen ersten Dienst als Soldat versah er als Militärtribun im Kantabrischen Feldzug, anschließend führte er ein Heer in den Orient, gab Tigranes die Königsherrschaft über Armenien zurück und krönte ihn vor seinem Feldherrntribunal mit dem Diadem. Er erhielt auch die Feldzeichen zurück, die die Parther dem M. Crassus abgenommen hatten[67]. Danach verwaltete er für ungefähr ein Jahr die Provinz Gallia Comata, die durch die Einfälle von Barbaren und durch die Zwistigkeiten ihrer Fürsten in Unruhe war. Später führte er Krieg gegen die Räter und Vindeliker, alsdann gegen die Pannonier und schließlich gegen die Germanen.[68] (2) Im Rätischen und Vindelikischen Krieg unterwarf er die Alpenvölker, im Pannonischen die Breuker und Dalmater, im Germanischen brachte er 40 000 Kriegsgefangene nach Gallien, wo er ihnen[69] am Rheinufer neue Wohnsitze zuwies. Wegen dieser Taten durfte er sowohl eine Ovation[70] feiern als auch mit dem Wagen in die Stadt einfahren[71], nachdem er vorher, wie manche glauben, mit den Triumphalinsignien[72] ausgezeichnet worden war, einer neuen Form der Ehre, die zuvor noch niemandem erwiesen worden war.

(3) Die Ämterlaufbahn begann er vor dem gesetzlich vorgeschriebenen Alter und bekleidete fast nacheinander die Quästur, die Prätur und das Konsulat;[73] nach einiger Zeit wurde er zum zweiten Mal Konsul und erhielt außerdem die tribunizische Amtsgewalt[74] für einen Zeitraum von fünf Jahren.

10 (1) Obwohl so viele Erfolge zusammenkamen, obwohl er in der Blüte seiner Jahre stand[75] und bei guter Gesundheit war, beschloss er plötzlich, die Öffentlichkeit zu meiden und sich an einen möglichst weit entfernten Ort zurückzuziehen.[76] Dabei ist unsicher, ob aus Widerwillen gegen seine Frau, die er weder anzuklagen noch zu verstoßen wagte, aber auch nicht länger ertragen konnte, oder ob er – indem er vermied, dass man seiner bei ständiger Anwesenheit überdrüssig wurde – durch sein Fernsein sein Ansehen wahren und sogar noch mehren wollte, falls der Staat ihn eines Tages doch einmal brauchen sollte. Wie manche meinen, trat er den bereits erwachsenen Kindern[77] des Augustus freiwillig die Position und gleichsam den Besitz des zweiten Ranges ab, den er lange innegehabt hatte,[78] und folgte damit dem Beispiel des M. Agrippa, der, als M. Marcellus zu staatlichen Aufgaben hinzugezogen worden war, sich nach Mytilene zurückzog,[79] um nicht den Eindruck zu erwecken, er stehe ihm im Wege oder setze ihn durch seine Gegenwart herab. (2) Diesen Grund gab er auch selbst an, allerdings erst später. Damals aber bat er um eine Beurlaubung, weil er, wie er vorschützte, der Staatsgeschäfte überdrüssig sei und sich von den Anstrengungen erholen müsse. Er ließ sich weder von den inständigen Bitten seiner Mutter umstimmen noch von der sogar im Senat vorgebrachten Klage seines Stiefvaters, er werde im Stich gelassen. Ja, er trat sogar, als sie ihn noch energischer zurückzuhalten versuchten, in einen viertägigen Hungerstreik. Nachdem ihm endlich die Abreise erlaubt worden war, ließ er seine Frau und seinen Sohn in Rom zurück und begab sich eilig nach Ostia; dabei wechselte er mit denen, die ihn begleiteten, kein einziges Wort und verabschiedete sich nur von sehr wenigen mit einem Kuss.

11 (1) Als er von Ostia aus an der Küste Kampaniens entlangfuhr und von einer Unpässlichkeit des Augustus hörte, legte er einen kurzen Stopp ein. Doch als sich das Gerücht verbreitete, er habe die Reise unterbrochen, weil er auf die Gelegenheit warte, seine Hoffnung auf Größeres [d. h. auf die Thronbesteigung] zu verwirklichen, segelte er trotz ziemlich ungünstiger Wetterbedingungen weiter bis zur Insel Rhodos, von deren Charme und heilsamem Klima er schon fasziniert war, seit er auf der Rückreise von Armenien dort an Land gegangen war. Hier begnügte er sich mit einem bescheidenen Haus und einem nicht viel geräumigeren Landsitz und begann ein ganz bürgerliches Leben, erging sich bisweilen ohne Liktor oder Amtsdiener[80] im Gymnasium[81] und verkehrte mit den Griechen fast wie mit seinesgleichen.

(2) Einmal hatte er bei der Planung des Tagesprogramms morgens verkündet, er wolle allen Kranken, die es in der Bürgerschaft gebe, einen Besuch abstatten. Dies wurde von seinem Gefolge missverstanden, und daher wurden alle Kranken angewiesen, sich in die öffentliche Säulenhalle zu begeben und sich nach der Art ihrer Gebrechen zu gruppieren. So war er über den unerwarteten Anblick geschockt und wusste lange nicht, wie er sich verhalten solle. Schließlich suchte er jeden einzelnen von ihnen auf und entschuldigte sich auch bei den Menschen niederster und dunkelster Herkunft für das, was geschehen war. (3) Es ist nur ein einziger Fall bekannt, wo man sehen konnte, dass er von seinem Recht der tribunizischen Amtsgewalt Gebrauch machte. Er war ständiger Gast in den Schulen und Hörsälen der Professoren. Als es einmal zwischen den philosophischen Kontrahenten zu einem recht heftigen Wortwechsel kam, ließ sich jemand vernehmen, der Tiberius beschimpfte, weil er sich einmische und angeblich zu sehr für die eine Seite Partei ergreife. Daraufhin ging dieser gemächlich nach Hause, tauchte aber mit seinen Amtsdienern plötzlich wieder auf, ließ seinen Beleidiger durch den Herold vor seinen Richterstuhl rufen und dann ins Gefängnis werfen.

(4) Später erfuhr er, dass seine Frau Iulia wegen ihres ausschweifenden und ehebrecherischen Lebenswandels verurteilt[82] und dass ihr auf Augustus' Befehl in seinem Namen der Scheidebrief zugestellt worden sei; und obwohl ihn die Nachricht freute, hielt er es dennoch für seine Pflicht, in zahlreichen Briefen nach Kräften beim Vater Fürsprache für die Tochter

einzulegen und ihr, so wenig sie es auch verdient hatte, alle Geschenke, die er ihr je gemacht hatte, zu lassen.[83] (5) Nach Ablauf seiner tribunizischen Amtsgewalt[84] bekannte er endlich, dass er mit seinem Rückzug (nach Rhodos) nichts anderes im Sinn gehabt habe, als den Verdacht, er rivalisiere mit Gaius und Lucius, zu vermeiden, und bat – da man deswegen von ihm nichts mehr zu befürchten habe, weil diese erwachsen seien und den zweiten Platz im Staate leicht behaupten könnten – um die Erlaubnis, seine Verwandten wiederzusehen, die er schmerzlich vermisse. Seiner Bitte wurde aber nicht nur nicht stattgegeben, sondern er wurde zudem noch dazu aufgefordert, sich nicht mehr um die Seinen zu sorgen, da er ja so begierig gewesen sei, sie zu verlassen.

12 (1) Er blieb also gegen seinen Willen auf Rhodos und erreichte mithilfe seiner Mutter mit einiger Mühe, dass man glaubte, er weile als Gesandter des Augustus – mit diesem Titel sollte die Schande verschleiert werden – in der Ferne.[85]

(2) Von dieser Zeit an verhielt er sich freilich nicht nur wie ein Privatmann, sondern zeigte sich auch unterwürfig und ängstlich; er verbarg sich im Landesinneren und versuchte den Ehrenbezeigungen der Vorüberfahrenden, die ihn ständig aufsuchen wollten, aus dem Wege zu gehen; denn kein militärischer oder ziviler Amtsträger begab sich auf seinen Posten, ohne einen Abstecher nach Rhodos zu machen. Und hinzu kamen Dinge, die zu größerer Besorgnis Anlass gaben. Als er nach Samos übergesetzt war, um seinen Stiefsohn Gaius, der das Kommando über den Orient hatte, zu besuchen, merkte er nämlich, dass dieser aufgrund der Verleumdungen von Gaius' Begleiter und Berater M. Lollius[86] ihm gegenüber ziemlich feindselig war. (3) Außerdem geriet er in den Verdacht, er habe durch einige von ihm ernannte Zenturionen, die nach dem Urlaub ins Lager zurückkehrten, an mehrere Männer Aufträge erteilen lassen, die mehrdeutig und anscheinend darauf angelegt

waren, ihre Einstellung hinsichtlich eines möglichen Umsturzes auszuforschen. Nachdem er von Augustus über diesen Verdacht informiert worden war, forderte er immer wieder mit allem Nachdruck, ihm jemanden, gleich welchen Standes, zur Seite zu stellen, der seine Taten und Worte überwachen solle.

13 (1) Er gab auch das gewohnte Reit- und Waffentraining auf, legte die römische Kleidung ab, trug nur noch Mantel und Sandalen[87] und lebte so fast zwei Jahre lang. Dadurch zog er sich täglich eine immer größere Verachtung und Abscheu zu. Diese Abneigung ging so weit, dass die Nemausenser seine Büsten und Statuen umstürzten. Und als einmal bei einem privaten Bankett die Rede auf ihn kam, fand sich einer der Gäste, der Gaius versprach, auf seinen Befehl hin sofort nach Rhodos zu segeln und das Haupt des »Verbannten« – so nämlich wurde Tiberius genannt – mitzubringen. (2) Besonders aufgrund dieser nicht mehr nur befürchteten, sondern tatsächlichen Bedrohung sah er sich genötigt, mit flehentlichen Bitten, unterstützt von seiner Mutter, um die Erlaubnis zur Rückkehr nachzusuchen, die er dann auch durchsetzte, wobei ihm ein Zufall etwas zu Hilfe kam. Augustus war nämlich entschlossen, in dieser Sache nichts ohne die Zustimmung seines älteren Sohnes [Gaius Caesar] zu entscheiden. Dieser aber hatte sich damals gerade mit M. Lollius ziemlich überworfen und war daher gegenüber seinem Stiefvater milde und versöhnlich gestimmt. Also wurde Tiberius mit Gaius' Erlaubnis zurückgerufen, allerdings unter der Bedingung, kein öffentliches Amt zu übernehmen und sich nicht politisch zu betätigen.

14 (1) So kehrte er nach siebenjähriger Abwesenheit[88] (nach Rom) zurück, voller Hoffnung und Zuversicht auf eine glückliche Zukunft, gegründet auf Wunderzeichen und Prophezeiungen, die ihm seit Beginn seines Lebens zuteil geworden waren. (2) Als nämlich Livia mit ihm schwanger war und anhand etlicher Vorzeichen erkunden wollte, ob sie einen Knaben gebären werde, nahm sie das Ei einer Bruthenne und wärmte es, sich mit ihren Dienerinnen abwechselnd, so lange in den Händen, bis ein kleiner Hahn mit einem besonders prächtigen Kamm ausschlüpfte. Schon dem kleinen Kind stellte der Astrologe Scribonius herrliche Dinge in Aussicht, sogar, dass es einmal König sein werde, allerdings ohne königliche Insignien, da ja vom Regime der Caesaren damals noch keine Rede war. (3) Und als er nach Antritt seines ersten Feldzuges[89] das Heer durch Makedonien nach Syrien führte, erstrahlten die Altäre der siegreichen Legionen, die seinerzeit bei Philippi geweiht worden waren, von sich aus in plötzlichem Feuerglanz. Als er später auf dem Weg ins Illyricum bei Patavium das Orakel des Geryon aufsuchte und ein Los zog,[90] in dem er aufgefordert wurde, wegen seiner Fragen goldene Würfel in die Aponus-Quelle zu werfen, traf es sich, dass sein Wurf die höchste Zahl anzeigte; auch heute noch kann man diese Würfel unter der Wasseroberfläche sehen. (4) Wenige Tage vor seiner Rückberufung aber ließ sich ein Adler[91] – einen solchen hatte man vorher noch nie auf Rhodos gesehen – auf dem Dach seines Hauses nieder; und einen Tag bevor er die Information von seiner Rückberufung erhielt, schien, als er die Kleider wechselte, seine Tunika zu brennen. Auch konnte er sich damals von der Kunst des Astrologen Thrasyllus, den er als Weisheitslehrer in sein Gefolge aufgenommen hatte, überzeugen:[92] Dieser versicherte ihm nämlich, dass das Schiff, das man in der Ferne gesichtet habe, frohe Nachricht bringe. Genau in diesem Augenblick hatte Tiberius beschlossen, ihn als falschen Propheten und gefährlichen Mitwisser seiner Geheimnisse bei einem gemeinsamen Spaziergang ins Meer zu stürzen, da sich die Dinge immer schwieriger gestalteten und anders als von ihm vorhergesagt entwickelten.

15 (1) Gleich nachdem er nach Rom zurückgekehrt und seinen Sohn Drusus aufs Forum geleitet hatte[93], verließ er die

Karinen und das Haus des Pompeius, zog auf den Esquilin in die Gärten des Maecenas und lebte völlig zurückgezogen; er befasste sich nur mit seinen Privatangelegenheiten und bekleidete keine öffentlichen Ämter.

(2) Als Gaius und Lucius innerhalb von drei Jahren[94] gestorben waren, wurde er zusammen mit deren Bruder M. Agrippa (Postumus) von Augustus adoptiert;[95] zuvor musste er selbst allerdings Germanicus, den Sohn seines Bruders, adoptieren. Danach nahm er keine der Aufgaben wahr, die ihm als Familienoberhaupt[96] oblagen, und hielt an dem Recht, das er verloren hatte,[97] in keinerlei Weise fest. Er machte nämlich weder Schenkungen noch sprach er Freilassungen aus, er nahm nicht einmal eine Erbschaft oder irgendwelche Vermächtnisse an, ohne sie seinem Sondervermögen[98] zuzurechnen. Von dieser Zeit an wurde nichts unterlassen, um sein Ansehen zu mehren, besonders seitdem sicher war, dass nach der Enterbung und Verbannung Agrippas[99] die Hoffnung der Thronfolge nur noch auf ihm ruhte.

16 (1) So wurde ihm erneut[100] die tribunizische Amtsgewalt[101] auf fünf Jahre verliehen, er erhielt den Auftrag, Germanien zu befrieden, und die Gesandten der Parther wurden, nachdem sie vor Augustus in Rom ihre Anliegen vorgebracht hatten, angewiesen, auch Tiberius in seiner Provinz aufzusuchen. Doch nach dem Bekanntwerden des Aufstands des Illyricums[102] übernahm er den Oberbefehl in dem neuen Krieg, dem schwersten aller auswärtigen Kriege seit den Punischen; er führte ihn drei Jahre lang mit 15 Legionen und derselben Zahl von Hilfstruppen – trotz gewaltiger Schwierigkeiten aller Art und trotz einer höchst mangelhaften Versorgung mit Lebensmitteln. (2) Und obwohl er des Öfteren zurückgerufen wurde, setzte er den Krieg trotzdem beharrlich fort, weil er befürchtete, ein (den Reichsgrenzen) so naher mächtiger Feind werde für die Römer, wenn sie sich freiwillig zurückzögen, weiterhin eine Bedrohung darstellen. Und für seine Hartnäckigkeit wurde er reichlich belohnt: Er bezwang und unterwarf das gesamte Illyricum von Italien bis zum Königreich Noricum, Thrakien und Makedonien, von der Donau bis zum Adriatischen Meerbusen.

17 (1) Dieser Ruhm erfuhr durch den Zeitpunkt des Erfolges eine noch weitere Steigerung. Denn etwa zur selben Zeit ging Quintilius Varus mit drei Legionen in Germanien zugrunde,[103] wobei niemand zweifelte, dass die siegreichen Germanen sich mit den Pannoniern verbündet hätten, wenn nicht das Illyricum vorher gänzlich unterworfen worden wäre. Deshalb wurden Tiberius ein Triumph und zahlreiche hohe Ehrungen zuerkannt. (2) Manche beantragten auch, ihm den Beinamen Pannonicus [»Bezwinger der Pannonier«] zu verleihen, andere stimmten für Invictus [»der Unbesiegbare«], etliche für Pius [»der Pflichtgetreue«]. Doch Augustus erhob dagegen Einspruch, indem er versicherte, Tiberius werde mit dem Beinamen zufrieden sein, den er nach seinem, des Augustus' Tod, erhalten werde. Er selbst verschob den Triumph,[104] da die Bürgerschaft wegen der Niederlage des Varus in Trauer war; dennoch hielt er, bekleidet mit der Praetexta [purpurgesäumte Toga] und gekrönt mit einem Lorbeerkranz, Einzug in die Stadt, bestieg im Beisein des Senats die in den Saepten errichtete Tribüne und nahm zwischen den beiden Konsuln zusammen mit Augustus Platz; nachdem er von dort das Volk gegrüßt hatte, wurde er in feierlichem Geleit von Tempel zu Tempel geführt.[105]

18 (1) Im Jahr darauf[106] ging er wieder nach Germanien; weil ihm klar war, dass die Niederlage des Varus auf die Leichtfertigkeit und Nachlässigkeit des Heerführers zurückzuführen war, unternahm er nichts, ohne vorher die Meinung des Kriegsrats einzuholen. Während er sonst immer nach eigenem Gutdünken entschieden hatte und sich selbst genug gewesen war, tauschte er sich damals gegen seine Gewohnheit mit mehreren Beratern über die Kriegsstrategie aus. Auch ging er noch sorgfältiger zu Werke als gewöhnlich. So ließ er, als er über den Rhein gehen wollte, das gesamte, auf ein bestimmtes Maß beschränkte Gepäck erst über den Fluss bringen, nachdem er am Ufer stehend die Wagenladungen kontrolliert hatte, um sicherzustellen, dass nur die erlaubten und benötigten Dinge mitgenommen wurden. (2) Auf der anderen Rhein-Seite richtete er sein Leben so ein, dass er auf dem bloßen Rasen sitzend seine Mahlzeiten einnahm, des Öfteren die Nacht unter freiem Himmel verbrachte und alle Befehle für den folgenden Tag sowie plötzlich notwendig gewordene Aufträge nur schriftlich verkündete; außerdem fügte er die Ermahnung hinzu, dass jeder, dem diesbezüglich etwas unklar sei, nur ihn und niemanden sonst um Auskunft bitten solle, egal, zu welcher Zeit, selbst in der Nacht.

19 Auf Zucht und Ordnung achtete er äußerst streng, er griff auf uralte Formen von Züchtigungen und Ehrenstrafen zurück und belegte sogar einen Legionskommandanten mit Schimpf und Schande, weil er ein paar Soldaten zusammen mit seinem Freigelassenen zur Jagd auf das andere Flussufer geschickt hatte. Obwohl er kaum etwas dem Glück und dem Zufall überließ, begann er seine Schlachten noch sehr viel zuversichtlicher, wenn nachts, während er arbeitete, das Licht plötzlich ohne fremdes Zutun zu Boden fiel und erlosch; denn wie er sagte, vertraute er auf das Vorzeichen, das sich bei jedem Kommando für ihn und seine Vorfahren als höchst verlässlich erwiesen habe. Doch nach einem erfolgreich geführten Gefecht wäre er beinahe von einem Brukterer getötet worden, der sich in seine nächste Umgebung eingeschlichen, aber durch seine Nervosität verraten hatte; auf der Folter wurde ihm das Geständnis des geplanten Attentats abgepresst.

20 Nach zwei Jahren kehrte er aus Germanien nach Rom zurück und holte den verschobenen[107] Triumph nach, wobei ihm auch die Legionskommandanten das Geleit gaben, für die er die Triumphalinsignien[108] erwirkt hatte. Bevor er zum Kapitol abbog, verließ er den Wagen und warf sich vor seinem Vater, der (bei dieser Zeremonie) den Vorsitz hatte, auf die Knie. Dem pannonischen Heerführer Bato[109] machte er kostbare Geschenke und wies ihm Ravenna als Wohnsitz an[110] zum Dank dafür, dass er ihn hatte entkommen lassen, als er einmal mit seinem Heer in einem schwierigen Gelände eingeschlossen war. Dann gab er für das Volk an 1000 Tischen ein Mittagessen und ließ jedem Mann eine Spende von 300 Sesterzen zukommen. Aus der Kriegsbeute weihte er außerdem in seinem eigenen Namen und dem seines Bruders den Tempel der Concordia sowie den Tempel des Pollux und des Kastor.

21 (1) Und nicht viel später wurde durch die Konsuln ein Gesetz erlassen, wonach er gemeinsam mit Augustus die Provinzen verwalten und eine Volkszählung durchführen solle. So machte er sich, nachdem er das Reinigungsopfer[111] dargebracht hatte, auf den Weg ins Illyricum. Doch er wurde von unterwegs sogleich wieder zurückgerufen und traf Augustus zwar sehr schwach, aber noch lebend an und war ohne Zeugen den ganzen Tag mit ihm zusammen.[112]

(2) Wie ich weiß, ist man allgemein der Meinung, dass – nachdem Tiberius nach der vertraulichen Unterredung den Raum verlassen hatte – die Kammerdiener gehört haben, wie Augustus sagte: »Armes römisches Volk, das unter so langsam mahlende Kiefer kommen wird!« Ich kenne freilich auch die Berichte einiger anderer, wonach Augustus öffentlich und ganz unverhohlen Tiberius' menschenfeindlichen Charakter so sehr missbilligte, dass er manchmal, wenn dieser dazukam, entspannte und heitere Gespräche abgebrochen habe; doch besiegt von den Bitten seiner Frau, habe er die Adoption nicht verweigert, vielleicht aber auch die selbstsüchtige Hoffnung

verfolgt, dass man sich angesichts eines solchen Nachfolgers einmal umso mehr nach ihm selber zurücksehnen werde. (3) Dennoch kann ich nicht zu der Überzeugung gelangen, dass ein so überaus umsichtiger und kluger Prinzeps gerade in einer so bedeutenden Angelegenheit etwas Unüberlegtes getan haben könnte; sondern beim Abwägen von Tiberius' Fehlern und Vorzügen hat er meines Erachtens die Vorzüge höher bewertet, zumal er vor der Volksversammlung geschworen hatte, dass er ihn zum Wohle des Staates adoptiere, und ihn in etlichen Briefen als überaus erfahrenen General und einzigartige Stütze des römischen Volkes würdigte.[113] Zum Beweis lasse ich hier aus verschiedenen Briefen einige Auszüge folgen.

(4) »Leb wohl, mein liebster Tiberius, und kämpfe erfolgreich für mich und die Musen.« »Du liebster und – bei meiner Glückseligkeit – tapferster Mann und vorbildlichster Heerführer, leb wohl.«[114]

(5) »Dein Sommerfeldzugsplan findet aber mein ganz persönliches Lob, mein Tiberius, und ich glaube, dass angesichts so vieler umfassender Schwierigkeiten und angesichts einer solchen Mutlosigkeit der Soldaten niemand umsichtiger hätte handeln können, als du es getan hast. So bestätigen auch alle Leute, die mit dir zusammen waren, dass der bekannte Vers auf dich zutrifft: ›*Ein* Mann hat uns durch wachsame Sorge den Staat gerettet.‹«[115]

(6) »Wenn etwas passiert, worüber ich gründlicher nachdenken muss oder worüber ich mich ärgere, dann vermisse ich bei Gott sehr meinen Tiberius und mir kommt jener Homer-Vers in den Sinn:

›Wenn mich dieser begleitet, sogar aus flammendem Feuer
Kehrten wir beide zurück, weil keiner ihm gleicht an Erfindung.‹«[116]

(7) »Sooft ich höre und lese, dass du durch die fortgesetzten Strapazen ganz geschwächt bist, dann will ich des Todes sein,

wenn mir nicht der Schrecken in die Glieder fährt; schone dich bitte, damit die Nachricht von deinem Kranksein mich und deine Mutter nicht (vor Angst) sterben lässt und das römische Volk nicht um den Bestand seines Reiches zittern muss.«

»Es ist nicht wichtig, ob ich selbst gesund bin oder nicht, wenn es dir nicht gut geht.«

»Ich flehe zu den Göttern, dass sie dich uns erhalten und dich jetzt und für immer gesund bleiben lassen, wenn sie nicht voller Hass auf das römische Volk sind.«

22 Den Tod des Augustus gab Tiberius erst nach der Ermordung des jungen Agrippa (Postumus) öffentlich bekannt. Diesen erschlug ein Militärtribun, der ihm als Aufseher zugewiesen war, nachdem er ein offizielles Schreiben gelesen hatte, in dem er zu dieser Tat angewiesen wurde. Dabei war man sich im Zweifel, ob Augustus das Schreiben auf seinem Totenbett verfasst hatte, um Unruhen nach seinem Tod vorzubeugen, oder ob Livia es im Namen des Augustus – ob mit oder ohne Wissen des Tiberius – diktiert hatte. Als der Tribun den Vollzug des Befehls meldete, gab ihm Tiberius zur Antwort, dass er keinen solchen Befehl erteilt und dass sich der Tribun vor dem Senat zu verantworten habe. Damit wollte er zumindest für den Augenblick Anfeindungen vermeiden; später ließ er nämlich die Sache stillschweigend in Vergessenheit geraten.[117]

23 Nachdem er aber kraft seiner tribunizischen Amtsgewalt[118] den Senat zusammengerufen und seine Ansprache begonnen hatte, stöhnte er plötzlich wie von Schmerz überwältigt auf, äußerte den Wunsch, dass ihm nicht nur die Stimme versagen, sondern auch das Leben verlassen möge, und übergab den Text seinem Sohn Drusus, der ihn zu Ende vortragen sollte. Dann wurde das Testament des Augustus hereingebracht und durch einen Freigelassenen verlesen. Dabei waren nur die Zeugen aus dem Senatorenstand, die das Testament unterzeichnet hatten, zugelassen, während die anderen ihre

Siegel außerhalb der Kurie anerkennen mussten. Der Anfang des Testaments lautete: »Da ein grausames Schicksal mir meine Söhne Gaius und Lucius entrissen hat,[119] soll Tiberius Caesar zur Hälfte und einem Sechstel mein Erbe sein.«[120] Gerade dadurch wurde der Verdacht derer erhärtet, die der Meinung waren, Augustus habe ihn mehr aus Not denn aus freiem Willen zum Nachfolger bestimmt,[121] weil er ja sonst auf eine solche Präambel verzichtet hätte.

24 (1) Obwohl Tiberius nicht gezögert hatte, die Kaiserwürde sofort zu übernehmen und auszuüben, und sich eine Leibwache, d. h. die Machtbasis und das äußere Zeichen der Alleinherrschaft, zugelegt hatte, zierte er sich dennoch lange Zeit. So beschimpfte er in einer sehr schamlosen Farce bald seine Freunde, die ihm gut zuredeten, da sie nicht wüssten, welch wildes Tier die Herrschaft sei, bald hielt er den Senat, der sich bittend vor ihm auf die Knie warf, mit zweideutigen Antworten und raffiniertem Zaudern hin, so dass manche die Geduld verloren und einer in dem allgemeinen Durcheinander ausrief: »Er soll entweder regieren oder es sein lassen!« Ein zweiter warf ihm in aller Öffentlichkeit vor, dass die anderen spät leisteten, was sie versprochen hätten, er selbst aber spät verspreche, was er bereits leiste. (2) Gleichsam gezwungenermaßen und sich darüber beklagend, dass man ihm eine elende und beschwerliche Sklavenarbeit aufbürde, trat er schließlich die Herrschaft an.[122] Dabei ließ er jedoch die Hoffnung durchblicken, die Herrschaft irgendwann wieder niederzulegen. Seine eigenen Worte waren: »Bis für mich die Zeit kommt, wo es euch angemessen erscheinen mag, mir altem Mann ein wenig Ruhe zu gönnen.«[123]

25 (1) Der Grund für sein Zaudern war die Furcht vor den Gefahren, die ihn von allen Seiten bedrohten; so sagte er des Öfteren, dass er einen Wolf an den Ohren halte.[124] Denn ein Sklave des Agrippa (Postumus) namens Clemens hatte eine nicht zu unterschätzende Horde um sich gesammelt, um seinen Herrn zu rächen;[125] L. Scribonius Libo, ein Mann aus dem Adel, plante heimlich einen Staatsstreich, und sowohl im Illyricum als auch in Germanien meuterten die Soldaten.[126] (2) Beide Heere forderten zahlreiche außerordentliche Vergünstigungen, insbesondere wollten sie im Sold mit den Prätorianern gleichgestellt werden.[127] Die Truppen in Germanien lehnten außerdem den Prinzeps ab, weil er nicht von ihnen eingesetzt worden sei, und drängten mit aller Macht ihren damaligen Befehlshaber Germanicus zur Übernahme der Herrschaft, wogegen dieser sich jedoch hartnäckig verwehrte.[128] Weil er vor allem diesen Fall fürchtete, ersuchte Tiberius den Senat, ihm nur einen Teil der Staatsgeschäfte, der ihm beliebe, zuzuweisen, da niemand allein – ohne einen oder auch mehrere Helfer – sämtliche Aufgaben bewältigen könne.[129] (3) Er stellte sich sogar krank, um Germanicus die Möglichkeit zu geben, mit mehr Geduld auf die baldige Nachfolge oder zumindest die Mitregentschaft zu warten. Nach der Niederschlagung der Soldatenaufstände brachte er auch Clemens durch eine List in seine Gewalt. Um nicht gleich zu Beginn seiner Herrschaft allzu harte Maßnahmen treffen zu müssen, erhob er erst nach einem Jahr im Senat Anklage gegen Libo,[130] wobei er sich in der Zwischenzeit damit begnügte, sich vor ihm in Acht zu nehmen; so ließ er ihm, als er zusammen mit anderen Priestern opferte, anstelle des Opfermessers ein Messer aus Blei unterschieben, gewährte ihm nur im Beisein seines Sohnes Drusus eine Privataudienz und hielt beim Auf- und Abgehen seine Rechte, wie wenn er sich auf sie stützen wollte, so lange, bis das Gespräch beendet war.

26 (1) Nachdem er aber von seiner Angst befreit war, gab er sich anfangs recht bescheiden und beinahe wie ein Privatmann. Von den sehr zahlreichen und bedeutenden Ehrungen nahm er bloß wenige und lediglich die geringsten an. So ließ er es nur widerstrebend zu, dass sein Geburtstag, der mit den Plebejischen Circusspielen[131] zusammenfiel, durch ein zusätzliches Zweigespann gewürdigt wurde. Er verbot es, dass man ihm Tempel, Flamines[132] und Priester stiftete, auch Statuen und Büsten durften bloß mit seiner Erlaubnis aufgestellt werden; und diese Erlaubnis gab er auch nur unter der Bedingung, dass sie nicht unter den Götterbildern ständen, sondern dem Schmuck der Tempel dienten. (2) Er erhob außerdem dagegen Einspruch, dass man auf seine Anordnungen einen Eid ablegte[133] und den September in Tiberius, den Oktober in Livius umbenannte. Den Vornamen »Imperator« und den Beinamen »Vater des Vaterlandes« lehnte er ebenso ab[134] wie die Bürgerkrone[135] in der Vorhalle seines Hauses; und den Namen »Augustus« setzte er, obwohl er ihn geerbt hatte, nur bei Schreiben an Könige und Fürsten hinzu. Auch bekleidete er im Laufe der Zeit nicht mehr als drei Konsulate, das erste für wenige Tage, das zweite für drei Monate und das dritte in Abwesenheit bis zum 15. Mai.[136]

27 Vor Schmeicheleien hatte er eine solche Abscheu, dass er keinem Senator gestattete, sich seiner Sänfte zu nähern, um ihm seinen Respekt zu erweisen oder ein geschäftliches Anliegen vorzutragen, und vor einem ehemaligen Konsul, der ihn auf Knien um Verzeihung bitten wollte, wich er so heftig zurück, dass er auf den Rücken fiel.[137] Wenn in einem Gespräch oder in einer längeren Rede etwas zu Schmeichelhaftes über ihn gesagt wurde, zögerte er auch nicht, dem Sprecher ins Wort zu fallen, Kritik zu üben und sofort eine Änderung vorzunehmen. Als er von jemandem »Herr«[138] genannt wurde, befahl er ihm, ihn nicht weiter auf diese Weise zu beleidigen. Einen, der von seinen »heiligen« Geschäften sprach, und einen anderen, der erklärte, er habe sich auf Tiberius' Geheiß an den Senat gewandt, zwang er, ihre Formulierungen zu ändern und statt »Geheiß« »Rat« und statt »heilige« »mühevolle« zu sagen.

28 Von Beleidigungen, üblem Geschwätz und Spottgedichten auf ihn und die Seinen ließ er sich indes überhaupt nicht beeindrucken und erklärte mehrfach, dass es in einer freien Bürgerschaft auch Rede- und Meinungsfreiheit geben müsse. Und als der Senat einmal ein Gerichtsverfahren wegen derartiger Vergehen gegen die dafür Verantwortlichen forderte, sagte Tiberius: »Wir haben nicht genug Zeit, um uns in noch mehr Geschäfte verwickeln zu lassen; wenn ihr dieses Fenster aufmacht, werdet ihr bald nichts anderes mehr zu tun haben; alle Leute werden dann nämlich unter diesem Vorwand ihre privaten Feindseligkeiten vor euch bringen.«[139] Erhalten ist auch eine sehr joviale Äußerung, die er im Senat getan hat: »Wenn jemand eine andere Ansicht vertritt, will ich mich bemühen, über meine Taten und Worte Rechenschaft abzulegen; wenn er aber bei seiner gehässigen Ansicht bleibt, werde ich ihn meinerseits hassen.«

29 Und all dies war umso bemerkenswerter, als er selbst, wenn er einzelne oder alle Senatoren ansprach und ihnen seinen Respekt bezeugte, fast übermäßig höflich war. So sagte er zu Q. Haterius, als er in der Kurie nicht seiner Meinung war: »Verzeih bitte, wenn ich als Senator mich dir gegenüber allzu frei äußere.«[140] Und sich dann an alle richtend: »Ich habe es jetzt und bei anderen Gelegenheiten oft betont, versammelte Väter, dass ein guter und auf das Gemeinwohl bedachter Prinzeps, den ihr mit so großen und so unbeschränkten Machtbefugnissen ausgestattet habt, dem Senat dienen muss, häufig auch der gesamten Bürgerschaft, in sehr vielen Fällen sogar einzelnen Personen; und diese Worte tun mir nicht leid, habe ich euch doch als gute, gerechte und wohlwollende Herren[141] erlebt und tue es noch.«

30 Er erweckte sogar den Anschein, dass eine gewisse Freiheit herrsche, indem er dem Senat und den Magistraten ihre frühere Würde und Macht beließ.[142] Denn jede Angelegenheit von öffentlichem oder privatem Interesse wurde, wie unbedeutend oder bedeutend sie auch immer sein mochte, vor den Senat gebracht. Dabei ging es um Steuern und Monopole, um die Errichtung und Renovierung von öffentlichen Gebäuden, sogar um die Aushebung oder Entlassung von Soldaten sowie die Verteilung von Legionen und Hilfstruppen; schließlich wurden die Senatoren auch gefragt, wem man das Oberkommando verlängern oder wen man mit außerordentlichen kriegerischen Unternehmungen betrauen und was und in welcher Form man auf die Schreiben von Königen antworten solle. Den Befehlshaber einer Schwadron, der der Gewalttätigkeit und Räuberei angeklagt war, zwang er, sich im Senat zu verteidigen. Die Kurie betrat er immer ganz allein;[143] einmal ließ er sich, weil er krank war, in der Sänfte hineintragen und schickte dann seine Begleiter gleich wieder fort.

31 (1) Auch wenn gewisse Beschlüsse gefasst wurden, die seiner Meinung zuwiderliefen, beschwerte er sich nicht. Obwohl er dagegen war, dass designierte Magistrate Rom verließen – sie sollten sich an Ort und Stelle auf ihr Amt vorbereiten –, wurde einem designierten Prätor eine freie Gesandtschaft[144] bewilligt. Als er ein andermal dafür stimmte, den Bewohnern von Trebia zu gestatten, das ihnen für ein neues Theater testamentarisch vermachte Geld für den Straßenbau zu verwenden, konnte er nicht verhindern, dass man doch dem Willen des Erblassers stattgab. Als über einen Senatsbeschluss durch Hammelsprung abgestimmt wurde und er auf die Seite der Minderheit trat, folgte ihm niemand nach.

(2) Auch alle anderen Angelegenheiten wurden nur von den Amtsträgern und nach geltendem Recht geregelt; dabei genossen die Konsuln ein so hohes Ansehen, dass Gesandte aus Afrika sich bei ihnen beklagten, sie würden vom Kaiser, zu dem sie geschickt worden seien, hingehalten. Und dies ist nicht weiter verwunderlich, da jedermann sehen konnte, dass er

selbst auch vor ihnen aufstand und ihnen auf der Straße Platz machte.

32 (1) Er rügte ehemalige Konsuln, die Heere kommandierten, weil sie den Senat über ihre Aktivitäten nicht schriftlich informierten und sich wegen der Verleihung bestimmter militärischer Auszeichnungen zunächst an ihn wandten, so als ob sie nicht selbst das Recht hätten, alle derartigen Auszeichnungen vorzunehmen. Einem Prätor sprach er sein Lob aus, weil er nach seinem Amtsantritt die alte Sitte wieder aufgegriffen hatte, vor der Volksversammlung seiner Vorfahren rühmend zu gedenken. Die Leichenzüge einiger bedeutender Persönlichkeiten begleitete er bis zum Scheiterhaufen.

(2) Ein ebensolches moderates Verhalten legte er auch gegenüber niedriger gestellten Personen und bei geringfügigeren Angelegenheiten an den Tag. Nachdem er die Magistrate der Rhodier vorgeladen hatte, weil sie in einem offiziellen Schreiben an ihn die Schlussformel weggelassen hatten, tadelte er sie mit keinem Wort, sondern ließ sie nur die Formel nachtragen und schickte sie dann wieder nach Hause.[145] Der Grammatiker[146] Diogenes, der auf Rhodos seine Vorträge am Sabbat[147] zu halten pflegte, hatte Tiberius, als dieser ihn an einem anderen Tag hören wollte, nicht empfangen und ihm durch seinen Sklaven ausrichten lassen, er solle am siebten Tag wiederkommen; als Diogenes ihm später in Rom seine Aufwartung machen wollte und vor seiner Tür stand, forderte Tiberius ihn lediglich auf, nach sieben Jahren erneut zu erscheinen. Den Statthaltern, die ihm zu einer Steuererhöhung in den Provinzen rieten, schrieb er zurück, ein guter Hirte zeichne sich dadurch aus, dass er seine Schafe schere, nicht aber ihnen die Haut abziehe.[148]

33 Mit der Zeit kehrte er dann den Herrscher heraus, und auch wenn er sich auf Dauer gesehen als launenhaft erwies, war er des Öfteren doch recht umgänglich und durchaus auf das Allgemeinwohl bedacht.[149] Anfangs pflegte er nur einzugreifen, um Fehler zu verhindern. Daher kassierte er gewisse Verfügungen des Senats, bot sich den Amtsträgern, die gerichtliche Untersuchungen durchführten, sehr häufig als Ratgeber an und nahm neben ihnen oder ihnen gegenüber auf der vorderen Bank Platz.[150] Wenn das Gerücht aufkam, einer der Angeklagten solle aus Gefälligkeit straflos davonkommen, war er sogleich zur Stelle und erinnerte die Richter – entweder vor oder auf dem Tribunal des Quästors – an die Gesetze, ihren Eid und das Verbrechen, über das sie zu befinden hätten. Und wenn sich in der öffentlichen Moral aus Nachlässigkeit oder schlechter Angewohnheit irgendwelche Verfallserscheinungen zeigten, war er ebenfalls bemüht, die Missstände zu beheben.

34 (1) Die Kosten für die Theateraufführungen und Gladiatorenkämpfe schränkte er ein, indem er die Gagen der Schauspieler kürzte und die Zahl der auftretenden Gladiatorenpaare reduzierte. Er beklagte sich heftig darüber, dass der Preis für korinthische Gefäße ins Unermessliche gestiegen und drei Meerbarben für 30 000 Sesterzen verkauft worden seien; deshalb hielt er es für notwendig, den Luxus im Hausrat zu begrenzen und die Marktpreise für Lebensmittel nach Einschätzung des Senats jährlich neu zu regeln. Die Ädilen wurden beauftragt, die Kneipen und Wirtschaften in ihrem Betrieb einzuschränken und dafür zu sorgen, dass sie auch kein Backwerk zum Verkauf anböten.[151] Und um die öffentliche Sparsamkeit auch durch sein Beispiel zu unterstützen, ließ er selbst bei seinen eigenen Banketten oftmals Speisen und Reste vom Vortag wie auch nur ein halbes Wildschwein auftischen, wobei er erklärte, dieses habe genau dieselben Eigenschaften wie ein ganzes.[152]

(2) Er verbot per Erlass das bei der täglichen Begrüßung übliche Küssen,[153] desgleichen den Austausch von Neujahrsgeschenken über den 1. Januar hinaus. Er hatte die Angewohn-

heit, sich mit viermal so wertvollen Gegengeschenken, die er persönlich überreichte, zu revanchieren. Doch aus Ärger darüber, dass er während des ganzen Monats von denen, die ihn am Festtag nicht hatten sprechen können, gestört wurde, nahm er davon wieder Abstand.

35 (1) Er sorgte dafür, dass verheiratete Frauen, die einen unzüchtigen Lebenswandel führten und gegen die kein öffentlicher Ankläger auftrat, nach alter Väter Sitte von ihren Verwandten gemäß einem gemeinsam getroffenen Beschluss bestraft werden konnten. Einen römischen Ritter befreite er von seinem Eid und erlaubte ihm die Scheidung von seiner Frau, die er beim Ehebruch mit seinem Schwiegersohn ertappt hatte, obwohl er vorher geschworen hatte, sie niemals zu verstoßen. (2) Frauen von zweifelhaftem Ruf hatten begonnen, sich als Prostituierte registrieren zu lassen, indem sie, um den gesetzlichen Strafen zu entgehen, die Rechte und Würden einer Ehefrau aufgaben, und aus der Jugend beider Stände [Senatoren- und Ritterstand] nahmen gerade die Verkommensten freiwillig die Schande einer entehrenden Verurteilung auf sich, um nicht per Senatsbeschluss an ihrem Auftritt auf der Bühne und in der Arena gehindert zu werden. Sie alle, Männer wie Frauen, bestrafte er mit Verbannung, weil niemand aus einem solchen Betrug Nutzen ziehen sollte. Einem Senator nahm er die Tunika mit dem breiten Streifen [Standesabzeichen der Senatoren], nachdem er erfahren hatte, dass dieser sich vor dem 1. Juli auf seinen Landsitz begeben hatte, um nach diesem Termin ein Haus in der Stadt billiger mieten zu können.[154] Einen anderen entfernte er aus dem Quästorenamt, weil er seine Frau, die er am Tag vor der Auslosung (der Amtsbereiche) geheiratet hatte, einen Tag später wieder verstoßen hatte.[155]

36 Auswärtigen Religionen, insbesondere den Kulten der Ägypter und der Judäer, sagte er den Kampf an und zwang die Anhänger dieser abergläubischen Überzeugungen, ihre kultischen Gewänder samt allen Gerätschaften zu verbrennen.[156] Die jungen Judäer ließ er als Soldaten ausheben und verteilte sie unter diesem Vorwand auf Provinzen mit ungesundem Klima,[157] die anderen Angehörigen dieses Volkes oder ähnlicher Sekten wies er aus der Stadt aus und drohte ihnen mit lebenslänglicher Sklaverei, falls sie diesem Befehl nicht nachkämen.[158] Er vertrieb auch die Astrologen, erlaubte aber denen zu bleiben, die ihn um Gnade anflehten und versprachen, ihre Kunst aufzugeben.

37 (1) Besonders kümmerte er sich um den Schutz der öffentlichen Ordnung vor Wegelagerern, Räuberbanden und gesetzlosen Aufrührern. Überall in Italien verteilte er mehr militärische Wachposten als üblich. In Rom errichtete er ein Lager, in dem die Kohorten der Prätorianer, die vor dieser Zeit ohne festen Standort und über verschiedene Unterkünfte verteilt waren,[159] zusammengezogen wurden.

(2) Gegen Unruhen im Volk ging er mit aller Strenge vor und war sorgsam darauf bedacht, den Ausbruch solcher Unruhen zu verhüten. Nachdem es im Theater infolge von Auseinandersetzungen zu einem Blutbad gekommen war, verwies er die Anführer der gegnerischen Parteien und die Schauspieler, derentwegen man in Streit geraten war, aus Rom[160] und ließ sich zu keiner Zeit und durch keine Bitten des Volkes dazu bewegen, sie zurückzurufen. (3) Als die Plebs von Pollentia den Leichenzug eines Primipilaren[161] erst vom Marktplatz weggelassen hatte, nachdem sie den Erben Geld für ein Gladiatorenschauspiel gewaltsam abgepresst hatte, setzte Tiberius, den Grund ihres Aufbruchs verheimlichend, eine Kohorte aus der Stadt und eine andere aus dem Königreich des Cottius in Marsch, ließ sie plötzlich ihre Waffen bereitmachen, unter Trompetenschall durch verschiedene Tore in die Stadt einrücken und bestrafte den größten Teil des Volkes und der Ratsherren mit lebenslanger Haft. Er schaffte auch überall den

Brauch des Asylrechts ab. Den Bewohnern von Kyzikos, die es gewagt hatten, allzu brutal gegen römische Bürger vorzugehen, nahm er die Freiheit, die sie sich im Krieg gegen Mithridates erworben hatten.[162]

(4) Erhebungen der Feinde ließ er, da er später[163] keinen Feldzug mehr unternahm, durch seine Legaten niederschlagen, und auch dann nur nach langem Zögern und notgedrungen.[164] Feindselige und verdächtige Könige hielt er mehr durch Drohungen und Beschwerden als durch Gewaltanwendung in Schach; einigen, die er durch Schmeicheleien und Versprechungen zu sich (nach Rom) gelockt hatte, verwehrte er die Rückkehr in die Heimat, so dem Germanen Marobodus,[165] dem Thraker Rhaskuporis[166] und dem Kappadokier Archelaos[167], dessen Königreich er sogar zu einer (römischen) Provinz machte.[168]

38 Nach seiner Thronbesteigung setzte er ganze zwei Jahre lang keinen Fuß vor das Tor der Stadt; auch in der Folgezeit begab er sich nirgendswohin, außer in benachbarte Ortschaften und höchstens bis nach Antium, und dies auch nur sehr selten und nur für wenige Tage. Dabei hatte er oft verkündet, auch die Provinzen und die Heere besuchen zu wollen, und hatte fast jährlich seinen Aufbruch vorbereitet, Wagen bereitstellen und Lebensmittel über die Munizipien und Kolonien[169] verteilen und schließlich sogar Gelübde für eine glückliche Reise und Heimkehr ablegen lassen. Infolgedessen wurde er im Volksmund scherzhafterweise »Kallippides« genannt, der, wie es in dem bekannten griechischen Sprichwort heißt, dauernd rennt und dabei keine Elle vorwärtskommt.[170]

39 Nach dem Verlust seiner beiden Söhne aber – Germanicus war in Syrien, Drusus in Rom gestorben – zog er sich nach Kampanien zurück; dabei waren fast alle der festen Meinung, die sie auch äußerten, dass er niemals zurückkommen und wohl auch bald sterben werde. Beides wäre auch beinahe eingetroffen. Denn er kehrte wirklich nie mehr nach Rom zurück, und wenige Tage nach seiner Abreise, als er bei Tarracina auf einem Landsitz namens Spelunca [Grotte] zu Abend aß, lösten sich von oben zufällig mehrere riesige Felsbrocken; viele Gäste und Diener wurden erschlagen, während er selbst wider Erwarten unverletzt blieb.[171]

40 Nachdem er durch Kampanien gereist war und in Capua das Kapitol[172] und in Nola den Augustus-Tempel geweiht hatte – unter diesem Vorwand hatte er Rom verlassen[173] –, begab er sich nach Capri; von dieser Insel war er besonders angetan, weil sie nur von einem einzigen kleinen Landeplatz aus zugänglich und auf allen Seiten von schroffen und extrem hohen Felsen und tiefem Meer umgeben war.[174] Und als ihn bald darauf das Volk immer wieder inständig bat, wegen der Katastrophe, bei der in Fidenae anlässlich eines Gladiatorenschauspiels über 20 000 Menschen durch den Einsturz des Amphitheaters ihr Leben verloren hatten,[175] zurückzukommen, setzte er aufs Festland über und gab allen die Gelegenheit, sich an ihn zu wenden; dies war umso erstaunlicher, als er beim Verlassen der Stadt sich per Verfügung jede Störung verbeten und auf dem ganzen Weg die Leute, die an ihn herantraten, abgewiesen hatte.

41 Nach seiner Rückkehr auf die Insel vernachlässigte er jedoch die Staatsgeschäfte so sehr, dass er danach kein einziges Mal die Dekurien der Ritter [Richterkollegien] ergänzte, keine Militärtribunen und Befehlshaber der Kavallerie und keine Provinzstatthalter mehr austauschte,[176] Spanien und Syrien einige Jahre lang ohne konsularische Legaten ließ und sich nicht darum kümmerte, dass Armenien von den Parthern besetzt,[177] Moesien von den Dakern und Sarmaten und die gallischen Provinzen von den Germanen verwüstet wurden: eine große Schande und eine beträchtliche Gefahr für das Reich.

42 (1) Als er aber in seiner Abgeschiedenheit aller Zwänge ledig und gleichsam den Augen der Bürgerschaft entzogen war, ließ er schließlich allen seinen Lastern, die er lange nur mühsam verborgen hatte, gleichzeitig freien Lauf. Über sie will ich nun Punkt für Punkt von Anfang an berichten.[178] Im Feldlager wurde er sogar schon als Rekrut wegen seiner Trunksucht statt Tiberius »Biberius«, statt Claudius »Caldius« und statt Nero »Mero«[179] genannt. Später als Prinzeps – er widmete sich gerade der Anhebung der öffentlichen Moral[180] – verbrachte er mit Pomponius Flaccus und L. Piso eine Nacht und zwei ganze Tage mit Schlemmen und Saufen; dem einen übertrug er gleich danach die Provinz Syrien, dem anderen die Stadtpräfektur und bezeichnete sie auch in den Ernennungsurkunden als höchst angenehme Freunde zu allen Tages- und Nachtstunden. (2) Bei Cestius Gallus, einem betagten Lüstling und Verschwender, der einst von Augustus mit einer Ehrenstrafe belegt und von Tiberius wenige Tage zuvor im Senat gerügt worden war, sagte sich der Kaiser zum Abendessen an – unter der Bedingung, dass er an seinen Gewohnheiten nichts ändere oder Abstriche mache und dass man bei Tisch von nackten Mädchen bedient werde. Einen völlig unbekannten Kandidaten für die Quästur zog er Männern aus dem Hochadel vor, weil dieser bei einem Bankett, als Tiberius ihm zutrank, eine ganze Amphore Wein geleert hatte. Asellius Sabinus schenkte er 200 000 Sesterzen für einen Dialog, in dem er einen Pilz, eine Feigendrossel, eine Auster und einen Krammetsvogel miteinander hatte wetteifern lassen. Schließlich schuf er noch ein neues Hofamt für die kaiserlichen Lustbarkeiten, das dem römischen Ritter T. Caesonius Priscus übertragen wurde.

43 (1) In der Abgeschiedenheit von Capri dachte er sich aber auch ein spezielles Sofazimmer aus, einen Ort für geheime Ausschweifungen. Dort sollten vor seinen Augen von überall zusammengesuchte Scharen von Mädchen und Lustknaben sowie die Erfinder einer widernatürlichen Beischlaftechnik – diese Erfinder nannte er *spintriae* [»Schwuchteln«][181] – zu dritt abwechselnd miteinander Unzucht treiben; indem er dabei zuschaute, wollte er seine nachlassenden Begierden wieder neu aufreizen. (2) Seine verschiedenen Schlafzimmer schmückte er mit Gemälden und Statuetten pornographischer Szenen und Figuren und stattete sie mit Schriften der Elephantis aus, weil bei den Sexvorführungen keinem ein Modell für die befohlene Stellung fehlen sollte. Auch in den Wäldern und Hainen richtete er überall Liebesnester ein, wo sich Jugendliche beiderlei Geschlechts, gewandet als kleine Pane und Nymphen, in den Grotten und Felshöhlen prostituierten. Daher bezeichnete man ihn schon allgemein und ganz offen, auf den Namen der Insel anspielend, als Caprineus [»geiler Bock«].[182]

44 (1) Doch er musste sich noch Schlimmeres und Schändlicheres nachsagen lassen, Dinge, die man kaum erzählen oder anhören, geschweige denn glauben kann: So soll er ganz junge Knaben, die er »Fischlein« nannte, angeleitet haben, sich beim Baden spielerisch zwischen seinen Oberschenkeln zu tummeln und ihn sanft zu lecken und zu beißen; und auch kräftigere Kinder, die aber noch nicht entwöhnt waren, soll er an seinen Penis oder seine Brustwarzen angelegt haben, eine Form der Lust, die ihm aufgrund seines Wesens und Alters eher gemäß war. (2) Einmal hatte man ihm ein Gemälde des Parrhasios vermacht, auf dem Atalante Meleager mit dem Mund befriedigt; wenn er jedoch an dem Sujet Anstoß nähme, sollte er stattdessen eine Million Sesterzen erhalten. Er zog es aber vor, das Bild zu behalten, und bestimmte es sogar für sein Schlafzimmer. Außerdem wird berichtet, dass er einmal beim Opfern von der Schönheit des Dieners, der das Weihrauchfass trug, so hingerissen war, dass er sich nicht beherrschen konnte und ihn an Ort und Stelle fast gleichzeitig mit dem Ende der

Zeremonie zur Seite nahm und missbrauchte, ebenso wie seinen Bruder, einen Flötenspieler; und kurz danach ließ er ihnen beiden, weil sie sich gegenseitig ihre Schande vorgeworfen hatten, die Beine brechen.

45 Wie sehr er sich auch an Leib und Leben von Frauen, und zwar aus vornehmer Familie, zu vergehen pflegte, wurde besonders deutlich durch den Tod einer gewissen Mallonia. Nachdem sie zu ihm gebracht worden war und sich standhaft geweigert hatte, sich auf seine weiteren Annäherungsversuche einzulassen, lieferte er sie an die Denunzianten aus und fragte sie selbst noch als Angeklagte immer wieder, ob sie nicht etwas bereue. Schließlich stürzte sie aus dem Gericht nach Hause und erdolchte sich, nachdem sie vorher noch mit lauter Stimme dem struppigen stinkenden Alten seine Perversität vorgeworfen hatte. Daher wurden bei den nächsten Theatervorführungen die Worte aus einem Atellanenstück[183] – »Der angejahrte Bock leckt den Ziegen die Geschlechtsteile« – mit Riesenbeifall[184] aufgenommen und dann auch allgemein verbreitet.

46 Mit Geld war er sparsam und geradezu geizig.[185] So zahlte er den Männern, die ihn auf seinen Reisen und Feldzügen begleiteten, niemals einen festen Sold, sondern versorgte sie nur mit Naturalien. Bloß einmal war er, weil sein Stiefvater die Kosten trug, ihnen gegenüber freigiebig: Er unterteilte sie, abhängig von ihrem jeweiligen Rang, in drei Klassen und zahlte ihnen Geld aus: der ersten Klasse 600 000, der zweiten 400 000 und der dritten, die er nicht als »Freunde«, sondern als »Griechen«[186] bezeichnete, 200 000 Sesterzen.

47 Als Prinzeps errichtete er weder irgendwelche Prachtbauten – denn auch die beiden einzigen, die er begonnen hatte, den Augustus-Tempel und den Wiederaufbau des Pompeius-Theaters[187], hinterließ er nach so vielen Jahren unvollendet[188] – noch veranstaltete er irgendwelche Schauspiele; und bei denen, die von anderen gegeben wurden, war er auch nur sehr selten zugegen,[189] damit man keine Forderungen an ihn stellen könne, zumindest nachdem man ihn gezwungen hatte, den Komödienschauspieler Actius freizulassen. Einigen wenigen verarmten Senatoren hatte er geholfen; doch um nicht noch mehr Leute unterstützen zu müssen, erklärte er, er werde anderen nur dann Hilfe leisten, wenn sie dem Senat triftige Gründe für ihre Notlage hätten glaubhaft machen können. Auf diese Weise schreckte er sehr viele durch den Appell an ihre Bescheidenheit und ihr Ehrgefühl ab, darunter auch Hortalus, den Enkel des Redners Quintus Hortensius, der trotz seiner sehr bescheidenen Vermögensverhältnisse, von Augustus ermutigt,[190] vier Kinder aufgezogen hatte.

48 (1) Insgesamt nur zweimal zeigte er sich dem Volk gegenüber freigiebig:[191] Einmal stellte er ein auf drei Jahre befristetes zinsloses Darlehen von 100 Millionen Sesterzen zur Verfügung, das andere Mal ersetzte er etlichen Eigentümern von Mietskasernen, die auf dem Caelius-Hügel abgebrannt waren, den Wert ihrer Häuser.[192] Zu der ersten Maßnahme sah er sich gezwungen, weil das Volk in der Zeit einer großen Geldknappheit seine Hilfe forderte; er hatte nämlich per Senatsbeschluss verfügt, dass die Geldverleiher zwei Drittel ihres Vermögens in Grund und Boden anlegen und die Schuldner den gleichen Teil ihrer Verbindlichkeiten sofort begleichen sollten, was aber die Situation nicht verbesserte.[193] Mit der zweiten Maßnahme wollte er die furchtbare Not der Zeit lindern. Diese Wohltat schätzte er aber so hoch ein, dass er den Caelius-Hügel in Augustus-Hügel umbenennen ließ.[194] (2) Den Soldaten ließ er, nachdem er ihnen die im Testament des Augustus vermachten Legate[195] verdoppelt hatte, niemals mehr etwas zukommen, abgesehen davon, dass er jedem Prätorianer 1000 Denare zahlte, weil sie sich Seianus nicht angeschlossen hatten, und den syrischen Legionen etliche Geschenke machte, weil sie als Einzige kein Bild des Seianus unter ihren Feldzeichen verehrt hatten.[196] Und auch altgediente Soldaten entließ er nur sehr selten aus dem Dienst, da er aufgrund ihres Alters auf ihren Tod spekulierte und sich aus ihrem Tod Ersparnisse versprach.[197] Nicht einmal die Provinzen unterstützte er mit irgendwelchen Spenden, mit Ausnahme Kleinasiens, dessen Städte durch ein Erdbeben zerstört worden waren.[198]

49 (1) Im Laufe der Zeit ging er dann sogar auf förmlichen Raub aus. So ist hinreichend belegt, dass er dem äußerst vermögenden[199] Cn. Lentulus Augur durch Einschüchterungen und Drohungen den Lebenswillen nahm und ihn dazu brachte, den Kaiser zum Alleinerben einzusetzen; er ließ auch Lepida, eine Frau aus dem Hochadel, zugunsten des ehemaligen Konsuls Quirinus, der sehr reich und kinderlos war, verurteilen; dieser hatte sie verstoßen und beschuldigte sie 20 Jahre später, dass sie ihn einst habe vergiften wollen;[200] (2) bekannt ist außerdem, dass in den gallischen und spanischen Provinzen sowie in Griechenland und Syrien bedeutende Persönlichkeiten unter ganz läppischen und schamlosen Vorwänden enteignet wurde; so wurde manchen nur zur Last gelegt, dass sie einen Teil ihres Vermögens in Bargeld liegen hätten. Zudem wurden sehr vielen Bürgerschaften und Privatleuten ihre alten Privilegien sowie das Schürf- und Zollrecht entzogen. Aber auch Vonones, den König der Parther, der, von seinen Landsleuten vertrieben, sich gleichsam unter den Schutz des römischen Volkes und mit einem ungeheuren Schatz nach Antiochia begeben hatte, ließ er heimtückisch berauben und umbringen.

50 (1) Den Hass auf die eigenen Verwandten ließ er zuerst seinen Bruder Drusus spüren,[201] indem er einen Brief von ihm veröffentlichte, worin dieser mit ihm darüber diskutierte, wie man Augustus zur Wiederherstellung der Freiheit zwingen könne; dann verfolgte er auch alle anderen Familienmitglieder mit seinem Hass. Weit davon entfernt, seiner Frau Iulia nach ihrer Verbannung irgendeine Gefälligkeit oder ein Zeichen der Anteilnahme zukommen zu lassen, was doch das Mindeste gewesen wäre, verbot er ihr sogar, aus dem Haus zu gehen und menschliche Kontakte zu pflegen, obwohl sie nach der Anweisung ihres Vaters nur eine bestimmte Stadt[202] nicht verlassen durfte; er betrog sie aber zudem noch um das vom Vater zugestandene Privatvermögen und um die ihr ausgesetzten jährlichen Zuwendungen, unter dem Rechtsvorwand, dass Augustus in seinem Testament nichts darüber verfügt habe.[203] (2) Weil ihm seine Mutter Livia, die angeblich die Macht mit ihm teilen wollte, zur Last fiel, vermied er häufige Zusammenkünfte sowie längere private Gespräche mit ihr, um nicht den Anschein zu erwecken, er höre auf ihre Ratschläge, die er dennoch bisweilen nötig hatte und auch zu befolgen pflegte. Außerdem nahm er es sehr übel, dass im Senat der Antrag gestellt wurde, zu seinen Titeln neben »Sohn des Augustus« auch »Sohn der Livia« hinzuzufügen. (3) Daher ließ er es nicht zu, dass man sie »Mutter des Vaterlandes« nannte oder ihr irgendeine bedeutende offizielle Ehrung zuerkannte;[204] er ermahnte sie sogar mehrfach, sich nicht in wichtige und für eine Frau unpassende Geschäfte einzumischen, insbesondere nachdem er erfahren hatte, dass sie bei einem Brand in der Nähe des Vesta-Tempels sogar höchstpersönlich erschienen war und, so wie sie es zu Lebzeiten ihres Ehemannes gewohnt war, das Volk und die Soldaten zu verstärkter Hilfeleistung aufgerufen hatte.

51 (1) Später kam es bis zur offenen Feindschaft und zwar aus angeblich folgendem Grund. Als Livia ihn wiederholt bedrängte, er solle einen Mann, dem das Bürgerrecht verliehen worden war, in die Richterdekurien aufnehmen, sagte er, er werde dies nur tun, wenn sie mit einem Vermerk im Protokoll einverstanden sei, dass ihm dieser Schritt von der Mutter abgepresst worden sei. Aus Ärger darüber holte sie aus dem Heiligtum[205] alte Briefe des Augustus, in denen er sich ihr gegenüber über den schroffen und unverträglichen Charakter des Tiberius geäußert hatte,[206] und las sie ihm vor. Dass sie diese so lange aufbewahrt hatte und ihm so gehässig vorhielt, nahm er so schwer, dass manche meinen, neben anderen Motiven sei dies der Hauptgrund für seinen Weggang aus Rom gewesen. (2) In den ganzen drei Jahren, die er zu Lebzeiten der Mutter abwesend war, sah er sie insgesamt bloß einmal und auch nur an einem einzigen Tag für sehr wenige Stunden; als sie kurz darauf erkrankte, machte er sich nicht die Mühe, sie zu besuchen, und nach ihrem Tod stellte er sein Kommen in Aussicht, ließ aber mehrere Tage verstreichen und verbot, nachdem sie – ihr Körper war schon in Fäulnis und Verwesung übergegangen – bestattet worden war, ihre Aufnahme unter die Götter, weil sie das angeblich selbst so verfügt hatte.[207] Außerdem erklärte er ihr Testament für ungültig[208] und stürzte innerhalb kurzer Zeit alle ihre Freunde und Vertrauten ins Verderben, auch diejenigen, die sie auf dem Totenbett mit ihrer Bestattung beauftragt hatte; einer von ihnen, ein Mann aus dem Ritterstand, wurde sogar zur Zwangsarbeit in einer Wassertretmühle verurteilt.

52 (1) Für seine Söhne empfand er keine väterliche Zuneigung, weder für seinen leiblichen Sohn Drusus noch für seinen Adoptivsohn Germanicus[209]. Drusus war ihm wegen seiner Laster verhasst; er führte nämlich ein allzu flatterhaftes und lockeres Leben.[210] Daher war er auch von seinem Tod nicht besonders betroffen, sondern ging fast direkt nach der Bestattung wieder seinen gewohnten Geschäften nach und verbot eine längere Staatstrauer.[211] (2) Ja mehr noch: Als Gesandte der Ilienser ihm etwas zu spät kondolierten, gab er ihnen, so als sei der Schmerz schon vergessen, die spöttische Antwort, auch er spreche ihnen sein Beileid aus, weil sie mit Hektor einen herausragenden Mitbürger verloren hätten. Auf Germanicus war er so eifersüchtig, dass er seine herausragenden Taten als überflüssig diffamierte und seine überaus ruhmreichen Siege als für den Staat schädlich kritisierte. Darüber, dass Germanicus wegen des plötzlichen Ausbruchs einer verheerenden Hungersnot nach Alexandria gereist sei, ohne ihn zu fragen,[212] beklagte er sich im Senat. (3) Man glaubt auch, dass er ihn durch Cn. Piso, den Legaten Syriens, umbringen ließ;[213] wie manche meinen, hätte Piso, als er bald darauf dieses Verbrechens angeklagt wurde, die ihm schriftlich gegebenen Befehle vorgelegt, wenn Tiberius nicht dafür gesorgt hätte, dass man sie ihm, der mit ihnen prahlte, heimlich wegnahm, und den Befehl zu seiner Ermordung gegeben hätte.[214] So kam es dazu, dass die Worte »Gib uns Germanicus zurück!« vielerorts angeschrieben und nachts immer wieder gerufen wurden. Diesen Verdacht bestärkte er später noch selber dadurch, dass er auch die Frau und Kinder des Germanicus auf grausame Weise verfolgte.

53 (1) Als seine Schwiegertochter Agrippina sich nach dem Tod ihres Ehemanns allzu offenherzig beklagte, ergriff er ihre Hand und zitierte einen griechischen Vers: »Wenn du nicht herrschst, mein Töchterchen, glaubst du dann schon, dass dir Unrecht geschieht?« Und bald darauf würdigte er sie überhaupt keines Wortes mehr. Weil sie aber einmal bei einem Bankett von den Früchten, die er ihr darreichte, nicht kosten wollte, lud er sie auch nicht mehr zum Essen ein – unter dem Vorwand, sie beschuldige ihn, dass er sie habe vergiften wollen; dabei war alles absichtlich so arrangiert worden: Er bot ihr die Früchte an, um sie auf die Probe zu stellen, und sie hütete sich davor, davon zu essen, weil das ihren sicheren Tod bedeutet hätte.[215] (2) Schließlich klagte er sie zu Unrecht an, sie wolle bald bei der Statue des Augustus, bald bei den Heeren Zuflucht suchen, verbannte sie deshalb nach Pandateria und ließ sie, als sie ihn heftig beschimpfte, durch einen Zenturio auspeitschen, wobei sie ein Auge verlor. Dann wiederum, als sie zu hungern begann, um ihrem Leben ein Ende zu setzen, ließ er ihr den Mund gewaltsam öffnen und Nahrung hineinstopfen. Doch sie blieb bei ihrem Entschluss und fand so den Tod. Trotzdem verfolgte er sie weiter auf das Gehässigste, und nachdem er (im Senat) beantragt hatte, ihren Geburtstag unter die Unglückstage aufzunehmen, rechnete er es sich sogar hoch an, dass er sie nicht mit dem Strick habe erdrosseln und die Gemonien habe hinabwerfen lassen; und er gestattete die Verabschiedung eines Erlasses, in dem ihm für diese Milde gedankt und dem kapitolinischen Iuppiter ein Weihgeschenk aus Gold dargebracht wurde.[216]

54 (1) Von Germanicus hatte er drei Enkel [eigentlich Großneffen], Nero, Drusus und Gaius, von seinem Sohn Drusus nur einen, nämlich Tiberius. So empfahl er nach dem Verlust seiner eigenen Söhne [Germanicus und Drusus] die beiden ältesten Söhne des Germanicus, Nero und Drusus, den Senatoren und feierte den Tag ihrer Volljährigkeit[217] mit einer Spende an das Volk. Doch sobald er erfahren hatte, dass zu Jahresbeginn auch für ihr Wohlergehen öffentliche Gelübde abgelegt worden waren, erklärte er im Senat, dass solche Auszeichnungen nur bewährten Männern im vorgerückten Alter zuerkannt werden dürften. (2) Und seit der Zeit, da er auf diese Weise seine wahre Gesinnung zu erkennen gegeben hatte, gab er sie den Anschuldigungen aller Verleumder preis, trieb sie durch mancherlei Intrigen dazu, dass sie sich zu Beleidigungen hinreißen ließen und dass sie danach verraten wurden,[218] klagte sie brieflich aufs Schärfste an, wobei er sie obendrein mit Vorwürfen überhäufte, erklärte sie zu Staatsfeinden und ließ sie den Hungertod sterben, Nero auf der Insel Pontia, Drusus in den untersten Kellern des Palastes. Man glaubt, Nero sei zum Selbstmord gezwungen worden, da ihm der angeblich auf Befehl des Senats geschickte Henker Stricke und Haken[219] zeigte; Drusus aber habe man so sehr hungern lassen, dass er versucht habe, die Polsterung seiner Matratze zu zerkauen;[220] die Überreste der beiden seien so weit verstreut worden, dass man sie schwerlich je wieder hätte einsammeln können.[221]

55 Zusätzlich zu seinen alten Freunden und Vertrauten hatte er noch 20 Männer aus der Führungsschicht des Staates als Ratgeber in öffentlichen Aufgaben angefordert. Von ihnen allen ließ er kaum zwei oder drei mit heiler Haut davonkommen, die übrigen brachte er aus jeweils unterschiedlichen Gründen zu Fall, unter ihnen Aelius Seianus, dessen Sturz den Tod sehr vieler anderer nach sich zog; diesen hatte er nicht so sehr aus Sympathie in die höchste Machtposition erhoben, sondern weil er jemanden haben wollte, auf dessen intrigante Dienste er sich stützen konnte, um die Söhne des Germanicus zu vernichten und seinem leiblichen Enkel, dem Sohn des Drusus [Ti. Gemellus], die Thronfolge zu sichern.[222]

56 Keineswegs milder zeigte er sich gegenüber seinen griechischen Gefährten, obwohl er ihre Gesellschaft ganz besonders genoss. Als einmal ein gewisser Xenon in allzu gestelzter Weise redete, fragte er ihn, was das denn für ein affiger Dialekt sei; und als jener antwortete, es sei Dorisch, verbannte er ihn nach Kinaria, weil er glaubte, man mache ihm seinen früheren Rückzug nach Rhodos zum Vorwurf,[223] da die Rhodier Dorisch sprechen. Ein weiteres Beispiel: Weil er es gewohnt war, beim Essen Fragen vorzulegen, die sich aus seiner täglichen Lektüre ergeben hatten, und erfahren hatte, dass der Grammatiker[224] Seleukos sich bei seinen Dienern erkundige, mit welchem Schriftsteller er sich gerade befasse, und daher gut vorbereitet erschien, entfernte er ihn zunächst aus seiner näheren Umgebung und trieb ihn später sogar in den Selbstmord.

57 (1) Tiberius' grausamer und kaltblütiger Charakter trat bereits im Knabenalter zutage.[225] Als Erster hat dies anscheinend

Theodoros von Gadara, sein Rhetoriklehrer, klug durchschaut und einen sehr passenden Vergleich gezogen, indem er ihn, wenn er ihn tadelte, wiederholt als πηλὸν αἵματι πεφυραμένον bezeichnete, d. h. als »einen mit Blut getränkten Lehmklumpen«. Dieser Wesenszug zeigte sich aber noch um einiges deutlicher nach seiner Thronbesteigung, sogar schon in den ersten Jahren, als er noch durch das Vortäuschen von Mäßigkeit[226] die Gunst der Menschen zu gewinnen suchte. (2) Als etwa ein Possenreißer beim Vorüberziehen eines Leichenzuges dem Toten mit lauter Stimme zurief, er solle Augustus ausrichten, dass die Legate, die er dem Volk vermacht habe, noch nicht ausgezahlt würden, ließ Tiberius den Mann zu sich bringen und ihm die ihm zukommende Summe aushändigen; dann befahl er seine Hinrichtung, damit er seinem Vater die Wahrheit melden könne.[227] Und nur kurze Zeit später drohte er einem gewissen Pompeius, einem römischen Ritter, der ihm im Senat in einer Sache hartnäckig Widerstand leistete, mit Gefängnis und versicherte ihm, dass aus einem Pompeius leicht ein Pompejaner werden könne; mit diesem beißenden Spott verhöhnte er sowohl den Namen des Mannes als auch das einstige unglückliche Schicksal der (pompejanischen) Partei.[228]

58 Als ungefähr zur selben Zeit ein Prätor bei ihm anfragte, ob er befehle, die Gerichte wegen Majestätsbeleidigung einzuberufen, antwortete er, dass die Gesetze anzuwenden seien, und er tat dies auf sehr grausame Weise.[229] Jemand hatte von einem Augustus-Standbild den Kopf abgenommen, um ihm den Kopf eines anderen aufzusetzen; der Fall kam vor den Senat, und weil die Beweislage unklar war, wurde das Verhör auf der Folter durchgeführt. Nach der Verurteilung des Angeklagten[230] wurde diese Art der böswilligen Anklage allmählich so weit ausgedehnt, dass auch die folgenden Fälle als Kapitalverbrechen galten: wenn man bei einer Statue des Augustus einen

Sklaven geschlagen oder die Kleider gewechselt hatte, wenn man eine Münze oder einen Ring mit dessen Bildnis in eine Latrine oder ein Bordell mitgenommen oder irgendein Wort oder irgendeine Tat des Kaisers mit einer geringschätzigen Äußerung bedacht hatte. Schließlich musste auch derjenige sterben, der sich in seiner Gemeinde an demselben Tag eine Ehrung erweisen ließ, an dem einst auch Augustus Ehrungen zuerkannt worden waren.

59 (1) Unter dem Vorwand der sittlichen Strenge und der Anhebung der öffentlichen Moral, in Wirklichkeit aber mehr seinem Charakter folgend,[231] beging er noch so viele Brutalitäten und Grausamkeiten, dass manche Leute ihm auch in Versen die gegenwärtigen Missstände vorwarfen und künftige Übel voraussagten:

Grausamer Unhold du, soll alles ich sagen in Kürze?
Tot will ich sein, wenn je lieben die Mutter dich kann.

Kein Ritter bist du; wieso? Du hast keine hundert mal tausend;
Willst du es wissen genau, Rhodos ist gleichfalls Exil.[232]

Saturns goldene Zeiten[233] hast du, Caesar, verwandelt:
Denn solange du lebst, werden stets eisern sie sein.

Wein nun ekelt den Kerl, weil schon nach Blut es ihn dürstet;
Das trinkt er voller Gier wie früher den reinen Wein.[234]

(2) Schau auf Sulla, der glücklich[235] für sich, nicht, Romulus, für dich
und auf Marius schau, doch erst nach seiner Rückkehr,
schau auch auf Antonius' Hände, die Bürgerkriege

entfachen und nicht nur einmal in Blut getaucht,
sprich dann: Rom geht zugrunde! Denn blutig herrschte jeder,
der vom Exil zurück alsbald den Thron bestieg.

Anfangs wollte Tiberius diese Verse noch so verstanden wissen, als stammten sie von Leuten, die seine Reformen ablehnten und weniger ihre echte Überzeugung als ihren Zorn und Ärger bekundeten, und sagte immer wieder: »Mögen sie mich hassen, wenn sie mir nur Recht geben müssen!«[236] Später aber führte er selbst den Beweis, dass dies alles vollkommen wahr und über jeden Zweifel erhaben war.

60 Wenige Tage nach seiner Ankunft auf Capri[237] ließ er einem Fischer, der ihn, als er gerade allein war, überrascht und eine riesige Meerbarbe als Geschenk überreicht hatte, mit eben diesem Fisch das Gesicht abreiben; es hatte ihn nämlich in Schrecken versetzt, dass dieser Mann vom hinteren Teil der Insel durch raues und unwegsames Gelände bis zu ihm hinaufgeklettert war. Als der Fischer aber, während er bestraft wurde, seinem Schicksal dankte, dass er dem Kaiser nicht auch eine sehr große Languste, die er ebenfalls gefangen hatte, geschenkt habe, ließ dieser ihm auch noch mit der Languste das Gesicht zerfleischen. Einen Soldaten seiner Leibwache bestrafte er mit dem Tode, weil er aus einem Garten einen Pfau gestohlen hatte. Als auf einer Reise sich die Sänfte, in der er saß, im Dornengestrüpp verfangen hatte, ließ er den Vorreiter, der den Weg zu erkunden hatte, einen Zenturio der ersten Kohorten[238], zu Boden werfen und fast zu Tode peitschen.

61 (1) Bald ging er zu jeder Art von Grausamkeit über, wobei es ihm niemals an einer Gelegenheit fehlte, weil er die Freunde und sogar die Bekannten erst seiner Mutter, dann die seiner Enkel und Schwiegertochter und schließlich die des Seianus verfolgte; nach dessen Tod zeigte er sich sogar von seiner besonders brutalen Seite. Das ist ein ganz klarer Beweis dafür, dass er selbst für gewöhnlich nicht so sehr von Seianus aufgehetzt wurde, sondern dass dieser ihm die Anlässe lieferte, nach denen er suchte. Dennoch wagte er in seiner kurz und knapp gehaltenen Autobiographie zu schreiben, er habe Seianus bestraft, weil er erfahren habe, dass dieser seinem Hass auf die Kinder seines Sohnes Germanicus freien Lauf lasse; dabei ließ er tatsächlich den einen von ihnen umbringen, als Seianus bereits unter Verdacht stand, den anderen, als er schließlich gestürzt war.[239]

(2) Seine Grausamkeiten im Detail aufzulisten würde zu weit führen; es wird genügen, anhand von Beispielen die einzelnen Arten seines Wütens aufzuzählen. Kein Tag verging, ohne dass Menschen hingerichtet wurden, nicht einmal ein Feier- oder heiliger Tag. Manche wurden sogar am Neujahrstag exekutiert.[240] Viele wurden zusammen mit ihren Kindern angeklagt und verurteilt, einige sogar von ihren Kindern. Den Angehörigen war es verboten, um ihre zum Tode verurteilten Verwandten zu trauern. Den Anklägern wurden besondere Belohnungen zuerkannt, manchmal auch den Zeugen. Keinem Denunzianten wurde die Glaubwürdigkeit abgesprochen. (3) Jedes Verbrechen galt als todeswürdig, selbst wenn es nur um ein paar harmlose Worte ging. So wurde einem Dichter zur Last gelegt, dass er in einer Tragödie Agamemnon geschmäht und beleidigt habe;[241] und einem Historiker[242] wurde vorgeworfen, dass er Brutus und Cassius als die letzten Römer bezeichnet habe. Die beiden Schriftsteller wurden sofort bestraft und ihre Werke vernichtet, obwohl sie noch vor einigen Jahren in Anwesenheit des Augustus öffentlich vorgetragen und beifällig aufgenommen worden waren.[243] (4) Manchen Inhaftierten wurde nicht nur der Trost der Lektüre versagt, sondern auch jedes Gespräch und jeder Besuch verboten. Einige Leute, die sich vor Gericht verantworten sollten, fügten sich zu Hau-

se selbst Verletzungen zu,[244] da sie sich ihrer Verurteilung sicher waren und der Misshandlung und Schmach entgehen wollten, andere nahmen mitten in der Kurie Gift;[245] dennoch wurden sie, nachdem man ihnen die Wunden verbunden hatte, halbtot und noch (im Todeskampf) zuckend in den Kerker geschleppt. Alle Verurteilten wurden die Gemonien hinabgeworfen und mit dem Haken (in den Tiber) geschleift; einmal waren es an einem einzigen Tag 20, die, dies erlitten, darunter auch Frauen und Kinder. (5) Weil nach herkömmlicher Sitte Jungfrauen nicht erdrosselt werden durften, wurden noch nicht geschlechtsreife Mädchen erst vom Henker vergewaltigt und dann erdrosselt.[246] Diejenigen, die sterben wollten, wurden mit Gewalt gezwungen, weiterzuleben. Tiberius hielt nämlich den Tod für eine so leichte Strafe, dass er auf die Nachricht hin, dass einer der Anklagten namens Carnulus seiner Hinrichtung zuvorgekommen war, ausrief: »Carnulus ist mir entwischt.« Und einem Mann, der ihn, als er die Gefängnisse inspizierte, um einen baldigen Vollzug der Strafe bat, antwortete er: »Ich habe mich noch nicht wieder mit dir versöhnt.« (6) Ein ehemaliger Konsul berichtet in seinen Annalen folgenden Vorfall: Bei einem gut besuchten Bankett, bei dem er auch selber teilgenommen habe, sei Tiberius plötzlich von einem Zwerg, der unter den Possenreißern mit am Tisch stand, mit lauter Stimme gefragt worden, warum Paconius, der der Majestätsbeleidigung angeklagt sei, so lange am Leben bleibe. Der Kaiser habe zwar sogleich die freche Äußerung getadelt, aber wenige Tage später den Senat schriftlich aufgefordert, über die Strafe des Paconius möglichst bald einen Beschluss herbeizuführen.

62 (1) Verbittert über die wahre Todesursache seines Sohnes Drusus, verstärkte und steigerte er seine Grausamkeit noch mehr.[247] Er hatte zunächst geglaubt, Drusus sei an einer durch seinen ausschweifenden Lebenswandel[248] verursachten Krankheit gestorben. Doch sobald er erfuhr, dass er von seiner Frau Livilla und von Seianus auf heimtückische Weise vergiftet worden war, ließ er jedermann foltern und hinrichten; allein die Untersuchung dieses Falles beschäftigte ihn ganze Tage und nahm ihn so sehr in Anspruch, dass er nach dem Bekanntwerden der Ankunft eines Gastfreunds aus Rhodos, den er in einem vertraulichen Brief nach Rom gerufen hatte, diesen unverzüglich zu foltern befahl, so als ob er einer der wichtigsten Zeugen für die Befragung sei; nachdem er seinen Irrtum entdeckt hatte, ließ er ihn töten, um zu verhindern, dass er das ihm zugefügte Unrecht allgemein bekannt machte. (2) Auf Capri wird noch heute die Richtstätte des Tiberius gezeigt, wo er die Verurteilten auf besonders ausgefallene Weise lange foltern und dann vor seinen Augen ins Meer werfen ließ; die Leichen wurden von einer Gruppe Matrosen erwartet, die mit Ruderstangen und Rudern auf sie einschlugen und sicherstellen sollten, dass sie auch wirklich ihren letzten Atemzug getan hatten. Bei den Folterarten hatte er sich aber auch die folgende ausgedacht: Er verführte auf hinterhältige Weise die Opfer dazu, eine große Menge reinen Wein zu trinken, ließ ihnen dann plötzlich die Harnröhre zuschnüren und durch die Martern der Seile und zugleich des Drucks auf die Blase entsetzliche Qualen zufügen. (3) Hätte ihn nicht der Tod überrascht und hätte Thrasyllus ihm nicht, wie man erzählt, absichtlich die Hoffnung auf ein längeres Leben gemacht und so dazu veranlasst, manche Hinrichtungen aufzuschieben,[249] hätte er nach allgemeiner Ansicht noch sehr viele andere ermorden lassen und auch seine noch am Leben verbliebenen Enkel nicht verschont, da er Gaius bereits mit Argwohn betrachtete und Tiberius (Gemellus) als im Ehebruch gezeugten Bastard[250] verachtete. Und dies ist auch sehr wahrscheinlich; denn er bezeichnete Priamos immer wieder als glücklichen Mann, weil er alle seine Angehörigen überlebt habe.[251]

63 (1) Wie sehr er in dieser Zeit nicht nur gehasst und verabscheut wurde, sondern auch welch angsterfülltes Leben in Schimpf und Schande er führte, dafür gibt es zahlreiche Anzeichen. So verbot er, Opferschauer[252] im Geheimen und ohne Zeugen zu befragen. Er versuchte auch, die Orakelstätten in der Nähe der Stadt zu zerschlagen, gab dieses Vorhaben aber, erschreckt durch die göttliche Macht des Losorakels von Praeneste, wieder auf, weil er die versiegelten und nach Rom gebrachten Lose[253] in ihrem Kasten erst wiederfinden konnte, nachdem dieser zum Tempel zurückgebracht worden war. (2) Zwei ehemalige Konsuln wagte er nicht in die Provinzen zu entlassen, nachdem er ihnen ihre Amtsbereiche zugewiesen hatte, und hielt sie so lange fest, bis er nach einigen Jahren, die sie in Rom verbrachten, ihre Nachfolger ernennen konnte; in der Zwischenzeit ließ er ihnen ihren Amtstitel und erteilte ihnen auch ständig sehr viele Aufträge, die sie durch ihre Legaten und Assistenten auszuführen hatten.

64 Seine Schwiegertochter und seine Enkel ließ er nach ihrer Verurteilung[254] immer nur in Fesseln und in einer verschlossenen Sänfte von einem Ort zum anderen bringen; dabei wurden die Leute, die ihnen unterwegs begegneten, und andere Reisende von den (den Zug begleitenden) Soldaten daran gehindert, sich nach ihnen umzuschauen oder stehenzubleiben.

65 (1) Den Seianus, der eine Revolution vorbereitete, brachte Tiberius – obwohl er sah, dass dessen Geburtstag bereits öffentlich gefeiert und goldene Bildnisse von ihm überall verehrt wurden – schließlich dann doch nur mit Mühe zu Fall, und zwar mehr mit List und Tücke als kraft seiner kaiserlichen Autorität. Um ihn unter dem Deckmantel einer Ehrerweisung aus seiner Nähe zu entfernen, bestellte er ihn nämlich zuerst zum Kollegen in seinem fünften Konsulat[255], das er nach einer langen Pause und in Abwesenheit gerade zu diesem Zweck übernommen hatte. Danach machte er ihm falsche Hoffnungen auf eine verwandtschaftliche Beziehung[256] sowie auf die tribunizische Amtsgewalt[257] und erhob in einem schamlosen und jämmerlichen Schreiben Anklage gegen den Ahnungslosen: Er bat nämlich die Senatoren unter anderem darum, einen der beiden Konsuln[258] zu ihm zu schicken, der ihn, einen alten und einsamen Mann, unter militärischem Schutz zu ihnen führen solle. (2) Da er trotzdem noch misstrauisch war und einen Aufstand befürchtete, hatte er den Befehl gegeben, seinen Enkel Drusus, den er noch in Rom gefangen hielt, freizulassen, falls es die Situation erfordere, und ihn zum Oberbefehlshaber zu machen. Er ließ auch Schiffe startklar machen und dachte mehrfach daran, zu irgendwelchen Legionen zu fliehen, während er vom höchsten Felsen (der Insel) immer wieder Ausschau hielt nach den Zeichen [Feuer und Rauchsignale], die auf sein Geheiß hin je nach Lage der Dinge schon in weiter Ferne gegeben werden sollten, weil er fürchtete, dass die Boten aufgehalten werden könnten. Doch auch nach der Niederschlagung der Verschwörung des Seianus fühlte er sich keineswegs sicherer oder ruhiger und setzte die nächsten neun Monate keinen Fuß vor sein Landhaus namens Io[259].

66 Darüber hinaus peinigten sein verängstigtes Gemüt die mannigfaltigen von allen Seiten gegen ihn ausgestoßenen Beleidigungen, da jeder Verurteilte ihn in aller Öffentlichkeit oder in Schmähschriften, die in der Orchestra ausgelegt wurden, mit allen möglichen Beschimpfungen überhäufte. Darauf reagierte er freilich höchst unterschiedlich: Mal wünschte er voller Scham, man möge das alles ignorieren und verheimlichen, bisweilen aber zeigte er seine Verachtung für diese Anschuldigungen, machte sie von sich aus bekannt und sorgte für ihre allgemeine Verbreitung. Auch wurde er durch einen Brief des Partherkönigs Artabanos schwer getroffen, in dem dieser ihm Verwandtenmord und weitere Bluttaten sowie Feigheit und einen ausschweifenden Lebenswandel zur Last legte und ihn aufforderte, durch seinen freiwilligen Tod den erbitterten, völlig berechtigten Hass seiner Mitbürger so bald als möglich zu befriedigen.

67 (1) Schließlich konnte er sich selbst nicht mehr ertragen und bekannte in folgendem Briefanfang gleichsam das gesamte Ausmaß seines Elends: »Was ich euch, ihr Herren Senatoren, schreiben oder wie ich schreiben oder was ich in meiner jetzigen Situation überhaupt nicht schreiben soll, wenn ich das weiß, dann mögen mich die Götter und Göttinnen noch schlimmer bestrafen, als ich mich jeden Tag bestraft fühle.«[260]

(2) Manche sind der Meinung, er habe dies alles in Kenntnis der Zukunft vorhergesehen[261] und schon viel früher geahnt, welch große Verachtung und Schande ihn einmal erwarten würden. Daher habe er auch gleich nach Antritt seiner Herrschaft den Titel »Vater des Vaterlandes« und den Schwur auf seine Anordnungen ganz hartnäckig zurückgewiesen,[262] damit die Schmach nicht noch größer wäre, wenn er später so bedeutender Ehrungen für unwürdig befunden würde. (3) Dies lässt sich jedenfalls aus seiner Rede, in der er sich über die beiden Punkte äußerte, erschließen; er sagte nämlich, er werde, solange er bei klarem Verstand sei, sich stets treu bleiben und seinen Charakter niemals ändern; aber man müsse grundsätzlich sicherstellen, dass der Senat sich nicht verpflichte, die Taten irgendeines Menschen anzuerkennen, weil dieser sich ja, wenn der Zufall es so wolle, ändern könne. Und an einer anderen Stelle heißt es:

(4) »Solltet ihr aber einmal«, sagte er, »an meinem Charakter und meiner Ergebenheit euch gegenüber zweifeln – doch bevor dies geschieht, möchte ich lieber sterben, als zu erleben, dass ihr eure Meinung über mich geändert habt –, dann wird mir der Titel ›Vater des Vaterlandes‹ keine größere Ehre, euch aber den Vorwurf einbringen, dass ihr mir entweder diesen Beinamen

leichtfertig verliehen habt oder aber in eurer Beurteilung meiner Person wankelmütig seid.«

68 (1) Er war von massivem und robustem Körperbau und von überdurchschnittlich hohem Wuchs; Schultern und Brust waren breit, und auch die übrigen Gliedmaßen waren bis zu den Füßen hinunter ebenmäßig und wohlproportioniert; seine linke Hand war geschickter und stärker, die Gelenke so stark, dass er einen frisch gepflückten gesunden Apfel mit dem Finger durchbohren und den Kopf eines Jungen oder sogar eines jungen Mannes mit einem Fingerschnipsen verletzen konnte. (2) Sein Teint war weiß, sein Haar am Hinterkopf so lang, dass es auch den Nacken bedeckte, was bei ihm eine Familieneigentümlichkeit zu sein schien; er hatte ein edles Gesicht mit allerdings vielen, plötzlich auftretenden Pickeln und sehr große Augen, mit denen er erstaunlicherweise auch nachts und in der Dunkelheit sehen konnte, aber nur für kurze Zeit und unmittelbar nach dem Erwachen; danach pflegte ihre Sehkraft wieder nachzulassen. (3) Er ging mit steifem und zurückgebogenem Nacken einher, meist mit ernster Miene, fast immer schweigend; selbst mit seinen engsten Vertrauten sprach er gar nicht oder bloß sehr selten, und dann auch nur äußerst bedächtig und nie ohne manierierte Bewegungen der Finger. All diese unvorteilhaften und dünkelhaften Allüren kritisierte auch Augustus an ihm und versuchte ihn häufig vor dem Senat und dem Volk zu entschuldigen, indem er erklärte, es handele sich um Fehler der Natur, nicht des Charakters.[263] (4) Er erfreute sich bester Gesundheit und war in seiner gesamten Regierungszeit fast niemals krank, obwohl er sich seit seinem 30. Lebensjahr nach eigenem Gutdünken um sein Befinden kümmerte, ohne die Hilfe oder den Rat von Ärzten in Anspruch zu nehmen.

69 Die Götter und ihre Verehrung waren ihm relativ gleichgültig, weil er sich der Astrologie verschrieben hatte[264] und fest überzeugt war, dass alles vom Schicksal bestimmt sei; dennoch hatte er eine übermäßige Angst vor Donner, und wenn Gewitter aufzogen, trug er stets einen Lorbeerkranz auf dem Kopf, da diese Art von Blättern angeblich nicht vom Blitz getroffen wird.

70 (1) Den freien Künsten[265] widmete er sich in beiden Sprachen mit sehr großem Engagement.[266] In der lateinischen Redekunst folgte er Corvinus Messala, den er in seiner Jugend, als Messala schon ein alter Mann war, oft gehört hatte. Aber er verdunkelte seinen Stil durch übertriebene Affektiertheit und Pedanterie so sehr, dass er angeblich viel besser sprach, wenn er extemporierte, als wenn er sich sorgfältig vorbereitet hatte. (2) Er verfasste auch ein lyrisches Gedicht mit dem Titel »Klage über den Tod des L. Caesar«. Außerdem schrieb er griechische Gedichte, in denen er sich Euphorion, Rhianos und Parthenios[267] zum Vorbild nahm; von diesen Dichtern war er so begeistert, dass er in den öffentlichen Bibliotheken ihrer aller Schriften und Büsten unter den alten klassischen Schriftstellern[268] aufstellen ließ; deshalb waren auch sehr viele Gelehrte eifrig bestrebt, immer wieder Kommentare über diese Autoren herauszubringen und ihm zu widmen. (3) Den größten Wert legte er aber auf die Kenntnis der Mythologie und ging darin bis ins Läppische und Lächerliche; so stellte er auch die Grammatiker, Leute, mit denen er, wie oben gesagt,[269] besonders gern Umgang hatte, immer wieder mit etwa solchen Fragen auf die Probe: Wer die Mutter Hekubas gewesen sei, wie Achill unter den jungen Mädchen geheißen habe[270] oder welche Lieder die Sirenen zu singen pflegten. Und als er einen Tag nach dem Tod des Augustus zum ersten Mal die Kurie betrat, opferte er, um seiner Sohnespflicht und den religiösen Vorschriften Genüge zu tun, nach dem Beispiel des Minos Weihrauch und Wein, verzichtete aber auf einen Flötenspieler, so wie es jener einst beim Tod seines Sohnes getan hatte.[271]

71 Obwohl ihm das Griechische im Allgemeinen leicht und fließend über die Lippen kam, bediente er sich dieser Sprache doch nicht immer, und schon gar nicht im Senat; dabei ging er freilich so weit, dass er einmal, als er das Wort »Monopol« gebrauchen wollte, vorher um Verzeihung bat, weil er ein Fremdwort verwenden müsse. Und auch als bei der Verlesung eines Senatsdekrets das griechische Wort »Emblem« vorkam,[272] beantragte er, den Begriff zu ändern und für das ausländische Wort ein einheimisches zu suchen; wenn sich keines fände, müsse die Sache durch mehrere Begriffe ausgedrückt und umschrieben werden. Außerdem verbot er einem Soldaten, der auf Griechisch zu einer Zeugenaussage aufgefordert worden war, anders als auf Latein zu antworten.

72 (1) Während seiner gesamten Abwesenheit von Rom versuchte er nur zweimal in die Hauptstadt zurückzukehren.[273] Beim ersten Mal fuhr er auf einer Trireme[274] bis zu den Gärten in der Nähe der Naumachie; vorher hatte er an den Ufern des Tibers eine Wache postiert, die die Menschen fernhalten sollten, die ihm zu seiner Begrüßung entgegengingen. Beim zweiten Mal kam er auf der Via Appia bis zum siebten Meilenstein[275]. Doch nachdem er die Stadtmauern nur von ferne gesehen, sich ihnen aber nicht genähert hatte, kehrte er wieder um; im ersten Fall war der Grund unklar, im zweiten wurde er durch ein Vorzeichen in Panik versetzt. (2) Zu seinen Vergnügungen gehörte nämlich die Beschäftigung mit einer Riesenschlange. Als er sie, wie gewöhnlich, eigenhändig füttern wollte und feststellen musste, dass sie von Ameisen aufgefressen worden war, sah er dies als Warnung, sich vor der Gewalt der Menge in Acht zu nehmen. Also kehrte er in aller Eile zurück nach Kampanien, verfiel in Astura in einen Schwächezustand und begab sich, nachdem er sich ein wenig erholt hatte, nach Circei. Um nicht den Verdacht aufkommen zu lassen, dass er leidend sei, nahm er nicht nur an den Lagerspielen[276] teil, sondern schleuderte auch von seiner Loge aus Wurfspieße auf einen in die Arena getriebenen Eber; er spürte sofort einen Krampf in der Seite, geriet, erhitzt wie er war, in Zugluft, woraufhin sich seine Krankheit wieder verschlimmerte. (3) Trotzdem hielt er noch einige Zeit durch, obwohl er bis nach Misenum weitergefahren war und teils aus Unbeherrschtheit, teils um seinen Zustand zu verschleiern, an seiner täglichen Lebensweise nichts änderte und auch nicht auf Bankette oder sonstige Lustbarkeiten verzichtete. Weil er glaubte, dass der Arzt Charicles seinen Puls habe prüfen wollen – dieser wollte nämlich eine Urlaubsreise antreten und hatte beim Verlassen der Tafel seine Hand ergriffen, um sie zu küssen –, forderte er ihn auf, zu bleiben und sich wieder zu Tisch zu legen, und zog das Essen (absichtlich) in die Länge. Er behielt auch trotz seines damaligen Zustands die Angewohnheit bei, in der Mitte des Esszimmers stehend und mit einem Liktor[277] an seiner Seite sich von jedem einzelnen Gast, der sich im Aufbruch befand, namentlich zu verabschieden.

73 (1) Mittlerweile hatte er in den Senatsprotokollen gelesen, dass manche Angeklagte, zu denen er nur kurz und sonst nichts weiter geschrieben hatte, als dass er ihre Namen von einem Informanten habe, freigelassen und nicht einmal verhört worden waren. Er tobte, dass man ihn missachte, und beschloss, unter allen Umständen nach Capri zurückzukehren, weil er nichts riskieren und nur aus sicherer Entfernung etwaige Maßnahmen in die Wege leiten wollte. Doch von Unwettern und einer Verschlimmerung seiner Krankheit an der Abreise gehindert, starb er kurze Zeit später im Landhaus des Lucullus[278] in seinem 78. Lebensjahr, im 23. Jahr seiner Regierung, am 16. März des Jahres, in dem Cn. Acerronius Proculus und C. Pontius Nigrinus Konsuln waren.

(2) Manche meinen, Gaius [Caligula] habe ihm ein Gift gegeben,[279] das seinen Körper langsam zersetzte; nach Ansicht an-

derer verweigerte man ihm die Nahrung, nach der ihn verlangte, als er sich von einem Fieberanfall erholte; wieder andere behaupten, man habe ihn mit einem Kissen erstickt, als er wieder zur Besinnung kam und dann den Ring zurückverlangte, den man ihm während einer Ohnmacht abgezogen hatte. Seneca[280] schreibt, Tiberius habe den Ring, den er sich im Bewusstsein seines nahen Endes vom Finger gezogen hatte, um ihn einem anderen zu übergeben,[281] eine Weile in der Hand gehalten, dann wieder an den Finger angesteckt und habe, die linke Hand zur Faust geballt, lange reglos dagelegen; plötzlich habe er nach seinen Dienern gerufen, sei, als niemand reagierte, aufgestanden und, weil ihm die Kräfte schwanden, neben seinem Bett tot zusammengebrochen.[282]

74 An seinem letzten Geburtstag war ihm im Traum der Apollo von Temenos erschienen, ein außerordentlich großes und erlesenes Kunstwerk, das er aus Syrakus hatte herbeischaffen lassen,[283] um es in der Bibliothek des neuen Tempels[284] aufzustellen; Apollo verkündete dem Kaiser, dass er die Weihung nicht mehr persönlich vornehmen könne. Und wenige Tage vor seinem Tod brachte ein Erdbeben den Leuchtturm auf Capri zum Einsturz. Außerdem flammte in Misenum die Asche, die von den glühenden Kohlen zum Heizen des Esszimmers übriggeblieben, bereits erloschen und lange kalt war, am frühen Abend plötzlich wieder auf und leuchtete ununterbrochen bis tief in die Nacht.

75 (1) Über sein Ableben jubelte das Volk so sehr, dass gleich nach dem Bekanntwerden seines Todes die Leute durch die Straßen liefen und teils »Tiberius in den Tiber!« schrien, teils Mutter Erde und die Unterweltsgötter darum baten, dem Toten nur einen Platz unter den Verdammten anzuweisen; andere wiederum drohten dem Leichnam Haken und Gemonien an, da sie sich nicht nur voller Zorn an Tiberius' frühere Grausamkeit erinnerten, sondern auch über eine gerade erst erlebte

Gräueltat äußerst verbittert waren. (2) Laut einem Senatsbeschluss durfte nämlich die Strafe der Verurteilten immer erst am zehnten Tag (nach der Urteilsverkündung) vollstreckt werden; zufällig sollten einige Verbrecher an dem Tag hingerichtet werden, an dem Tiberius' Tod gemeldet wurde. Diese flehten nun das Volk um Beistand an, weil es – Gaius [Caligula] war noch nicht in Rom – niemanden gab, an den sie ihre Bitten richten könnten; doch um nicht gegen den Senatsbeschluss zu verstoßen, erdrosselten die Henker sie trotzdem und warfen sie die Gemonien hinunter. (3) Daher nahm der Hass auf den Kaiser noch zu, weil die Grausamkeit des Tyrannen selbst noch nach seinem Tod fortzuwirken schien. Als der Leichenzug sich von Misenum aus in Bewegung setzte, rief eine große Menge, man solle den Leichnam lieber nach Atella schaffen und im Amphitheater etwas anrösten;[285] dennoch wurde er von den Soldaten nach Rom gebracht und im Rahmen eines Staatsbegräbnisses verbrannt.

76 Zwei Jahre zuvor hatte er sein Testament in doppelter, aber gleichlautender Ausfertigung gemacht, die eine hatte er eigenhändig verfasst, die andere von einem Freigelassenen schreiben lassen, und er hatte sie auch von Männern ganz niedrigen Standes untersiegeln lassen. In diesem Testament bestimmte er seine Enkel Gaius, den Sohn des Germanicus, und Tiberius, den Sohn des Drusus, zu gleichen Teilen als Erben und setzte jeden als Nacherben[286] des anderen ein; er bedachte auch sehr viele Personen mit Vermächtnissen, darunter die Vestalinnen, aber auch die Soldaten insgesamt sowie jeden einzelnen Mann aus dem römischen Volk und außerdem gesondert die Vorsteher der Stadtbezirke[287].

4. BUCH

Caligula

1 (1) Germanicus, der Vater des C. Caesar [Caligula] und Sohn des Drusus und der jüngeren Antonia, der später von Tiberius, seinem Onkel väterlicherseits, adoptiert worden war,[1] bekleidete die Quästur fünf Jahre vor dem gesetzlich festgelegten Mindestalter und gleich im Anschluss daran das Konsulat.[2] Nachdem er (als Oberbefehlshaber) zum Heer nach Germanien geschickt worden war,[3] hielt er – man weiß nicht, ob mehr aus Loyalität oder aus Charakterstärke – die Legionen im Zaum, die nach dem Bekanntwerden des Todes des Augustus sich allesamt ganz entschieden weigerten, Tiberius als Imperator anzuerkennen, und ihm selbst das höchste Amt im Staate antrugen,[4] und feierte nach der bald erfolgten völligen Unterwerfung des Feindes einen Triumph.[5] (2) Danach wurde er zum zweiten Mal zum Konsul gewählt,[6] aber noch vor seinem Amtsantritt (aus Rom) entfernt[7] mit dem Auftrag, die Ordnung im Orient wiederherzustellen. Nachdem er den König Armeniens vernichtend geschlagen und Kappadokien zur Provinz gemacht hatte,[8] starb er im Alter von 33 an einer langwierigen Krankheit in Antiochia. Es bestand aber auch der Verdacht, dass er vergiftet worden sei.[9] Denn abgesehen davon, dass sein ganzer Körper von blauen Flecken bedeckt war und aus seinem Mund Schaum floss, fand man auch, nachdem er verbrannt worden war, unter den Knochen sein Herz völlig unversehrt, ein Organ, das, wenn es mit Gift getränkt ist, angeblich nicht vom Feuer verzehrt werden kann[10].

2 Nach landläufiger Meinung fiel er aber einem heimtückischen Anschlag des Tiberius zum Opfer, der sich dabei der tatkräftigen Hilfe des Cn. Piso bediente. Dieser war zur damaligen Zeit Statthalter von Syrien, gab offen zu, dass er gleichsam notgedrungen entweder den Vater [Tiberius] oder Sohn [Germanicus] zum Feind haben müsse, und kannte bei den Beleidigungen, die er dem bereits erkrankten Germanicus mit Wort und Tat zufügte,[11] weder Maß noch Ziel. Deswegen wurde er nach seiner Rückkehr beinahe vom Volk gelyncht und vom Senat zum Tode verurteilt.[12]

3 (1) Dass Germanicus über sämtliche körperliche und geistige Fähigkeiten, wie sie niemandem sonst zu eigen waren, verfügte, ist hinreichend bekannt: Er sah glänzend aus, war überaus mutig, hochgebildet in lateinischer und griechischer Redekunst und Literatur, ungewöhnlich liebenswürdig und bewundernswert erfolgreich im Bestreben, sich bei den Menschen beliebt zu machen und sich ihre Liebe zu verdienen.[13] Nur seine mageren Beine passten nicht recht zu seiner sonstigen Statur, aber auch sie wurden mit der Zeit kräftiger, weil er nach dem Essen regelmäßig ausritt. Oft tötete er den Feind im Nahkampf. (2) Auch nach seinem Triumph hielt er noch Reden vor Gericht;[14] und neben anderen Zeugnissen seiner wissenschaftlichen Studien hinterließ er sogar Komödien in griechischer Sprache.[15] In und außerhalb von Rom trat er wie ein einfacher Bürger auf, und freie und verbündete Städte betrat er stets ohne Liktoren[16]. Wenn er irgendwo auf Grabstätten berühmter Männer stieß, pflegte er deren Manen ein Totenopfer darzubringen. Als er die verwitterten und verstreuten Überreste der Soldaten, die in der verlorenen Varus-Schlacht gefallen waren, in einem gemeinsamen Grab bestatten lassen wollte, war er der Erste, der sie eigenhändig aufsammelte und zusammentrug.[17] (3) Auch gegenüber seinen Widersachern, wer sie auch sein mochten und aus welchen Gründen auch immer sie gegen ihn waren, war er so milde und nachsichtig, dass er etwa auf Piso, der seine Anordnungen kassierte und seine

Klienten misshandelt hatte, erst zornig wurde, nachdem er erfahren hatte, dass dieser ihm auch mit Gift und Zauberkünsten[18] nach dem Leben trachtete. Und selbst in dieser Situation tat er nichts weiter, als ihm nach altväterlicher Sitte die Freundschaft aufzukündigen und den Menschen seiner näheren Umgebung aufzutragen, ihn zu rächen, falls ihm etwas zustoßen sollte.

4 Für diese positiven Eigenschaften wurde er überreich belohnt; er wurde von den Seinen so geschätzt und geliebt, dass Augustus – ich lasse die anderen Verwandten einmal beiseite – lange zögerte, ob er nicht ihn zu seinem Nachfolger bestimmen solle, und ihn schließlich von Tiberius adoptieren ließ.[19] Im Volk war er äußerst beliebt. Nach Auskunft sehr vieler Gewährsleute geriet er in dem Gedränge der Menschen, die ihm, wenn er irgendwo eintraf oder von irgendwo fortging, entgegenkamen oder das Geleit gaben, bisweilen in Lebensgefahr. Als er nach der Niederschlagung des Aufstands aus Germanien zurückkehrte, seien sämtliche Prätorianerkohorten zu seiner Begrüßung ausgerückt, obwohl nur zwei den Befehl dazu hatten; das römische Volk aber – Männer und Frauen jeden Alters und Standes – sei ihm bis zum 20. Meilenstein[20] entgegengeströmt.

5 Zu noch viel größeren und stärkeren Beweisen für die Hochachtung, die er genoss, kam es jedoch bei und nach seinem Tod. So wurden an seinem Sterbetag Tempel mit Steinen beworfen, Altäre der Götter umgestürzt, manche warfen ihre Hausgötter auf die Straße und setzten die von ihren Ehefrauen gerade geborenen Kinder aus[21]. Ja, man erzählt sogar, dass ausländische Völker, die untereinander oder gegen uns Krieg führten, sich auf einen Waffenstillstand verständigt hätten, wie wenn alle gemeinsam eine häusliche Tragödie erlebt hätten. Zum Zeichen tiefster Trauer hätten manche Fürsten sich den Bart abnehmen[22] und die Köpfe ihrer Frauen scheren lassen;

selbst der König der Könige[23] hätte auf die Jagd und auf seine Bankette mit den Würdenträgern verzichtet, was bei den Parthern unserem Stillstand der Gerichte[24] entspricht.

6 (1) In Rom freilich warteten die Bürger, nachdem das erste Gerücht von Germanicus' Erkrankung aufgekommen war, voller Bestürzung und Trauer auf die nächsten Boten; als sich plötzlich am Abend, man wusste nicht, durch wen, endlich die Nachricht von seiner Genesung verbreitete, eilte man von überallher mit Fackeln und Opfertieren auf das Kapitol und hätte die Tempeltüren fast gewaltsam eingedrückt, weil die Menschen, die ihre Gelübde einlösen wollten, sich von nichts aufhalten lassen wollten. Und Tiberius wurde aus dem Schlaf geweckt durch die Rufe derer, die sich einander Glück wünschten und überall in den gleichen Gesang einstimmten: »Gerettet ist Rom, gerettet das Vaterland, gerettet ist Germanicus.« (2) Als aber schließlich doch sein Tod bekanntgegeben wurde, konnte kein tröstender Zuspruch, kein Erlass der öffentlichen Trauer Einhalt gebieten, und sie überdauerte sogar noch die Festtage des Monats Dezember[25]. Den Ruhm des Verstorbenen und die Sehnsucht nach ihm mehrten noch die Gräuel der folgenden Zeit; alle waren nämlich aus guten Gründen der Meinung, dass die Grausamkeit des Tiberius, die bald darauf zum Ausbruch kam, nur durch den Respekt und die Furcht vor ihm im Zaum gehalten worden sei.[26]

7 Verheiratet war Germanicus mit Agrippina, der Tochter des M. Agrippa und der Iulia. Von ihr hatte er neun Kinder: Zwei von ihnen starben bereits als Kleinkinder, eines, ein wahrer Sonnenschein, zu Beginn des Knabenalters; sein Bildnis, das ihn als Cupido zeigte, weihte Livia im Tempel der kapitolinischen Venus,[27] und Augustus hatte eine Kopie davon in seinem Schlafzimmer aufgestellt und pflegte das Bild zu küssen, immer wenn er den Raum betrat. Die anderen Kinder überlebten ihren Vater, drei Mädchen, Agrippina, Drusilla und Livilla, die innerhalb von drei Jahren auf die Welt gekommen waren, und ebenso viele Jungen, Nero, Drusus und C. Caesar.[28] Nero und Drusus wurden von Tiberius angeklagt und vom Senat zu Staatsfeinden erklärt.[29]

8 (1) C. Caesar [Caligula] wurde am 31. August unter dem Konsulat seines Vaters und des C. Fonteius Capito geboren.[30] Wo er geboren wurde, ist unsicher, da die Quellen unterschiedliche Auskünfte geben. So schreibt Cn. Lentulus Gaetulicus, er sei in Tibur geboren, Plinius Secundus hingegen nennt das im Land der Treverer gelegene Dorf Ambitarvius oberhalb von Confluentes; als Beweis fügt er noch hinzu, dass man dort Altäre zeige mit der Inschrift »WEGEN DES KINDBETTS DER AGRIPPINA«. Einige – bald nach seiner Thronbesteigung verbreitete – Verschen bezeugen, dass er beim Heer im Winterlager geboren wurde:

Mitten im Lager geboren, beim Vater im Felde erzogen,
war dies für alle bereits Omen der künftigen Macht.[31]

(2) Ich hingegen finde in den Archiven, dass er in Antium auf die Welt gekommen ist. Gaetulicus wird von Plinius widerlegt, der ihm vorwirft, er habe gelogen, um Gaius zu schmeicheln, und deshalb zur Verherrlichung des jungen ruhmsüchtigen Fürsten die dem Herkules heilige Stadt als Geburtsort angegeben. Er habe umso dreister gelogen, als etwa ein Jahr zuvor tatsächlich ein Sohn des Germanicus in Tibur geboren worden war, der ebenfalls C. Caesar hieß und dessen liebenswertes kindliches Wesen und allzu frühen Tod ich oben[32] erwähnt habe. (3) Gegen Plinius spricht die Chronologie. Denn die Schriftsteller, die die Taten des Augustus der Nachwelt überliefert haben, stimmen darin überein, dass Germanicus erst nach seinem Konsulat, als Gaius bereits geboren war, nach Gallien geschickt wurde. Und die Ansicht des Plinius lässt sich auch nicht

durch die Altarinschrift stützen, weil Agrippina in dieser Gegend zweimal mit einer Tochter niedergekommen ist und die Geburt eines Kindes, unabhängig von dessen Geschlecht, als *puerperium* [Kindbett] bezeichnet wird, da in früheren Zeiten *puellae* [Mädchen] auch *puerae* und ebenso *pueri* [Jungen] auch *puelli* genannt wurden.[33] (4) Erhalten ist ferner ein Brief des Augustus, den er wenige Monate vor seinem Tod an seine Enkelin Agrippina geschrieben hat und in dem er sich zu ebendiesem Gaius – damals war nämlich kein anderes Kind dieses Namens mehr am Leben – folgendermaßen äußert: »Gestern habe ich mit Talarius und Asillius vereinbart, dass sie den kleinen Gaius, wenn die Götter es wollen, am 18. Mai zum Heer geleiten. Mit ihnen entsende ich außerdem einen meiner Sklaven, einen Arzt, den Germanicus, wie ich ihm geschrieben habe, dort behalten kann, wenn er es möchte. Leb wohl, meine Agrippina, und sorge dafür, dass du gesund zu deinem Germanicus kommst.« (5) Meines Erachtens ist es vollkommen klar, dass Gaius nicht dort auf die Welt gekommen sein kann, wohin er als fast Zweijähriger aus Rom gebracht worden ist. Und aus denselben Gründen verdienen auch die oben zitierten Verschen keinen Glauben, erst recht nicht, weil ihr Verfasser anonym ist. Man muss sich also an die noch einzig verbleibende beweiskräftige Quelle halten, nämlich die staatliche Urkunde, zumal Gaius immer Antium gegenüber allen Gegenden und Aufenthaltsorten den Vorzug gab, es wie seine Geburtsstätte liebte und angeblich – als er der Stadt Rom überdrüssig war – den Sitz und das Zentrum seiner Regierung dorthin verlegen wollte[34].

9 Den Beinamen Caligula [»Soldatenstiefelchen«] verdankte er einem Soldatenscherz; er wurde nämlich, wie ein einfacher Soldat gekleidet, im Feldlager erzogen.[35] Wie beliebt und anerkannt er außerdem aufgrund dieses täglichen Miteinanders dort war, konnte man besonders gut sehen, als er nach dem

Tod des Augustus zweifellos ganz allein und nur durch sein Erscheinen die meuternden und sich wie Rasende gebärdenden Soldaten zur Vernunft brachte. Denn sie beruhigten sich erst wieder, als sie erfahren hatten, dass er wegen des drohenden Aufruhrs aus dem Lager gebracht und dem Schutz der nächstgelegenen Stadt unterstellt werden sollte. Da endlich bereuten sie ihr Tun, und nachdem sie den Wagen eingeholt und am Weiterfahren gehindert hatten, flehten sie ihn an, ihnen diese Schmach zu ersparen.[36]

10 (1) Er begleitete seinen Vater auch auf dem syrischen Feldzug.[37] Von dort zurückgekehrt, wohnte er zuerst bei seiner Mutter, dann, nach ihrer Verbannung,[38] bei seiner Urgroßmutter Livia Augusta. Nach ihrem Tod hielt er für sie, obwohl er damals noch die Praetexta[39] trug, vor den Rostren die Leichenrede. Dann zog er zu seiner Großmutter Antonia, und im Alter von 18 Jahren wurde er von Tiberius nach Capri[40] gerufen; am selben Tag erhielt er dort die (Männer-)Toga und nahm sich zum ersten Mal den Bart ab[41] – ohne dass man ihm eine der Ehren erwies, die seinen Brüdern bei ihrer Volljährigkeit[42] zuteil geworden waren. (2) Obgleich er dort durch alle möglichen Finten auf die Probe gestellt wurde, von Leuten, die ihn provozieren und dazu bringen wollten, sich zu beklagen,[43] gab er sich niemals eine Blöße, so als habe er das Unglück seiner Angehörigen vergessen und so als sei niemandem von ihnen etwas Schlimmes widerfahren.[44] Über das, was er aber selbst ertragen musste, ging er mit einer unglaublichen Scheinheiligkeit hinweg und zeigte sich seinem Großvater und dessen Gefolge gegenüber so unterwürfig, dass man mit Fug und Recht sagte, es habe nie einen besseren Sklaven und nie einen schlechteren Herrn gegeben.[45]

11 Doch seine angeborene Grausamkeit und Lasterhaftigkeit konnte er auch schon damals nicht unter Kontrolle halten. So schaute er mit größtem Interesse bei den Folterungen und

Hinrichtungen der zum Tode Verurteilten zu,[46] besuchte nachts, getarnt mit Perücke und langem Gewand, Spelunken und Bordelle und begeisterte sich für die Künste des Theaters, für Tanz und Gesang,[47] was Tiberius freilich ohne weiteres duldete, in der Hoffnung, dass sein wildes Naturell dadurch vielleicht besänftigt werden könne. Dieses hatte der sehr hellsichtige alte Mann nämlich so klar durchschaut, dass er des Öfteren erklärte, Gaius lebe, um ihn und alle Menschen ins Verderben zu stürzen; er selbst ziehe dem römischen Volk eine Schlange heran, der ganzen Welt aber einen Phaëthon.[48]

12 (1) Kurze Zeit später heiratete er Iunia Claudilla, die Tochter des M. Silanus, eines Mannes aus dem Hochadel.[49] Danach wurde er anstelle seines Bruders Drusus zum Augur[50] ernannt, aber noch vor seiner Amtseinführung – in besonderer Anerkennung seiner Sohnestreue und seines Charakters – zum Oberpriester erhoben;[51] denn weil der Hof verlassen und aller anderen Stützen[52] beraubt, Seianus bereits als Feind verdächtigt war und bald darauf auch gestürzt wurde, konnte er sich allmählich immer mehr Hoffnung auf die Thronfolge machen. (2) Um diese noch zu bestärken, verführte er, nachdem Iunia im Kindbett gestorben war, Ennia Naevia, die Frau des Macro, des damaligen Präfekten der Prätorianerkohorten, zum Ehebruch[53] und versprach ihr sogar die Ehe für den Fall seiner Machtübernahme. Dieses Versprechen bekräftigte er sowohl durch einen Eid als auch durch ein entsprechendes Schriftstück. Nachdem er sich durch sie bei Macro eingeschmeichelt hatte, brachte er, wie manche meinen, Tiberius Gift bei und ließ ihm, als er noch atmete, den Ring[54] vom Finger ziehen; weil dieser ihn anscheinend nicht hergeben wollte, ließ er ein Kissen über ihn werfen und drückte ihm sogar mit eigener Hand die Kehle zu.[55] Einen Freigelassenen, der wegen dieser entsetzlichen Tat aufgeschrien hatte, ließ er sofort ans Kreuz schlagen.[56] (3) Und das alles ist auch sehr wahrscheinlich, da –

wie etliche Quellen überliefern – Caligula später selbst zugab, dass er den Mord zwar nicht ausgeführt, aber einst einen entsprechenden Plan entworfen habe. Immer wenn er auf die Liebe zu seiner Familie zu sprechen kam, soll er sich nämlich ständig damit gebrüstet haben, dass er, um die Ermordung seiner Mutter und seiner Brüder zu rächen, mit einem Dolch in das Gemach des schlafenden Tiberius eingedrungen sei, dann aber aus Mitleid seine Waffe weggeworfen und sich wieder zurückgezogen habe; und jener habe, obwohl er bemerkt hatte, was vorgefallen war, nicht gewagt, irgendwelche Nachforschungen anzustellen oder eine Strafe zu verhängen.

13 So erfüllte Caligula mit seiner Thronbesteigung[57] die Wünsche des römischen Volkes, ich könnte auch sagen, der ganzen Menschheit; er war der heiß ersehnte Prinzeps für die überwiegende Mehrheit der Provinzialen und Soldaten, weil die meisten ihn schon als Kleinkind gekannt hatten,[58] aber auch für die gesamte Bevölkerung von Rom, die sich an seinen Vater Germanicus erinnerte und mit seiner fast gänzlich ausgelöschten Familie[59] Mitleid empfand. Als er von Misenum[60] aufbrach, kam ihm daher, obwohl er Trauerkleider trug und den Leichenzug des Tiberius begleitete, inmitten der Altäre, Opfertiere und brennenden Fackeln eine dichtgedrängte jubelnde Menge entgegen, die ihm Glück wünschte und ihn »Stern«, »Küken«, »Bübchen« und »Kindchen« nannte.

14 (1) Nach seiner Ankunft in Rom wurde ihm sofort mit einhelliger Zustimmung des Senats und der in die Kurie eindringenden Menge die uneingeschränkte Regierungsgewalt übertragen; dabei wurde der Wille des Tiberius übergangen, der in seinem Testament seinen zweiten Enkel, der noch die Praetexta[61] trug, zu Gaius' Miterben bestimmt hatte.[62] Die allgemeine Begeisterung (über Caligulas Thronbesteigung) war so groß, dass innerhalb der nächsten nicht einmal vollen drei Monate angeblich über 160 000 Opfertiere geschlachtet wurden.

(2) Als er dann ein paar Tage später auf die Inseln vor der Küste Kampaniens übergesetzt war,[63] wurden Gelübde für seine (glückliche) Rückkehr abgelegt; niemand ließ sich auch nur die geringste Gelegenheit entgehen, um seine ernsthafte Sorge um sein Wohlergehen zu bekunden. Als er aber erkrankte, verbrachte das Volk ganze Nächte in der Nähe des Palatins, und es gab sogar Leute, die gelobten, mit Waffen für die Genesung des Kranken auf Leben und Tod zu kämpfen,[64] und andere, die auf Plakaten bekanntgaben, (für die Genesung des Prinzeps) ihr Leben opfern zu wollen.[65] (3) Zu dieser grenzenlosen Liebe seiner Mitbürger kam auch noch die bemerkenswerte Zuneigung von Ausländern hinzu. Denn der Partherkönig Artabanos, der aus seinem Hass auf Tiberius und seiner Verachtung für den Kaiser nie einen Hehl gemacht hatte,[66] erbat von sich aus Caligulas Freundschaft, kam zu einer Unterredung mit dem konsularischen Gesandten, überschritt den Euphrat und bezeugte den römischen Adlern und Feldzeichen sowie den Bildnissen der Caesaren seine Verehrung.[67]

15 (1) Auch Caligula selbst war immer wieder bestrebt, durch alle möglichen populären Aktionen die Sympathien, die die Menschen ihm entgegenbrachten, weiter zu mehren. Nachdem er unter vielen Tränen vor der Volksversammlung die Leichenrede für Tiberius[68] gehalten und ihn mit allem Pomp bestattet hatte, eilte er sofort nach Pandateria und zu den Pontischen Inseln,[69] um die Asche seiner Mutter und seines Bruders nach Rom zu überführen, und das trotz stürmischen Wetters, weil er seinen Familiensinn umso nachhaltiger herausstreichen wollte; ehrfürchtig näherte er sich ihren Überresten und barg sie eigenhändig in den Urnen. Und nicht weniger theatralisch brachte er sie auf seinem Zweiruderer mit der auf dem Heck aufgepflanzten kaiserlichen Standarte nach Ostia, von dort auf dem Tiber nach Rom und ließ sie um die Mittagszeit, als die Straßen voller Menschen waren, von den angesehensten Männern aus dem Ritterstand auf zwei Bahren ins Mausoleum tragen. Er stiftete ihnen jährliche religiöse Totenopfer von Staats wegen, seiner Mutter außerdem noch Circusspiele und einen Wagen, auf dem ihr Bildnis im Festzug mitgeführt werden sollte. (2) Zum Andenken an seinen Vater aber benannte er den Monat September um in Germanicus. Danach ließ er seiner Großmutter Antonia in einem einzigen Senatsbeschluss alle Ehrungen übertragen, die Livia Augusta jemals zuteil geworden waren.[70] Seinen Onkel Claudius, der damals nur römischer Ritter war, erhob er zu seinem Kollegen im Konsulat.[71] Seinen Bruder Tiberius[72] adoptierte er an dem Tag, an dem dieser die Männertoga anlegte, und ernannte ihn zum *princeps iuventutis*[73]. (3) Hinsichtlich seiner Schwestern verfügte er, dass allen Eidesformeln hinzugefügt werden solle: »Auch will ich weder mich selbst noch meine Kinder lieber haben als Gaius und seine Schwestern.«[74] Ebenso den Berichten der Konsuln (die Eingangsworte): »Segen und Heil dem C. Caesar und seinen Schwestern.«

(4) In einer ebenso populären Aktion setzte er die Verurteilten und Verbannten wieder in ihre Rechte ein. Er kassierte alle Anklagen, die aus der früheren Zeit noch anhängig waren.[75] Sämtliche Akten, die sich auf die Prozesse gegen seine Mutter und Brüder bezogen, ließ er aufs Forum bringen und verbrennen,[76] damit kein Informant oder Zeuge künftig mehr etwas zu befürchten habe;[77] vorher hatte er mit lauter Stimme die Götter als Zeugen angerufen, dass er nichts von alledem gelesen oder in die Hand genommen habe. Als ihm jemand die schriftliche Anzeige eines Anschlags auf sein Leben überreichen wollte, nahm er sie nicht entgegen, indem er versicherte, er habe nichts getan, dessentwegen er jemandem verhasst sein könnte, und erklärte, dass er Denunzianten kein Gehör schenke.

16 (1) Die Lustknaben, mit denen Tiberius seinen perversen Neigungen frönte,[78] entfernte er aus der Stadt, nachdem er sich nur mühsam dazu hatte erweichen lassen, sie nicht im Meer zu ertränken. Er gestattete, dass die Schriften des Titus Labienus, des Cordus Cremutius[79] und des Cassius Severus, die per Senatsbeschluss vernichtet werden sollten, wieder hervorgesucht, verbreitet und gelesen wurden, weil er, wie er sagte, sehr daran interessiert sei, dass alles, was geschehen sei, der Nachwelt überliefert werde.[80] Die Rechenschaftsberichte über den Staatshaushalt, die Augustus vorzulegen pflegte,[81] Tiberius aber ausgesetzt hatte, machte er wieder publik. (2) Den Magistraten gestand er eine freie Rechtsprechung zu, ohne dass man bei ihm Berufung einlegen konnte. Die römischen Ritter musterte er streng und sorgfältig, doch durchaus maßvoll, nahm denen öffentlich das Pferd, die etwas Schmachvolles oder Schändliches begangen hatten, während er die Namen derer, die eine geringere Schuld auf sich geladen hatten, beim Verlesen der Liste einfach nur überging.[82] Um den Richtern die Arbeit zu erleichtern, fügte er zu den vier früheren Dekurien eine fünfte hinzu. Durch die Wiedereinführung der traditionellen Wahlversammlungen versuchte er sogar, dem Volk das Wahlrecht zurückzugeben.[83] (3) Obwohl es für ungültig erklärt worden war, ließ er die Vermächtnisse aus dem Testament des Tiberius gewissenhaft und ohne irgendwelche Finten bar auszahlen, ebenso die Legate aus dem Testament der Iulia Augusta, das Tiberius nicht anerkannt hatte.[84] Für Italien verzichtete er auf die bei Versteigerungen anfallende Steuer von einem halben Prozent.[85] Vielen Leuten ersetzte er die durch Brände entstandenen Verluste.[86] Und wenn er Königen ihr Herrschaftsgebiet zurückgab, erstattete er ihnen auch den gesamten in der Zwischenzeit[87] angefallenen Betrag an Steuern und Einkünften, so zum Beispiel Antiochos von Kommagene die von Staats wegen eingezogene Summe von 100 Millionen Sesterzen. (4) Und um zu demonstrieren, dass er jede edle Tat zu würdigen wusste, schenkte er einer Freigelassenen 800 000 Sesterzen, weil sie sich, obwohl sie aufs Schlimmste gemartert und gefoltert wurde, nicht zu dem Verbrechen ihres Patrons geäußert hatte. Wegen dieser Verdienste wurde ihm neben all den anderen Ehren ein goldener Schild verliehen, den die Priesterkollegien jedes Jahr an einem bestimmten Tag auf das Kapitol bringen sollten, wobei der Senat das Geleit geben und vornehme Jungen und Mädchen Lobgesänge auf die Tugenden des Prinzeps darbringen sollten. Außerdem wurde beschlossen, den Tag seiner Thronbesteigung »Parilia« zu nennen, gleichsam zum Zeichen dafür, dass Rom zum zweiten Mal gegründet worden war.

17 (1) Caligula bekleidete vier Konsulate, das erste ab dem 1. Juli für zwei Monate, das zweite ab dem 1. Januar für 30 Tage, das dritte bis zum 15. Januar, das vierte nur bis zum 7. desselben Monats. Von allen diesen Konsulaten bekleidete er nur die beiden letzten in aufeinanderfolgenden Jahren.[88] Das dritte aber trat er ohne Kollegen in Lugdunum[89] an, nicht, wie manche meinen, aus Hochmut oder Rücksichtslosigkeit, sondern weil er, da er nicht in Rom war, nicht wissen konnte, dass sein Kollege am 1. Januar verstorben war. (2) Dem Volk ließ er zweimal eine Geldspende von jeweils 300 Sesterzen[90] pro Person zukommen, ebenso oft veranstaltete er für den Senat und den Ritterstand sowie für die Ehefrauen und Kinder beider Stände ein äußerst opulentes Bankett; bei dem zweiten Bankett[91] ließ er darüber hinaus an die Männer Prunkgewänder verteilen, an die Frauen und Jungen purpur- und scharlachfarbene Kopfbinden. Und um die Dauer der öffentlichen Lustbarkeiten für alle Zeiten zu verlängern, fügte er den Saturnalien[92] einen weiteren Tag hinzu und nannte ihn »Tag der Jugend«.

18 (1) Er gab etliche Gladiatorenspiele, teils im Amphitheater des Taurus,[93] teils in den Saepten, bei denen er zusätzlich Gruppen von afrikanischen und kampanischen Faustkämpfern auftreten ließ, den besten aus beiden Regionen. Bei den Darbietungen führte er nicht immer selbst den Vorsitz, sondern beauftragte bisweilen auch Magistrate oder Freunde mit dieser Aufgabe.[94] (2) Er veranstaltete ständig und an vielen Orten Bühnenaufführungen unterschiedlicher Art, einmal sogar bei Nacht, wobei die ganze Stadt mit Fackeln erleuchtet war. Er ließ auch alle möglichen Geschenke[95] in die Menge werfen und jedem Bürger einen Korb mit Lebensmitteln zuteilen. Bei einer solchen öffentlichen Speisung schickte er einem römischen Ritter, der ihm gegenübersaß und sehr vergnügt und mit großem Appetit zulangte, auch seine eigene Portion, einem Senator aus demselben Grund aber eine Urkunde, mit der er ihn zum Prätor außer der Reihe ernannte. (3) Ferner gab er sehr viele Circusspiele, die von morgens bis abends dauerten und in die mal eine Jagd auf afrikanische Raubtiere, mal ein Trojaspiel[96] eingeschoben wurde; bei einigen ganz besonderen war die Rennbahn mit Mennige und Berggrün[97] bestreut, und die Wagenlenker gehörten alle dem Senatorenstand an. Einmal gab er auch ganz spontan Circusspiele, nachdem ihn – er beobachtete gerade vom Haus des Gelotius aus das Treiben im Circus – ein paar Leute, die auf den nächstgelegenen Balkonen[98] standen, dazu aufgefordert hatten.

19 (1) Außerdem dachte er sich eine gänzlich neue Art von Schauspiel aus. Denn er verband Baiae und die Mole von Puteoli, eine Distanz von etwa drei Meilen und 600 Schritt [etwa 5,5 km], durch eine Brücke, indem er von überallher Lastschiffe zusammenzog, sie in doppelter Reihe vor Anker gehen, sie mit Erde bedecken und eine Trasse nach dem Vorbild der Via Appia anlegen ließ. (2) Diese Brücke überquerte er zwei Tage hintereinander in beide Richtungen, am ersten Tag auf einem prachtvoll geschirrten Pferd, wobei er sich selbst mit Eichenkranz[99], Schild, Schwert und golddurchwirktem Reitermantel präsentierte, am nächsten Tag als Wagenlenker gewandet[100] auf einem von berühmten Pferden gezogenen Zweispänner, während der junge Dareios, eine der parthischen Geiseln, vor ihm einherging; begleitet wurde Caligula von einem Trupp Prätorianer sowie einer Schar von Freunden in Reisewagen.[101] (3) Ich weiß, dass sehr viele der Ansicht waren, Gaius habe sich eine solche Brücke ausgedacht, um mit Xerxes zu konkurrieren, der sehr bewundert wurde, weil er den um einiges schmaleren Hellespont überbrückt hatte[102]; andere meinten, er habe die Absicht gehabt, Germanien und Britannien, gegen die er zu Felde ziehen wollte, durch die Kunde von irgendeinem gewaltigen Bauwerk in Schrecken zu versetzen. Doch als Junge habe ich meinen Großvater des Öfteren erzählen hören, kaiserliche Vertraute am Hofe hätten ihm den wahren Grund für das Werk verraten: Der Astrologe Thrasyllus habe dem Tiberius, der wegen seines Nachfolgers beunruhigt gewesen sei und seinen leiblichen Enkel[103] bevorzugte, versichert, Gaius werde genauso wenig Kaiser werden, wie er die Bucht von Baiae mit einem Pferdegespann überqueren könne.

20 Auch im Ausland gab er Spiele, in Syrakus auf Sizilien städtische[104] und in Lugdunum in Gallien solche, die aus verschiedenen Teilen bestanden; dort veranstaltete er aber auch einen Wettstreit in griechischer und lateinischer Beredsamkeit, bei dem der Überlieferung nach die Besiegten den Siegern Belohnungen zahlten und gezwungen wurden, Lobreden auf sie zu verfassen; die Teilnehmer jedoch, die am wenigsten gefallen hatten, wurden angeblich angewiesen, ihre Schriften mit dem Schwamm oder mit der Zunge auszulöschen, wenn sie nicht lieber mit Ruten gezüchtigt oder im nächstgelegenen Fluss [Rhône oder Saône] untergetaucht werden wollten.

21 Die Bauten, die unter Tiberius halbfertig geblieben waren, nämlich den Augustus-Tempel und das Theater des Pompeius,[105] ließ Caligula vollenden. In der Gegend von Tibur begann er mit dem Bau eines Aquädukts und bei den Saepten mit dem eines Amphitheaters; das erste Projekt wurde von seinem

Nachfolger Claudius zu Ende geführt,[106] das zweite wieder aufgegeben. In Syrakus wurden die infolge ihres hohen Alters eingestürzten Stadtmauern und Tempel der Götter wiederaufgebaut. Er hatte auch geplant, auf Samos den Palast des Polykrates wieder in Stand zu setzen, in Milet das Didymeion[107] zu vollenden und auf dem Joch der Alpen eine Stadt zu gründen; vor allem aber wollte er in Griechenland den Isthmos durchstechen[108] und hatte bereits einen Primipilaren[109] entsandt, um die entsprechenden Vermessungen vornehmen zu lassen.[110]

22 (1) Bis hierhin habe ich sozusagen von ihm als Prinzeps berichtet, im Folgenden muss ich mich mit dem Ungeheuer befassen.

Caligula hatte bereits mehrere Beinamen angenommen – er wurde nämlich sowohl »der Fromme«, »Sohn des Feldlagers«, »Vater der Heere« als auch »größter und bester Caesar« genannt. Als er einmal zufällig hörte, wie einige Könige, die, um ihm ihre Reverenz zu erweisen, in die Stadt gekommen waren, sich bei einem Essen in seinem Palast über den Adel ihrer Abkunft stritten, rief er (auf Griechisch) aus: »Nur einer sei Herrscher, einer König allein!«[111] Und beinahe hätte er sofort das Diadem angelegt und den Prinzipat auch der äußeren Form nach in eine Königsherrschaft umgewandelt. (2) Aber nachdem man ihn darauf hingewiesen hatte, dass er bereits weit über allen Fürsten und Könige stehe, nahm er dies zum Anlass, sich göttliche Erhabenheit anzumaßen. So erteilte er den Auftrag, Götterbilder von besonderem kultischen und künstlerischen Wert, darunter auch das des Zeus von Olympia,[112] aus Griechenland herbeizuschaffen, ihnen die Köpfe abzunehmen und durch seinen eigenen zu ersetzen. Er ließ einen Teil des Palastes bis zum Forum hin erweitern, machte so den Tempel des Kastor und Pollux zur Vorhalle seines Palasts und stellte sich häufig zwischen die göttlichen Brüder, um sich von seinen Besuchern anbeten zu lassen; manche begrüßten ihn sogar als

»Iuppiter Latiaris«.[113] (3) Außerdem stiftete er seiner Göttlichkeit einen eigenen Tempel samt Priestern und ganz außergewöhnlichen Opfertieren. Im Tempel stand seine lebensgroße goldene Porträtstatue, die täglich mit dem Gewand bekleidet wurde, das er selbst auch trug. Sich gegenseitig überbietend, setzten gerade die reichsten Männer all ihren Ehrgeiz und ihre finanziellen Mitteln ein, um eines der Priesterämter zu erhalten. Opfertiere waren Flamingos, Pfauen, Auerhähne, numidische Hühner, Perlhühner und Fasane, die täglich, nach Arten getrennt, geopfert werden sollten.[114] (4) Und bei Nacht lud er immer wieder den strahlenden Vollmond ein, in seine Arme zu kommen und mit ihm zu schlafen, tagsüber aber sprach er heimlich mit dem kapitolinischen Iuppiter, indem er ihm bald etwas zuflüsterte und ihm selbst sein Ohr darbot, bald laut mit ihm sprach und ihn beschimpfte. Einmal nämlich hörte man, wie er ihm (auf Griechisch) drohte: »Hebe du mich oder ich dich!«[115] Schließlich ließ er sich, wie er zu erzählen pflegte, erweichen und kam der Einladung des Gottes, mit ihm zusammenzuwohnen, nach, indem er über den Tempel des vergöttlichten Augustus eine Brücke baute und das Palatium mit dem Kapitol verband. Bald darauf ließ er, um dem Gott noch näher zu sein, auf dem Platz des Kapitols die Fundamente für ein neues Wohnhaus legen.[116]

23 (1) Wegen Agrippas niederer Herkunft [er war Ritter] wollte er weder als dessen Enkel angesehen noch so bezeichnet werden und war wütend, wenn ihn jemand in einer Rede oder einem Gedicht unter die Ahnen der Caesaren einreihte. Vielmehr brüstete er sich damit, dass seine Mutter die Frucht eines Inzests sei, den Augustus mit seiner Tochter Iulia begangen habe. Und sich mit dieser Verleumdung des Augustus nicht begnügend, verbot er, dessen Siege bei Actium und Sizilien[117] mit jährlichen Festen zu feiern, weil sie für das römische Volk leidvoll und verderblich gewesen seien. (2) Seine Urgroßmutter Livia Augusta bezeichnete er häufig als »Odysseus in Frauenkleidern« und wagte es sogar, ihr in einem Brief an den Senat ihre niedere Herkunft[118] vorzuhalten, da ihr Großvater mütterlicherseits nur Gemeinderat in Fundi gewesen sei, obwohl offizielle Urkunden beweisen, dass Aufidius Lurco in Rom Ämter bekleidet hatte.[119] Seiner Großmutter Antonia schlug er ein von ihr gewünschtes Gespräch unter vier Augen ab, es sei denn, der Präfekt Macro sei dabei zugegen, und verursachte durch derartige Niederträchtigkeiten und Gemeinheiten ihren Tod, wobei er noch, wie manche glauben, mit Gift nachgeholfen haben soll.[120] Er erwies der Verstorbenen nicht die geringste Ehre[121] und schaute von seinem Esszimmer aus auf den (in der Ferne) brennenden Scheiterhaufen. (3) Seinen nichtsahnenden Bruder[122] Tiberius ließ er durch einen zu ihm geschickten Militärtribun unversehens umbringen. Er zwang auch seinen Schwiegervater Silanus, in den Tod zu gehen und sich mit einem Rasiermesser die Kehle durchzuschneiden. Als Gründe für sein Verhalten schob er vor, dass Silanus sich ihm nicht angeschlossen habe, als er bei stürmischem Wetter in See stach,[123] und zurückgeblieben sei, in der Hoffnung, sich Roms zu bemächtigen, falls ihm selber bei den Unwettern etwas zustoßen sollte;[124] Tiberius aber habe nach einem Gegengift gerochen, das er gleichsam vorbeugend genommen habe, weil er fürchtete, von ihm vergiftet zu werden.[125] Dabei litt Silanus an Seekrankheit und hatte nur die Beschwerlichkeit einer Schiffsreise vermeiden wollen, während Tiberius wegen eines hartnäckigen und immer schlimmer werdenden Hustens eine Arznei eingenommen hatte. Seinen Onkel Claudius verschonte Caligula freilich nur, um sich über ihn lustig machen zu können.[126]

24 (1) Mit allen seinen Schwestern hatte er inzestuöse sexuelle Beziehungen,[127] und bei Banketten, an denen viele Gäste teilnahmen, pflegte er ihnen abwechselnd den Platz unter ihm zuweisen, während seine Ehefrau oberhalb von ihm lag. Seine noch jungfräuliche Schwester Drusilla soll er, als er selbst noch die Praetexta[128] trug, missbraucht haben, und einmal wurde er angeblich sogar von seiner Großmutter Antonia, bei der die Geschwister gemeinsam aufwuchsen, dabei ertappt, wie er mit ihr schlief. Später, als Drusilla mit Lucius Cassius Longinus, einem ehemaligen Konsul, verheiratet war, nahm er sie ihm wieder weg und behandelte sie in aller Öffentlichkeit wie seine rechtmäßige Ehefrau. Während einer Krankheit bestimmte er sie sogar zur Erbin seines Vermögens und seines Throns. (2) Nach ihrem Tod verkündete er den Stillstand der Gerichte[129]; während dieser Zeit galt Lachen, Baden und das gemeinsame Essen mit den Eltern, der Ehefrau oder den Kindern als Kapitalverbrechen. Und weil er den Schmerz (über ihren Verlust) nicht aushalten konnte, floh er eines Nachts plötzlich aus Rom, eilte durch Kampanien und begab sich nach Syrakus, von wo aus er aber, unrasiert und mit langem Haar (als Zeichen der Trauer), schnell wieder zurückkehrte. Später leistete er niemals mehr, so bedeutend die Anlässe auch sein mochten, einen Eid, ohne auf Drusillas Göttlichkeit zu schwören, und er tat dies auch vor der Volksversammlung oder vor den Soldaten.[130] (3) Die anderen Schwestern liebte er weder mit derselben Leidenschaft noch mit derselben Ehrerbietung, so dass er sie des Öfteren seinen Lustknaben zur Verfügung stellte; umso leichter fiel es ihm, sie im Prozess des Aemilius Lepidus[131] zu verurteilen unter dem Vorwand, sie seien Ehebrecherinnen und hätten von einem auf ihn geplanten Anschlag gewusst. Er machte nicht nur handschriftlich verfasste Briefe aller Beteiligten, die er mit List und Tücke und durch seine Verführungskünste an sich gebracht hatte, öffentlich bekannt, sondern weihte auch drei für seine Ermordung bestimmte Schwerter dem Mars Ultor[132] und ließ eine erklärende Inschrift hinzufügen.

25 (1) Ob es schamloser war, wie er seine Ehen einging, beendete oder fortführte, lässt sich nicht leicht entscheiden. Als Livia Orestilla gerade C. Piso heiraten wollte, befahl er – er war höchstpersönlich bei der Feier erschienen –, sie in seinen Palast zu bringen, und nachdem er sie nach wenigen Tagen wieder verstoßen hatte, schickte er sie zwei Jahre später in die Verbannung[133], weil sie in der Zwischenzeit angeblich wieder sexuelle Beziehungen zu ihrem früheren Ehemann aufgenommen hatte. Nach anderen Quellen sagte er beim Hochzeitsessen, zu dem er geladen war, zu Piso, der ihm gegenüber lag: »Komm meiner Frau nicht zu nahe«. Er führte sie umgehend vom Bankett mit sich fort und gab tags drauf per Edikt bekannt: Er habe sich nach dem Beispiel des Romulus und Augustus eine Frau gesucht.[134] (2) Lollia Paulina, die Frau des gewesenen Konsuls C. Memmius, der damals ein Heer kommandierte, ließ er, als einmal die Rede auf ihre einst überaus schöne Großmutter gekommen war, daraufhin sofort aus der Provinz herbeizitieren, veranlasste ihren Mann, sie mit ihm zu verloben,[135] und heiratete sie dann; kurze Zeit später gab er ihr den Laufpass[136] und verbot ihr, jemals wieder mit einem Mann zu schlafen. (3) Caesonia, die weder besonders hübsch noch jung war, von einem anderen Mann bereits drei Töchter hatte, aber ein überaus ausschweifendes und zügelloses Leben führte, liebte er mit mehr Leidenschaft und auch über längere Zeit. Oft ließ er sie mit Kriegsmantel, Schild und Helm geschmückt an seiner Seite reiten und zeigte sie so den Soldaten, seinen Freunden aber sogar auch nackt. Mit dem Titel einer Ehefrau beehrte er sie erst, nachdem sie ein Kind auf die Welt gebracht hatte, und an ein und demselben Tag präsentierte er sich als ihr Ehemann und als Vater des von ihr geborenen Kindes. (4) Er trug das Kind, das den Namen Iulia Drusilla erhielt, durch die Tempel aller Göttinnen, setzte es der Minerva auf den Schoß und bat diese, es zu nähren und aufzuziehen.[137] Und davon, dass die Kleine sein eigen Fleisch und Blut war, überzeugte ihn nichts so sehr wie ihr wildes Temperament, das bei ihr auch schon damals so ausgeprägt war, dass sie mit ihren Fingern auf die Gesichter und Augen der mit ihr spielenden Kinder losging.

26 (1) Unerheblich und uninteressant dürfte es wohl sein, jetzt auch noch davon zu erzählen, wie er seine Angehörigen und Freunde behandelte, etwa Ptolemaios, den Sohn des Königs Iuba, seinen Vetter – dieser war nämlich auch ein Enkel des M. Antonius[138], weil er der Sohn von dessen Tochter Selene war –, und insbesondere Macro und Ennia, die ihm zum Thron verholfen hatten.[139] Statt ihnen das zukommen zu lassen, worauf sie als Verwandte ein Recht hatten, und statt ihnen für ihre Verdienste dankbar zu sein, bereitete er ihnen allen ein blutiges Ende.[140]

(2) Keineswegs ehrerbietiger oder milder zeigte er sich dem Senat gegenüber. Einige Männer, die höchste Ämter bekleidet hatten, ließ er in der Toga einige Tausend Doppelschritt neben seinem Reisewagen herlaufen, und wenn er dinierte, ließ er sie, nur mit einem Leinenschurz bekleidet,[141] mal an der Kopflehne (seines Speisesofas), mal zu seinen Füßen Aufstellung nehmen. Andere, die er heimlich hatte umbringen lassen, ließ er im Senat dennoch weiterhin aufrufen, so als ob sie noch lebten, und erklärte wider besseres Wissen ein paar Tage später, sie seien freiwillig in den Tod gegangen. (3) Die Konsuln, die vergessen hatten, anlässlich seines Geburtstages ein Edikt zu erlassen, enthob er ihrer Funktion,[142] und so war der römische Staat drei Tage lang ohne seine höchsten Amtsträger. Seinen Quästor, dessen Name im Zusammenhang mit einer Verschwörung genannt worden war, ließ er auspeitschen.[143] Er hatte ihn entkleiden und seine Kleider unter den Füßen der Soldaten ausbreiten lassen, damit diese, wenn sie ihn geißelten, einen festen Stand hätten.

(4) Mit ähnlicher Arroganz und Brutalität behandelte er auch die übrigen Stände. Weil er sich durch den Lärm derer, die mitten in der Nacht die kostenlosen Plätze im Circus besetzten, in seiner Ruhe gestört fühlte, ließ er alle mit Knüppeln verjagen. In dem daraufhin entstehenden Gedränge wurden mehr als 20 römische Ritter, ebenso viele vornehme Frauen und eine unzählige Menge anderer Personen zu Tode gedrückt. Bei Theateraufführungen pflegte er, das Volk und die Ritterschaft gegeneinander aufbringend, frühzeitig Freikarten[144] auszugeben, damit die Plätze der Ritter auch von Leuten niedrigsten Standes eingenommen werden konnten. (5) Bei einem Gladiatorenspiel ließ er manchmal, gerade wenn die Sonne am höchsten stand, die Sonnensegel zurückziehen und verbot allen, ihre Plätze zu verlassen, und nachdem das übliche Inventarium entfernt worden war, schickte er klapprige Tiere und abgewrackte alterschwache Gladiatoren in die Arena und ließ als besonderen Spaß ehrbare Familienväter, die aber irgendein körperliches Gebrechen hatten, Waffenspiele aufführen. Und bisweilen hielt er die Kornscheuern verschlossen und verordnete dem Volk eine Hungersnot.

27 (1) Sein grausames Wesen zeigte er insbesondere in folgenden Handlungen. Als das Fleisch, mit dem die – für eine Veranstaltung bestimmten – Raubtiere gefüttert werden sollten, zu teuer war, bestimmte er einige Verbrecher, die ihnen stattdessen zum Fraß vorgeworfen werden sollten. Bei der (in diesem Zusammenhang vorgenommenen) Inspektion der Gefängnisse schaute er bei keinem Häftling auf das Strafregister, sondern stand nur mitten in der Halle und gab den Befehl, sie »von einem Kahlkopf bis zum anderen«[145] abzuführen. (2) Von einem Mann, der versprochen hatte, für die Genesung des Kaisers als Gladiator aufzutreten, forderte er die Einlösung seines Gelübdes, schaute zu, wie er mit dem Schwert kämpfte, und entließ ihn erst aus der Arena, nachdem er gesiegt hatte, und auch dann erst nach vielen Bitten. Einen anderen, der aus demselben Grund gelobt hatte, sein Leben hinzugeben, übergab er, als er damit zögerte, seinen Sklaven und wies sie an, ihn, mit heiligen Zweigen bekränzt und einer Kopfbinde geschmückt,[146] durch die Straßen zu treiben und die Erfüllung seines Gelübdes zu verlangen, bis er sich schließlich von einem Wall hinabstürzte.[147] (3) Viele ehrbare Männer ließ er zuerst durch ein Brandmal stigmatisieren und verurteilte sie dann zur Zwangsarbeit im Bergwerk, beim Straßenbau oder zum Kampf mit wilden Tieren. Manchmal sperrte er sie wie Raubtiere in Käfige, in denen sie nur auf allen vieren kriechen konnten,[148] oder ließ sie in der Mitte durchsägen, nicht alle aus schwerwiegenden Gründen, sondern weil sie sich angeblich etwa über ein von ihm gegebenes Schauspiel negativ geäußert oder niemals bei seinem Schutzgeist[149] geschworen hatten. (4) Eltern zwang er, bei der Hinrichtung ihrer Söhne zugegen zu sein. Einem Vater, der sich mit seiner angeschlagenen Gesundheit entschuldigte, schickte er eine Sänfte, einen anderen führte er von der Richtstätte sofort zu einem Festgelage und forderte ihn sehr freundlich auf, fröhlich und vergnügt zu sein. Einen Aufseher über Gladiatorenspiele und Tierhetzen ließ er mehrere Tage hintereinander vor seinen Augen mit Ketten schlagen und erst dann töten, als er sich durch den Gestank des in Verwesung übergegangenen Gehirns belästigt fühlte. Den Dichter einer Atellane[150] ließ er wegen eines kleinen Verses, der einen zweideutigen Witz enthielt, mitten in der Arena des Amphitheaters verbrennen. Ein römischer Ritter sollte den wilden Tieren zum Fraß vorgeworfen werden. Als dieser seine Unschuld beteuerte, ließ er ihn abführen, ihm die Zunge abschneiden und dann wieder in die Arena zurückbringen.

28 Einen Mann, den er aus einer langjährigen Verbannung zurückgerufen hatte, fragte er, was er dort denn so immer getrieben habe. Als dieser, um ihm zu schmeicheln, antwortete:

»Ich habe stets zu den Göttern gebetet, dass, was ja auch geschehen ist, Tiberius umkommen und du Kaiser werden mögest«, glaubte er, dass auch die von ihm Verbannten seinen Tod herbeiwünschten, und schickte Männer auf alle Inseln[151], um sie allesamt umbringen zu lassen. Als er einmal einen Senator in Stücke reißen lassen wollte, stiftete er einige Männer dazu an, ihn, wenn er die Kurie betrat, plötzlich als Staatsfeind zu bezeichnen, ihn anzugreifen, mit Schreibgriffeln zu durchbohren und dann den anderen zu übergeben, die ihn in Stücke reißen sollten. Und er gab sich erst zufrieden, als er gesehen hatte, dass die Gliedmaßen und Eingeweide des Senators durch die Straßen geschleift und vor ihm aufgehäuft worden waren.[152]

29 (1) Die Unmenschlichkeit seiner Handlungen steigerte er noch durch seine brutale Sprache. So pflegte er zu sagen, an seinem Charakter lobe und preise er nichts mehr als – um ihn wörtlich zu zitieren – seine ἀδιατρεψία, das heißt seine Schamlosigkeit. Seiner Großmutter Antonia, die ihn ermahnte, antwortete er, so als sei es noch nicht genug, dass er ihr nicht gehorchte: »Denke daran, dass mir alles und alles gegenüber allen erlaubt ist.« Als er die Ermordung seines Bruders[153] plante, den er verdächtigte, er schütze sich aus Angst vor einem Giftanschlag durch die Einnahme von Gegengiften, sagte er: »Ein Gegenmittel gegen Caesar?« Seinen verbannten Schwestern gegenüber drohte er, er besitze nicht nur Inseln, sondern auch Schwerter.[154] (2) Ein Mann im Range eines Prätors, der sich aus Gesundheitsgründen nach Antikyra zurückgezogen hatte, äußerte von dort aus mehrfach den Wunsch nach einer Urlaubsverlängerung.[155] Als Caligula seinen Tod in Auftrag gab, fügte er hinzu, der Mann brauche einen Aderlass, da ihm die Nieswurz[156] so lange nicht geholfen habe. Wenn er jeweils am zehnten Tag[157] die Liste der Gefangenen unterschrieb, die hingerichtet werden sollten, pflegte er zu erklären, er bringe seine

Rechnung ins Reine. Als er einmal einige Gallier und Griechen gleichzeitig verurteilt hatte, brüstete er sich wiederholt, er habe Gallogräzien[158] unterworfen.

30 (1) Er ließ niemanden einfach nur so, sondern nur durch häufige schwache Schläge töten, wobei seine ständige, bereits bekannte Anweisung (an den Henker) lautete: »Triff ihn so, dass er fühlt, wie er stirbt.« Nachdem aufgrund einer Namensverwechslung[159] einmal ein anderer als der, den er eigentlich vorgesehen hatte, hingerichtet worden war, sagte er nur, auch dieser habe genau das verdient. Immer wieder zitierte er jenen bekannten Vers eines Tragikers: »Mögen sie (mich) hassen, wenn sie (mich) nur fürchten.«[160]

(2) Des Öfteren wetterte er ohne Unterschied gegen alle Senatoren, warf ihnen vor, Klienten des Seianus und Denunzianten seiner Mutter und Brüder zu sein, und legte Schriftstücke vor, die er angeblich verbrannt hatte.[161] Außerdem rechtfertigte er die Grausamkeit des Tiberius als quasi notwendige Reaktion, da er so vielen Anklägern ja habe glauben müssen. Den Ritterstand beleidigte er fortwährend, indem er ihn einer allzu großen Leidenschaft für Theateraufführungen und Gladiatorenkämpfe bezichtigte. Erbost über die Menge, die ein anderes Team als er selbst (beim Wagenrennen) begünstigte, rief er aus: »Ach, wenn doch das römische Volk nur einen einzigen Hals hätte!«[162] Als die Zuschauer einmal forderten, der Straßenräuber Tetrinius solle (in der Arena) auftreten, sagte er, auch die Leute, die das forderten, seien Tetriniusse. (3) Fünf nur mit der Tunika bekleidete Netzkämpfer, die als Mannschaft antraten, hatten sich kampflos ebenso vielen Sekutoren[163] ergeben. Als der Befehl erging, sie alle zu töten, griff einer der Netzkämpfer wieder zum Dreizack und brachte alle Sieger um. In einem Edikt beklagte Caligula dieses Gemetzel als überaus grausam und verfluchte diejenigen, die es über sich gebracht hatten, dabei zuzuschauen.

31 Er pflegte auch in aller Öffentlichkeit über die Zeitumstände, in denen er lebte, zu jammern, da sich in ihnen keine allgemeinen Katastrophen ereigneten; der Prinzipat des Augustus sei durch die Niederlage des Varus[164] und der des Tiberius durch den Einsturz des Amphitheaters bei Fidenae[165] in bleibender Erinnerung; seine Herrschaft aber drohe, da alles überall zum Besten bestellt sei, in Vergessenheit zu geraten; und so wünschte er sich immer wieder den Untergang seiner Heere, eine Hungersnot, eine Pest, Feuersbrünste oder irgendein Erdbeben.

32 (1) Auch wenn er sich beim Spielen oder Essen entspannte, bewies er dieselbe Grausamkeit in Wort und Tat. Oft wurden, während er speiste oder zechte, vor seinen Augen peinliche Verhöre auf der Folter angestellt, und ein Soldat, ein Enthauptungsspezialist, schlug irgendwelchen Gefangenen den Kopf ab. In Puteoli, bei der Einweihung der Brücke, deren Bau er, wie berichtet,[166] sich selbst ausgedacht hatte, lud er viele Zuschauer, die am Ufer standen, ein, zu ihm zu kommen, ließ plötzlich alle (von der Brücke) hinabstürzen und einige, die sich an die Steuerruder klammerten, mit Stangen und Rudern ins Meer zurückstoßen. (2) In Rom übergab er bei einem öffentlichen Gastmahl einen Sklaven, weil er von einem Sofagestell eine silberne Platte entwendet hatte, auf der Stelle dem Henker, ließ ihm die abgeschnittenen Hände um den Hals vor die Brust hängen und dann zwischen den Speisenden herumführen. Dabei wurde eine Tafel vor ihm hergetragen, auf dem der Grund für die Strafe angegeben war. Einen Murmillo[167] aus der Gladiatorenschule, der mit Holzschwertern mit ihm übte und sich absichtlich zu Boden stoßen ließ, durchbohrte er mit einem ehernen (echten) Dolch und stolzierte, ganz wie ein Sieger, mit einem Palmzweig umher. (3) Als Opferdiener gewandet und ausgestattet schwang er, als das Opfertier bereits am Altar stand, das Schlachtbeil hoch in die Luft und erschlug

den Opferschlächter. Bei einem festlichen Bankett brach er plötzlich in schallendes Gelächter aus, und als die Konsuln, die ihm zur Seite lagen, sich höflich nach dem Grund seines Lachens erkundigten, sagte er: »Weshalb ich lache? Weil ein Wink von mir genügt, euch beiden auf der Stelle die Kehle durchschneiden zu lassen!«

33 Zu seinen diversen Scherzen gehörten auch die folgenden: Als er, neben einer Statue Iuppiters stehend, den Tragödienschauspieler Apelles gefragt hatte, wen von beiden er für bedeutender halte,[168] ließ er ihn, weil er mit seiner Antwort zögerte, auspeitschen, und als dieser um Gnade bat, lobte er immer wieder seine Stimme: Sie sei auch, wenn er jammere, noch sehr lieblich. Immer wenn er den Hals seiner Ehefrau oder Geliebten küsste, pflegte er hinzuzusetzen: »Auch ein so schöner Nacken wird fallen, sobald ich es befehle.« Ja, er prahlte sogar wiederholt damit, dass er aus seiner Caesonia, wenn nötig auch auf der Folter[169], schon herausbringen werde, warum er sie so sehr liebe.[170]

34 (1) Nicht geringer als seine Arroganz und Grausamkeit waren die Missgunst und Bösartigkeit, mit der er gegen fast alle Menschen aller Zeiten vorging. Die Standbilder berühmter Männer, die Augustus wegen Platzmangels vom Kapitol aufs Marsfeld versetzt hatte, ließ er umstürzen und so zertrümmern, dass man sie nicht mehr wiederherstellen und ihren Inschriften zuordnen konnte. Außerdem verbot er, künftig für irgendeinen Lebenden irgendwo eine Statue zu errichten oder eine Büste zu weihen, außer wenn man ihn vorher gefragt und er seine Erlaubnis gegeben hatte. (2) Er dachte sogar daran, die Gesänge Homers zu vernichten. Warum nämlich, sagte er, solle es ihm nicht erlaubt sein, was Platon erlaubt war, der ihn ja aus dem von ihm entworfenen Staat verbannt hätte.[171] Beinahe hätte er jedoch auch die Schriften und Bildnisse des Vergil und des Titus Livius[172] aus sämtlichen Bibliotheken entfernen las-

sen, da er dem einen seine Talentlosigkeit und fehlende Bildung vorwarf, dem anderen seine allzu wortreiche und nachlässige Form der Geschichtsschreibung. Auch im Hinblick auf die Rechtsgelehrten brüstete er sich des Öfteren – wie wenn er ihre gesamte Wissenschaft abschaffen wollte –, er werde, beim Herkules, schon dafür sorgen, dass sie ohne ihn keine Rechtsauskünfte mehr erteilen könnten.

35 (1) Gerade den erlauchtesten Männern nahm er die alten Ehrenzeichen ihrer Familien, Torquatus die Halskette, Cincinnatus die Haarlocke,[173] dem aus altem Geschlecht stammenden Cn. Pompeius den Beinamen »der Große«. Ptolemaios, von dem wir oben berichtet haben,[174] hatte er aus seinem Reich zu sich gerufen und mit allen Ehren empfangen. Ihn ließ er ganz unvermutet allein deswegen umbringen, weil er gesehen hatte, dass dieser, als er bei einem von ihm gegebenen Gladiatorenspiel das Amphitheater betrat, durch seinen prachtvollen Purpurmantel die Augen aller auf sich zog.[175] (2) Immer wenn ihm gutaussehende Männer mit vollem Haar begegneten, ließ er ihnen den Hinterkopf rasieren und sie auf diese Weise verunstalten.[176] Ein gewisser Aesius Proculus, Sohn eines Primipilaren[177], wurde wegen seiner außergewöhnlichen Körpergröße und blendenden Erscheinung »Kolosseros«[178] genannt. Diesen ließ er plötzlich von der Zuschauertribüne in die Arena schleppen und erst mit einem Thraker, dann mit einem Hoplomachus[179] kämpfen; nachdem er zweimal siegreich geblieben war, gab Caligula den Befehl, ihn unverzüglich zu fesseln, in Lumpen gehüllt durch die Straßen zu führen, den Frauen zu präsentieren und dann zu erdrosseln. (3) Schließlich gab es niemanden, mochte er von noch so niedriger Herkunft sein und in noch so armseligen Verhältnissen leben, dass er nicht auf das, was er an Positivem hatte, neidisch war. Den Hainkönig ließ er, da er schon viele Jahre lang das Priesteramt ausübte, gegen einen stärkeren Gegner antreten.[180] Weil einmal bei einer

Veranstaltung dem Wagenkämpfer Porius allzu viel Beifall gespendet worden war, da er nach einem siegreichen Rennen seinen Sklaven freigelassen hatte, stürzte Caligula so eilig aus dem Amphitheater, dass er über den Zipfel seiner Toga stolperte und kopfüber die Stufen hinunterfiel. Dabei schrie er, außer sich vor Wut, dass das Volk, das die Welt beherrsche, aus völlig nichtigem Anlass einem Gladiator mehr Ehre erweise als den vergöttlichten Fürsten oder ihm, der persönlich anwesend sei.

36 (1) Er kannte kein Schamgefühl und nahm auch auf das von anderen keine Rücksicht. So soll er mit M. Lepidus[181], dem Pantomimen Mnester und etlichen (in Rom lebenden) Geiseln wechselseitig Unzucht getrieben haben. Valerius Catullus, ein Mann aus konsularischer Familie, verkündete auch lauthals, dass er ihn geschändet habe[182] und dass er durch den Verkehr mit ihm ganz erschöpft sei. Abgesehen von den inzestuösen Beziehungen mit seinen Schwestern[183] und der allgemein bekannten Liebschaft mit der Prostituierten Pyrallis blieb auch sonst kaum irgendeine vornehme Frau vom Kaiser verschont. (2) Diese lud er meistens zusammen mit ihren Ehemännern zum Essen ein, und wenn sie am Fuße seiner Kline vorbeigingen, musterte er sie wie ein Sklavenhändler ganz sorgfältig und bedächtig, hob ihnen auch mit der Hand das Gesicht hoch, wenn sie es züchtig gesenkt hielten. Dann verließ er, sooft es ihm beliebte, das Speisezimmer, ließ die, die ihm am besten gefallen hatte, zu sich kommen, kehrte wenig später – man sah die noch frischen Spuren seiner Ausschweifungen – zurück und lobte oder kritisierte die Frau in aller Öffentlichkeit, indem er die einzelnen Vorzüge oder Mängel ihres Körpers und ihres Verhaltens beim Sex aufzählte.[184] Manchen Frauen schickte er im Namen ihrer abwesenden Männer höchstpersönlich den Scheidebrief und ließ diese Scheidungen auch aktenkundig machen.

37 (1) Mit seinen Aufwendungen für Schwelgereien übertraf er den Erfindungsreichtum aller Verschwender.[185] Er ersann ganz neue Arten von Bädern und die abwegigsten Speisen und Gerichte: So badete er in warmen und kalten Salbölen, schlürfte in Essig aufgelöste überaus wertvolle Perlen, ließ seinen Gästen Brote und Beilagen aus Gold vorsetzen, wobei er immer wieder sagte, man müsse entweder ein sparsamer Mann oder aber Caesar sein. Ja, er warf sogar vom Dach der Basilica Iulia einige Tage lang Münzen von beträchtlichem Wert unter das Volk.[186] (2) Außerdem ließ er liburnische Zehnruderer[187] mit juwelenbesetzten Hecks und bunt schillernden Segeln bauen, die so groß waren, dass sie Thermen, Säulengänge und Speisezimmer, dazu noch eine große Vielfalt an Weinstöcken und Obstbäumen beherbergten. Auf diesen Schiffen legte er sich am helllichten Tag zu Tisch und fuhr unter Chortänzen und Orchestermusik an den Küsten Kampaniens entlang. Beim Bau seiner Paläste und Villen verzichtete er auf jede vernünftige Überlegung und wünschte sich sehnlichst, nur das möglich zu machen, was als unmöglich galt. (3) Daher wurden auch dort, wo das Meer besonders gefährlich und tief war, Dämme gebaut,[188] Felsen aus härtestem Gestein ausgehauen, Ebenen zu Bergen aufgeschüttet und Bergrücken abgetragen und eingeebnet, und dies alles mit einer unglaublichen Geschwindigkeit, da jede schuldhafte Verzögerung mit dem Leben bezahlt wurde. Und um nicht ins Detail zu gehen: In nicht einmal einem Jahr brachte er unermessliche Summen durch, ebenso wie den gesamten – sich auf 2700 Millionen Sesterzen belaufenden – Kronschatz des Kaisers Tiberius.[189]

38 (1) Völlig abgebrannt und mittellos ging er daher – unter Zuhilfenahme verschiedener und ganz ausgefallener Arten von Rechtsverdrehungen, Versteigerungen und Steuern – auf förmlichen Raub aus. So erklärte er, dass diejenigen das römische Bürgerrecht zu Unrecht besäßen, deren Vorfahren es für sich und ihre Nachkommen erwirkt hatten, außer wenn es sich um deren direkte Söhne handele, und dass man den Begriff »Nachkommen« nicht in einem weiteren Sinne verstehen dürfe; und die entsprechenden Urkunden, die ihm vorgelegt wurden und von den vergöttlichten Kaisern Iulius [Caesar] und Augustus ausgestellt worden waren, wischte er als veraltet und verjährt vom Tisch.[190] (2) Außerdem behauptete er, dass diejenigen falsche Angaben über ihr Hab und Gut gemacht hätten, die später aus irgendeinem Grund einen Vermögenszuwachs zu verzeichnen hatten. Die Testamente von Primipilaren[191], die seit Beginn der Regierungszeit des Tiberius weder diesen noch ihn selbst als Erben eingesetzt hatten, kassierte er, weil er sie für undankbar hielt; desgleichen erklärte er die Testamente derer für null und nichtig, von denen irgendjemand behauptete, sie hätten vor ihrem Tod vorgehabt, den Kaiser zum Erben einzusetzen.[192] Nachdem er so Furcht und Schrecken verbreitet hatte und schon von Unbekannten neben ihren Freunden und von Eltern neben ihren Kindern öffentlich zum Erbe bestimmt wurde, bezeichnete er sie als Witzbolde, weil sie nach dieser Erklärung noch weiterlebten, und schickte vielen von ihnen vergiftete Delikatessen. (3) Entsprechende Erbschaftsprozesse pflegte er indes persönlich zu führen, nachdem er vorher die Höhe der Summe, die er herauszuschlagen gedachte, festgesetzt hatte, und ließ sich erst dann, wenn er sein Ziel erreicht hatte, aus dem Gericht rufen. Und weil er nicht einmal den kleinsten Aufschub ertrug, verurteilte er einmal mehr als 40 Angeklagte, die aus unterschiedlichen Gründen vor Gericht standen, in einem einzigen Urteilsspruch, weckte die schlafende Caesonia und brüstete sich damit, wie viel er geleistet habe, während sie ihren Mittagsschlaf hielt.

(4) Bei einer Auktion ließ er das, was bei allen möglichen Spielen übriggeblieben war, anbieten und verkaufen, wobei er höchstpersönlich die Preise bestimmte und sie in solche Hö-

hen trieb, dass einige Leute, die gezwungen worden waren, etliches für immense Summen zu kaufen, sich die Pulsadern aufschnitten, weil sie ihr ganzes Hab und Gut verloren hatten. Bekannt ist auch folgender Vorfall: Als der Senator Aponius Saturninus auf der Käuferbank eingeschlafen war, wurde der Auktionator von Gaius aufgefordert, doch nicht einen ehemaligen Prätor zu übergehen, der ihm so häufig zunicke. Und es wurde immer weiter geboten, bis dem Mann, der von nichts etwas ahnte, für neun Millionen Sesterzen 13 Gladiatoren zugeschlagen waren.[193]

39 (1) Ein ähnliches Verhalten zeigte er auch in Gallien. Als er den Schmuck, den Hausrat, die Sklaven und sogar die Freigelassenen seiner verurteilten Schwestern[194] zu völlig überhöhten Preisen verkauft hatte, ließ er, durch die dabei erzielten Gewinne verlockt, alles, was vom alten Kaiserhof noch verblieben war, aus der Hauptstadt herbeischaffen und beschlagnahmte für den Transport auch Mietwagen und Zugtiere aus den Mühlen, so dass in Rom des Öfteren das Brot knapp wurde und sehr viele Leute ihre Prozesse verloren, weil sie nicht zu ihrem Verhandlungstermin in die Stadt kommen konnten. (2) Um all diese Dinge loszuwerden, griff er zu allen möglichen Tricks und Lockmitteln, indem er bald einzelne Leute wegen ihres Geizes kritisierte, weil sie sich nicht schämten, wohlhabender zu sein als er, bald so tat, als würde es ihm leid tun, kaiserliche Besitztümer in die Hände von Privatpersonen kommen zu lassen.[195] Einmal hatte er erfahren, dass ein reicher Mann aus der Provinz seinen Dienern, die die Essenseinladungen überbrachten, 200 000 Sesterzen bezahlt hatte, um sich unter die Gäste schmuggeln zu lassen, und war hocherfreut, dass die Ehre, mit ihm dinieren zu dürfen, so hoch geschätzt wurde. Als dieser Mann tags darauf bei einer Auktion zugegen war, ließ er ihm irgendeine wertlose Kleinigkeit zum Preis von 200 000 Sesterzen übergeben und ihm ausrichten, dass er jetzt beim Kaiser auf dessen persönliche Einladung hin speisen könne.

40 Seine neuen und noch nie dagewesenen Steuern ließ er zuerst durch Steuerpächter eintreiben, dann, weil ihr Gewinn ganz erheblich war, durch Hauptleute und Tribunen der Prätorianerkohorten. Nichts und niemand blieb von irgendeiner Abgabe verschont.[196] Auf Lebensmittel, die überall in der Stadt verkauft wurden, wurde ein bestimmter fester Tarif erhoben; bei sämtlichen Rechtsstreitigkeiten und Prozessen im Reich fiel ein Vierzigstel der Streitsumme an den Staat, und mit einer Strafe belegt wurde jeder, der nachweislich einen Vergleich geschlossen oder seine Sache fallengelassen hatte; Lastenträger mussten von ihrem Tagesverdienst ein Achtel abgeben, Prostituierte von ihren Einkünften so viel, wie sie durch einen Beischlaf verdienten; und dieser Gesetzesparagraph wurde noch dadurch ergänzt, dass Frauen, die der Prostitution nachgegangen waren, und Männer, die sich als Kuppler betätigt hatten, und auch Personen, die (inzwischen) verheiratet waren, unter diese Vorschrift fallen sollten.[197]

41 (1) Alle diese Steuern hatte Caligula zwar mündlich verkünden, aber nicht schriftlich bekanntgeben lassen. Als es, weil man den genauen Text nicht kannte, zu zahlreichen Übertretungen kam, ließ er das Gesetz schließlich auf Drängen des Volkes öffentlich anschlagen, aber auch nur in so winziger Schrift und an einem so unzugänglichen Ort, dass niemand eine Abschrift davon machen konnte.[198] Um kein Mittel, an Geld zu kommen, unversucht zu lassen, richtete er in seinem Palast ein Bordell ein, bestehend aus mehreren abgeteilten und der Würde des Ortes entsprechend ausgestatteten Kammern, in denen verheiratete Damen und freigeborene Knaben ihre Dienste feilboten.[199] Er schickte seine Nomenklatoren[200] durch die Märkte und Hallen, um junge und alte Männer zum Sex einzuladen. Denen, die kamen, wurde Geld auf Zins ausgeliehen, und es standen Leute bereit, die ihren Namen öffentlich aufschrieben, weil sie dem Kaiser zu höheren Einkünften verhalfen. (2) Er gewann auch sehr gern beim Würfelspiel und steigerte seine Gewinne durch Falschspiel und sogar Meineid. Einmal bat er einen neben ihm sitzenden Mitspieler, an seiner Stelle zu spielen, begab sich in das Atrium des Hauses und gab den Befehl, zwei reiche römische Ritter, die gerade vorübergingen, unverzüglich festzunehmen und ihr Vermögen zu beschlagnahmen. Danach kam er hocherfreut zurück und brüstete sich damit, niemals einen besseren Wurf getan zu haben.[201]

42 Nach der Geburt seiner Tochter[202] beklagte er sich über seine Armut, weil er jetzt nicht mehr nur die Lasten eines Kaisers, sondern auch die eines Vaters zu tragen habe, und nahm Spenden für den Unterhalt und die Mitgift des Mädchens an. Außerdem verkündete er per Erlass, dass er zu Jahresbeginn Neujahrsgeschenke entgegennehmen werde, und stand am 1. Januar tatsächlich in der Vorhalle seines Hauses, um die Gaben zu empfangen, die eine bunt gemischte Menschenmenge aus vollen Händen und Taschen vor ihm ausschüttete. In der letzten Zeit war er so begierig, sein Geld zu berühren und zu spüren, dass er des Öfteren mit nackten Füßen in gewaltigen Haufen von Goldmünzen, die er in einem großen Saal hatte aufschütten lassen, herumwatete und sich eine Zeitlang mit dem ganzen Körper darin hin und her wälzte.[203]

43 Er unternahm nur einen Feldzug und kam nur einmal mit militärischen Angelegenheiten in Berührung, und auch das war nicht geplant. Als er, weil er den Fluss Clitumnus und seinen Hain besuchen wollte, nach Mevania gekommen war und daran erinnert wurde, dass es Zeit sei, die Reihen seiner batavischen Leibwache zu ergänzen, entschloss er sich plötzlich zu einem Feldzug gegen Germanien; und er schob ihn auch nicht auf, sondern zog von überallher Legionen und Hilfstruppen zusammen, ließ allerorts äußerst strenge Aushebungen vornehmen und alle möglichen Vorräte in einer bisher noch nicht dagewesenen Menge herbeischaffen. Dann machte er sich auf den Weg und schlug zuweilen ein solch rasantes Tempo an, dass die Prätorianerkohorten sich gezwungen sahen, ganz gegen ihre Gewohnheit die Feldzeichen auf Lasttiere zu packen und hinter ihm herzuziehen; manchmal aber marschierte er so langsam und machte es sich so bequem, dass er sich von acht Sklaven in einer Sänfte tragen ließ und von den Bewohnern der nächstgelegenen Städte verlangte, für ihn die Straßen zu fegen und wegen des Staubs mit Wasser zu besprengen.

44 (1) Nach seiner Ankunft im Lager[204] gab er, um sich als resoluter und strenger Heerführer zu präsentieren, den Legaten, die ihre Hilfstruppen zu spät aus den verschiedenen Standquartieren herangeführt hatten, einen unehrenhaften Abschied. Und bei der Musterung des Heeres nahm er sehr vielen bereits betagten Zenturionen – manchen fehlten nur noch sehr wenige Tage bis zur Vollendung ihrer Dienstzeit – ihren Rang als Primipilus [Anführer des ersten Manipels der Triarier] und begründete dies mit ihrem Alter oder ihrer Schwäche.[205] Den anderen hielt er ihre Habgier vor und setzte die Prämien für den abgeleisteten Militärdienst auf einen Betrag von † 600 000 Sesterzen[206] † herab. (2) An Erfolgen hatte er aber nichts weiter vorzuweisen, als dass er die Kapitulation des Adminius angenommen hatte. Dieser war von seinem Vater, dem König Cynobellinus von Britannien, vertrieben worden und mit einer kleinen Schar zu ihm übergelaufen. Dennoch tat Caligula so, als habe sich ihm die ganze Insel ergeben, und schickte einen großspurigen Bericht nach Rom. Seinen Kurieren trug er auf, auf einem Wagen direkt bis zum Forum und zur Kurie zu fahren und den Konsuln das Schreiben zu überbringen, dies aber nur im Mars-Tempel und im Beisein des vollzählig versammelten Senats.

45 (1) Als es bald darauf an Möglichkeiten fehlte, Krieg zu führen, wies er ein paar Germanen aus seiner Leibwache an, über den Rhein zu gehen, sich auf der anderen Seite zu verstecken und nach dem Mittagessen mit möglichst lautem Getöse die Ankunft des Feindes zu melden. Nachdem dies geschehen war, sprengte er mit seinen Freunden und einem Teil der berittenen Prätorianer in den nächstgelegenen Wald, ließ Bäume fällen und sie wie Siegeszeichen herrichten. Im Fackelschein kehrte er zurück und warf denen, die ihm nicht gefolgt waren, Angst und Feigheit vor. Seine Gefährten aber und diejenigen, die an seinem Sieg beteiligt waren, beschenkte er mit einer neuen Art von Kronen, die auch einen neuen Namen bekamen.[207] Er ließ sie mit Bildern der Sonne, des Mondes und der Sterne verzieren und nannte sie »Späherkronen«. (2) Ein anderes Mal ließ er einige Geiseln[208] aus einer Elementarschule abführen und heimlich vorausschicken, verließ dann plötzlich das Bankett, verfolgte die angeblich Flüchtenden mit der Reiterei, fing sie wieder ein und brachte sie in Ketten zurück; auch bei dieser Posse kannte er keinerlei Maß. Nachdem er sich wieder zum Essen begeben hatte, forderte er die Männer, die ihm die Rückkehr der Truppen meldeten, auf, sich so, wie sie waren, in voller Rüstung, zu Tisch zu begeben. Er ermahnte sie auch mit dem allseits bekannten Vers Vergils, auszuhalten und sich für künftiges Glück zu bewahren.[209]

(3) Und während er sich solchen Späßen hingab, rügte er den Senat und das Volk in Rom in einem äußerst strengen Edikt, weil sie, während ihr Caesar kämpfe und so großen Gefahren ausgesetzt sei, üppige Gastmähler, Circusspiele und Theateraufführungen und ihre angenehmen Landsitze besuchten.

46 Zum Schluss ließ er, wie wenn er den Krieg beenden wollte, das Heer in Schlachtordnung am Ufer des Ozeans antreten[210] und die Schleuder- und Belagerungsmaschinen in

Stellung bringen, wobei niemand wusste oder ahnte, was er eigentlich vorhatte. Dann gab er den Soldaten plötzlich den Befehl, Muscheln aufzusammeln und ihre Helme und Kleider damit zu füllen.[211] Er bezeichnete sie als »Beutestücke des Ozeans, die dem Kapitol[212] und dem Palatin geschuldet« seien, und ließ zum Zeichen seines Sieges einen riesigen Turm errichten, von dem aus wie beim Leuchtturm von Pharos bei Nacht Feuer leuchten sollten, um den Schiffen den Weg zu weisen. Nachdem er seinen Soldaten ein Geldgeschenk von 100 Denaren pro Kopf zugesprochen hatte, sagte er, so als sei seine Freigebigkeit ohne Beispiel: »So geht denn beschwingt, geht mit vollen Taschen nach Hause!«

47 Dann kümmerte er sich um seinen Triumph und wählte außer den Gefangenen und Überläufern der Barbaren auch die größten und, wie er selbst (auf Griechisch) sagte, »triumphwürdigsten« Männer aus den gallischen Provinzen aus, dazu einige Fürsten, und bestimmte sie für den Festzug. Er zwang sie nicht nur, sich die Haare rot zu färben[213] und lang wachsen zu lassen, sondern auch Germanisch zu lernen und die Namen von Barbaren anzunehmen. Außerdem ließ er die Dreiruderer, mit denen er auf den Ozean hinausgefahren war,[214] zum größten Teil auf dem Landweg nach Rom bringen. Ferner wies er seine Finanzverwalter schriftlich an, für die Vorbereitung des Triumphs möglichst wenig Geld auszugeben, aber dafür zu sorgen, dass er glanzvoller sei als alle bisherigen, da sie ja rechtlich autorisiert seien, über das Vermögen aller Bürger zu verfügen.

48 (1) Bevor er die Provinz verließ, fasste er noch den ganz entsetzlichen Plan, die Legionen, die einst nach dem Tod des Augustus gemeutert hatten,[215] niedermetzeln zu lassen, weil sie sowohl seinen Vater Germanicus, ihren Heerführer, als auch ihn selbst, der damals noch sehr klein war, im Lager festgehalten hätten. Man hatte ihm zwar mit Mühe diesen wahn-

sinnigen Gedanken ausgeredet, doch konnte man ihn auf keine Weise von seinem Willen abbringen, jeden Zehnten töten zu lassen. Daher bestellte er die Soldaten ohne Waffen zu einer Versammlung, ließ sie auch ihre Schwerter ablegen und dann von bewaffneten Berittenen umstellen. (2) Als er jedoch bemerkte, dass sehr viele Verdacht schöpften und sich fortschlichen, um für den Fall, dass es zu Gewalttätigkeiten kommen sollte, ihre Waffen wieder an sich zu nehmen, floh er aus der Versammlung und begab sich umgehend auf den Weg nach Rom. Jetzt richtete er seine ganze Verbitterung gegen den Senat, dem er öffentlich drohte, um die Gerüchte, die über seine gewaltigen Schandtaten in Umlauf waren, zu beenden, und beklagte sich unter anderem darüber, dass man ihn um seinen rechtmäßigen Triumph betrogen habe, obwohl er selbst kurze Zeit zuvor sogar bei Todesstrafe verboten hatte, einen Antrag über ihm zu erweisende Ehrungen zu stellen.[216]

49 (1) Als er daher unterwegs von Abgesandten des höchsten Standes[217] aufgesucht wurde, die ihn baten, sich zu beeilen, schrie er mit Stentorstimme: »Ich werde kommen, ich werde kommen und dies hier mit mir.« Dabei schlug er immer wieder auf den Griff des Schwertes an seiner Seite. Er verkündete auch per Edikt, dass er zurückkomme, aber nur für diejenigen, die es wünschten, nämlich für den Ritterstand und das Volk; für den Senat werde er nämlich künftig weder Bürger noch Kaiser mehr sein. (2) Außerdem verbot er, dass irgendein Senator ihm (zur Begrüßung) entgegenkomme. Und nachdem er seinen Triumph aufgegeben bzw. verschoben hatte, zog er an seinem Geburtstag mit einer Ovation[218] in die Stadt ein. Nicht einmal vier Monate später kam er ums Leben,[219] nachdem er schreckliche Verbrechen verübt und noch viel schrecklichere geplant hatte; er hatte nämlich die Absicht gehabt, seinen Hof nach Antium[220] und dann nach Alexandria zu verlegen, zuvor aber die bedeutendsten Männer beider Stände [Senatoren und Ritter] umbringen zu lassen. (3) Damit dies niemand bezweifelt: In seinem Geheimarchiv wurden zwei Schriften mit unterschiedlichen Titeln entdeckt, eine trug den Titel »Schwert«, die andere den Titel »Dolch«.[221] Beide enthielten die Namen und Vergehen der zum Tode bestimmten Personen. Man fand auch eine riesige Truhe voll mit den verschiedensten Giften, die später von Claudius versenkt wurden;[222] sie sollen das Meer verseucht und viele Fische vernichtet haben, die dann von der Flut tot an die nächstgelegenen Küsten gespült wurden.

50 (1) Caligula war hochgewachsen, hatte einen sehr blassen Teint, einen übermäßig voluminösen Körper, einen äußerst dünnen Hals und sehr magere Beine, eingefallene Augen und Schläfen, eine breite, finstere Stirn und schütteres Haar; er hatte eine Stirnglatze, war aber ansonsten sehr stark behaart.[223] Daher galt es als todeswürdiges Verbrechen, von oben auf ihn herabzusehen, wenn er vorüberging, oder überhaupt aus irgendeinem Grund das Wort »Ziege«[224] auszusprechen. Seinem Gesicht, das schon von Natur abschreckend und widerlich war, versuchte er absichtlich einen noch wilderen Ausdruck zu verleihen, indem er vor dem Spiegel alle möglichen schrecken- und furchteinflößenden Grimassen einstudierte.

(2) Er war weder körperlich noch geistig gesund. Als Junge litt er an Epilepsie, in seiner Jugend konnte er zwar Strapazen gut ertragen, dennoch überfiel ihn manchmal ein plötzlicher Schwächeanfall, so dass er kaum mehr gehen, stehen, Haltung bewahren und sich auf den Beinen halten konnte. Seiner Geisteskrankheit war er sich auch selbst bewusst und dachte wiederholt daran, sich zurückzuziehen und sein Gehirn einer Reinigungskur[225] zu unterziehen. Angeblich wurde ihm von seiner Frau Caesonia einmal ein Liebestrank verabreicht, der als Heilmittel gedacht war, ihn aber in den Wahnsinn trieb. (3) Am meisten setzte ihm seine Schlaflosigkeit zu; er konnte nämlich nachts nicht länger als drei Stunden Ruhe finden, und auch in

diesen schlief er nicht sanft und ungestört, sondern wurde von seltsamen Bildern geängstigt; unter anderem soll er einmal geträumt haben, dass eine Erscheinung des Meeres mit ihm spreche. Daher pflegte er, wenn er das Wachliegen nicht mehr ertragen konnte, einen großen Teil der Nacht damit zu verbringen, dass er bald auf seinem Lager saß, bald durch die riesigen Säulengänge streifte und sich immer wieder den Tagesanbruch sehnsüchtig herbeiwünschte.

51 (1) Ich dürfte wohl nicht Unrecht haben, wenn ich ganz konträre Charakterfehler, die sich bei ihm in ein und derselben Person vereinigten, nämlich höchste Unverfrorenheit und im Gegensatz dazu übertriebene Ängstlichkeit, auf seine Geisteskrankheit zurückführe. Denn obwohl er zum Beispiel die Götter abgrundtief verachtete, pflegte er, wenn es nur ein wenig donnerte und blitzte, die Augen zu schließen und den Kopf zu verhüllen, bei einem stärkeren Gewitter aber von seinem Lager aufzuspringen und sich unter dem Bett zu verkriechen.[226] Auf seiner Reise durch Sizilien[227] hatte er sich zwar über die mit manchen Orten verbundenen Wunder häufig lustig gemacht, floh dann aber bei Nacht plötzlich aus Messina, weil ihm der Rauch und das Grollen des Ätna Angst einjagten. (2) Auch den Barbaren gegenüber stieß er wilde Drohungen aus; als er jedoch einmal jenseits des Rheins inmitten einer dichten Marschkolonne mit seinem Wagen durch einen Engpass fuhr und jemand sagte, es werde zu einem beträchtlichen Chaos kommen, wenn jetzt irgendwo der Feind auftauchen sollte, bestieg er sofort ein Pferd und sprengte in aller Eile zu den Brücken zurück; und da er sie durch Trossknechte und Gepäck verstopft fand, ließ er sich, um keine Zeit zu verlieren, auf den Händen seiner Leute und über ihre Köpfe hinweg aufs andere Ufer hinübertragen. (3) Später, nachdem er von einem Aufstand in Germanien erfahren hatte, traf er sogar Vorbereitungen zur Flucht und ließ dafür eine Flotte ausrüsten, wobei er sich nur damit tröstete, dass ihm in jedem Fall noch die überseeischen Provinzen bleiben würden, falls die Sieger – wie die Kimbern – die Alpengipfel oder gar die Stadt Rom – wie einst die Senonen – besetzen sollten. Deshalb sind, glaube ich, seine Mörder später auf den Gedanken gekommen, unter den meuternden Soldaten[228] die Lüge zu verbreiten, er habe, durch die Nachricht von einer Niederlage in Panik versetzt, selbst Hand an sich gelegt.

52 Hinsichtlich seiner Kleidung, seines Schuhwerks und sonstigen Erscheinungsbildes hielt er sich weder an die traditionellen noch an die bürgerlichen Gepflogenheiten, ja, er präsentierte sich nicht einmal wie ein Mann oder auch nur wie ein Mensch.[229] Oft zeigte er sich in einem bestickten, mit Edelsteinen besetzten Reisemantel,[230] in einer langärmeligen Tunika und mit Armspangen geschmückt in der Öffentlichkeit; manchmal kleidete er sich auch in Seide und in Frauengewänder;[231] bald kam er in griechischen Sandalen oder Kothurnen [Schuh der tragischen Schauspieler] daher, bald in Stiefeln, wie sie von Spähern getragen werden, manchmal auch in leichten Damenschuhen; sehr häufig sah man ihn aber mit goldenem Bart, in der Hand einen Blitz, Dreizack oder Heroldsstab, den Insignien von Göttern,[232] und sogar im Kostüm der Venus. Den Ornat eines Triumphators trug er regelmäßig auch schon vor seinem Feldzug[233], bisweilen auch den Panzer Alexanders des Großen, den er aus dessen Sarkophag hatte holen lassen.

53 (1) Was die freien Künste[234] angeht, schenkte er der literarischen Bildung[235] die geringste, der Beredsamkeit jedoch die größte Aufmerksamkeit; er war sehr redegewandt[236] und schlagfertig, besonders wenn es darum ging, gegen jemanden Position zu beziehen. Wenn er wütend war, standen ihm Worte und Gedanken reichlich zur Verfügung; auch seine Vortragsweise und Stimme wurden davon beeinflusst, so dass er in seiner Erregung nicht an Ort und Stelle stehen bleiben und auch

von Leuten, die weit entfernt von ihm standen, gut gehört werden konnte. (2) Wenn er zu einer Rede anhob, drohte er häufig, er werde das in seinen nächtlichen Studien geschliffene Schwert zücken. Einen allzu sanften und gefälligen Schreibstil verachtete er so sehr, dass er von Seneca, der damals besonders beliebt war,[237] sagte, er verfasse reine Schaureden und sein Stil sei wie Sand ohne Kalk.[238] Er hatte auch die Angewohnheit, auf erfolgreiche Vorträge von Rednern Entgegnungen zu schreiben und für bedeutende Männer, die sich vor dem Senat zu verantworten hatten, Anklagen und Verteidigungen zu entwerfen und sie, wie es ihm gerade in die Feder floss, mit seiner Stellungnahme weiter zu belasten oder aber für sie Partei zu ergreifen. Auch der Ritterstand wurde per Erlass eingeladen, ihm dabei zuzuhören.

54 (1) Aber auch ganz verschiedenen Künsten anderer Art widmete er sich mit höchster Leidenschaft. So betätigte er sich als Thraker[239] und Wagenlenker, als Sänger und Tänzer;[240] er kämpfte mit scharfen Waffen und fuhr Wettrennen in Arenen, die er an vielen Orten hatte errichten lassen; am Singen und Tanzen fand er ein solches Vergnügen,[241] dass er sich nicht einmal bei öffentlichen Schauspielen zurückhalten konnte, den Vortrag des gerade auftretenden Tragöden mit seiner Stimme zu begleiten und die Gesten des Schauspielers, wie wenn er ihn loben oder korrigieren wollte, vor aller Augen nachzuahmen. (2) Und nur aus diesem Grund scheint er an dem Tag, an dem er ums Leben kam, eine nächtliche Feier angesagt zu haben, weil er seine Bühnenlaufbahn im Schutz der Nacht beginnen wollte. Bisweilen tanzte er aber auch nachts; und einmal ließ er zur Zeit der zweiten Nachtwache [etwa zwischen 21 und 24 Uhr] drei ehemalige Konsuln in seinen Palast rufen und sie, die in tausend Ängsten schwebten und das Schlimmste befürchteten, auf einem Podest Platz nehmen; dann sprang er plötzlich unter lautem Getöse von Flöten und Fußklappern[242], bekleidet mit Mantel und knöchellanger Tunika, hervor und trat nach dem Vortrag seines Ballettstücks wieder ab.[243] Und dieser Mann, der doch in allen anderen Bereichen so lernfähig war, konnte nicht schwimmen.[244]

55 (1) Alle aber, an denen er besonders interessiert war, bevorzugte er auf eine geradezu wahnwitzige Weise.[245] Den Pantomimen Mnester[246] pflegte er sogar während der Aufführungen zu küssen, und wenn jemand, während dieser tanzte, auch nur ein wenig störte, ließ er ihn abführen und peitschte ihn eigenhändig aus. Einem römischen Ritter, der (bei einem Auftritt Mnesters) Lärm machte, ließ er durch einen Zenturio ausrichten, er solle sich unverzüglich nach Ostia begeben, nach Mauretanien fahren und dem König Ptolemaios ein kaiserliches Handschreiben überbringen. Sein Inhalt lautete: »Dem Mann, den ich hier zu dir schicke, tue weder Gutes noch Böses.« (2) Einige als Thraker[247] fechtende Gladiatoren stellte er an die Spitze seiner germanischen Leibwache. Den Murmillonen nahm er einen Teil ihrer Bewaffnung.[248] Dem Columbus, der zwar gesiegt hatte, aber leicht verwundet war, ließ er Gift in die Wunde streuen, das er seitdem das »columbinische« nannte; mit dieser von ihm versehenen Aufschrift fand man es jedenfalls unter den anderen Giften.[249] Er war ein so glühender Anhänger der grünen Mannschaft[250], dass er häufig in deren Clubhaus zu Abend aß und dort auch übernachtete, und dem Wagenlenker Eutychus überreichte er bei einem Gelage zwei Millionen Sesterzen als Gastgeschenk. (3) Damit sein Pferd Incitatus nicht gestört werde, pflegte er am Tag vor den Circusrennen durch Soldaten in der Nachbarschaft Ruhe anzuordnen. Außer einem Stall aus Marmor und einer Krippe aus Elfenbein und außer purpurnen Decken und mit Edelsteinen besetzten Halsbändern gab er ihm auch einen eigenen Palast samt Dienerschaft und Hausrat, damit die im Namen des Pferdes eingeladenen Gäste möglichst pompös empfangen werden

konnten. Er soll auch die Absicht gehabt haben, es zum Konsul zu machen.[251]

56 (1) So gab es sehr viele, die diesem rasenden Wüterich nach dem Leben trachteten. Doch nachdem die eine oder andere Verschwörung entdeckt worden war[252] und als andere Leute aus Mangel an Gelegenheit noch zauderten, fassten zwei Männer[253] einen gemeinsamen Plan und führten ihn aus, allerdings nicht ohne die Mitwisserschaft der mächtigsten Freigelassenen und der Offiziere der Leibwache;[254] sie merkten nämlich, dass auch sie, obwohl sie zu Unrecht angezeigt worden waren, an einer Verschwörung teilgenommen zu haben, dennoch in Verdacht geraten und in Ungnade gefallen waren. Denn Caligula hatte sie sofort beiseite genommen und ihnen schwere Vorwürfe gemacht[255], wobei er sein Schwert gezückt und versichert hatte, er werde freiwillig sterben, falls er auch in ihren Augen den Tod zu verdienen scheine. Seitdem hörte er nicht auf, den einen bei dem anderen zu diffamieren und sie alle gegeneinander aufzuhetzen.[256]

(2) Als man übereingekommen war, den Kaiser während der Palatinischen Spiele[257], wenn er mittags die Vorführung verlassen hatte, zu überfallen, forderte Cassius Chaerea, ein Tribun der Prätorianerkohorte, die führende Rolle für sich; Gaius pflegte nämlich den schon älteren Mann als verweichlichten Lüstling zu beschimpfen und auf alle möglichen Arten zu kränken. So gab er, wenn Chaerea ihn nach der Losung fragte, als Parole »Priapus« oder »Venus« aus[258] oder reichte ihm, wenn er sich aus irgendeinem Grund bedankte, die Hand mit einer obszönen Geste zum Küssen dar.

57 (1) Zahlreiche Prodigien[259] kündigten seine bevorstehende Ermordung an. In Olympia erhob die Zeus-Statue, die zerlegt und nach Rom gebracht werden sollte,[260] plötzlich ein so lautes Gelächter, dass die Gerüste ins Wanken gerieten und die Handwerker das Weite suchten; kurz darauf erschien ein

Mann namens Cassius[261] und erklärte, ihm sei im Traum befohlen worden, Zeus einen Stier zu opfern. (2) In Capua wurde das Kapitol am 15. März vom Blitz getroffen und ebenso in Rom die Kammer des Haushofmeisters des kaiserlichen Palastes. Wie manche Leute vermuteten, besagte das eine Wunderzeichen, dass dem Kaiser von seinen Wachen Gefahr drohe, während das andere auf einen ebenso bedeutenden Mord hindeute, wie er schon einmal an demselben Tag geschehen war.[262] Als der Kaiser sich nach seinem Horoskop erkundigte, erklärte ihm auch der Astrologe Sulla, dass an seinem baldigen Tod keinerlei Zweifel bestehe. (3) Außerdem warnten ihn die Orakelgöttinnen von Antium, er solle sich vor Cassius in Acht nehmen. Deshalb hatte er den Befehl gegeben, Cassius Longinus, den damaligen Prokonsul von Kleinasien, zu töten, nicht bedenkend, dass Chaerea auch den Namen Cassius trug. Am Tag vor seinem Tod träumte er, er stehe im Himmel neben dem Thron Iuppiters und sei von ihm mit der großen Zehe des rechten Fußes weggestoßen und auf die Erde hinabgestürzt worden. Als Prodigien galten auch die Ereignisse, die sich zufällig an jenem Tag kurz vor seiner Ermordung zugetragen hatten. (4) Beim Opfern wurde er vom Blut eines Flamingos bespritzt;[263] und der Pantomime Mnester tanzte dieselbe Tragödie, die einst der Tragöde Neoptolemus während der Spiele, bei denen der Makedonenkönig Philipp umgebracht wurde, getanzt hatte.[264] Und weil in dem Mimus *Laureolus*, bei dem der Protagonist auf der Flucht zusammenbricht und Blut spuckt,[265] mehrere Nebendarsteller, sich gegenseitig überbietend, eine Probe ihres Könnens abliefern wollten, schwamm die Bühne in Blut.[266] Für die Nacht bereitete man außerdem ein Schauspiel vor, bei dem Ägypter und Äthiopier Szenen aus der Unterwelt aufführen sollten.

58 (1) Am 24. Januar, etwa zur siebten Stunde [gegen 13 Uhr], war Caligula unschlüssig, ob er sich zum Mittagessen erheben sollte, da ihm die Speisen, die er am Vortag zu sich genommen hatte, noch schwer im Magen lagen; schließlich verließ er auf Zureden seiner Vertrauten das Theater. In dem überdachten Gang, den er durchqueren musste, trafen gerade vornehme Knaben, die aus Kleinasien herbeigeholt worden waren, um auf der Bühne aufzutreten, ihre Vorbereitungen;[267] er blieb stehen, um ihnen zuzuschauen und gut zuzureden, und wenn der Leiter der Truppe nicht gesagt hätte, ihm sei kalt, wäre er an seinen Platz zurückgekehrt und hätte die Vorstellung beginnen lassen. (2) Für das, was dann geschah, gibt es zwei Versionen: Die einen erzählen, Chaerea habe den Kaiser, als er zu den Knaben sprach, von hinten mit einem kräftigen Schwerthieb am Nacken schwer verletzt,[268] nachdem er zuvor »Tu es!«[269] gerufen hatte. Dann habe der Tribun Cornelius Sabinus, der zweite Verschwörer, ihm von vorn die Brust durchbohrt. Nach dem anderslautenden Bericht ließ Sabinus die den Kaiser umgebende Menge durch eingeweihte Zenturionen entfernen[270] und fragte nach Art der Soldaten nach der Parole; als Gaius die Losung »Iuppiter« ausgab, soll Chaerea »Dein Wunsch sei erfüllt!«[271] gerufen und ihm, als er sich nach ihm umschaute, mit einem Schlag das Kinn gespalten haben. (3) Als er zusammengekrümmt auf dem Boden lag und schrie, dass er noch lebe, gaben ihm die anderen Verschwörer mit 30 Hieben den Rest. Für alle galt nämlich die Losung »Noch einmal!«. Manche stießen ihm das Schwert sogar durch die Genitalien.[272] Beim ersten Lärm eilten ihm die Sänftenträger mit ihren Tragstangen zur Hilfe, bald darauf auch die germanischen Leibwächter, und töteten einige der Attentäter und auch mehrere unschuldige Senatoren.

59 Caligula wurde 29 Jahre alt und herrschte drei Jahre, zehn Monate und acht Tage. Sein Leichnam wurde heimlich in die Gärten des Lamia geschafft, auf einem eilig errichteten Scheiterhaufen nur halb verbrannt und dann mit einer dünnen Ra-

senschicht bedeckt. Später ließen ihn seine Schwestern nach ihrer Rückkehr aus dem Exil[273] wieder ausgraben, einäschern und bestatten. Es ist hinlänglich bekannt, dass, bevor dies geschah, die Wachen der Gärten von Gespenstern verfolgt wurden; und auch in dem Gebäude, in dem er ums Leben kam, verging keine Nacht ohne irgendeinen schrecklichen Spuk, bis es selbst einem Brand zum Opfer fiel. Zusammen mit Caligula starben auch seine Frau Caesonia, die von einem Zenturio[274] mit dem Schwert erstochen wurde, und seine Tochter[275], die man gegen eine Wand schmetterte.

60 Von den damaligen Zuständen kann jeder sich auch aufgrund folgender Geschehnisse ein Bild machen. Denn auch nachdem sich die Nachricht von seiner Ermordung verbreitet hatte, wurde ihr nicht sofort Glauben geschenkt, und man verdächtigte Gaius, dass er höchstpersönlich das Gerücht seines gewaltsamen Todes erfunden und in Umlauf gesetzt habe, um auf diese Weise herauszufinden, wie die Menschen zu ihm ständen. Die Verschwörer hatten niemanden zur Übernahme der Regierung vorgesehen; und der Senat war sich so einig in dem Bestreben, die Freiheit wiederherzustellen, dass die Konsuln den Senat zuerst nicht in die Kurie, weil sie die Iulische hieß, sondern aufs Kapitol einberiefen;[276] manche Senatoren aber beantragten, als sie um ihre Meinung gefragt wurden, die Erinnerung an die Kaiser zu tilgen und ihre Tempel zu zerstören. Vor allem aber wurde bemerkt und für beachtenswert gehalten, dass alle Caesares mit dem Vornamen Gaius durch das Schwert umgekommen waren,[277] angefangen mit dem, der zu Zeiten Cinnas ermordet worden war.[278]

5. BUCH

Der göttliche Claudius

1 (1) Den Vater des Claudius Caesar, Drusus, dessen Vorname erst Decimus, dann Nero war,[1] gebar Livia im dritten Monat nach ihrer Eheschließung mit Augustus[2], den sie als Schwangere geheiratet hatte, und so bestand der Verdacht, dass er ein – im Ehebruch gezeugter – leiblicher Sohn seines Stiefvaters war. Jedenfalls war sogleich der folgende Vers in aller Munde: »Den Glücklichen sind auch Dreimonatskinder eigen.«[3]

(2) Dieser Drusus war in seiner Quästur und Prätur Oberbefehlshaber im Rätischen, dann im Germanischen Krieg, befuhr als erster römischer Feldherr den nördlichen Ozean und legte jenseits des Rheins einen Kanal an, ein aufwendiges, gewaltiges Werk, das noch heute das Drusinische heißt.[4] Die Verfolgung des Feindes, den er schon häufig vernichtend geschlagen und tief in die unbewohnten Gebiete des Landesinneren zurückgetrieben hatte, stellte er erst dann ein, als die übermenschlich große Erscheinung einer Barbarin dem Sieger in lateinischer Sprache verbot, noch weiter vorzudringen. (3) Aufgrund dieser Erfolge erhielt er das Recht auf eine Ovation sowie die Ehrenzeichen eines Triumphators.[5] Nach der Prätur trat er sofort das Konsulat an und nahm den Feldzug wieder auf,[6] erlag aber einer Krankheit im Sommerlager, das man deshalb das »Unglückslager« nannte. Sein Leichnam wurde von den Honoratioren der Munizipien und Kolonien[7] begleitet, von den entgegenkommenden Dekurien der Schreiber [Abteilung der Sekretäre staatlicher Behörden] übernommen, bis nach Rom gebracht und dann auf dem Marsfeld[8] bestattet. Die Armee aber errichtete ihm ein Ehrengrabmal, um das seitdem

die Soldaten alljährlich an einem bestimmten Tag einen zeremoniellen Waffenlauf veranstalten und an dem die Völkerschaften der gallischen Provinzen von Staats wegen Opfer darbringen sollten.[9] Außerdem beschloss der Senat, ihm neben mehreren anderen Ehrungen einen mit Trophäen geschmückten Marmorbogen an der Via Appia zu errichten und ihm und seinen Nachkommen den Beinamen Germanicus zu verleihen. (4) Angeblich zeichnete er sich aber nicht weniger durch sein Streben nach Ruhm als durch seine republikanische Gesinnung aus. Denn sich mit seinen Siegen über den Feind nicht zufriedengebend, soll er auch bestrebt gewesen sein, Feldherrnrüstungen[10] an sich zu bringen, wobei er die Heerführer der Germanen oft unter höchster Lebensgefahr über das ganze Schlachtfeld verfolgte. Außerdem habe er niemals ein Hehl daraus gemacht, dass er, wenn es einmal in seiner Macht stände, die frühere Staatsform wiederherstellen werde. Meines Erachtens haben sich deshalb manche zu der Behauptung verstiegen, dass er Augustus verdächtig gewesen und aus der Provinz zurückgerufen worden sei; weil er dieser Aufforderung nicht schnell genug nachgekommen sei, habe man ihn mit Gift aus dem Weg geräumt. (5) Dies erwähne ich freilich mehr der Vollständigkeit halber, als weil ich es für wahr oder für wahrscheinlich hielte. Augustus liebte ihn zu seinen Lebzeiten nämlich so sehr, dass er ihn bei allen Gelegenheiten als Miterben seiner Söhne einsetzte, wie er auch einmal im Senat bekanntgab, und nach seinem Tod bat er in der Leichenrede vor der Volksversammlung die Götter, seine Caesaren[11] so werden zu lassen wie Drusus und ihm selbst dereinst ein ebenso ehrenvolles Ende zu gewähren, wie sie es ihm geschenkt hätten. Und er begnügte sich nicht damit, eine Inschrift in von ihm selbst gedichteten Versen auf sein Grabmal meißeln zu lassen, sondern er verfasste auch noch seine Lebensgeschichte in Prosa.

(6) Von der jüngeren Antonia hatte er etliche Kinder, von de-

nen ihn jedoch nur drei überlebten: Germanicus, Livilla und Claudius.

2 (1) Claudius wurde im Konsulat des Iullus Antonius und Fabius Africanus am 1. August in Lugdunum[12] geboren, genau an dem Tag, an dem man dort zum ersten Mal einen Altar des Augustus weihte,[13] und er erhielt den Namen Tiberius Claudius Drusus. Als sein älterer Bruder später in die iulische Familie adoptiert worden war,[14] nahm er noch den Beinamen Germanicus[15] an. Schon als kleines Kind verlor er den Vater, und fast während seiner gesamten Kindheit und Jugend hatte er mit verschiedenen hartnäckigen Krankheiten[16] zu kämpfen, durch die sein Geist und zugleich sein Körper dermaßen geschwächt wurden,[17] dass man ihn nicht einmal im fortgerückten Alter für fähig hielt, irgendeine öffentliche oder private Funktion auszuüben. (2) Und auch nachdem er mündig geworden war, stand er noch lange unter fremder Aufsicht und hatte einen Erzieher;[18] darüber, dass ihm dieser Mann, ein Barbar und ehemaliger Aufseher über Lasttierknechte, absichtlich zur Seite gestellt worden sei, um ihn aus jedem beliebigen Grund aufs Brutalste zu züchtigen, beklagt er sich selbst in einer seiner Schriften. Eben wegen der erwähnten Kränklichkeit führte er auch mit einem Kapuzenmantel bekleidet – eine ganz neue Mode – bei einem Gladiatorenspiel, das er zusammen mit seinem Bruder zur Erinnerung an seinen Vater veranstaltete, den Vorsitz; und an dem Tag, an dem er die Männertoga anlegte, wurde er um Mitternacht ohne feierliche Zeremonie in einer Sänfte auf das Kapitol getragen.[19]

3 (1) Trotzdem widmete er sich seit frühester Jugend mit nicht geringem Eifer den freien Künsten[20] und veröffentlichte auch häufig Proben seiner jeweiligen Studien. Doch nicht einmal auf diese Weise gelang es ihm, sich ein gewisses Ansehen zu verschaffen oder hinsichtlich seiner Zukunft positivere Erwartungen zu wecken.

(2) Seine Mutter Antonia bezeichnete ihn gern als menschliche Missgeburt, die von der Natur nicht vollendet, sondern nur begonnen worden sei; und wenn sie jemanden der Beschränktheit bezichtigen wollte, sagte sie stets, er sei noch dümmer als ihr Sohn Claudius.[21] Seine Großmutter Augusta verachtete ihn immer aus tiefstem Herzen, pflegte ihn nur höchst selten anzusprechen und ließ ihm ihre Ermahnungen nur durch eine schroffe schriftliche Notiz oder durch Dritte zukommen. Als seine Schwester Livilla hörte, dass er einmal regieren werde, verwünschte sie laut und in aller Öffentlichkeit ein so ungerechtes und unwürdiges Schicksal des römischen Volkes. Damit man aber deutlicher erkennt, wie sein Großonkel Augustus[22] seine Stärken und Schwächen einschätzte, zitiere ich hier einige Abschnitte aus seinen Briefen.

4 (1) »Ich habe deinem Auftrag gemäß, meine Livia, mit Tiberius darüber gesprochen, wie wir bei den Spielen zu Ehren des Mars[23] mit deinem Enkel Tiberius [Claudius] verfahren sollen. Wir sind uns aber beide darin einig, dass wir ein für alle Mal festlegen müssen, welche Strategie wir ihm gegenüber verfolgen wollen. Denn wenn er normal ist, wenn er sozusagen alle fünf Sinne beisammen hat, warum sollten wir dann zögern, ihn dieselben Stufen der Karriereleiter durchlaufen zu lassen, die auch sein Bruder [Germanicus] durchlaufen hat?[24] (2) Sind wir jedoch der Meinung, dass er zurückgeblieben ist und körperliche wie geistige Defizite hat, so dürfen wir den Leuten, die über dergleichen zu spotten und die Nase zu rümpfen pflegen, nicht die Gelegenheit geben, über ihn wie auch über uns sich lustig zu machen. Denn wir werden bei jeder Beratung hinsichtlich seiner weiteren Beförderung immer ins Schwitzen kommen, falls wir nicht ein für alle Mal entschieden haben, ob wir ihn für fähig halten, Ehrenämter zu bekleiden, oder nicht. (3) Im vorliegenden Fall aber, auf den sich ja deine Anfrage bezieht, hätten wir nichts dagegen, wenn er bei den

Marsfestspielen sich um das Bankett der Priester kümmert, vorausgesetzt, er ist damit einverstanden, sich vom Sohn des Silvanus, seinem Verwandten, beraten zu lassen, damit er nichts tut, wodurch er unangenehm auffallen und ausgelacht werden könnte. Wir möchten nicht, dass er von der kaiserlichen Loge[25] aus die Circusspiele verfolgt; dabei würde er nämlich in der ersten Reihe der Zuschauerplätze allzu exponiert die Blicke aller auf sich ziehen. Wir möchten auch nicht, dass er sich am Latinerfest[26] auf den Albanerberg begibt oder in Rom bleibt. Denn weshalb wird er nicht Stadtpräfekt, wenn er imstande ist, seinen Bruder[27] auf den Berg zu begleiten? (4) Jetzt kennst du, meine Livia, unsere Ansichten; demnach scheint es das Beste zu sein, die ganze Sache ein für alle Mal zu regeln, damit wir nicht immer zwischen Hoffnung und Furcht schwanken müssen. Wenn du willst, kannst du diesen Teil des Briefes auch unserer Antonia zu lesen geben.« In einem anderen Brief hingegen heißt es:

(5) »Den jungen Tiberius [Claudius] werde ich aber während deiner Abwesenheit jeden Tag zum Abendessen einladen, damit er nicht mit seinem Sulpicius und seinem Athenodorus alleine speist. Ich wünschte, er würde sich sorgsamer und weniger gedankenlos jemanden aussuchen, dessen Bewegungen, Haltung und Gang er sich zum Vorbild nehmen kann. Der arme Kerl hat kein Glück; denn in wichtigen Angelegenheiten, wenn sein Geist nicht verwirrt ist, zeigt sich durchaus der angeborene Adel seiner Seele.« Ebenso heißt es in einem dritten Brief:

(6) »Ich muss mich, verdammt noch mal, sehr darüber wundern, meine Livia, dass mir dein Enkel Tiberius [Claudius] beim Vortrag einer Übungsrede[28] gefallen konnte. Denn es ist mir unbegreiflich, wie jemand, der sonst so undeutlich spricht, beim Deklamieren klar und deutlich sagen kann, was zu sagen ist.«

(7) Es besteht indes kein Zweifel darüber, was Augustus daraufhin beschlossen hat: Er gestand Claudius lediglich die Würde eines Auguralpriesters[29] zu, setzte ihn auch nur unter die Erben dritten Grades[30] und beinahe Fremden mit einem Sechstel ein und bedachte ihn mit einem Vermächtnis von nicht mehr als 800 000 Sesterzen[31].

5 Sein Onkel Tiberius verlieh ihm, als er um Posten nachsuchte, nur die Ehrenrechte eines Konsuls[32]; doch auf seine mit größerem Nachdruck vorgebrachte Forderung nach wirklichen Ehren schrieb er ihm bloß in einem kurzen Brief zurück, dass er ihm für die Saturnalien und Sigillarien 40 Goldstücke schicke.[33] Erst da begrub er die Hoffnung auf eine Würdenstellung und gab sich dem Müßiggang hin, indem er sich bald in seine Gärten und sein Haus vor den Toren Roms, bald auf seinen Landsitz in Kampanien zurückzog; und aufgrund seines Umgangs mit sehr üblen Subjekten[34] zog er sich außer dem alten Makel der Trägheit auch den schändlichen Ruf eines Trunkenbolds und Würfelspielers[35] zu. Doch trotz dieses Lebenswandels fehlte es ihm niemals am Respekt der Menschen noch an Ehrerbietung in der Öffentlichkeit.

6 (1) Der Ritterstand[36] wählte ihn zweimal zu seinem Sprecher, um ein Gesuch in eigener Sache vorzutragen, das eine Mal, als die Ritter die Konsuln um die Ehre baten, den Leichnam des Augustus auf ihren Schultern nach Rom tragen zu dürfen,[37] das andere Mal, als sie die Konsuln zum Sturz des Seianus beglückwünschten; sie pflegten sogar bei Claudius' Erscheinen im Theater aufzustehen und die Mäntel abzulegen[38]. (2) Der Senat stimmte zudem dafür, ihn als außerordentliches Mitglied unter die Augustus-Priester[39], die sonst ausgelost wurden, aufzunehmen, und beschloss später, das Haus, das er durch einen Brand verloren hatte, auf Staatskosten wieder aufzubauen und ihm das Recht zu verleihen, unter den ehemaligen Konsuln[40] seine Meinung vorzutragen. Dieser Beschluss wurde aber von Tiberius wieder aufgehoben, wobei er als Begründung Claudius' Schwachsinnigkeit anführte und versprach, den Brandschaden aus eigener Tasche zu begleichen. Dennoch setzte er ihn bei seinem Tod als Erben dritten Grades zu einem Drittel ein, bedachte ihn außerdem mit einem Vermächtnis von etwa 2 000 000 Sesterzen und empfahl ihn darüber hinaus ausdrücklich mit seinen übrigen Verwandten den Truppen sowie dem Senat und Volk von Rom.

7 Erst unter Gaius [Caligula], dem Sohn seines Bruders [Germanicus], der zu Beginn seiner Herrschaft mit allen möglichen populären Maßnahmen einen günstigen Eindruck zu erwecken suchte,[41] betrat er die Ämterlaufbahn und bekleidete gemeinsam mit ihm für zwei Monate[42] das Konsulat. Als er zum ersten Mal mit den Rutenbündeln[43] das Forum betrat, geschah es, dass ein vorüberfliegender Adler sich auf seiner rechten Schulter niederließ.[44] Drei Jahre später fiel ihm per Los auch ein zweites Konsulat zu;[45] und des Öfteren führte er im Wechsel mit Gaius den Vorsitz bei den Schauspielen, wobei ihm das Volk bald »Heil dem Onkel des Kaisers!«, bald »Heil dem Bruder des Germanicus!« zurief.

8 Aber dennoch blieben ihm auch jetzt Kränkungen nicht erspart. Denn wenn er sich etwas verspätet zur festgesetzten Essenszeit einfand, erhielt er nur mit Mühe, und erst nachdem er im ganzen Speisezimmer umhergegangen war, einen Platz, und wenn er nach dem Essen einnickte, was ihm regelmäßig passierte, wurde er mit Oliven- oder Dattelkernen beworfen und manchmal wie zum Spaß mit einer Pritsche oder Peitsche von den Possenreißern geweckt. Man zog auch des Öfteren Frauenschuhe über die Hände des Schnarchenden, weil er sich, wenn er plötzlich aufwachte, mit ihnen das Gesicht zerkratzen sollte.

9 (1) Doch er war sogar gefährlichen Situationen ausgesetzt. Gleich anfangs, noch während seines Konsulats, wäre er fast

seines Amtes enthoben worden, weil er die Anfertigung und Aufstellung der Statuen von Nero und Drusus, den Brüdern des Kaisers, zu nachlässig betrieben hatte.[46] Sodann lebte er, weil ihn Fremde oder sogar Leute seines Hauspersonals denunzierten, in ständiger und stets wechselnder Unruhe. Nach der Aufdeckung der Verschwörung des Lepidus und Gaetulicus[47] wurde er mit anderen Abgeordneten nach Germanien geschickt,[48] um den Kaiser zu beglückwünschen, und geriet dort sogar in Lebensgefahr, weil sich Gaius [Caligula] wutschnaubend darüber empörte, dass man ausgerechnet den Onkel zu ihm geschickt habe, wie wenn es darum gehe, einen Knaben zu erziehen. Daher fehlt es nicht an Leuten, die berichten, man habe Claudius gleich nach seiner Ankunft in voller Montur in den Fluss geworfen. (2) Und seit dieser Zeit äußerte er im Senat stets als Letzter der ehemaligen Konsuln seine Meinung, da man ihn, um ihn zu demütigen, erst nach allen anderen aufrief. Außerdem kam es zu einem Prozess wegen eines gefälschten Testaments, das er mit unterzeichnet hatte.[49] Schließlich musste er 8 000 000 Sesterzen für den Eintritt in das neue Priesterkollegium[50] bezahlen, was ihn finanziell so in Bedrängnis brachte, dass er seine Verbindlichkeiten gegenüber der Staatskasse nicht begleichen konnte und dass gemäß einem Edikt der Präfekten (der Staatskasse) sein Besitztum als herrenlos nach dem die Güterpfändung betreffenden Gesetz öffentlich zum Kauf angeboten wurde.[51]

10 (1) Nachdem er auf diese und ähnliche Weise den größten Teil seines Lebens verbracht hatte, gelangte er in seinem 50. Lebensjahr[52] durch einen ganz erstaunlichen Zufall auf den Kaiserthron. Als die Attentäter des Gaius [Caligula] unter dem Vorwand, dass der Kaiser allein sein wolle, dessen Begleiter wegschickten,[53] hatte er sich mit den anderen entfernt und in einen Pavillon, das so genannte Hermaeum, zurückgezogen; und kurz darauf, aufgeschreckt durch das Gerücht von Caligulas Ermordung, schlich er sich zur nächstgelegenen Terrasse und verbarg sich dort zwischen den Türvorhängen. (2) Ein zufällig umherstreunender gemeiner Soldat sah seine Füße, wollte wissen, wer das sei, erkannte ihn und zog ihn aus seinem Versteck; als Claudius sich voller Furcht vor ihm auf die Knie warf, grüßte er ihn als Kaiser. Dann führte er ihn zu seinen anderen Kameraden, die (hinsichtlich des weiteren Vorgehens) noch unentschlossen waren und sich nur in Drohungen ergingen. Sie setzten ihn in eine Sänfte, und weil seine eigenen Sklaven geflohen waren, nahmen sie sie abwechselnd auf ihre Schultern und brachten den Niedergeschlagenen und Verängstigten ins Prätorianerlager[54], wobei die Leute, die ihnen begegneten, ihn bedauerten, weil sie glaubten, dass ein Unschuldiger zur Hinrichtung geführt werden solle. (3) Nach seiner Ankunft im Lager verbrachte er die Nacht bei den Wachposten, wobei er sich sehr wenig Hoffnung (auf den Thron) machte, aber darauf vertraute, dass ihm nichts geschehen werde. Die Konsuln hatten nämlich mit dem Senat und den städtischen Kohorten das Forum und das Kapitol besetzt, weil sie die allgemeine Freiheit [d. h. die Republik, *libera res publica*] wiederherstellen wollten; als er auch selbst von den Volkstribunen in die Kurie[55] gerufen wurde, um in dieser Situation seinen Rat abzugeben, antwortete er, er werde mit Gewalt und durch zwingende Umstände zurückgehalten. (4) Als jedoch am nächsten Tag der Senat, der zahlreichen Meinungsverschiedenheiten überdrüssig, sich bei der Verwirklichung seiner Vorhaben zu viel Zeit ließ und die umherstehende Menge bereits einen einzigen Herrscher forderte und ihn beim Namen nannte, ließ es Claudius geschehen, dass die in Waffen versammelten Soldaten den Huldigungseid auf ihn leisteten, und versprach jedem von ihnen 15 000 Sesterzen; er war somit der erste der Caesaren, der sich die Treue seiner Soldaten auch durch eine Belohnung erkaufte.[56]

11 (1) Nach der Befestigung seiner Herrschaft hielt er nichts für wichtiger, als die zwei Tage, an denen man geschwankt hatte, ob man die Verfassung ändern solle, aus der Erinnerung zu tilgen. Daher verkündete er für alle in dieser Zeit begangenen Taten und Äußerungen eine vollständige Amnestie, an die er sich auch hielt. Nur einige wenige Tribunen und Zenturionen, die an der Verschwörung gegen Gaius beteiligt waren, ließ er hinrichten, zum einen, weil er ein Exempel statuieren wollte, zum anderen, weil er erfahren hatte, dass diese auch seine Ermordung gefordert hatten. (2) Seine nächste Sorge galt der gebührenden Ehrung seiner Verwandten. Kein Schwur war für ihn heiliger, keinen leistete er häufiger als den »bei Augustus«. Seine Großmutter Livia ließ er unter die Götter aufnehmen[57] und sorgte dafür, dass sie beim Festzug im Circus (Maximus)[58] einen von Elefanten gezogenen Wagen erhielt, ähnlich dem des Augustus; für seine Eltern richtete er ein staatliches Totenopfer ein und darüber hinaus für seinen Vater jährliche Circusspiele an dessen Geburtstag;[59] seine Mutter bekam einen Wagen, auf dem sie [d. h. ihr Bildnis] durch den Circus gefahren wurde, sowie den Beinamen Augusta, den sie zu Lebzeiten abgelehnt hatte.[60] Um keine Gelegenheit zu versäumen, das Andenken an seinen Bruder [Germanicus] zu feiern, ließ er bei den Neapolitanischen Wettspielen auch eine griechische Komödie aufführen[61] und teilte ihr gemäß dem Urteil der Richter den Siegespreis zu. (3) Sogar dem Marcus Antonius erwies er seine Reverenz und gedachte seiner in Dankbarkeit, indem er einmal in einem Edikt bekannt gab, er verlange umso dringender, dass der Geburtstag seines Vaters Drusus gefeiert werde, als er auch der seines Großvaters Antonius sei.[62] Für Tiberius ließ er neben dem Theater des Pompeius den Triumphbogen aus Marmor vollenden, dessen Errichtung vom Senat zwar einst beschlossen, dann aber nicht zu Ende geführt worden war. Auch wenn er alle Verfügungen des Gaius [Caligula] für

ungültig erklärte, ließ er dennoch dessen Todestag, obwohl er der Beginn seines eigenen Prinzipats war, nicht unter die Feiertage aufnehmen.[63]

12 (1) Hinsichtlich der Erhöhung seiner eigenen Würde legte er jedoch eine bürgerliche Bescheidenheit an den Tag, verzichtete auf den Vornamen Imperator, lehnte allzu große Ehrungen ab und feierte die Verlobung seiner Tochter und die Geburt seines Enkels in aller Stille und nur mit einer häuslichen Zeremonie.[64] Keinen Verbannten berief er ohne die Genehmigung des Senats zurück. Er bat als Vergünstigung um die Erlaubnis, sich vom Kommandanten der Leibgarde und den Tribunen der Soldaten in die Kurie begleiten zu lassen, und darum, dass die richterlichen Entscheidungen seiner Prokuratoren Rechtskraft hätten.[65] (2) Die Konsuln ersuchte er um das Recht, auf seinen Privatgütern Markttage abzuhalten. Bei den gerichtlichen Untersuchungen der Magistrate war er häufig wie ein ganz gewöhnlicher Berater zugegen.[66] Wenn diese Spiele veranstalteten, erhob er sich zusammen mit der übrigen Menge und bezeugte ihnen durch Beifallsrufe und Klatschen seinen Respekt. Bei den Volkstribunen, die sich vor Gericht an ihn wandten, entschuldigte er sich, weil er sie wegen des Gedränges nur hören könne, wenn sie ihre Sache im Stehen vorbrächten. (3) Daher erwarb er sich in kurzer Zeit so viel Zuneigung und Sympathie, dass das Volk auf die Nachricht hin, er sei auf einer Reise nach Ostia einem Anschlag zum Opfer gefallen, voller Bestürzung sowohl das Militär als Verräter wie auch den Senat als Mörder verwünschte und verfluchte[67] und damit erst aufhörte, als zunächst einige wenige und dann mehrere von den Amtsträgern auf die Rostren geführt wurden und versicherten, dass er wohlbehalten sei und sich auf dem Weg zur Stadt befinde.

13 (1) Dennoch blieb er auf die Dauer von Anschlägen nicht verschont, sondern sah sein Leben sowohl durch Einzelpersonen als auch durch politische Gruppen und schließlich durch einen Bürgerkrieg bedroht. Ein Mann aus dem Volk wurde mitten in der Nacht mit einem Dolch in der Nähe seines Schlafzimmers aufgegriffen. Man spürte auch zwei Männer aus dem Ritterstand auf, die ihm in der Öffentlichkeit mit einem Stilett und einem Jagdmesser auflauerten, wobei der eine ihn nach dem Verlassen des Theaters, der andere beim Opfern am Mars-Tempel überfallen wollte.[68] (2) Mit dem Ziel, ihn zu stürzen, organisierten Gallus Asinius und Statilius Corvinus, die Enkel der Redner Pollio und Messala, eine Verschwörung,[69] in die auch mehrere Freigelassene und Sklaven des Claudius eingeweiht waren. Ein Bürgerkrieg wurde von Furius Camillus Scribonianus, dem Statthalter Dalmatiens, angezettelt; doch schon nach fünf Tagen wurde er von den Legionen entmachtet; sie hatten zwar den Eid auf ihn geleistet, bereuten aber nach einem Wunderzeichen ihr Verhalten: Als sie befehlsgemäß zum neuen Kaiser aufbrechen wollten, konnten sie – ob zufällig oder aufgrund göttlicher Fügung – weder die Legionsadler schmücken[70] noch die Feldzeichen aus dem Boden herausziehen und fortbewegen.[71]

14 Außer dem früheren Konsulat bekleidete er noch vier weitere,[72] die ersten hintereinander, die folgenden im Abstand von jeweils vier Jahren; das letzte dauerte einen halben Monat, die anderen zwei Monate, in das dritte wurde er – für einen Kaiser ungewöhnlich – an die Stelle eines verstorbenen Konsuls nachgewählt.[73] Der Rechtsprechung widmete er sich sowohl als Konsul als auch ohne offizielles Amt mit besonderer Gewissenhaftigkeit, und er tat dies an persönlichen Festtagen sowie an denen seiner Familie,[74] bisweilen auch an seit alters bestehenden Feiertagen und an Tagen, an denen dies aus religiösen Gründen untersagt war. Dabei hielt er sich aber nicht immer an die gesetzlichen Vorschriften und verhängte, so wie es ihm recht und billig schien, je nach Stimmung mal härtere, mal mildere Strafen; so erlaubte er auch Leuten, die in Zivilprozessen wegen einer zu weit gehenden Forderung abgewiesen worden waren,[75] die Wiederaufnahme des Verfahrens, und bei Angeklagten, die eines schwereren Verbrechens überführt worden waren, überschritt er das gesetzliche Strafmaß und verurteilte sie zum Kampf mit den wilden Tieren.

15 (1) Bei den gerichtlichen Untersuchungen und Entscheidungen aber zeigte er sich von einer erstaunlichen Unberechenbarkeit, bald war er umsichtig und scharfsinnig, bald unüberlegt und vorschnell, manchmal auch albern und nahezu verrückt. Als er die Richter-Dekurien für die Geschäftsverteilung prüfte, nahm er einen Mann, der die Freistellung, die er aufgrund des Dreikinderrechtes[76] genoss, verschwiegen und sich dennoch gemeldet hatte, nicht in die Richterliste auf, weil er zu begierig sei, Urteile zu fällen. Einen anderen, der von seinen Gegnern in einer privatrechtlichen Sache angeklagt worden war und behauptete, sie gehöre nicht vor den (kaiserlichen), sondern vor einen ordentlichen Gerichtshof, zwang er, den Prozess sofort vor ihm, dem Kaiser, zu führen, weil er in eigener Angelegenheit den Beweis dafür liefern sollte, ein wie gerechter Richter er in einer fremden Sache sein würde.[77] (2) Eine Frau, die ihren Sohn nicht anerkennen wollte, brachte er – die von beiden Seiten vorgelegten Beweise waren nicht stichhaltig – zum Geständnis (der Wahrheit), indem er ihr befahl, den jungen Mann zu heiraten. Wenn eine Prozesspartei abwesend war, entschied er sehr leicht zugunsten der anwesenden, wobei er keinen Unterschied machte, ob jemand aus eigenem Verschulden oder aus einem zwingenden Grund den Termin versäumt hatte. Als jemand ausrief, man müsse einem Fälscher die Hände abhauen, bestand er darauf, sofort einen Henker mit Schwert und Henkersbank[78] herbeizurufen. Zwischen den Anwälten war ein läppischer Streit darüber ausgebrochen, ob ein Ausländer, der angeklagt war, sich das römische Bürgerrecht angemaßt zu haben, sich in der Toga oder im

griechischen Mantel verteidigen solle. Gleichsam um seinen unbestechlichen Gerechtigkeitssinn zu demonstrieren, ließ Claudius den Beklagten des Öfteren die Kleidung wechseln, je nachdem, ob er gerade angeklagt oder verteidigt wurde. (3) In einem Fall soll er auch in einem schriftlichen Urteil verkündet haben, er gebe denen Recht, die die Wahrheit gesagt hätten. Wegen all dieser Vorkommnisse verlor er so sehr an Ansehen, dass er überall und ganz öffentlich verachtet wurde. So entschuldigte jemand einen Zeugen, der von Claudius aus der Provinz vorgeladen worden war, mit den Worten, er könne nicht anwesend sein, und verschwieg beharrlich den Grund; nach langen Befragungen erklärte er schließlich: »Er ist gestorben, das durfte er ja wohl.« Ein anderer, der ihm dafür dankte, dass er die Verteidigung eines Angeklagten zulasse,[79] fügte hinzu: »Allerdings ist das auch normal.« Von Menschen der älteren Generation hörte ich auch immer wieder, dass die Advokaten seine Geduld übermäßig zu strapazieren pflegten: Wenn er den Gerichtshof verließ, riefen sie ihn nicht nur mit Worten zurück, sondern packten ihn auch am Zipfel der Toga und hielten ihn manchmal sogar am Fuß fest. (4) Und es dürfte auch niemanden verwundern zu hören, dass einem griechischen Kläger bei einem Wortwechsel der Ausruf herausrutschte: »Auch du bist nur ein alter Narr.« Ein römischer Ritter war des unzüchtigen Benehmens Frauen gegenüber[80] angeklagt – zu Unrecht und aufgrund einer erfundenen Anschuldigung seiner Gegner, die sonst nichts gegen ihn ausrichten konnten. Als er nun sah, dass Dirnen gegen ihn aufgerufen und als Zeuginnen verhört wurden,[81] machte er, wie allgemein bekannt, dem Kaiser wegen seiner Dummheit und Grausamkeit bittere Vorwürfe und schleuderte ihm Griffel und Schreibtafel, die er gerade in den Händen hielt, so heftig ins Gesicht, dass er ihn ernsthaft an der Wange verletzte.

16 (1) Er bekleidete auch die Zensur, die nach den Zensoren

Plancus und Paulus lange nicht besetzt worden war,[82] aber auch hier zeigte er sich sprunghaft, launisch und in seinen Entscheidungen inkonsequent. So verzichtete er bei der Musterung der Ritter bei einem äußerst verrufenen jungen Mann, dessen Vater ihm aber versicherte, dass er mit ihm sehr zufrieden sei, auf eine Rüge[83] und sagte, er habe seinen eigenen Zensor. Einen anderen, der als Verführer und Ehebrecher übel beleumdet war, ermahnte er lediglich, er solle seinen jugendlichen Ausschweifungen seltener oder jedenfalls vorsichtiger nachgehen; und er setzte hinzu: »Denn wieso muss ich wissen, was für eine Geliebte du hast?« Und als er jemandem auf Bitten seiner Freunde den seinem Namen beigefügten Tadel[84] wieder strich, sagte er: »Die Streichung soll aber sichtbar bleiben.« (2) Einen angesehenen Mann, der in der Provinz Griechenland eine führende Rolle spielte, aber der lateinischen Sprache nicht mächtig war, entfernte er nicht nur aus der Richterliste, sondern erkannte ihm auch das römische Bürgerrecht wieder ab.[85] Er bestand nämlich darauf, dass jemand mit eigenen Worten, so gut er es eben konnte, und ohne fremden Beistand über seinen Lebenswandel Rechenschaft ablegte. Er erteilte auch vielen eine Rüge, manchen gänzlich überraschend und aus einem völlig neuartigen Grund, etwa weil sie ohne sein Wissen und ohne offizielle Beurlaubung Italien verlassen hätten.[86] Einen Mann rügte er, weil er sich in einer Provinz im Gefolge eines Königs befunden habe,[87] wobei er sich darauf berief, dass zur Zeit der Vorfahren Rabirius Postumus des Hochverrats angeklagt worden sei, weil er Ptolemaios nach Alexandria gefolgt sei, um das Geld zu retten, das er dem König geliehen hatte.[88] (3) Als er versuchte, noch mehr Männer zu rügen, musste er aufgrund der großen Nachlässigkeit seiner Mitarbeiter, die die Untersuchungen durchführten, feststellen, dass jene in der Regel unschuldig waren, was seine Schande noch vermehrte, und manche, denen er ihr Junggesellendasein, ihre Kinderlosigkeit oder

Bedürftigkeit[89] anlastete, konnten nachweisen, dass sie Ehemänner, Väter und wohlhabend waren. Einer indes, der beschuldigt wurde, sich selbst mit einem Dolch verletzt zu haben,[90] legte seine Kleidung ab und zeigte öffentlich seinen unversehrten Körper. (4) In seiner Zensur[91] bemerkenswert waren auch folgende Begebenheiten: Er ließ einen aufwendig hergestellten Reisewagen aus Silber, der bei den Sigillarien[92] feilgeboten wurde, kaufen und vor seinen Augen zerschlagen.[93] Außerdem erließ er an einem einzigen Tag 20 Edikte, von denen zwei besonders erwähnenswert sind: In dem einen forderte er dazu auf, angesichts der reichen Weinernte die Fässer gut auszupichen, in dem anderen erklärte er, dass gegen den Biss einer Viper nichts so gut helfe wie der Saft des Taxusbaumes.[94]

17 (1) Er unternahm insgesamt bloß einen einzigen Feldzug, und auch nur einen unbedeutenden. Da er der Ansicht war, dass die ihm vom Senat zuerkannten Triumphalinsignien[95] seiner kaiserlichen Würde nicht ausreichend entsprächen, und er die Ehre eines echten Triumphes[96] wollte, fiel seine vorrangige Wahl auf Britannien, um sich diese Ehre zu verdienen, ein Land, das nach dem vergöttlichten Iulius von niemandem mehr angegriffen worden war[97] und das sich damals, weil man die Überläufer nicht auslieferte, in Aufruhr befand.[98] (2) Auf der Fahrt von Ostia nach Britannien hätte er infolge eines heftigen Nordweststurms zweimal fast Schiffbruch erlitten, einmal vor der Küste Liguriens, einmal bei den Stoechadischen Inseln. Daher marschierte er auf dem Fußweg von Massilia bis nach Gesoriacus, setzte von dort aus über, brachte ohne Schwertstreich oder Blutvergießen binnen weniger Tage einen Teil der Insel in seine Gewalt,[99] kehrte im sechsten Monat nach seinem Aufbruch nach Rom zurück und feierte einen höchst prachtvollen Triumph.[100] (3) Zum Schauspiel dieses Triumphes erlaubte er nicht nur den Provinzstatthaltern, sondern sogar einigen Verbannten, in die Stadt zu kommen; und abgesehen von den dem Feind abgenommenen Beutestücken ließ er am Giebel seines Haus auf dem Palatin neben der Bürgerkrone[101] eine Schiffskrone[102] anbringen, als Symbol dafür, dass er den Ozean überquert und gewissermaßen gebändigt hatte. Dem Triumphwagen folgte seine Frau Messalina in einer Karosse; danach kamen die Männer, die sich in demselben Krieg die Triumphalabzeichen erworben hatten;[103] während die anderen zu Fuß gingen, bekleidet mit der Praetexta[104], ritt M. Crassus Frugi auf einem reichgeschirrten Pferd und trug ein mit Palmzweigen besticktes Gewand, weil er diese Auszeichnung zum zweiten Mal erhalten hatte.[105]

18 (1) Um die Hauptstadt und ihre Versorgung mit Lebensmitteln kümmerte er sich immer höchst gewissenhaft. Als die Aemiliana von einer hartnäckig anhaltenden Feuersbrunst heimgesucht wurde, blieb er zwei Nächte im Diribitorium; und da die Zahl der Soldaten und die seiner Sklaven (zur Brandbekämpfung) nicht ausreichte, rief er durch die Behörden aus sämtlichen Stadtteilen das Volk zu Hilfe, ließ Körbe mit Geld vor sich hinstellen und spornte die Leute an, Hilfe zu leisten, indem er ihnen eine ihrem Einsatz angemessene Belohnung bar auf die Hand zahlte. (2) Als aber wegen anhaltender Dürreperioden das Getreide einmal zu knapp geworden war,[106] wurde er mitten auf dem Forum von der Menge festgehalten, mit Schmähungen überhäuft und zugleich mit Brotbrocken so heftig beworfen, dass er sich nur mit Mühe und durch eine Hintertür in seinen Palast auf dem Palatin retten konnte. Daher traf er alle erdenklichen Vorkehrungen, um auch im Winter[107] die Getreidezufuhr zu gewährleisten. Zum einen versprach er nämlich den Kaufleuten sichere Gewinne und kam für den Schaden auf, falls einem durch die Stürme Verluste entstanden sein sollten, und zum anderen räumte er denen, die Handelsschiffe bauen ließen, große Vergünstigungen ein, je nach ihrem rechtlichen Status:

19 einem Bürger die Befreiung von den Bestimmungen der Lex Papia Poppaea[108], einem Latiner das römische Vollbürgerrecht, Frauen das Vier-Kinder-Recht[109]. Diese Verfügungen haben noch heute Gültigkeit.

20 (1) Die von ihm durchgeführten Baumaßnahmen waren eher umfangreich und notwendig als zahlreich, aber sie waren auch sehr bedeutend: so der von Gaius [Caligula] begonnene Aquädukt,[110] desgleichen der Abflusskanal des Fuciner Sees[111] und der Hafen in Ostia[112]; dabei wusste er, dass Augustus das erste Projekt den Marsern trotz ihrer häufigen Gesuche abgeschlagen hatte und dass das zweite vom vergöttlichten Iulius [Caesar] des Öfteren ins Auge gefasst[113] und wegen der damit verbundenen Schwierigkeiten wieder aufgegeben worden war. Die kalten und sehr ergiebigen Quellen der Aqua Claudia[114] – die eine heißt Caeruleus, die andere Curtius und Albudignus – sowie den Bach Anio novus führte er über einen steinernen Aquädukt in die Stadt und verteilte ihre Wasser in sehr viele reichgeschmückte Bassins. (2) Den Abfluss des Fuciner Sees nahm er ebenso in der Hoffnung auf Gewinn wie auf Ruhm in Angriff. Manche Leute verpflichteten sich nämlich, den Kanalbau aus privaten Mitteln zu finanzieren, wenn ihnen die trockengelegten Ländereien übereignet würden. Nachdem der Berg über eine Länge von 3000 Schritt teils durchgegraben, teils durchgehauen worden war, konnte Claudius den Kanal nur mit Mühe und erst nach elf Jahren vollenden, obwohl 30 000 Menschen ununterbrochen an ihm arbeiteten.[115] (3) Den Hafen in Ostia gestaltete er so, dass er ihn rechts und links mit einer Mole umgab und bei der Einfahrt, in bereits tiefem Wasser, einen schützenden Damm aufwarf; um diesem ein ausreichend festes Fundament zu geben, wurde vorher das Schiff versenkt, auf dem der große Obelisk aus Ägypten[116] herangeschafft worden war; er ließ Pfeiler aufmauern und setzte darüber einen sehr hohen Turm nach dem

Vorbild des Leuchtturmes von Alexandria[117], damit die Schiffe ihren Kurs nach dessen nächtlichen Feuerzeichen ausrichten könnten.

21 (1) Spenden ließ er dem Volk des Öfteren zukommen.[118] Er gab auch eine Reihe prächtiger Spiele, nicht nur die gängigen und nicht nur an den üblichen Orten, sondern auch neu erdachte und solche, die längst vergessen waren, und außerdem an Plätzen, wo vor ihm dies noch niemand getan hatte. Die Spiele zur Einweihung des Pompeius-Theaters, das er nach einem Brand wieder aufgebaut hatte, leitete er von einem in der Orchestra errichteten Podium aus, nachdem er vorher bei den oberhalb befindlichen Tempeln geopfert hatte und mitten durch den Zuschauerraum herabgestiegen war, wobei alle schweigend auf ihren Plätzen sitzen blieben.[119] (2) Er veranstaltete auch Säkularspiele[120], unter dem Vorwand, dass Augustus sie vorgezogen und nicht den richtigen Zeitpunkt abgewartet habe. Dabei erklärt er selbst in seinem Geschichtswerk[121], Augustus habe sie, nachdem sie sehr lange ausgesetzt gewesen seien, nach einer höchst genauen chronologischen Berechnung wieder in die gehörige Ordnung gebracht. Deshalb spottete man über den Ruf des Herolds, als dieser mit der üblichen Formel zu den Spielen einlud, die noch niemand gesehen habe und niemals mehr sehen werde, obwohl es noch Leute gab, die ihnen zugeschaut hatten, und einige Schauspieler, die damals aufgetreten waren, auch jetzt aufgeboten wurden.[122] Er gab auch häufig Circusspiele im Circus Vaticanus, bei denen manchmal nach jeweils fünf Wagenrennen eine Tierhetze eingeschoben wurde. (3) Den Circus Maximus aber schmückte er mit Startboxen aus Marmor sowie vergoldeten Säulen an den Wendemarken, die vorher aus Tuff und aus Holz gewesen waren, und richtete für die Senatoren, die im Publikum verstreut zuzuschauen pflegten,[123] eigene Plätze ein. Und außer den Wettrennen der Viergespanne gab er auch ein Trojaspiel[124] und eine Jagd auf afrikanische Tiere, wobei eine Schwadron berittener Prätorianer unter der Leitung ihrer Tribunen und des Präfekten höchstpersönlich die Tiere erlegte. Außerdem ließ er thessalische Reiter auftreten, die wilde Stiere durch den Circus jagten, ihnen auf den Rücken sprangen, wenn sie müde geworden waren, und sie an den Hörnern zu Boden rissen.

(4) Er veranstaltete auch an vielen Orten Gladiatorenspiele unterschiedlicher Art: das jährliche im Prätorianerlager ohne Jagd und besonderen Aufwand, ein ordentliches und vollständiges[125] in den Saepten; dort gab er auch noch ein außergewöhnliches, nur wenige Tage dauerndes Gladiatorenspiel, das er seitdem als »Sportula«[126] bezeichnete; als er es nämlich zum ersten Mal veranstaltete, hatte er verkündet, dass er das Volk wie zu einem auf Bitten der Gäste schnell improvisierten Imbiss[127] einlade. (5) Bei keiner Art von Schauspiel zeigte er sich aber leutseliger und ausgelassener: Die Goldstücke, die den Siegern ausgehändigt wurden, zählte er ebenso wie das einfache Volk mit lauter Stimme an den Fingern der ausgestreckten linken Hand[128] mit ab; des Öfteren ermunterte und bat er die Menschen, fröhlich zu sein, redete sie immer wieder mit »meine Herren« an und ließ bisweilen dümmliche und weit hergeholte Witze einfließen. So versprach er beispielsweise der Menge, als sie nach (dem Gladiator) Palumbus [»Täuberich«] verlangte, er werde ihn auftreten lassen, wenn man ihn eingefangen habe. Das Folgende war allerdings völlig vernünftig und passend: Nachdem er unter allgemeinem lauten Beifall einem Wagenlenker auf die Bitten seiner vier Söhne hin das Rapier[129] überreicht hatte, ließ er sogleich eine Tafel[130] umhertragen, auf der er das Volk daran erinnerte, wie notwendig es sei, Kinder großzuziehen, da diese, wie man sehe, auch einem Gladiator Schutz und Hilfe bieten könnten. (6) Auf dem Marsfeld inszenierte er auch ein kriegsähnliches Schauspiel von der Eroberung und Plünderung einer Stadt sowie die Unterwer-

fung der Könige Britanniens und führte dabei, bekleidet mit dem Feldherrnmantel, den Vorsitz. Er hatte sogar, bevor er den Abflusskanal des Fuciner Sees öffnen ließ, ein Seegefecht aufführen lassen. Als aber die Seesoldaten riefen: »Heil dir, Imperator, die Todgeweihten grüßen dich!«, antwortete er: »Oder auch nicht.«[131] Und da nach dieser Äußerung, die sie als Begnadigung[132] auffassten, keiner von ihnen mehr kämpfen wollte, zögerte er lange, ob er sie alle mit Feuer und Schwert umbringen lassen solle, sprang schließlich von seinem Sitz auf, lief in seinem scheußlichen Wackelgang[133] um den ganzen See herum und trieb sie mal mit aufmunternden, mal mit drohenden Worten zum Kampf. Bei diesem Schauspiel trafen eine sizilische und eine rhodische Flotte mit jeweils zwölf Dreiruderern[134] aufeinander, während ein silberner Triton, der mittels einer Maschinerie mitten aus dem See aufgetaucht war, auf einem Muschelhorn zum Angriff blies.

22 Bei den religiösen Zeremonien sowie bei den zivilen und militärischen Gepflogenheiten, ebenso bei der Ordnung aller Stände[135] in und außerhalb von Rom nahm er manche Verbesserungen vor, reaktivierte Bräuche, die in Vergessenheit geraten waren, oder führte auch einige neue ein. Bei der Nachwahl zu den Priesterkollegien ernannte er keinen, ohne vorher einen Eid abgelegt zu haben.[136] Immer wenn in der Stadt die Erde gebebt hatte,[137] achtete er sorgfältig darauf, dass der Prätor nach Einberufung der Volksversammlung Gerichtsferien verkündete, dass nach dem Erscheinen eines unheilverkündenden Vogels auf dem Kapitol ein Bet- und Bußtag durchgeführt wurde und dass er selbst in seiner Funktion als Oberpriester von den Rostren aus dem Volk die Gebetsformeln vorsprach; die Masse der Arbeiter und Sklaven war dabei ausgeschlossen.[138]

23 (1) Die Sitzungsperioden der Gerichte, die vorher auf die Winter- und Sommermonate verteilt waren, zog er zu einer einzigen Periode zusammen. Die Rechtsprechung in Fideikommissangelegenheiten[139], mit der vorher die Magistrate für jeweils ein Jahr und nur in der Stadt Rom betraut zu werden pflegten, übertrug er auf Dauer und auch in den Provinzen ganz bestimmten Amtsinhabern. Den von Kaiser Tiberius der Lex Papia Poppaea hinzugefügten Paragraphen, der auf der Prämisse gründete, dass 60jährige keine Kinder mehr zeugen könnten, hob er wieder auf.[140] (2) Er bestimmte, dass – entgegen der bestehenden Regelung – Waisenkindern von den Konsuln ein Vormund gestellt werden müsse und dass diejenigen, die von den Behörden einer Provinz verwiesen würden, auch Rom und Italien nicht betreten dürften. Er selbst bestrafte einige Leute mit einer neuen Form der Ausweisung, indem er ihnen verbot, sich über den dritten Meilenstein[141] hinaus von der Stadt zu entfernen.

Wenn er in der Kurie eine wichtigere Sache behandeln wollte, nahm er meist zwischen den Sesseln der Konsuln auf dem Tribunensitz Platz. Urlaubsgesuche, die üblicherweise an den Senat gerichtet wurden,[142] unterstellte er seiner Entscheidung.

24 (1) Die konsularischen Insignien[143] gewährte er auch Prokuratoren[144], die ein Jahresgehalt von 200 000 Sesterzen erhielten.[145] Denjenigen, die den Rang des Senators ablehnten,[146] nahm er auch den des Ritters. Obwohl er anfangs versichert hatte, er werde niemanden zum Senator ernennen, der nicht Urenkel eines römischen Bürgers sei, verlieh er sogar dem Sohn eines Freigelassenen die Tunika mit dem breiten Purpurstreifen [das Senatorengewand], allerdings unter der Bedingung, dass er vorher von einem römischen Ritter adoptiert wurde. Und weil er auch so noch fürchtete, auf Kritik zu stoßen, erklärte er, dass auch der Zensor Appius Caecus, ein Urahnherr seines Geschlechts, Söhne von Freigelassenen [Libertinen] in den Senat aufgenommen habe. Dabei wusste er jedoch nicht, dass zu Zeiten des Appius und noch ziemlich lange danach als Freigelassene nicht diejenigen bezeichnet wurden, die selbst freigelassenen worden waren, sondern die von ihnen gezeugten freigeborenen Nachkommen. (2) Das Quästoren-Kollegium beauftragte er anstelle des Straßenbaus mit der Veranstaltung eines Gladiatorenkampfes,[147] nahm ihnen die Provinz Ostia und Gallien[148] und gab ihnen die Aufsicht über die Schatzkammer im Saturn-Tempel zurück, die zwischenzeitlich die Prätoren oder, wie jetzt, ehemalige Prätoren innehatten.

(3) Die Ehrenzeichen eines Triumphators[149] verlieh er dem Silanus, dem Verlobten seiner Tochter, obwohl er noch nicht erwachsen war; Älteren gewährte er sie aber so häufig und so leichthin, dass damals ein im Namen aller Legionen verfasster Brief in Umlauf war, in dem diese ersuchten, den konsularischen Statthaltern zugleich mit ihrem militärischen Kommando auch die Triumphalinsignien zuzuerkennen, damit sie nicht auf jede nur erdenkliche Weise nach einem Kriegsgrund suchen müssten. Aulus Plautius gewährte er sogar einen kleinen Triumph,[150] ging ihm bei seinem Einzug in die Stadt entgegen und schritt bei seinem Gang auf das Kapitol und der Rückkehr von dort an seiner linken Seite. Gabinius Secundus gestattete er, nach dem Sieg über die Chauken, eine germanische Völkerschaft, den Beinamen Chaucius zu führen.[151]

25 (1) Die militärische Laufbahn der Ritter ordnete er so, dass er ihnen nach dem Kommando über eine Kohorte das über eine Reiterschwadron und danach die Stelle eines Legionstribunen zuwies; ferner regelte er die Besoldungsstufen[152] und führte eine Art fiktiven Kriegsdienst ein, den sog. überzähligen, den man in Abwesenheit und nur *pro forma* versah. Er verbot den Soldaten sogar durch einen Senatsbeschluss, die Häuser von Senatoren zu betreten, um dort ihre Aufwartung zu machen.[153] Freigelassene, die sich als römische Ritter ausgaben, ließ er enteignen, und diejenigen, die sich undankbar zeigten und über die sich ihre Patrone beklagten, versetzte er wieder in den Sklavenstand und erklärte den Anwälten der Patrone, dass er keine Klage gegen ihre eigenen Freigelassenen annehmen werde.[154] (2) Da manche Herren ihre kranken und schwachen Sklaven auf der Aesculap-Insel[155] aussetzten, weil sie keine Lust hatten, sie ärztlich behandeln zu lassen, ordnete er an, dass alle Ausgesetzten frei sein und im Falle ihrer Genesung nicht wieder der Macht ihres Herrn unterstellt werden sollten; falls aber jemand einen Sklaven lieber tötete als aussetzte, sollte er des Mordes angeklagt werden. In einem Edikt verfügte er, dass Reisende die Städte Italiens nur zu Fuß, im Tragsessel oder in der Sänfte passieren durften.[156] In Puteoli und Ostia stationierte er jeweils eine Kohorte zur Bekämpfung von Feuersbrünsten.

(3) Ausländern verbot er, römische Namen, jedenfalls Gentilnamen, anzunehmen.[157] Diejenigen, die sich das römische Bürgerrecht anmaßten, ließ er auf dem Esquilinischen Feld mit dem Beil hinrichten. Die Provinzen Achaia und Makedonien, die Tiberius seiner eigenen Verwaltung unterstellt hatte, überließ er wieder dem Senat. Den Lykiern nahm Claudius wegen ihrer verheerenden internen Fehden die Freiheit,[158] während er sie den Rhodiern, weil sie ihre früheren Vergehen bereuten, zurückgab.[159] Den Bewohnern von Ilion erließ er als Stammvätern des römischen Volkes auf ewig alle Tribute, nachdem er einen alten, auf Griechisch verfassten Brief des Senats und Volks von Rom verlesen hatte, in dem man König Seleukos Freundschaft und Bundesgenossenschaft nur für den Fall versprach, dass er die Ilienser, ihre Blutsverwandten, von jeglicher Abgabenlast befreite.[160] (4) Die Juden, die, von Chrestus angestiftet, ständig für Unruhen sorgten, vertrieb er aus Rom.[161] Den Gesandten der Germanen gestattete er, beeindruckt von ihrem naiven Selbstvertrauen, in der Orchestra Platz zu nehmen; denn als sie, nachdem man ihnen Plätze in der Volks-

menge angewiesen hatte, bemerkt hatten, dass die Parther und Armenier bei den Senatoren saßen, hatten sie sich spontan ebenfalls dorthin begeben, wobei sie stolz erklärten, ihre Tapferkeit und ihr Rang seien um nichts geringer.[162] (5) Den bei den Galliern verbreiteten Kult der Druiden mit seinen entsetzlichen Gräueln, an dem teilzunehmen unter Augustus nur römischen Bürgern untersagt war, schaffte er vollständig ab.[163] Dagegen versuchte er die Eleusinischen Mysterien[164] sogar von Attika nach Rom zu verpflanzen, und er ließ den Tempel der Venus Erycina auf Sizilien, der aufgrund seines hohen Alters eingestürzt war, auf Kosten der Staatskasse des römischen Volkes wieder aufbauen. Bündnisse mit auswärtigen Königen schloss er auf dem Forum ab, wobei ein Ferkel geschlachtet und die alte Formel der Fetialen verwendet wurde. Doch sowohl diese als auch alle anderen Maßnahmen sowie seine gesamte Regierung waren zum großen Teil weniger der Ausfluss seiner eigenen Entscheidungen als der seiner Ehefrauen und Freigelassenen, und er verhielt sich in allem meist so, wie es deren Interessen oder Wünschen entsprach.

26 (1) Als sehr junger Mann war er zweimal verlobt: mit Aemilia Lepida, einer Urenkelin des Augustus, und mit Livia Medullina, die auch den Beinamen Camilla führte und aus dem uralten Geschlecht des Diktators[165] Camillus stammte. Die erste verstieß er noch als Jungfrau, weil ihre Eltern Augustus gekränkt hatten,[166] die zweite verstarb an eben dem Tag, der für die Hochzeit vorgesehen war, an einer Krankheit. (2) Dann heiratete er zuerst Plautia Urgulanilla, die Tochter des Triumphators,[167] und später Aelia Paetina, die Tochter des ehemaligen Konsuls.[168] Von beiden ließ er sich scheiden, von Paetina aber wegen nur unbedeutender Vergehen, von Urgulanilla wegen des Vorwurfs sexueller Ausschweifungen und wegen Mordverdachts.[169] Nach diesen vermählte er sich mit Valeria Messalina, der Tochter seines Vetters Barbatus Messala. Nachdem er erfahren hatte, dass sie, abgesehen von ihren sonstigen Verbrechen und Schandtaten, auch noch C. Silius geheiratet hatte und vor Zeugen eine Mitgift festgesetzt worden war,[170] ließ er sie hinrichten[171] und versicherte in einer Versammlung vor den Prätorianern, er werde, da seine Ehen zum Scheitern verurteilt seien, Junggeselle bleiben und, falls er es nicht bliebe, nichts dagegen haben, von ihnen eigenhändig erstochen zu werden. (3) Er konnte dies allerdings nicht durchhalten und führte sogleich wieder Verhandlungen über eine neue Ehe, auch mit Paetina, die er früher verstoßen hatte,[172] und mit Lollia Paulina, die mit C. Caesar [Caligula] verheiratet gewesen war[173]. Doch verführt von den Reizen Agrippinas, der Tochter seines Bruders Germanicus, die (als nahe Verwandte) das Recht hatte, ihn zu küssen, und manche Gelegenheiten zu Zärtlichkeiten zu nutzen wusste, stiftete er in der nächsten Senatssitzung einige Männer dazu an, den Antrag zu stellen, dass man ihn zwingen müsse, Agrippina zur Frau zu nehmen, weil dies von höchstem Interesse für den Staat sei, und dass zugleich auch allen anderen solche Ehen zu erlauben seien, die bis zu diesem Zeitpunkt als blutschänderisch galten.[174] Und kaum einen Tag später vollzog er die Eheschließung, wobei sich niemand fand, der seinem Beispiel folgte, mit Ausnahme eines Freigelassenen und eines Primipilaren[175], an dessen Hochzeitsfeier er höchstpersönlich zusammen mit Agrippina teilnahm.

27 (1) Kinder hatte er von drei Frauen: von Urgulanilla Drusus und Claudia, von Paetina Antonia, von Messalina Octavia und einen Sohn, dem er zuerst den Beinamen Germanicus, dann den Beinamen Britannicus gab. Drusus verlor er, als dieser fast schon erwachsen war: Er erstickte an einer Birne, die er beim Spielen in die Luft geworfen und mit dem Mund wieder aufgefangen hatte; Claudius hatte ihn noch wenige Tage zuvor mit einer Tochter des Seianus[176] verlobt. Umso mehr erstaunt es mich daher, dass manche überliefert haben, er sei einem Anschlag des Seianus zum Opfer gefallen. Claudia, die sein Freigelassener Boter gezeugt hatte, ließ er, obwohl sie vier Monate vor der Scheidung auf die Welt gekommen und anfangs als sein Kind aufgezogen worden war, dennoch verstoßen und nackt vor der Tür der Mutter aussetzen.[177] (2) Antonia verheiratete er mit Cn. Pompeius Magnus,[178] dann mit Faustus Sulla,[179] jungen Männern aus dem Hochadel; Octavia gab er seinem Stiefsohn Nero zur Frau, nachdem sie zuvor mit Silanus verlobt gewesen war. Britannicus, der ihm am 20. Tag seiner Herrschaft geboren worden war, empfahl er in seinem zweiten Konsulat,[180] als er noch sehr klein war, immer wieder den versammelten Soldaten, wobei er ihn in seinen Armen trug, und ebenso empfahl er ihn bei Schauspielen dem Volk; dabei hatte er ihn auf dem Schoß oder ließ ihn vor sich stehen und wünschte ihm unter dem Beifall der Menge Glück und Segen. Von seinen Schwiegersöhnen adoptierte er Nero,[181] während er Pompeius und Silanus nicht nur überging, sondern sogar umbringen ließ.[182]

28 Von seinen Freigelassenen schätzte er besonders den Eunuchen Posides[183], den er auch anlässlich seines Triumphs über Britannien[184] ebenso wie die verdienten Soldaten mit dem bloßen Lanzenschaft[185] beschenkte; nicht minder Felix, dem er das Kommando über Kohorten und Schwadronen und über die Provinz Judäa übertrug und der mit drei Prinzessinnen verheiratet war;[186] desgleichen Harpocras, dem er das Recht verlieh, sich in der Stadt Rom einer Sänfte zu bedienen und öffentliche Spiele zu veranstalten;[187] und noch mehr als diese den Hofgelehrten Polybius, der häufig zwischen den beiden Konsuln einherschritt; doch am allermeisten schätzte er seinen Kabinettssekretär Narcissus sowie Pallas, den Verwalter der kaiserlichen Finanzen;[188] er war gerne bereit, sie nicht nur per Senatsbeschluss mit unermesslichen Belohnungen, sondern auch mit den Amtsinsignien eines Quästors und Prätors auszeichnen zu lassen; außerdem erlaubte er ihnen, so viel Reichtum zu erwerben und zusammenzurauben,[189] dass man, als er sich einmal über seine schlechte Finanzlage beklagte, ganz treffend sagte, er würde Geld im Überfluss haben, wenn er von den beiden Freigelassenen als Teilhaber aufgenommen würde.

29 (1) Er war, wie ich bereits gesagt habe,[190] diesen Männern und seinen Ehefrauen sklavisch ergeben und verhielt sich nicht wie ein Fürst, sondern wie ein Diener; gemäß deren jeweiligen Interessen, Wünschen oder Launen gewährte er großzügig Ehrenämter, militärische Kommandos, verfügte Begnadigungen und Strafen, und zwar meist ohne recht zu wissen, was er tat. Und um nicht allzu geringfügige Einzelheiten aufzuzählen – die widerrufenen Vergünstigungen, die aufgehobenen Urteile, die untergeschobenen oder auch ganz offen geänderten Ernennungsurkunden – (, hier nur so viel): Seinen Mitschwiegervater[191] Appius Silanus und die beiden Iulias, die Töchter des Drusus und des Germanicus,[192] ließ er aufgrund einer vagen Anschuldigung, und ohne ihnen die Möglichkeit zur Verteidigung zu geben,[193] töten, ebenso Cn. Pompeius, den Mann seiner älteren Tochter, und L. Silanus, den Verlobten seiner jüngeren Tochter.[194] (2) Pompeius wurde beim Sex mit seinem jugendlichen Geliebten erstochen,[195] Silanus aber musste noch am 29. Dezember die Prätur niederlegen und sich am Neujahrstag das Leben nehmen,[196] genau an dem Tag, an dem Claudius und Agrippina Hochzeit feierten.[197] 35 Senatoren und mehr als 300 römische Ritter ließ er mit einer solchen Gleichgültigkeit hinrichten,[198] dass er – als ein Zenturio vom Tod eines ehemaligen Konsuls Meldung machte mit den Worten, sein Befehl sei ausgeführt worden – bestritt, irgendeinen Befehl gegeben zu haben; dennoch hieß er das Geschehene gut, da ihm seine Freigelassenen versicherten, die Soldaten hätten ihre Pflicht getan, weil sie aus eigenem Antrieb an einem Feind des Kaisers Rache genommen hätten. (3) Das Folgende dürfte allerdings völlig unglaubwürdig sein: Für die Hochzeit zwischen Messalina und ihrem Liebhaber Silius soll er sogar höchstpersönlich den Ehevertrag unterzeichnet haben; dazu wurde er durch die Behauptung gebracht, die Hochzeit sei nur eine absichtlich vorgenommene Scheinzeremonie, um die Gefahr, die dem Kaiser selbst bestimmter Vorzeichen zufolge drohe, von ihm abzuwenden und auf einen anderen zu übertragen.

30 Seiner äußeren Erscheinung fehlte es nicht an imposanter Würde, sowohl wenn er stand oder saß, besonders aber, wenn er auf dem Ruhebett lag; er war nämlich hochgewachsen, ohne mager zu sein, hatte angenehme Gesichtszüge, schönes graues Haar und einen sehr muskulösen Nacken. Doch beim Gehen versagten ihm seine zu schwachen Knie den Dienst, und bei heiteren oder auch ernsthaften Beschäftigungen ließ ihn vieles abstoßend erscheinen: Sein Lachen war ordinär, im Zorn wurde er noch hässlicher, weil ihm dann der Schaum vor den Mund trat und seine Nase tropfte, außerdem stotterte er, und das fortwährende Zittern seines Kopfes nahm schon bei der geringsten Tätigkeit aufs Heftigste zu.[199]

31 Während er früher sehr kränklich war, war er als Prinzeps kerngesund, abgesehen von einem Magenleiden; dessentwegen hatte er nach eigener Aussage sogar daran gedacht, sich das Leben zu nehmen.

32 Er gab ständig glanzvolle Bankette und fast immer in sehr weitläufigen Räumlichkeiten, so dass sich meistens 600[200] Gäste gleichzeitig zu Tisch begaben. Er veranstaltete auch ein Festmahl am Abflusskanal des Fuciner Sees;[201] dabei wäre er fast ertrunken, weil nach dem Durchstich des Dammes das mit Gewalt hervorstürzende Wasser alles überschwemmte. Zu jedem Essen pflegte er auch seine Kinder zusammen mit Jungen und Mädchen aus dem Adel hinzuzuziehen, die, nach alter Sitte an den Stützen[202] der Speisesofas sitzend, aßen. Einen Gast, der angeblich tags zuvor einen goldenen Becher gestohlen hatte, lud er für den nächsten Tag wieder ein und setzte ihm eine irdene Trinkschale vor.[203] Er soll außerdem über einen Erlass nachgedacht haben, nach dem er beim Gastmahl stille und laute Darmblähungen[204] erlauben wollte; er hatte nämlich erfahren, dass jemand, der sich aus Schamgefühl beherrscht hatte, lebensgefährlich erkrankt war.

33 (1) Nach Speisen und Getränken gelüstete es ihn stets und überall, und als er einmal auf dem Augustus-Forum[205] zu Gericht saß, verließ er, vom Geruch der Mahlzeit betört, die im sehr nahe gelegenen Mars-Tempel für die Salier zubereitet wurde, das Tribunal, stieg zu den Priestern hinauf und begab sich gemeinsam mit ihnen zu Tisch. Und für gewöhnlich erhob er sich erst von der Tafel, wenn er sich vollgegessen hatte und völlig betrunken war, weshalb man ihm, wenn er dann sofort mit offenem Mund auf dem Rücken liegend einschlief, eine Feder in die Kehle einführte, um seinen Magen zu erleichtern.[206] (2) Er schlief nur sehr wenig. Denn bis Mitternacht blieb er meistens wach, so dass er tagsüber bei Gericht bisweilen einnickte und nur mit Mühe von den Advokaten, die daher absichtlich lauter sprachen, wieder geweckt werden konnte. In seinem sexuellen Verlangen nach Frauen war er maßlos, an Männern hatte er überhaupt kein Interesse. Er gab sich mit großer Leidenschaft dem Würfelspiel hin,[207] über dessen Kunst er sogar ein Buch verfasste; er pflegte selbst bei seinen Ausfahrten zu spielen, wobei der Wagen und das Spielbrett so eingerichtet waren, dass das Spiel nicht durcheinander geraten konnte.

34 (1) Dass er von Natur aus grausam und blutgierig war, zeigte sich in großen wie auch in ganz kleinen Dingen. Die Verhöre auf der Folter[208] und die Strafen der Verwandtenmörder[209] ließ er auf der Stelle und in seinem Beisein vollziehen. Als er einmal in Tibur einer Hinrichtung nach alter Sitte[210] zuschauen wollte und für die an den Pfahl gefesselten Verbrecher kein Scharfrichter da war, ließ er einen aus Rom herbeirufen und wartete bis zum Abend beharrlich auf dessen Ankunft. Bei jedem Gladiatorenspiel, ob von ihm oder einem anderen veranstaltet, ließ er auch diejenigen, die zufällig zu Fall gekommen waren, töten, besonders gern die Netzkämpfer[211], weil er die Gesichter der Sterbenden beobachten wollte. (2) Als einmal ein Fechterpaar sich gegenseitig umgebracht hatte, ließ er aus ihren Schwertern unverzüglich kleine Messerchen für seinen Privatgebrauch anfertigen.[212] Von den Tierkämpfern und den zur Mittagszeit auftretenden Gladiatoren[213] war er so angetan, dass er sich schon bei Tagesanbruch zu den Spielen begab und mittags, wenn das Volk zu einer Essenspause entlassen war, sitzen blieb; außer den vorgesehenen Fechtern schickte er aus einem ihm plötzlich einfallenden geringfügigen Grund auch andere – Handwerker, Gehilfen und ähnliche Leute – in die Arena, nämlich dann, wenn ein Automat, eine Versenkungsmaschine oder sonst eine Maschinerie nicht richtig funktionierte. Er ließ auch einen seiner Nomenklatoren[214], so wie er ging und stand, in der Toga auftreten.

35 (1) Doch keine anderen Eigenschaften waren so stark ausgeprägt wie seine Ängstlichkeit und sein Misstrauen. Obwohl er in den ersten Tagen seiner Herrschaft, wie oben erwähnt,[215] eine bürgerliche Bescheidenheit zur Schau getragen hatte, wagte er es nur, an Banketten teilzunehmen, wenn Leibwächter mit ihren Lanzen um ihn herumstanden und Soldaten den Dienst bei Tisch versahen; auch machte er keinen Krankenbesuch, wenn nicht zuvor das Schlafzimmer inspiziert und die Polster und Decken gründlich untersucht worden waren. In der Folgezeit ließ er die Leute, die ihm ihre Aufwartung machten, stets einer Leibesvisitation unterziehen, und zwar ausnahmslos alle und einer äußerst strengen. (2) Erst nach langer

Zeit freilich und nur widerstrebend verzichtete er darauf, dass Frauen, Knaben in der Praetexta[216] und Mädchen durchsucht und einer Begleitperson oder einem Schreiber Feder- und Griffelbüchse[217] abgenommen wurden. Als Camillus anlässlich seines Aufstands[218] im sicheren Bewusstsein, Claudius auch ohne Krieg in Panik versetzen zu können, ihn in einem Drohbrief voller frecher Schmähungen dazu aufforderte, die Herrschaft niederzulegen und als Privatmann sein Leben ohne öffentliche Aufgaben zu führen, rief der Kaiser die führenden Männer zu einer Beratung zusammen, da er im Zweifel war, ob er der Aufforderung nicht doch Folge leisten solle.

36 Die jeder Grundlage entbehrende Anzeige von Komplotten jagte ihm einen so großen Schrecken ein, dass er versucht war, die Regierung niederzulegen. Nachdem, wie oben berichtet,[219] jemand mit einem Dolch in seiner Nähe aufgegriffen worden war, als er gerade ein Opfer darbrachte, ließ er den Senat in aller Eile durch Herolde zusammenrufen, beklagte unter Tränen und lautem Jammern sein Schicksal, das ihm nirgends Sicherheit biete, und blieb der Öffentlichkeit lange fern. Seiner glühenden Liebe zu Messalina entsagte er außerdem weniger aus Empörung über ihr kränkendes Verhalten als aus Angst um sein Leben; er glaubte nämlich, dass sie ihren Geliebten Silius auf den Thron bringen wolle. Schimpflicherweise floh er damals, zitternd vor Angst, zum Prätorianerlager, wobei er auf dem ganzen Weg immer nur fragte, ob ihm die Herrschaft noch sicher sei.[220]

37 (1) Keine Verdächtigung, kein Denunziant waren so unglaubwürdig, dass er nicht in große Unruhe geriet und sich veranlasst sah, auf der Hut zu sein und Rache zu üben. Einmal nahm ihn einer, der einen Prozess führte, bei der morgendlichen Audienz zur Seite und versicherte ihm, er habe geträumt,[221] dass der Kaiser von jemandem umgebracht werde. Wenig später zeigte er dann, als ob er den Mörder erkennen würde, auf seinen Gegner vor Gericht, während dieser gerade eine Bittschrift überreichte: Und der Betreffende wurde sofort, wie wenn er auf frischer Tat ertappt worden wäre, zur Hinrichtung geschleppt. (2) Auf gleiche Weise soll auch Appius Silanus[222] zu Fall gebracht worden sein: Als Messalina und Narcissus seine Vernichtung beschlossen[223] und ihre Rollen verteilt hatten, stürmte Narcissus vor Tagesanbruch in geheuchelter Bestürzung in das Schlafgemach seines Herrn und behauptete, er habe geträumt, wie ihm von Appius Gewalt angetan worden sei. Messalina tat überrascht und sagte, dass auch ihr schon in etlichen Nächten dasselbe Traumbild erschienen sei. Kurz darauf wurde, wie ebenfalls verabredet, gemeldet, dass Appius herbeieile – ihn hatte man tags zuvor angewiesen, sich zu diesem Zeitpunkt einzufinden. Wie wenn sich dadurch die Verlässlichkeit des Traumes bestätigte, wurde sogleich der Befehl erteilt, Silanus anzuklagen und hinzurichten. Claudius zögerte aber nicht, am nächsten Tag den Senat über den Ablauf des Geschehens zu informieren und seinem Freigelassenen dafür zu danken, dass er sogar im Schlafe über seine Sicherheit wache.

38 (1) Seines Jähzorns und seiner Neigung zu impulsiver Härte war er sich wohl bewusst; beide Eigenschaften unterschied und entschuldigte er in einem Edikt, in dem er versprach, dass sein Zorn kurz und harmlos, seine Härte nicht ungerecht sein werde. An den Bewohnern von Ostia übte er, weil sie ihm bei seiner Einfahrt in die Tiber-Mündung[224] keine Boote (zur Begrüßung) entgegengeschickt hatten, scharfe Kritik und warf ihnen in einem Brief voller Bitterkeit vor, sie hätten ihn zum gemeinen Soldaten degradiert; plötzlich aber verzieh er ihnen in einer Weise, die fast einer Entschuldigung gleichkam. (2) Manche Leute, die in der Öffentlichkeit bei unpassender Gelegenheit an ihn herantraten, stieß er eigenhändig zurück. Ebenso ließ er einen Schreiber der Quästoren und einmal sogar einen Senator von prätorischem Rang ausweisen, und zwar ohne vorherige Anhörung und trotz ihrer Unschuld; jenen, weil er sich ihm gegenüber, als er noch Privatmann war, allzu feindselig verhalten habe, diesen, weil er als Ädil die Pächter kaiserlicher Anwesen, die illegalerweise gekochte Speisen verkauften,[225] bestraft und den Verwalter, der sich in die Sache einmischte, habe auspeitschen lassen. Deswegen entzog er auch den Ädilen die Aufsicht über die Garküchen.

(3) Selbst aus seiner Dummheit machte er keinen Hehl und bezeugte in einigen kleinen Reden, dass er diese unter Gaius [Caligula] absichtlich vorgetäuscht habe, weil er sonst nicht mit heiler Haut davongekommen wäre und die jetzige Position nicht erlangt hätte; dennoch fand er keinen Glauben, weil kurz darauf ein Buch erschien mit dem Titel *Auferstehung der Toren*[226], in dem nachgewiesen wurde, dass niemand Dummheit nur vortäuschen könne.

39 (1) Ansonsten wunderten sich die Menschen vor allem über seine Vergesslichkeit und Gedankenlosigkeit, oder um es auf Griechisch zu sagen, über seine μετεωρία und ἀβλεψία. Nach der Ermordung Messalinas[227] fragte er, kurz nachdem er sich im Speisezimmer zu Tisch begeben hatte, warum die Herrin nicht komme. Viele von denen, die er zum Tode verurteilt hatte, bestellte er gleich am nächsten Tag zur Beratung und zum Würfelspiel[228] und ließ sie durch einen Boten wegen ihrer angeblichen Verspätung als Schlafmützen ausschelten. (2) Als er sich anschickte, gegen menschliches und göttliches Recht Agrippina zu heiraten, unterließ er es dennoch nicht, sie in jeder Rede als Tochter[229] und Pflegekind zu bezeichnen, das in seinen Armen geboren und aufgezogen worden sei. Anlässlich der geplanten Adoption Neros[230] verkündete er wiederholt – so als wäre es noch nicht schlimm genug, trotz eines bereits erwachsenen Sohnes seinen Stiefsohn zu adoptieren –, dass niemand je durch Adoption in die claudische Familie aufgenommen worden sei.[231]

40 (1) Hinsichtlich seiner Worte und der äußeren Umstände, in denen er sie äußerte, zeigte er oftmals aber eine so große Unbedachtheit, dass man den Eindruck hatte, er wisse oder bedenke weder, wer er sei, noch zu wem, wann und wo er spreche. Als über die Metzger und Weinschankwirte debattiert wurde,[232] rief er in der Kurie aus: »Ich bitte euch, wer kann denn ohne seinen Happen Fleisch leben?« Und er erging sich über das reichhaltige Angebot in den alten Wirtshäusern, in denen er früher auch höchstpersönlich seinen Wein zu holen pflegte. (2) Seine Unterstützung für einen Bewerber um die Quästur begründete er unter anderem damit, dass dessen Vater ihm, als er krank war, rechtzeitig kaltes Wasser gereicht habe. Bei der Vorführung einer Zeugin im Senat sagte er: »Diese Frau war die Freigelassene und Kammerzofe meiner Mutter, hat mich jedoch stets als ihren Patron geachtet; ich erwähne dies, weil es in meinem Haus noch immer Leute gibt, die mich nicht als ihren Patron ansehen.« (3) Als er aber vor Gericht über die Bewohner von Ostia, die ihm im Namen ihrer Stadt ein Gesuch vortrugen, in Wut geriet, schrie er, er habe keinen Grund, sich ihnen gefällig zu zeigen. Wenn jemand ein freier Mann sei, dann doch wohl er. Freilich ließ er auch täglich, zu geradezu jeder Stunde und bei jeder Gelegenheit, folgende Äußerungen hören: »Was, hältst du mich denn für einen Telegenius?« und »Sprich, aber rühr mich nicht an« und vieles in dieser Art, was sich schon für Privatleute nicht schickt, geschweige denn für einen Kaiser; dabei war Claudius weder unberedt noch ungebildet, sondern auch dem Studium der freien Wissenschaften[233] unermüdlich ergeben.

41 (1) Ermuntert von T. Livius und zudem unterstützt von Sulpicius Flavus, wandte er sich schon in seiner Jugend der Geschichtsschreibung zu. Als er aber zum ersten Mal vor großem Publikum eine Vorlesung hielt, konnte er sie nur mit Mühe zu Ende bringen, da er wiederholt durch eigene Schuld die Wirkung seines Vortrags schmälerte. Denn als zu Beginn seines Vortrags mehrere Bänke unter der Last eines allzu korpulenten Zuhörers zusammenbrachen und man zu lachen anfing, konnte er, auch nachdem sich der Lärm gelegt hatte, nicht umhin, von Zeit zu Zeit an den Vorfall zu denken und wieder in schallendes Gelächter auszubrechen. (2) Auch auf dem Kaiserthron schrieb er sehr viel und ließ seine Texte häufig von einem Vorleser vortragen. Er begann sein Geschichtswerk mit den Ereignissen nach der Ermordung des Diktators Caesar,[234] ging dann allerdings auf spätere Zeiten über und setzte mit dem Ende des Bürgerkriegs[235] neu ein; er merkte nämlich, dass er nicht freimütig und wahrheitsgemäß über die vorhergehenden Zeiten schreiben konnte, da er von seiner Mutter und Großmutter[236] häufig zurechtgewiesen worden war. Über den ersten Zeitraum hinterließ er zwei, über den zweiten 41 Bände. (3) Er verfasste auch seine Autobiographie in acht Büchern, der es mehr an Ernsthaftigkeit[237] als an Eleganz fehlt;[238] außerdem eine recht sachkundige Verteidigung *Ciceros gegen die Schriften des Asinius Gallus*.[239] Darüber hinaus erfand er drei neue Buchstaben und fügte sie, da er sie für dringend notwendig hielt, zu der Zahl der alten hinzu.[240] Nachdem er noch als Privatmann ein Buch über dieses Thema herausgegeben hatte, setzte er dann als Kaiser ohne Schwierigkeiten durch, dass diese Buchstaben auch allgemein verwendet wurden.[241] Diese Schrifttypen sind noch in sehr vielen Büchern, amtlichen Verlautbarungen und Inschriften von öffentlichen Bauwerken erhalten.

42 (1) Mit nicht geringerem Eifer widmete er sich auch den Studien des Griechischen, wobei er bei jeder Gelegenheit seine Liebe zu dieser Sprache und deren hohen Rang bekundete. Zu einem Ausländer, der sich auf Griechisch und auf Lateinisch äußerte, sagte er: »Da du ja unserer beider Sprachen mächtig bist …«; und als er den versammelten Vätern[242] die Provinz

Achaia anempfahl,[243] wies er darauf hin, dass sie ihm wegen der gemeinsamen wissenschaftlichen Studien sehr am Herzen liege; außerdem antwortete er im Senat den Gesandten häufig in fließendem Griechisch. Vielfach zitierte er sogar bei Gericht homerische Verse. Immer wenn er einen Feind oder Verschwörer hatte hinrichten lassen, gab er dem wachhabenden Tribunen, der von ihm wie üblich die Parole forderte,[244] meistens nur den Vers:

»Abzuwehren den Mann, der mich hohnsprechend beleidigt.«[245]

(2) Schließlich verfasste er auch Geschichtswerke in griechischer Sprache, eines über die Tyrrhener in 20 und eines über die Karthager in acht Büchern. Deswegen wurde dem alten Museion in Alexandria ein nach ihm benanntes neues hinzugefügt; und laut seiner Anordnung wurden alljährlich an festgesetzten Tagen in dem einen Gebäude die Bücher über die Tyrrhener, in dem anderen die über die Karthager wie in einem Hörsaal vorgetragen, und zwar vollständig und von einzelnen sich abwechselnden Rezitatoren.

43 Gegen Ende seines Lebens hatte er recht deutlich zu erkennen gegeben, dass er die Heirat mit Agrippina[246] und die Adoption Neros[247] bereute; denn als seine Freigelassenen mit lobenden Worten einen Prozess erwähnten, bei dem er tags zuvor eine des Ehebruchs angeklagte Frau verurteilt hatte, sagte er, auch ihm sei es vom Schicksal bestimmt, dass alle seine Ehefrauen unzüchtig, aber nicht straflos davongekommen seien.[248] Und als ihm gleich darauf Britannicus begegnete, drückte er ihn fest an sich und forderte ihn auf, groß zu werden, damit er ihm über alle seine Taten Rechenschaft ablegen könne; außerdem gab er ihm einen griechischen Ausspruch mit auf den Weg: »Wer dich verwundet hat, wird dich heilen.«[249] Nachdem er beschlossen hatte, dem noch nicht erwachsenen[250] zarten Jungen die (Männer-)Toga zu verleihen, da er ja schon die nötige Größe habe, fügte er hinzu: »Damit das römische Volk endlich einen echten Caesar hat.«[251]

44 (1) Und nicht viel später verfasste er auch sein Testament[252] und ließ es von allen Amtsträgern unterschreiben und untersiegeln. Bevor er weitere Schritte unternehmen konnte, kam ihm Agrippina zuvor, die außer durch diese Maßnahmen auch durch Gewissensbisse und nicht minder die Leute, die ihre zahlreichen Verbrechen zur Anzeige brachten, stark beunruhigt war.

(2) Nach allgemeiner Überzeugung wurde Claudius vergiftet; wo aber und von wem er das Gift erhalten hat, ist umstritten.[253] Manche erzählen, es sei ihm, als er auf der Burg [d. h. auf dem Kapitol] mit den Priestern dinierte, vom Eunuchen Halotus, seinem Vorkoster, verabreicht worden; andere berichten, Agrippina habe höchstpersönlich dem Kaiser, der auf Pilze ganz versessen war, bei einem häuslichen Essen ein vergiftetes Pilzgericht vorgesetzt.

Auch über die nachfolgenden Ereignisse gibt es verschiedene Versionen. (3) So berichteten viele, er habe, gleich nachdem er das Gift geschluckt hatte, die Sprache verloren, die ganze Nacht unter qualvollen Schmerzen zugebracht und sei dann gegen Morgen verstorben. Nach Darstellung einiger anderer soll er anfangs eingeschlummert sein und dann, weil er viel zu viel gegessen hatte, alles erbrochen haben; man habe ihm daraufhin erneut Gift gegeben, möglicherweise in einem Brei, gleichsam um ihn, erschöpft wie er war, durch eine Speise zu stärken, vielleicht aber auch mittels eines Klistiers, um angeblich auch auf diese Weise seinem übervollen Magen Erleichterung zu verschaffen.

45 Sein Tod wurde so lange geheim gehalten, bis bezüglich seines Nachfolgers alles geregelt war.[254] Daher wurden für ihn, als ob er nur erkrankt sei, Gelübde dargebracht und – um den Schein zu wahren – Komödianten in den Palast gebracht, weil er angeblich von ihnen unterhalten werden wollte.[255] Er starb am 13. Oktober im Konsulat des Asinius Marcellus und Acilius Aviola in seinem 64. Lebensjahr, im 14. Jahr seiner Herrschaft;[256] er wurde mit allem kaiserlichen Pomp bestattet und unter die Zahl der Götter aufgenommen;[257] diese Ehrung, die von Nero vernachlässigt und schließlich abgeschafft wurde, ließ ihm Vespasian später wieder zuteil werden.[258]

46 Unter den Vorzeichen seines Todes sind insbesondere die folgenden zu nennen: Es erschien ein Haarstern, ein sogenannter Komet, in das Denkmal seines Vaters Drusus[259] schlug der Blitz ein, und schließlich die Tatsache, dass in ein und demselben Jahr sehr viele Amtsträger aus jeder Rangklasse gestorben waren.[260] Doch auch er selbst wusste anscheinend, dass sein Lebensende gekommen war, und machte daraus auch kein Geheimnis. Dafür gibt es einige Anhaltspunkte. Denn als er die Konsuln bestimmte, ernannte er keinen über seinen Sterbemonat hinaus. Und in der letzten Senatssitzung, an der er teilnahm, ermahnte er seine Kinder nachdrücklich zur Eintracht, bat die Senatoren inständig, sich der Jugend der beiden anzunehmen, und beim letzten Prozess äußerte er – trotz des Protestes der Zuhörer, die die unheilvolle Voraussage abwenden wollten – wiederholt vom Tribunal, er habe die Grenze der Zeitlichkeit erreicht.

6. BUCH

Nero

1 (1) Aus dem Geschlecht der Domitier haben zwei Familien Berühmtheit erlangt, die Calvini und die Ahenobarbi. Die Ahenobarbi leiten ihre Familie wie auch ihren Beinamen von Lucius Domitius her. Dieser kam einmal vom Feld zurück, so erzählt man, und da begegneten ihm zwei junge Männer, ein Zwillingspaar von majestätischer Gestalt. Sie befahlen ihm, dem Senat und Volk einen Sieg zu melden, über den man bis jetzt noch nichts Sicheres wusste.[1] Als Zeichen ihrer Göttlichkeit berührten sie seine Wange, und sogleich wurde sein bisher schwarzes Haar rötlichschimmernd wie Erz. Diese Besonderheit vererbte sich auch auf seine Nachkommen; viele von ihnen hatten einen roten Bart. (2) Auch als die Mitglieder der Familie bereits siebenmal das Konsulat innegehabt, zweimal den Triumph gefeiert, zweimal das Zensoramt bekleidet hatten und unter die Patrizier aufgenommen worden waren, behielten sie alle weiterhin den gleichen Beinamen. Sie hatten auch keine anderen Vornamen außer Gnaeus und Lucius, und es mag erwähnenswert sein, in welcher Reihenfolge sie diese jeweils gaben: Einmal erhielten nämlich drei nacheinander geborene Kinder den gleichen Namen, und dann wechselte man wieder bei jedem Einzelnen. Denn wie wir wissen, hießen der erste, zweite und dritte Ahenobarbus immer Lucius, die nächsten drei wurden Gnaeus genannt und die folgenden wieder abwechselnd Lucius und Gnaeus. Ich glaube, es ist gut, wenn ich den Leser hier mit einigen Mitgliedern der Familie näher bekannt mache. Dann wird es sich noch deutlicher zeigen, dass Nero zwar ein entarteter Spross seiner Familie war,

was deren Tugenden anging, dass er aber doch alle ihre Laster sozusagen als Erbe der Familientradition getreulich weiterpflegte.

2 (1) Ich will also etwas weiter ausholen. Gnaeus Domitius, der Großvater seines Urgroßvaters, hatte als Volkstribun einen Groll gegen die Pontifices, denn diese hatten ihn nicht zum Amtsnachfolger an die Stelle seines verstorbenen Vaters gewählt. Daher entzog er den Priesterkollegien das Recht der Nachwahl und übertrug es an das Volk. Als er Konsul war, besiegte er die Allobroger und Arverner.[2] Da zog er gar auf einem Elefanten durch die Provinz und ließ sich wie bei einem Triumphzug von einer Abteilung Soldaten eskortieren. (2) Von ihm hat der Redner Licinius Crassus gesagt, es sei kein Wunder, dass er einen erzfarbenen Bart besitze, er habe ja auch eine eherne Stirn und ein Herz so hart wie Blei. Dessen Sohn[3] wiederum war es, der als Prätor gegen C. Iulius Caesar ein Untersuchungsverfahren vor dem Senat einleitete. Das war zu der Zeit, als Caesars Amtsperiode als Konsul abgelaufen war. Die Begründung lautete, er habe sein Konsulat wider göttliches und menschliches Recht ausgeübt. Der gleiche Domitius unternahm dann als Konsul einen Vorstoß, um Caesar den Oberbefehl über seine Heere in Gallien zu entziehen. Er wurde von der Senatspartei zu seinem Nachfolger ernannt und geriet zu Beginn des Bürgerkriegs bei Corfinium in Gefangenschaft. (3) Wieder freigelassen, (ging er nach Massilia und) bestärkte dadurch die hart belagerten Massilier in ihrem Widerstand. Er ließ sie aber unvermutet wieder im Stich und fiel schließlich in der Schlacht von Pharsalos. Er war ein Mann, der nicht genügend Standhaftigkeit und einen heftigen Charakter besaß. Einmal war er soweit, dass er in banger Ausweglosigkeit den Tod suchte, und dann schauderte er wieder davor zurück, so sehr, dass er seinen Sinn änderte, das bereits eingenommene Gift wieder von sich gab und seinem Arzt die Freiheit schenkte;

denn dieser kannte ihn und hatte ihm daher in weiser Voraussicht eine nicht tödlich wirkende Dosis verabreicht.[4] Aber damals, als Gnaeus Pompeius die Frage zur Debatte gestellt hatte, wie man die Neutralen behandeln solle, die keiner Partei Unterstützung gewährt hatten, da war er es gewesen, der als Einziger dafür stimmte, sie seien als Feinde anzusehen.

3 (1) Er hinterließ einen Sohn, der ganz ohne Zweifel vor sämtlichen Mitgliedern seiner Familie den Vorzug verdient. Er gehörte zu den Mitwissern der Ermordung Caesars, und obwohl er an der Tat selbst nicht beteiligt gewesen war, traf ihn der Bannstrahl des Pedischen Gesetzes.[5] Er begab sich ins Lager von Brutus und Cassius, mit denen ihn nahe Verwandtschaft verband. Nach dem Tod beider behauptete er sich im Besitz der Flotte – zu deren Kommandanten war er zuvor ernannt worden –, ja, er verstärkte sogar noch ihre Geschwader. Erst als seine Partei auf allen Kriegsschauplätzen vernichtend geschlagen war, ergab er sich freiwillig dem Marcus Antonius. Das rechnete man ihm als hohes Verdienst an: (2) Als Einziger von allen, die nach demselben Gesetz verurteilt worden waren, durfte er in die Heimat zurückkehren. Dort hatte er die höchsten Ehrenämter der Reihe nach inne. Als später erneut der Bürgerkrieg ausbrach, war er Stabsoffizier desselben Marcus Antonius. Aus dem Kreis derer, die sich der Kleopatra schämten, wurde ihm der Oberbefehl angetragen; mit Rücksicht auf eine plötzliche Erkrankung wagte er jedoch weder, ihn anzunehmen, noch ihn offen auszuschlagen. Er ging vielmehr zu Augustus über und starb wenige Tage darauf, freilich nicht, ohne dass auch auf ihn ein Makel fiel. Antonius ließ nämlich überall verbreiten, er sei nur aus Sehnsucht nach seiner Geliebten Servilia Nais zum Überläufer geworden.

4 (1) Das war der Vater des Domitius, den Augustus in seinem Letzten Willen zum Testamentsvollstrecker[6] bestimmt hatte, was man später allgemein als bedeutungsvolles Zeichen ansah. In seiner Jugend waren es die Künste des Wagenlenkens, später die Triumphalinsignien[7] aus dem Germanenkrieg, die ihn berühmt machten. Dabei war er jedoch anmaßend, verschwenderisch und schroff in seinem Wesen. Er zwang einmal den Zensor Lucius Plancus, obwohl er selbst nur Ädil war, ihm auf der Straße auszuweichen. Als Prätor und Konsul ließ er römische Ritter und Damen des Adels in einem vulgären Possenspiel öffentlich auftreten. Tierhetzen veranstaltete er im Circus und in allen Bezirken der Stadt, ebenso auch einen Gladiatorenkampf. Dabei ging es aber so grausam zu, dass sich Augustus genötigt sah, Domitius durch ein Edikt zu maßregeln, nachdem eine private Verwarnung erfolglos geblieben war.

5 (1) Von der älteren Antonia hatte er einen Sohn, der später der Vater des Nero wurde, ein ganz und gar verabscheuenswerter Mensch. Als er nämlich damals im Stab des jungen Gaius Caesar[8] in den Orient unterwegs war, erschlug er einen seiner Freigelassenen, nur weil dieser sich geweigert hatte, so viel zu trinken, wie ihm befohlen worden war. Daraufhin wurde er aus dem Gefolge entlassen, legte sich aber darum keinerlei Mäßigung auf. (Gleich auf der Rückreise) überfuhr er nämlich in einem Dorf an der Via Appia einen Knaben, indem er in einer plötzlichen Laune mit voller Absicht sein Gespann vorwärtspeitschte. Und in Rom schlug er mitten auf dem Forum einem römischen Ritter ein Auge aus, weil dieser ihm allzu offene Vorhaltungen gemacht hatte. (2) Dazu war er noch ein solcher Betrüger, dass er nicht nur den Bankiers das Geld für die Ankäufe vorenthielt, die sie in seinem Namen getätigt hatten, er betrog sogar in seiner Eigenschaft als Prätor die Wagenlenker um ihre Siegespreise. Seine Schwester verspottete ihn deshalb in der Öffentlichkeit […][9], und die Leiter der Renngesellschaften erhoben Beschwerde. Daraufhin setzte er von Amts wegen fest, dass die Siegespreise in Zukunft sofort bar ausgezahlt werden sollten.[10] Auch wegen Majestätsbeleidigung, Ehebruch und wegen Blutschande mit seiner Schwester [Domitia] Lepida wurde er angeklagt. Das war gegen Ende der Regierungszeit des Tiberius, und infolge des Thronwechsels gelang es ihm, zu entschlüpfen. Er starb in Pyrgi an der Wassersucht und hinterließ einen Sohn, Nero, dessen Mutter Agrippina, die Tochter des Germanicus, war.

6 (1) Nero wurde in Antium geboren, und zwar neun Monate nach dem Tod des Tiberius. Es war der 15. Dezember [37 v. Chr.], und die Sonne ging gerade auf. So kam er beinahe eher mit ihren Strahlen als mit der Erde in Berührung.[11] Über die Konstellation bei seiner Geburt erging man sich allenthalben sogleich in allen möglichen Unheilsprognosen. Zu diesen zählte man auch einen Ausspruch seines Vaters Domitius. Auf die Glückwünsche seiner Freunde hatte dieser erwidert, ein Geschöpf von ihm und Agrippina könne nur ein Scheusal und eine Pest für den Staat sein. (2) Auf einen künftigen Unheilsbringer wies auch ein deutliches Zeichen an seinem Lustraltag[12]. Auf Bitten seiner Schwester sollte Gaius Caesar [Caligula] dem Kind einen Namen geben. Dieser blickte auf seinen Onkel Claudius, der später als Kaiser den Nero adoptierte, und sagte, er gäbe ihm dessen Namen. Das meinte er aber nicht ernst, er machte nur Spaß, und Agrippina war auch nicht damit einverstanden, denn Claudius war damals das allgemeine Gespött am Hofe.[13]

(3) Mit drei Jahren verlor Nero den Vater. Dieser hatte ihm nur ein Drittel seines Vermögens vermacht, und auch dieses erhielt er nicht ganz, denn sein Miterbe Gaius hatte die gesamte Hinterlassenschaft an sich gerissen. Als es später soweit kam, dass seine Mutter in die Verbannung gehen musste,[14] wurde er so gut wie mittellos und unversorgt bei seiner Tante Lepida erzogen, und zwar von zwei Erziehern, einem Tänzer und einem Barbier. Als aber Claudius auf den Thron gelangte,

erhielt Nero nicht nur sein väterliches Vermögen zurückerstattet, er wurde sogar reich, da er seinen Stiefvater Crispus Passienus beerbte. (4) Nachdem seine Mutter aus dem Exil zurückgekehrt und rehabilitiert war, festigte sich durch ihren mächtigen Einfluss seine Stellung so sehr, dass man sich im Volk erzählte, Messalina, die Gemahlin des Claudius, habe Leute ausgeschickt, die Nero während seiner Mittagsruhe erwürgen sollten. Sie betrachte ihn nämlich als Rivalen (ihres Sohnes) Britannicus. Dieser Geschichte fügte man noch hinzu, sie (die Mörder) hätten vor Schreck die Flucht ergriffen, als eine Schlange unter dem Polster hervorgekrochen sei.[15] Das ging darauf zurück, dass man einmal in Neros Bett neben dem Kopfkissen eine abgestreifte Schlangenhaut gefunden hatte. Diese ließ er auf Anraten seiner Mutter in einem goldenen Armband fassen und trug sie lange Zeit am rechten Arm. Als er das Andenken an seine Mutter schließlich leid war, warf er das Armband weg, und später, in der Bedrängnis seiner letzten Lebenstage, suchte er vergeblich wieder danach.

7 (1) Er war fast noch ein Kind, noch kaum im Jugendlichenalter, da nahm er bei den Vorstellungen im Circus am Trojaspiel[16] teil, und zwar mit höchster Ausdauer und von Beifall umrauscht. Mit zehn Jahren wurde er von (Kaiser) Claudius adoptiert. Seine Erziehung wurde Annaeus Seneca[17] übertragen, der damals bereits Senator war. Man erzählt, Seneca habe in der folgenden Nacht geträumt, er sei der Lehrer eines Gaius Caesar [Caligula] geworden, und Nero tat bald alles, um diesen Traum Wirklichkeit werden zu lassen. Denn er nahm jede Gelegenheit wahr, um seine grausame Natur unter Beweis zu stellen. Sein Stiefbruder Britannicus hatte ihn nach seiner Adoption aus Gewohnheit einmal mit dem Namen Ahenobarbus gegrüßt, und daraufhin versuchte er seinem Vater einzureden, Britannicus sei ein untergeschobenes Kind. Als seine Tante Lepida vor Gericht stand, trat er öffentlich als Belastungszeuge

auf. Damit wollte er seiner Mutter einen Gefallen tun, die Lepida durch einen Prozess ruinieren wollte.

(2) Bei seiner Einführung ins öffentliche Leben kündigte er dem Volk kostenlose Getreiderationen und den Soldaten ein Geldgeschenk an. Er ließ die Prätorianer exerzieren und kommandierte dabei selbst mit dem Schild in der Hand. Anschließend hielt er im Senat seinem Vater eine Dankrede. Während dieser das Konsulat bekleidete, trat er als Anwalt auf und hielt sein Plädoyer für die Einwohner von Bononia auf Lateinisch und das für die Rhodier und die Bürger von Ilion in griechischer Sprache. Sein erstes Auftreten als Richter erfolgte während des Latinerfestes[18], als er gerade Stadtpräfekt war. Dabei wetteiferten die berühmtesten Anwälte untereinander, ihm nicht wie üblich nur Bagatellfälle, die auf einen Blick zu entscheiden waren, vorzutragen, sie legten ihm vielmehr höchst bedeutsame Rechtsstreitigkeiten in großer Anzahl vor, obwohl Claudius dies untersagt hatte. Wenig später ging er auch die Ehe mit Octavia[19] ein und veranstaltete für Leben und Gesundheit des Claudius Spiele und eine Tierhetze im Circus.

8 (1) Als das Ableben des Claudius offiziell bekanntgemacht worden war, begab sich der inzwischen 17-jährige Nero erst um die Mittagsstunde hinaus zur Palastwache. Da nämlich der ganze Tag ein Unglückstag war, galt dies noch als einigermaßen günstiger Zeitpunkt, um die Herrschaft anzutreten.[20] Nero wurde auf der Freitreppe des Palastes als Imperator begrüßt und ließ sich in einer Sänfte zuerst ins Prätorianerlager tragen, wo er eine kurze Ansprache an die Soldaten hielt, und dann in die Kurie. Von dort kehrte er erst gegen Abend zurück; man hatte ihn mit maßlosen Ehrenbezeugungen überhäuft, von denen er nur den Titel »Vater des Vaterlandes« zurückgewiesen hatte – seiner Jugend wegen.

9 (1) Er begann seine Regierung, indem er seine Sohnestreue vor aller Augen demonstrierte: Er veranstaltete ein prunkvolles Begräbnis für Claudius, hielt ihm die Leichenrede und erhob ihn unter die Götter. Dem Gedächtnis seines Vaters Domitius erwies er die höchsten Ehren. Die Leitung der privaten und öffentlichen Angelegenheiten überließ er ganz seiner Mutter. Auch gab er am ersten Tag seiner Regierung dem Tribunen, der die Palastwache befehligte, als Parole »Die beste aller Mütter« und zeigte sich dann auch häufig mit ihr in ihrer Sänfte der Öffentlichkeit. In Antium gründete er eine Kolonie aus Veteranen der Prätorianergarde und verstärkte sie noch, indem er die reichsten Hauptleute dorthin verlegte. Er ließ dort auch mit ungeheurem Kostenaufwand einen Hafen erbauen.

10 (1) Um seine Gesinnung noch deutlicher zu zeigen, erklärte er öffentlich, dass er nach den politischen Grundsätzen des Augustus regieren wolle, und ließ keine Gelegenheit ungenutzt, seine Freigebigkeit, seine Milde, ja selbst sein leutseliges Wesen ins rechte Licht zu rücken. Allzu hohe Steuern schaffte er entweder ganz ab oder ermäßigte sie. Wer Übertretungen des Papischen Gesetzes[21] anzeigte, sollte nur noch den vierten Teil der ihm zustehenden Prämie erhalten. An das Volk verteilte er pro Kopf 400 Sesterzen und setzte allen Senatoren von altem Adel, die mittellos geworden waren, eine Jahresrente aus. Diese belief sich bei einigen auf 500 000 Sesterzen. Ebenso erhielten die Prätorianer die monatliche Getreideration umsonst. (2) Und als man ihn aufforderte, dem Herkommen gemäß seinen Namen unter ein Todesurteil zu setzen, rief er aus: »O hätte ich doch nie schreiben gelernt!« Leute aus allen Ständen grüßte er sogleich aus dem Gedächtnis mit Namen. Als ihm der Senat einmal seinen Dank abstatten wollte, antwortete er: »Erst, wenn ich es mir verdient habe.«[22] Wenn er auf dem Marsfeld am Exerzieren teilnahm, durfte auch das Volk zuschauen; er hielt öfters rhetorische Übungen in der Öffentlichkeit, er rezitierte auch Gedichte, und zwar nicht nur zu

Hause, sondern auch im Theater. Darüber gerieten alle Anwesenden dermaßen in Begeisterung, dass man ihm wegen eines solchen Vortrags einmal ein Dankfest zuerkannte und die betreffenden Verse in goldenen Lettern dem kapitolinischen Iuppiter weihte.

11 (1) Schauspiele gab er sehr häufig, und zwar alle möglichen: die Juvenalien[23] sowie Circusvorstellungen, Theaterstücke und Gladiatorenkämpfe. Bei den Juvenalien ließ er sogar ergraute ehemalige Konsuln und hochbetagte alte Damen auftreten. Bei den Circusspielen wies er den Rittern von den übrigen getrennte Sitzplätze an,[24] und er ließ sogar Wagenrennen mit Vierergespannen aus Kamelen abhalten. (2) Es gab auch Spiele, die für die ewige Dauer des Reiches veranstaltet wurden. Diese sollten nach seinem Willen die »Größten Spiele« heißen, und zahlreiche Personen aus dem Senatoren- und Ritterstand, Männer wie Frauen, übernahmen dabei Rollen. Ein allgemein bekannter römischer Ritter ritt auf einem Elefanten über ein schräg gespanntes Drahtseil.[25] Man spielte auch die römische Komödie *Der Brand* des Afranius, und in diesem Stück durften die Schauspieler die Einrichtungsgegenstände des brennenden Hauses an sich nehmen und behalten. Auch wurden jedesmal alle möglichen Sachen als Geschenke ins Volk geworfen: Vögel aller Arten, 1000 am Tag, verschiedener Proviant, Gutscheine für Lebensmittel und Bekleidung, für Gold, Silber, Perlen, Edelsteine, Bilder, Sklaven, Zugvieh und sogar für gezähmtes Wild, zuletzt auch für Schiffe, ganze Häuserblocks und Grundstücke.

12 (1) Diesen Spielen schaute er von einem erhöhten Prosceniumsplatz aus zu. Er veranstaltete auch einen Gladiatorenwettkampf in einem aus Holz erbauten Amphitheater, das er auf dem Marsfeld binnen eines Jahres hatte errichten lassen. Bei diesem Kampf ließ er nicht zu, dass auch nur einer getötet wurde, selbst von den verurteilten Verbrechern nicht. Dagegen ließ er aber 400 Senatoren und 600 römische Ritter im Schwertkampf auftreten, darunter Männer in geordneten Vermögensverhältnissen und von untadeligem Ruf. Ritter und Senatoren kämpften sogar mit den wilden Tieren und verrichteten verschiedene Dienste in der Arena. Er veranstaltete auch eine Seeschlacht in einem Bassin mit Meerwasser, in dem Meeresungeheuer herumschwammen. Auch gab es pantomimische Tänze[26], ausgeführt von einer Anzahl junger Leute (aus dem griechischen Osten). Nach ihrer Darbietung verlieh er jedem Einzelnen die Urkunde über das römische Bürgerrecht. (2) Bei diesen Tänzen wurde unter anderem dargestellt, wie ein Stier die Pasiphaë[27], die in einer aus Holz verfertigten Kuh eingeschlossen war, wirklich begattete. Jedenfalls waren viele Zuschauer davon überzeugt. Ein Ikarus stürzte gleich bei seinem ersten Flugversuch neben Neros Loge nieder und bespritzte ihn mit seinem Blut. Nero pflegte nämlich nur ganz selten den Vorsitz zu führen, gewöhnlich lag er in seiner Loge und schaute anfangs nur durch kleine Löcher im Vorhang zu, später ließ er den Balkon ganz öffnen.

(3) Er führte auch als Erster einen Agon in Rom ein, der alle fünf Jahre stattfand und nach griechischer Sitte dreigeteilt war: Er umfasste musische und athletische Wettkämpfe sowie Wagenrennen und erhielt den Namen Neronia. Auch stiftete er Thermen und ein Gymnasium und lieferte den Senatoren und Rittern unentgeltlich das Öl dazu.[28] Für den gesamten Ablauf des Wettstreits ließ er durch das Los aus den Reihen der ehemaligen Konsuln Kampfrichter wählen, die den (erhöhten) Sitz der Prätoren einnehmen durften.[29] Dann begab er sich in die Orchestra[30] hinab zu den Senatoren und nahm den Siegeskranz für römische Redekunst und Dichtung in Empfang. Die größten Könner auf diesem Gebiet hatten darum gestritten, doch nun erkannten sie selbst diesen Preis einstimmig dem Kaiser zu. Den Siegeskranz für das Kitharaspiel[31] überbrachten

ihm die Preisrichter ebenfalls, er befahl jedoch mit einer Geste der Verehrung, ihn zu Füßen der Augustus-Statue niederzulegen. (4) Die sportlichen Wettbewerbe fanden in den Saepten statt. Dabei ließ er sich während eines feierlichen Rinderopfers zum ersten Mal den Bart abnehmen. Diesen ließ er in einem goldenen Futteral aufbewahren, das mit den kostbarsten Perlen besetzt war, und als Weihgeschenk auf dem Kapitol niederlegen. Zu den Athletenwettkämpfen lud er auch die Vestalischen Jungfrauen ein, denn in Olympia ist es den Priesterinnen der Ceres ja ebenfalls erlaubt, zuzuschauen.[32]

13 (1) Ich kann wohl mit einigem Recht auch den Einzug des Königs Tiridates[33] unter die Schauspiele rechnen, die Nero gegeben hat. Er hatte den König Armeniens durch große Versprechungen dazu gebracht, nach Rom zu kommen. An dem dafür festgesetzten Tag, der eigens durch ein Edikt bekanntgegeben worden war, konnte er ihn aber dem Volk nicht vorführen, denn es herrschte starker Nebel. Daher verschob er das Ganze und inszenierte den Auftritt an einem günstigeren Tag. Vor allen Tempeln rings um das Forum waren Prätorianerkohorten in voller Rüstung aufgestellt. Nero selbst thronte im Gewand eines Triumphators auf dem kurulischen Stuhl neben den Rostren, umgeben von Feldzeichen und Standarten. (2) Zuerst schritt der König die Estrade hinauf, Nero gestattete ihm huldvoll den Kniefall, hob ihn dann mit der Rechten auf und begrüßte ihn mit einem Kuss. Darauf trug der König seine Bitte um Gnade vor, und währenddessen nahm ihm Nero die Tiara ab und setzte ihm das Diadem auf.[34] Gleichzeitig übersetzte ein ehemaliger Prätor die Worte des Bittstellers und machte sie der Zuschauermenge bekannt. Anschließend brachte man den Armenierkönig ins Theater[35], dieser wiederholte sein Gnadengesuch, und Nero wies ihm den Platz an seiner Rechten an. Dafür rief man Nero zum Imperator aus, er legte seinen Lorbeerkranz auf dem Kapitol nieder und ließ beide Pforten des

Ianus-Tempels schließen, als Zeichen dafür, dass es keinen Krieg mehr gebe.

14 (1) Das Konsulat hatte er viermal inne[36], das erste zwei Monate lang, das zweite sowie das letzte sechs Monate und das dritte vier Monate. Die beiden mittleren Amtsperioden folgten unmittelbar aufeinander, bei den übrigen ließ er jeweils ein Jahr dazwischen verstreichen.

15 (1) Als Richter war er sehr zögernd mit seinem Urteil; er gab es immer erst am folgenden Tag und nur schriftlich den Klägern bekannt. Die Verhandlungen nahmen bei ihm folgenden Verlauf: Anstatt zusammenfassender Plädoyers ließ er die Parteien abwechselnd über jeden Punkt einzeln zu Wort kommen. Wenn er sich dann zur Beratung zurückzog, besprach er sich nicht gemeinschaftlich mit seinen Beisitzern und diskutierte auch nicht offen mit ihnen. Er ließ sich vielmehr von jedem Einzelnen seine Meinung schriftlich geben und las sie schweigend für sich. Dann formulierte er das Urteil so, wie es ihm beliebte, und erweckte dabei den Anschein, als sei dies die Meinung der Mehrheit.

(2) Söhne von Freigelassenen nahm er lange Zeit nicht in den Senat auf. Diejenigen, die von früheren Kaisern zugelassen worden waren, durften keine Ehrenämter übernehmen. Die überzähligen Kandidaten für ein öffentliches Amt machte er zu Legionskommandanten, um sie über ihre Zurückstellung und die Wartezeit hinwegzutrösten. Das Konsulat vergab er meist für sechs Monate. Als aber einmal der eine Konsul kurz vor dem 1. Januar gestorben war, ließ er keinen zweiten Konsul nachwählen. Damit wollte er seiner Missbilligung Ausdruck geben über das schlechte Beispiel, das Caninius Rebilus, der Konsul für einen Tag, in der Vergangenheit gegeben hatte.[37] Die Triumphalinsignien[38] verlieh er auch Leuten, die nur quästorischen Rang hatten, ja sogar einigen aus dem Ritterstand, und durchaus nicht immer für militärische Verdienste. Über

verschiedene Vorgänge verfasste er Memoranden und schickte sie an den Senat. Dort ließ er sie in der Regel unter Umgehung des Quästors, dessen Aufgabe dies gewesen wäre, von einem der Konsuln verlesen.

16 (1) Für die Gebäude in Rom plante er eine Neugestaltung der Häuserfronten: Vor allen Wohnblocks und Privathäusern sollten Kolonnaden angelegt werden, damit man von den flachen Dächern dieser Vorhallen aus Brände bekämpfen könnte. Er ließ sie auf eigene Kosten erbauen.[39] Es war sogar seine Absicht gewesen, die Stadtmauer bis nach Ostia vorzuschieben und von dort aus das Meer in einem Kanal bis in die Altstadt zu leiten.

(2) Zahlreiche strenge Verbote und Zwangsmittel wurden unter seiner Regierung wieder in Kraft gesetzt und ebenso auch neue eingeführt. Der Aufwand wurde begrenzt, und die öffentlichen Speisungen wurden auf die Austeilung von Lebensmittelrationen beschränkt. Der Verkauf gekochter Speisen in den Ladenschenken wurde verboten, nur Gemüse und Hülsenfrüchte waren ausgenommen, während früher alle möglichen Gerichte angeboten werden durften. Mit dem Tod bestraft wurden die Christen, eine Sekte mit einem neuartigen und gemeingefährlichen Aberglauben.[40] Verboten wurden auch die Vergnügungen der Wagenlenker, die aus jahrelanger Duldung das Recht herleiteten, sich überall herumzutreiben und sich einen Spaß daraus zu machen, die Leute hereinzulegen und zu bestehlen. Die Pantomimenschauspieler und ihre Parteigänger verbannte er.[41]

17 (1) Damals wurde auch eine neue Maßnahme getroffen, um sich gegen Testamentsfälscher zu schützen: Man verwendete ausschließlich gelochte Täfelchen, durch die man einen dreifachen Faden zog und dann das Siegel daraufsetzte.[42] Es wurde bestimmt, dass bei Testamenten die beiden ersten Seiten nur den Namen der Erblasser enthalten und sonst leer sein sollten, wenn man sie den Zeugen zum Unterschreiben vorlegte.[43] Auch sollte niemand, der ein Testament für einen anderen niederschrieb, darin für sich selbst ein Legat aussetzen dürfen. Desgleichen wurde festgesetzt, dass die Klienten ihren Anwälten eine nach oben hin begrenzte, aber angemessene Summe zu zahlen hatten.[44] Für die Richter brauchte jedoch nichts gezahlt zu werden, das übernahm die Staatskasse. Schließlich sollten die Steuerprozesse nicht mehr vor den Vorstehern des *aerarium* verhandelt, sondern ans Forum und an den Rekuperatorengerichtshof verwiesen werden. Alle Berufungen sollten von den Gerichten an den Senat gehen.[45]

18 (1) Das Reich zu vergrößern und weiter auszudehnen lag immer völlig außerhalb seiner Wünsche und Vorstellungen, ja, er spielte sogar mit dem Gedanken, die Truppen aus Britannien abzuziehen. Nur die Scheu, dem Ruhme seines Stiefvaters Abbruch zu tun, hielt ihn davor zurück. Das Königreich Pontos, das Polemon freiwillig abtrat, und das des verstorbenen Cottius in den Alpen waren die einzigen Provinzen, die er hinzuerwarb.

19 (1) Reisen in andere Länder unternahm er überhaupt nur zwei, eine nach Alexandria und eine nach Griechenland. Die Reise nach Alexandria gab er jedoch noch am Tag der Abreise auf,[46] da ihn gefahrdrohende Vorzeichen in Schrecken versetzten. Denn als er (zum Abschied) der Reihe nach die Tempel besuchte, hatte er sich im Vesta-Heiligtum niedergesetzt, und als er aufstehen wollte, blieb er erst mit einem Zipfel der Toga hängen, dann wurde es ihm so schwarz vor den Augen, dass er nichts mehr sehen konnte. (2) In Griechenland ging er daran, den Isthmos[47] zu durchstechen. Er versammelte die Prätorianer und hieß sie, Hand anzulegen. Auf ein Trompetensignal hin tat er den ersten Spatenstich, warf die Erde in einen Korb und trug ihn auf seinen Schultern weg. Er traf auch Vorbereitungen zu einem Heereszug an die Kaspische Pforte.[48] Dazu hob er eine neue Legion aus, die Rekruten waren Italiker, die eine Größe von sechs Fuß [1,80 m] hatten; er nannte sie die Phalanx Alexanders des Großen.

(3) Das bisher Berichtete verdient zum Teil keinen Tadel, zum Teil sogar ausgesprochenes Lob. Ich habe es deshalb hier zu einem Abschnitt zusammengefasst, weil ich es von Neros Schandtaten und Verbrechen trennen will, von denen ich jetzt zu sprechen habe.[49]

20 (1) Zu den Künsten und Wissenschaften, in denen er in seiner Kindheit unterrichtet worden war, gehörte auch die Musik. Sogleich nach seiner Thronbesteigung ließ er den Kitharasänger[50] Terpnos, der damals alle anderen Künstler seines Faches überragte, an seinen Hof kommen. Dieser musste ihm zunächst Tag für Tag nach der Tafel bis in die späte Nacht hinein vorsingen. Dann begann er nach und nach selbst, diese Kunst zu studieren und sich darin zu üben. Dabei unterließ er nichts von alledem, was die Virtuosen dieses Faches zur Erhaltung oder Kräftigung ihrer Stimme anstellen. Er legte sich auf den Rücken mit einer Bleiplatte auf der Brust, er sorgte für die innere Reinigung durch Klistiere und Brechmittel, er aß kein Obst und keine Speisen, die der Stimme schaden konnten. Seine Stimme blieb zwar schwach und rau[51], er war jedoch von seinen Fortschritten zu guter Letzt so begeistert, dass ihn der Ehrgeiz packte, sich auf der Bühne zu zeigen. Daher zitierte er unter seinen Freunden und Bekannten immer wieder beiläufig das griechische Sprichwort, Musik, die wie ein Blümlein im Verborgenen blühe, sei nichts wert.[52] (2) So gab er also sein Debüt in Neapel,[53] und selbst ein plötzlicher Erdstoß, der das Theater erzittern ließ, konnte ihn nicht abhalten: er sang das Stück, das er angefangen hatte, zu Ende. Dort trat er öfters auf, auch an mehreren Tagen hintereinander, und gönnte sich auch nur kurze Ruhe, um seiner Stimme Zeit zur Erholung zu geben. Aber er konnte die Zurückgezogenheit nicht ertragen, und so begab er sich von den Bädern wieder ins Theater und speiste mitten in der Orchestra[54] vor versammeltem Volk. Diesem kündigte er in griechischer Sprache an, wenn er seine Kehle erst ein wenig geölt habe, wolle er einen volltönenden Gesang erschallen lassen. (3) Er war ganz hingerissen von dem rhythmischen Beifallklatschen der Alexandriner, die von der eben eingetroffenen Handelsflotte in großer Zahl nach Neapel gekommen waren. Er beorderte daraufhin noch mehr Leute aus Alexandria herbei. Damit nicht genug, heuerte er auch noch junge Männer aus dem Ritterstand und über 5000 besonders handfeste Burschen aus dem Volk an, die in einzelnen Gruppen die verschiedenen Arten der Beifallskundgebung einstudieren mussten: Die Alexandriner nannten das »Bienengesumm«, »Dachziegelpoltern« und »Fliesenklappern«.[55] Diese Leute hatten sich bei seinen Auftritten tüchtig ins Zeug zu legen; sie fielen auf durch ihr (von Pomade) fettiges Haar [d. h., sie waren sorgfältig frisiert] und ihre elegante Kleidung. Die jungen Männer hatten sogar ihren Ritterring an der Linken (zum Beifallklatschen) abgelegt. Ihre Anführer kassierten jeder 400 000 Sesterzen.

21 (1) Da ihm sehr viel daran gelegen war, auch in Rom als Gesangskünstler aufzutreten, verlegte er den Termin der Neronischen Spiele vor, und als er von aller Welt bestürmt wurde, seine göttliche Stimme hören zu lassen, gab er zur Antwort, er werde in seinen Parkanlagen diesem Wunsch willfahren. Als jedoch auch die gerade wachhabende Abteilung der Prätorianergarde die Bitten des Volkes unterstützte, erklärte er sich nur zu gerne zu einem öffentlichen Auftritt bereit. Unverzüglich ließ er seinen Namen noch ins Verzeichnis der Sänger eintragen, die sich bereits gemeldet hatten. Er warf wie die Übrigen sein Los in die Urne und betrat, als die Reihe an ihn kam, die Bühne. Die Präfekten der Garde begleiteten ihn und trugen die Kithara, es folgten die Militärtribunen und mit ihnen seine vertrautesten Freunde. (2) Sobald er seinen Platz eingenommen und die Eingangsworte gesprochen hatte, ließ er durch den ehemaligen Konsul Cluvius Rufus bekanntgeben, er wolle die *Niobe* singen, und das tat er dann bis in den späten Nachmittag hinein. Die Siegerehrung und den Rest des Wettbewerbs verschob er auf das folgende Jahr, damit er noch häufiger Gelegenheit habe, öffentlich zu singen. Das dauerte ihm aber dann doch zu lange, und so reihte er eine Vorstellung an die andere. Er überlegte sogar, ob er im allgemeinen Theaterbetrieb[56] mit Berufsschauspielern zusammen auftreten solle; ein Prätor hatte ihm nämlich eine Million Sesterzen dafür geboten. (3) Auch in Tragödien trat er auf, in Kostüm und Maske, als Heros und Gott wie auch als Heroine und Göttin; die Masken (der Heroen und Götter) mussten seine Züge tragen, während die der Heroinen und Göttinnen seiner jeweiligen Geliebten zu gleichen hatten. Unter anderem spielte er *Die Niederkunft der Kanake*[57], *Orest der Muttermörder*, *Der geblendete Ödipus*, *Der rasende Herakles*. In diesem Stück soll Folgendes passiert sein: Ein Rekrut, der noch nicht lange im Dienst war, stand am Bühneneingang Wache und sah, wie der Kaiser, der Handlung des Dramas entsprechend, zurechtgemacht und mit Ketten gefesselt wurde. Daraufhin stürzte er eilends herbei, um ihm Hilfe zu leisten.

22 (1) Ein leidenschaftlicher Pferdeliebhaber war er schon von frühester Jugend an. Sein Hauptgesprächsstoff waren die Rennen im Circus, und da halfen auch Verbote nichts. Als er einmal ganz betrübt mit seinen Mitschülern darüber sprach, dass ein Fahrer von der grünen Partei (beim Rennen) geschleift worden war, rügte ihn sein Lehrer deswegen. Da redete er sich heraus, er habe von Hektor gesprochen.[58] In den ersten Jahren seiner Regierung spielte er auf seinem Spieltisch tagtäglich Wagenrennen mit kleinen Viergespannen aus Elfenbein. Zu sämtlichen Rennen, auch den unbedeutendsten, kam er von seinen Landhäusern her angereist. Im Anfang hielt er seine Besuche noch geheim, später kam er ganz offen, so dass jedermann sicher sein konnte, dass er an diesen Tagen auf jeden Fall in Rom sein werde. (2) Er machte auch gar kein Hehl daraus, dass er noch mehr Siegespalmen zu verteilen wünschte. Daher zogen sich die Renntage wegen der Zunahme der Rennen jeweils bis zum Abend hin, und die Rennleiter fanden es lohnender, ihre Leute überhaupt nur für Ganztagesrennen herzugeben. Bald bekam er selber Lust, ein Viergespann zu lenken und sich auch des Öfteren dabei öffentlich zu zeigen. Seine ersten Übungsfahrten machte er in seinen Parkanlagen vor Sklaven und gemeinem Volk, aber dann präsentierte er sich der Öffentlichkeit im Circus Maximus. Einer seiner Freigelassenen senkte die Startflagge an der Stelle, an der die Beamten dies zu tun pflegten. (3) Er gab sich aber nicht damit zufrieden, Proben seines Könnens auf diesen Gebieten in Rom unter Beweis gestellt zu haben, nach Griechenland wollte er, wie wir bereits erwähnt haben.[59] Dabei gab Folgendes den Ausschlag: Die Städte, in denen regelmäßig musische Agone stattfanden, hatten den Beschluss gefasst, sämtliche Siegespreise für Gesang zur Kithara an ihn zu senden. Er nahm sie mit solcher Dankbarkeit entgegen, dass er die Gesandten, die sie ihm überbrachten, nicht nur als Erste zur Audienz zuließ, er lud sie sogar im engen Kreis zur Tafel ein. Einige von ihnen trugen ihm die Bitte vor, er möge doch bei Tisch etwas singen, und nahmen seinen Vortrag mit solchen Beifallsstürmen auf, dass er erklärte: »Die Griechen sind die Einzigen, die etwas von Musik verstehen, und die Einzigen, die meiner Kunst würdig sind.« Und so trat er auf der Stelle seine Reise an, und als er in Kassiope gelandet war, begann er sogleich seine Gesangstournee, indem er vor dem Altar des Iuppiter Cassius Gesänge vortrug. Dann machte er sich daran, sämtliche Festspiele der Reihe nach zu besuchen.[60]

23 (1) Daher befahl er, auch die Spiele, die zu einem ganz anderen Zeitpunkt an der Reihe waren, in ein und dasselbe Jahr zu verlegen. So kam es, dass manche sogar zweimal hintereinander gefeiert werden mussten. In Olympia veranstaltete er gegen jedes Herkommen auch einen musischen Agon. Und damit man ihn ja nicht abberiefe oder störte, während er sich seinen künstlerischen Aufgaben widmete, sandte er ein Schreiben an seinen Freigelassenen Helius. Dieser hatte ihn nämlich erinnert, dass die politischen Verhältnisse in Rom seine Anwesenheit erforderten. Nero schrieb an ihn: »Du magst mir zwar raten und wünschen, dass ich rasch zurückkehre, du solltest es jedoch viel eher als deine Pflicht ansehen, mir zuzureden und den Wunsch auszusprechen, dass ich eines Nero würdig zurückkehre.«

(2) Während er sang, durfte niemand – selbst aus triftigem Grund – das Theater verlassen. Daher erzählt man, Frauen hätten während der Spiele Kinder zur Welt gebracht und viele, die es satt hatten, ihn anzuhören und zu bejubeln, seien heimlich von der Mauer gesprungen – die Tore waren nämlich verschlossen – oder hätten sich tot gestellt und sich als Leichen abtransportieren lassen. Dabei erscheint es kaum glaubhaft, mit welchem Zittern und Zagen er immer die Bühne betrat, wie verbissen er versuchte, es seinen Mitbewerbern gleichzutun, und wie groß seine Furcht vor den Richtern war. Seine Gegner behandelte er, als stünden sie völlig auf einer Stufe mit ihm; er war höflich zu ihnen und suchte ihre Gunst zu gewinnen. Hinter ihrem Rücken schwärzte er sie an, zuweilen warf er ihnen auch Schimpfworte an den Kopf, wenn er sie traf, und suchte auch die besten Künstler unter ihnen zu bestechen. (3) An die Richter aber wandte er sich gewöhnlich zu Beginn seines Auftritts mit höchst respektvollen Worten: Er habe alles getan, was zu tun sei, der Ausgang sei jedoch vom Walten des Zufalls abhängig. Freilich seien sie als Männer von Weisheit und

Kunstverstand berufen, alles Zufällige auszuschließen. Wenn sie ihn dann aufforderten, er solle nur guten Mutes sein, trat er schon gelassener ab. Aber selbst dann war die ängstliche Besorgnis nicht von ihm genommen, er legte einigen ihre Schweigsamkeit und Zurückhaltung als Verdrossenheit und Feindseligkeit aus und erklärte, sie erregten seinen Argwohn.

24 (1) Während seines Vortrags hielt er sich so streng an die Regeln, dass er es niemals wagte, beim Räuspern auszuspucken, und um sich den Schweiß von der Stirn zu wischen, benutzte er wahrhaftig nur den Ärmel.[61] Und als ihm während einer tragischen Gesangsszene einmal das Zepter entfiel – er hob es ganz rasch wieder auf –, war er voller Angst und Bangen, dass er wegen dieses Verstoßes von dem Wettbewerb ausgeschlossen würde. Er beruhigte sich erst wieder, als ihm sein Partner[62] heilige Eide schwor, dass man in all dem Jubel und dem Beifallklatschen der Zuschauermenge überhaupt nichts davon bemerkt habe. Wenn er gewonnen hatte, rief er sich gewöhnlich selbst zum Sieger aus. Deshalb nahm er auch überall an den Heroldswettbewerben teil. Und damit von den anderen Siegern in den heiligen Spielen keine Erinnerung und keine Spur mehr bleibe, wurden auf seinen Befehl sämtliche Statuen und Porträtbüsten umgestürzt, mit Haken weggezogen und in die Latrinen geschleift. (2) Auch als Wagenlenker trat er an zahlreichen Wettkampfstätten auf, in Olympia sogar mit einem Zehngespann. Und gerade das hatte er dem König Mithridates einmal in einem selbstverfassten Gedicht zum Vorwurf gemacht. Er wurde dabei aus dem Wagen geschleudert, man half ihm wieder hinein, er konnte das Rennen jedoch nicht durchstehen, sondern musste vor dem Ziel aufgeben. Aber was tat's – er wurde dennoch zum Sieger erklärt. Bei seiner Abreise schenkte er der gesamten Provinz die Freiheit.[63] Den Preisrichtern verlieh er das römische Bürgerrecht und machte ihnen reiche Geldgeschenke. Diese Gunstbeweise gab er am Tag der Isthmischen Spiele mitten im Stadion als sein eigener Herold bekannt.

25 (1) Auf der Rückreise von Griechenland begab er sich nach Neapel als dem Ort seines künstlerischen Debüts. Er hielt seinen Einzug auf einem Wagen mit weißen Pferden, und man riss vor ihm ein Stück der Stadtmauer ein, wie dies beim Einzug von Festspielsiegern Sitte ist. Auf ähnliche Weise zog er in Antium ein, dann in Albanum und schließlich in Rom. In Rom fuhr er auf dem gleichen Wagen, den Augustus einst bei seinen Triumphen benutzt hatte. Er war in ein Purpurgewand und einen mit goldenen Sternen bestickten griechischen Mantel gekleidet. Den olympischen Siegeskranz trug er auf dem Haupt, in der Rechten hielt er den pythischen, und die übrigen wurden ihm in feierlichem Zug vorangetragen. Sie waren mit Inschriften versehen, auf denen stand, wo und gegen welche Gegner er sie gewonnen hatte, dazu die Titel der Gesänge und der Stücke. Hinter seinem Wagen folgte, ganz im Stil eines Triumphzugs, die Truppe seiner Claqueure, die ausriefen, sie seien die Augustianer und seine Triumpheskorte.[64] (2) Dann ging der Zug weiter durch den Circus Maximus – man hatte eigens einen Eingangsbogen niedergerissen –, am Velabrum vorbei zum Palatin und zum Tempel des Apollo. Unterwegs wurden allenthalben Opfertiere geschlachtet, die Straßen besprengte man unaufhörlich mit Safranessenz, man warf ihm Singvögel, Bänder und Bonbons zu.[65] Die geweihten Siegeskränze stellte er in seinem Schlafraum um sein Lager herum auf, ebenso die Statuen, die ihn als Sänger zur Kithara zeigten. So ließ er sich auch auf Münzen abbilden. (3) Nach alldem war er jedoch weit davon entfernt, sich auf seinen Lorbeeren auszuruhen: Um seine Stimme zu schonen, schickte er seinen Soldaten die Appelle entweder schriftlich oder ließ sie, wenn er selbst anwesend war, von einem anderen halten. Was er auch tat, ob bei offiziellen Anlässen oder zur Unterhaltung, er hatte stets einen Stimmpädagogen bei sich, der ihn mahnen musste, an seine Stimmbänder zu denken und sich ein Tuch vor den Mund zu halten. Und ob er jemandem seine Freundschaft oder seine Feindschaft angedeihen ließ, richtete sich in vielen Fällen danach, wie viel oder wie wenig Beifall ihm der Betreffende gespendet hatte.

26 (1) Seine Unverschämtheit, seine sexuelle Gier, seine Verschwendungssucht, Habgier und Grausamkeit übte er vorerst nur hier und da und im Geheimen, so als ob es sich dabei um Jugendtorheiten handele. Doch konnte es schon damals für niemanden einen Zweifel geben, dass dies Charakterfehler und keine Jugendsünden seien. So zog er sich gern, wenn es eben dunkel geworden war, eine Kappe oder eine Perücke über und schlich sich in üble Kneipen, durchstreifte die Gassen und trieb sein Spiel mit den Leuten. Daraus konnte freilich auch Ernst werden, denn er hatte die Gewohnheit, Leute, die von einer Gesellschaft heimkehrten, zu verprügeln und sie bei Gegenwehr schwerverletzt in die Kloaken zu werfen, auch Läden aufzubrechen und auszuplündern. Er hatte hierfür in seinem Haus einen Basar[66] eingerichtet, wo die Beute versteigert und der Gewinn geteilt und durchgebracht wurde. (2) Bei den Raufereien, die sich bei solchen Anlässen entspannen, kam er mehrmals in Gefahr, ein Auge einzubüßen oder lebensgefährliche Verletzungen zu erleiden. Ein Mann aus dem Senatorenstand[67], dessen Ehefrau er sich unsittlich genähert hatte, schlug ihn halbtot. Deshalb wagte er sich in Zukunft niemals mehr um diese Zeit in die Öffentlichkeit, ohne dass ihm Militärtribunen heimlich von ferne folgten. Auch bei Tag ließ er sich ohne Aufsehen in einer geschlossenen Sänfte ins Theater tragen. Von seinem Platz im oberen Stock des Proszeniums sah er bei den wilden Streitigkeiten der Pantomimenschauspieler zu und feuerte sie an.[68] Wenn es dann zum Handgemenge kam und sie mit Steinen und Stuhlbeinen ihren Streit austrugen, dann schleuderte er selbst eine Menge Wurfgeschosse in die Volksmenge und verletzte einmal sogar einen Prätor schwer am Kopf.

27 (1) Seine verbrecherischen Neigungen gewannen jedoch immer mehr die Oberhand, und so ging er allmählich von heimlichen Bubenstreichen ganz offen zu schlimmeren Schandtaten über und gab sich keinerlei Mühe mehr, diese zu verheimlichen.

(2) Seine Mahlzeiten zog er von Mittag bis Mitternacht hin. Dazwischen suchte er sich mehrmals durch warme und im Sommer durch eisgekühlte Bäder zu erfrischen. Zuweilen speiste er auch in der Öffentlichkeit, und zwar in einem Bassin, das zur Vorführung von Seeschlachten diente und für seine Zwecke mit Schranken umgeben war, entweder auf dem Marsfeld oder im Circus Maximus. Dabei ließ er sich von den Dirnen und Flötenspielerinnen von ganz Rom bedienen. (3) Sooft er den Tiber hinab nach Ostia fuhr oder am Golf von Baiae vorübersegelte, waren an den Küsten und am Ufer entlang Pavillons aufgebaut, die zum Verweilen einluden und mit allem Tafelluxus ausgestattet waren. Vornehme Damen spielten die Wirtinnen und luden ihn bald hier, bald da zum Landen ein. Oft sagte er sich auch selbst bei seinen Freunden zur Tafel an, und einer hatte einmal ein Schlemmerbankett[69] auszurichten, das ihn 400 000 Sesterzen kostete. Ein anderer hatte für ein Gastmahl mit Rosenessenzen noch weit mehr auszugeben.

28 (1) Nicht genug, dass er Verkehr mit freigeborenen Knaben und mit verheirateten Frauen hatte, er tat sogar einer Vestalin mit Namen Rubria Gewalt an. Die Freigelassene Acte hätte er beinahe zu seiner rechtmäßigen Gemahlin gemacht. Er hatte bereits Männer von konsularischem Rang dazu angestiftet, einen Meineid zu leisten, sie sei aus königlichem Hause. Den jungen Sporus ließ er entmannen und versuchte sogar eine Geschlechtsumwandlung vorzunehmen. Er stattete ihn mit einer Mitgift aus, ließ ihm den roten Brautschleier umlegen und vollzog mit ihm feierlich die Hochzeitszeremonien. Dann ließ er ihn in prächtigem Zug in seinen Palast geleiten und hielt ihn dort wie seine Gemahlin. Es existiert darüber heute noch der witzige Ausspruch eines Zeitgenossen, der sagte, es wäre ein Segen für die Menschheit gewesen, wenn Neros Vater Domitius auch eine solche Frau gehabt hätte. (2) Diesen Sporus kleidete er in den Ornat der Kaiserinnen und ließ ihn in einer Sänfte herumtragen. Auf den Festversammlungen und Messen in Griechenland und bald auch in Rom auf dem Kunstmarkt[70] hatte er ihn bei sich und tauschte immer wieder zärtliche Küsse mit ihm. Es zweifelte sogar niemand daran, dass er blutschänderische Beziehungen zu seiner Mutter gesucht habe. Er sei nur durch deren Feinde davon abgeschreckt worden; sie machten ihm nämlich Angst, dass dieses rücksichtslose und herrschsüchtige Weib aufgrund einer solchen Beziehung allzuviel Macht und Einfluss gewinnen könnte. Das galt zumal, seit er eine Prostituierte unter seine Mätressen aufgenommen hatte, die angeblich ein Ebenbild der Agrippina war. Man behauptet auch, er habe schon früher bei gemeinsamen Ausflügen in der Sänfte jedesmal blutschänderische Gefühle verspürt, und die Flecken an seiner Kleidung hätten ihn verraten.

29 (1) Er prostituierte sich selbst in einem solchen Ausmaß, dass fast keine Körperstelle an ihm mehr ohne Makel war. Und endlich dachte er sich ein besonderes Spiel aus. Er schlüpfte in ein Tierfell und stürzte sich aus einem Käfig heraus auf die Schamteile von Männern und Frauen, die man an Pfählen festgebunden hatte. Wenn er genug gewütet hatte, ließ er sich von seinem Freigelassenen Doryphoros »fertigmachen«. Ähnlich wie er den Sporus zur Frau genommen hatte, hatte er sich auch mit diesem vermählt, wobei er (die Rolle der Frau spielte und) sogar das Schreien und Wehklagen vergewaltigter Jungfrauen nachahmte. Ich habe selbst von dem einen oder anderen gehört, Nero sei der unerschütterlichen Überzeugung gewesen, es gebe niemanden, der darauf bedacht sei, die Scham zu wahren, und der auch nur eine einzige Körperstelle aufzuweisen habe, die nicht besudelt sei. Die meisten aber frönten ihren Lastern nur im Geheimen und wüssten sie schlau zu verbergen. Daher habe er auch solchen Leuten, die sich ihm gegenüber offen zu ihren sexuellen Ausschweifungen bekannt hätten, alle ihre übrigen Schandtaten durchgehen lassen.

30 (1) Geld und Reichtum schienen für ihn lediglich dazusein, um vergeudet zu werden. Nur schmutzige Geizhälse kümmerten sich um die Ordnung ihrer Finanzen, aber wahrhaft große und feine Herren seien allein die, die das Geld mit vollen Händen ausgäben. Er war auch immer voller Lob und Bewunderung für seinen Onkel Gaius [Caligula], und zwar hauptsächlich deshalb, weil dieser die ungeheuren Schätze, die Tiberius hinterlassen hatte, in so kurzer Zeit durchgebracht habe. (2) So kannte er auch keine Grenzen, wenn es ums Schenken oder Geldausgeben ging. Den Besuch des Tiridates ließ er sich pro Tag 800 000 Sesterzen kosten, man kann es sich kaum vorstellen. Und bei seiner Abreise schenkte er ihm dann noch einmal über 100 000. Den Kitharasänger Menekrates und den Gladiator Spiculus beschenkte er mit dem Vermögen und den Palästen von Männern, die mit den Triumphalinsignien[71] ausgezeichnet waren. Den Wucherer Paneros mit dem Beinamen »Meerkatze«, der durch ihn in den Besitz der wertvollsten Anwesen in der Stadt und auf dem Land gekommen war, ließ er auch noch fast wie einen König zu Grabe tragen. (3) Niemals zog er ein Gewand mehr als einmal an. Beim Würfelspiel setzte er für den siegreichen Wurf 400 Sesterzen[72] pro Auge. Wenn er fischte, nahm er ein vergoldetes Netz, das aus Purpur- und Scharlachfäden gedreht war. Seine Wagenkolonne auf Reisen soll nie weniger als 1000 Wagen gezählt haben. Die Maultiere waren mit Silber beschlagen, die Treiber trugen Gewänder aus canusischer Wolle. Die Vorreiter waren ein Trupp Mazaker[73] und Läufer; sie trugen Armreifen, und ihre Pferde hatten kostbare Geschirre.

31 (1) Die größte Verschwendungssucht legte er jedoch bei seiner Bauwut an den Tag. Er verlängerte den Kaiserpalast, der nun vom Palatium bis zu den Esquilien reichte. Zuerst nannte er den Verbindungsbau »Passage«, dann, als er nach dem Brand wieder aufgebaut worden war, »Goldenes Haus«.[74] Um sich einen Begriff davon zu machen, welche gewaltigen Ausmaße dieser Palast hatte und wie reich geschmückt er war, dürften folgende Angaben genügen: Die Vorhalle war so hoch, dass eine Kolossalstatue Neros von 120 Fuß [über 30 m] Höhe darin Platz hatte, und der ganze Bau war so ausgedehnt, dass ihn eine Halle mit drei Säulenreihen in einer Länge von 1000 Schritt [etwa 1,5 km] umgab. Auch ein künstlicher Teich befand sich innerhalb dieser Anlagen, der, groß wie ein Meer, ringsum von Bauten umgeben war, die Städte vorstellen sollten.[75] Obendrein gab es noch Ländereien mit Kornfeldern, Weinbergen, Wiesen und Wäldern in buntem Wechsel, mit einer Fülle von zahmem und wildem Getier aller Arten. (2) Die Innenräume des Palastes waren sämtlich vergoldet und mit Edelsteinen und Perlmutt ausgelegt. Die Speisesäle hatten mit Elfenbeinschnitzerei verzierte Kassettendecken, deren Täfelung verschiebbar war, damit man Blüten auf die Gäste herabregnen lassen konnte. Auch besaßen sie ein Röhrenwerk, durch das man duftende Essenzen herabsprühte. Der Bankettsaal hatte die Form einer Rotunde, deren Kuppel sich wie das Weltall Tag und Nacht ständig drehte.[76] In den Bädern gab es Wasser aus dem Meer und aus der Albulaquelle.[77] Als er nun dieses Prachtgebäude nach der Fertigstellung einweihte, fand er keine anderen Worte der Zufriedenheit als: »Jetzt fange ich endlich an, menschenwürdig zu wohnen!«

(3) Er begann auch, ein Bassin zu bauen, das, überdacht und

von Arkaden umgeben, von Misenum bis zum Avernersee reichen sollte. In dieses Bassin wollte er alle warmen Quellen von Baiae leiten. Vom Avernersee bis nach Ostia sollte ein Kanal gebaut werden; auf ihm sollte man zu Schiff, jedoch ohne das Meer befahren zu müssen, dorthin kommen können.[78] Er sollte 160 römische Meilen lang [etwa 230 km] und so breit sein, dass sich zwei Fünfruderer ausweichen konnten. Um diese Arbeiten auszuführen, hatte er befohlen, sämtliche Gefangenen aus dem ganzen Reich nach Italien zu deportieren. Selbst überführte Gewaltverbrecher sollten nur zu Zwangsarbeit verurteilt werden.

(4) Zu einer solch wahnwitzigen Geldverschwendung verführte ihn nicht nur das Vertrauen auf den Kronschatz; unvermutet bot sich ihm auch die Hoffnung auf unermessliche verborgene Schätze. Von diesen hatte ihm ein römischer Ritter erzählt, der steif und fest versicherte, der Schatz aus grauer Vorzeit, den die Königin Dido auf ihrer Flucht aus Tyros bei sich gehabt habe, liege noch in Afrika in weitausgedehnten Höhlengängen verborgen. Wenn man nur ein wenig nachgrabe, könne man ihn zutage fördern.

32 (1) Als sich diese Hoffnung als trügerisch herausgestellt hatte, war er am Ende; er hatte bereits seine Mittel völlig erschöpft und brauchte so dringend Geld, dass er sogar die Sold- und Pensionszahlungen an die Soldaten und Veteranen aussetzen und verschieben musste. Unter diesen Umständen verlegte er sich nun auf falsche Anklagen und räuberische Bereicherung. (2) Als Erstes verordnete er, dass statt der Hälfte nun 5/6 des Vermögens von verstorbenen Freigelassenen an ihn gehe, wenn sie ohne ausreichende Begründung den Namen einer Familie geführt hätten, mit der er selbst verwandt war.[79] Wer sich ferner in seinem Testament dem Kaiser gegenüber undankbar gezeigt hatte,[80] dessen Vermögen sollte für die kaiserliche Privatkasse konfisziert werden. Auch die Juristen, die diese Testamente aufgesetzt oder ihren Wortlaut diktiert hatten, sollten nicht ungestraft davonkommen. Schließlich sollte alles in Wort und Tat, wofür sich nur ein Denunziant fand, unter das Gesetz der Majestätsbeleidigung[81] fallen. (3) Er forderte auch sämtliche Geldgeschenke zurück, die er den Städten gemacht hatte, die ihm jemals einmal Siegeskränze bei den Festspielen zuerkannt hatten.[82] Ferner untersagte er die Verwendung von Amethyst- und Purpurfarbe und stiftete einen Mann dazu an, am Markttag ein paar Unzen davon zu verkaufen. Daraufhin ließ er die Magazine der Händler samt und sonders schließen.[83] Ja, er soll sogar einmal, während er als Sänger auf der Bühne stand, eine Dame entdeckt haben, die ein Gewand mit der verbotenen Purpurfarbe trug. Er machte seine Agenten darauf aufmerksam, und diese schleppten sie weg, und auf der Stelle war nicht nur ihr Kleid, sondern auch ihr gesamtes Vermögen beschlagnahmt. (4) Keinem übertrug er ein Amt, ohne hinzuzufügen: »Du weißt, was ich brauche!«, und: »Wir müssen darauf aus sein, dass keiner etwas behält.« Zuletzt beraubte er viele Tempel ihrer Weihgeschenke[84] und ließ die goldenen und silbernen Statuen einschmelzen, darunter die der Penaten. Diese hat jedoch Galba kurze Zeit später wieder ersetzt.

33 (1) Die Kette seiner Verwandtenmorde und anderen Mordtaten begann er mit Claudius. An dessen Ermordung war er, wenn nicht als Anstifter, so doch als Mitwisser beteiligt. Daraus machte er auch gar kein Hehl: Die Pilze, mit denen Claudius das Gift aufgenommen hatte, pries er nämlich später bei jeder Gelegenheit als Götterspeise, wie das griechische Sprichwort sagt.[85] Sicher ist, dass er dem Toten in Wort und Tat jeden Schimpf zufügte: Bald nannte er ihn einen Narren, bald einen Wüterich. Dafür hatte er ein Witzwort, das er gern gebrauchte: Er sagte, Claudius verweile nicht mehr unter den Menschen, wobei er die erste Silbe von *morari* lang aussprach, (so dass es auch heißen konnte, er spiele nicht mehr den Narren).[86] Er setzte auch Beschlüsse und Erlasse von ihm außer Kraft, weil sie angeblich von einem Schwachsinnigen und Verrückten stammten. Schließlich ließ er, seiner Missachtung damit Ausdruck gebend, um die Verbrennungsstätte des Claudius nur ein niedriges, kümmerliches Mäuerchen ziehen.

(2) Den Britannicus vergiftete er, und zwar war er nicht nur neidisch auf dessen Stimme, die von Natur aus wohlklingender war als die seine, er hatte auch Angst, Britannicus könne einmal beim Volk beliebter werden als er, da man ja seinen Vater noch in guter Erinnerung hatte. Das Gift beschaffte er sich von einer gewissen Lucusta, einer berüchtigten Giftmischerin, und als die Wirkung schwächer war als angenommen – Britannicus litt daraufhin nur an einer Verdauungsstörung –, ließ er die Person zu sich kommen und verprügelte sie mit eigener Hand. Dabei beschuldigte er sie, sie habe ihm statt des Gifts ein Heilmittel gegeben. Die Frau brachte zu ihrer Entschuldigung vor, sie habe eine geringere Dosis gebracht, damit die Untat leichter zu verheimlichen sei. Daraufhin rief er aus: »Ja natürlich, ich muss mich ja vor dem iulischen Gesetz[87] fürchten!«, und zwang sie, in seinem Schlafzimmer vor seinen Augen ihr am raschesten wirkendes, augenblicklich tödliches Gift zu brauen. (3) Das probierte er dann an einem Ziegenbock aus. Als das Tier erst nach fünf Stunden verendete, ließ er das Gift durch mehrmaliges Aufkochen verstärken und warf es dann einem Ferkel vor. Dieses war augenblicklich tot. Jetzt ließ er das Gift in den Speisesaal bringen und es dem Britannicus bei der gemeinsamen Mahlzeit verabreichen. Als dieser nach dem ersten Schluck zu Boden stürzte, log Nero den Gästen vor, das sei nur einer der gewöhnlichen Anfälle von Epilepsie, an der Britannicus leide. Und am folgenden Tag ließ er ihn in aller Hast in Sturm und Regen[88] beisetzen, ganz ohne alle Zeremonien. Der Lucusta gewährte er für ihre Dienste Straffreiheit, sie erhielt von ihm reichen Grundbesitz, ja, sie erhielt sogar Schüler.

34 (1) Seine Mutter wurde ihm lästig, denn sie war eine allzu scharfe Beobachterin und Kritikerin seiner Taten und Äußerungen. Er beschränkte sich aber anfangs darauf, das Volk gegen sie aufzuhetzen. Er ließ nämlich das Gerücht verbreiten, er wolle abdanken und sich nach Rhodos zurückziehen.[89] Bald aber nahm er ihr alle Vorrechte und beraubte sie ihrer Machtposition völlig: Er entzog ihr die (römische) Ehrengarde und die germanische Leibwache[90] und verwies sie aus seinem Palast. Er machte sich nun auch gar kein Gewissen mehr daraus, ihr auf alle mögliche Art und Weise zuzusetzen. War sie in Rom, zog er ihr mit (bestochenen) Anklägern Prozesse auf den Hals, begab sie sich aufs Land, um Ruhe zu finden, mussten (ebenfalls bestochene) Leute zu Wasser und zu Lande an ihrer Villa vorbeifahren und sie mit Schmäh- und Spottreden aus ihrer Ruhe aufstören. (2) Ihre Drohungen und heftigen Ausbrüche versetzten ihn jedoch in Schrecken, und so beschloss er ihren Tod. Dreimal versuchte er es mit Gift und musste feststellen, dass sie sich durch Gegengifte zu schützen wusste. Da ließ er die Decke in ihrem Schlafzimmer so präparieren, dass mithilfe einer Maschinerie Teile der Täfelung des Nachts auf die Schlafende herabstürzen mussten. Dieser Plan wurde jedoch von den Mitwissern nicht genügend geheimgehalten. Daher kam er nun auf den Gedanken, ein Schiff bauen zu lassen, das aus einzelnen Teilen bestand, die sich leicht voneinander lösen ließen. Auf ihm sollte sie entweder durch Schiffbruch oder durch Einsturz ihrer Kabine ums Leben kommen. Also gaukelte er ihr eine Versöhnung vor und lud sie in einem vor Herzlichkeit überfließenden Schreiben nach Baiae ein, wo sie mit ihm das Quinquaternfest[91] feiern solle. Er gab den Schiffskapitänen den Befehl, den Schnellsegler, mit dem sie kam, durch eine scheinbar zufällige Kollision seeuntüchtig zu machen. Beim Festmahl zog er die Tafel in die Länge, und als sie nach Bauli[92] heimkehren wollte, bot er ihr statt ihres beschädigten

Schiffes das künstlich hergerichtete an. Mit heiterer Miene gab er ihr das Geleit dorthin und küsste ihr beim Abschied noch den Busen. (3) Den Rest der Nacht durchwachte er in ängstlicher Spannung und wartete auf die Kunde vom Ausgang seines Anschlags. Da erfuhr er, dass alles fehlgeschlagen war und sie sich schwimmend gerettet hatte. Nun wusste er sich keinen anderen Rat mehr: Als Lucius Agermus, der Freigelassene seiner Mutter, ihm voller Freude die Botschaft brachte, Agrippina sei heil und gesund, da ließ er neben ihm heimlich einen Dolch fallen. Daraufhin befahl er, ihn festzunehmen und in Ketten zu legen, er sei zum Mord an ihm angestiftet. Seine Mutter aber solle man töten, dabei jedoch den Anschein erwecken, als habe sie sich den Folgen der entdeckten Freveltat durch einen freiwilligen Tod entzogen. (4) Einige durchaus zuverlässige Autoren berichten dazu noch grässliche Einzelheiten. Nero sei herbeigeeilt, um die Leiche seiner Mutter in Augenschein zu nehmen. Er habe ihre Glieder einzeln betastet, das Aussehen der einen getadelt, andere als schön bezeichnet. Dabei habe er Durst bekommen und ein Getränk zu sich genommen. Er konnte jedoch im Bewusstsein dieses Verbrechens keine Ruhe finden, weder jetzt, obwohl ihm die Soldaten wie auch Senat und Volk durch ihre Glück- und Segenswünsche Mut zu machen versuchten, noch jemals später. Oft bekannte er, dass ihn der Schatten seiner Mutter und die Furien mit Geißeln und brennenden Fackeln dauernd verfolgten. Ja, er ließ sogar von den Magiern[93] ein Opfer darbringen und suchte so ihren abgeschiedenen Geist zu beschwören und zu versöhnen. Auf seiner Reise durch Griechenland wagte er es auch nicht, an den Eleusinischen Mysterien teilzunehmen, denn dort verkündet der Heroldsruf, dass alle Frevler wider göttliches und menschliches Recht von der Teilnahme ausgeschlossen seien.

(5) Zum Muttermord fügte er noch den Mord an seiner Tante. Er besuchte sie einmal, als sie wegen einer hartnäckigen

Verstopfung zu Bett lag, und sie fuhr ihm, wie sie das gerne tat, liebkosend durch seinen Bartflaum – sie war schon eine recht betagte Dame – und sprach: »Wenn ich den einmal in Händen halte, dann will ich beruhigt sterben.«[94] Da wandte er sich an seine Begleiter und sagte – es sollte wie ein Scherz klingen –, augenblicklich werde er ihn abnehmen lassen. Er gab den Ärzten die Anweisung, der Kranken stärkere Abführmittel zu verabreichen, und sie war noch nicht unter der Erde, als er bereits ihr Hab und Gut an sich riss. Ihr Testament hatte er unterschlagen, damit ihm auch ja nichts entgehe.

35 (1) Verheiratet war er außer mit Octavia noch zweimal, zunächst mit Poppaea Sabina. Sie war die Tochter eines Quästors und vorher mit einem römischen Ritter verheiratet gewesen.[95] Dann nahm er Statilia Messalina zur Frau, die Urenkelin des Taurus, der zweimal Konsul gewesen und einen Triumph gefeiert hatte. Damit er sie besitzen konnte, ließ er ihren Mann, den Konsul Atticus Vestinus, im Amt ermorden.[96] Das Zusammenleben mit Octavia war er bald leid. Als ihm seine Freunde deswegen Vorhaltungen machten, erwiderte er: »Sie soll mit den Gattinneninsignien[97] zufrieden sein.« (2) Er hatte sich mehrmals mit dem Gedanken getragen, sie erdrosseln zu lassen, hatte es aber nicht getan; schließlich vollzog er jedoch die Scheidung von ihr, angeblich weil sie keine Kinder bekomme. Damit war das Volk aber nicht einverstanden und hielt sich mit Missfallenskundgebungen nicht zurück. Daraufhin verbannte er sie und ließ sie schließlich wegen angeblichen wiederholten Ehebruchs ermorden. Dieser Vorwand war so schamlos erlogen, dass alle, die bei der gerichtlichen Untersuchung auf der Folter befragt wurden, es verneinten. Da musste er seinen ehemaligen Erzieher Anicetus dazu anstiften, lügnerisch zu behaupten, er habe Octavia durch List entehrt. (3) Elf Tage nach der Scheidung von Octavia heiratete er Poppaea. Sie liebte er leidenschaftlich. Und doch wurde er auch an ihr zum

Mörder. Er trat sie in den Leib, als sie schwanger und krank war, weil sie ihm Vorwürfe gemacht hatte, dass er von den Rennen so spät nach Hause käme. Von ihr hatte er eine Tochter, Claudia Augusta, die er aber schon im Säuglingsalter wieder verlor.

(4) Es gab keine nahe oder ferne Verwandtschaft, die er nicht durch Verbrechen aus dem Weg räumte. Antonia, die Tochter des Claudius, hatte nach dem Tod Poppaeas seine Hand ausgeschlagen; daraufhin ließ er sie töten und gab vor, sie habe eine Verschwörung geplant. Ebenso ging es allen anderen, die irgendwie mit ihm verwandt oder verschwägert waren. Zu diesen Opfern gehörte der junge Aulus Plautius, den er sich vor seinem Tod noch durch Gewalt gefügig gemacht hatte. Dann hatte er gesagt: »Jetzt mag meine Mutter hingehen und meinen Nachfolger zärtlich willkommen heißen!« und allen einzureden versucht, seine Mutter habe mit Aulus Plautius ein Verhältnis unterhalten und dieser habe sich deshalb Hoffnungen auf den Thron gemacht. (5) Sein Stiefsohn Rufius Crispinus, der Sohn der Poppaea, ein Kind noch, spielte angeblich gern Feldherr und Kaiser, und deshalb ließ er ihn von dessen eigenen Sklaven beim Fischen im Meer ertränken, Tuscus, den Sohn seiner Amme, schickte er in die Verbannung, denn er hatte als Statthalter von Ägypten in den Bädern gebadet, die man für seine, Neros, Ankunft hergerichtet hatte. Seinen Lehrer Seneca zwang er, sich das Leben zu nehmen. Dabei hatte sich Seneca mehrfach bereiterklärt, sich gänzlich von der Politik zurückzuziehen, er hatte dem Kaiser auch sein Vermögen überschreiben wollen. Und Nero hatte hoch und heilig geschworen, Senecas Befürchtungen seien grundlos, er, der Kaiser, wolle lieber sterben als ihm etwas zuleide tun.[98] Dem Gardepräfekten Burrus hatte er eine Medizin gegen sein Kehlkopfleiden versprochen und schickte ihm stattdessen Gift. Seine reichen, inzwischen hochbetagten Freigelassenen, die ihm

einst zur Adoption, dann auf den Thron verholfen hatten und seine Ratgeber gewesen waren,[99] räumte er durch Gift aus dem Weg, das er ihnen in Speisen und Getränken verabreichte.

36 (1) Mit nicht geringerer Grausamkeit wütete er auch gegen Leute außerhalb der Hofgesellschaft und gegen Fremde. Mehrere Nächte hindurch zeigte sich ein Komet am Himmel, was nach dem Volksglauben den Untergang der Herrschenden anzeigt. Nero geriet in Besorgnis und erhielt von seinem Astrologen Balbillus den Bescheid, Könige pflegten in einem solchen Fall das Blut eines hervorragenden Mannes als Sühneopfer zu vergießen, dadurch solche Vorzeichen von sich abzuwenden und das Verhängnis auf die Häupter ihres Adels zu ziehen. Daraufhin beschloss er, die vornehmen Römer samt und sonders auszurotten, und in diesem Entschluss wurde er noch bestärkt und gleichsam gerechtfertigt, denn damals wurden zwei Verschwörungen aufgedeckt. Die frühere und gefährlichere war die Pisonische Verschwörung[100], die in Rom ins Werk gesetzt und aufgedeckt wurde, die spätere war die Vinicianische in Benevent.[101] (2) Die Verschworenen erschienen vor Gericht in dreifachen Ketten. Einige bekannten sich freiwillig zu dem Verbrechen, mehrere rühmten sich sogar der Teilnahme, indem sie sagten, man habe ihm, der durch Schandtaten aller Art gebrandmarkt sei, nicht anders helfen können als durch seinen Tod.[102] Die Kinder der Verurteilten wurden aus der Stadt verwiesen und durch Gift oder Hunger zu Tode gebracht. Tatsache ist, dass er einige samt ihren Erziehern und Dienern[103] bei einer einzigen Mahlzeit umbringen ließ. Andere hinderte man daran, sich ihren täglichen Lebensunterhalt zu beschaffen.

37 (1) Von da an kannte er weder Maß noch Ziel, er mordete jeden Beliebigen unter jedem beliebigen Vorwand hin. Ich will nur einige wenige namentlich erwähnen: So wurde es dem Salvidienus Orfitus als Verbrechen angerechnet, dass er drei Zimmer seines Hauses am Forum als Schlafquartiere an Gesandte auswärtiger Staaten vermietet hatte. Dem Rechtsgelehrten Cassius Longinus, einem blinden Mann, wurde der Vorwurf gemacht, er bewahre unter den Ahnenbildern seiner Familie noch die Büste des Caesar-Mörders Gaius Cassius auf. Paetus Thrasea[104] wurde angelastet, er blicke immer so schulmeisterlich-finster drein. (2) Wer die Aufforderung zum Selbstmord erhielt,[105] bekam nur eine Frist von wenigen Stunden eingeräumt. Damit niemand zu lange zögerte, schickte er Ärzte, die die Zaudernden unverzüglich »in die Kur nehmen« sollten, so nannte man nämlich das Öffnen der Adern, um den Tod herbeizuführen. Ja, man glaubte sogar Folgendes: Da gab es einen berüchtigten Vielfraß aus Ägypten, einen Mann, der gewohnt war, rohes Fleisch und alles, was man ihm vorsetzte, hinunterzuschlingen, und Nero soll große Lust gehabt haben, ihm lebende Menschen zum Zerfleischen und zum Fraß vorzuwerfen. (3) Da er allenthalben solche, wie er meinte, Erfolge zu verzeichnen hatte, behauptete er in eitlem Größenwahn, vor ihm habe noch kein Kaiser gewusst, was er sich alles erlauben könne. Auch warf er öfters die durchaus unmissverständliche Äußerung hin, er werde auch keinen der noch übrigen Senatoren verschonen, sondern irgendwann einmal den gesamten Stand aus dem Staat vertilgen und die Verwaltung der Provinzen und das Kommando über die Heere den römischen Rittern und den Freigelassenen übertragen. Jedenfalls ehrte er auch weder beim Antritt einer Reise noch bei der Rückkehr ein Mitglied des Senats durch einen Kuss,[106] ja, er antwortete nicht einmal auf einen Gruß. Und als er die Arbeiten am Isthmos von Korinth feierlich eröffnete, lautete die Wunschformel, die er vor einer zahlreich versammelten Menge mit lauter Stimme sprach: Das Unternehmen möge für ihn und das Volk von Rom günstig ausgehen – die Nennung des Senats unterließ er.

38 (1) Aber selbst das Volk und die Häuser seiner Vaterstadt

Rom verschonte er nicht. Einmal zitierte jemand bei einer allgemeinen Unterhaltung den griechischen Vers:

Bin ich erst tot, so mische Erd' und Feuer sich![107]

»O nein«, antwortete er darauf, »noch wenn ich lebe!« Und das setzte er auch in die Tat um. Denn er behauptete, der Anblick der hässlichen alten Häuser und der engen, gewundenen Gassen beleidige sein Auge, und ließ daraufhin die Stadt in Brand stecken. Dabei ging er ganz offen vor: Viele Männer von konsularischem Rang ertappten seine Kammerdiener mit Pechkränzen und Fackeln auf ihren Grundstücken und wagten nicht, sie anzurühren. Einige Getreidesilos in der Nähe seines Goldenen Hauses, an deren Grund und Boden ihm besonders lag, wurden durch Kriegsmaschinen niedergerissen, da sie aus Quadersteinen gemauert waren, und dann angezündet. (2) Sechs Tage und sieben Nächte wütete das Feuer, und das Volk war gezwungen, in Grabanlagen und Grüften Zuflucht zu suchen. Damals verbrannten außer einer unermesslichen Zahl von Mietshäusern auch die Häuser der alten Feldherren, die noch mit den feindlichen Beutestücken verziert waren. Dazu die Tempel der Götter, die noch von den Königen und später in den punischen und gallischen Kriegen auf feierliches Gelöbnis hin geweiht worden waren, und überhaupt alles, was es sonst an Sehenswürdigkeiten und Denkmälern aus alter Zeit noch gab. Diesem Brand schaute er vom Turm des Maecenas-Palastes[108] herab zu. In freudiger Begeisterung über die Schönheit des Feuerscheins – so drückte er sich aus – trug er in seinem üblichen Theaterkostüm eine Gesangsszene über die Eroberung Trojas[109] vor. (3) Um aber selbst aus diesem Unglück möglichst viel Kapital zu schlagen, versprach er, die Leichen und den Schutt kostenlos wegschaffen zu lassen, und gestattete (unter diesem Vorwand) niemandem, sich den Überresten seines Hab und Guts zu nähern. Mit den Hilfsgeldern, die er nicht nur auf freiwilliger Basis, sondern auch zwangsweise eintrieb, brachte er die Provinzen wie auch die Privatleute an den Rand des Ruins.

39 (1) Zu all den Katastrophen und Schandtaten, die der Kaiser selbst verschuldet hatte, kamen auch noch äußere Schicksalsschläge. So füllte die Pest im Laufe eines Herbstes die Sterbeliste der Libitina mit 30 000 Leichenbegängnissen; die Niederlage in Britannien[110] hatte zur Folge, dass zwei bedeutende Städte zerstört und ein Blutbad unter römischen Bürgern und Bundesgenossen angerichtet wurde. Dazu kam die Schmach im Orient, wo in Armenien die Legionen unters Joch geschickt wurden und Syrien nur mit knapper Mühe gehalten werden konnte.[111]

Man muss sich bei all dem darüber wundern, und es ist vielleicht besonders bemerkenswert, dass der Kaiser nichts so geduldig hinnahm wie die Schimpf- und Spottreden des Volkes und dass er gegen niemanden so langmütig war wie gegen die Verfasser von Witzen oder Spottgedichten. (2) Vieles wurde in griechischer wie in lateinischer Sprache[112] öffentlich angeschlagen oder anderweitig verbreitet, wie zum Beispiel folgende Verse:

Nero, Orest, Alkmalon[113]: Muttermörder sind's!
Auf beiden Seiten das Gleiche: Nero macht' seine Mutter
zur Leiche![114]

Wer leugnet's, dass Aeneas und Nero aus dem gleichen
Hort?
Der eine schaffte die Mutter, der andre den Vater fort![115]

Unser Herrscher spannt die Saiten der Leier, der Parther
den Bogen,
Unserer ist der Sänger, jener der Schütze Apollo![116]

Rom wird zu einem einzigen Haus: Wandert aus,
ihr Römer, nach Veji,
Wenn nicht dieses Haus auch noch Veji vereinnahmt.[117]

Er unternahm jedoch keinerlei Anstrengungen, den Verfassern auf die Spur zu kommen, ja, er verhinderte es sogar, dass derartige Leute, die von Denunzianten beim Senat angezeigt worden waren, allzu hart bestraft wurden.[118] (3) Isidoros, ein Anhänger der kynischen Philosophenschule, hatte ihm einmal im Vorbeigehen auf offener Straße laut und deutlich vorgeworfen, er wisse zwar die schlechten Taten des Nauplios[119] gut vorzutragen, seine eigenen guten Gaben aber schlecht anzuwenden. Der Atellanenschauspieler[120] Datus hatte in einem Gesangsstück die Worte »Leb wohl, Vater! Leb wohl, Mutter!« mit Gebärden begleitet, die einmal Trinken und einmal Schwimmen bezeichneten. Dadurch hatte er auf den Tod des Claudius und der Agrippina angespielt. Und beim Schlussvers »Orkus hat euch bei den Füßen schon!« zeigte er mit einer Handbewegung auf den Senat.[121] Nero tat jedoch dem Schauspieler wie dem Philosophen nichts Ärgeres zuleide, als sie aus Rom und Italien auszuweisen. Vielleicht war er gegen üble Nachrede jeder Art gleichgültig bis zur Verachtung, vielleicht wollte er sich auch nur nicht getroffen zeigen, um die Gemüter nicht noch mehr zu erhitzen.

40 (1) Einen solchen Herrscher hatte sich die Welt nahezu 14 Jahre lang gefallen lassen, bis sie endlich doch mit ihm Schluss machte. Den ersten Schritt unternahmen die Gallier unter Führung des Iulius Vindex, der diese Provinz damals als Proprätor verwaltete.[122]

(2) Einstmals hatten die Astrologen Nero prophezeit, er werde irgendwann seinen Thron verlieren, und er hatte bei dieser Gelegenheit das später weltbekannte Wort geprägt: »Die Kunst ernährt überall ihren Mann.«[123] Damit wollte er

ohne Zweifel seine Tätigkeit als Kitharasänger rechtfertigen, die ihm als Kaiser zum Vergnügen, als Privatmann aber zum Broterwerb diene. Indessen hatten ihm einige dieser Wahrsager für den Fall seiner Absetzung die Herrschaft über den Orient fest zugesagt, andere nannten ausdrücklich ein Königreich Jerusalem, und mehrere kündigten ihm an, er werde sein ganzes Reich wiedergewinnen. Diese Vorstellung gefiel ihm natürlich am besten, und als er Britannien und Armenien verloren und beide Länder dann wiedergewonnen hatte,[124] gab er sich dem Glauben hin, jene Unglücksprophezeiung habe sich nunmehr erfüllt. (3) Als er dann aber das Orakel des Apollon in Delphi befragte und die Antwort erhielt, er solle sich vor dem 73. Jahr in Acht nehmen, dachte er nur daran, dass er erst in diesem Alter sterben werde, und ihm kam gar nicht der Gedanke, dass hier die Lebensjahre Galbas gemeint sein könnten.[125] Voller Zuversicht erwartete er nicht nur ein hohes Alter, sondern darüber hinaus ein Leben voll ungetrübten, einzigartigen Glückes. Als er einmal bei einem Schiffbruch höchst kostbare Dinge eingebüßt hatte, meinte er unbedenklich zu seinen Freunden: »Die Fische werden sie mir schon wiederbringen.«[126]

(4) In Neapel erhielt er die Nachricht vom Aufstand der gallischen Provinzen; es war gerade an dem Tag, an dem er einst seine Mutter ermordet hatte. Er nahm die Nachricht so ruhig und gelassen auf, dass man sogar auf den Gedanken kommen konnte, er freue sich darüber, weil ihm damit die Gelegenheit gegeben war, diese überaus reichen Provinzen nach dem Kriegsrecht ausplündern zu können. Auch begab er sich unmittelbar darauf in das Gymnasium und schaute mit leidenschaftlicher Anteilnahme bei den Athletenwettkämpfen zu. Beim Abendessen wurde er durch alarmierende Depeschen aus seiner Ruhe aufgestört, doch konnte ihn auch dies nur soweit in Erregung bringen, dass er den Rebellen Rache androh-

te. Kurz, ganze acht Tage lang konnte er sich nicht dazu aufraffen, jemandem eine Antwortdepesche zu schicken oder irgendwelche Anweisungen oder Befehle zu erteilen, er schwieg die Sache einfach tot.

41 (1) Erst die zahlreichen Edikte des Vindex voller beleidigender Angriffe brachten ihn dazu, den Senat in einem Handschreiben aufzufordern, ihm und dem Staat Genugtuung zu verschaffen. Als Entschuldigung dafür, dass er nicht persönlich kam, nannte er eine Halsentzündung. Nichts aber kränkte ihn so sehr wie die Tatsache, dass ihn Vindex als miserablen Kitharasänger bezeichnet und ihn Ahenobarbus statt Nero genannt hatte.[127] Er gab daraufhin bekannt, er werde seinen Familiennamen, den man ihm wie einen Schimpfnamen anhänge, wieder annehmen und seinen Adoptivnamen ablegen. Die anderen Vorwürfe hielt er für so an den Haaren herbeigezogen, dass er zu seiner Rechtfertigung nur auf das eine hinwies: Man bezeichne ihn als Ignoranten in einer Kunst, der er sich mit so viel Hingabe gewidmet und in der er eine solche Meisterschaft erreicht habe. Und er stellte immer wieder an Einzelne die Frage, ob sie jemanden nennen könnten, der ein größerer Künstler sei als er.

(2) Als sich nun aber die Unglücksbotschaften jagten, geriet er in Panik und kehrte nach Rom zurück. Unterwegs wurde ihm ein wenig leichter ums Herz, als ihm ein an sich unbedeutendes Vorzeichen begegnete. Er sah nämlich an einem Grabmal ein Relief, auf dem ein gallischer Krieger abgebildet war, der von einem römischen Ritter niedergeworfen und an den Haaren fortgeschleift wurde. Bei diesem Anblick sprang er vor Freude in die Höhe und dankte dem Himmel. Aber auch nach seiner Ankunft in Rom sprach er weder vor dem Volk noch vor dem Senat, sondern ließ lediglich einige führende Männer in seinen Palast kommen, mit denen er sich aber nur kurz über die politische Lage beriet. Den Rest des Tages brachte er viel-

mehr damit zu, ihnen Wasserorgeln mit einer neuartigen, bisher unbekannten Mechanik vorzuführen. Er zeigte ihnen die einzelnen Teile, verbreitete sich über das Funktionieren und den komplizierten Mechanismus der Instrumente und erklärte, er werde sie demnächst alle im Theater vorführen, »die gütige Erlaubnis des Vindex vorausgesetzt«.

42 (1) Als dann die Nachricht kam, auch Galba und die spanischen Provinzen seien abgefallen, sank Nero ohnmächtig zu Boden und blieb längere Zeit ohne Bewusstsein, stumm und wie tot liegen. Nachdem er wieder zu sich gekommen war, zerriss er seine Kleider, schlug sich vor den Kopf und rief laut: »Es ist aus mit mir!« Seine Amme suchte ihn zu trösten und erinnerte ihn daran, dass auch anderen Herrschern schon Ähnliches begegnet sei. Darauf gab er zur Antwort: »Mein Unglück ist ohne Beispiel, denn ich verliere, während ich noch lebe, die Herrschaft über die ganze Welt!« (2) Das alles konnte ihn freilich nicht dazu bewegen, seinen üppigen Lebensstil und seinen Müßiggang ganz oder auch nur teilweise aufzugeben. Ja, als eine günstige Nachricht aus den Provinzen eintraf, veranstaltete er nicht nur ein überaus prunkvolles Festbankett mit allem Überfluss, er trug auch – später allgemein bekannt gewordene – Spottgedichte auf die Anführer der Rebellion vor, mit lasziven Melodien, die er noch mit entsprechenden Gesten untermalte. Er ließ sich auch heimlich ins Theater bringen, und einem Schauspieler, der sich als Publikumsliebling erwies, ließ er sagen, er nutze es ja kräftig aus, dass der Kaiser anderweitig beschäftigt sei.[128]

43 (1) Gleich zu Beginn des Aufstandes soll er viele Maßnahmen geplant haben, die von unmenschlicher Grausamkeit waren, aber durchaus zu seinem Charakter passten. So wollte er die Befehlshaber der Armeen und die Statthalter der Provinzen abberufen und ermorden lassen, denn sie seien ja alle einmütig gegen ihn verschworen. Alle Verbannten, wo sie sich auch aufhielten, und alle Gallier, die in Rom waren, wollte er niedermetzeln lassen, die einen, damit sie sich nicht der Verschwörung anschlössen, die anderen, da sie ja Mitwisser und Helfershelfer ihrer Landsleute seien. Die gallischen Provinzen wollte er den Heeren zur Plünderung preisgeben, sämtliche Mitglieder des Senats sollten bei Banketten durch Gift beseitigt werden. Rom würde er in Brand stecken und die wilden Tiere auf das Volk loslassen, um dadurch die Löschmaßnahmen zu erschweren. (2) Von der Ausführung dieser Pläne schreckte ihn jedoch nicht so sehr sein Gewissen ab, er sah vielmehr keine Möglichkeit, sie durchzuführen. Auch war er inzwischen zu der Überzeugung gelangt, dass ein militärisches Eingreifen unumgänglich sei, und deshalb enthob er die Konsuln vorzeitig ihres Amtes und trat an beider Stelle allein das Konsulat an, angeblich weil es vom Schicksal bestimmt sei, dass Gallien nur von ihm als Konsul besiegt werden könne. Als er das Amt angetreten hatte, verkündete er, während er von der Tafel aufstand und, auf die Schultern seiner Vertrauten gestützt, den Speisesaal verließ: Sobald er nur gallischen Boden betreten habe, wolle er unbewaffnet vor die Soldaten hintreten und nichts anderes tun als Tränen vergießen.[129] Wenn er die Rebellen dann so weit gebracht habe, dass sie ihr Handeln bereuten, werde er tags darauf fröhlich unter Fröhlichen die Siegeslieder singen, an deren Komposition er sich jetzt begeben müsse.

44 (1) Bei den Vorbereitungen für den Feldzug kümmerte er sich vor allem darum, Fahrzeuge auszuwählen, auf denen er seine Theaterutensilien befördern könnte. Seinen Mätressen, die er mitnehmen wollte, ließ er einen Männerhaarschnitt machen und sie mit Streitäxten und Schilden wie Amazonen ausrüsten. Dann entbot er die Bürger nach Stadtbezirken zum Fahneneid. Da sich aber keine dienstfähigen Leute meldeten, forderte er die Sklavenbesitzer auf, eine bestimmte Anzahl

Sklaven zu stellen. Er nahm aus jedem Haus jeweils nur die besten und gestattete auch bei Verwaltern und Sekretären keine Ausnahme. (2) Zugleich mussten alle Stände einen Teil ihres Vermögens abgeben, und obendrein hatten sogar die Mieter, die in Privat- oder Miethäusern wohnten, den Betrag einer Jahresmiete an die kaiserliche Privatkasse zu zahlen. Dabei ging er mit solch unbarmherziger Genauigkeit und Strenge vor, dass er nur scharf geprägte Sesterzen und Münzen nur von feinstem Silber und reinstem Gold annahm.[130] Damit brachte er die Leute so weit, dass sehr viele ganz offen jede Zahlung verweigerten und einstimmig forderten, er solle sich lieber von den Denunzianten die Prämien zurückzahlen lassen, die sie von ihm bekommen hätten.

45 (1) Die feindselige Gesinnung gegen ihn wuchs noch, da er um seines eigenen Vorteils willen die Notlage in der Getreideversorgung verschlimmerte. Es geschah nämlich Folgendes: Während die Bevölkerung gerade Hunger litt, meldete man das Eintreffen eines Schiffes aus Alexandria – und dieses brachte feinen Sand für die Ringkämpfer am kaiserlichen Hof.

(2) So hatte er nun den Hass von allen Seiten auf sich gezogen und musste jede nur erdenkliche Beschimpfung über sich ergehen lassen. Man setzte einer seiner Statuen einen Lockenschmuck[131] auf, an dem eine griechische Inschrift befestigt war: Jetzt erst sei der wahre Wettkampf da, und er müsse endlich abtreten. Einer anderen Statue band man einen Ledersack um den Hals und schrieb darunter: »Ich habe gegeben, was ich konnte, aber du hast dir den Sack verdient.«[132] Auch die Säulen trugen Inschriften, auf denen stand: »Selbst die Hähne hat er mit seinem Singen aufgeweckt.«[133] Ja, des Nachts taten sehr viele Leute so, als ob sie Streit mit ihren Sklaven hätten, und riefen in einem fort nach dem Vindex.[134]

46 (1) Dazu geriet er noch in Angst und Schrecken durch böse Vorzeichen, die sich ihm jetzt wie auch schon früher in aller Deutlichkeit in Träumen, Auspizien und Unheilszeichen offenbarten. Er, der vorher niemals Träume hatte, träumte nach der Ermordung seiner Mutter auf einmal, er steuere ein Schiff und man reiße ihm das Steuerruder aus den Händen. Oder seine Gattin Octavia zerre ihn in eine äußerst enge, finstere Schlucht, und dann träumte er, er sei bedeckt von Schwärmen geflügelter Ameisen, oder die Statuen der unterworfenen Völker aus dem Pompeiustheater umringten ihn und ließen ihn nicht weitergehen. Dann wieder war es ihm, als ob sein spanisches Lieblingspferd sich in einen Affen verwandelte, bis auf den Kopf, mit dem es ein helles Gewieher ausstieß. (2) Am Mausoleum (des Augustus) sprangen von selbst die Türen auf, und man hörte eine Stimme, die Neros Namen rief. Am ersten Januar stürzten während der Vorbereitungen zum Opfer die bereits festlich geschmückten Bilder der Laren zu Boden. Als er selbst dann die Auspizien vornahm, überreichte ihm Sporus einen Ring zum Geschenk mit einer Gemme, in die der Raub der Proserpina eingeschnitten war.[135] Nun sollten die öffentlichen Gelübde[136] dargebracht werden, alle Stände waren bereits zahlreich versammelt, da konnte man lange Zeit die Schlüssel zum Kapitol nicht finden. (3) Im Senat wurde aus seiner Rede gegen Vindex die Stelle verlesen: »Die Frevler wird ihre Strafe treffen, und sie werden binnen Kurzem ihr verdientes Ende erreichen.« Da riefen alle einstimmig: »Das wirst du auch erreichen, Augustus!« Es war auch nicht unbemerkt geblieben, dass das letzte Stück, in dem er aufgetreten war, *Der verbannte Ödipus* geheißen und Neros letzter Vers gelautet hatte: »Es fordern Gattin, Mutter, Vater meinen Tod!«[137]

47 (1) Inzwischen war die Nachricht eingetroffen, dass sich auch die übrigen Heere der Rebellion angeschlossen hätten. Er zerriss die Depeschen, die man ihm beim Mittagessen übergeben hatte, in kleine Stücke, stieß den Tisch um und schmetterte zwei Pokale zu Boden, die ihm besonders lieb waren und die er die Homerischen nannte, weil auf ihnen Szenen aus Homer eingraviert waren. Dann ließ er sich von Lucusta Gift bringen, tat es in ein goldenes Döschen und begab sich hinüber in den Servilischen Park. Von hier aus sandte er seine treuesten Freigelassenen nach Ostia voraus, um die Flotte zur Ausfahrt rüsten zu lassen, und suchte die Tribunen und Zenturionen der Prätorianergarde zu bereden, ihn auf seiner Flucht zu begleiten. (2) Aber die einen machten Ausflüchte, die anderen weigerten sich ganz offen, und einer rief sogar laut aus: »Ist denn das Sterben so schlimm?«[138] Daraufhin schwankte er zwischen verschiedenen Plänen hin und her: ob er sich schutzflehend an die Parther oder an Galba wenden solle, ob er in Trauerkleidern vors Volk treten und von den Rostren herab mit allen ihm zu Gebote stehenden Mitteln an das Mitleid appellieren und Verzeihung für seine früheren Taten erbitten solle. Und wenn er die Menge nicht erweichen könnte, ob er dann nicht wenigstens um die Statthalterschaft von Ägypten bitten solle. Man hat später wirklich in seinem Schreibpult unter seinen Papieren eine zu diesem Zweck ausgearbeitete Rede gefunden. Er gab diesen Plan aber wieder auf; er befürchtete wohl, das Volk werde ihn in Stücke reißen, ehe er noch das Forum erreicht hätte.

(3) So verschob er denn die Entscheidung auf den nächsten Tag, wurde aber um Mitternacht aus dem Schlaf aufgeschreckt und erfuhr, dass die Palastwache abgezogen sei. Er sprang aus dem Bett und schickte nach seinen Freunden. Als er von keinem eine Antwort erhielt, machte er sich selbst mit wenigen Begleitern nach den Wohnräumen der Einzelnen auf. Er fand aber sämtliche Türen verschlossen, niemand gab Antwort. Da kehrte er in sein Schlafgemach zurück, aus dem bereits die Leibwächter geflohen waren, nachdem sie zuvor noch die Bettdecken an sich gerafft und sogar das Döschen mit dem Gift

mitgenommen hatten. Er ließ sogleich nach dem Gladiator Spiculus oder irgendeinem anderen guten Fechter schicken, um sich von dessen Hand den Tod geben zu lassen. Aber es war niemand zu finden, und er rief aus: »Habe ich denn weder Freund noch Feind?« und eilte aus dem Palast, als ob er sich in den Tiber stürzen wollte.

48 (1) Indessen besann er sich ebenso plötzlich wieder anders und sprach den Wunsch nach einem abgelegeneren Zufluchtsort aus, wo er wieder zu sich kommen könne. Sein Freigelassener Phaon bot ihm sein Landgut an, das in der Nähe der Stadt zwischen der Via Salaria und der Via Nomentana etwa am vierten Meilenstein gelegen war. So wie er war, barfuß und nur mit der Tunika bekleidet, warf er einen alten, verblichenen Mantel über, zog die Kapuze über den Kopf, band sich ein Tuch vors Gesicht und sprang aufs Pferd, nur vier Leute begleiteten ihn, darunter Sporus. (2) Ein Erdstoß und ein Blitz, der gerade vor ihm niederfuhr, versetzten ihn in Schrecken, und gleich darauf hörte er vom nahen Lager her das Geschrei der Soldaten, die aus diesem Vorzeichen ihm den Untergang und dem Galba Glück prophezeiten. Dazu hörte er von entgegenkommenden Reisenden einen sagen: »Die verfolgen den Nero!«, und ein anderer wollte wissen: »Was gibt es in der Stadt Neues über Nero?« In dem Augenblick scheute sein Pferd vom Gestank eines Leichnams, der auf der Landstraße lag, das Tuch fiel ihm vom Gesicht, und ein ausgedienter Prätorianer erkannte und grüßte ihn. (3) Als sie an einem Seitenweg angekommen waren, ließen sie die Pferde laufen, und Nero gelangte durch Gebüsch und Dorngestrüpp auf einem Fußpfad durchs Röhricht endlich zur Rückwand des Hauses, und auch das nur mit vieler Mühe und nur mithilfe von Kleidungsstücken, die man ihm unter die Füße breitete. Hier angelangt, redete ihm der vorher erwähnte Phaon zu, sich zunächst einmal in einer Sandgrube zu verstecken. Er lehnte das aber mit der Begründung ab, er wolle nicht schon zu Lebzeiten unter die Erde gehen. Er musste eine Weile warten, während man einen geheimen Zugang zur Villa grub, und um seinen Durst zu stillen, schöpfte er sich mit der Hand Wasser aus einer nahen Pfütze. »Das ist jetzt Neros Eisgetränk[139]!«, sagte er dabei. (4) Dann kroch er in seinem von Dornen zerrissenen Mantel durchs Gestrüpp, zwängte sich auf allen Vieren durch ein enges Loch, das man gegraben hatte, und gelangte so in die nächstliegende Kammer. Hier warf er sich auf das Lager, das aus einer schäbigen Matratze bestand, über die ein alter Mantel geworfen war. Mittlerweile bekam er Hunger und wieder Durst, wies aber das Schwarzbrot zurück, das man ihm anbot, von dem lauwarmen Wasser trank er dagegen eine ganze Menge.

49 (1) Als nun seine Begleiter einer nach dem andern in ihn drangen, er solle sich doch möglichst rasch der drohenden Schmach entziehen, gab er den Befehl, vor seinen Augen ein Grab zu graben, das seinem Körpermaß angepasst war, und womöglich ein paar Stücke Marmor zusammenzubringen, dazu Wasser und Holz bereitzustellen, um seinem Leichnam sogleich die letzte Ehre zu erweisen. Während dieser Anordnungen vergoss er Tränen und brach immer wieder in die Worte aus: »Welch ein Künstler geht mit mir zugrunde!«

(2) Während er so die Zeit hinzog, kam ein Kurier mit einer Depesche für Phaon an. Er riss sie ihm aus der Hand und las, der Senat habe ihn zum Staatsfeind erklärt und fahnde nach ihm, um an ihm nach der Sitte der Vorfahren die Strafe zu vollstrecken. Da fragte er, was das für eine Strafe sei, und erfuhr, der Verurteilte werde dabei nackt mit dem Hals in das Gabelholz[140] geschlossen und mit Ruten zu Tode gepeitscht. Entsetzt ergriff er zwei Dolche, die er mitgenommen hatte, prüfte bei beiden die Spitze – und steckte sie wieder ein, mit der Begründung, die Schicksalsstunde sei noch nicht gekommen. (3) Dann forderte er mehrmals den Sporus auf, die Totenklage

anzustimmen, dann wieder bat er, es möge ihm doch einer beim Selbstmord Hilfestellung leisten und es ihm vormachen. Dazwischen schalt er sich wieder wegen seines Zauderns und rief aus: »Dass ich noch lebe, ist eine Schmach und Schande! – Das ziemt sich nicht für einen Nero, nein, das ziemt sich wirklich nicht! – In solcher Lage gilt's, besonnen zu sein! – Auf, fass dir ein Herz!« Und schon sprengten die Reiter heran, die den Befehl hatten, ihn lebend zu fangen. Als er sie kommen hörte, sprach er in Todesangst den Homerischen Vers: »Donnernd schallt mir zu Ohren der Hufschlag eilender Rosse!«[141] und stieß sich den Dolch in die Kehle, wobei ihm sein Kabinettsekretär Epaphroditos Hilfestellung leisten musste.[142] (4) Er war schon fast tot, als der Zenturio herbeistürzte und seinen Mantel auf die Wunde presste, um ihn glauben zu machen, er sei ihm zu Hilfe gekommen. Da konnte er noch die Worte hervorbringen: »Zu spät!«, und: »Das ist Treue!« Mit diesen Worten starb er, während ihm zum schaudernden Entsetzen der Umstehenden die Augen weitgeöffnet aus den Höhlen traten und erstarrten. Seine inständigste und dringendste Bitte an seine Begleiter war es gewesen, sie sollten nicht zulassen, dass ihm der Kopf abgeschlagen würde. Sie sollten vielmehr seine Leiche unter allen Umständen unverstümmelt verbrennen. Dies wurde auch gestattet, und zwar von Icelus, dem Freigelassenen des Galba, der zu Beginn des Aufstands ins Gefängnis geworfen und eben erst befreit worden war.

50 (1) Nero wurde mit einem Kostenaufwand von 200 000 Sesterzen beigesetzt. Man hüllte ihn in den weißen, golddurchwirkten Ornat, den er am ersten Januar getragen hatte. Seine Gebeine bestatteten Egloge und Alexandria, seine Kinderfrauen, zusammen mit Acte, seiner Mätresse, in der Familiengrabstätte der Domitier, die man vom Marsfeld aus hoch droben auf dem Gartenhügel[143] sehen kann. In diesem Grabmal befindet sich sein Sarkophag aus Porphyr, darüber ein

Altar aus lunesischem Marmor[144] und ringsherum eine Einfassung aus thasischem Marmor.

51 (1) Nero war von ungefähr mittlerer Größe, sein Körper war mit Flecken bedeckt und übelriechend, das Haar hellblond, die Gesichtszüge eher regelmäßig als anziehend, die Augen blau und von ziemlich schwacher Sehkraft. Dazu hatte er einen übermäßig starken Nacken, einen hervorstehenden Bauch und sehr dünne Beine. Sein Gesundheitszustand war hervorragend. Denn trotz seiner unmäßigen Lebensweise ist er in 14 Jahren nur ganze dreimal krank gewesen, und selbst da musste er weder das Trinken noch sonst eine seiner Gewohnheiten aufgeben. Was sein Äußeres und seine Kleidung betraf, so ging ihm dabei jedes Gefühl für Anstand ab: Sein Haar, das er sonst immer in stufenweise geordneten Locken um den Kopf trug, ließ er auf seiner Griechenlandreise sogar lang auf den Nacken herabwallen. Er zeigte sich auch sehr häufig öffentlich in einem leichten Hauskleid, ein Tuch um den Hals geschlungen, ohne Gürtel und ohne feste Schuhe.

52 (1) In seiner Jugend hatte er sich mit beinahe allen Künsten und Wissenschaften befasst. Nur von der Philosophie hatte ihn die Mutter ferngehalten, da, wie sie erklärte, Philosophie für einen künftigen Herrscher nur hinderlich sei.[145] Von der Lektüre der alten Redner hielt ihn sein Lehrer Seneca fern, damit er umso länger ein Bewunderer seines eigenen Rednertalents bleibe.[146] Also wandte er seine Neigung der Dichtkunst zu; er schrieb gern und ganz mühelos Verse, und es stimmt nicht, was einige behaupten, dass er die Werke anderer für seine eigenen ausgegeben habe. Ich habe selbst Schreibtafeln und Hefte in den Händen gehabt mit einigen recht bekannten Versen, die er eigenhändig niedergeschrieben hat, und dabei sieht man auf den ersten Blick, dass diese weder irgendwoher entlehnt noch nach dem Diktat eines anderen niedergeschrieben sind, sondern von jemand, der genau überlegt und aus eigenem Können schafft, denn da ist vieles ausgetilgt oder durchgestrichen und darübergeschrieben.[147] Auch der Malerei und Bildhauerei hat er sich mit nicht geringem Interesse gewidmet.

53 (1) Seine vorherrschende Neigung war jedoch die Gier nach dem Beifall der Menge, und er war eifersüchtig auf jeden, der, ganz gleich wie, das Volk für sich zu gewinnen verstand. Man war allgemein überzeugt, nachdem er nun auf der Bühne genug Lorbeer geerntet habe, wolle er sich bei den nächsten Olympischen Spielen soweit erniedrigen, sogar als Athlet aufzutreten. Er übte sich nämlich täglich im Ringen, und bei den Athletenwettbewerben in ganz Griechenland schaute er stets in der Rolle des Schiedsrichters zu: Er saß auf dem Boden im Ring dicht bei den Kämpfern, und wenn die kämpfenden Paare zu weit nach außen gerieten, schob er sie mit eigener Hand wieder in die Ringmitte. Noch etwas hatte er sich vorgenommen: Da man ja bereits von ihm sagte, er sei dem Apollo gleich in der Musik und dem Sonnengott in der Kunst des Wagenlenkens,[148] so wollte er nun auch noch die Taten des Herkules nachahmen. Ja, man erzählte, er habe bereits einen Löwen abrichten lassen, den er nackt in der Arena des Amphitheaters vor den Augen des Volkes entweder mit der Keule erschlagen oder mit den Armen umschlingen und erwürgen wollte.

54 (1) Gegen Ende seines Lebens hatte er jedenfalls öffentlich folgendes Gelübde abgelegt: Falls ihm seine Herrschaft erhalten bleibe, wolle er bei den Spielen zur Feier seines Sieges auch als Wasserorgel- und Flötenspieler, als Dudelsackbläser und am Schlusstag als Balletttänzer auftreten, und zwar werde er in der Rolle des Turnus aus Vergils Aeneis zu sehen sein. Manche berichten sogar, er habe den Schauspieler Paris als einen gefährlichen Rivalen ermorden lassen.

55 (1) Er war beherrscht von einer heftigen, doch fehlgeleiteten Sehnsucht nach Unsterblichkeit und ewigem Ruhm. Aus diesem Streben heraus nahm er vielen Dingen und Orten ihre ursprüngliche Bezeichnung und nannte sie nach seinem Namen. So hieß der Monat April Neroneus, und er hatte auch vor, Rom in Neropolis umzubenennen.

56 (1) Für die Götterkulte hatte er sein ganzes Leben lang nur Verachtung übrig, nur mit der Syrischen Göttin[149] machte er eine Ausnahme. Doch auch diese war ihm bald so verächtlich, dass er ihr Bild mit Urin besudelte. Inzwischen war er nämlich einer anderen religiösen Schwärmerei verfallen, der einzigen, an der er unwandelbar festhielt. Er hatte von einem unbekannten Mann aus dem Volk eine kleine Mädchenstatuette geschenkt bekommen, die ihm als Talisman gegen Verschwörungen dienen sollte. Als nun unmittelbar darauf eine Verschwörung entdeckt wurde, verehrte er die Figur von da an als seine höchste Gottheit, der er bis ans Ende seines Lebens dreimal am Tag ein Opfer brachte. Er wollte auch, dass man glaube, sie sage ihm die Zukunft voraus. Wenige Monate vor seinem Tod verlegte er sich auch auf die Eingeweideschau, doch konnte er keine günstigen Vorzeichen erhalten.

57 (1) Er starb in seinem 32. Lebensjahr, und zwar an dem Tag, an dem er einst Octavia ermordet hatte, und das Volk freute sich so sehr über seinen Tod, dass es mit Freiheitsmützen[150] auf dem Kopf durch die ganze Stadt lief. Und doch gab es Leute, die lange Zeit noch sein Grab mit Frühlings- und Sommerblumen schmückten und bald Statuen von ihm, mit dem Senatorengewand bekleidet, auf den Rostren aufstellten, bald seine Edikte öffentlich anschlugen, als lebe er noch und werde demnächst wiederkehren und ein Strafgericht über seine Feinde abhalten. (2) Ja, als der Partherkönig Vologeses eine Gesandtschaft an den Senat schickte, um das Bündnis mit den Römern zu erneuern, setzte er sich wahrhaftig mit allem Nachdruck dafür ein, dass man Neros Andenken die gebüh-

rende Ehre erweise.[151] Und als endlich 20 Jahre später – ich war damals noch jung – ein unbekannter Mann auftrat, der sich für Nero ausgab,[152] da hatte dieser Name bei den Parthern noch einen solchen Klang, dass sie den Mann mit Eifer unterstützten und sich nur mit Mühe dazu bewegen ließen, ihn auszuliefern.[153]

7. BUCH
Galba · Otho · Vitellius

Galba

1 Das Geschlecht der Caesares[1] starb mit Nero[2] aus. Dass dies so sein würde, wurde durch mehrere Vorzeichen angekündigt, von denen zwei ganz besonders offensichtlich waren. Als Livia einst gleich nach ihrer Eheschließung mit Augustus ihr Landhaus bei Veji besuchte, flog ein Adler vorüber und ließ ein weißes Huhn, das einen kleinen Lorbeerzweig im Schnabel hielt, so wie er es geraubt hatte, in ihren Schoß niederfallen.[3] Nachdem sie beschlossen hatte, das Huhn aufzuziehen und das Reis einzupflanzen, brütete es so viele Küken aus, dass dieses Landhaus auch heute noch den Namen »Bei den Hühnern« trägt, und aus dem Zweig entstand ein so üppiger Lorbeerhain, dass die Caesaren, die einen Triumph feiern wollten, dort den Lorbeer pflücken ließen.[4] Und die Triumphatoren pflegten an derselben Stelle sofort neue Lorbeerschösslinge zu setzen.[5] Man machte auch die Beobachtung, dass jedes Mal, wenn ein Kaiser dem Tod nahe war, der von ihm gepflanzte Baum einging. Im letzten Lebensjahr Neros aber verdorrte der ganze Wald bis zu den Wurzeln, und all die Hühner, die es dort gab, verendeten. Als bald darauf der Tempel der Caesaren[6] vom Blitz getroffen wurde, fielen von allen Statuen die Köpfe gleichzeitig zu Boden, und dem Standbild des Augustus[7] wurde sogar das Zepter aus den Händen geschlagen.

2 Auf Nero folgte Galba, der mit dem Haus der Caesaren in keinerlei verwandtschaftlicher Beziehung stand, aber ohne jeden Zweifel sehr vornehm war und einem alten und bedeuten-

den Geschlecht entstammte.[8] So ließ er bei den Inschriften seiner Statuen immer hinzufügen, dass er ein Urenkel des Quintus Catulus Capitolinus sei,[9] und als Kaiser stellte er im Atrium (seines Hauses) auch eine Ahnentafel auf, auf der er seine Abstammung väterlicherseits auf Iuppiter und mütterlicherseits auf Pasiphaë, die Frau des Minos,[10] zurückführte.

3 (1) Es würde zu weit führen, die Ahnenbilder und Inschriften des gesamten Geschlechtes aufzuführen, daher will ich nur kurz auf die Familie [die patrizische *gens Sulpicia*] eingehen. Wer von den Sulpicii als Erster den Beinamen Galba getragen hat und warum oder woher er ihn erhalten hat, ist nicht ganz klar. So glauben einige, der Betreffende habe diesen Namen bekommen, weil er eine Stadt in Spanien, die man lange vergeblich belagert hatte, schließlich mit Fackeln, die mit *galbanum*[11] bestrichen waren, in Brand gesteckt hat, andere, weil er bei einer langwierigen Krankheit ständig ein *galbeum*, das heißt eine mit Heilmitteln getränkte Armbinde aus Wolle, getragen habe. Manche meinen, weil er sehr korpulent war, wofür die Gallier das Wort *galba* [»Schmerbauch«] haben, oder, im Gegenteil, weil er so dünn war wie die kleinen Tiere, die auf Wintereichen[12] geboren werden und *galbae*[13] heißen. (2) Die Familie berühmt machte Servius Galba, ein ehemaliger Konsul und der wohl bedeutendste Redner seiner Zeit,[14] der angeblich, als er nach seiner Prätur Spanien verwaltete, dort nach der heimtückischen Ermordung von 30 000 Lusitanern[15] den Krieg mit Viriathus[16] ausgelöst hatte. Dessen Enkel[17] war bei der Kandidatur um das Konsulat zurückgewiesen worden und deswegen voller Hass auf Iulius Caesar, dem er in Gallien als Legat gedient hatte; er schloss sich der Verschwörung des Cassius und Brutus an, weshalb er dann nach der Lex Pedia[18] verurteilt wurde. (3) Von diesem stammen der Großvater und Vater des Kaisers Galba ab. Der Großvater [C. Sulpicius Galba] war für seine wissenschaftlichen Studien berühmter als für seine politische Karriere – er kam nämlich über die Prätur nicht hinaus – und veröffentlichte ein umfassendes und sorgfältig geschriebenes Geschichtswerk[19]; nach der Bekleidung des Konsulamtes[20] betätigte sich der Vater, obwohl er klein gewachsen und bucklig war und auch nur über bescheidene rhetorische Fähigkeiten verfügte, fleißig als Anwalt. (4) Verheiratet war er mit Mummia Achaica, einer Enkelin des Catulus und Urenkelin des L. Mummius, des Zerstörers von Korinth; außerdem mit der sehr wohlhabenden und schönen Livia Ocellina, die ihn wegen seines hohen Adels von sich aus umworben haben soll, und dies noch viel inständiger, nachdem er ihr auf ihre wiederholten Anträge hin sein körperliches Gebrechen entdeckt hatte: Als sie allein waren, hatte er seine Kleidung abgelegt, um nicht den Anschein zu erwecken, als wolle er sie darüber absichtlich in Unkenntnis lassen. Mit Achaica zeugte er zwei Söhne, Gaius und Servius, von denen der ältere, Gaius, Rom verließ, nachdem er sein Vermögen durchgebracht hatte, und sich das Leben nahm, weil er von Tiberius daran gehindert worden war, zu dem für ihn frühestmöglichen Zeitpunkt[21] um das Prokonsulat mit zu losen.[22]

4 (1) Der Kaiser Servius Galba wurde im Konsulat des M. Valerius Messala und des Cn. Lentulus[23] am 24. Dezember in einem Landhaus in der Nähe von Tarracina geboren; es liegt auf einem Hügel links von der Straße nach Fundi. Nach der Adoption durch seine Stiefmutter Livia nahm er ihren Namen [Livius] und den Beinamen Ocella an und änderte seinen Vornamen; denn statt Servius nannte er sich bis zu seiner Thronbesteigung Lucius. Wie man weiß, kniff Augustus ihn, als er noch ein Junge war und ihm mit anderen Kindern seines Alters seine Aufwartung machte, in die Wange und sagte zu ihm (auf Griechisch): »Auch du, mein Kind, wirst einmal von unserer Herrschaft kosten.«[24] Aber auch Tiberius sagte, nachdem er erfahren hatte,[25] dass Galba, wenn auch erst im hohen Alter, herrschen werde: »Er soll ruhig leben; das geht uns ja nichts mehr an.« (2) Und auch seinem Großvater, der gerade wegen eines Blitzschlages[26] ein Sühneopfer darbrachte, wurde, nachdem ein Adler die Eingeweide aus seinen Händen geraubt und auf einer Früchte tragenden Wintereiche abgelegt hatte, die Auskunft erteilt, dies deute darauf hin, dass seiner Familie – allerdings erst spät – das höchste Amt zufallen werde. Und jener erklärte spöttisch: »Gewiss doch; dann, wenn eine Mauleselin geworfen hat.« Als sich Galba später mit Umsturzplänen trug, bestärkte ihn darin nichts so sehr wie die Tatsache, dass eine Mauleselin ein Junges auf die Welt gebracht hatte,[27] und während die anderen vor dem vermeintlich unheilvollen Zeichen zurückschreckten, deutete er allein es als äußerst günstiges Omen, weil er sich an das Opfer und die Äußerung seines Großvaters erinnerte.

(3) Nachdem er die Männertoga angelegt hatte,[28] träumte er, dass Fortuna zu ihm sagte, sie stehe erschöpft vor seiner Tür und werde, wenn man sie nicht sofort hineinlasse, dem Erstbesten zur Beute fallen.[29] Und als er erwachte und die Tür des Atriums öffnete, fand er eine über eine Elle hohe eherne Statuette der Göttin neben der Schwelle, brachte sie auf seinem Schoß nach Tusculum, wo er den Sommer zu verbringen pflegte, verehrte sie in einem Raum seines Hauses als Gottheit, brachte ihr monatliche Dankopfer dar und würdigte sie einmal im Jahr mit einer nächtlichen Feier.

(4) Obwohl er noch nicht im gesetzten Alter war, hielt er an der alten Sitte der Bürgerschaft, die in Vergessenheit geraten war und nur noch in seinem Haus befolgt wurde, ganz beharrlich fest, nach der sämtliche Freigelassenen und Sklaven zweimal täglich zu ihm kommen und ihm einzeln in der Früh einen guten Morgen und abends eine gute Nacht wünschen mussten.

5 (1) Neben den freien Künsten[30] beschäftigte er sich auch mit der Rechtswissenschaft. Außerdem nahm er die Last einer

Ehe auf sich.[31] Doch nach dem Verlust seiner Frau Lepida und der beiden Söhne, die sie ihm geboren hatte, blieb er unvermählt und konnte auch durch keinen Heiratsantrag mehr davon abgebracht werden, nicht einmal durch den der – nach dem Tod des Domitius – verwitweten Agrippina, die Galba, als er noch verheiratet und noch nicht Junggeselle war, auf jede erdenkliche Weise so sehr umworben hatte, dass sie bei einer Zusammenkunft verheirateter Frauen von der Mutter der Lepida während eines Wortwechsels heftig kritisiert und sogar geschlagen wurde.

(2) Galba verehrte vor allem Livia Augusta, dank deren Gunst er bereits zu ihren Lebzeiten sehr großen Einfluss hatte[32] und durch deren Testament er nach ihrem Tod beinahe ein reicher Mann geworden wäre; sie hatte ihn nämlich unter denjenigen, denen sie ein Vermächtnis hinterließ, im Voraus[33] mit 50 Millionen Sesterzen bedacht. Doch weil die Summe nur in Zahlen angegeben und nicht in Worten ausgeschrieben war,[34] setzte ihr Erbe Tiberius das Vermächtnis auf 500 000 Sesterzen herab, aber Galba erhielt nicht einmal diesen Betrag.[35]

6 (1) Nachdem er seine politische Karriere vor dem gesetzlichen Mindestalter[36] begonnen hatte, gab er als Prätor anlässlich der Floralia[37] eine neue Art von Schauspiel, nämlich auf Seilen balancierende Elefanten[38]. Danach war er fast ein Jahr lang Statthalter der Provinz Aquitanien.[39] Anschließend bekleidete er für sechs Monate das ordentliche Konsulat,[40] und zufällig war er dabei der Nachfolger von L. Domitius[41], Neros Vater, während auf ihn Salvius Otho, Othos Vater, folgte. Das war gleichsam ein Vorzeichen für das, was später geschah: Als Kaiser regierte er ja zwischen den Söhnen dieser beiden Männer.

(2) Von Gaius Caesar [Caligula] zum Nachfolger des Gaetulicus als Statthalter in Obergermanien[42] ernannt, gab er am Tag nach seiner Ankunft bei den Legionen den Tagesbefehl aus, die

Männer – sie klatschten bei einem gerade stattfindenden festlichen Schauspiel Beifall – hätten ihre Hände unter dem Mantel zu halten; und sofort hieß es im ganzen Lager: »Lerne, Soldat, Soldat zu sein: Galba ist da, nicht Gaetulicus!«[43] (3) Mit derselben Strenge untersagte er Urlaubsgesuche. Altgediente Soldaten und Rekruten härtete er durch ständige Arbeit ab, warf alsbald die Barbaren, die schon bis ins Innere Galliens vorgedrungen waren, zurück,[44] und nachdem Gaius [Caligula] eingetroffen war,[45] fanden Galba und sein Heer so sehr dessen Anerkennung, dass unter den zahllosen und aus allen Provinzen zusammengezogenen Truppen keine eine höhere Belobigung oder größere Belohnungen erhielt. Er selbst zeichnete sich besonders dadurch aus, dass er, nachdem er ein Feldmanöver mit dem Schild (in der Hand)[46] geleitet hatte, auch noch 20 000 Doppelschritte neben dem Wagen des Kaisers einherlief.

7 (1) Nach dem Bekanntwerden von Gaius' Ermordung[47] zog Galba es vor, sich ruhig zu verhalten, obwohl er von vielen aufgefordert wurde, die günstige Gelegenheit beim Schopf zu ergreifen. Deshalb war er bei Claudius sehr beliebt, fand Aufnahme in seinen Freundeskreis und genoss eine so große Wertschätzung, dass der Beginn des britannischen Feldzuges[48] verschoben wurde, weil ihn ein plötzliches, wenn auch nicht sehr starkes Unwohlsein befallen hatte. Als Prokonsul verwaltete er zwei Jahre lang Afrika;[49] er war ohne Losverfahren dazu ernannt worden, um in der durch interne Zwistigkeiten und aufständische Barbaren beunruhigten Provinz für Ordnung zu sorgen; diesen Auftrag erfüllte er, indem er selbst bei geringfügigen Dingen sehr auf Strenge und Gerechtigkeit bedacht war.[50] (2) Als ein Soldat beschuldigt wurde, bei einem Feldzug, als die Lebensmittel äußerst knapp waren, den von seiner Ration übriggebliebenen Scheffel Weizen für 100 Denare[51] verkauft zu haben, verbot er jedem, ihm auszuhelfen, sobald er

nichts mehr zu essen hätte; und dieser Mann musste tatsächlich verhungern. Und als er einmal zu Gericht saß – es ging um das Eigentumsrecht an einem Zugtier –, auf beiden Seiten die Beweise und Zeugen wenig glaubwürdig waren und die Wahrheit sich deshalb schwer herausfinden ließ, ordnete er an, das Tier mit verhülltem Kopf zu seiner gewohnten Wasserstelle an einem See zu führen und ihm dort die Kopfbedeckung wieder abzunehmen. Eigentümer sollte derjenige sein, zu dem es, wenn es getrunken hätte, von sich aus zurückkehrte.

8 (1) Für seine Verdienste sowohl damals in Afrika als auch vorher in Germanien erhielt er die Triumphalinsignien[52] sowie drei Priesterstellen; er wurde nämlich in das Fünfzehnmännerkollegium und in die Bruderschaften der Titier und der Augustales[53] aufgenommen. Und von dieser Zeit bis etwa in die Mitte der Herrschaft Neros lebte er meist ganz zurückgezogen und führte sogar bei seinen Reisen in einem Begleitwagen stets eine Million Sesterzen in Gold mit sich,[54] bis ihm, als er sich gerade in der Stadt Fundi aufhielt, die Provinz Hispania Tarraconensis übertragen wurde.[55] (2) Als er nach seiner Ankunft in der Provinz ein Opfer darbrachte, geschah Folgendes: In dem öffentlichen Tempel wurden bei einem jungen Opferdiener, der das Weihrauchfass hielt, plötzlich alle Haare auf dem Kopf ganz weiß, und es gab Leute, die dies als die Ankündigung eines Machtwechsel deuteten und als Zeichen dafür, dass ein alter Mann auf einen jungen folgen werde, das heißt er selbst auf Nero.[56] Kurz darauf schlug in Kantabrien ein Blitz in einen See und man fand zwölf Beile – ein eindeutiger Hinweis auf die höchste Amtsgewalt.[57]

9 (1) Die Provinz regierte er acht Jahre lang[58] und zeigte dabei ein sehr unterschiedliches und schwankendes Verhalten. Anfangs war er streng und energisch und bei der Ahndung von Verfehlungen sogar übermäßig hart. Denn einem Geldmakler ließ er, weil er bei seinen Finanzgeschäften nicht ehrlich war, die Hände abhauen und auf seinen Wechseltisch nageln; und er ließ einen Vormund ans Kreuz zu schlagen, weil dieser sein Mündel, als dessen Nacherbe er eingesetzt war, vergiftet hatte. Als dieser sich auf die Gesetze berief und als römischer Bürger[59] auswies, befahl er – gleichsam um ihn zu trösten und die Strafe durch eine besondere Ehre abzumildern –, das Kreuz durch eines auszutauschen, das viel höher als die anderen und weiß angestrichen war. Mit der Zeit wurde er nachlässig und träge, weil er bei Nero keinen Anstoß erregen wollte und weil, wie er zu sagen pflegte, niemand gezwungen werden könne, für sein Nichtstun Rechenschaft abzulegen[60].

(2) Als er in Carthago Nova Gerichtstag hielt, erfuhr er durch den Statthalter Aquitaniens, der dringend um Hilfstruppen nachsuchte, von den in den gallischen Provinzen ausgebrochenen Unruhen.[61] Zugleich traf auch ein Brief des Vindex ein, in dem Galba aufgefordert wurde, sich als Retter und Führer der Menschheit zu beweisen.[62] Nach kurzem Zögern nahm er – teils ängstlich, teils zuversichtlich – den Auftrag an. Er hatte nämlich Schreiben Neros abgefangen, die dieser heimlich an seine Prokuratoren[63] geschickt und in denen er Galbas Ermordung angeordnet hatte. In seiner Haltung bestärkt wurde er durch äußerst günstige Auspizien[64] und Vorzeichen sowie durch die Weissagung einer ehrbaren Jungfrau; und diese hatte umso mehr Gewicht, als ein Iuppiter-Priester in Clunia, durch einen Traum dazu aufgefordert, dieselben Prophezeiungen in dem Heiligtum ausfindig gemacht hatte und festgestellt hatte, dass vor 200 Jahren von einem weissagenden Mädchen Ähnliches verkündet worden war. In diesen Sprüchen hieß es, dass dereinst aus Spanien der Kaiser und Herrscher der Welt kommen werde.

10 (1) Daher bestieg er, wie wenn er Freilassungen vornehmen wollte, das Tribunal und ließ möglichst viele Büsten von Leuten, die von Nero verurteilt und hingerichtet worden waren, vor sich aufstellen, während neben ihm ein vornehmer Knabe stand, den er eigens zu diesem Anlass von der nächstgelegenen Baleareninsel [Mallorca], auf die dieser verbannt war, hatte kommen lassen. Er klagte über die schlimmen Zeiten, und als man ihn als Kaiser begrüßte, erklärte er, er sei nur der Statthalter des Senats und Volks von Rom.[65] (2) Dann verkündete er den Stillstand der Gerichte[66] und hob aus der Bevölkerung der Provinz Legionssoldaten und Hilfstruppen aus, um sein altes – aus einer Legion, zwei Schwadronen und drei Kohorten bestehendes – Heer zu verstärken; und aus Männern der Oberschicht, die sich durch ihre Klugheit und ihr Alter hervortaten, bildete er eine Art Senat, um in wichtigeren Angelegenheiten, wann immer es nötig sei, ihren Rat einzuholen. (3) Außerdem wählte er junge Männer aus dem Ritterstand aus, die – sie trugen weiterhin ihre goldenen Ringe[67] – »Freiwillige«[68] genannt wurden und wie Soldaten vor seinem Schlafzimmer Wache halten sollten. Er ließ auch in den Provinzen Edikte verbreiten, in denen er die Menschen aufforderte, im Kleinen und Großen mit ihm zusammenzuarbeiten und die gemeinsame Sache [d. h. den Kampf gegen Nero], jeder nach all seinen Kräften, zu unterstützen.[69]

(4) Etwa zur selben Zeit fand man bei der Befestigung einer Stadt, die er als Hauptquartier für den Krieg bestimmt hatte, einen altertümlichen goldenen Ring, in dessen Stein eine Victoria mit einem Siegeszeichen eingraviert war. Und wenig später trieb ein mit Waffen beladenes Schiff aus Alexandria in Dertosa an Land, ohne Kapitän, ohne einen einzigen Matrosen oder Passagier,[70] so dass niemand mehr zweifeln konnte, dass der Krieg gerecht und fromm sei und mit dem Beistand der Götter geführt werde. Doch plötzlich und unerwartet geriet fast alles wieder ins Wanken. (5) Eine der beiden Schwadronen[71] versuchte nämlich, aus Reue über den gebrochenen Eid, sich von Galba, als er auf dem Weg zum Lager war, wieder los-

zusagen, und konnte nur mit Mühe dazu gebracht werden, weiter ihre Pflicht zu tun. Und den Sklaven, die er von einem Freigelassenen Neros als Geschenk erhalten hatte – sie sollten einen Anschlag auf ihn verüben[72] –, wäre es beinahe gelungen, ihn, als er sich durch eine kleine Gasse in die Bäder begab, umzubringen, wenn man sie nicht, weil sie sich gegenseitig aufforderten, die günstige Gelegenheit nicht verstreichen zu lassen, gefragt hätte, von welcher Gelegenheit sie sprächen, und ihnen auf der Folter ein entsprechendes Geständnis abgepresst hätte.

11 Zu solch großen Gefahren kam noch der Tod des Vindex[73] hinzu, der ihn aufs Äußerste bestürzte, und wie wenn er alles verloren hätte, war er kurz davor, sich das Leben zu nehmen. Aber als er von aus Rom eintreffenden Boten erfahren hatte, dass Nero getötet worden war[74] und alle ihren Huldigungseid auf ihn, Galba, geleistet hatten,[75] legte er den Titel eines Statthalters ab, nahm den Namen Caesar[76] an und machte sich im Feldherrnmantel und mit einem vom Hals vor der Brust hängenden Dolch[77] auf den Weg (in die Hauptstadt).[78] Und er trug die Toga (als Friedensgewand) erst wieder, nachdem die Männer, die auf Umsturz sannen, überwältigt waren, der Prätorianerpräfekt Nymphidius Sabinus in Rom und die Statthalter in Germanien und Afrika, Fonteius Capito und Clodius Macer.[79]

12 (1) Vorausgeeilt war Galba der Ruf der Grausamkeit und zugleich der Habgier, weil er die Städte der spanischen und germanischen Provinzen, die zu zögerlich zu ihm übergetreten waren, mit überhöhten Abgaben, manche sogar durch die Schleifung ihrer Mauern bestraft hatte und die höheren Beamten und Prokuratoren[80] mitsamt ihren Ehefrauen und Kindern hatte hinrichten lassen; und weil er einen 15 Pfund schweren goldenen Kranz aus dem alten Iuppiter-Tempel, den ihm die Bewohner von Tarraco geschenkt hatten, eingeschmolzen hatte und befohlen hatte, die drei Unzen, die er zu wenig wog, nachträglich einzutreiben.[81] (2) Und dieser Ruf bestätigte und verstärkte sich noch, nachdem er in Rom eingezogen war. Denn als er die Matrosen, die Nero aus Ruderknechten zu regulären Soldaten befördert hatte, zwingen wollte, wieder in ihren früheren Stand zurückzukehren, trieb er sie, als sie sich weigerten und zudem noch allzu hartnäckig Legionsadler und Feldzeichen forderten, nicht nur durch seine Kavallerie auseinander, sondern ließ sogar jeden Zehnten von ihnen töten.[82] Ebenso löste er die Kohorte der Germanen auf, die von den Kaisern einst als Leibwache eingesetzt worden war[83] und ihre unverbrüchliche Treue häufig unter Beweis gestellt hatte, und schickte sie ohne jede Vergünstigung[84] in ihre Heimat zurück, da sie Cn. Dolabella, neben dessen Gärten sie stationiert war, angeblich allzu zugetan war. (3) Um Galba zu verspotten, erzählte man sich – ob es nun wahr war oder nicht – gern auch Folgendes: Als ein allzu üppiges Mahl aufgetragen wurde, habe er tief geseufzt und dem bei ihm ordnungsgemäß angestellten Haushofmeister, der ihm eine Liste der Ausgaben vorlegte, zum Dank für seinen Eifer und seine Sorgfalt ein Schüsselchen mit Hülsenfrüchten überreicht, dem Flötenspieler Canus aber, weil er ihm überaus gefiel, fünf Denare geschenkt, die er eigenhändig aus seiner Privatschatulle genommen hatte.[85]

13 Deswegen war man über Galbas Ankunft nicht eben sehr erfreut, und dies zeigte sich bereits bei der ersten Theateraufführung. Als nämlich in einem Atellanenstück[86] die Schauspieler das sehr bekannte Lied *Onesius kommt von seinem Landgut*[87] anstimmten, sangen sogleich sämtliche Zuschauer den Rest des Liedes im Chor mit und wiederholten es mit den entsprechenden Gesten mehrfach, wobei sie immer wieder mit diesem Vers begannen.

14 (1) Als er an die Macht gelangte, genoss er eine größere Popularität und ein höheres Prestige als später während seiner

Regierungszeit,[88] obwohl er seine hervorragenden Herrscherqualitäten häufig unter Beweis stellte. Aber für diese guten Taten war er keineswegs so beliebt, wie er für seine schlechten verhasst war.[89]

(2) Sein Verhalten wurde durch die willkürlichen Entscheidungen dreier Männer bestimmt, die gemeinhin als seine Erzieher bezeichnet wurden, da sie zusammen mit ihm im Palast wohnten und niemals von seiner Seite wichen. Es waren T. Vinius, Galbas Legat in Spanien, ein Mann von grenzenloser Habgier; dann Cornelius Laco, der vom Gerichtsbeisitzer zum Prätorianerpräfekten aufgestiegen und von einer unerträglichen Arroganz und Beschränktheit war;[90] ferner der Freigelassene Icelus, der kurz zuvor mit den goldenen Ringen und dem Beinamen Marcianus ausgezeichnet worden war[91] und den man bereits für den höchsten Rang, den ein Ritter erlangen konnte,[92] ausersehen hatte. Von diesen Leuten, die ihren verschiedenen Lastern frönten, ließ er sich so sehr ausnutzen und war ihnen so sehr ergeben, dass er sich selbst kaum treu blieb und mal strenger und knauseriger, mal nachsichtiger und verschwenderischer[93] war, als es sich für einen vom Volk erwählten Prinzeps und auch einen Mann seines Alters[94] gehörte. (3) Einige angesehene Männer aus dem Senatoren- und Ritterstand verurteilte er schon aufgrund kleinster Verdachtsmomente, ohne ihren Fall anzuhören. Das römische Bürgerrecht verlieh er nur selten, das Dreikinderrecht[95] kaum mehr als einoder zweimal und auch dann nur für eine bestimmte und im Voraus begrenzte Zeit. Dem Gesuch der Richter, die um eine zusätzliche sechste Dekurie[96] baten, erteilte er nicht nur eine Absage, sondern nahm ihnen auch noch die von Claudius gewährte Vergünstigung, nicht im Winter und zu Beginn eines Jahres zu Gerichtsverhandlungen einberufen zu werden.[97]

15 (1) Er soll sogar vorgehabt haben, die Ämter von Senatoren und Rittern auf zwei Jahre zu begrenzen und sie nur Männern zu geben, die sie nur widerwillig übernehmen würden und eigentlich gar nicht wollten.[98] Die Schenkungen Neros[99] ließ er durch 50 römische Ritter[100] wieder zurückfordern und eintreiben – die Empfänger durften nur ein Zehntel behalten – und verfügte, dass die Geschenke, die Schauspieler und Athleten bereits verkauft hatten, den Käufern wieder weggenommen werden sollten, wenn die Verkäufer die dafür erhaltene Summe schon ausgegeben und nicht mehr zurückzahlen konnten. (2) Doch im Gegensatz dazu duldete er es, dass seine Gefährten und Freigelassenen alles für Geld verhökerten oder aus Gefälligkeit gewährten: Sie erhoben Steuern, erließen Abgaben, verurteilten Unschuldige und sprachen Schuldige frei. Ja, selbst als das römische Volk die Hinrichtung des Halotus und Tigellinus forderte, ließ er sie, obwohl sie Schwerverbrecher waren, als einzige von Neros Spionen ungeschoren davonkommen, zeichnete darüber hinaus Halotus durch eine sehr einträgliche Prokuratorenstelle[101] aus, und für Tigellinus Partei ergreifend, kritisierte er sogar in einem Edikt das Volk für seine Grausamkeit.[102]

16 (1) Durch diese Verhaltensweisen hatte er fast alle Stände vor den Kopf gestoßen, aber bei den Soldaten schlug ihm der größte Hass entgegen. Denn obwohl die Offiziere[103] ihnen ein größeres Geldgeschenk als üblich versprochen hatten, wenn sie auf den abwesenden Galba den Treueid leisteten, hielt dieser die Zusage nicht ein und erklärte immer wieder, dass er es gewohnt sei, seine Soldaten auszuheben, nicht aber zu kaufen;[104] und durch diese Worte verärgerte er alle, wo immer sie ihren Dienst versahen. Außerdem brachte er die Prätorianer durch sein Misstrauen und seine Demütigungen gegen sich auf, indem er sofort sehr viele entließ,[105] da sie verdächtig und Genossen des Nymphidius seien. (2) Vor allem aber murrte das Heer in Obergermanien: Es werde um seinen Lohn für die gegen die Gallier und Vindex geleisteten Dienste betrogen. Deshalb waren sie die Ersten, die es wagten, den Gehorsam aufzukündigen; sie weigerten sich, am 1. Januar den Fahneneid auf jemand anderen als auf den Senat zu leisten, und beschlossen umgehend, eine Gesandtschaft an die Prätorianer zu schicken, um ihnen Folgendes auszurichten: Mit dem in Spanien ernannten Kaiser seien sie nicht einverstanden; sie selbst sollten jemanden auswählen, den sämtliche Heere anerkennen könnten.[106]

17 Sobald dies bekannt geworden war, glaubte Galba, dass er weniger wegen seines hohen Alters als wegen seiner Kinderlosigkeit missachtet werde.[107] So nahm er aus der Menge derer, die ihm ihre Aufwartung machten, plötzlich Piso Frugi Licinianus beiseite, einen überaus tüchtigen jungen Adligen, den er früher schon sehr geschätzt und in seinem Testament immer zum Erben seines Vermögens und Namens bestimmt hatte.[108] Er nannte ihn seinen Sohn, führte ihn ins Lager und adoptierte ihn vor der Soldatenversammlung;[109] aber selbst in dieser Situation verlor er kein Wort über ein Geldgeschenk. Das bot M. Salvius Otho noch bessere Chancen, in den nächsten sechs Tagen nach der Adoption seine Pläne[110] zu verwirklichen.

18 (1) Schon von Anbeginn seiner Regierung hatten Galba bedeutende unheilvolle Vorzeichen wiederholt sein Ende, so wie es auch tatsächlich eintrat, verkündet. Als während seines ganzen Marsches (nach Rom) in den Städten rechts und links seines Weges Opfertiere geschlachtet wurden, riss sich ein Stier, durch den Schlag des Opferbeils gereizt, aus seinen Fesseln los, stürmte gegen Galbas Reisewagen, sprang mit den Vorderbeinen hinauf und bespritzte den Kaiser von Kopf bis Fuß mit seinem Blut; und als dieser vom Wagen abstieg, hätte ihn beinahe ein Leibwächter, von der Menge gestoßen, mit seiner Lanze verwundet. Und bei seinem Einzug in die Stadt und dann in den Palast wurde er von einem Erdbeben und lautem Gebrüll, das an das von Stieren erinnerte, empfangen. (2) Später folgten noch viel deutlichere Vorzeichen. Ein mit Perlen und Edelsteinen besetztes Halsband hatte er aus all seinen Schätzen herausgesucht, um damit seine Fortuna in Tusculum[111] zu schmücken; dieses weihte er, weil es, wie er plötzlich meinte, einen erhabeneren Ort verdiente, der kapitolinischen Venus. In der folgenden Nacht erschien ihm im Traum das Bild der Fortuna, die sich beklagte, sie sei um die ihr bestimmte Gabe betrogen worden, und drohte, dass sie ihm ihrerseits das, was sie ihm geschenkt habe [nämlich die kaiserliche Macht], entreißen werde. Und als er bei Tagesanbruch voller Panik nach Tusculum eilte, um das Traumgesicht zu sühnen – er hatte Leute vorausgeschickt, die das Opfer vorbereiten sollten –, fand er dort aber nichts als lauwarme Asche auf dem Altar und daneben einen schwarz gekleideten alten Mann, der eine gläserne Schüssel mit Weihrauch und einen irdenen Becher mit ungemischtem Wein in den Händen hielt.[112] (3) Vermerkt wurde auch, dass Galba, als er am 1. Januar opferte, der Kranz vom Kopf fiel und dass, als er die Auspizien[113] einholte, die Hühner davonflogen; und als er am Tag der Adoption (Pisos) zu den Soldaten sprechen wollte, hatten die Diener vergessen, den Feldstuhl, so wie gewohnt, auf das Tribunal zu bringen, und im Senat hatte man seinen kurulischen Sitz verkehrt herum hingestellt.

19 (1) Vor seinem gewaltsamen Tod wurde er aber, als er am Morgen opferte, von einem Haruspex[114] wiederholt ermahnt, sich vor einer ihm drohenden Gefahr in Acht zu nehmen: Seine Mörder seien nicht mehr fern.[115]

Kurze Zeit später erfuhr er, dass Otho das Lager in seiner Gewalt hatte, und als sehr viele Leute ihm dazu rieten, sich möglichst schnell dorthin zu begeben – denn durch sein Ansehen und seine bloße Präsenz könne er sich gegen seinen Gegner durchsetzen –, beschloss er lediglich, im Palast zu bleiben[116] und zu seiner Verstärkung Abteilungen von Legionssoldaten heranzuziehen, die an vielen verschiedenen Orten Quartier bezogen hatten.

Dennoch legte er einen leinenen Brustpanzer[117] an, obgleich er keinen Hehl daraus machte, dass dieser gegen so viele Dolche nicht viel nützen werde. (2) Doch durch falsche Gerüchte[118], welche die Verschwörer absichtlich verbreitet hatten, um ihn auf die Straße zu locken, ließ er sich verleiten, den Palast zu verlassen. Als ein paar Leute aufs Geratewohl behaupteten, die Sache sei erledigt, die Rebellen seien überwältigt, die anderen kämen in großer Zahl, um ihn zu beglückwünschen, bereit, ihm in allem zu gehorchen, ging er ihnen mit so großem Vertrauen entgegen, dass er zu einem Soldaten, der sich damit brüstete, Otho getötet zu haben, zur Antwort gab: »Auf wessen Befehl?«, und dann bis zum Forum weiterging.[119] Dort waren die Reiter, die mit seiner Ermordung beauftragt waren, durch die Straßen gesprengt und hatten die Menge der Zivilisten auseinandergetrieben. Als sie Galba in der Ferne sahen, hielten sie kurz inne, setzten sich dann wieder in Bewegung und metzelten ihn – seine Leute hatten ihn im Stich gelassen – nieder.[120]

20 (1) Nach Auskunft einiger Quellen soll er bei den ersten Unruhen ausgerufen haben »Was macht ihr da, Kameraden? Ich gehöre doch zu euch und ihr zu mir«, und angeblich versprach er ihnen sogar ein Geldgeschenk. Die Mehrheit überliefert aber, dass er den Angreifern freiwillig seine Kehle darbot und sie aufforderte, es doch zu tun und zuzustoßen, wenn sie es denn für richtig hielten.[121] Man könnte sich allerdings sehr darüber wundern, dass keiner der Anwesenden versuchte, dem Kaiser zu helfen,[122] und dass alle Truppen, die zu seiner Unterstützung herbeigerufen wurden, den Befehl missachteten, mit Ausnahme einer Abteilung der Germanen. Diese eilten aus Dankbarkeit für die ihnen kürzlich erwiesene gute Behandlung – er hatte sie nämlich, weil sie krank und schwach waren, mit großem Aufwand pflegen lassen[123] – zu Hilfe, trafen aber zu spät ein, weil sie in Unkenntnis der Örtlichkeiten einen Umweg gemacht hatten und dadurch aufgehalten worden waren.

(2) Am Lacus Curtius[124] schnitt man ihm die Kehle durch[125] und ließ ihn dort, so wie er war, liegen, bis ein einfacher Soldat, der gerade vom Proviantfassen zurückkam, seine Last ablegte und ihm den Kopf abschlug;[126] und weil er ihn nicht an den Haaren fassen konnte,[127] legte er ihn in den Bausch seines Mantels und brachte ihn dann, nachdem er ihm den Daumen in den Mund gesteckt hatte, zu Otho.[128] Dieser schenkte den Kopf den Marketendern und Trossknechten, die ihn auf eine Lanze pflanzten und, ihren Spott mit ihm treibend, im Lager herumtrugen,[129] wobei sie immer wieder riefen: »Galba, du Liebesgott, genieße dein Alter!« Zu solch frechen Scherzen hatte sie besonders die Tatsache gereizt, dass er, wie wenige Tage zuvor allgemein bekannt geworden war, jemandem, der sein noch blühendes und gesundes Aussehen gelobt hatte, (auf Griechisch) geantwortet hatte: »Noch stehe ich in Saft und Kraft!«[130] Diesen Leuten kaufte ein Freigelassener des Patrobius Neronianus den Kopf für 100 Goldstücke ab und warf ihn dort weg, wo sein Patron auf Galbas Befehl hingerichtet worden war.[131] Erst später begrub Galbas Haushofmeister Argivus den Kopf und den verstümmelten Körper des Kaisers in dessen privaten Gärten an der Via Aurelia.[132]

21 Galba war von mittelgroßer Statur und kahlköpfig; er hatte blaue Augen, eine Hakennase, und seine Hände und Füße waren durch die Gicht so stark verkrümmt, dass er keine Schuhe tragen und keine Schriftstücke entrollen oder auch nur halten konnte. Außerdem war an seiner rechten Seite das Fleisch herausgewachsen und hing so tief hinunter, dass es sich nur mit Mühe mit einer Bandage zusammenhalten ließ.[133]

22 Angeblich war er ein sehr großer Esser. Im Winter pflegte er sogar schon vor Tagesanbruch Speisen zu sich zu nehmen; beim abendlichen Bankett aber soll er so üppig gespeist haben, dass er die Reste des Mahls auf den Händen (der Tischsklaven) auftürmen, herumtragen und an die Dienerschaft der Gäste austeilen ließ.[134] Seine sexuellen Neigungen galten mehr dem männlichen Geschlecht und da auch nur sehr starken erwachsenen Männern; man sagt ihm nach, er habe in Spanien Icelus, einen seiner alten Bettgenossen,[135] nicht nur in aller Öffentlichkeit sehr leidenschaftlich geküsst, als dieser ihm den Tod Neros meldete, sondern auch gebeten, sich unverzüglich epilieren zu lassen, bevor er ihn dann beiseite nahm.

23 Er starb in seinem 73. Lebensjahr[136], im siebten Monat seiner Herrschaft.[137] Der Senat hatte, sobald es ihm möglich war,[138] beschlossen, ihm auf einer mit Schiffsschnäbeln verzierten Säule ein Standbild zu errichten, und zwar in dem Teil des Forums, wo er ermordet worden war; Vespasian aber erklärte den Beschluss für ungültig, weil er glaubte, dass Galba gedungene Mörder aus Spanien zu ihm nach Judäa[139] geschickt habe.[140]

Otho

1 (1) Die Vorfahren Othos stammen aus der Stadt Ferentium; sie waren Angehörige einer alten und angesehenen Familie aus der Oberschicht Etruriens. Der Großvater M. Salvius Otho – sein Vater war römischer Ritter, seine Mutter von niederer und vielleicht nicht einmal freigeborener Herkunft – wurde durch die Gunst der Livia Augusta, in deren Haus er aufgewachsen war, Senator, kam aber über den Rang eines Prätors nicht hinaus.

(2) Der Vater L. Otho, mütterlicherseits der Spross eines berühmten und mit zahlreichen bedeutenden Adelsfamilien verwandten Geschlechts, wurde vom Kaiser Tiberius so geliebt und war ihm äußerlich so ähnlich, dass ihn sehr viele für dessen Sohn hielten. Städtische Ehrenämter, ein Prokonsulat in Afrika und außerordentliche militärische Kommandostellen übte er mit sehr großer Strenge aus.[1] Im Illyricum wagte er es sogar, einige Soldaten, weil sie ihre Teilnahme am Aufstand des Camillus bereut[2] und ihre Vorgesetzten als angebliche Initiatoren der Verschwörung gegen Claudius ermordet hatten, mit dem Tod zu bestrafen, und dies in seiner Gegenwart vor dem Hauptquartier, obwohl er wusste, dass sie aus eben diesem Grund von Claudius befördert worden waren. (3) Durch diese Tat mehrte er zwar seinen Ruhm, minderte aber seine Beliebtheit (bei Claudius). Diese gewann er jedoch rasch zurück, nachdem er das Komplott eines römischen Ritters aufgedeckt hatte, der – wie er von Sklaven, die ihm die Sache verrieten, erfahren hatte – Claudius nach dem Leben trachtete.[3] Der Senat ließ ihm nämlich eine höchst seltene Ehre, die Errichtung einer Statue auf dem Palatin, zukommen, und Claudius nahm ihn unter die Patrizier auf,[4] bedachte ihn mit überaus lobenden Worten und fügte noch Folgendes hinzu: »Er ist ein Mann, wie ich mir selbst meine Kinder nicht besser wünschen kann.« Von Albia Terentia, einer Frau aus sehr vornehmer Familie, hatte er zwei Söhne, L. Titianus und einen jüngeren, Marcus, der seinen Beinamen trug.[5] Er hatte auch eine Tochter, die er, kaum dass sie das heiratsfähige Alter[6] erreicht hatte, mit Drusus, dem Sohn des Germanicus, verlobte.

2 (1) Kaiser Otho wurde am 28. April im Konsulat des Camillus Arruntius und Domitius Ahenobarbus[7] geboren. Von frühester Jugend an war er so verschwenderisch und frech[8], dass er von seinem Vater des Öfteren ausgepeitscht wurde. Er soll sich auch nachts ständig herumgetrieben und jeden schwächlichen oder betrunkenen Mann, der ihm über den Weg lief, gepackt und auf einem ausgespannten Mantel in die Luft geschleudert haben.[9] (2) Nach dem Tod des Vaters gaukelte er einer am Hofe sehr angesehenen Freigelassenen sogar seine Liebe vor, um ihr noch wirkungsvoller zu schmeicheln, und dies, obwohl sie schon sehr alt und hinfällig war. Durch ihre Vermittlung gewann er Neros Wohlwollen und konnte unter dessen Freunden leicht die erste Stelle einnehmen, weil der Kaiser und er charakterlich übereinstimmten und, wie manche überliefern, miteinander Unzucht zu treiben pflegten. Und sein Einfluss war so groß, dass er, nachdem er sich eine riesige Belohnung ausbedungen hatte, einen ehemaligen Konsul, der wegen Erpressung verurteilt war, umgehend – noch bevor er dessen völlige Rehabilitierung erwirkt hatte – wieder in den Senat einführte, um ihm die Gelegenheit zu geben, sich (für seine Wiederaufnahme) zu bedanken.[10]

3 (1) Da er in alle Pläne und Geheimnisse Neros eingeweiht war, gab er, um jeden Verdacht zu zerstreuen, an dem Tag, den der Kaiser für die Ermordung seiner Mutter[11] vorgesehen hatte, für beide ein Bankett, bei dem es äußerst fröhlich zuging. Er war es auch, dem Sabina Poppaea, damals noch Neros Geliebte,[12] vorläufig anvertraut wurde, nachdem man sie ihrem Ehemann[13] weggenommen hatte, und der eine Scheinehe mit ihr einging, um sie bei sich aufnehmen zu können. Und nicht genug damit, dass er sie verführt hatte, er verliebte sich auch noch so sehr in sie, dass er nicht einmal Nero als Nebenbuhler mit Gleichmut hinnehmen konnte. (2) Man glaubt jedenfalls, dass er nicht nur die Männer, die sie abholen sollten, nicht empfing, sondern dass er sogar Nero den Zutritt verweigerte, als dieser einmal vor seiner Tür stand und unter Bitten und Drohungen vergeblich den ihm anvertrauten Schatz zurückforderte. Daher wurde Otho nach der Auflösung der Ehe aus Rom entfernt und als Statthalter nach Lusitanien entsandt.[14]

Und das schien ausreichend, um nicht durch eine strengere Strafe[15] die ganze Farce ans Licht kommen zu lassen, die dennoch auch so durch folgendes Distichon bekannt wurde:

Warum, fragt ihr, ist Otho verbannt durch erlog'ne Beförderung?
Ehebruch trieb er bereits hier mit der eigenen Frau.[16]

Die Provinz verwaltete er zehn Jahre lang[17] im Rang eines Quästors[18], und dies mit außergewöhnlicher Zurückhaltung und Uneigennützigkeit.[19]

4 (1) Als sich ihm endlich die Gelegenheit bot, Rache zu nehmen, schloss er sich als Erster Galbas Unternehmungen an;[20] und gleichzeitig machte er sich auch selbst Hoffnung auf die Herrschaft, sowohl aufgrund der allgemeinen Zeitumstände als auch besonders aufgrund einer Verheißung des Astrologen Seleucus[21]. Nachdem dieser ihm früher einmal prophezeit hatte, dass er Nero überleben werde, war er jetzt von sich aus unerwartet zu ihm gekommen und hatte ihm außerdem versprochen, dass er in Kürze auch Kaiser sein werde. (2) Otho ließ daher keine Gelegenheit aus, sich gegen jedermann gefällig zu erweisen oder ihn zu umwerben, und immer wenn er den Prinzeps bei sich zum Essen empfing, verteilte er an jeden Mann der wachhabenden Kohorte Goldstücke;[22] ebenso versuchte er alles Mögliche, um sich auch die anderen Soldaten zu verpflichten.[23] Nachdem er bei einem Mann, der einen Grenzstreit mit seinem Nachbarn hatte, als Schiedsrichter hinzugezogen worden war, kaufte er das gesamte Grundstück und trat es an ihn ab.[24] Infolgedessen gab es kaum noch jemanden, der nicht der Meinung war – und diese auch öffentlich äußerte –, dass Otho allein würdig sei, die Thronfolge anzutreten.

5 (1) Er hatte aber gehofft, von Galba adoptiert zu werden,[25] und rechnete täglich damit. Doch nachdem Piso den Vorzug erhalten hatte,[26] begrub er seine Hoffnungen und griff zu gewaltsamen Mitteln, weil er nicht nur sehr gekränkt, sondern auch hochverschuldet[27] war. Er machte nämlich nie einen Hehl daraus, dass er sich nur als Kaiser halten könne und es ihm gleichgültig sei, ob er durch den Feind auf dem Schlachtfeld oder durch seine Gläubiger auf dem Forum falle. (2) Wenige Tage zuvor hatte er einem Sklaven des Kaisers dafür, dass er für ihn die Stelle eines Schatzmeisters erwirkt hatte, eine Million Sesterzen abgepresst; diese Summe bildete das Startkapital für sein so großes Unternehmen[28]. Zuerst wurden fünf Leibwächter in seinen Plan eingeweiht, dann zehn weitere, nachdem die ersteren jeweils zwei Kameraden mitgebracht hatten.[29] Ihnen allen wurden 10 000 Sesterzen ausgezahlt und noch einmal 50 000 versprochen. Durch sie wurden die restlichen Verschwörer hinzugewonnen, aber nicht sehr viele, da man fest darauf vertraute, dass, wenn man losschlüge, noch mehr dazukommen würden.[30]

6 (1) Otho hatte ursprünglich beabsichtigt, gleich nach der Adoption (Pisos) das Prätorianerlager einzunehmen und Galba, wenn er auf dem Palatin zu Abend aß, zu überfallen,[31] doch aus Rücksicht auf die damals diensthabende Kohorte nahm er davon Abstand, um sie nicht noch verhasster zu machen; denn während ihrer Palastwache war bereits Gaius [Caligula] getötet und Nero im Stich gelassen worden.[32] Außerdem ließ er aufgrund religiöser Bedenken und Warnungen des Seleucus noch ein wenig Zeit[33] verstreichen.

(2) Am festgesetzten Termin – er hatte die Verschwörer zuvor angewiesen, ihn auf dem Forum in der Nähe des Saturn-Tempels am Goldenen Meilenstein[34] zu erwarten – machte er also Galba seine morgendliche Aufwartung, wurde wie gewöhnlich mit einem Kuss empfangen, war dann auch dabei, als dieser opferte, und hörte die Prophezeiungen des Opferschauers.[35] Als dann ein Freigelassener meldete, dass die Architekten

da seien – dies war das verabredete Zeichen –, entfernte er sich, angeblich um sich ein zum Verkauf stehenden Haus anzuschauen, und eilte durch ein Hintertor des Palastes zum ausgemachten Treffpunkt.[36] Nach anderen Quellen täuschte er einen Fieberanfall vor und trug seinem Gefolge auf, ihn damit zu entschuldigen, falls man nach ihm fragen sollte. (3) Dann begab er sich, in einer Frauensänfte verborgen, rasch in Richtung Lager.[37] Nachdem er, weil die Träger die Kräfte verließen, abgestiegen und zu Fuß weitergegangen war, musste er stehenbleiben, weil sein Schuh aufgegangen war. Er wurde aber von seinen Begleitern sogleich auf die Schultern genommen und als Kaiser begrüßt und gelangte unter Glückwünschen und durch ein Spalier gezückter Schwerter zum Hauptquartier, wobei sich ihm auch die Entgegenkommenden anschlossen, ganz so, als ob sie eingeweiht und an dem Coup beteiligt seien. Dort schickte er Männer aus, die Galba und Piso umbringen sollten;[38] und um die Soldaten durch Versprechungen für sich zu gewinnen, erklärte er vor der Versammlung, dass er für sich lediglich das haben wolle, was sie ihm übrigließen.

7 (1) Als der Tag sich neigte, ging er in den Senat,[39] legte in einer kurzen Ansprache dar, dass man ihn gleichsam von der Straße weggeholt und mit Gewalt genötigt habe, die Herrschaft zu übernehmen;[40] er werde sie nach dem Willen aller ausüben. Danach begab er sich in den Palast. Und neben den übrigen Komplimenten, mit denen ihn seine Gratulanten und Schmeichler bedachten, wurde er vom Pöbel auch mit »Nero« angeredet; er gab kein Zeichen der Ablehnung zu erkennen, sondern fügte vielmehr, wie einige überliefern, auch bei seinen Urkunden und ersten Briefen an einige Provinzstatthalter seinem Namen den Beinamen Nero hinzu.[41] Jedenfalls ließ er zu, dass dessen Büsten und Standbilder wieder aufgestellt wurden,[42] setzte auch dessen Finanzverwalter und Freigelassenen wieder in ihre alten Ämter ein und unterschrieb als erste

Amtshandlung eine Anweisung über 50 Millionen Sesterzen für die Fertigstellung des Goldenen Hauses[43].

(2) In dieser Nacht[44] soll er, durch einen Traum verängstigt, sehr tiefe Seufzer ausgestoßen haben und von seinen herbeieilenden Dienern vor dem Bett liegend gefunden worden sein.[45] Er habe versucht, die Manen des Galba, dessen Erscheinung ihn im Traum aufgeschreckt und aus dem Bett gestoßen hatte, durch alle möglichen Sühneopfer zu besänftigen. Und am nächsten Tag sei er, als bei der Einholung der Auspizien[46] ein Gewitter ausbrach, schwer gestürzt und habe mehrfach (auf Griechisch) vor sich hingemurmelt: »Warum musste ich auch die große Flöte blasen?«[47]

8 (1) Etwa zur selben Zeit hatten die in Germanien stehenden Heere ihren Eid auf Vitellius geleistet.[48] Als Otho davon erfuhr, beauftragte er den Senat, eine Gesandtschaft zu schicken, die sie über die schon erfolgte Wahl eines Kaisers informieren und ihnen nahelegen sollte, Ruhe und Eintracht zu wahren. Dennoch bot er sich dem Vitellius durch Unterhändler und Briefe als Mitregent und Schwiegersohn an.[49] Als aber am Krieg kein Zweifel mehr bestand und die Generäle und Truppen, die Vitellius vorausgeschickt hatte, bereits heranrückten, konnte er erfahren, wie die Prätorianer zu ihm standen und wie treu sie ihm ergeben waren – sie hätten nämlich beinahe den gesamten Senatorenstand ermordet. (2) Nach einem Beschluss Othos sollten Marinesoldaten Waffen an Bord laden und zu Schiff fortbringen;[50] als diese Waffen bei Einbruch der Nacht im Lager (aus dem Zeughaus) hervorgeholt wurden, vermuteten einige Soldaten einen Anschlag[51] und schlugen Alarm. Sofort liefen alle, ohne dass einer die Führung übernahm, in den Palast und forderten den Tod des Senats; nachdem sie einige Tribunen, die sich ihnen in den Weg zu stellen versuchten, zurückgeschlagen, einige auch getötet hatten, fragten sie, blutbefleckt wie sie waren, wo der Kaiser sei, drangen bis in den Speisesaal[52] vor und gaben erst Ruhe, als sie ihn gesehen hatten.[53]

(3) Voller Energie und auch allzu hastig begann Otho seinen Feldzug, ohne sich im Geringsten von religiösen Bedenken zurückhalten zu lassen und auch nicht von der Tatsache, dass die heiligen Schilde zwar bereits durch die Straßen getragen, aber noch nicht wieder (im Tempel) verwahrt worden waren,[54] was seit alters her angeblich Unglück verheißt. Und er brach gerade an dem Tag auf, an dem die Verehrer der Göttermutter ihre Trauergesänge und Wehklagen anstimmen,[55] und unter darüber hinaus weiteren äußerst ungünstigen Vorzeichen. Denn das dem Gott Pluto dargebrachte Opfertier versprach ein erfolgreiches Unternehmen, während doch bei einem solchen Opfer Eingeweide, die das Gegenteil anzeigen, die besseren sind. Außerdem wurde er zu Beginn seines Auszuges (aus Rom) durch den Tiber, der über die Ufer getreten war, aufgehalten, und beim 20. Meilenstein[56] wurde ihm sogar der Weg durch eingestürzte Gebäude versperrt.[57]

9 (1) Mit ähnlicher Unbesonnenheit beschloss er – obwohl allen klar war, dass man den Krieg in die Länge ziehen müsse, da der Feind durch Hunger und ungünstige Geländeverhältnisse[58] in Bedrängnis geraten würde[59] –, möglichst schnell eine Entscheidungsschlacht zu schlagen, sei es, weil er eine längere Zeit der Ungewissheit nicht ertragen konnte und darauf hoffte, vor der Ankunft des Vitellius die Hauptmacht besiegen zu können, sei es, weil er die Kampfeslust der Soldaten, die auf eine Schlacht drängten, nicht zügeln konnte. Doch Otho selbst nahm an keinem Treffen teil und blieb in Brixellum zurück.[60]

(2) In drei, allerdings kleinen Gefechten am Fuße der Alpen, bei Placentia und einer Ortschaft namens »Beim Kastor« [*Ad Castoris*] trug er den Sieg davon. In dem letzten und größten bei Betriacum wurde er durch eine List geschlagen. Denn nachdem ein Gespräch in Aussicht gestellt worden war, hatten die Solda-

ten, die wegen angeblicher Friedensverhandlungen aus dem Lager geführt worden waren, ganz unvermutet und in dem Augenblick, als die Begrüßung vonstattengehen sollte, kämpfen müssen.[61] (3) Sofort fasste Otho den Entschluss zu sterben, mehr, wie viele wohl zu Recht meinen, aus Rücksichtnahme – er wollte den Kampf um die Herrschaft nicht fortführen, um das Reich und die Menschen nicht noch länger so großen Gefahren auszusetzen – als aus irgendeinem Anflug von Verzweiflung oder aus fehlendem Vertrauen zu seinen Soldaten.[62] Denn die restlichen Truppen, die er bei sich behalten hatte, um eine günstige Gelegenheit nutzen zu können, waren noch immer voll einsatzfähig, andere Soldaten waren aus Dalmatien, Pannonien und Moesien auf dem Weg zu ihm, und selbst die Besiegten waren nicht so entmutigt, dass sie nicht, um ihre Schmach wiedergutzumachen, bereit gewesen wären, spontan und sogar auf sich allein gestellt jedwedes Risiko auf sich zu nehmen.[63]

10 (1) Teilnehmer an diesem Krieg war mein Vater Suetonius Laetus, und zwar in der 13. Legion im Rang eines Tribuns mit schmalem Purpurstreifen[64]. Später erzählte er immer wieder, dass Otho, auch als er noch Privatmann war, Bürgerkriege so verabscheut habe, dass es ihn schauderte, als bei einem Essen jemand den Tod des Cassius und Brutus[65] erwähnte; auch hätte er sich nicht gegen Galba erhoben, wenn er nicht darauf vertraut hätte, die Angelegenheit ohne Krieg regeln zu können. Damals nun [d. h. nach der Schlacht bei Betriacum] sei er durch das Beispiel eines einfachen Soldaten dazu gebracht worden, das Leben gering zu achten: Als dieser die Niederlage des Heeres meldete, bei niemandem Glauben fand und bald der Lüge, bald – wie wenn er aus der Schlacht geflohen wäre – der Feigheit bezichtigt wurde, stürzte er sich vor Othos Füßen in sein Schwert.[66] Bei diesem Anblick habe der Kaiser, so mein Vater, ausgerufen, er wolle so tapfere und verdienstvolle Männer nicht länger in Gefahr bringen.

(2) Also forderte er seinen Bruder, den Sohn seines Bruders[67] und seine Freunde einzeln auf, möglichst gut für sich zu sorgen; nachdem er sie umarmt und geküsst hatte, schickte er sie alle fort, zog sich zurück und verfasste zwei Schreiben, einen Trostbrief an seine Schwester und einen an Neros Witwe Messalina, die er hatte heiraten wollen, und empfahl ihr seine sterblichen Überreste und sein Andenken.[68] Seine sonstigen Briefe verbrannte er, weil durch sie niemand beim Sieger in Gefahr geraten oder Schaden nehmen sollte. Außerdem verteilte er die Gelder, die er bei sich hatte, an sein Hauspersonal.[69]

11 (1) Während er so auf den Tod vorbereitet und schon gewillt war zu sterben, war es zu Unruhen gekommen, und als er merkte, dass die Männer, die die Waffen niederlegen und das Lager verlassen wollten, als angebliche Deserteure beschimpft und festgehalten wurden, sagte er: »So wollen wir denn dem Leben noch diese eine Nacht hinzufügen.« Dies genau waren seine Worte; zugleich verbot er, irgendjemandem Gewalt anzutun. Bis spät in die Nacht ließ er die Tür zu seinem Schlafzimmer offen und empfing jeden, der zu ihm kommen wollte. (2) Dann stillte er seinen Durst mit einem Becher eiskalten Wassers, nahm zwei Dolche, prüfte bei beiden die Schärfe, verbarg einen davon unter seinem Kopfkissen, ließ die Tür schließen und schlief tief und fest. Erst gegen Morgen wachte er auf und stieß sich unterhalb der linken Brustwarze den Dolch in die Brust. Als bei seinem ersten Stöhnen die Diener in sein Zimmer drangen, hauchte er, seine Wunde mal verbergend, mal offen zeigend, sein Leben aus und wurde, da er es so verfügt hatte, umgehend bestattet.[70] Er wurde 37 Jahre alt und war 94 Tage lang Kaiser.[71]

12 (1) Einer solchen Seelengröße konnten Othos Körper oder Äußeres in keiner Weise entsprechen. Er soll nämlich nicht sehr groß, schlecht zu Fuß und krummbeinig gewesen sein, dabei aber von einer fast weiblichen Koketterie; so war er angeblich am ganzen Körper enthaart und trug wegen seines schütteren Haares ein Toupet, das so angepasst und befestigt war, dass es niemand als solches erkennen konnte; wie man erzählt, pflegte er sich sogar täglich das Gesicht zu rasieren und mit feuchtem Brot abzureiben[72]; dies habe er getan, seit sich der erste Bartflaum gezeigt hatte, um zu verhindern, dass er jemals einen Bart bekäme; an den Isis-Feierlichkeiten[73] soll er häufig in einem kultischen Gewand aus Leinen öffentlich teilgenommen haben. (2) Daher kommt es, so möchte ich meinen, dass sein Tod, der überhaupt nicht zu seinem Leben[74] passte, umso größere Bewunderung erregte. Viele der anwesenden Soldaten küssten unter heißen Tränen die Hände und Füße des Toten, priesen ihn als äußerst tapferen Mann und einzigartigen Kaiser und setzten sofort an Ort und Stelle, nicht weit vom Scheiterhaufen, ihrem Leben ein Ende;[75] auch viele der Abwesenden eilten, nachdem sie die Nachricht erreicht hatte, aus Kummer zu den Waffen und erschlugen sich gegenseitig. Schließlich bedachte ein großer Teil der Menschen, die Otho zu dessen Lebzeiten zutiefst verachtet hatte, ihn jetzt, als er tot war, mit Lobeshymnen;[76] es wurde sogar allgemein behauptet, Otho habe Galba nicht so sehr deshalb umgebracht, um selbst zu herrschen, sondern weil er die Absicht gehabt habe, die Republik und die Freiheit wiederherzustellen.

Vitellius

1 (1) Über den Ursprung der Vitellier machen die Quellen höchst unterschiedliche Angaben; die einen behaupten, dass sie einer alten vornehmen Familie entstammen, während sie nach Meinung der anderen von junger, unbekannter und sogar niederer Herkunft sind. Ich würde denken, dass die Schmeich-

ler[1] und Widersacher des Kaisers Vitellius für diesen Widerspruch verantwortlich sind, gäbe es nicht schon sehr viel früher voneinander abweichende Berichte über den Stand und Rang der Familie. (2) So ist eine kleine Schrift des Q. Elogius[2] erhalten, die Quintus Vitellius, einem Quästor des vergöttlichten Augustus,[3] gewidmet ist; in ihr ist nachzulesen, dass die Vitellier von Faunus, dem König der Aboriginer, und der Vitellia, die vielerorts als Gottheit verehrt wurde,[4] abstammten und ganz Latium beherrscht hätten; der letzte Spross[5] dieses Geschlechts sei aus dem Sabinerland nach Rom gezogen und dort unter die Patrizier aufgenommen worden. (3) Spuren des Geschlechts hätten sich lange Zeit bewahrt: die Via Vitellia, die vom Ianiculum bis zum Meer führte, sowie eine Kolonie gleichen Namens, die die Vitellier sich einst ausbedungen hatten, um sie mit ihren eigenen Leuten gegen die Aequiculer zu verteidigen; während des samnitischen Krieges hätten sich dann, als eine Schutztruppe nach Apulien entsandt wurde, einige Vitellier in Nuceria niedergelassen; deren Nachkommen seien erst lange Zeit später nach Rom zurückgekehrt und hätten wieder ihren Platz unter den Senatoren eingenommen.

2 (1) Im Gegensatz dazu nennt die Mehrzahl der Quellen einen Freigelassenen als Stammvater des Geschlechts; Cassius Severus berichtet außerdem, ebenso wie andere, dass dieser Flickschuster gewesen sei; sein Sohn sei durch das Ersteigern beschlagnahmter Güter und als Agent des Fiskus[6] zu beträchtlichem Wohlstand gelangt und habe mit einer Prostituierten, der Tochter eines gewissen Antiochus, der das Bäckerhandwerk betrieb, einen Sohn gezeugt, der römischer Ritter geworden sei. Doch lassen wir diese Widersprüche auf sich beruhen. (2) P. Vitellius aber, der aus Nuceria stammte, mag er nun der Spross einer alten Familie gewesen sein oder Eltern und Großeltern gehabt haben, derer er sich schämen musste, war jedenfalls römischer Ritter und Vermögensverwalter des Augustus;

er hatte vier Söhne, die Spitzenpositionen erreichten, denselben Beinamen trugen und sich nur durch ihre Vornamen unterschieden: Aulus, Quintus, Publius und Lucius. Aulus starb während seines Konsulats, das er zusammen mit Domitius, dem Vater des Kaisers Nero, angetreten hatte,[7] legte allgemein großen Wert auf Luxus und war durch seine pompösen Bankette berühmt. Quintus verlor seinen senatorischen Rang, da auf Betreiben des Tiberius beschlossen worden war, weniger geeignete Senatoren auszusondern und aus dem Gremium zu entfernen.[8] (3) Publius gehörte zum Gefolge des Germanicus,[9] verklagte dessen Feind und Mörder Cn. Piso und erreichte seine Verurteilung;[10] nach der Bekleidung der Prätur wurde er als einer der Komplizen des Seianus festgenommen, seinem Bruder in Gewahrsam[11] gegeben und schnitt sich mit einem Federmesser die Adern auf; weniger aus Reue über den Selbstmordversuch als aus Nachgiebigkeit gegenüber den flehentlichen Bitten der Seinen ließ er sich verbinden und behandeln und starb später, noch immer in dieser Haft, an einer Krankheit. (4) Lucius wurde gleich nach seinem Konsulat Statthalter von Syrien[12] und brachte mit höchst ausgeklügelten Mitteln der Diplomatie Artabanos, den König der Parther, dazu, sich nicht nur zu einer persönlichen Unterredung einzufinden, sondern auch den Feldzeichen der Legionen seine Reverenz zu erweisen.[13] Später bekleidete er zusammen mit Kaiser Claudius außerdem zwei ordentliche Konsulate und die Zensur.[14] Während dessen Abwesenheit anlässlich des britannischen Feldzuges[15] führte er auch die Regierungsgeschäfte. Er war ein rechtschaffener und tüchtiger Mann, aber sehr übel beleumdet wegen seiner Liebe zu einer Freigelassenen; ihren mit Honig vermischten Speichel verwendete er nicht etwa heimlich oder hin und wieder, sondern täglich und in aller Öffentlichkeit als Heilmittel gegen sein Rachenleiden. (5) Derselbe Mann besaß ein erstaunliches Talent zum Schmeicheln[16] und begann als

Erster damit, C. Caesar [Caligula] als Gott zu verehren; denn nach seiner Rückkehr aus Syrien wagte er sich ihm nur mit verhülltem Kopf zu nähern, wobei er sich umwandte und dann zu Boden warf.[17] Um sich bei Claudius, der seinen Frauen und Freigelassenen hörig war,[18] mit allen nur erdenklichen Mitteln beliebt zu machen, erbat er sich von Messalina als besondere Gunst, ihr die Schuhe ausziehen zu dürfen; danach trug er ihren rechten Schuh zwischen Tunika und Toga ständig bei sich, und bisweilen küsste er ihn. Er verehrte auch goldene Bildnisse des Narcissus und des Pallas[19] zusammen mit seinen Laren. Von ihm stammt ferner die Äußerung: »Mögest du sie noch oft begehen«; mit ihr beglückwünschte er Claudius, als dieser die Säkularspiele veranstaltete.[20]

3 (1) Er starb an einem Schlaganfall, den er tags zuvor erlitten hatte, und hinterließ zwei Söhne, die ihm Sestilia, eine sehr geachtete Frau aus guter Familie,[21] geboren hatte und die er noch als Konsuln erleben durfte, und zwar für die ganze Länge ein und desselben Jahres,[22] da der jüngere in den zweiten sechs Monaten der Nachfolger des älteren war. Den Verstorbenen ehrte der Senat mit einem Staatsbegräbnis und mit einer Statue vor den Rostren mit folgender Inschrift: VON UNERSCHÜTTERLICHER TREUE GEGENÜBER DEM PRINZEPS.

(2) Der Kaiser A. Vitellius, Sohn des Lucius, wurde am 24. September oder, nach anderen Quellen, am 7. September im Konsulat des Drusus Caesar und des Norbanus Flaccus geboren.[23] Das von den Astrologen bei seiner Geburt erstellte Horoskop erfüllte die Eltern mit solchem Entsetzen, dass der Vater sich stets nach Kräften dafür einsetzte, dass Aulus – zumindest nicht zu seinen Lebzeiten – die Verwaltung einer Provinz übertragen wurde, und dass ihn seine Mutter, als er ein Legionskommando erhielt und zum Kaiser ausgerufen wurde, sogleich als einen verlorenen Mann beklagte. Seine Kindheit und frühe Jugend verbrachte er auf Capri unter den Lustkna-

ben des Tiberius[24], und er wurde für immer mit dem Beinamen »Spintria«[25] gebrandmarkt; angeblich hatte der Vater den Beginn seiner Karriere sowie seine Beförderungen den körperlichen Reizen seines Sohnes zu verdanken.[26]

4 Auch in der Folgezeit ließ er sich alle möglichen Schändlichkeiten zuschulden kommen und erlangte dadurch am Hof eine bedeutende Position; mit Gaius [Caligula] teilte er die Leidenschaft fürs Wagenlenken[27], mit Claudius die fürs Würfelspiel[28], und mit beiden war er eng befreundet; bei Nero war er jedoch noch viel beliebter,[29] einmal aus all diesen Gründen, vor allem aber wegen eines besonderen Verdienstes anlässlich der Neronischen Spiele[30], bei denen er den Vorsitz führte:[31] Der Kaiser wollte sich sehr gern mit den Kitharöden[32] messen, hatte aber trotz allseitigen Drängens nicht den Mut zu einem Auftritt und daher das Theater verlassen. Vitellius aber hatte ihn, angeblich im Auftrag des auf seiner Forderung beharrenden Volkes, zurückgerufen und ihm so die Möglichkeit geboten, den Bitten des Publikums zu entsprechen.[33]

5 So wurde er durch die Gunst dreier Kaiser[34] nicht nur mit den höchsten Ehrenämtern[35], sondern auch mit den bedeutendsten Priesterstellen ausgezeichnet, verwaltete das Prokonsulat von Afrika[36] und führte danach die Oberaufsicht über die öffentlichen Bauten[37]; dabei zeigte er sich unterschiedlich engagiert, und entsprechend unterschiedlich war auch das Urteil über ihn. In der Provinz bewies er zwei Jahre hindurch – er war nämlich seinem Bruder, der sein Nachfolger wurde, als Legat unterstellt – eine einzigartige Uneigennützigkeit.[38] Im städtischen Amt aber soll er Weihgeschenke und Schmuckgegenstände aus den Tempeln gestohlen oder ausgetauscht und Gold und Silber durch Zinn und Messing ersetzt haben.

6 Verheiratet war er mit Petronia, der Tochter eines Konsularen[39]; von ihr hatte er einen Sohn, Petronianus,[40] der auf einem Auge blind war. Ihn hatte die Mutter unter der Bedingung zum Erben eingesetzt, dass er aus der väterlichen Gewalt[41] entlassen würde. Daher erklärte Vitellius ihn für mündig und tötete ihn angeblich kurze Zeit später; darüber hinaus beschuldigte er ihn, dass er ihm nach dem Leben getrachtet und dann aus schlechtem Gewissen das für dieses verbrecherische Vorhaben bereitgehaltene Gift selbst getrunken habe. Kurz darauf heiratete er Galeria Fundana, die Tochter eines ehemaligen Prätors, und hatte auch von ihr Kinder beiderlei Geschlechts, wobei der Sohn aufgrund eines Sprachfehlers fast völlig stumm war.[42]

7 (1) Von Galba wurde Vitellius gänzlich überraschend ins untere Germanien entsandt.[43] Dies hatte er, so glaubt man, der Fürsprache des T. Vinius[44] zu verdanken, eines damals höchst einflussreichen Mannes, mit dem er schon seit Langem verbunden war, da sie beide Fans der Partei der Blauen[45] waren. Weil aber Galba offen aussprach, dass niemand weniger zu fürchten sei als diejenigen, die nur ans Essen dächten, und dass Vitellius' unersättlicher Schlund mit dem Reichtum der Provinz gestopft werden könne, war jedem klar, dass dessen Wahl mehr aus Verachtung als aus Sympathie erfolgt war. (2) Wie hinreichend feststeht, fehlte es ihm bei seinem Aufbruch an Reisegeld, und er war so knapp bei Kasse, dass er seine Frau und Kinder, die er in Rom zurückließ, in eine Mietwohnung verbannte, sein Haus für den Rest des Jahres verpachtete und eine Perle, die er vom Ohr der Mutter [Sestilia] genommen hatte, verpfändete, um die Kosten für die Reise aufbringen zu können. Die Menge der Gläubiger, die ihn erwartete und zurückhalten wollte,[46] darunter die Bewohner von Sinuessa und Formiae, deren Steuereinkünfte er unterschlagen hatte,[47] konnte er nur dadurch auf Distanz halten, dass er sie durch die Androhung falscher Anklagen in Schrecken versetzte; denn gegen einen Freigelassenen, der das ihm geschuldete Geld allzu heftig zurückforderte, hatte er eine Anklage wegen Beleidi-

gung erhoben – angeblich hatte er ihm einen Fußtritt versetzt – und sie erst wieder zurückgenommen, nachdem er ihm 50 000 Sesterzen abgepresst hatte.

(3) Bei seiner Ankunft empfing ihn das Heer, das dem Prinzeps [Galba] feindlich gesinnt war[48] und auf Umsturz sann, freudig und mit offenen Armen, so als sei dieser Mann, dessen Vater dreimal Konsul war,[49] der im besten Mannesalter stand[50] und ein umgängliches und großzügiges Wesen hatte, ein Geschenk der Götter. Diesen seinen früheren guten Ruf hatte Vitellius durch Beweise aus jüngster Vergangenheit sogar noch gesteigert, indem er überall unterwegs auch die einfachen Soldaten, die ihm begegneten, küsste und sich in den Ställen und Unterkünften gegenüber den Maultiertreibern und Reisenden über die Maßen freundlich zeigte: So fragte er morgens jeden Einzelnen, ob er bereits gefrühstückt habe, und bewies durch einen Rülpser, dass er selbst es schon getan hatte.

8 (1) Nachdem er aber im Lager Einzug gehalten hatte, erteilte er niemandem, der etwas von ihm wollte, eine Absage, befreite sogar aus freien Stücken diejenigen, die eine Ehrenstrafe erhalten hatten, von ihrem Stigma, nahm den Angeklagten ihre Lumpen[51] und erließ den bereits Verurteilten die Strafe.[52] Daher war kaum ein Monat vergangen, als er plötzlich, ohne Rücksicht auf Tag[53] oder Stunde – es war schon Abend –, so wie er war, in Hauskleidung, von den Soldaten aus seinem Schlafzimmer entführt, von allen als Kaiser begrüßt[54] und durch die belebtesten Straßen (von Colonia Agrippinensis) getragen wurde;[55] dabei hielt er das blanke Schwert des vergöttlichten Iulius [Caesar] in Händen, das jemand aus dem Mars-Heiligtum geholt und ihm bei der ersten Gratulation überreicht hatte. (2) Und er kehrte erst wieder ins Hauptquartier zurück, als das Speisezimmer durch den Kamin Feuer gefangen hatte. Doch als alle bestürzt und wegen des vermeintlich ungünstigen Vorzeichens voller Angst waren, sprach er: »Seid guten

Mutes! Es leuchtet für uns.« Sonst sagte er nichts zu seinen Soldaten. Als sich ihm dann auch das Heer der oberen Provinz anschloss, das vorher von Galba abgefallen war und den Eid auf den Senat geleistet hatte,[56] nahm er den Beinamen Germanicus, der ihm von allen angetragen wurde, sehr gerne an, den Beinamen Augustus lehnte er vorläufig, den Beinamen Caesar für alle Zeiten ab.[57]

9 Und gleich nachdem er von der Ermordung Galbas erfahren[58] und die Angelegenheiten in Germanien geordnet hatte, teilte er die Truppen in zwei Abteilungen, in eine, die er gegen Otho[59] vorausschicken, und in eine, die er selbst (nach Italien) führen wollte.[60] Dem vorausgesandten Heer wurde ein günstiges Vorzeichen zuteil: Von rechts kam nämlich plötzlich ein Adler herbeigeflogen, umkreiste die Feldzeichen und flog, den Marsch der Kolonne begleitend, langsam voraus.[61] Bei seinem eigenen Aufbruch aber stürzten die Reiterstandbilder, die ihm zu Ehren an vielen Orten errichtet wurden, allesamt zu Boden, da ihnen unversehens die Beine wegbrachen, und der Lorbeerkranz, den er sich unter peinlicher Beachtung aller religiösen Vorschriften aufgesetzt hatte, fiel in einen Fluss; als er später in Vienna vom Tribunal aus Recht sprach, setzte sich ein Hahn zuerst auf seine Schulter und dann auf seinen Kopf.[62] Diese Vorzeichen standen im Einklang mit dem, was später geschah; die Herrschaft nämlich, die ihm seine Legaten[63] gesichert hatten, konnte er aus eigener Kraft nicht behaupten.[64]

10 (1) Vom Sieg bei Betriacum[65] und vom Tod Othos[66] hörte er, als er noch in Gallien war, und unverzüglich entließ er wegen des äußerst schlechten Beispiels, das sie gegeben hätten,[67] durch ein einziges Edikt sämtliche Kohorten der Prätorianer und befahl ihnen, den Tribunen ihre Waffen auszuhändigen. 120 Männer aber, deren an Otho gerichteten Petitionen er gefunden hatte, in denen sie eine Belohnung für ihre bei der Ermordung Galbas geleisteten Dienste forderten, ließ er ausfindig machen und hinrichten;[68] eine durchaus vorzügliche und großartige Aktion, die auf einen ausgezeichneten Kaiser hätte hoffen lassen, wenn nicht alle seine sonstigen Handlungen mehr seinem Wesen und seinem früheren Lebenswandel als der Würde seines kaiserlichen Amtes entsprochen hätten. (2) Denn nachdem er sich in Marsch gesetzt hatte,[69] zog er wie ein Triumphator mitten durch die Städte und befuhr mit Luxusbooten, die mit bunten Kränzen geschmückt und mit Unmengen von Nahrungsmitteln ausgestattet waren, die Flüsse; seine Dienerschaft oder Soldaten ließen jegliche Disziplin vermissen, und er selbst zog die Plünderungen und Dreistigkeiten aller seiner Leute ins Spaßige, wenn sie, nicht zufrieden mit der Verpflegung, die ihnen überall auf Staatskosten zur Verfügung gestellt wurde,[70] Sklaven nach Belieben die Freiheit schenkten und diejenigen, die sich ihnen widersetzten, auspeitschten und verprügelten, häufig verletzten und manchmal auch töteten. (3) Und als er die Ebenen, in denen gekämpft worden war, betrat, hatte er die Stirn, manche Soldaten, die sich vor den verwesenden Leichen[71] ekelten, mit einer verabscheuungswürdigen Äußerung Mut zuzusprechen: Ein getöteter Feind rieche sehr gut, ein getöteter Mitbürger noch besser. Trotzdem trank er, um den furchtbaren Gestank ertragen zu können, vor aller Augen eine große Menge unvermischten Wein[72] und ließ auch an seine Soldaten Wein verteilen. Mit gleicher Selbstgefälligkeit und Unverschämtheit sagte er bei der Betrachtung eines Steins, der eine dem Andenken Othos gewidmete Inschrift trug[73], Otho sei dieses Mausoleums[74] würdig, und schickte den Dolch, mit dem dieser sich umgebracht hatte, nach Colonia Agrippinensis, um ihn Mars weihen zu lassen.[75] Auf den Höhen des Apennins feierte er sogar ein nächtliches Fest.

11 (1) Schließlich hielt er unter Trompetenklang Einzug in Rom,[76] im Feldherrnmantel, das Schwert an der Seite, umge-

ben von Feldzeichen und Standarten, wobei seine Begleiter den Militärmantel trugen und die Soldaten mit gezückten Waffen einher marschierten.[77]

(2) In der Folgezeit setzte er sich mehr und mehr über alles göttliche und menschliche Recht hinweg, trat am Jahrestag der Schlacht an der Allia[78] das höchste Priesteramt an,[79] ließ die Magistrate für zehn Jahre im Voraus wählen[80] und machte sich selbst zum Konsul auf Lebenszeit. Und um niemanden darüber im Zweifel zu lassen, wen er sich bei der Regierung des Staates zum Vorbild wählen wollte, brachte er mitten auf dem Marsfeld in Gegenwart zahlreicher staatlicher Priester ein Totenopfer für Nero dar[81] und forderte bei dem Festmahl einen Kitharöden[82], der ihm gefiel, öffentlich dazu auf, auch etwas aus dem *Dominicus*[83] zu rezitieren; er war auch der Erste, der, als dieser die neronischen Gesänge anstimmte, aufsprang und ihm Beifall spendete.[84]

12 Nach solchen Anfängen führte er einen großen Teil seiner Regierungsgeschäfte nur nach den Ratschlägen und Launen gerade der verächtlichsten Schauspieler und Wagenlenker[85] und insbesondere des Freigelassenen Asiaticus. Ihn hatte er als sehr jungen Burschen sexuell missbraucht; Asiaticus hatte später aus Abscheu das Weite gesucht, doch Vitellius griff ihn, als er in Puteoli Limonade[86] verkaufte, wieder auf, ließ ihn in Fesseln legen, gleich darauf aber wieder freisetzen und machte ihn abermals zu seinem Geliebten. Weil er sich dann erneut über dessen allzu trotziges und diebisches Wesen ärgerte, verkaufte er ihn an einen umherziehenden Fechtmeister[87]. Doch als er am Ende eines Gladiatorenwettkampfs auftreten sollte, ließ er ihn plötzlich entführen, gab ihm aber erst, nachdem er zum Provinzstatthalter (von Afrika) bestellt worden war, die Freiheit; am ersten Tag seiner Regierung beschenkte er ihn bei einem Essen mit dem goldenen Ring[88], obwohl er noch morgens, als alle diese Gunst für ihn erbaten, eine solche

Schande für den Ritterstand ganz entschieden abgelehnt hatte.[89]

13 (1) Er zeichnete sich jedoch besonders durch seine Genusssucht[90] und Grausamkeit aus und nahm immer drei, manchmal auch vier Mahlzeiten zu sich: Frühstück, Mittagessen, Abendessen, gefolgt von einem Gelage;[91] und das alles schaffte er leicht, weil er die Gewohnheit hatte, alles wieder zu erbrechen.[92] An ein und demselben Tag pflegte er sich bei verschiedenen Leuten zu Tisch anzusagen, und niemanden kostete der Aufwand für ein einzelnes Essen weniger als 400 000 Sesterzen. (2) In aller Munde war vor allem ein Bankett, das ihm anlässlich seiner Ankunft in Rom von seinem Bruder gegeben wurde; dabei wurden angeblich 2000 der erlesensten Fische und 7000 Vögel aufgetischt. Doch auch dieses stellte er selbst noch durch die Weihung einer Schale in den Schatten, die er wegen ihrer gewaltigen Ausmaße als Schild der stadtbeschirmenden[93] Minerva zu bezeichnen pflegte.[94] In dieser Schale ließ er die Lebern von Papageienfischen, die Hirne von Fasanen und Pfauen, die Zungen von Flamingos und die Milch von Muränen vermischen, die von seinen Kapitänen und Dreiruderern von Parthien bis zur spanischen Meerenge [die Straße von Gibraltar] herangeschafft worden waren.[95] (3) Die Gier dieses Mannes war nicht nur unersättlich, sondern auch allgegenwärtig und schamlos. So konnte er sich niemals, nicht einmal bei einem Opfer oder einer Reise, beherrschen, sondern verschlang die Fleischstücke und Opferkuchen, die er fast aus dem Feuer gerissen hatte, sofort an Ort und Stelle, noch vor den Altären, und in den Wirtshäusern der Landstraßen stopfte er noch dampfende oder vom Vortag stammende und halbverzehrte Speisen in sich hinein.

14 (1) Stets dazu bereit, jedermann aus jedwedem Grund zu töten und zu foltern, brachte er Männer aus dem Adel, seine Mitschüler und Altersgenossen, die er durch alle möglichen

Schmeicheleien an den Hof gelockt und fast zu Teilhabern seiner Herrschaft gemacht hatte, auf verschiedene Weise heimtückisch ums Leben; einen von ihnen mit Gift, das er ihm eigenhändig in einem Trunk kalten Wassers gereicht hatte, um den dieser bei einem Fieberanfall gebeten hatte.[96] (2) Außerdem verschonte er kaum einen der Geldverleiher, Gläubiger und Steuerpächter, die von ihm jemals in Rom die Begleichung einer Schuld oder unterwegs die Zahlung eines Wegezolls gefordert hatten. Einen von ihnen ließ er, als er ihm gerade seine Aufwartung machen wollte, zur Hinrichtung abführen, aber sofort wieder zurückrufen; als dann alle seine Milde lobten, gab er den Befehl, ihn vor seinen Augen zu töten, wobei er sagte, er wolle sich einen Augenschmaus bereiten. Die beiden Söhne eines anderen Mannes mussten zusammen mit diesem sterben, da sie es gewagt hatten, für ihren Vater um Gnade zu bitten. (3) Weil ein römischer Ritter, als er zur Richtstätte geführt wurde, ausrief: »Du bist doch mein Erbe!«, zwang er ihn, das Testament vorzulegen; und als er las, dass ein Freigelassener des Betreffenden zu seinem Miterben eingesetzt war, befahl er, ihm zusammen mit dem Freigelassenen die Kehle durchzuschneiden. Auch einige Leute aus dem Volk ließ er nur deswegen umbringen, weil sie über die Partei der Blauen[97] lautstark hergefallen waren; er glaubte nämlich, dass sie sich dazu erdreistet hatten, weil sie ihn verachteten und auf einen Umsturz hofften. (4) Niemanden jedoch hasste er mehr als die Witzbolde und Astrologen; sobald jemand angezeigt wurde, verurteilte er ihn ohne Anhörung zum Tode, verbittert darüber, dass nach seinem Erlass, in dem er verfügt hatte, dass die Astrologen vor dem 1. Oktober Rom und Italien zu verlassen hätten,[98] sogleich ein Anschlag auftauchte, auf dem zu lesen war: Auch die Chaldäer geben bekannt: »Von Amts wegen![99] Bis zu eben diesem 1. Oktober wird Vitellius Germanicus[100] nirgendwo mehr sein!«[101] (5) Er stand auch in Verdacht, am Tod seiner Mutter beteiligt gewesen zu sein, weil er, wie es hieß, verhindert hatte, dass man sie, als sie krank war, mit Nahrung versorgte; denn eine Frau aus dem Volk der Chatten, der er wie einem Orakel vertraute, hatte prophezeit, dass er erst dann ungefährdet auf sehr lange Zeit herrschen werde, wenn er seine Mutter überlebt habe. Wie andere überliefern, hatte sie selbst aus Ekel vor der Gegenwart und Furcht vor der Zukunft von ihrem Sohn Gift verlangt und es auch problemlos bekommen.[102]

15 (1) Im achten Monat seiner Herrschaft fielen die Heere in den moesischen Provinzen und Pannonien von ihm ab und von den überseeischen diejenigen, die in Judäa und Syrien ihren Dienst versahen, und leisteten ihren Treueid auf Vespasian, teils in dessen Abwesenheit, teils vor ihm persönlich.[103] Um sich daher wenigstens die Sympathie und die Gunst der anderen Soldaten zu erhalten, verteilte er auf Staatskosten und aus seinem Privatvermögen völlig übertriebene Geschenke. So führte er auch eine Aushebung in Rom durch,[104] bei der er den Freiwilligen versprach, sie nach dem Sieg nicht nur zu entlassen, sondern ihnen auch die Vorteile, die den Veteranen nach einem regulären Kriegsdienst[105] zustanden, zu gewähren. (2) Als er dann zu Wasser und zu Lande vom Feind heftig bedrängt wurde, stellte er ihm zum einen seinen Bruder mit einer Flotte, bemannt mit Rekruten und einem Trupp Gladiatoren, entgegen,[106] zum anderen die Armee und Generäle von Betriacum;[107] und nachdem er an allen Fronten entweder besiegt oder verraten worden war,[108] ließ er sich von Flavius Sabinus, Vespasians Bruder, sein Leben und 100 Millionen Sesterzen garantieren.[109] Und umgehend erklärte er auf den Stufen des Palasts vor seinen zahlreich versammelten Soldaten, dass er die Regierung, die er gegen seinen Willen übernommen habe, niederlege; doch als sich allgemeiner Protest erhob, verschob er die Sache. Er ließ eine Nacht verstreichen, stieg im ersten Morgengrauen in Trauerkleidung zu den Rostren hinunter und wiederholte unter vielen Tränen dieselbe Erklärung, die er diesmal aber ablas.[110] (3) Als die Soldaten und das Volk wiederum Einspruch erhoben, ihn aufforderten, nicht aufzugeben, und ihm um die Wette ihre uneingeschränkte Unterstützung zusicherten, fasste er wieder Mut, ließ plötzlich Sabinus und die übrigen Flavianer, die mit keinen Feindseligkeiten mehr rechneten, überfallen und auf dem Kapitol zusammentreiben, wo man sie, indem man den Tempel des Iuppiter Optimus Maximus in Brand steckte, überwältigte.[111] Er selbst speiste im Haus des Tiberius und schaute von dort dem Kampf und dem Feuer zu. Kurz darauf bereute er seine Tat, versuchte, die Schuld auf andere abzuschieben, berief eine Versammlung ein, schwor, dass ihm nichts wichtiger sei als die öffentliche Ruhe, und zwang auch die anderen zu diesem Schwur. (4) Dann löste er den Dolch[112] von der Seite, reichte ihn zuerst dem Konsul[113] dar, dann, weil jener ihn ablehnte, den Amtsträgern und anschließend den einzelnen Senatoren; weil niemand ihn annahm, entfernte er sich unter dem Vorwand, ihn im Concordia-Tempel zu deponieren.[114] Als jedoch einige Leute ihm zuriefen, er selbst sei die Concordia[115], kehrte er zurück und versicherte, dass er nicht nur den Dolch behalten, sondern auch den Beinamen Concordia annehmen wolle.

16 Und dem Senat gab er den Rat, eine Delegation in Begleitung der Vestalinnen zu entsenden, die um Frieden oder wenigstens um eine Frist für Beratungen nachsuchen sollte.[116] Tags darauf, als er auf eine Antwort wartete, wurde ihm durch einen Kundschafter das Anrücken der Feinde gemeldet. Also begab er sich sofort, in einer Sänfte verborgen und nur von zwei Männern – einem Bäcker und einem Koch – begleitet, heimlich auf den Aventin zum Haus seines Vaters, weil er von dort nach Kampanien fliehen wollte.[117] Später ließ er sich aufgrund des vagen und unsicheren Gerüchts, dass der Frieden bewilligt worden sei, in den Palast zurücktragen. Als er dort alles verlassen vorfand und sich auch seine Begleiter aus dem Staub machten, schnallte er sich einen mit Goldstücken gefüllten Gürtel um und flüchtete sich in die Kammer des Pförtners; vor der Tür band er einen Hund an und verbarrikadierte die Tür von innen mit einem Bett und einer Matratze.[118]

17 (1) Schon waren Soldaten der Vorhut in den Palast eingedrungen und durchsuchten, da sich ihnen niemand in den Weg stellte, wie üblich die einzelnen Räume. Sie zerrten ihn aus seinem Versteck, und als sie fragten, wer er sei – sie kannten ihn nämlich nicht – und ob er wisse, wo sich Vitellius befinde, täuschte er sie zunächst durch falsche Angaben. Nachdem man ihn erkannt hatte, bat er immer wieder darum, ihn einstweilen – und sei es auch in einem Kerker – in Gewahrsam zu halten, weil er angeblich einiges, das Leben Vespasians betreffend, sagen könne; schließlich wurde er, die Hände auf den Rücken gefesselt, mit einem Strick um den Hals und mit zerrissenen Kleidern halbnackt aufs Forum geschleppt, wobei er die ganze Via Sacra entlang schlimme Misshandlungen und Verhöhnungen über sich ergehen lassen musste; man zog ihm, wie bei Verbrechern üblich, an den Haaren den Kopf nach hinten und hielt ihm die Spitze eines Schwertes unter das Kinn, so dass er sein Gesicht zeigen musste und es nicht senken konnte.[119] (2) Von einigen Leuten wurde er mit Mist und Unrat beworfen, andere beschimpften ihn als Brandstifter[120] und Fresssack[121], ein Teil des Pöbels hänselte ihn sogar wegen seiner körperlichen Gebrechen; er war nämlich ungewöhnlich groß, sein Gesicht infolge seiner Trunksucht meist tiefrot und sein Bauch sehr dick; das eine Bein zog er etwas nach, seit er von einem Viergespann angefahren worden war; zu diesem Unfall war es gekommen, als er Gaius [Caligula] bei einem Wagenrennen zu Diensten war[122]. Schließlich wurde er bei den Gemonien mit ganz kleinen Stichen zu Tode gemartert und dann an einem Haken in den Tiber geschleift.[123]

18 Er starb in seinem 57. Lebensjahr,[124] zusammen mit seinem Bruder und seinem Sohn[125]; und so bestätigte sich die Interpretation derer, die bei dem Vorzeichen, das ihm, wie oben berichtet,[126] in Vienna zuteilwurde, vorausgesagt hatten, dass dies nichts anderes besage, als dass er einem Mann von gallischer Herkunft in die Hände fallen werde. Er wurde nämlich von Antonius Primus, einem Feldherrn der gegnerischen Partei getötet, der, in Tolosa geboren, in seiner Kindheit den Beinamen Becco gehabt hatte, was so viel wie »Hahnenschnabel« bedeutet.[127]

8. BUCH
Der göttliche Vespasian · Der göttliche Titus · Domitian

Der göttliche Vespasian

1 (1) Lange war durch die bewaffnete Revolte und die Ermordung dreier Kaiser die Herrschaft umstritten und sozusagen schwankend gewesen; da übernahm sie die *gens* Flavia und stellte sie endlich auf eine feste Grundlage. Die Anfänge dieses Geschlechtes lagen zwar im Dunkeln, und dazu fehlte es ihm noch an Ahnenbildern, aber dennoch sollte das Gemeinwesen sich seiner nicht schämen müssen, wenn auch bekannt ist, dass Domitian für seine Habgier und Grausamkeit zu Recht gebüßt hat.

(2) T. Flavius Petro stammt aus der Landstadt Reate. Während des Bürgerkrieges war er Zenturio oder Evocatus[1] auf der Seite des Pompeius gewesen, bei Pharsalos stahl er sich davon und lief nach Hause, wo er, nachdem man ihm verziehen und ihn ehrenhaft entlassen hatte, damit beschäftigt war, die Gelder von Versteigerungen einzutreiben. Sein Sohn, mit dem Beinamen Sabinus, hat nicht gedient, wenn auch einige berichten, er sei Primipilar[2] gewesen, einige, er habe ein Kommando gehabt, bis er aus Gesundheitsgründen vom Fahneneid entbunden worden sei. In der Provinz Asia trieb er als Steuereinnehmer den Vierzigsten[3] ein. Davon zeugen auch heute noch Statuen, die ihm Bürgerschaften aufgestellt haben, mit folgender Basisaufschrift: ΚΑΛΩΣ ΤΕΛΩΝΗΣΑΝΤΙ [»DEM RECHTSCHAFFENEN ZÖLLNER«]. (3) Später machte er bei den Helvetiern seinen Reibach mit dem Verleihen von Geld; dort ist er auch gestorben. Er hinterließ seine Gattin Vespasia Polla und

zwei gemeinsame Kinder. Der ältere Sohn, Sabinus, brachte es bis zum Stadtpräfekten, der jüngere, Vespasian, bis zum Kaiser. Polla stammte aus einer vornehmen Familie in Nursia. Zum Vater hatte sie den dreimaligen Militärtribunen und Lagerpräfekten Vespasius Pollio, zum Bruder einen Senator im Rang eines Prätors. Kommt man von Nursia nach Spoletium, so liegt beim sechsten Meilenstein[4] auf einer Bergspitze ferner ein Ort, der Vespasiae heißt; dort stehen noch einige Denkmäler der Vespasier, ein wichtiger Hinweis auf Ansehen und Alter der Familie. (4) Ich will nicht leugnen, dass einige wiederholt erwähnen, dass der Vater des Petro aus der Transpadana sein Geld mit der Vermietung von Arbeitern verdient habe, die jedes Jahr von Umbrien ins Sabinerland ziehen, um landwirtschaftliche Arbeiten zu verrichten; er habe sich in Reate niedergelassen und dort auch geheiratet. Davon habe ich nicht einmal ein Anzeichen finden können, obwohl ich recht sorgfältig nachgeforscht habe.

2 (1) Vespasian ist in Falacrinae, einem nicht allzu großen Dorf oberhalb von Reate im Sabinerland, am Abend des 17. November unter dem Konsulat des Q. Sulpicius Camerinus und des C. Poppaeus Sabinus [9 n. Chr.] geboren worden, fünf Jahre vor dem Tod des Augustus. Erzogen wurde er unter der Leitung von Tertulla, seiner Großmutter väterlicherseits, auf den Landgütern bei Cosa. Deshalb hat er den Ort, an dem seine Wiege stand, auch noch als Kaiser regelmäßig aufgesucht, und das Landhaus blieb im Zustand von damals, damit nämlich der vertraute Anblick fortbestände. Überdies pflegte er die Erinnerung an seine Großmutter so sehr, dass er an Feier- und Festtagen darauf beharrte, auch aus ihrem silbernen Becher zu trinken.

(2) Nachdem er die Männertoga[5] angelegt hatte, verschmähte er noch lange die breit gestreifte Tunika [Standesabzeichen der Senatoren], obwohl sein Bruder sie bereits erlangt hatte.

Nur durch seine Mutter konnte er bewegt werden, sie endlich zu erstreben. Dazu hat sie ihn zuletzt mehr durch Schelten als durch Bitten oder ihre mütterliche Autorität gebracht, indem sie ihn wiederholt in Schmähreden den Lakaien seines Bruders nannte.

(3) Militärtribun war er in Thrakien. Als Quästor fielen ihm durch Los Kreta und Kyrene als Provinz zu. Dann bewarb er sich um das Amt des Ädilen und bald darauf auch um die Prätur. Ädil ist er erst nach einer Zurückweisung seiner Bewerbung geworden, und auch dann kam er nur mit knapper Not auf den sechsten Platz. Prätor wurde er gleich beim ersten Anlauf und war auch unter den Ersten. Um Gaius [Caligula], dem der Senat verhasst war, auf jede nur denkbare Art und Weise für sich zu gewinnen, forderte er als Prätor für dessen Sieg in Germanien[6] außerordentliche Spiele, ferner beantragte er, die Strafe für die Verschwörer dadurch zu verschärfen, dass man sie unbeerdigt liegen lasse. Dem Caligula sagte er zudem vor dem hohen Hause des Senats dafür Dank, dass er ihn für würdig befunden habe, mit ihm zu speisen.

3 In diesen Jahren heiratete er Flavia Domitilla, die ehemalige Geliebte des römischen Ritters Statilius Capella aus Sabrata in Afrika; sie besaß nur das latinische Bürgerrecht. Aber später wurde sie in einem Verfahren vor den Rekuperatoren[7] für freigeboren und zur römischen Bürgerin erklärt. Denn Flavius Liberalis aus Ferentium, der nur der Schreiber eines Quästors war, trat für sie als Vater ein. Mit ihr hatte Vespasian drei Kinder: Titus, Domitian und Domitilla. Er überlebte Gattin und Tochter; beide verlor er, als er noch Privatmann war. Nach dem Tod seiner Gattin lebte er mit seiner einstigen Geliebten Caenis[8], einer Freigelassenen und Sekretärin der (jüngeren) Antonia, in wilder Ehe zusammen, und sie nahm fast den Platz einer rechtmäßigen Gattin ein, auch als er Kaiser war.

4 (1) Als Claudius Kaiser war, machte Narcissus[9] seinen Einfluss geltend, und man schickte Vespasian als Legionslegat nach Germanien; von dort wurde er nach Britannien versetzt, wo er in 30 Kämpfen mit dem Feind zusammenstieß. Er unterwarf zwei sehr starke Volksstämme, ferner 20 Städte und die Insel Vectis, die ganz nahe bei Britannien liegt; teils hatte hierbei der Konsularlegat Aulus Plautus, teils Claudius selbst das Kommando. (2) Deshalb erhielt er die Triumphabzeichen[10] und in kurzer Folge gleich zwei Priesterämter, außerdem machte man ihn für die letzten zwei Monate des Jahres zum Konsul. Die Zeit bis zum Prokonsulat brachte er in Muße und Zurückgezogenheit zu; denn er hatte Angst vor (Iulia) Agrippina, die immer noch bei ihrem Sohn viel bewirken konnte und voller Hass auf seinen Freund Narcissus war, auch noch nach dessen Tod.

(3) Schließlich fiel ihm durchs Los Afrika zu; dieses verwaltete er völlig uneigennützig und nicht ohne große Anerkennung für sein Tun zu finden, sieht man einmal davon ab, dass bei einem Aufstand in Hadrumetum Rüben nach ihm geworfen wurden. Jedenfalls kehrte er heim, ohne sich um einen Pfennig bereichert zu haben, so dass er, da fast schon seine Kreditwürdigkeit in Zweifel gezogen wurde, alle seine Güter dem Bruder verpfänden und sich notgedrungen auf Geschäfte in der Art zwielichtiger Händler einlassen musste, um seine Stellung zu behaupten. Deswegen nannte ihn der Volksmund »Maultiertreiber«. Auch soll er überführt worden sein, einem Jüngling 200 000 Sesterzen abgepresst zu haben, dem er gegen den Willen des Vaters den breiten Purpurstreifen [Standesabzeichen der Senatoren] verschafft hatte; deswegen sollen gegen ihn schwere Vorwürfe erhoben worden sein.

(4) Auf der Griechenlandreise Neros[11] befand er sich unter dessen Begleitern; als er sich, während dieser sang, entweder entfernte oder, wenn er anwesend war, schnell einschlief[12], wurde ihm dies sehr übel genommen, und er wurde nicht nur

aus dem Gefolge des Kaisers ausgeschlossen, sondern auch von den öffentlichen Empfängen; so zog er sich in eine kleine, abgelegene Bürgerschaft zurück, bis ihm, der sich verborgen hielt und immer noch das Schlimmste befürchtete, eine Provinz mit militärischem Kommando angeboten wurde.[13]

(5) Im ganzen Orient war die alte, sich noch immer hartnäckig haltende Meinung verbreitet gewesen, dass man sich nach einem Schicksalsspruch von Judäa aus zu eben dieser Zeit der Weltherrschaft bemächtigen werde. Dies war über einen römischen Kaiser geweissagt worden, wie es ja der spätere Verlauf der Ereignisse voll und ganz bestätigt hat; die Juden bezogen den Spruch jedoch auf sich und machten einen Aufstand. Sie ermordeten den Statthalter, beraubten ferner den Konsularlegaten von Syrien, als er zu Hilfe eilte, des Legionsadlers und schlugen ihn in die Flucht. Da es, um diesen Aufstand niederzuschlagen, eines größeren Heeres und eines entschlossenen Führers bedurfte, dem man gleichwohl eine so große Aufgabe gefahrlos übertragen durfte, wählte man gerade ihn, weil ja einerseits sein energisches Auftreten erprobt war und man andererseits von ihm keineswegs etwas zu befürchten hatte, da er von niederer Herkunft und sein Name unbedeutend war. (6) Also verstärkte man die Truppen um zwei Legionen, acht Alen [Reitergeschwader] und zehn Kohorten und machte den ältesten Sohn zu einem der Legaten. Sobald er seine Provinz betrat, zog er die Aufmerksamkeit auch der Nachbarprovinzen auf sich, und die Disziplin im Lager wurde sofort in Ordnung gebracht; in etliche Gefechte zog er so beherzt, dass er bei der Belagerung eines Kastells von einem Stein am Knie getroffen wurde und mit seinem Schild etliche Pfeile auffing.

5 (1) Während sich nach Neros und Galbas Herrschaft Otho und Vitellius um den Prinzipat stritten, machte Vespasian sich Hoffnung auf den Kaiserthron; diese Hoffnung hatte er schon längst aufgrund folgender Vorzeichen gehegt.

(2) Auf dem Landgut der Flavier nahe bei der Stadt trieb eine alte Eiche, die dem Mars geweiht war, bei jeder der drei Geburten der Vespasia am Stammende plötzlich einen Zweig hervor, zweifellos als Zeichen für das Schicksal eines jeden der Kinder: Zuerst war es ein schwacher und schnell verdorrender Zweig, und so überlebte das Mädchen, das sie gebar, das erste Jahr nicht; der zweite Zweig war überaus stark und weit verästelt, er sollte großes Glück voraussagen; der dritte Zweig aber war so groß wie ein Baum. Deshalb soll sein Vater Sabinus, in seiner Meinung noch durch einen Opferschauer[14] bestärkt, seiner Mutter gemeldet haben, ihr sei ein Enkel geboren, der einst Kaiser würde. Sie aber habe nur schallend gelacht und sich gewundert, dass ihr Sohn bereits verblöde, während sie noch aller Sinne mächtig sei.

(3) Später, als C. Caesar [Caligula] darüber aufgebracht war, dass Vespasian als Ädil nicht für die Säuberung der Straßen gesorgt habe, und ihm den Bausch der Toga praetexta[15] mit von Soldaten zusammengetragenem Kot anfüllen ließ, da gab es Leute, die das so auslegten: Über kurz oder lang werde das mit Füßen getretene und sich selbst überlassene Staatswesen in einem Bürgerkrieg bei ihm Schutz suchen, es werde sich sozusagen in seinen Schoß flüchten.

(4) Einst war er gerade beim Frühstück, da trug ein Hund, der nicht zum Haus gehörte, von der Straßenkreuzung eine menschliche Hand herein und legte sie unter dem Tisch ab. Ein andermal, er war wieder beim Essen, stürmte ein Pflugstier, der das Joch abgeworfen hatte, ins Speisezimmer, trieb die Diener in die Flucht und fiel, wie wenn er plötzlich keine Kraft mehr habe, genau Vespasian vor die Füße, während der zu Tisch lag, und beugte vor ihm seinen Nacken. Ferner war eine Zypresse auf dem Land, das er von seinem Großvater geerbt hatte, ohne die Einwirkung eines Sturmes entwurzelt worden und umgefallen; am folgenden Tag richtete sie sich

wieder auf, und zwar in frischerem Grün und von kräftigerem Wuchs.

(5) In Griechenland aber träumte er, für ihn und seine Familie werde das Glück beginnen, sobald Nero ein Zahn gezogen worden sei. Und es kam so, dass am folgenden Tag ein Arzt in die Vorhalle hinaustrat und ihm einen Zahn zeigte, den er soeben Nero gezogen hatte.

(6) In der Nähe von Judäa befragte er das Orakel des Gottes vom Karmel[16]. Die Orakelsprüche machten ihn sehr zuversichtlich, da sie versprachen, dass ihm das gelingen werde, was er sich in den Kopf setze und plane, mochte es auch noch so Bedeutendes sein. Und Iosephus[17], einer von den vornehmen Gefangenen, versicherte sehr entschieden, als man ihn in Fesseln legte, dass er genau von diesem Mann in Kürze befreit werde, dann aber sei er bereits Kaiser. (7) Auch aus der Stadt wurden Vorzeichen gemeldet: Nero sei in den letzten Tagen im Traum eingegeben worden, er solle den Wagen des Iuppiter Optimus Maximus aus seinem Heiligtum ins Haus des Vespasian und von dort in den Circus bringen. Und kurz darauf, als Galba die Volksversammlung zu seinem zweiten Konsulat betrat, da habe sich die Statue des göttlichen Iulius von selbst nach Osten gedreht. Am Tag der Schlacht bei Betriacum[18] sollen, noch bevor die Schlacht begonnen hatte, zwei Adler vor aller Augen gekämpft haben. Als der eine besiegt war, soll ein dritter von Osten gekommen sein und den Sieger vertrieben haben.

6 (1) Und dennoch hat Vespasian nicht eher etwas unternommen, obwohl seine Anhänger fest entschlossen waren und drängten, bis ihn dazu eine zufällige Gunstbezeugung einiger Leute bewogen hat, die er nicht kannte und die auch nicht aus seiner näheren Umgebung stammten.

(2) 2000 Mann von jeder der drei Legionen des in Moesien stationierten Heeres waren Otho zu Hilfe geschickt worden.

Nachdem sie den Marsch angetreten hatten und ihnen die Nachricht überbracht worden war, dass er besiegt worden sei und Selbstmord begangen habe, marschierten sie trotzdem bis Aquileia, weil sie angeblich der unverbürgten Nachricht zu wenig Glauben schenkten. Dort hatten sie Gelegenheit, sich auszutoben und alles zum Objekt ihrer Raubgier zu machen. Da sie fürchteten, dass sie nach ihrer Rückkehr Rechenschaft ablegen müssten und bestraft würden, fassten sie den Entschluss, einen Mann ihrer Wahl zum Kaiser zu machen. Denn sie seien nicht weniger gut als das spanische Heer, welches Galba, oder als die Prätorianerkohorten, die den Otho, oder als das Heer in Germanien, welches den Vitellius zum Kaiser ausgerufen hatte. (3) Und so wurden die Namen aller Konsularlegaten zusammengetragen, die es damals irgendwo gab. Weil jeder aus einem anderen Grund an den anderen etwas auszusetzen hatte und einige aus der dritten Legion, die nach dem Tod Neros von Syrien nach Moesien verlegt worden war, den Vespasian priesen, stimmten alle zu und schrieben seinen Namen unverzüglich auf alle Fahnen. Damals wurde diese Erhebung für kurze Zeit zum Verstummen gebracht, indem man einige Abteilungen auf ihre Posten zurückbeorderte. Übrigens ließ, als diese Tat doch noch bekannt geworden war, Tiberius Alexander, der Präfekt von Ägypten, als Erster seine Legionen den Eid auf Vespasian ablegen, und zwar am 1. Juli. Dieses Datum galt auch später als der Tag der Thronbesteigung. Als nächstes leistete ihm am 11. Juli sein Heer in Judäa den Treueid.

(4) Am meisten hat dem Beginnen genützt, dass die Abschrift eines echten oder auch gefälschten Briefes des verstorbenen Otho unters Volk gebracht wurde, worin dieser Vespasian äußerst eindringlich beschwört, ihn zu rächen, und in dem er ihn bittet, dem Staat zu Hilfe zu kommen. Dem Unternehmen war auch förderlich, dass man das Gerücht ausstreute, Vitellius beabsichtige nach seinem Sieg, die Winterlager der

Legionen gänzlich zu verlegen und die germanischen Legionen in den Orient zu beordern, damit der Kriegsdienst gefahrloser und weniger hart sei; außerdem standen von den Statthaltern der Provinzen Licinius Mucianus[19] und von den Königen der Parther Vologaeses[20] auf der Seite Vespasians. Nachdem sie ihre Rivalität abgelegt hatten, welche sie aufgrund von Eifersüchtelei bis dahin unverhohlen ausgefochten hatten, sagte jener ihm die Unterstützung durch das syrische Heer, dieser die von 40 000 Bogenschützen zu.

7 (1) Also begann der Bürgerkrieg. Die Kommandanten wurden mit ihren Truppen nach Italien vorausgeschickt, er setzte inzwischen nach Alexandria über, um die Schlüsselpositionen von Ägypten fest im Griff zu haben. Weil er hier ein Orakel über die Dauerhaftigkeit seiner Herrschaft wollte, betrat er allein den Tempel des Sarapis[21]; alle seine Begleiter hatte er fortgeschickt; die Gottheit machte er sich sehr geneigt. Schließlich wandte er sich zum Gehen, da schien ihm sein Freigelassener Basilides[22] heilige Büschel, Kränze und Opferkuchen zu bringen, so wie es dort üblich ist: Fest stand, dass diesen niemand eingelassen hatte und er schon seit langer Zeit wegen eines Nervenleidens kaum gehen konnte und auch weit weg war. Ja, auf der Stelle traf ein Brief ein, in dem stand, die Truppen des Vitellius seien bei Cremona aufgerieben[23] und er selbst sei in der Stadt aus dem Weg geräumt worden.

(2) Ansehen und, man möchte sagen, eine gewisse Größe fehlten ihm als Kaiser noch, was ja verständlich ist, da er unerwartet und eben erst Herrscher geworden war. Diese Eigenschaften erwarb er sich aber noch. Als er auf dem Tribunal saß, wandte sich aus dem Volk jemand an ihn, der erblindet war, und noch einer, der ein lahmes Bein hatte. Sie baten ihn, ihnen die Hilfe für ihre körperlichen Gebrechen zukommen zu lassen, die ihnen Sarapis gezeigt hatte, während sie schliefen: Er werde (dem einen) das Augenlicht wiedergeben, wenn er die

Augen mit seinem Speichel bestreiche, und das Bein (des anderen) kräftigen, wenn er nur geruhe, es mit der Ferse zu berühren. (3) Da er aber kaum darauf vertraute, dass die Prozedur zu irgendeinem Erfolg führen werde, und er deswegen nicht einmal wagte, es zu versuchen, sprachen ihm schließlich seine Freunde gut zu, und er berührte beide öffentlich vor versammeltem Volk; und der Erfolg blieb nicht aus. Zur gleichen Zeit sind in Tegea in Arkadien auf eine Eingebung der Seher hin Gefäße mit alter Kunstarbeit an einem geweihten Ort ausgegraben worden; auf diesen befand sich ein Bildnis, das Vespasian recht ähnlich sah.

8 (1) Aus dieser Position heraus und einen so guten Ruf genießend, kehrte er nach Rom zurück, feierte seinen Triumph über die Juden[24] und fügte seinem letzten Konsulat noch weitere acht hinzu. Er übernahm auch noch die Zensur.[25] Und während seiner gesamten Regierungszeit lag ihm nichts mehr am Herzen, als das fast schon am Boden liegende und vor dem Untergang stehende Staatswesen zu festigen und danach ihm förderlich zu sein.

(2) Teils im Hochgefühl ihres Sieges, teils aus Verbitterung über ihre schmachvolle Niederlage hatten sich die Soldaten zu jeder Art von Zügellosigkeit und Verwegenheit verstiegen. Aber auch Provinzen und freie Bürgerschaften, ja sogar einige Königreiche lagen miteinander in recht heftigem Streit. Deshalb entließ er zwar einen Großteil der Soldaten des Vitellius und setzte dem Rest enge Schranken; denjenigen aber, die am Sieg beteiligt gewesen waren, irgendwelche außerordentlichen Vergünstigungen zu bewilligen, davon war er weit entfernt, so dass er ihnen auch die Belohnungen, die ihnen rechtmäßig zustanden, erst spät zahlte. (3) Um keine Gelegenheit, die Zucht und Ordnung zu verbessern, verstreichen zu lassen, wies er einen jungen Mann, der nach Salben duftete, mit einer Kopfbewegung ab, als dieser sich bei ihm dafür bedanken wollte,

dass er eine Präfektur erhalten habe, und fuhr ihn sehr barsch an: »Mir wäre es lieber, du würdest nach Knoblauch stinken.« Die Ernennungsurkunde ließ er einziehen. Als aber die Marinesoldaten, die abwechselnd von Ostia und Puteoli nach Rom gehen müssen, verlangten, er möge ihnen eine Art »Schuhgeld« zusagen, befahl er, als sei es zu wenig, sie ohne Antwort abzuweisen, dass sie in Zukunft stets barfuß laufen sollten; und seitdem marschieren sie so hin und her.

(4) Achaia, Lykien, Rhodos, Byzanz und Samos raubte er die Freiheit,[26] auch Kilikia Trachia und Kommagene, die bis dahin Könige regiert hatten, und machte sie zu Provinzen.[27] In Kappadokien erhöhte er die Präsenz der Legionen wegen der ständigen Angriffe barbarischer Völkerschaften und setzte an die Stelle eines römischen Ritters einen ehemaligen Konsul zum Statthalter ein.

(5) Die Spuren der Brandkatastrophen vergangener Zeiten und vom Einsturz bedrohte Gebäude verunstalteten die Stadt. Jedem erlaubte er, freie Plätze für sich zu beanspruchen und zu bebauen, wenn die Besitzer es an der nötigen Initiative fehlen ließen. Er selbst nahm den Wiederaufbau des Kapitols[28] in Angriff, legte als Erster Hand an, den Schutt wegzuräumen, und schaffte einiges auf seinem Buckel fort. Er ließ 3000 bronzene Tafeln, die zur selben Zeit ein Raub der Flammen geworden waren, wiederherstellen, nachdem Kopien überall ausfindig gemacht worden waren: ein sehr schönes und altes Dokument für die Ausübung von Macht, welches die Senatsbeschlüsse fast seit der Gründung der Stadt enthielt, ferner die Beschlüsse des Volkes über Bündnisverträge und Verträge anderer Art sowie über Privilegien, die es irgendeinem eingeräumt hatte.

9 (1) Er ließ auch neue Gebäude errichten: einen Tempel der Pax[29] nahe beim Forum und einen für den göttlichen Claudius auf dem Mons Caelius, der zwar schon von (Iulia) Agrippina begonnen worden war, den aber Nero fast bis auf die

Grundmauern zerstört hatte.[30] Überdies ließ er mitten in der Stadt ein Amphitheater[31] bauen, was sich, wie er in Erfahrung gebracht hatte, schon Augustus fest vorgenommen hatte.

(2) Er säuberte die höchsten Stände, die durch mancherlei Ermordungen erschöpft und durch die alte Gleichgültigkeit entehrt waren; er ergänzte sie, indem er Senat und Ritterschaft abmusterte, die unwürdigsten Elemente entfernte und gerade die ehrenwertesten Italiker und Provinzialen in die Reihen des Senats aufnahm. Und damit bekannt sei, dass sich beide Stände nicht so sehr durch ihr Maß an Freiheit als vielmehr durch ihren Rang voneinander unterschieden, verkündete er in einem Prozess zwischen einem Senator und einem römischen Ritter folgendes Urteil: Gegen die Senatoren dürften keine Schmähworte ausgestoßen werden, eine Erwiderung auf Beschimpfungen aber sei das Recht eines jeden Bürgers.

10 Überall waren die Listen der Prozesse länger und länger geworden, denn die alten Verfahren schwebten noch, da die Rechtsprechung unterbrochen war, neue kamen infolge der unruhigen Zeitumstände hinzu; durch Los wählte er Leute aus, die das, was im Krieg geraubt worden war, den rechtmäßigen Eigentümern zurückerstatten sollten und die Prozesse, die vor das Centumviralgericht[32] kommen mussten, deren Ende die streitenden Parteien vermutlich kaum erleben würden, außerhalb der Reihe entscheiden und ihre Anzahl auf ein Minimum beschränken sollten.

11 Zügellosigkeit und Verschwendungssucht hatten überhand genommen, da keiner ihnen Einhalt gebot. Auf seine Initiative hin fasste der Senat den Beschluss, dass die Frau, die mit einem fremden Sklaven Umgang hatte, als Sklavin gelten solle. Ferner sollten diejenigen, die an die Söhne des Hauses Geld verliehen, niemals das Recht haben, den Kredit zurückzufordern, nicht einmal nach dem Tod des Vaters.

In allen anderen Dingen war er gleich vom Anfang seines Prinzipats an bis zu seinem Ende leutselig und milde.

12 Aus seiner ehemaligen Zugehörigkeit zu einem niederen Stand machte er nie einen Hehl und kokettierte sogar häufig damit. Ja, er lachte sogar gewisse Leute aus, die versuchten, den Ursprung des flavischen Geschlechts auf die Gründer von Reate und einen Begleiter des Herkules, dessen Denkmal an der Via Salaria steht, zurückzuführen. Außerdem war er ganz und gar nicht auf Auszeichnungen aus, so dass er am Tag des Triumphzuges – des Festzuges überdrüssig und durch sein langsames Vorwärtskommen ermüdet – nicht damit zurückhielt, dass er zu Recht gestraft werde, da er als alter Mann auf so unschickliche Weise einen Triumphzug begehrt habe, als wenn er ihn entweder seinen Vorfahren schuldig sei oder ihn jemals für sich erhofft habe. Nicht einmal die tribunizische Gewalt[33] ließ er sich sofort zuerkennen, und die Anrede »Vater des Vaterlandes«[34] gestattete er erst spät. Ja, er hatte, als der Bürgerkrieg noch andauerte, das übliche Verfahren, beim morgendlichen Empfang die Gäste zu durchsuchen, aufgegeben.

13 Die Offenheit der Freunde im Gespräch, die Anspielungen der Advokaten und die Störrigkeit der Philosophen ertrug er mit größter Gelassenheit. Den Licinius Mucianus, dessen unzüchtiges Treiben bekannt war und der ihm aber – im Vertrauen auf seine Verdienste (um Vespasian) – zu wenig Ehrfurcht entgegenbrachte, tadelte er nur heimlich und insofern er, als er sich bei einem gemeinsamen Freund beklagte, die Schlussworte hinzusetzte: »Ich bin doch wenigstens ein Mann.« Er lobte sogar persönlich den Salvius Liberalis, der es gewagt hatte, bei der Verteidigung eines reichen Angeklagten zu sagen: »Warum ist es für den Kaiser von Belang, wenn Hipparchus[35] 100 Millionen Sesterzen hat?« Als der Kyniker Demetrius[36] ihm nach seiner Verurteilung auf einer Reise begegnete und es nicht für angemessen hielt, sich zu erheben noch zu grüßen, sondern ihn, ich weiß nicht warum, anbellte, da begnügte er sich, ihn einen Hund[37] zu nennen.

14 Er trug Beleidigungen und Feindseligkeiten überhaupt nicht nach noch rächte er sich dafür; so hat er die Tochter seines Feindes Vitellius überaus prächtig verheiratet, ihr auch noch eine Mitgift gegeben und sie gut ausgestattet. Als er, nachdem er unter Nero vom Hof verbannt worden war, voller Angst fragte, was er tun oder wohin er gehen solle, da hatte jemand aus dem Amt, das die Bewilligung von Audienzen beim Kaiser aussprach, befohlen, er solle dorthin gehen, wo der Pfeffer wächst; dabei komplimentierte er ihn bereits hinaus. Als dieser ihn später um Verzeihung bat, machte er seinem Zorn nur verbal Luft und gebrauchte fast gleich viele und dieselben Worte. Ja, ihm war es so zuwider, sich aufgrund irgendeines Verdachtes oder aus Furcht nötigen zu lassen, jemanden ins Verderben zu stürzen, dass er trotz der Mahnungen seiner Freunde, sich vor Mettius Pompusianus in Acht zu nehmen – weil man allgemein glaubte, dieser sei aufgrund seines Horoskops zum Kaiser bestimmt –, ihn sogar zum Konsul machte; dabei versicherte er, dass dieser sich zu gegebener Zeit[38] jener Wohltat erinnern werde.

15 Man wird kaum jemanden finden, der, ohne Schuld zu haben, bestraft worden ist, es sei denn, es geschah in Vespasians Abwesenheit und ohne sein Wissen oder mit Sicherheit gegen seinen Willen und weil man ihn hintergangen hatte. Über Helvidius Priscus[39], der ihn nach seiner Rückkehr aus Syrien als Einziger nur mit seinem bürgerlichen Namen Vespasian begrüßt und ihn während seiner Prätur in allen Edikten ohne jede ehrenvolle Erwähnung übergangen hatte, war er erst dann aufgebracht, als er von ihm in außergewöhnlichen Wortgefechten gleichsam in die Schranken gewiesen worden war. Wenn er ihn auch zuerst verbannt und dann auch noch befoh-

len hatte, ihn zu töten, hielt er es dennoch für wichtig, auch ihn auf jeden Fall zu retten; dazu sandte er Leute aus, die die Henker zurückrufen sollten. Er hätte ihn auch gerettet, wenn nicht fälschlich rückgemeldet worden wäre, er sei bereits tot. Er hat sich übrigens nie über die Hinrichtung eines Menschen gefreut; selbst wenn die Hinrichtung zu Recht erfolgt war, vergoss er noch Tränen und ließ einen Seufzer hören.

16 (1) Das Einzige, was man zu Recht missbilligen kann, ist seine Habgier. Er gab sich nämlich nicht damit zufrieden, die unter Galba erlassenen Steuern wieder eingeführt, neue und drückende hinzugefügt, die Tributzahlungen für die Provinzen erhöht, sie für einige sogar verdoppelt zu haben, sondern er hatte auch vor aller Welt in Händeln seine Finger, für die sich selbst ein Privatmann schämen musste; er kaufte nämlich einiges nur auf, um es später teurer zu veräußern. (2) Er schreckte nicht einmal davor zurück, Amtsbewerbern Ämter oder Angeklagten, egal ob sie schuldig oder nicht schuldig waren, Freisprüche zu verkaufen. Man glaubt sogar, dass er stets darauf sah, gerade die raffgierigsten Prokuratoren[40] absichtlich auf recht bedeutende Posten zu befördern, um sie, sobald sie sich bereichert hatten, zu verurteilen. Er soll gerade diese Leute im Allgemeinen wie einen Schwamm gebraucht haben, weil er sie sozusagen, wenn sie trocken waren, tränkte und dann, wenn sie sich vollgesogen hatten, auspresste.

(3) Einige berichten, dass er von Natur aus sehr gierig war; dies ist ihm auch von einem alten Ochsentreiber vorgeworfen worden; dieser bat Vespasian demütig, als er die Herrschaft angetreten hatte, ihm die Freiheit zu schenken, ohne dass er dafür zahlen müsse; als Vespasian dies ablehnte, schrie er: »Ein Fuchs ändert seinen Pelz, nicht aber seinen Charakter.« Im Gegensatz dazu gibt es aber auch Leute, die behaupten, zu den Beute- und Raubzügen sei er durch die hohen und dringenden Ausgaben der Staatskasse und den Engpass in der kaiserlichen

Privatkasse gedrängt worden, was er gleich zu Beginn seines Prinzipats an den Tag legte, als er öffentlich erklärte, es seien 40 Milliarden Sesterzen[41] erforderlich, damit der Staat weiter bestehen könne. Dies scheint auch der Wahrheit näherzukommen, weil er das, was doch auf verwerfliche Weise erworben war, für sehr gute Zwecke gebrauchte.

17 Gegenüber Menschen jeden Standes war er sehr freigebig; er stockte Senatoren das Vermögen auf,[42] mittellose Konsulare unterstützte er mit 500 000 Sesterzen jährlich, auf dem ganzen Erdkreis ließ er sehr viele Städte, die durch Erdbeben oder Feuersbrünste verwüstet worden waren, weit schöner wiederherstellen; in ganz besonderem Maße unterstützte er Schriftstellertalente und Künstler.

18 Als Erster sagte er den lateinischen und griechischen Rhetoriklehrern 100 000 Sesterzen als Jahresgehalt aus der kaiserlichen Privatkasse zu.[43] Herausragenden Dichtern und ganz besonders Künstlern, dem Restaurator der koischen Venus[44] und dem des Kolosses ließ er ein beachtenswertes Geschenk und ein hohes Honorar zukommen. Auch einem Ingenieur, der versprach, hohe Säulen mit geringem Kostenaufwand auf das Kapitol zu schaffen, bot er eine stattliche Belohnung für den Einfall an. Den Entwurf schickte er zurück und bemerkte gleich obenan, er möge ihm erlauben, den kleinen Mann sich seinen Lebensunterhalt verdienen zu lassen.[45]

19 (1) Bei den Spielen, mit denen die wiederaufgebaute Bühne des Theaters des Marcellus[46] eingeweiht wurde, ließ er auch alte Virtuosen wieder auftreten. Dem Tragöden † Apellares †[47] zahlte er 400 000 Sesterzen, den Kitharöden Terpnus[48] und Diodorus[49] je 200 000, einigen 100 000, einigen mindestens 40 000 Sesterzen, und außerdem verlieh er ihnen sehr viele goldene Kränze. Aber er gab auch ständig Tischgesellschaften und noch häufiger richtig üppige Essen, um die Fleischwarenhändler zu subventionieren. Wie die Männer an den Saturnalien[50], so erhielten die Frauen am ersten März von ihm Geschenke.[51] Und doch wurde er nicht einmal auf diese Weise die alte üble Nachrede, er sei habgierig, los. (2) Die Einwohner von Alexandria nannten ihn auch weiterhin Kybiosaktes[52], Beiname eines ihrer Könige von äußerst niedriger und schmutziger Gesinnung. Bei seiner Beerdigung trug der Obermime Favor[53] Verspasians Maske und ahmte, wie es Brauch ist, die Handlungs- und Redeweisen des Lebenden nach; ja, da geschah es, dass er in aller Öffentlichkeit die Prokuratoren[54] fragte, wie teuer denn Leichenbegängnis und Festzug kämen; wie er hörte, zehn Millionen Sesterzen, rief er aus, sie sollten ihm 100 000 Sesterzen geben und ihn dann ruhig in den Tiber schmeißen.

20 Er war von mittlerer Größe, seine Gliedmaßen waren untersetzt und fest, sein Gesichtsausdruck war der eines Mannes, der sozusagen dauernd angestrengt ist. Über ihn sagte auf eine nicht plumpe Art einer von den Scherzbolden, wenn auch erst, als Vespasian ihn aufgefordert hatte, auch gegen ihn etwas zu sagen: »Ich werde etwas sagen, wenn du aufgehört hast, den Bauch zu entladen.« Er erfreute sich bester Gesundheit, obwohl er, um gesund zu bleiben, nichts weiter tat, als sich selbst den Hals und die übrigen Körperteile nach jedem Spiel im Ballspielsaal abzutrocknen und jeden Monat einen Fastentag einzulegen.

21 An ungefähr folgender Tagesdisposition hielt er fest. Während seiner Regierungszeit wachte er in aller Frühe auf, während es noch Nacht war; dann las er die Briefe und kurzen Berichte aller Amtsträger durch und ließ (schließlich) die Freunde zu sich ein. Während man ihm seine Aufwartung machte, zog er sich selbst Schuhe und Oberkleid an. Nach Erledigung aller Angelegenheiten, die angefallen waren, nahm er sich Zeit für eine Ausfahrt und dann für ein Mittagsschläfchen; eine von den Beischläferinnen, von denen er sich eine ganze

Reihe anstelle der verstorbenen Caenis zugelegt hatte, lag dann bei ihm; von seinem Privatgemach ging er ins Bad und ins Speisezimmer. Zu keinem Zeitpunkt sei er zugänglicher und gütiger gewesen, so wird berichtet. Und ganz besonders diese Augenblicke nutzten die Bediensteten, um Bitten vorzutragen.

22 Aber auch während des Essens und beim Würfelspiel war er aufgeräumt und tat vieles mit einem Scherz ab. Er war nämlich meist zu Späßen aufgelegt, die Ausdrücke waren allerdings kräftig und schmutzig, so dass er nicht einmal vor unzüchtigen Worten haltmachte. Und doch gibt es von ihm einige vortreffliche Witze, wie auch die folgenden: Den Konsular Mestrius Florus[55], von dem er daran erinnert worden war, man müsse wohl eher *plaustrum* statt *plostrum* sagen, begrüßte er am folgenden Tag mit *Flaurus*. Ferner: Er ließ sich von einer Frau im Sturm erobern, da sie sich angeblich unsterblich in ihn verliebt hatte; als er ihr für den Beischlaf 400 000 Sesterzen geschenkt hatte, fragte ihn sein Buchhalter, wie der Betrag in der Bilanz ausgewiesen werden solle. Da sagte er: »Für unsterbliche Liebe zu Vespasian.«

23 (1) Er zitierte auch griechische Verse recht treffend, einmal in Bezug auf einen Mann, der eine schlanke Statur und ein enormes Glied hatte: »Wandelt er mächtigen Schritts und schwang die erhabene Lanze.«[56] Zum anderen in Bezug auf den Freigelassenen Cerylus[57], der sich als ganz reicher Mann dem Recht der kaiserlichen Privatkasse entziehen wollte und sich deshalb selbst als Freigeborener ausgab, seinen Namen änderte und sich Laches zu nennen begann:

O Laches, Laches,
wenn du gestorben bist, wirst du wieder wie
ursprünglich Cerylus sein.[58]

Doch besonders gern riss er seine Witze über seinen Reichtum, der durch Schimpf und Schande zustande gekommen war, um den Neid durch eine Hänselei zu entkräften und die Sache ins Lächerliche zu ziehen.

(2) Als ihn einer von seinen treuen Dienern um das Amt des Schatzmeisters für seinen »Bruder« bat, vertröstete er ihn und ließ den Bewerber selbst zu sich rufen. Nachdem er die Summe, die dieser mit seinem Fürsprecher vereinbart hatte, selbst kassiert hatte, setzte er ihn ohne Verzug in das Amt ein. Zu seinem Diener, der bald darauf Einspruch erhob, sagte er: »Suche dir einen anderen (als) Bruder; dieser hier, den du für den deinen hältst, ist meiner.« Als er einmal auf einer Reise argwöhnte, der Maultiertreiber sei nur deswegen abgesessen, um den Maultieren Schuhe überzuziehen, damit einer, der einen Streitfall anhängig hatte, genügend Zeit habe, (sich vorzubereiten,) fragte er, wie teuer das Beschuhen gewesen sei, und hat sich einen Teil des Lohnes ausbedungen. (3) Als ihm einmal sein Sohn Titus vorhielt, dass er auch noch eine Pissoir-Steuer plane, hielt er ihm das Geld aus der ersten Zahlung unter die Nase und wollte wissen, ob er am Geruch Anstoß nehme. Als jener das verneinte, sagte er: »Und doch kommt es vom Urin.« Als ihm Gesandte meldeten, man habe beschlossen, ihm im Namen des Staates für eine nicht gerade kleine Summe eine riesige Statue zu errichten, befahl er ihnen, sie möglichst sofort aufzustellen, hielt ihnen seine hohle Hand hin und sagte: »Der Sockel ist fertig.« (4) Und er machte sogar seine Scherze, wenn er Angst hatte und in höchster Lebensgefahr war. Als sich nämlich plötzlich das Mausoleum öffnete und ein Komet am Himmel auftauchte – zwei unter vielen anderen Vorzeichen –, sagte er, das eine Vorzeichen betreffe die Iunia Calvina aus dem Geschlecht des Augustus, das andere den Partherkönig, der das Haar lang trage. Auch beim ersten Anfall einer Krankheit sagte er: »Ach, ich glaube, ich werde ein Gott.«

24 Als er in seinem neunten Konsulat in Kampanien von leichten Fieberanfällen geschüttelt wurde, eilte er ohne Aufenthalt nach Rom zurück, von hier eilte er nach Cutiliae und auf sein Landgut bei Reate, wo er jedes Jahr den Sommer zubrachte. Als er hier den angegriffenen Gesundheitszustand durch den häufigen Gebrauch von kaltem Wasser nicht nur verschlimmerte, sondern auch noch die Gedärme in Mitleidenschaft zog und er nichtsdestoweniger den Geschäften eines Kaisers – so wie er es gewohnt war – nachging, nämlich auch Gesandtschaften liegend anzuhören, beraubte ihn ein plötzlicher Durchfall aller seiner Kräfte, doch er sagte, ein Kaiser müsse im Stehen sterben; und während er sich erhob und aufzustehen versuchte, starb er unter den Händen derer, die ihn aufrichten wollten, am 23. Juni im Alter von 69 Jahren, sieben Monaten und sieben Tagen.

25 Alle sind in dem Punkt derselben Meinung, dass er sich wegen seines Horoskops und dem seiner Söhne stets sicher war, so dass er es nach den ständigen Verschwörungen gegen sein Leben wagte, vor dem Senat als feststehend zu behaupten, nur seine Söhne würden seine Nachfolge antreten, sonst niemand. Man sagt auch, er habe einst im Traum mitten im Vorhof seines Palastes eine Waage mit geradestehendem Zünglein stehen sehen, wobei auf der einen Schale Claudius und Nero, auf der anderen er selbst und seine Söhne standen. Und er hat sich nicht getäuscht, da beide Parteien bis auf den Tag genau gleich viele Jahre Kaiser waren.

Der göttliche Titus

1 Titus, er führte das Cognomen des Vaters,[1] war der ausgesprochene Liebling des Menschengeschlechts. In ihm fanden sich Begabung, aber auch allmählich erworbene Fähigkeiten in besonders reichem Maß, zudem war er überaus vom Glück begünstigt, so dass er sich das Wohlwollen aller erwerben konnte, und dies, was überaus schwierig ist, während seiner Zeit als Kaiser, wohingegen er als Privatperson und selbst noch unter der Regierung seines Vaters sogar gehasst wurde und sich erst recht öffentlich Vorwürfe machen lassen musste.[2] Er wurde am 30. Dezember in dem denkwürdigen Jahr, als Gaius [Caligula] ermordet wurde, in einem armseligen Haus nahe dem Septizonium[3] geboren, in einem wahrhaftig sehr kleinen und finsteren Zimmer;[4] es existiert ja heute noch, und man kann es besichtigen.

2 Erzogen wurde er bei Hofe zusammen mit Britannicus[5]; in den gleichen Disziplinen[6] und von denselben Lehrern wie dieser wurde er unterwiesen.[7] In dieser Zeit habe, so sagt man, ein Metoposcope[8], den Narcissus[9] – ein Freigelassener des Claudius – eingeladen hatte, damit er sich Britannicus ansehe, äußerst beharrlich versichert, dass Britannicus unter keinen Umständen, Titus hingegen, der damals dabeistand, sicherlich einmal Kaiser werden würde. Sie waren aber so sehr vertraut miteinander, dass auch Titus, der neben ihm zu Tisch lag, von dem für Britannicus tödlichen Gifttrank[10] gekostet haben und als Folge davon für lange Zeit schwer erkrankt sein soll. Später stellte er ihm in Erinnerung an alle gemeinsamen Erlebnisse im Palatium eine goldene Statue auf. Ferner weihte er ihm ein Reiterstandbild aus Elfenbein, das beim Festzug zum Circus auch heute noch vorneweg getragen wird,[11] und begleitete es.

3 (1) Am jungen Titus fielen sofort die körperlichen und die geistigen Vorzüge ins Auge, mehr und mehr dann noch mit fortschreitendem Alter: Er war von ausnehmend schöner Gestalt[12], und diese verlieh ihm nicht weniger Autorität als Anmut, er war sehr stark, allerdings war er nicht von schlanker Statur und hatte ein kleines Bäuchlein. Er hatte ein ausgezeichnetes Gedächtnis und war ein Meister in fast allen Künsten des Krieges, aber auch des Friedens.[13] (2) Er war äußerst geübt im Umgang mit Waffen und ein sehr erfahrener Reiter. Es fiel ihm leicht, sowohl in lateinischer als auch in griechischer Sprache als Redner öffentlich zu sprechen und Gedichte abzufassen – dies ging bis zur Rede aus dem Stegreif. Ja nicht einmal in der Musik war er ungebildet, da er singen und angenehm und kunstgerecht zur Zither spielen konnte.[14] Von mehreren Seiten habe ich erfahren, dass er auch gewohnt war, in Kurzschrift[15] sehr schnell aufzunehmen, wenn er mit seinen Schreibgehilfen im scherzhaften Spiel wetteiferte, und dass er alle Handschriften nachahmen konnte, die er gesehen hatte. Und oft ließ er verlauten, er hätte der größte Fälscher sein können.

4 (1) Als Militärtribun[16] erwarb er sich sowohl in Germanien als auch in Britannien[17] den Ruf eines sehr fleißigen und nicht minder besonnenen Mannes,[18] denn so lassen ihn zahlreiche Statuen und Bilder und auch Basisaufschriften in beiden Provinzen erscheinen.

(2) Nach dem Kriegsdienst engagierte er sich auf dem Forum; dort war er nicht regelmäßig tätig, sondern eher dann, wenn es ihm Ansehen einbrachte. Genau in diese Phase fiel die Heirat mit Arrecina Tertulla[19], der Tochter eines römischen Ritters, der aber einstmals Präfekt der Prätorianerkohorten[20] gewesen war. Nach deren Tod trat an ihre Stelle Marcia Furnilla, eine Frau von glänzender Herkunft; von dieser Frau, mit der er eine Tochter[21] hatte, ließ er sich scheiden.

(3) Unmittelbar aus der Quästur heraus wurde er Legionskommandant.[22] Als solcher unterwarf er Tarichea und Gamala,

zwei überaus starke Städte in Judäa. Als ihm in einer Schlacht das Pferd unter den Schenkeln weggerissen wurde, bestieg er ein anderes, dessen Reiter ganz in der Nähe gekämpft hatte und gefallen war.

5 (1) Später, als Galba die Macht im Staat hatte,[23] schickte man ihn, um zu gratulieren. Wo auch immer er hinging, zog er die Blicke der Menschen auf sich, so als sei er herbeigerufen worden, um adoptiert zu werden.[24] Aber als er hörte, dass alles wieder im Fluss war, kehrte er von seiner Reise zurück und wurde, als er das Orakel der Venus[25] auf Paphos besuchte, um Rat über die Seereise einzuholen, sogar bestärkt in seiner Hoffnung, einmal Kaiser zu werden. (2) Kurze Zeit danach ist diese Hoffnung in Erfüllung gegangen,[26] und er wurde zur vollständigen Unterwerfung Judäas zurückgelassen.[27] Beim letzten Sturm auf Jerusalem[28] streckte er zwölf Verteidiger mit ebenso vielen Pfeilschüssen nieder und eroberte die Stadt am Geburtstag seiner Tochter.[29] Die Freude der Soldaten und ihre Begeisterung für ihn waren so groß, dass sie ihn bei der Beglückwünschung als Imperator begrüßten;[30] als er unmittelbar danach aus der Provinz fortgehen wollte, hielten sie ihn davon ab, wobei sie demütig, ja sogar unter Drohungen verlangten, dass er entweder bei ihnen bleibe oder sie alle zugleich mit sich nehme. (3) Dadurch kam der Verdacht auf, er habe versucht, vom Vater abzufallen und sich die Herrschaft über den Orient zu verschaffen.[31] Diesen Verdacht vermehrte er, da er nach Alexandria eilte[32] und bei der feierlichen Weihe des Apis-Stieres[33] in Memphis ein Diadem trug, wie es der althergebrachte Brauch einer altehrwürdigen Religion verlangte. Es fehlte aber nicht an Leuten, die dies anders auslegten. Und daher eilte er nach Italien. Nachdem er in Regium, dann in Puteoli auf einem Lastschiff gelandet war, begab er sich mit größter Eile von dort nach Rom und sagte zu seinem Vater, der überrascht war: »Ich bin gekommen, Vater, ich bin gekommen.« Er wollte wohl die

Grundlosigkeit der Gerüchte, die über ihn kursierten, deutlich machen.

6 (1) Seit diesem Tag trat er als Teilhaber an der Herrschaft, ja als Mitherrscher auf.

Er feierte mit dem Vater zusammen den Triumph[34] und war mit ihm Zensor[35], auch im Volkstribunat[36] und in sieben Konsulaten[37] war er sein Kollege. In seine Hände wurde die Besorgung fast aller Amtsgeschäfte gelegt, so dass er im Namen des Vaters selbst Briefe diktierte, auch Edikte verfasste und im Senat anstelle des Quästors die Reden verlas; auch die Prätorianerpräfektur[38] übernahm er, die bis zu diesem Zeitpunkt nur von einem römischen Ritter verwaltet worden war. Er verfuhr in diesem Amt ziemlich tyrannisch und grausam,[39] indem er gerade die verdächtigsten Elemente ohne zu zögern verhaften ließ, nachdem er heimlich Leute ausgesandt hatte, die in Theatern und Kasernen sozusagen mit öffentlicher Zustimmung auf die Bestrafung eben dieser Leute dringen sollten. (2) Unter ihnen war der Konsular Aulus Caecina[40]. Den lud er zum Essen ein; kaum hatte er das Speisezimmer verlassen, da ließ er ihn erstechen. Allerdings duldete die Entscheidung keinen Aufschub, da er bei ihm sogar ein Dokument mit seiner Handschrift aufgefunden hatte: eine vorbereitete Rede, die vor den Soldaten gehalten werden sollte. In dem Maße, wie er sich durch solche Maßnahmen genug für seine künftige Sicherheit sorgte, im gleichen Maße zog er sich für den Augenblick recht viel Hass zu, so dass kaum einer unter so lauten Buhrufen und mit größerem Widerwillen der Gesamtheit zum Kaiser avancierte.

7 (1) Außer seiner Grausamkeit beargwöhnte man an ihm auch seinen Hang zur Verschwendung, weil er doch bis Mitternacht gerade mit den Extravagantesten seiner Vertrauten die Trinkgelage ausdehnte. Nicht weniger wurde sein Hang zur Ausschweifung wegen ganzer Scharen von Lustknaben und

Eunuchen und seiner beispiellosen Liebe zur Königin Berenike[41] beargwöhnt, der er sogar die Heirat versprochen haben soll. Argwohn erregte auch seine Raffgier, weil er bekanntlich bei Gerichtsverhandlungen unter seinem Vater Handel (mit Freisprüchen) trieb und sich Belohnungen ausbedingte. Kurzum, die Leute glaubten, er sei ein zweiter Nero, und das sagten sie auch frei heraus. Doch dieser schlechte Ruf wandte sich für ihn zum Guten und verkehrte sich in größte Lobesbezeugungen; man fand an ihm kein Fehl, sondern, im Gegenteil, die höchsten charakterlichen Vorzüge.

(2) Er veranstaltete Gelage, die eher angenehm als ausschweifend waren. Als Ratgeber[42] wählte er die, mit denen auch die Kaiser nach ihm einverstanden waren und die sie vor allen anderen heranzogen, da diese für sie selbst als auch für den Staat unentbehrlich waren.[43] Berenike schickte er sofort aus Rom fort, unfreiwillig und auch gegen ihren Willen.[44] Obwohl einige von seinen allerliebsten Bübchen so kunstfertige Tänzer waren, dass sie bald anerkannte Stars auf der Bühne waren, unterließ er es nicht nur, sie freizügiger zu fördern, sondern sie bei einem öffentlichen Auftritt überhaupt anzuschauen.

(3) Keinem Bürger nahm er etwas weg; von fremdem Eigentum ließ er die Finger wie kaum jemand; und er nahm nicht einmal die ihm zuerkannten und üblichen Geldgeschenke an. Und dennoch stand er keinem seiner Vorgänger an Freigebigkeit nach: Anlässlich der Einweihung des Amphitheaters[45] und der schnellen Fertigstellung der Thermen unmittelbar daneben[46] veranstaltete er einen sehr prächtigen Gladiatorenkampf in Saus und Braus; er gab auch ein Seegefecht in der alten Naumachie[47], ebenfalls dort kämpften sowohl Gladiatoren und an einem Tag 5000 Tiere aller Art.

8 (1) Von Natur hingegen war er die Güte in Person. Da seit Tiberius alle Kaiser die von ihren Vorgängern verliehenen Vergünstigungen[48] nur dann noch als gültig betrachteten, wenn sie auch selbst eben diese Vergünstigungen denselben Leuten verliehen hatten, bestätigte er als Erster alle Vergünstigungen vergangener Zeiten in einem Edikt und duldete nicht, dass man ihn darum bat.[49] Bei den anderen Bitten der Leute aber hielt er äußerst entschlossen daran fest, keinen ohne eine Spur von Hoffnung fortzuschicken. Ja, als sogar seine nähere Umgebung zu bedenken gab, dass er mehr verspreche, als er gewähren könne, sagte er, aus dem Gespräch mit dem Kaiser dürfe niemand verstimmt weggehen. Als ihm einmal bei Tisch einfiel, dass er während des ganzen Tages noch niemandem einen Wunsch erfüllt hatte, tat er jenen denkwürdigen und zu Recht gelobten Ausspruch: »Freunde, ich habe einen Tag verloren.«

(2) Das Volk behandelte er, besonders wenn es geschlossen beisammen war, bei allen sich bietenden Gelegenheiten mit so großer Leutseligkeit, dass er versprach, ein in Aussicht gestelltes Gladiatorenspiel nicht nach seinem Geschmack, sondern nach dem der Zuschauer zu veranstalten; und das machte er ohne Einschränkung. Denn er konnte keinem etwas abschlagen, wenn er darum bat, und von sich aus ermunterte er Leute, das zu fordern, was sie wollten. Aus seiner Vorliebe für die Waffengattung der thrakischen Gladiatoren[50] machte er keinen Hehl; ja, oft neckte er sogar das Volk mit Worten und Gebärden wie einer ihrer Anhänger, wobei er aber seine Würde und ebenso seine Unparteilichkeit wahrte. In seinem Wunsch, die Leute für sich zu gewinnen, ließ er nichts ungenutzt, und so gewährte er manchmal dem Volk Zutritt zu seinen Thermen und badete mit ihm zusammen.

(3) Unter seiner Herrschaft ereigneten sich einige schwere Schicksalsschläge, so der Ausbruch des Vesuvs in Kampanien,[51] der Brand Roms,[52] der drei Tage und drei Nächte dauerte, und eine Seuche von bisher ungekanntem Ausmaß.[53] Bei diesen vielen Widrigkeiten von solchem Ausmaß zeigte er nicht nur

die bange Sorge eines Kaisers, sondern auch die einzigartige Liebe eines Vaters, einmal wenn er den Menschen in Edikten Mut zusprach, zum anderen wenn er helfend beistand, soweit es ihm möglich war. (4) Um Kampanien wieder aufzubauen, ließ er aus der Zahl der ehemaligen Konsuln einige als Sondermagistrate auslosen. Die Güter derjenigen, die am Vesuv verschüttet worden waren und für die es keine Erben mehr gab, zog er für den Wiederaufbau der hart betroffenen Gemeinden ein. Er rief aus: »Alles, was beim Brand der Stadt zugrunde gegangen ist, waren nur öffentliche Bauten.« Alle Kostbarkeiten aus seinen Villen gab er her für Bauwerke und Tempel und übertrug die Leitung mehreren Persönlichkeiten aus dem Ritterstand, damit alle Maßnahmen zügiger vonstatten gingen. Um das angeschlagene Befinden zu heilen und die Krankheiten zu lindern, nutzte er jedes Mittel zur Hilfe, was Götter und Menschen zu geben vermögen, indem er nach allen möglichen Opfern und Heilmitteln forschen ließ.[54]

(5) Zu den Übeln der Zeit gesellten sich noch Denunzianten[55] und Angeber aufgrund des freien Spielraumes, den sie in der Vergangenheit gehabt hatten. Auf dem Forum ließ er sie tüchtig mit Ruten und Peitschen verprügeln und sie zuletzt in der Arena des Amphitheaters vorbeiführen; dann ließ er sie teils unter den Hammer kommen und verkaufen, teils auf die rauesten Inseln fortschaffen. Um auch ein für allemal Leuten, die irgend einmal Ähnliches wagen wollten, enge Schranken zu setzen, verbot er unter anderem, dass über dieselbe Sache nach mehreren Gesetzen verhandelt oder über die Rechtsstellung irgendeines Verstorbenen über eine bestimmte Anzahl von Jahren hinaus nachgeforscht werde.

9 (1) Er erklärte öffentlich, er habe deshalb das Amt des Pontifex Maximus[56] angenommen, damit er reine Hände behalte. Er hielt sein Wort. Und er hat seitdem niemanden ermorden lassen noch war er Mitwisser einer solchen Tat, obwohl er manchmal Grund genug gehabt hätte, sich zu rächen; er aber schwor, dass er lieber zugrunde gehen als zugrunde richten wolle. Zwei Patrizier,[57] die überführt worden waren, nach der Herrschaft zu trachten, ermahnte er lediglich, davon Abstand zu nehmen, indem er sie belehrte, dass das Schicksal die Herrschaft vergebe.[58] Sollten sie aber außerdem noch einen Wunsch haben, so versprach er, dass er den erfüllen werde. (2) So schickte er zum Beispiel eilends zwei Kuriere zu der weit entfernt lebenden Mutter des einen, die der verängstigten Frau melden sollten, dass es ihrem Sohn gut gehe. Die Verschwörer selbst ließ er übrigens nicht nur an einem Essen im engsten Kreis teilnehmen, sondern er setzte sie am folgenden Tag beim Kampf der Gladiatoren absichtlich rechts und links neben sich und gab ihnen sogar die Schwerter und Dolche zur Prüfung, welche ihm die Kämpfer vorzeigten. Man sagt, dass auch ihr Horoskop ihm bekannt gewesen sei; dies habe bestätigt, dass beiden Gefahr drohe, aber in ferner Zukunft und von jemand anderem als von ihm. So trat es dann auch ein.

(3) Er konnte es nicht über sich bringen, seinen Bruder – der nicht aufhörte, ihm nach dem Leben zu trachten, ja der nahezu unverhohlen beim Heer Unruhe stiftete,[59] der an Flucht dachte – zu töten noch ihn aus der Öffentlichkeit zu entfernen, ja nicht einmal ihn auf einen unbedeutenderen Ehrenposten zu bannen.[60] Er beharrte sogar darauf, ihn als Teilhaber und Nachfolger zu präsentieren, wie er das seit dem Tag der Regierungsübernahme immer getan hatte. Manchmal bat er ihn im Geheimen unter tränenreichem Flehen, er möge gegen ihn doch die gleiche Gesinnung an den Tag legen wie er gegen ihn.

10 (1) Bei all seinen Bemühungen kam ihm der Tod zuvor, ein größeres Unglück für die Menschen als für ihn selbst.[61]

Nachdem die Spiele, gegen deren Ende er vor dem ganzen Volk in Weinkrämpfe ausgebrochen war, zu Ende waren, eilte er weit trauriger auf seinen Besitz im Sabinerland,[62] weil ihm beim Opfern ein Opfertier entwischt war und es bei heiterem Himmel gedonnert hatte. Dann packte ihn gleich im ersten Nachtquartier das Fieber. Als er von dort in einer Sänfte weiterbefördert wurde, soll er die Vorhänge der Sänfte zurückgezogen und zum Himmel geblickt haben, dabei beklagte er bitterlich, dass ihm das Leben genommen werde, ohne dass er sich irgendwie schuldig gemacht habe. Denn es gebe keine Tat, die er bereuen müsse, höchstens eine.[63] (2) Um was für eine Tat es sich dabei handelte, hat er damals nicht preisgegeben, und keiner wird dies wohl leicht erraten können. Einige vermuten, er habe dabei an das Verhältnis mit der Frau seines Bruders gedacht. Aber Domitia schwor hoch und heilig, sie habe keines mit ihm gehabt. Sie würde es zugegeben haben, wenn da auch nur etwas gewesen wäre, ja, sie würde sich dessen gerühmt haben. Mit Schimpf und Schande zu prahlen, damit war sie nämlich gleich bei der Hand.

11 Er starb am 13. September in demselben Landhaus wie sein Vater, zwei Jahre, zwei Monate und 20 Tage nachdem er dem Vater auf den Thron gefolgt war;[64] er stand im 42. Lebensjahr. Sobald sein Tod bekannt wurde, trauerten alle öffentlich, nicht anders, als wie das beim Tod eines Hausgenossen geschieht. Die Senatoren eilten zur Kurie, noch bevor man den Senat zusammengerufen hatte. Noch fanden sie die Tore verschlossen,[65] schließlich aber wurden sie geöffnet. Man sagte dem Toten so großen Dank und überhäufte ihn derart mit Ehrungen, wie er es nicht einmal in seinen besten Tagen erlebt hatte.[66]

Domitian

1 (1) Domitian wurde am 24. Oktober geboren;[1] sein Vater war designierter Konsul und wollte das Amt im folgenden Monat antreten. Das Geburtshaus lag in der sechsten Region der Stadt beim Malus Punicus [»Granatapfel«].[2] Später machte er daraus den Tempel der *gens* Flavia. Seine Kindheit und frühe Jugend soll er in so entehrender Armut zugebracht haben, dass er kein einziges Gefäß aus Silber in Gebrauch hatte. Es ist hinreichend bekannt, dass der ehemalige Prätor Clodius Pollio, auf den Nero das Gedicht *Luscio*[3] gemacht hatte, einen Brief von seiner Hand aufbewahrte und gelegentlich vorzeigte, in welchem Domitian ihm eine Nacht versprach. Es fehlt auch nicht an Leuten, die versichern, Domitian sei auch von seinem späteren Nachfolger Nerva zur Unzucht verführt worden. (2) Im Krieg gegen Vitellius suchte er in Begleitung von Sabinus, seinem Onkel, und einem Teil der Truppen vor Ort im Iuppiter-Tempel auf dem Kapitol Zuflucht; als aber die feindlichen Truppen eindrangen und der Tempel brannte, hat er heimlich beim Tempelhüter die Nacht zugebracht. Frühmorgens hat er sich dann im Gewand eines Priesters der Isis [d. h. in einem leinenen Gewand] unter die Opferpriester des schillernden Kultes gemischt und ist mit einem einzigen Begleiter über den Tiber zur Mutter eines Schulfreundes geflüchtet. Dort hat er sich so verborgen, dass ihn die Häscher, die seiner Spur gefolgt waren, nicht finden konnten. (3) Erst als man gesiegt hatte, kam er wieder hervor und wurde als Caesar begrüßt. Dann übernahm er die Stadtpräfektur mit konsularischer Gewalt,[4] aber nur formell, denn er übertrug die Rechtsprechung dem Kollegen nächst ihm. Übrigens entfaltete er seine Herrschergewalt so zügellos, dass schon damals zutage trat, wie er sich später aufführen werde.[5] Um nicht alles im Einzelnen hier zu erörtern, kurz Folgendes: Er fasste die Frauen vieler Männer unzüchtig

an; Domitia Longina[6] nahm er ihrem Mann Aelius Lamia[7] weg und machte sie sogar zu seiner Frau. Als er an einem Tag mehr als 20 Posten in der Stadt und in den Provinzen vergab, bemerkte Vespasian, er wundere sich nur noch darüber, dass er nicht auch ihm einen Nachfolger sende.[8]

2 (1) Er unternahm auch einen Feldzug nach Gallien und Germanien,[9] der gar nicht nötig war und von dem Freunde seines Vaters abrieten. Das tat er nur, um seinem Bruder an Macht und Würde gleichzukommen. Deshalb ist er scharf getadelt worden. Damit er mehr sein Alter und seine Stellung bedenke, wohnte er seitdem in einem Haus mit seinem Vater zusammen und folgte in der Sänfte dem Tragesessel seines Vaters und seines Bruders, jedes Mal wenn sie unters Volk gingen. Auch als beide zusammen den Triumph über die Juden feierten,[10] schloss er sich auf einem weißen Ross beiden als Begleiter an. Er war sechsmal Konsul, davon aber nur einmal ordentlicher Konsul[11], das auch nur deshalb, weil sein Bruder von der Bewerbung zurücktrat und ihn so dorthin beförderte. (2) Er heuchelte sogar – das war schon seltsam – Selbstbescheidung und ganz besonders Interesse für die Dichtkunst; in dem Maße, wie dies für ihn vormals ungewöhnlich gewesen war, so sehr hat er später darüber gespöttelt. Er hat seine Werke sogar öffentlich vorgetragen. Als der Partherkönig Vologaeses dringend um Hilfstruppen gegen die Alanen und um einen von den Söhnen Vespasians als Kommandanten bat, hat er sich nichtsdestoweniger voll dafür eingesetzt, dass man bevorzugt ihn entsende. Als aber daraus nichts wurde, versuchte er, andere Könige im Osten durch Geschenke und Versprechungen dahin zu bringen, dasselbe zu verlangen.[12]

(3) Als der Vater gestorben war,[13] hat er lange geschwankt, ob er den Soldaten nicht ein Geldgeschenk in doppelter Höhe geben solle.[14] Niemals aber zögerte er, immer wieder zur Sprache zu bringen, laut Testament sei er Mitherrscher, aber das Testa-

ment sei gefälscht worden.[15] Und er war seitdem immer darauf aus, seinem Bruder heimlich, aber auch öffentlich Steine in den Weg zu legen. Als Titus schwer erkrankte, befahl er, noch bevor er überhaupt tot war, ihn einfach wie tot liegen zu lassen. Er hielt den Toten keiner Ehre für würdig, außer der Vergöttlichung. Oft würdigte er ihn in zweideutigen Reden und Edikten herab.

3 (1) In den ersten Jahren seiner Herrschaft pflegte er sich täglich stundenlang vollkommen zurückzuziehen und dann nichts anderes zu tun, als Fliegen zu fangen und sie mit einem angespitzten Stift aufzuspießen. So wurde jemandem auf seine Frage, wer drinnen beim Kaiser sei, von Vibius Crispus[16] ganz passend geantwortet: »Nicht einmal eine Fliege.« Später verlieh er seiner Gattin Domitia, die ihm in seinem zweiten Konsulat[17] einen Sohn geschenkt hatte und im nächsten Jahr ⟨……⟩, den Namen Augusta. Er verstieß sie, als sie sich unsterblich in den Schauspieler Paris[18] verliebt hatte. Es dauerte nicht lange, dann holte er sie wieder zurück, weil er die Trennung nicht ertragen konnte, tat aber so, als ob das Volk dies von ihm verlangt habe.[19]

(2) Was aber die Besorgung der Regierungsgeschäfte anbelangt, so zeigte er sich doch eine ganze Weile launenhaft, auch hielten sich bei ihm Fehler und charakterliche Vorzüge so lange die Waage, bis auch die guten Eigenschaften sich in Laster verkehrten: Man kann nur mutmaßen, dass er über die naturgegebenen Charakteranlagen hinaus aus Mangel raffgierig und aus Furcht grausam war.

4 (1) Häufig veranstaltete er großartige und aufwendige Schauspiele nicht nur im Amphitheater,[20] sondern auch im Circus[21], wo er außer den üblichen Wagenrennen der Zwei- und Viergespanne auch zwei Gefechte abhielt, bei denen Truppen zu Fuß bzw. berittene Truppen gegeneinander antraten. Und im Amphitheater veranstaltete er auch ein Seegefecht. Ja, es fanden Tierhetzen und Gladiatorenkämpfe auch nachts bei künstlicher Beleuchtung statt, ferner Kämpfe sowohl zwischen Männern als auch zwischen Frauen.[22] Außerdem beteiligte er sich immer an den Gladiatorenspielen der Quästoren, die er wieder zu neuem Leben erweckt hatte, nachdem sie vor langer Zeit ganz eingestellt worden waren.[23] Seine Mitwirkung sah so aus, dass er dem Volk die Möglichkeit gab, je zwei Gladiatorenpaare aus seiner Gladiatorenschule[24] zu verlangen. Diese ließ er dann als letzte Kämpfer in der Ausrüstung auftreten, die der kaiserlichen Schule angemessen war. (2) Es verging kein Gladiatorenkampf, bei dem nicht zu seinen Füßen ein kleiner Junge in einem scharlachroten Gewand stand, dessen Kopf unnatürlich klein war. Mit ihm unterhielt er sich die meiste Zeit, hin und wieder auch in einem ernsthaften Gespräch. Man hat jedenfalls gehört, wie er ihn fragte, ob er wisse, warum es ihm richtig erschienen sei, bei der letzten Ämterverteilung Mettius Rufus zum Präfekten von Ägypten zu machen. Er veranstaltete Seegefechte mit Flotten in ihrem nahezu vollen Umfang. Dazu ließ er nahe dem Tiber einen See ausheben und rundherum Tribünen bauen. Diese Darbietungen sah er sich bis zum Schluss in strömendem Regen an.[25]

(3) Er feierte auch die *ludi saeculares*[26], nachdem er eine statistische Übersicht über die Termine der Feiern hatte erstellen lassen, nicht bis zu dem Jahr zurück, in welchem Claudius zuletzt die Feiern veranstaltet hatte, sondern bis zu dem Jahr, in welchem einst Augustus die *ludi saeculares* ausgerichtet hatte. Damals ließ er am Tag der Wettkämpfe im Circus, damit es leichter war, die 100 Rennen abzuwickeln, jedes Rennen von sieben auf fünf Runden kürzen.

(4) Er rief zu Ehren des kapitolinischen Iuppiter auch einen Wettkampf in fünfjährigem Rhythmus ins Leben, der aus drei Disziplinen bestand: der musischen Disziplin, dem Wagenrennen und den Leibesübungen. Es gab dort beträchtlich mehr

Teilnehmer, die einen Siegeskranz erhielten, als heute. Denn man maß sich dort in ungebundener Rede auf Griechisch und Latein, im Zitherspiel, wobei es außer denen, die zur Zither sangen, auch den Zitherspieler[27] gab, der mit seinem Spiel den Chor begleitete, und den, der nur die Zither spielte – ohne Gesang; in der Rennbahn liefen aber auch junge Mädchen um die Wette. Er leitete in Sandalen und in der purpurfarbenen Toga, wie sie die Griechen tragen, den Wettkampf; auf dem Haupt trug er den goldenen Siegeskranz mit dem Bild Iuppiters, Iunos und Minervas. Neben ihm saßen der Priester des Iuppiter und das Kollegium der flavischen Priesterschaft im gleichen Aufzug, nur war auf ihrem Kranz auch noch sein Bildnis. Jährlich feierte er auch das Fest der Minerva auf seinem Besitz am Fuße der Albaner Berge. Für diese Veranstaltung hatte er ein Kollegium eingesetzt, aus welchem durch Los die bestimmt wurden, die dafür die Verantwortung haben und tolle Jagden, theatralische Schauspiele und obendrein noch Wettkämpfe zwischen Rednern und auch Dichtern organisieren sollten.

(5) Er gab dreimal an das Volk ein Geschenk von 300 Sesterzen pro Person. Während man sich ein faszinierendes Schauspiel ansah, gab er ein berauschendes Mahl; und zwar ließ er am »Fest der sieben Hügel«[28] an Senat und Ritterschaft Brotkörbchen, an das einfache Volk Körbchen mit Zukost verteilen, dann begann er als Erster zu essen. Am nächsten Tag warf er alle möglichen Geschenke unter die Leute. Und weil mehr in die Reihen, wo das einfache Volk saß, gefallen war, versprach er je 50 Marken für jedes Segment, wo Angehörige des Ritter- und Senatorenstandes ihre Plätze hatten.

5 Er baute die meisten und die bedeutendsten Gebäude, die ein Opfer der Feuersbrunst geworden waren, wieder auf.[29] Unter anderem auch das Kapitol, das zum zweiten Mal gebrannt hatte. Aber alle nannten als Erbauer nur ihn, die alten Stifter

blieben unerwähnt. Auf dem Kapitol aber ließ er zu Ehren Iuppiters des Bewahrers einen neuen Tempel erbauen und auf dem Forum, das heute das Forum des Nerva genannt wird, auch einen Tempel für das Geschlecht der Flavier, ferner ein Stadion[30], ein Odeon[31] und die Naumachie. Ihr Steinmaterial hat man später für den Wiederaufbau des Circus Maximus verwendet, als dessen beiden Seitenmauern völlig niedergebrannt waren.

6 (1) Feldzüge unternahm er teils unprovoziert, teils weil sie nicht zu umgehen waren. Ohne Anlass von außen zog er gegen die Chatten[32], einmal notgedrungen gegen die Sarmaten[33], weil sie eine Legion mitsamt ihrem Kommandanten niedergemacht hatten. Gegen die Daker unternahm er zwei Feldzüge, den ersten, weil sie den Konsular Oppius Sabinus und den zweiten, weil sie den Präfekten der Prätorianerkohorten Cornelius Fuscus bezwungen hatten, dem er die Leitung des Krieges übertragen hatte. Über die Chatten und Daker feierte er einen zweifachen Triumph, nachdem Kämpfe mit wechselndem Erfolg geschlagen worden waren. Als Dank für den Sieg über die Sarmaten brachte er lediglich dem Iuppiter Capitolinus einen Lorbeerkranz dar.

(2) Dem Bürgerkrieg, den L. Antonius, der Statthalter Obergermaniens, vom Zaun gebrochen hatte, machte er ein Ende, ohne dass er dabei persönlich vor Ort war; dabei hatte er erstaunliches Glück, da genau in der Stunde, wo Sein oder Nichtsein auf dem Spiel stand, plötzlich der Rhein auftaute und die Truppen der Barbarenvölker daran hinderte, zu Antonius überzugehen. Von diesem Sieg erfuhr er durch Vorzeichen, noch bevor Nachrichten eintrafen, da genau an dem Tag, an dem man kämpfte, ein Adler auffiel, der mit seinen Schwingen in Rom seine Statue umfasste und sehr großes Glück verheißende Laute ausstieß. Wenig später, nachdem allgemein bekannt war, dass Antonius ermordet worden sei, kam es sogar

so weit, dass eine ganze Reihe Leute felsenfest behaupteten, sie hätten sogar gesehen, dass sein Haupt gebracht worden sei.

7 (1) Auch gab er vielen Dingen, die allgemein üblich gewesen waren, eine neue Gestalt: Er machte Schluss mit der öffentlichen Austeilung von Lebensmittelrationen und führte stattdessen den Brauch wieder ein, regelmäßige, ordentliche Mahlzeiten abzuhalten. Die vier Renngesellschaften, die es seit eh und je bei den Schauspielen im Circus gab,[34] stockte er um zwei weitere auf – ihre Kennzeichen waren die goldene bzw. purpurne Tunika. Schauspielern sperrte er die öffentliche Bühne, zu Auftritten in Privathäusern aber gab er ihnen die Erlaubnis. Er verbot, Personen männlichen Geschlechts zu kastrieren; die Preise für Eunuchen, die bei Sklavenhändlern noch vorhanden waren, drosselte er. (2) Als man einmal einen gewaltigen Überfluss an Wein, aber Mangel an Getreide hatte, glaubte er, man habe sich zu wenig um das Ackerland gekümmert, weil das Interesse allzu sehr dem Weinanbau gegolten habe. Und so ordnete er an, dass niemand in Italien neue Weinstöcke pflanzen dürfe und in den Provinzen Weinpflanzungen vernichtet werden sollten, wobei dort höchstens die Hälfte weiterbestehen dürfe. Er beharrte aber nicht darauf, dass die Anordnung auch in die Tat umgesetzt würde. Einige von den wichtigen Posten verteilte er zwischen Freigelassenen und römischen Rittern. (3) Er verbot, zwei Legionen in einem Lager zusammenzulegen und mehr als 1000 Sesterzen in der Legionskasse zu hinterlegen, denn L. Antonius schien, als er in einem Winterlager, in das zwei Legionen verlegt worden waren, einen Putschversuch wagte, in seiner Dreistigkeit auch noch durch die Summe der hinterlegten Gelder bestärkt worden zu sein. Auch erhöhte er den Sold jedes Soldaten um ein Viertel, nämlich um drei Goldstücke.

8 (1) Recht sprach er in umsichtiger Weise und mit Fleiß, meistens sogar außerplanmäßig auf dem Forum vorne auf dem

Tribunal. Parteiische Urteile der Centumviralgerichte[35] erklärte er für nichtig. Wiederholt hat er die Rekuperatoren[36] davor gewarnt, sich zu unbegründeten Erklärungen hinsichtlich der freien Geburt herzugeben. Jedem korrupten Richter und seinem Kollegium erteilte er eine Rüge. (2) Er war es auch, der die Volkstribunen veranlasste, einen niederträchtigen Ädilen der Erpressung anzuklagen und beim Senat die Einsetzung einer Untersuchungskommission gegen ihn zu beantragen. Er sorgte auch sehr dafür, dass die städtischen Behörden und die Statthalter in den Provinzen zur Ordnung gewiesen wurden, so dass es niemals maßvollere und gerechtere Amtsträger gegeben hat.[37] Nach seinem Tod sind die meisten von diesen Amtsträgern aller möglichen Verbrechen angeklagt worden – wie wir gesehen haben. (3) Er ergriff auch Maßnahmen, um die Sitten zu verbessern; er setzte der Frechheit, sich im Theater im Zuschauerraum einfach unter die Ritter zu mischen, ein Ende. Verleumderische Schriften, die auch unters Volk gebracht worden waren und in denen Männer und Frauen der ersten Gesellschaft gebrandmarkt wurden, ließ er vernichten, nicht ohne dass die Verfasser ihren guten Namen verloren. Einen Mann im Rang eines Quästors entfernte er aus dem Senat,[38] weil er nur noch Interesse für die Pantomime und den Tanz zeigte. Frauen, die es mit Sitte und Anstand nicht so genau nahmen, sprach er das Recht ab, eine Sänfte zu gebrauchen[39] und Vermächtnisse und Erbschaften anzunehmen. Einen römischen Ritter ließ er aus der Liste der Richter ganz und gar streichen, weil er eine Frau wieder geheiratet hatte, der er bei der Scheidung vorgeworfen hatte, sie habe ihn betrogen. Einige Angehörige sowohl des Senatoren- als auch des Ritterstandes verurteilte er nach dem Scantinischen Gesetz. Keuschheitsvergehen der Vestalischen Jungfrauen, welche sogar sein Vater und sein Bruder hatten ungeahndet hingehen lassen, bestrafte er einmal auf diese, einmal auf jene Weise, doch streng;

die früheren mit dem Tode, die späteren nach alter Sitte.[40] (4) Denn während er die Schwestern Oculata und die Varronilla über ihre Todesart noch frei entscheiden ließ und ihre Verführer verbannte, befahl er später, dass Cornelia, die Oberpriesterin der Vestalinnen, die man einst freigesprochen, dann aber, nachdem viel Zeit verstrichen war, wieder belangt und überführt hatte, lebendig begraben werde. Die, die sie entehrt hatten, ließ er auf dem Comitium zu Tode peitschen, mit Ausnahme eines Mannes vom Rang eines Prätors,[41] dem er Gnade erwies und den er nur verbannte. Denn er hatte von sich aus ein Geständnis abgelegt, als der Fall noch in der Schwebe war und Untersuchungen und Folter noch kein Licht in die Sache gebracht hatten. (5) Und damit kein Heiligtum der Götter ungestraft entweiht werde, ließ er ein Denkmal, welches einer seiner Freigelassenen für seinen Sohn aus Steinen gebaut hatte, die für den Bau des Tempels des kapitolinischen Iuppiter bestimmt waren, von den Soldaten niederreißen und die verbrannten Überreste, die sich in seinem Inneren befanden, im Meer versenken.

9 (1) In den ersten Jahren seiner Laufbahn schreckte er so sehr vor jedem Blutvergießen zurück, dass er fest entschlossen war anzuordnen, dass keine Rinder geopfert werden dürften. Sein Vater war zu dieser Zeit noch nicht in Rom,[42] und ihm war ein Vers des Vergil eingefallen: »ehe Stiere sich ein verruchtes Geschlecht zu üppigem Mahle erschlug«[43]. Er gab kaum jemals als Privatmann oder auch als Kaiser Grund für längerwährenden Verdacht, er sei habgierig oder geizig. Nein, im Gegenteil, er gab oft große Beweise nicht nur seiner Uneigennützigkeit, sondern auch seiner Großzügigkeit. (2) Gegenüber allen, die um ihn waren, zeigte er sich sehr freigebig. Vor keiner anderen Handlungsweise warnte er sie mehr und mit größerem Nachdruck als davor, sich in irgendeiner Sache knickerig zu zeigen. Wurden ihm von Leuten, die Kinder hatten, Erbschaften hinterlassen, nahm er sie nicht an. Auch ein Legat aus dem Testament des Rustus Caepio, in welchem jener sicherstellen wollte, dass sein Erbe jedes Jahr, wenn die Senatoren das Senatsgebäude betraten, jedem von ihnen eine bestimmte Summe auszahlte, erklärte er für hinfällig. Die Angeklagten, deren Namen nach Ablauf von fünf Jahren immer noch am *aerarium*[44] aushingen, sprach er ohne Ausnahme von der Anklage frei; er erlaubte lediglich, dass das Verfahren nur noch in der Frist von einem Jahr wiederaufgenommen werde, und nur unter der Bedingung, dass der Kläger, wenn er den Prozess verliere, verbannt werde. (3) Straferlass für ihre Tätigkeit in der Vergangenheit gewährte er den Schreibern von Quästoren, die gewohnheitsmäßig, aber entgegen dem Clodischen Gesetz[45], im Handelsgeschäft engagiert waren. Die Parzellen Ackerland, die nach der Verteilung der Äcker unter die Veteranen vereinzelt noch übrig waren, überließ er ihren alten Besitzern, da sie sich diese qua Gewohnheitsrecht erworben hatten. Falsche Anklagen beim Fiskus erstickte er durch harte Strafen für die Angeber. So wurde immer wieder sein Ausspruch zitiert: »Ein Kaiser, der die Denunzianten nicht zur Ordnung ruft, gießt nur noch Wasser auf die Mühlen.«

10 (1) Er blieb aber weder milde noch enthaltsam bis zum Ende. Und doch verfiel er beträchtlich schneller in Grausamkeit als in Habsucht. Einen Schüler des Pantomimen Paris[46], der noch nicht erwachsen und gerade zu diesem Zeitpunkt schwer erkrankt war, ließ er töten, weil er in der künstlerischen Darbietung und vom Äußeren seinem Lehrer recht ähnlich zu sein schien. Genauso erging es auch Hermogenes von Tarsos[47] wegen gewisser (satirischer) Anspielungen in seinem Geschichtswerk. Die Kopisten, die das Werk abgeschrieben hatten, ließ er sogar ans Kreuz schlagen. Einen einfachen Mann, der im Circus gesagt hatte, ein thrakischer Kämpfer sei zwar einem Murmillo[48] gewachsen, nicht aber dem Veranstalter der Spiele, ließ er von seinem Platz holen und in der Arena den Hunden vorwerfen, wobei ein Schild um seinen Nacken hing: »Ein Anhänger der Thraker, der ohne gebührenden Respekt vor seiner Majestät gesprochen hat.«

(2) Eine ganze Reihe Senatoren – unter ihnen auch einige Konsulare – ließ er umbringen, unter anderen den Civica Cerealis, gerade als er in Kleinasien Prokonsul war, den Salvidienus Orfitus und Acilius Glabrio im Exil, da sie angeblich auf einen Umsturz aus waren, alle anderen aus ganz unbedeutenden Gründen: Aelius Lamia wegen allerdings verdächtiger, aber lange zurückliegender und dazu noch harmloser Witze. Er hatte nämlich, nachdem ihm Domitian die Frau weggenommen hatte, zu jemandem gesagt, der seine Stimme lobte: »Ich lebe enthaltsam.« Und dem Titus hatte er geantwortet, als dieser ihn drängte, wieder zu heiraten: »Willst nicht auch du heiraten?« (3) Salvius Cocceianus ließ er umbringen, weil er den Geburtstag seines Onkels, des Kaisers Otho, gefeiert hatte; Mettius Pompusianus[49], weil, wie allgemein gesagt wurde, sein Horoskop ihm die Herrschaft über das Reich prophezeite und weil er eine Weltkarte, die auf Pergament gemalt war, und die Reden der Könige und Feldherren aus Titus Livius mit sich herumtrug und seine Sklaven Mago und Hannibal genannt hatte. Sallustius Lucullus, der Legat von Britannien, musste sterben, weil er es zugelassen hatte, dass Lanzen von einer neuen Form »lukullische« genannt wurden.[50] Iunius Rusticus, weil er Lobreden auf Paetus Thrasea und Helvidius Priscus[51] veröffentlicht und sie als die untadeligsten Männer bezeichnet hatte. Diesen Prozess nutzte er als Gelegenheit, alle Philosophen aus Rom und Italien zu verbannen. (4) Er ließ auch den jungen Helvidius töten, da er in einer Posse am Schluss eines ernsten Schauspiels in der Rolle des Paris und der Oinone[52] gegen die Scheidung von seiner Frau gestichelt habe. Flavius Sabinus, einer seiner beiden Vettern, starb, weil ihn der Herold

am Tag der Konsulwahlen irrtümlich dem Volk nicht als designierten Konsuln, sondern als Kaiser bekannt gemacht hatte.

(5) Weit grausamer aber wurde er nach dem Sieg im Bürgerkrieg. Die meisten Anhänger der Gegenpartei folterte er, während er noch nach verborgenen Mitwissern suchte, in einer neuen Art des Verhörs: Er ließ ihnen die Schamteile verbrennen. Einigen ließ er auch die Hände abschlagen. Es ist hinlänglich bekannt, dass er nur zwei der bekannteren Teilnehmer begnadigte, einen Tribunen aus dem Senatorenstand[53] und einen Zenturio, die, um ihre Unschuld leichter zu beweisen, den Nachweis erbracht hatten, dass sie homosexuell seien und deshalb weder beim Feldherrn noch bei den Soldaten irgendeinen Einfluss hätten haben können.

11 (1) Seine Grausamkeit war aber nicht nur groß, sondern auch hinterlistig und unberechenbar. Am Tag, bevor er einen Kassenverwalter ans Kreuz schlagen ließ, rief er ihn in sein Schlafzimmer und drängte ihn, sich neben ihn aufs Bett zu setzen; er entließ ihn sorglos und aufgeräumt, ja, er hielt ihn sogar für würdig, ihm von der Tafel des Kaisers Speisen zu senden. Dem ehemaligen Konsul Arrecinus Clemens[54], einem seiner Vertrauten und Geheimagenten, dessen Hinrichtung beschlossene Sache war, erwies er dieselbe, ja sogar noch eine größere Gunst, bis er endlich, als er mit ihm zusammen in einer Sänfte fuhr und des Denunzianten gewahr wurde, sagte: »Willst du, dass wir diesen nichtsnutzigen Sklaven morgen anhören?«

(2) Und um die Geduld der Menschen noch unverschämter zu missbrauchen, verkündete er niemals ein besonders strenges Urteil, ohne vorher auf seine Milde zu verweisen. So wies kein anderes Zeichen mit mehr Sicherheit auf einen unheilvollen Ausgang hin als Sanftheit zu Beginn. Einige, die der Majestätsbeleidigung angeklagt waren, hatte er in die Kurie führen lassen. Als er gleich vorweg bemerkte, das sei der Tag,

an dem er erproben werde, wie viel er dem Senat wert sei, hatte er sehr leicht durchgesetzt, dass sie sogar zu einer Strafe nach Vorväter Sitte verurteilt wurden. (3) Dann hat ihm die unbeugsame Härte der Strafe Schrecken eingejagt, und er schritt ein, um die üble Stimmung zu beschwichtigen, und sagte Folgendes – hier ist es wohl sachdienlich, ihn selbst zu Wort kommen zu lassen: »Gestattet mir, Senatoren, angesichts eurer Loyalität mir gegenüber darum zu bitten, dass ihr – ich weiß ja, dass ihr mir diese Bitte nur schwer gewähren werdet – die Verurteilten ihre Todesart frei wählen lasst. Denn ihr erspart euren Augen, Unangenehmes zu sehen, und zugleich werden alle erkennen, dass ich an der Sitzung des Senats teilgenommen habe.«

12 (1) Als Domitian durch den Aufwand für Bauten und Schauspiele und den Sold, den er draufgelegt hatte,[55] pleite war, versuchte er, um die Kosten für das Heer zu senken, die Zahl der Soldaten zu verringern. Als er aber bemerkte, dass er sich dadurch Barbareneinfällen aussetzte und sich trotzdem nicht aus der Geldklemme befreien konnte, war es ihm völlig gleichgültig, wie er zu Geld kam. In einem fort brachte er die Besitztümer von Lebenden und Toten an sich, ganz gleich, wer anklagte und welche Klagen erhoben wurden. Es reichte schon hin, jemandem irgendeine Tat oder ein Wort gegen die Majestät des Kaisers vorzuhalten. (2) Es wurden die Erbschaften wildfremder Personen eingezogen, zumal wenn es auch nur einen gab, der sagte, er habe den Verstorbenen vor seinem Tod sagen hören, dass der Kaiser erben solle. Besonders hart wurde die Judensteuer eingetrieben. Zu ihrer Zahlung wurden diejenigen herangezogen, die entweder wie Juden lebten, ohne sich dazu zu bekennen, oder jene, welche die ihrem Volk auferlegten Zahlungen nicht geleistet hatten, da sie ihre Herkunft verheimlichten. Ich erinnere mich, dass ich als ganz junger Mann dabei war, als von einem Prokurator und seinen zahlreich versammelten Ratgebern bei einem 90-jährigen Greis nachgeprüft wurde, ob er beschnitten sei.

(3) Von Jugend an war Domitian keineswegs leutselig, er war sogar dreist und maßlos in Wort und Tat. Als Caenis[56], die Beischläferin seines Vaters, aus Istrien zurückkehrte und sie ihm wie üblich einen Kuss geben wollte, hielt er ihr nur die Hand hin. Als er sich darüber aufregte, dass selbst der Schwiegersohn seines Bruders weiß gekleidete Diener hatte, rief er aus: »Niemals frommt Vielherrschaft dem Volk.«[57]

13 (1) Als er aber die erste Stelle im Staat erlangt hatte, hat er sich nicht zurückgehalten, im Senat immer wieder zu behaupten, er habe sowohl seinem Vater als auch seinem Bruder die Herrschaft übertragen, die beiden aber hätten sie ihm zurückgegeben, ferner bekanntzumachen, als er nach der Scheidung seine Frau wieder zurückholte, sie sei auf seinen Göttersitz zurückgerufen. Und er hörte es gern, dass man ihm im Amphitheater am Tag, an dem er eine öffentliche Speisung veranstaltete, zurief: »Unserem Herrn und unserer Herrin, Glück!« Aber als bei einem Wettstreit auf dem Kapitol alle einstimmig baten, den Palfurius Sura, der einst aus dem Senat ausgestoßen worden war, wieder aufzunehmen – er war damals im Wettstreit der Redner mit einem Siegeskranz bekränzt worden –, da fand er es nicht nötig zu antworten, nur durch den Ruf des Herolds ließ er Schweigen anordnen. (2) Er zeigte sich von gleicher Arroganz, als er eine Verfügung im Namen seiner Prokuratoren[58] diktierte; er begann nämlich so: »Unser Herr und Gott befiehlt, dass Folgendes zu geschehen habe.« Seitdem war es üblich, dass man ihn sogar in Briefen und im Gespräch so nannte. Auf dem Kapitol durften ihm nur goldene und silberne Statuen aufgestellt werden. Sie mussten auch ein bestimmtes Gewicht haben. Er ließ in allen Regionen der Stadt so viele riesige verdeckte Durchgänge und Triumphbögen bauen, dass man auf einen in griechischen Buchstaben schrieb: »Es ist genug.« (3) 17 Mal war er Konsul[59], so oft wie keiner vor ihm. Die sieben mittleren Konsulate bekleidete er ohne Unterbrechung, alle hat er nur formell ausgeübt und keines länger als bis zum 1. Mai, die meisten nur bis zum 13. Januar. Nach zwei Triumphen nahm er den Beinamen Germanicus an und benannte die Monate September und Oktober nach seinen Namen in Germanicus und Domitianus um, weil er in dem einen die Herrschaft übernommen hatte und in dem anderen geboren war.

14 (1) Dadurch versetzte er alle in Schrecken und war allen verhasst. Schließlich wurde er durch eine Verschwörung seiner Freunde und engsten Freigelassenen im Bunde mit seiner Gattin aus dem Weg geräumt. Schon längst hatte er Todesjahr und -tag erahnt, sogar die Stunde und auch die Todesart. Ihm hatten alles die Chaldäer, als er noch ein ganz junger Mann war, vorausgesagt. Auch sein Vater hatte ihn einst beim Essen, als er keine Pilze essen wollte, öffentlich ausgelacht, dass ihm sein Los unbekannt sei, da er sich nicht viel mehr vor Eisen fürchte. (2) Deshalb war er immer ängstlich und angespannt, sogar der kleinste Verdacht regte ihn ungewöhnlich auf. Als er das Edikt über die Abholzung der Weinberge zurückzog, soll er dazu vor allem dadurch veranlasst worden sein, dass Spottschriften mit folgenden Versen verbreitet worden waren:

Fasst du mich auch bei der Wurzel, genug trag ich immer noch Früchte,
Um dir zu spenden den Wein, wirst einst geopfert du, Bock.[60]

(3) Dieselbe Furcht ließ ihn eine neue Ehrung ablehnen, die ihm der Senat antrug und die dieser sich ausgedacht hatte, obwohl er auf alle Angebote dieser Art überaus versessen war. Man hatte beschlossen, dass ihm, immer wenn er Konsul war,

römische Ritter, die das Los bestimmt hatte, in der Trabea[61] und mit Speeren, wie sie die Soldaten trugen, zwischen Liktoren[62] und Gehilfen vorangehen sollten.

(4) Als aber die Zeit näher kam, wo er Gefahr argwöhnte, wurde er von Tag zu Tag unruhiger. Er ließ die Wände der Säulenhallen, in denen er immer seine Spaziergänge machte, mit Spiegelstein verkleiden, damit er in den sich darin spiegelnden Bildern rechtzeitig bemerke, was hinter seinem Rücken vor sich gehe. Die meisten Gefangenen verhörte er nur geheim und ganz allein, wobei er ihre Ketten in der Hand hielt. Um seine Dienerschaft davon zu überzeugen, dass man es selbst dann nicht wagen dürfe, seinen Herrn zu töten, wenn auch ein gutes Beispiel vorliege, verurteilte er seinen Sekretär Epaphroditus[63] zum Tode, weil man glaubte, er sei Nero, als ihn alle schmählich im Stich gelassen hatten, bei dessen Selbstmord behilflich gewesen.

15 (1) Schließlich ließ er seinen Vetter Flavius Clemens[64], dessen Trägheit äußerst verächtlich war, nur auf einen winzigen Verdacht hin fast noch während seiner Zeit als Konsul aus dem Weg räumen. Dessen damals noch recht junge Söhne hatte er öffentlich zu seinen Nachfolgern bestimmt [durch Adoption]. Sie hatten auf seine Veranlassung hin ihre früheren Namen abgelegt, und der eine wurde Vespasian, der andere Domitian genannt. Besonders durch diese Tat hat er sein vorzeitiges Ende nur noch beschleunigt.

(2) In den folgenden acht Monaten sind so viele Einschläge von Blitzen gemeldet worden, dass er ausrief: »Er [Iuppiter] soll nur treffen, wen er will.« Der Blitz schlug ins Kapitol ein, in den Tempel des flavischen Geschlechtes, ebenso in den Palast, sogar in sein eigenes Schlafzimmer. Ja, es wurde sogar die Inschrift vom Sockel der anlässlich seines Triumphes errichteten Statue von einem Sturm losgerissen, und sie fiel auf ein Denkmal, das daneben stand. Der Baum, der, als Vespasian

noch Privatmann war, umgestürzt war und sich wieder aufgerichtet hatte,[65] stürzte damals plötzlich wieder um. Die Fortuna von Praeneste[66], unter deren Schutz er während seiner gesamten Regierungszeit jedes neue Jahr stellte, hatte ihm regelmäßig ein glückverheißendes Orakel und immer dasselbe verkündet, beim letzten Mal aber verhieß sie ganz und gar nichts Gutes, es war sogar von Blut die Rede.

(3) Er träumte, dass Minerva, die er abergläubig verehrte, ihr Heiligtum verlasse, und dabei schien sie ihm zu sagen, dass sie ihn nicht mehr beschützen könne, da Iuppiter ihr die Waffen weggenommen habe. Doch nichts hat ihn derart bewegt wie die Antwort und das Schicksal des Astrologen Ascletario. Diesen hatte man denunziert, und er stritt auch nicht ab, dass er das, was er aufgrund seiner wissenschaftlichen Kenntnisse vorhergesehen habe, auch verbreitet hatte. Da wollte Domitian wissen, welcher Tod auf ihn warte. Als er versicherte, er werde bald von Hunden zerfleischt werden, ließ Domitian ihn zwar ohne Aufschub töten, ordnete aber auch an, ihn sehr sorgfältig zu begraben, um so seine Wissenschaft des Schwindels zu überführen. Als man dem Befehl nachkam, erhob sich plötzlich ein Sturm, und der warf den Scheiterhaufen um, und Hunde zerfleischten den halbverbrannten Leichnam. Dies wurde ihm beim Essen von dem Mimen Latinus, der durch die Fügung des Schicksals dort vorbeigegangen war und alles mit angesehen hatte, neben anderem Tagesklatsch erzählt.

16 (1) Als man ihm am Tag, bevor er umkam, eine Art Äpfel anbot, befahl er, diese für den nächsten Tag aufzuheben, und setzte hinzu: »Falls ich sie dann noch genießen kann.« Dann drehte er sich zu denen um, die ihm sehr nahe standen, und sagte, am nächsten Tag werde sich der Mond im Sternbild des Wassermanns blutrot färben,[67] und es werde etwas getan werden, worüber die Menschen auf der ganzen Welt sprechen würden. Um Mitternacht aber schreckte er, völlig aus der Fassung gebracht, auf und sprang von seinem Bett hoch. In der Früh verhörte er dann einen aus Germanien geschickten Eingeweideschauer[68], der, als man ihn über einen Blitz befragte, eine Veränderung im Staat voraussagte. Er verurteilte ihn zum Tode. (2) Als er eine Warze auf der Stirn, die sich entzündet hatte, zu sehr kratzte, strömte das Blut hervor. Er sagte: »Hoffentlich passiert weiter nichts!« Hierauf erkundigte er sich nach der Zeit, man sagte ihm absichtlich, es sei die sechste Stunde statt der fünften [12 statt 11 Uhr], da er vor der fünften Stunde Angst hatte. Darüber freute er sich, so als ob die Gefahr nun vorüber wäre, und eilte fort, um den Körper pflegen zu lassen. Sein Kammerdiener Parthenius[69] rief ihn zurück und meldete, es sei jemand mit einer bedeutenden Nachricht da, die keinen Aufschub zulasse. Deshalb schickte er alle fort und zog sich in sein Schlafzimmer zurück. Dort wurde er ermordet.

17 (1) Darüber, wie diese hinterlistige Ermordung abgelaufen ist, wurde ungefähr Folgendes bekannt: Die Verschworenen waren noch unschlüssig, wann und wie sie über ihn herfallen sollten; sollten sie abpassen, wenn er badete oder wenn er zu Tisch war? Da bot Stephanus, der Verwalter Domitillas[70], der damals angeklagt war, Gelder veruntreut zu haben, seinen Rat und seine Hilfe an. Für einige Tage verband er sich mit Wollbinden den linken Arm, so als ob er verletzt wäre, um keinen Verdacht aufkommen zu lassen. Zu der bestimmten Stunde steckte er dort einen Dolch hinein. Dann gab er an, den Beweis für eine Verschwörung zu haben. Deswegen ließ man ihn vor, und er stieß dem Kaiser, während der das Schriftstück, das er ihm übergeben hatte, las und wie vom Donner gerührt dasaß, den Dolch in den Unterleib. (2) Obwohl er verwundet war, leistete Domitian noch Widerstand, als der Gefreite Clodianus und Maximus, ein Freigelassener des Parthenius, Satur, der Oberkammerdiener, und einige aus der Gladiatorenschule auf ihn losgingen und ihn mit sieben Hieben niedermetzelten. Ein Junge, der wie üblich seinen Dienst beim Larenschrein im Schlafzimmer versah und bei der Ermordung dabei war, erzählte ferner Folgendes: Ihm sei von Domitian gleich bei der ersten Verwundung befohlen worden, einen unter dem Kopfkissen verborgenen Dolch hervorzuholen und die Diener zu rufen; er habe aber am Kopfende nur den Griff eines Dolches entdeckt, und außerdem habe er alle Türen verschlossen vorgefunden. Domitian habe inzwischen Stephanus gepackt und ihn zu Boden gerissen; lange habe er mit ihm gerungen und versucht, ihm bald die Waffe zu entwinden, bald die Augen auszukratzen, obwohl seine Finger zerschunden waren.

(3) Domitian wurde am 18. September ermordet, im Alter von 44 Jahren und in seinem 15. Regierungsjahr.[71] Sein Leichnam wurde auf einer einfachen Bahre von Leichenträgern hinausgetragen, und seine Amme Phyllis feierte auf ihrem Landgut, das nahe bei der Stadt an der Latinischen Straße lag, seine Leichenfeier. Seine Überreste brachte sie heimlich in den Tempel des flavischen Geschlechts und vermischte sie mit der Asche der Iulia[72], der Tochter des Titus, die sie auch aufgezogen hatte.

18 (1) Domitian war groß und schlank. Von den Gesichtszügen her wirkte er bescheiden. Sein Gesicht war gerötet[73]. Er hatte große Augen, aber seine Sehkraft war ziemlich schwach. Sein ganzer Körper war besonders in seiner Jugend schön und sah gut aus, ausgenommen die Füße, deren Zehen zu kurz waren. Später büßte er seine Schönheit ein durch eine Glatze, einen dicken Bauch und zu dünne Beine; doch die waren erst durch eine lange Krankheit sehr dünn geworden.

(2) Er wusste genau, dass seine schüchterne Miene ihn beliebt machte, so dass er sich einmal vor dem Senat brüstete: »Bis heute habt ihr doch wenigstens meine Gesinnung und meinen Gesichtsausdruck gutgeheißen.« Seine Kahlköpfigkeit

verdross ihn so, dass er sich persönlich beleidigt fühlte, wenn man im Scherz oder im Streit einem anderen diesen Mangel vorwarf. Und doch ließ er in der von ihm verfassten Schrift *Die Haarpflege*, die er einem Freund gewidmet hatte, um sich und ihn zu trösten, einfließen: »Siehst du nicht, wie ich selber so schön und groß an Gestalt bin?[74] Und doch erwartet meine Haare dasselbe Schicksal, und ich trage es tapfer, dass mein Haar schon in der Jugend ausgeht. Wisse, dass nichts angenehmer ist und auch nichts schneller vergeht als die Schönheit.«

19 Anstrengung hasste er, ungern ging er in der Stadt zu Fuß. Auf Feldzügen und Märschen saß er recht selten zu Pferd, sondern ließ sich fast immer in der Sänfte tragen. Für Waffen hatte er kein Interesse, ganz besonders aber interessierte er sich für das Bogenschießen. Auf seinem Sommersitz in den Albaner Bergen erlegte er oft Hunderte der verschiedensten Tiere, das haben eine Reihe von Leuten auch gesehen. Er zielte manchmal sogar absichtlich so auf ihren Kopf, dass aus zwei Treffern sozusagen zwei Hörner erwuchsen. Manchmal musste sich ein Knabe in einiger Entfernung aufstellen und die rechte Hand mit gespreizten Fingern als Zielscheibe hinhalten, und er schoss seine Pfeile so kunstfertig, dass alle durch die Lücken zwischen den Fingern flogen, ohne sie zu verletzen.

20 Zu Beginn seiner Regierung kümmerte er sich wenig um die freien Künste[75]; doch die durch einen Brand zerstörten Bibliotheken ließ er mit sehr großem Aufwand wieder herrichten; er holte von überall her Exemplare zusammen und schickte Leute nach Alexandria, die Texte kopieren und ausbessern sollten. Dennoch hat er sich nie die Mühe gemacht, sich mit der Geschichte, der Dichtkunst und den unentbehrlichen stilistischen Regeln vertraut zu machen. Außer den privaten Memoiren und den Akten des Kaisers Tiberius las er nichts.[76] Seine Briefe, Reden und Edikte fassten andere ab. Dennoch zeigte er sich im Gespräch nicht unelegant, manchmal machte er sogar einen bemerkenswerten Ausspruch; er sagte einmal: »Ich wollte, ich wäre so schön, wie Maecius zu sein glaubt.« Und über das Haar eines Mannes, das eine ins Weiße übergehende rötliche Tönung hatte, sagte er, es sei wie Schnee, über den man Honigmet gegossen habe.

21 Er pflegte auch zu sagen, dass die Lage der Fürsten sehr erbärmlich sei, da man ihnen eine entdeckte Verschwörung erst dann glaube, wenn sie umgebracht worden seien.

Alle seine Mußestunden füllte er mit dem Würfelspiel aus, auch die an Werktagen und die in den frühen Morgenstunden. Am Vormittag pflegte er zu baden, am Mittagstisch aß er sich so satt, dass er beim Abendessen kaum mehr als einen Matiusapfel[77] und einen bescheidenen Trunk aus einem Krug zu sich nahm. Oft und reichlich speiste er in Gesellschaft, aber solche Gelage waren fast immer schnell zu Ende. Sie dauerten jedenfalls nie länger als bis zum Sonnenuntergang, und es wurde danach auch nicht gezecht. Denn bis zur Schlafenszeit ging er nur noch spazieren, und zwar allein und fern von allem.

22 Domitian war von übermäßiger Wollust; seinen fortgesetzten Beischlaf nannte er, wie wenn es eine sportliche Übung sei, »Bettgymnastik«. Man sagte auch, er enthaare seine Liebchen selbst und schwimme mit den gemeinsten Dirnen. Die Tochter seines Bruders[78] war ihm als ganz junges Mädchen zur Ehe angetragen worden, er wies sie aber sehr hartnäckig zurück, da er noch völlig im Banne seiner Domitia stand. Wenig später, als sie einem anderen zur Frau gegeben war, verführte er sie – und damals lebte Titus noch. Als sie dann ohne Vater und Mann dastand, liebte er sie leidenschaftlich und hielt das auch nicht geheim. Er trug auch Schuld an ihrem Tod, denn er hat sie gezwungen, das Kind, das sie von ihm empfangen hatte, abzutreiben.

23 (1) Die Ermordung Domitians nahm das Volk gleichgültig hin, die Soldaten trugen sehr schwer daran, sie versuchten sofort, ihn den »Göttlichen« zu nennen, und waren sogar bereit, ihn zu rächen, wenn es nicht an Führern gefehlt hätte. Sie haben dies wenig später durchgesetzt, indem sie unnachgiebig die Bestrafung der Mörder verlangten. Die Senatoren hingegen waren so froh, dass sie um die Wette ins Rathaus liefen und nicht an sich halten konnten, den toten Kaiser mit den schmachvollsten und bittersten Beschimpfungen zu verunglimpfen;[79] sie befahlen, auch Leitern hereinzubringen und seine Ehrenschilde und Bildnisse vor aller Augen herunterzureißen und auf den Boden zu schmettern. Zuletzt beschloss der Senat, überall auf Inschriften seinen Namen auszutilgen und jedes Gedenken an ihn auszulöschen.

(2) Wenige Monate bevor er ermordet wurde, hat eine Krähe auf dem Kapitol gekrächzt: »Es wird alles gutgehen.« Und es fand sich jemand, der dieses Vorzeichen so auslegte: »Neulich konnte die Krähe, die oben auf dem Tarpeischen Felsen gesessen ist, nicht sagen: ›Es geht gut!‹, und so sagte sie: ›Es wird sein!‹«[80]

Man sagt, dass auch Domitian selbst geträumt habe, es sei ihm hinten aus dem Nacken ein goldener Buckel gewachsen und er habe es als Zusicherung genommen, dass nach ihm der Staat glücklicher und besser dastehen werde. Und ganz genau so ist es ja kurz danach eingetreten durch die Selbstbeschränkung und die Milde der Kaiser, die auf ihn folgten.[81]

Zu dieser Ausgabe

Die Übersetzungen und die zugehörigen Anmerkungen stammen von Dietmar Schmitz (Caesar, Augustus), Ursula Blank-Sangmeister (Tiberius, Caligula, Claudius, Galba, Otho, Vitellius), Marion Giebel (Nero) und Hans Martinet (Vespasian, Titus, Domitian). Die Anmerkungen wurden für diese Gesamtausgabe leicht überarbeitet. Kurze Erläuterungen wurden in eckigen Klammen in die Übersetzung integriert.

Erläuterungen zu Eigennamen finden sich außer in den Anmerkungen auch im Verzeichnis der Eigennamen (S. 591 ff.).

Maße und Gewichte sind auf S. 590 aufgeführt.

Die »Vita des göttlichen Iulius« wird im Folgenden, wie gemeinhin üblich, mit »Caes.« abgekürzt.

Die Übersetzungen stützen sich auf die Ausgabe: C. Suetoni Tranquilli Opera. Vol. 1. De vita Caesarum Libri VIII. Hrsg. von M. Ihm. Leipzig: Teubner, 1908/1933. Neudr. Stuttgart 1958.

An folgenden Stellen legen die Übersetzungen eine von der Ausgabe Ihms abweichende Lesart zugrunde:

	Ihm	*Reclam*
Caes. 18,1	prouinciae or[di]narentur	provincia ornaretur
Caes. 20,1	primus omnium	primum omnium
Caes. 20,5	⟨indicem …⟩	⟨indicem subornavit Vettium…⟩
Caes. 22,2	responderit	responderet
Caes. 24	perfecitque †utrumque	perfecitque per utrumque
Caes. 56,7	et † aituero	et a puero
Caes. 60	quantum ⟨…⟩ hostem	quantum ⟨auferre calamitas posset. Nullum umquam…⟩ hostem
Caes. 84,2	Acili	Atilii
Caes. 86,1	† adinspectantium	adsectantium
Aug. 53,2	adoperta	adaperta
Tib. 2,1	†Tibus Nero	Tib⟨eri…⟩us Nero

Tib. 2,2	Claudius †Drusus	Claudius Russus
Tib. 5	per bellum Philippense	post bellum Philippense
Tib. 21,4	ἐμοὶ καὶ ταῖς †μουιcacaicτ στρατηγῶν	ἐμοὶ καὶ ταῖς Μούσαις στρατηγῶν
Tib. 21,5	ordinem aestiuorum tuorum ego uero ⟨...⟩	Ordinem aestivorum tuorum ego vero laudo
Tib. 43	quae palam	ob quae
Tib. 45	unde mora	Unde vox
Tib. 52,3	nisi ea secreto ostentant ⟨...⟩ quae multifariam inscriptum	nisi ea secreto ostentanti auferenda ipsumque iugulandum curasset. Propter quae multifariam inscriptum
Tib. 72,1	naumachiae	Naumachiae
Cal. 12,1	Seiano † ueto suspecto	Seiano hoste suspecto
Cal. 24,3	conscias ei nec solum	conscias. Nec solum
Cal. 25,3	dignatus est † quam enixam	non prius dignatus est quam enixam
Cal. 26,5	† quoque paegnaris	proque paegniariis
Claud. 4,7	constituerit et reliquerit	constituerit, qui reliquerit
Claud. 6,2	resarsurum	resarturum
Claud. 11,2	† a fratris memoria per omnem occasionem celebratam	Ad in fratris memoriam per omnem occasionem celebrandam
Claud. 11,3	uetuit	⟨non...⟩ vetuit
Claud. 20,1	Opera magna potius † necessaria multa	Opera magna potius ac necessaria
Claud. 27,1	Drusum † pompeium puberem amisit	Drusum prope iam puberem amisit
Claud. 27,2	inque secundo consulatu, natum sibi	† inque secundo consulatu natum sibi †
Claud. 30,1	defuit † et ueterum stanti	defuit ei, verum stanti
Claud. 42,2	additum ex ipsius nomine ⟨nouum...⟩	⟨novum...⟩ additum ex ipsius nomine ⟨appellatum...⟩
Claud. 44,1	arguebant	urguebant

Ner. 6,4	ad †eosdem dracone	eosdem dracone
Ner. 35,2	fingeret †dolo	fingeret dolo
Vesp. 1,2	Manebantque imagines	monent hodieque imagines
Vesp. 4,6	ut primum prouinciam attigit	ut primum provinciam suam attigit
Vesp. 12	potestatem ⟨…⟩ patris patriae	potestatem statim nec patris patriae
Vesp. 15	umquam ⟨…⟩ iustis	umquam laetatus iustis
Vesp. 22	semper alias	super aleam
Tit. 8,4	nihil publice nisi perisse	nihil nisi publice perisse

Anmerkungen

Der göttliche Iulius

1 Der Anfang der Caesar-Vita ist offenbar verloren gegangen – als Subjekt wurde in der Übersetzung Caesar ergänzt. Wittstock, S. 472, vermutet sogar, dass nur Widmung und Titel fehlen, der Text sonst aber vollständig überliefert sei.

2 Die Römer kannten für einzelne Götter bestimmte Priester; als die wichtigsten Priester wurden die *flamines Dialis*, *Martialis* und *Quirinalis* angesehen, auch als *flamines maiores* bekannt; geringere Bedeutung und weniger Ansehen besaßen die *flamines minores*: *Volcanalis, Volturnalis, Palatualis, Furrinalis, Floralis, Carmentalis, Cerialis, Pomonalis.* Als *flamines maiores* kamen nur Patrizier infrage, für die anderen Priesterämter konnten sich während der Republik Plebejer bewerben, in der Kaiserzeit Mitglieder des Ritterstandes. Während genaue Angaben über die Pflichten und Rechte der *flamines minores* fehlen und auch Informationen über die Aufgaben der *flamines maiores* spärlich sind, haben wir aufgrund der Überlieferungslage ziemlich exakte Vorstellungen über den Priester des Iuppiter (*flamen Dialis*). Dieser war rein äußerlich an seiner Kleidung zu erkennen, die er täglich tragen musste (*cotidie feriatus*). Da er einer besonders sakrosankten Ehe (*confarreatio*) entstammen musste, war er auch selbst gezwungen, die Ehe besonders zu achten; der *flamen Dialis* war verheiratet und durfte sich nicht scheiden lassen, sonst verlor er das Amt, auch beim Tod seiner Gattin. An festgelegten Tagen hatte er speziell ausgewählte Tiere zu opfern. Obwohl der Amtsinhaber in hohen Ehren stand, wurde das Amt in der späten Republik nicht besonders erstrebt, weil nicht gleichzeitig ein politisches Amt bekleidet werden durfte.

3 Bis zum 17. Lebensjahr trugen die Jungen die sog. *praetexta*, eine purpurverbrämte Toga.

4 L. Cornelius Cinna war der wohl bedeutendste Träger dieses Namens; 88 war er gemeinsam mit Q. Caecilius Metellus Pius siegreich über die Marser. Ab 87 war er fortlaufend bis 84 Konsul, ein Tatbestand, der gegen die römische Verfassung verstieß; vgl. dazu Bleicken, S. 76 ff. Während einer Meuterei fand Cinna 84 v. Chr. den Tod.

5 Das Bild des L. Cornelius Sulla vermittelt recht anschaulich der Geschichtsschreiber Sallust in Iug. 95,3. Sulla hat durch seine charakterlichen Eigenschaften, durch sein Auftreten in der Öffentlichkeit und durch seine Aktivitäten im privaten und öffentlichen Bereich sehr nachhaltig auf Caesar gewirkt. Vgl. dazu Meier, S. 94 ff. – Zum Begriff *dictator* vgl. Anm. 22.

6 Ob es sich hier um Malaria handelt, ist nicht ganz sicher.

7 Vgl. Plut. Caes. 1; Vell. Pat. 2,41,2.

8 Unter lat. *contubernium* verstand man jede Art von Zelt-, Haus- oder Lebensgemeinschaft; es bezog sich auf das Lagerzelt und die darin wohnenden Soldaten. Vgl. die Studie von L. Friedl, *Der Konkubinat im kaiserzeitlichen Rom. Von Augustus bis Septimius Severus*, Stuttgart 1996.

9 Vgl. Aur. Vict. 78: Er reiste als Gefährte des Thermus nach Kleinasien.

10 Vgl. W. T. Arnold, *The Roman System of Provincial Administration to the Accession of Constantine the Great*, Rom [3]1968, S. 46 ff.

11 Die Römer haben sowohl für militärische als auch für nichtmilitärische Verdienste Kränze verliehen; die Bürgerkrone, ein Eichenkranz, wurde verliehen, wenn ein Bürger einen anderen Bürger gerettet hatte; wenn er mehrere Mitbürger vor Gefahren bewahrt hatte, bekam er die *corona obsidionalis* (vgl. Plin. nat. 22,6).

12 Dieser berühmte Redelehrer und Grammatiker wirkte vor allem auf Rhodos, obwohl er aus Alabanda in Mittelkarien (Kleinasien) stammte. Er lebte im 2./1. Jh. v. Chr., führende Römer wie Caesar und Cicero studierten bei ihm. Cicero hat ihn in seiner rhetorischen Schrift *Brutus* verewigt (245; 307 ff.). Nach seinen Worten war Molon als Anwalt vor Gericht tätig und verfasste auch Reden für andere, darüber hinaus war er vor allem in der Lage, bei anderen Fehler zu korrigieren. Molon vertrat eher die attische Stilrichtung, die einen gemäßigten Stil bevorzugt, im Gegensatz zum Asianismus, der durch einen schwülstigen und überladenen Stil geprägt ist. Diese Einstellung wirkte sich auch auf Schüler wie Caesar und Cicero aus.

13 Dies war der Beginn des sog. Dritten Mithridatischen Krieges (74–63 v. Chr.), in dem Mithridates zunächst Bithynien besetzen konnte, dann aber 74/73 bei Kyzikos besiegt wurde. Daraufhin flüchtete er

zu König Tigranes nach Armenien. Schließlich zog Licinius Lucullus siegreich bis Pontos und Armenien. Vgl. H. Bengtson, *Römische Geschichte. Republik und Kaiserzeit bis 284 n. Chr.*, München [5]1985, S. 169 ff.

14 Seit 133 v. Chr. umfasste die Provinz Asia das Reich von Pergamon, das der letzte König, Attalos III., den Römern vererbte. Vgl. Liv. per. 58 f. Die Provinz Asia galt als sehr vermögend, und so ließen es sich die römischen Steuerpächter der republikanischen Zeit nicht nehmen, sich gründlich auf Kosten der Bewohner zu bereichern. Vgl. Hor. carm. 1,11–14.

15 L. Cornelius Cinna, Sohn des gleichnamigen berühmten Gegners Sullas, kämpfte ebenfalls gegen Sulla. Er bekleidete 44 v. Chr. das Amt des Prätors. Obgleich er nicht zu den Verschwörern gegen Caesar zählte, äußerte er sich am Tag der Ermordung seines Schwagers Caesar so negativ über diesen, dass das Volk ihn mit dem Volkstribunen C. Helvius verwechselte und erschlug. Vgl. Anm. 4 und Shakespeare, *Julius Caesar*, 3. Akt, 3. Szene.

16 »i. J. 70 brachte der Volkstribun Plautius ein Gesetz ein, das den Anhängern des Lepidus, die zu Sertorius geflohen waren, gestattete, nach Rom zurückzukehren« (Martinet, S. 1007, Anm. z. St.).

17 Caesar war 69 v. Chr. Quästor und übte dieses Amt in der Provinz Hispania ulterior (Südspanien) aus. Vgl. Meier, S. 181 f. – Zur Leichenrede allgemein vgl. Suet. Aug. Anm. 15.

18 Die Genealogie der Iulier ist folgendermaßen zu erklären: Der Stammvater der Römer, Aeneas, ist ein Sohn der Venus; von Aeneas stammt wiederum Iulus ab, so dass auch die Etymologie klar wird.

19 Es handelte sich um den Bona-Dea-Kult; von den Geheimfeiern waren Männer grundsätzlich ausgeschlossen. Cicero berichtet mehrfach über das frevelhafte Verhalten des P. Clodius, der in Frauenkleidung das Haus Caesars betreten haben soll, um sich dessen Gattin nähern zu können (Cic. Att. 1,12–16; fam. 1,9). Auch Plutarch (Caes. 9 f.) und Cassius Dio (37,45 f.) erzählen Einzelheiten dieser Affäre.

20 Während des Bundesgenossenkrieges hatten zahlreiche italische Städte das römische Bürgerrecht erhalten; nun strebten auch die Städte im nördlichen Gebiet des Po (Gallia Transpadana) danach.

Mit der Verleihung des Bürgerrechts waren viele Vorteile verbunden, etwa auf dem Gebiet des Wahlrechts, des Ehe- und Vertragsrechts. Zur genauen Unterscheidung zwischen latinischem und römischem Recht vgl. Bleicken, S. 18 ff. und 203 ff.

21 Hierbei handelt es sich um einen Neffen des berühmten Sulla. Der jüngere Sulla trat auch sonst unangenehm in Erscheinung: Nach Ciceros Worten (off. 2,29) hat er sich durch billige Grundstückskäufe bei den Proskriptionen bereichert. Für 65 v. Chr. war er gemeinsam mit P. Autronius als Konsul für das folgende Jahr gewählt, wurde aber vom Sohn des durchgefallenen Mitbewerbers L. Manlius Torquatus wegen Wahlbestechung angeklagt und konnte daher – wie auch P. Autronius – sein Amt nicht antreten. Über die Rolle der beiden, Sulla und Autronius, berichtet Sallust in Cat. 17 f.

22 Der Begriff *dictator* war zunächst nicht negativ aufzufassen, wie wir dies heute etwa tun; vielmehr handelte es sich um einen Notstandsbeamten, der nur in Krisenzeiten eingesetzt wurde, und zwar für einen Zeitraum von sechs Monaten. Die sonst so wichtigen Prinzipien der Kollegialität oder des Vetorechts eines Kollegen wurden außer Kraft gesetzt, um den Diktator nicht zu behindern. Bei der Diktatur konnte es sich um ein militärisches Kommando, aber auch um einen zivilen Auftrag handeln. Weitere Einzelheiten vgl. Bleicken, S. 90–93.

23 Ein weitgehend unbekannter Historiker der späten Republik, den offensichtlich ebenfalls Plutarch (Caes. 22,3) und Seneca (epist. 93,11) erwähnen. Sein Geschichtswerk *Historia* soll caesarfeindlichen Charakters gewesen sein. Vgl. R. Syme, *Sallust*, Darmstadt 1975, S. 94.

24 M. Calpurnius Bibulus war Amtskollege Caesars als Ädil 65, Prätor 62 und Konsul 58 v. Chr.; er war Schwiegersohn des jüngeren Cato. Ab dem Jahr 59 war er ein erbitterter Feind Caesars. Cicero beschreibt seine rednerischen Fähigkeiten in seiner Schrift *Brutus* 267. Bibulus starb, als er Caesar in Epirus blockierte, an Überanstrengung.

25 C. Scribonius Curio pater war 76 v. Chr. Konsul und verfasste einen caesarfeindlichen Dialog, den Cicero heftig kritisierte. Cicero schildert seine Unfähigkeiten im *Brutus* (216 ff.) recht ausführlich. – Der

im Folgenden erwähnte Brief Ciceros an Axius ist verloren gegangen.

26 Die *Ambrani*, sonst nicht bekannt, waren wohl ein germanischer Stamm. Gemeint sind vielleicht die *Ambrones*, die gemeinsam mit den Kimbern 120 v. Chr. nach Böhmen zogen und später mit den Helvetiern und Teutonen Italien bedrohten. Es handelt sich offensichtlich um einen Fehler in den überlieferten Handschriften. Die Einwohner von Gallia Transpadana hat Sueton bereits im 8. Kap. erwähnt; vgl. Anm. 20.

27 Auf der Nordseite des Forums befanden sich die 184 v. Chr. errichtete Basilica Porcia und die 179 v. Chr. erbaute Basilica Fulvia et Aemilia. Vgl. H. Jordan / Ch. Hülsen, *Topographie der Stadt Rom im Altertum*, 4 Bde., Berlin 1878–1907; S. B. Platner / Th. Ashby, *A Topographical Dictionary of Ancient Rome*, Oxford/London 1929; F. Coarelli, *Rom. Ein archäologischer Führer*, Freiburg i. Br. 1975.

28 Vielleicht die für die Spiele bestimmten Ausrüstungsgegenstände; vgl. Heinemann, S. 7, Anm. 3.

29 Hier drückt sich Sueton nicht ganz klar aus. Erst Octavian hat Ägypten zur römischen Provinz gemacht, und zwar 30 v. Chr. Dieses Land war seitdem persönliches Eigentum des Kaisers, der seine Interessen durch einen *praefectus Aegypti* wahrnehmen ließ. Es ist nur eine Wiederwahl bekannt (Flavius Philagrius, 334–337 n. Chr.). Als *trecenarius* zählte der Präfekt von Ägypten zu den Vertretern der höchsten Gehaltsgruppe der ritterlichen Amtsträger.

30 Sueton hat in diesem Punkt unrecht, da der Senat bis zum Jahr 59 v. Chr. Ptolemaios diesen Titel nicht gegeben hat (vgl. Caes. civ. 3,107,2). Dies war vielmehr der übliche Ausdruck für einen abhängigen König. Vgl. W. Dahlheim, *Struktur und Entwicklung des Völkerrechts im 3. und 2. Jh. v. Chr.*, München 1987, S. 203 ff., 252 ff.

31 Auch hierin irrt sich Sueton, zumindest was den Zeitpunkt anbetrifft. Die Vertreibung aus dieser Stellung fand nicht vor 58 v. Chr. statt (vgl. Cic. fam. 1,1–7).

32 Genauere Informationen liefert die von Cicero verfasste Rede *Pro Rabirio* (63 v. Chr.). Caesar hatte seinen Legaten T. Labienus aufgefordert, den Rabirius anzuklagen.

33 Es waren 37 Jahre.

34 Das römische Volk hatte sich das Recht erkämpft (wohl um 300 v. Chr.), dass ein römischer Bürger eine über ihn gefällte Todesstrafe der Volksversammlung zur genauen Untersuchung vorlegen durfte, was nicht selten zur Aufhebung des Urteils führte. Vgl. Bleicken, S. 141.

35 Gemeint ist Ägypten, welches aber zu diesem Zeitpunkt keine Provinz war; vgl. Anm. 29.

36 Bei den Römern waren sakrale und politische Aufgaben nicht einfach getrennt, und so verwundert es nicht, dass dem Pontifex Maximus sehr große politische Bedeutung zukam; zahlreiche Politiker strebten nach dieser einflussreichen Würde. Zu den Aufgaben und Pflichten der *pontifices* vgl. Bleicken, S. 182–188.

37 63 v. Chr., wahrscheinlich im August. Die Wahlen waren verschoben worden, aber nicht für sehr lange Zeit.

38 Diese Debatte fand am 5. Dezember statt; nähere Angaben dazu liefern Cic. Catil. 4, Att. 12,21 und Sall. Cat. 50–53.

39 D. Iunius Silanus (geb. um 107 v. Chr.) war 62 v. Chr. Konsul, gemeinsam mit L. Licinius Murena; auf der Senatssitzung vom 5. Dezember 63 sprach er als Erster und trat für die Exekution der Verschwörer ein. Danach wandte er sich aber gegen eine Exekution; seine Rolle in dieser Sache ist nicht ganz eindeutig.

40 M. Porcius Cato Uticensis (95–46 v. Chr.), Urenkel des M. Porcius Cato Censorinus, galt als überzeugter Republikaner und Vertreter der Senatsaristokratie sowie als ausgesprochener Feind Caesars. Über seine Rede sind wir durch Cicero (Att. 12,21), Plutarch (Cic. 21,2) und vor allem durch Sallust, der Catos Rede überliefert, sehr gut informiert (Cat. 52). Cato starb durch Freitod in Utica im April 46 v. Chr.; vgl. M. Gelzer, *Kleine Schriften*, Bd. 2, Wiesbaden 1963, S. 257–285; R. Syme, »Caesar und Cato«, in: R. S. (Anm. 23), S. 100–116.

41 1. Januar 62 v. Chr. (vgl. Cass. Dio 37,44,1).

42 Q. Lutatius Catulus war 78 v. Chr. Konsul und im Jahr von Caesars Prätur eine führende Persönlichkeit des Senats; im Jahr 63 war er Caesar bei der Bewerbung um das Amt des Pontifex Maximus unterlegen (vgl. Meier, S. 205 f.), und 62 demütigte Caesar ihn, indem er ihm nicht gestattete, von der Rednertribüne aus Rechenschaft

über den Wiederaufbau des kapitolinischen Tempels abzulegen; vgl. Meier, S. 229 f.

43 Der Tempel auf dem Kapitol war 83 v. Chr. einem Brand zum Opfer gefallen.

44 Es war üblich, dass sich die Konsuln bei Amtsantritt, d. h. am ersten Tag ihres Amtsjahres, in Begleitung der Senatoren zum Tempel des Iuppiter Capitolinus begaben, um ihm ihre Reverenz zu erweisen.

45 Dies wird Caesar gar nicht als Niederlage gesehen haben, da schließlich Catulus mit seinen Verdächtigungen auch keinen Erfolg gehabt hatte. Aus Caesars Perspektive hatte der Gesetzesantrag seinen Zweck erfüllt.

46 Q. Caecilius Metellus Nepos war Legat unter Pompeius in Kleinasien und Syrien; während seiner Amtszeit als *tribunus plebis* legte er 62 v. Chr. Widerspruch gegen Ciceros Rechenschaftsbericht ein und wurde gemeinsam mit L. Lentulus Spinther 57 Konsul. Er wird wohl bald nach 55 gestorben sein. Zum Wirken des Nepos im Jahr der Catilinarischen Verschwörung vgl. Meier, S. 225 ff.

47 Sueton berichtet als Einziger unter den Gewährsleuten, dass Caesar durch einen Beschluss des Senats seines Amtes enthoben worden sei.

48 Den höheren Magistraten standen in Rom und in den Provinzen Amtsdiener zur Verfügung; ob diese eher militärische oder administrative Funktionen hatten, ist bis heute nicht ganz klar. Die Liktoren trugen die Rutenbündel (*fasces*) mit Richtbeil als Zeichen der Amtsgewalt römischer Magistrate voran. Nach Sueton modifizierte Caesar dies, indem die Liktoren des Konsuls, der gerade nicht amtierte, hinter diesem herschreiten mussten. Während der Republik erhielten die Konsuln zwölf, die Prätoren sechs Liktoren als Begleiter. Die Aufgaben der Liktoren waren vielfältig; sie sollten dem Amtsträger etwa in der Öffentlichkeit Platz schaffen oder ihn zum Bad bzw. ins Theater begleiten. Vgl. P. Grimal, *Römische Kulturgeschichte*, München/Zürich 1961.

49 Novius Niger ist wohl als *quaesitor*, nicht jedoch als *quaestor* anzusehen; jedenfalls ist nicht überliefert, dass ein Quästor bei den *quaestiones perpetuae* irgendwelche Aufgaben der Jurisdiktion wahrnehmen durfte. Heinemann verwendet in seiner Übersetzung

für *quaestor* einmal den Begriff »Untersuchungsrichter«, einige Zeilen weiter »Quästor«, was sachlich nicht möglich ist. Man wird wohl von einem Schreibfehler ausgehen müssen, da Novius als *quaestor* die von Sueton geschilderten Maßnahmen schwerlich hat ergreifen können.

50 L. Vettius, ein römischer Ritter, galt als bekannter Denunziant, der zunächst die Sache des Catilina unterstützt hatte, dann aber zu dessen Gegnern überlief. Cicero benutzte ihn als Hauptbelastungszeugen gegen die Verschwörer (Cic. Att. 2,24,2). Schließlich starb er im Gefängnis, wobei Caesar wohl als Auftraggeber für einen Mord anzusehen ist, während offiziell von Selbstmord gesprochen wurde. Vgl. Meier, S. 274 f.

51 Es handelt sich offensichtlich um den Q. Curius, der aus dem Senat verstoßen wurde und dann Anhänger Catilinas wurde; Sallust berichtet (vgl. Cat. 23,2; 26,3; 28,2), Curius habe über seine Geliebte Fulvia Informationen über die Verschwörung an Cicero vermittelt.

52 Nach Beendigung des einen Amtes und vor Antritt des nächsten hätte Caesar als Privatmann gegolten, ein Umstand, der den Gegnern die Möglichkeit eingeräumt hätte, gegen ihn gerichtlich vorzugehen. Dem wollte sich Caesar durch einen rechtzeitigen Abgang entziehen.

53 Cicero verhielt sich 50 v. Chr. (vgl. Att. 6,6,3) genauso. Sullas Verordnungen bestimmten, dass die Statthalter 30 Tage nach der Ankunft ihres Nachfolgers das Gebiet zu verlassen hatten; allerdings war es offensichtlich nicht verboten, vorzeitig abzureisen.

54 Zu diesem Zweck musste sich Caesar unbedingt nach Rom begeben, da nur dort eine Bewerbung möglich war.

55 Die Komitien stellten eine Versammlung des römischen Volkes dar, die von den zuständigen Magistraten einberufen wurde; das Volk stimmte nach Kurien, Zenturien oder Stadtbezirken ab, und zwar, um Gesetze und Verordnungen zu beschließen oder zu verwerfen, oder auch, um die Konsuln zu wählen. Zu Einzelheiten vgl. Bleicken, S. 96–108 und 139 ff.

56 Vgl. dazu Plut. Caes. 13,1: »Ein römischer Feldherr, welcher Anspruch auf den Triumph erhob, durfte vor seinem feierlichen Ein-

zug die Stadt nicht betreten, andererseits hatten die Anwärter auf das Konsulat ihre Bewerbung persönlich vorzubringen.«

57 Plutarch berichtet jedoch, dass Caesar große Unterstützung fand, dass sich Cato aber seinen Bitten energisch widersetzt habe; vgl. Plut. Caes. 13,2.

58 L. Lucceius, ein enger und reicher Freund Ciceros ungefähr gleichen Alters, klagte 64 v. Chr. den Catilina an, fiel aber bei der Bewerbung um das Konsulat durch, obwohl er sich mit Caesar verbündet hatte. Er zog sich daraufhin aus dem politischen Leben zurück und verfasste ein Geschichtswerk über den Bundesgenossenkrieg und den Bürgerkrieg; vgl. Cic. fam. 5,12,2.

59 M. Calpurnius Bibulus war Caesars Amtskollege während der Ädilität (65 v. Chr.), der Prätur (62) und des Konsulats (59). Die Geschichtsschreiber wissen von einem sehr gespannten Verhältnis zwischen beiden Konsuln, was dazu führte, dass Bibulus sich bald ganz von den Amtsgeschäften zurückzog und Caesar faktisch allein alle wichtigen Entscheidungen traf. Die Meinungen über ihn waren in der Antike unterschiedlich, je nach politischem Standpunkt des Beurteilers.

60 Diese sehr alte Aufgabe der Konsuln beschränkte sich auf Italien und galt nicht für die Provinzen.

61 Pompeius war es gelungen, nach Afrika und Spanien auch Siege in Asien zu erringen; er hatte die Seeräuberplage beseitigt und einige Reiche im Osten erobert. Dafür war ihm Ende September 61 ein Triumph zugesprochen worden, der zwei Tage dauerte, da ein großer Teil der Beute und sehr viele Tafeln gezeigt wurden, auf denen die besiegten Länder und Völker verzeichnet waren: »Pontos, Armenien, Paphlagonien, Kappadokien, Medien, Kolchis, die Iberer, die Albaner, Syrien, Kilikien, Mesopotamien, Phoenikien und Palaestina, Judaea, Arabien und die Gesamtheit der Seeräuber, die er zu Wasser und zu Lande niedergekämpft hatte« (Meier, S. 227 f.). Pompeius war es 66 v. Chr. gelungen, das ausgehungerte Heer des Mithridates zu vernichten; zwar konnte Mithridates fliehen, es wurde aber ein sehr hohes Kopfgeld ausgesetzt, und daher befahl er in seiner ausweglosen Lage einem keltischen Söldner, ihn zu erstechen, da Gifte bei ihm wegen seiner Immunisierungen keine Wirkungen zeigten. Er galt bei den Römern als grausam und hinterlistig

und als Kenner der römischen Innenpolitik, deren Probleme er gnadenlos auszunutzen suchte.

62 Zwar hatte Pompeius in seinem Gebiet das Recht, Verfügungen zu erlassen, die auch Auswirkungen auf die zukünftige Verwaltungsstruktur des eroberten Gebietes hatten, doch musste der Senat diese Verfügungen bestätigen; in diesem Fall zögerten die Senatoren, weil sie ihn nicht zu mächtig werden lassen wollten.

63 Crassus und Pompeius waren 70 v. Chr. Konsuln. Auch in der Folgezeit kam es immer wieder zu erheblichen Meinungsverschiedenheiten; vgl. Plut. Lucull. 42,5–6.

64 Dieses Bündnis ist unter der Bezeichnung »erstes Triumvirat« in die Geschichte eingegangen, offiziell geschlossen 60 v. Chr. Über den genauen Zeitpunkt der Absprache sind sich die Historiker in der Antike uneins gewesen; vgl. Plut. Caes. 13 f.; Cic. Att. 2,3,3; Cass. Dio 37,58,1.

65 Vgl. W. Riepl, *Das Nachrichtenwesen bei den Griechen und Römern*, Leipzig 1913 (Neudr. Hildesheim 1972).

66 Vgl. Anm. 48.

67 Gemäß der *lex agraria Iulia* sollte der gesamte Staatsgrund mit Ausnahme von Kampanien auf Proletarier und Veteranen verteilt werden. Cassius Dio berichtet darüber ausführlich (38,1–7). Zu diesem Zeitpunkt war der andere Konsul praktisch von der Macht ausgeschlossen, da er sich einer neuen Taktik, nämlich der des Boykotts, bediente. Vgl. dazu Meier, S. 264 ff.

68 Bibulus hatte sich daran gewöhnt, täglich den Himmel zu beobachten, um zu prüfen, ob ungünstige Vorzeichen zu erkennen waren; somit rückte er seine ablehnende Haltung in die Sphäre des Religiösen, was wirksamer war als etwa eine Interzession; vgl. Meier, S. 265.

69 In der Regel trugen die Römer während der Zeit der ausgehenden Republik drei Namen: den Vornamen (*praenomen*), den Gentil- oder Geschlechtsnamen (*nomen gentile*) und den Beinamen (*cognomen*). Gerade bei der Wahl der *cognomina* bewiesen die Römer Phantasie und Witz; sie orientierten sich an Merkmalen, wählten Spitznamen (*Pansa* – »Plattfuß«; *Flaccus* – »Schlappohr«; *Cicero* – »Kichererbse«).

70 Im Unterschied zur bei uns praktizierten Finanzverwaltung, die die Steuern für den Staat durch Finanzbeamte erhebt, verzichtete der römische Staat in republikanischer Zeit auf die eigene Eintreibung und beauftragte damit Personen, die mit dem *publicum*, also dem Staat, in geschäftliche Verbindung traten. Diese *publicani* waren an öffentlichen Lieferungen beteiligt, an der Pacht des staatlichen Besitzes usw. Solche Generalpächter mussten an den Staat gewisse Summen abführen, der somit über regelmäßige Einkünfte verfügte, sie nahmen aber häufig überhöhte Geldsummen, vor allem in den Provinzen, um sich auf diese Weise zu bereichern. In der Regel gehörten die *publicani* dem Ritterstand an, auch wenn es außer den Senatoren allen Bürgern erlaubt war, auf diesem Gebiet Geschäfte zu treiben. Vgl. M. Rostowzew, *Die Geschichte der Staatspacht in der römischen Kaiserzeit bis Diokletian*, Leipzig 1902.

71 Vgl. Anm. 48.

72 Genaue Angaben über die Situation, von der Sueton berichtet, sind nicht überliefert. Allerdings wissen wir durch Plutarch von einer ähnlichen Situation, in die sich Cato durch eine Rede gebracht hatte (Caes. 14).

73 Ziel dieser Amtshandlung Caesars war schließlich die Verbannung Ciceros; denn Clodius konnte nur als Volkstribun den Antrag auf Verbannung stellen. Plutarch betrachtet diese Entscheidung Caesars als dessen schändlichste Machenschaft während seines Konsulats (Caes. 14,16 f.). Man darf dabei nicht vergessen, dass Clodius Caesars Ehe und die nächtliche Mysterienfeier des Bona-Dea-Festes geschändet hatte. Meier sieht in der Entfernung Catos und Ciceros aus Rom Caesars langfristiges Planen. Es sollte jegliche Stabilisierung der Situation in Rom vermieden werden; vgl. Meier, S. 282.

74 Über die Art des Todes gehen die antiken Informationen auseinander: Appian (Rom. 2,12) und Cassius Dio (38,9,4) sprechen lediglich davon, Vettius sei getötet worden; Cicero (Vatin. 26) und Plutarch (Luc. 42,9) glauben zu wissen, er sei erwürgt worden. Zum Thema Gift im Altertum vgl. A. Schmidt, *Drogen und Drogenhandel im Altertum*, Leipzig 1924, Nachdr. New York 1979; W. Schneider, *Lexikon zur Arzneimittelgeschichte*, 7 Bde., Frankfurt a. M. 1970 ff.; A. Krug, *Heilkunst und Heilkult. Medizin in der Antike*, München

1985, S. 111 ff.; H. Schöpf, *Zauberkräuter*, Graz 1986; vgl. vor allem wegen der dort verarbeiteten Sekundärliteratur: W. F. Daems, *Nomina simplicium medicinarum ex synonymariis Medii Aevi collecti: semantische Untersuchungen zum Fachwortschatz hoch- und spätmittelalterlicher Drogenkunde*, Leiden 1993.

75 Zur Besänftigung bot Pompeius dem Caepio seine eigene Tochter an, die allerdings bereits dem Faustus Sulla versprochen war.

76 Es gab gewöhnlich eine festgelegte Reihenfolge, nach der die Senatoren befragt wurden; waren die Konsuln für das nächste Jahr bereits gewählt (*consules designati*), wurden diese zuerst befragt; dann waren die ältesten ehemaligen Konsuln (*consulares*) an der Reihe, danach die *praetorii, aedilicii, tribunicii*, am Schluss die *quaestorii*.

77 Bis zur Zeit, da Caesar ganz Gallien eroberte, existierten zwei Provinzen in Gallien: Gallia Cisalpina, ein Gebiet, das von Rom aus gesehen diesseits der Alpen lag, und Gallia Transalpina; das jenseits der Alpen gelegene Gallien wurde nach der Haartracht der Bewohner auch als Gallia comata bezeichnet.

78 Wohl eine Anspielung auf Caesars angeblich homosexuelles Verhältnis mit König Nikomedes (Kap. 2); vgl. Wittstock, S. 479, Anm. 85.

79 Semiramis war historisch die assyrische Königin Sammu-ramat, Gattin des Königs Samsi-Adad V. (824–810 v. Chr.). Es gibt viele Legenden über Semiramis, historisch genau belegte Informationen über ihr Leben existieren nicht.

80 Sein Name ist unbekannt.

81 Bei diesem Vorgang handelt es sich um den Versuch, einen Gerichtsbeschluss herbeizurufen, der einer späteren Entscheidung in einer anderen Sache als Maßstab dienen kann; vgl. Quint. inst. 5,2,1. Caesar musste in dieser konkreten Situation damit rechnen, dass er mit einem vergleichbaren Gerichtsverfahren konfrontiert würde, wenn er als Privatmann anklagbar würde.

82 Im heutigen Lucca fand Ende April 56 v. Chr. die Konferenz statt; Cicero hat in seinen Briefen ausführlich darüber berichtet (fam. 1,9; ad Q. fr. 2,5).

83 Eine weitere Bewerbung war nach zehn Jahren grundsätzlich mög-

lich; Crassus und Pompeius konnten sich also erneut um das Konsulat bewerben, da beide 70 v. Chr. Konsuln gewesen waren.

84 Eine Legion konnte bis zu 6200 Soldaten umfassen; vgl. G. Webster, *The Roman Army*, Chester 1956, S. 47.

85 *alauda* bedeutet wörtlich: ›Haubenlerche‹, in Anlehnung an den Helmschmuck.

86 Zur Theorie des *bellum iustum* s. E. Siebenborn in: *Der Altsprachliche Unterricht* 33 (1990) H. 5, S. 39–55 und E. S., »Bellum Iustum. Spät- und nachantike Positionen«, in: *Der Altsprachliche Unterricht* 34 (1991) H. 1/2, S. 75–92.

87 Dafür ist Sueton die einzige Quelle.

88 Dies trug sich 55 v. Chr. zu, und zwar nach der Niederlage der Usipeter und Tencterer.

89 Eine *supplicatio* war ein öffentliches Dankfest, das sich vor den Tempeln abspielte und oft von Prozessionen begleitet war; anfangs dauerte ein Dankfest lediglich einen Tag, in der späten Republik wird sogar von einem Fest berichtet, das 50 Tage gedauert haben soll; vgl. Cass. Dio 43,42,2.

90 58–50 v. Chr.

91 Caesar beschreibt in Gall. 4,17 genau den Bau der Brücke. Man hat sie mehrmals rekonstruiert, und so gibt es keinen Zweifel, dass Caesar tatsächlich eine Rheinbrücke hat bauen lassen. Bis heute ist allerdings nicht genau geklärt, wo die Brücke gestanden hat. Man nimmt meist einen Ort zwischen Andernach und Koblenz an. Vgl. A. Neuburger, *Die Technik des Altertums*, Leipzig 1919 (Neudr. 1981), S. 470 ff.

92 Caesar beschreibt im *Bellum Gallicum* die Notwendigkeit, auch Britannien zu erobern (4,20 ff.); außerdem liefert er einige Informationen über das damals weitgehend unbekannte Land. Der Bericht des griech. Seefahrers Pytheas von Massilia war zwar bekannt, der Wahrheitsgehalt aber umstritten. Jedenfalls gibt Plutarch (Caes. 23,3) den Hinweis auf einen Streit darüber, ob die britischen Inseln überhaupt existierten.

93 Beide Expeditionen Caesars nach Britannien wurden von Stürmen begleitet; bei der ersten (Gall. 4,28,2) vermochte kein Schiff den Kurs zu halten, bei der zweiten (Gall. 5,10,2) verlor Caesar fast alle Schiffe.

94 Caesar berichtet, dass er 52 v. Chr. 46 Zenturionen und ungefähr 700 Soldaten beim Versuch, die 7 km südlich von Clermont-Ferrand gelegene Stadt Gergovia einzunehmen, verloren habe. Meier, S. 384 ff., schildert genau, wie es dazu kam.

95 Die Umstände beschreibt Caesar in Gall. 5,26–37; der Legat L. Aurunculeius Cotta führte im Winter 54/53 v. Chr. gemeinsam mit dem Legaten Q. Titurius Sabinus eine Truppe, die sich im Gebiet der Eburonen aufhielt. Nachdem sich die römischen Soldaten eines Angriffs des Ambiorix erwehrt hatten und sich mit den Truppen des Labienus vereinigen wollten, wurden sie unterwegs überfallen und vernichtet. Vgl. auch Cass. Dio 40,5 f.

96 Seine Mutter Aurelia, Tochter des L. Aurelius Cotta, hatte den P. Clodius überrascht, als er sich beim Bona-Dea-Fest Ende 62 v. Chr. in Caesars Haus geschlichen hatte. Vgl. auch 74,2.

97 Seine Tochter Iulia hatte eine Frühgeburt, und kurz nach der Geburt starben Mutter und Tochter (Velleius Paterculus spricht von einem Sohn: 2,47,1–2). Vgl. auch die Berichte bei Plut. Caes. 23,4; Cass. Dio 39,64,1 und Sen. dial. 6,14,3.

98 P. Clodius wurde 52 v. Chr. von Milo ermordet; darüber informiert uns Cicero in seiner *Rede für Milo* genauer. Vgl. auch den Kommentar des Asconius Pedianus, *Orationum Ciceronis quinque enarratio*, hrsg. von A. C. Clark, Oxford 1907.

99 Für Caesar war es überaus wichtig, als Konsul nach Rom zurückzukehren, andernfalls wäre er Gefahr gelaufen, von Cato oder anderen Opponenten öffentlich angeklagt zu werden. Den Antrag Caesars unterstützten sowohl Cicero als auch Pompeius (vgl. Cic. Att. 7,1,4).

100 Die Basilica Iulia lag im nördlichen Bereich des Forum Romanum; es handelte sich um einen rechteckigen Hof mit einem Tempel in der Mitte, welcher der Venus Genetrix geweiht war. Augustus hat dieses Bauwerk vollendet (vgl. Mon. Anc. 20).

101 Allerdings veranstalteten bereits 264 v. Chr. M. und D. Brutus Gedächtnisspiele für Iunius Pera (vgl. Liv. per. 16).

102 Der lat. Originaltext charakterisiert eigentlich das Publikum als *infestis*, also dem Kämpfer feindlich gesinnt, d. h., dass der Gladiator auf Verlangen des Publikums einen für ihn gefährlichen Kampf austragen sollte.

103 Octavia war die Enkelin von Caesars Schwester Iulia, die C. Atius Balbus heiratete. Ihre Tochter Atia heiratete ihrerseits C. Octavius, dem sie zwei Kinder, nämlich Octavia und Octavius, gebar; Letzterer war der spätere Kaiser Augustus. Pompeius lehnte das Angebot ab, Octavia blieb die Frau des Marcellus und war danach mit M. Antonius verheiratet.

104 So hatte Caesar auch Cicero eingeladen, der aber nicht kam, sondern C. Trebatius schickte (vgl. Cic. fam. 7,6–22).

105 Vgl. Plut. Caes. 28,1.

106 Vgl. Anm. 54 und 55.

107 Es ist sicherlich nicht glaubhaft, dass Pompeius dieser Fehler aus Vergesslichkeit unterlaufen ist; eine sinnvolle Erklärung liefert E. Meyer, *Caesars Monarchie und das Principat des Pompejus. Innere Geschichte Roms von 66 bis 44 v. Chr.*, Essen 1984 [unveränderter Nachdr. der 3. Aufl., 1922], S. 243, der die Vermutung äußert, das Gesetz sei bereits beschlossen gewesen, als Caesar in Gergovia in Schwierigkeiten geriet; Pompeius habe es dann geändert, nachdem Caesar in Alesia siegreich war. Vgl. auch Cass. Dio 40,56,1.

108 Ser. Sulpicius, Anwalt und enger Freund Ciceros, galt nicht als Mann der Tat, sondern schätzte den Frieden über alles; vgl. Cic. fam. 4,1,1. Während des Bürgerkrieges verhielt er sich neutral und erhielt 46 v. Chr. die Provinz Achaia zur Verwaltung (ebd. 4,4,2).

109 L. Aemilius Paulus, Sohn des Lepidus (Konsul 78 v. Chr.) und Bruder des Triumvirn Lepidus, war 60/59 v. Chr. Quästor in Makedonien, galt zunächst als extremer Optimat (vgl. Sall. Cat. 31,4) und als bitterer Feind Caesars (App. Rom. 2,26). Während seines Konsulats jedoch blieb er tatenlos, da er eine riesige Bestechungssumme von Caesar erhalten haben soll; Appian (Rom. 2,26) und Plutarch (Caes. 29,2) sprechen von 1500 Talenten.

110 Zu Konsuln für das folgende Jahr wurden C. Claudius Marcellus, Bruder von M. Claudius Marcellus (Konsul 51 v. Chr.), Anhänger von Pompeius, und L. Cornelius Lentulus Crus gewählt; Letzterer war ein überzeugter Optimat. Möglicherweise ist er einige Tage nach der Ermordung des Pompeius in Ägypten gestorben (vgl. Caes. civ. 3,104).

111 Auspizien sind aus der Vogelschau gewonnene Vorzeichen, die bei allen wichtigen Entscheidungen des Staates eingeholt werden. Das Flugverhalten bestimmter Vögel galt als Ausdruck des göttlichen Willens.

112 In der Regel galt in der römischen Verfassung das Prinzip des Verbietungsrechts der höheren gegenüber der niederen Amtsgewalt (Bleicken, S. 79). Den Volkstribunen hingegen kam eine besondere Stellung innerhalb der römischen Magistrate zu. Ursprünglich hatten sich die Plebejer dieses Amt während der Ständekämpfe erstritten, es war zunächst nicht Teil der öffentlichen Rechtsordnung, wurde aber später – nach 287 v. Chr. – in die vorhandenen Magistraturen eingegliedert (ebd., S. 87). Dadurch wurden die Maßnahmen der Volkstribunen gewissermaßen legalisiert, und sie hatten auch das Recht, »sogar den höchsten Beamten verbieten zu können (*ius intercessionis* der *maior potestas*), vor der Versammlung der Plebejer nun das gesamte Volk bindende Gesetze beschließen zu lassen (*ius cum plebe agendi*) und den Senat zu versammeln (*ius senatus habendi*)«.

113 T. Annius Milo, Volkstribun 57 v. Chr., hatte sich im Grunde genommen derselben gewaltsamen Mittel bedient wie sein Gegner Clodius; er trat nämlich stets mit einer Bande Bewaffneter auf und tyrannisierte die Stadt. Der direkte Anlass für den Prozess, der am 8. April 52 stattfand, war die Begegnung zwischen Milo und Clodius auf der Appischen Straße, bei der deren Gefolgsleute in Streit gerieten. Dabei wurde Clodius zunächst verwundet und anschließend auf Geheiß Milos getötet. Zu den näheren Umständen, unter denen Cicero und Clodius zu Feinden wurden; vgl. D. Schmitz, *Zeugen des Prozeßgegners in Gerichtsreden Ciceros*, Frankfurt a. M. [u. a.] 1985, S. 133 f. Obwohl Milo vom damals berühmtesten Redner Roms verteidigt wurde, verlor er den Prozess.

114 Im Lateinischen ist der Ausdruck *circumpositis armatis* ambivalent, d. h., es kann bedeuten, Milo selbst habe das Gericht mit Soldaten umstellen lassen, oder aber, zum Schutz des Gerichts sei es von Soldaten umstellt worden; während Sueton hier beide Möglichkeiten offenlässt, hatte Pompeius zum Schutz des Milo veranlasst, so vorzugehen (vgl. Caes. civ. 3,1,4).

115 C. Asinius Pollio, 76 v. Chr. – 4/5 n. Chr., war 40 v. Chr. Konsul und ein Anhänger Caesars. Er verfasste Reden, Tragödien und historische Texte; allerdings sind seine Werke verloren gegangen. Asinius kann auch als bedeutender Kulturförderer angesehen werden, hat er doch Dichter wie Horaz und Vergil unterstützt und die erste römische Bibliothek im Libertas-Tempel eingerichtet. Er war auch als »Literaturkritiker« tätig; so rezensierte er etwa die Werke von Cicero, Caesar und Sallust. Vgl. J. André, *Asinius Pollion*, Paris 1949.

116 Cic. off. 3,82; die Quelle bei Euripides: Phoen. 524 f.

117 Die Flöte (*harundo*) ist ein Blasinstrument, das aus mehreren durch Wachs verbundenen, stufenweise abnehmenden Röhren besteht; vgl. Verg. ecl. 6,8; Ov. met. 11,154.

118 Es handelt sich um ein Zitat des griech. Komödiendichters Menander; der Vers ist bei Athenaios überliefert: 13,599e.

119 Damit ist die 13. Legion gemeint; vgl. Caes. civ. 1,7,8.

120 Dies galt in der Antike als Zeichen großen Schmerzes und dürfte die Wirkung auf die Zuschauer nicht verfehlt haben.

121 Den goldenen Ring trugen sowohl Ritter als auch Senatoren.

122 Diese Summe war mindestens nötig, um in den Ritterstand zu gelangen.

123 Vgl. Kap. 23 f.

124 Über diese Vorgänge berichtet Caesar ausführlich in civ. 1,32.

125 Der gesamte Feldzug dauerte vom 4. Januar bis zum 9. August, die Belagerung von Dyrrhachion von März bis Juli 48 v. Chr.

126 Der Ort liegt in Thessalien; das exakte Datum ist der 9. August 48 v. Chr.; die genaue Lage des Schlachtfeldes lässt sich heute nicht angeben, wahrscheinlich einige Kilometer östlich von Pharsalos.

127 Erst unter Augustus wurde Ägypten Provinz; es war die Kornkammer des Römischen Reiches und somit für die Versorgung der Bürger mit Lebensmitteln von eminenter Bedeutung. Vgl. Suet. Aug. 18; Tac. ann. 2,59,3 und hist. 1,11.

128 Q. Caecilius Metellus Scipio informierte Cicero über Catilinas Pläne (Plut. Cic. 15,1). Daher verteidigte ihn dieser – erfolgreich – in einem Prozess wegen Bestechung (60 v. Chr.). 52 wurde Scipio Konsul, nahm an den kriegerischen Auseinandersetzungen zwi-

schen Caesar und Pompeius teil, und zwar aufseiten des Letzteren, und konnte schließlich von Pharsalos nach Afrika entkommen, wo er die Truppen des Pompeius kommandierte. Ihm gelang es zwar, nach Spanien zu segeln, er wurde dort aber von Sittius abgefangen und beging Selbstmord.

129 Sohn des Hiempsal, König von Numidien, ergriff Partei für Pompeius und bekam von ihm für seine Unterstützung den Titel »König« verliehen. Möglicherweise rührt die Feindschaft mit Caesar von einer früheren Auseinandersetzung mit ihm, worüber Sueton in Kap. 71 berichtet.

130 Er wurde 53 v. Chr. zum Konsul gewählt, obwohl er 54 in einen Bestechungsskandal verwickelt war. Im Bürgerkrieg kämpfte er aufseiten Caesars, wurde später bei Nikopolis geschlagen, weil ihn seine Verbündeten verließen.

131 Vgl. Plut. Caes. 39,3: »Heute wäre der Sieg bei den Feinden gewesen, wenn sie einen hätten, der zu siegen verstünde.«

132 Caesar beging die vier Triumphzüge nach seiner Rückkehr von Thapsos 46 v. Chr. (vgl. Plut. Caes. 55,1–2; App. 2,101; Cass. Dio 43,19), den fünften 45 v. Chr. nach der Schlacht bei Munda (Plut. Caes. 56,3 f.).

133 Es war bei Triumphzügen üblich, die eroberten Gegenstände, ob Waffen oder Schätze aller Art, dem Publikum zu präsentieren; daneben unterließ es Caesar aber nicht, auf seine eigenen Leistungen hinzuweisen, die auf Bildern und Inschriften dokumentiert wurden.

134 Dieser prägnante und berühmte Ausspruch Caesars soll nach Plutarch (Caes. 50,2) in einem Brief an einen Freund enthalten gewesen sein, nach Appian (Rom. 2,91) in einem Brief nach Rom.

135 Seinem Beispiel folgte Augustus (Suet. Aug. 43,1); es wäre interessant zu wissen, an welche Sprachen hier zu denken ist: Neben dem Lateinischen und Griechischen ist auch Oskisch in Betracht zu ziehen (Tac. ann. 4,14,3).

136 In der Regel war es Mitgliedern der höchsten Gesellschaftsschicht nicht gestattet, an solchen Kämpfen teilzunehmen, zumindest galt es als anstößig; deshalb hat der Senat es auch offiziell verboten; hingegen war es Rittern durchaus möglich, bei einem Gladiato-

renkampf aufzutreten. Üblicherweise überließ man dies aber Verbrechern und Sklaven.

137 Tänze wurden bei den Griechen und Römern zu zahlreichen Gelegenheiten präsentiert, vor allem bei kultischen Feierlichkeiten. Den Waffentanz nannten die Griechen πυρρίχη (*pyrrhíche*), ein Wort, das die Römer übernahmen.

138 Laberius war ein berühmter Mimendichter. Da er dem Ritterstand angehörte, durfte er selbst nicht an der Aufführung als Schauspieler teilnehmen; Caesar zwang ihn jedoch dazu, wodurch er seine Rechte als Ritter einbüßte; nach der Vorstellung nahm ihn der mächtige Mann aber wieder in den Ritterstand auf. Zu den Formen des Mimus in der Kaiserzeit vgl. I. Opelt, »Das Drama der Kaiserzeit«, in: E. Lefèvre, *Das römische Drama*, Darmstadt 1978, S. 427–457, auch abgedruckt in: I. Opelt, *Kleine Schriften*, hrsg. von D. Schmitz, Frankfurt a. M. [u. a.] 1997, S. 277–299.

139 Die ersten 14 Reihen direkt hinter der Orchestra waren entsprechend der *lex Roscia* aus dem Jahr 67 v. Chr. für die Ritter vorgesehen.

140 Reiterspiel etruskischer Herkunft, später mit den trojanischen Gründern Roms in Verbindung gebracht und von Augustus im Zuge seiner Wiederbelebung der Tradition besonders gepflegt. Dabei handelt es sich um von vornehmen jungen Römern ausgetragene Scheingefechte zu Pferde. Vergil beschreibt das Trojaspiel in Aen. 5,545 ff.

141 Vgl. Bleicken, S. 59; dort geht der Verfasser kurz auf die Geschichte des Zensorenamtes ein. Die Zensoren waren gewissermaßen Sittenwächter (*regimen morum*); sie stellten ursprünglich lediglich das Fehlverhalten eines Senators fest, der dann in der Regel auf Druck der öffentlichen Kritik das Amt verließ. In späterer Zeit funktionierte das »freiwillige« Ausscheiden aus dem Amt nicht, und so musste der Zensor den betroffenen Senator ausstoßen, d. h., er überlas den Namen des Übeltäters, wenn er die Namen derjenigen Senatoren vortrug, die im Senat zu sitzen berechtigt waren. Normalerweise war in einem solchen Fall die politische Karriere des Betroffenen beendet. – Vgl. auch Suet. Tib. Anm. 7.

142 Vgl. Anm. 22.

143 C. Sempronius Gracchus hatte durch ein Gesetz festgelegt, dass nur noch Ritter die Aufgabe von Richtern übernehmen durften, nicht mehr – wie bisher – Senatoren. Sulla stellte die ursprüngliche Ordnung wieder her, später hat der Prätor L. Aurelius Cotta die angeführte Dreiteilung vorgenommen. Caesar seinerseits veränderte wiederum die Regelung.

144 Es handelte sich nicht um einen üblichen *census*, denn der fand unter der Regie von Zensoren auf dem Marsfeld statt.

145 Tatsächlich war die Volkszählung ein Armutstest, denn in den Mietshäusern lebten Angehörige der unteren Sozialschichten.

146 *Contubernalis*, ›Zeltgenosse‹, war die Bezeichnung für einen jungen Römer, der sich während seiner militärischen Ausbildung zur Höherqualifizierung einem hohen Amtsträger anschloss und sich stets in dessen Nähe aufhielt; demgegenüber verstand man unter *comes*, ›Begleiter‹, eine Privatperson, die sich im Gefolge von Magistraten befand; es konnte sich um einen jungen Adligen, aber auch um einen Schreiber, Arzt oder Schmarotzer handeln.

147 Der Sinn dieser Anordnung scheint darin bestanden zu haben, mehr freie Bürger fest anzusiedeln und dafür zu sorgen, dass sie Familien gründeten.

148 »Nach antiker Vorstellung waren eines freien Mannes würdig Grammatik, Dialektik, Rhetorik (seit den Karolingern Trivium, ›Dreiweg‹ genannt) und Arithmetik, Musiktheorie, Geometrie, Astronomie (Quadrivium, ›Vierweg‹), wobei in römischer Zeit die naturwissenschaftliche Bildung zunehmend vernachlässigt, die rednerische weiterhin stark betont und die juristische erst recht entfaltet wurde« (Wittstock, S. 527, Anm. 223).

149 Die Bürgerkriege hatten eine allgemeine Entwertung der Grundstücke zur Folge, teilweise über 25 %.

150 Unter *collegia* fassten die Römer die verschiedenen Typen von Vereinen zusammen. Ihr gemeinsames Merkmal ist der öffentlich-rechtliche Charakter; Missbrauch veranlasste Caesar und später auch Augustus, solche Vereine aufzulösen. Zuvor konnte der Senat ebenfalls missliebige Vereine auflösen, und zwar aufgrund des *Senatus consultum de Bacchanalibus* aus dem Jahr 186 v. Chr.

Auch Frauen und Sklaven war es erlaubt, Mitglied eines Vereins zu werden. Näheres bei M. Kaser, *Römisches Privatrecht I*, München 1955, S. 263 ff.

151 Caesar war als Diktator – wie alle anderen Amtsträger, die über das *imperium* verfügten – berechtigt, Recht zu sprechen; dies geht bereits aus einer Stelle bei Livius hervor (41,9,11).

152 Zölle wurden bereits erhoben, aufgrund eines Gesetzes von Metellus Nepos wurden diese jedoch 60 v. Chr. abgeschafft. Sicherlich beruht Caesars Entscheidung für eine Wiedereinführung der Zölle auf dem Zwang, über mehr Einkünfte zu verfügen.

153 Nach Eusebius war es Frauen nicht gestattet, eine Sänfte zu benutzen, wenn sie weder verheiratet waren noch Kinder hatten und wenn sie unter 45 Jahren alt waren.

154 Im Laufe der römischen Geschichte, vor allem seit dem 3. Jh. v. Chr., waren bestimmte politische Kreise darum bemüht, den zunehmenden Aufwand bei Kleidung, Festgelagen und im Lebensstil insgesamt einzudämmen, und zwar auf gesetzlicher Grundlage. Cassius Dio (43,25,2) und Cicero (fam. 9,15,5; 9,26,3; Att. 12,35–36) berichten jedenfalls von solchen gesetzlichen Maßnahmen; beachtet wurden sie in der Regel nicht. Ähnliche Antiluxusgesetze sind auch von Augustus (Suet. Aug. 34,1), Tiberius (Suet. Tib. 34,1) und von Nero (Suet. Ner. 16,2) überliefert.

155 Unter den hier gemeinten *obsonia* verstanden die Römer vor allem Fisch, Gemüse und Obst. Verboten war offensichtlich lediglich der Verkauf besonders teurer Waren.

156 Vgl. Anm. 48.

157 Vgl. 39,1.

158 Dieser Bau wurde 44 v. Chr. begonnen und unter Augustus 13 oder 11 v. Chr. beendet (vgl. Plin. nat. 8,65). Das Theater erhielt nach dem Adoptivsohn des Augustus, Marcellus, seinen Namen.

159 Caesar vermochte diesen Plan nicht zu realisieren; das gelang erst unter Iustinian (527–565 n. Chr.) mit der Publikation des *Corpus iuris* (vgl. A. Söllner, *Einführung in die römische Rechtsgeschichte*, München 1980).

160 Caesars Wahl traf den zu seiner Zeit wohl größten Gelehrten und überaus produktiven Schriftsteller, der für sein Werk u. a. dadurch

geehrt wurde, dass seine Statue in der Bibliothek des Atrium Libertatis aufgestellt wurde (Plin. nat. 7,115).

161 Ein Gebiet an der Küste Latiums zwischen Circei und Tarracina, das noch im 4. Jh. v. Chr. bewohnbar war. Über Caesars Pläne berichten genauer Cass. Dio 44,5,1; Plut. Caes. 58,3 und Cic. Phil. 5,7.

162 Ein in den Abruzzen in Mittelitalien gelegener See, der durch sein ausgeprägtes Steigen und Fallen für die Bewohner große Gefahren mit sich brachte; zunächst versuchte Kaiser Claudius mit zeitweiligem Erfolg Abhilfe zu schaffen, doch erst im 19. Jh. gelang es endgültig, den See trockenzulegen.

163 Gemeint ist der Isthmos von Korinth, dessen Durchstich schließlich 1893 fertiggestellt wurde.

164 Das Gebiet der Daker ist im heutigen Rumänien zu lokalisieren; es gelang erst dem Kaiser Trajan 106 n. Chr., dieses Gebiet in das Römische Reich zu integrieren.

165 Caesar plante demnach einen Rachefeldzug für die Schmach, die die Römer bei Carrhae erlitten, wo M. Licinius Crassus 53 v. Chr. vernichtend geschlagen worden war (Plut. Crass. 19 ff. und Cass. Dio 40,17 ff.). Die römischen Schriftsteller und Dichter haben sich in ihren Werken immer wieder mit dem Volk der Parther und der Niederlage des Crassus befasst; vgl. dazu insgesamt: M. Wissemann, *Die Parther in der augusteischen Dichtung*, Frankfurt a. M. / Bern 1982.

166 Caesar wollte offensichtlich die Unbesonnenheit des Crassus vermeiden und behutsam vorgehen.

167 Ähnliches weiß auch Plutarch zu berichten: »Er war von hagerer Gestalt und hatte eine zarte weiße Haut, auch litt er unter Kopfschmerzen und wurde von epileptischen Anfällen heimgesucht. Hätte er ein ruhiges Leben führen wollen, so wäre seine schwache Konstitution hierfür Grund genug gewesen, doch trachtete er im Gegenteil darnach, seine Kränklichkeit im Felde zu überwinden« (Caes. 17,2; Übers. K. Ziegler).

168 Solche epileptischen Anfälle während einer Volksversammlung (*comitia*) galten nach antiker Auffassung als schlechtes Omen, so dass diese in der Regel abgebrochen wurde – daher der lat. Begriff *morbus comitialis*; zur Epilepsie vgl. etwa E. Lesky / J. H. Waszink,

»Epilepsie«, in: *Reallexikon für Antike und Christentum*, Bd. 5, Stuttgart 1962, S. 819–831; vgl. auch: K.-H. Leven, »Die ›unheilige‹ Krankheit – *epilepsia*, Mondsucht und Besessenheit in Byzanz«, in: *Würzburger medizinhistorische Mitteilungen* 13 (1955) S. 17–57.

169 Beides galt in der Antike als Zeichen von Verweichlichung; vgl. Gell. 7,12,1.

170 Die Toga gilt als das römische Gewand schlechthin. Bei einem offiziellen Anlass war sie dem Römer vorgeschrieben, Nichtrömer durften sie nicht tragen. – Der erwachsene Bürger (*civis*) sollte eine weiße Toga tragen, der Ritter mit schmalem Saum (*clavus*), der Senator mit breitem, und zwar aus wertvollem Purpur. Ursprünglich trug man unter der Toga lediglich eine Art Schurz, später die Tunika, ein Untergewand zunächst aus Wolle, dann aus Leinen.

171 Das Haus lag in einem Geschäfts- und Wohnviertel, in dem vorwiegend die kleinen Leute lebten, zwischen Quirinal, Cispius, Viminal und Esquilin (Mart. 12,18). Insgesamt hatte dieses Viertel einen sehr schlechten Ruf.

172 Die von Caesar gestifteten Perlen im Tempel der Venus Genetrix stammten aus Britannien. Plinius (nat. 9,116) beschreibt sie als *parvae et discolores* (»klein und nicht so farbenprächtig«).

173 Metallerzeugnisse.

174 Vgl. Iuv. 5,67–76.

175 Vgl. L. Friedl (Anm. 8).

176 Vgl. Kap. 2.

177 Von diesen Briefen ist nichts bekannt.

178 Vgl. 6,1.

179 Nysa war die Tochter von Nikomedes III. (einem Gast Caesars). Zwar spricht Aulus Gellius (5,13,6) von einer Rede Caesars unter dem Titel *Pro Bithynis*; diese Rede ist aber vor Iuncus, dem Statthalter von Bithynien, gehalten worden.

180 In einigen Handschriften fehlt der zweite Vers.

181 Ser. Sulpicius war Konsul; Sueton weist bereits in 29,1 auf die Unterstützung durch diesen Konsul hin, als sich Caesar gegen die Machenschaften des anderen Konsuls, M. Claudius Marcellus, wehren musste.

182 Cicero beschreibt sie in seinen Briefen (fam. 5,8,2) als *praestantissimam omnium feminarum*, also als »herausragendste unter allen Frauen«; hingegen erzählt Plutarch in seiner Cicero-Biographie eine Episode, in der die Frau des M. Crassus durchaus einen üblen Ruf hatte (25,2).

183 Mucia war Pompeius' dritte Frau; über ihre Untreue, die schließlich zur Scheidung führte, weiß Cicero (Att. 1,12,3) ebenso wie Plutarch (Pomp. 42,6) zu berichten.

184 Homer erzählt in der *Odyssee*, Aigisthos habe Klytaimestra verführt und dann deren Ehemann Agamemnon nach der Rückkehr von Troja ermordet; danach habe er Klytaimestra geheiratet und sieben Jahre in Mykenai geherrscht, sei im achten Jahr jedoch von Orestes aus Rache getötet worden. Aischylos und Sophokles haben ihre Tragödien jeweils unterschiedlich konzipiert und je eigene Schwerpunkte gesetzt.

185 Plutarch berichtet in seinen Biographien (Catil. 24,1; Brut. 5,2) über die Liebesbriefe zwischen Caesar und Servilia; Plutarch weiß ebenfalls von einem Gerücht, dem zufolge Brutus ein Sohn der beiden gewesen sein soll (Brut. 5,1).

186 Es handelt sich um ein boshaftes Wortspiel: *tertia* bedeutet »ein Drittel«, Tertia war der Name der Tochter der Servilia, *deducere* hat ebenfalls zwei Bedeutungen: »hinführen«, auch im Sinne von »verkuppeln«, »abziehen«; der Ausdruck *tertia deducta* bedeutet dementsprechend einmal: »wenn man ein Drittel abzieht (von der Gesamtsumme)«, zum anderen: »die Tertia [die Tochter der Servilia] war [zu Caesar] geführt worden«.

187 Bogud wurde gemeinsam mit Bocchus von Caesar zum König ausgerufen, während Iuba von Pompeius unterstützt wurde; Bogud stand Caesar 46 v. Chr. hilfreich zur Seite, vor allem auch 45 v. Chr. in der Schlacht bei Munda.

188 Ein römischer Ritter, der loyal zu Caesar stand; Cicero berichtet in seinen Briefen Näheres darüber; vgl. fam. 11,27 f. In den Jahren 47/46 v. Chr. versöhnte er Caesar und Cicero wieder; vgl. ebd. 11,27,5.

189 Ebenfalls römischer Ritter, über den Cicero in seinen Briefen aus dem Jahr 54 v. Chr. zahlreiche Informationen liefert.

190 Diesen Gesetzesvorschlag sollte Cinna in seinem Volkstribunat 44 v. Chr. einbringen.

191 Hier liegt ein Widerspruch zu den Angaben von Kap. 49 vor, in dem Sueton von Caesars *pudicitia* (Keuschheit) spricht, die lediglich durch den Aufenthalt bei Nikomedes in Verruf geraten sei.

192 Den Aspekt der Nüchternheit hebt auch Velleius Paterculus hervor, wenn er Alexander und Caesar vergleicht: *Alexandro, sed sobrio neque iracundo simillimus* (»Alexander sehr ähnlich, aber nüchtern und nicht jähzornig«; 2,41,2).

193 Caesar fungierte als Prokonsul 61/60 v. Chr. in Spanien; eigentlich ist diese Amtsbezeichnung nicht korrekt, in den Jahren 81–52 v. Chr. wurde den Proprätoren jedoch der Titel *proconsul* verliehen.

194 Zur damaligen Zeit war das römische Pfund ungefähr 4000 Sesterzen wert.

195 Also 59 v. Chr.

196 Vgl. 4,1.

197 Vgl. Cic. Brut. 271 f.

198 Dieser Brief Ciceros ist in seinen etwa 1000 Briefen, die sein Briefkorpus umfasst, nicht vollständig überliefert. Macrobius informiert darüber, dass ein ausführlicher Briefwechsel zwischen Cicero und Cornelius Nepos existiert hat (2,2,14). Der christliche Schriftsteller Laktanz weiß noch von diesem Gedankenaustausch (3,15,10).

199 C. Iulius Caesar Strabo, Onkel des Vaters des berühmten Caesar, wurde 86 v. Chr. zum Konsul gewählt, ohne vorher die Prätur innegehabt zu haben – ein eklatanter Verstoß gegen den *cursus honorum* (Ämterlaufbahn). Er wurde 85 von Sulpicius ermordet (Cic. Brut. 307). Er trat als Redner hervor, wobei Cicero (Brut. 177) seinen Humor und seine Gefälligkeit lobend hervorhebt. Die hier erwähnte Rede hielt Strabo 103 v. Chr., als er den Statthalter T. Albucius wegen Erpressung anklagte (vgl. etwa Cic. off. 2,50).

200 Manchmal trat der Fall ein, dass mehrere Personen etwa einen Amtsträger anklagen wollten; da nur einem diese Möglichkeit gewährt wurde, musste eine Auswahl getroffen werden; ein solches Verfahren wurde als *divinatio* bezeichnet. Die bekannteste dürfte

wohl Ciceros Divinationsrede im Verfahren gegen den sizilischen Statthalter C. Verres sein; mit seiner Rede setzte sich Cicero gegen Q. Caecilius durch.

201 62 v. Chr. reichte der Volkstribun Q. Metellus Nepos eine Gesetzesvorlage ein, der zufolge Pompeius nach Rom zurückgerufen werden sollte, um Catilina zu vernichten. Caesar unterstützte Metellus in dieser Angelegenheit.

202 Der Begriff Stenographie selbst stammt aus der Neuzeit; sicherlich hat es in der Antike eine Art Kurzschrift gegeben, doch fehlt es dafür, zumindest für die Frühzeit, an sicheren Belegen. Plutarch weiß von der Aufzeichnung einer Rede Catos, die in Kürzeln abgefasst war. Bekannt sind vor allem die Mitschriften Tiros, Sekretär Ciceros. Vgl. Ch. Johnen, *Geschichte der Stenographie*, Berlin 1911.

203 Das achte Buch des *Bellum Gallicum* stammt höchstwahrscheinlich von A. Hirtius, einem Freund Caesars, der in dessen Diensten als Legat tätig war. Die drei anderen Kriegsbeschreibungen: *Bellum Alexandrinum*, *Africum*, *Hispaniense* könnten im Umfeld Caesars auf Anregung von Hirtius oder L. Cornelius Balbus von Getreuen verfasst worden sein. Die genannten Schriften unterscheiden sich in mehreren Punkten auffällig von denen Caesars, etwa in der Bewertung von Caesars Glück; vgl. dazu P. R. Murphy, »Caesar's Continuators and Caesar's *felicitas*«, in: *Classical World* 79 (1986) S. 307–317.

204 Brut. 262.

205 Ähnliche Metaphern benutzt Cicero auch an anderen Stellen in seinem Werk, etwa Brut. 78 und 162; or. 78; de or. 3,100.

206 Vgl. Caes. Gall. praef. 5 f.

207 Die Vertauschung der Reihenfolge beim Namen, also Cognomen vor dem Gentilnamen, entspricht der Praxis der nachaugusteischen Schriftsteller.

208 H. Dahlmann, »Caesars Schrift über die Analogie«, in: *Rheinisches Museum*, N. F. 84 (1935) S. 258–275. Im Prinzip ging es um den Streit zweier Richtungen in der Sprachauffassung; die Analogisten vertraten eine eher normative Auffassung von Sprache, während die Anomalisten gewisse Unregelmäßigkeiten der Sprache in das Zentrum ihrer Überlegungen und Argumentationen stellten.

209 Vgl. dazu: H. J. Tschiedel, *Caesars »Anticato«. Eine Untersuchung der Testimonien und Fragmente*, Darmstadt 1981. Den *Anticato* (überliefert sind sowohl der Plural als auch der Singular) schrieb Caesar im Feldlager vor Munda 45 v. Chr.

210 Dieses Gedicht entstand auf der Reise von Rom nach Spanien, 46 v. Chr.

211 Im Gegensatz zu seinen Vorgängern pflegte Caesar offenbar die Blätter einseitig zu beschreiben, sodann mit einer durchlaufenden Nummer zu versehen und in Form eines Buches blattweise zusammenzufügen.

212 Vgl. auch Plut. Caes. 17,2.

213 Darüber informiert Caesar auch in civ. 1,48,7; die Lusitanier pflegten auf diese Weise die Flüsse zügig zu überqueren.

214 Diese Angabe scheint Caesars eigener Darstellung zu widersprechen; vgl. Gall. 4,21,1, wo Caesar behauptet, C. Volusenus habe die Aufklärung vorgenommen.

215 Plutarch schildert die Szene mit detaillierten Angaben und fügt einen angeblichen Spruch Caesars hinzu: »Vorwärts, mein Freund, wag's und fürchte nichts! Du fährst Caesar in deinem Boot, und Caesars Glück fährt mit« (Caes. 38).

216 Mit der Formel »Ich halte dich« begrüßten sich Freunde beim Wiedersehen.

217 Über die Bedeutung dieses Namens lassen sich keine genauen Angaben machen.

218 Caesar erinnerte sich wohl an die Ereignisse während der Schlacht bei Bibracte gegen die Helvetier; vgl. Gall. 1,25.

219 Den *haruspices*, etruskischen Sehern, oblag die Deutung der Eingeweide der Opfertiere, insbesondere der Leber. Sie interpretierten mögliche Organveränderungen und kümmerten sich um die Entsühnung unheilvoller Zeichen.

220 Dieser Platz war von Caesar bewusst ausgewählt worden, führte er doch seine Herkunft auf die Göttin Venus zurück; vgl. 6,1.

221 Vgl. etwa J. Rougé, *Recherches sur l'organisation du commerce maritime en méditerranée sous l'empire Romain*, Paris 1966.

222 Sowohl Cassius Dio (42,6,2) als auch Appian (civ. 2,88) wissen von diesem Ereignis; der Letztere scheint allerdings einem Irrtum zu

unterliegen, wenn er glaubt, mit C. Cassius sei der spätere Caesar-Mörder gemeint; dieser fuhr zum selben Zeitpunkt auf Sizilien zu (Caes. civ. 3,101). Es muss sich um einen sonst unbekannten L. Cassius handeln, da auch L. Cassius Longinus nicht infrage kommt, der gewöhnlich auf Caesars Seite kämpfte (ebd. 3,34–36).

223 Andere Autoren wie Appian (civ. 2,377) oder Cassius Dio (42,40,5) berichten hingegen, Caesar habe seinen Feldherrnmantel wegwerfen müssen, um beim Schwimmen nicht behindert zu sein; beide Autoren stimmen darin überein, dass die Ägypter den Mantel in die Hände bekamen und ihn als Trophäe öffentlich aufhängten.

224 So ließ Caesar seine Soldaten auch bei schlechtem Wetter in eine Schlacht ziehen; vgl. Kap. 60.

225 Vgl. Anm. 224.

226 Sueton hatte bereits in Kap. 65 diese Behauptung aufgestellt und den Begriff *indulgentia* »Nachsicht« verwendet.

227 Die Römer salbten sich etwa, wenn sie zu einem Gelage gingen.

228 Im Gegensatz zu Augustus; vgl. Suet. Aug. 25,1.

229 Über die Niederlage des Titurius berichtet Sueton in 25,2; von Racheakten erzählt Caesar etwa in Gall. 5,58, wo es um den Tod des Indutiomarus geht, oder auch in 6,30–44, wo Caesar von der Niedermetzelung der Eburonen berichtet.

230 Vgl. dagegen Caes. civ. 3,53,2, wo drei Kohorten Caesars *einer* Legion standgehalten haben.

231 Auch hier scheint Sueton zu übertreiben, vgl. Caes. civ. 3,53,3, wo von ungefähr 30 000 Pfeilen die Rede ist.

232 Vgl. Hdt. 6,114.

233 49 v. Chr.

234 Caesar selbst berichtet nichts über diese Vorfälle; lediglich Cassius Dio (41,26,36) und Appian (civ. 2,47) wissen davon.

235 Es handelte sich hierbei um die Legion, die Caesar besonders liebte und auf die er am ehesten vertraute; vgl. Caes. Gall. 1,40,15.

236 Ausführlich informiert App. civ. 2,92 ff.

237 Mit dem Begriff Bürger (*Quirites*) gab Caesar ihnen deutlich zu verstehen, dass sie für ihn nunmehr keine Soldaten seien.

238 Von dieser Kürzung weiß nur Sueton zu berichten; möglicherweise waren ihm Unterlagen zugänglich, die andere Autoren nicht

kannten, schließlich war Sueton unter Hadrian Kanzleichef und hatte so die Möglichkeit, zahlreiche Akten einzusehen.

239 Vgl. Anm. 48.

240 Vgl. 23,1 und 49,2.

241 C. Licinius Calvus wurde als Redner und Dichter gerühmt und war ein Freund von Catull. Sueton selbst liefert in Kap. 49 ein Zitat aus der Epigrammsammlung des Calvus. Vgl. v. Albrecht, Bd. 1, S. 268 ff.; außerdem N. Holzberg, *Martial*, Heidelberg 1988.

242 Vgl. Catull. 29,57,93.

243 Vgl. Kap. 4; vgl. auch Plut. Caes. 9 f.

244 Vgl. 1,2.

245 Normalerweise wurden Sklaven gefoltert und gekreuzigt.

246 Sueton benutzt hier zwei Begriffe, um die Neutralität zu bezeichnen: *medios et neutrius partis.* Mit *medios* (eigentlich: die in der Mitte Stehenden) schwingt eine Vorstellung mit, die von dem griech. Philosophen Aristoteles eingeführt wurde: die sog. aristotelische μεσότης »Mitte«.

247 Damit sind in der Regel Zenturionen gemeint.

248 Sueton denkt offensichtlich an Caes. civ. 1,74–76, wo dieser die Vorgänge in den zunächst feindlichen Lagern bei Ilerda genau beschreibt. Die enge Verflechtung der beiden Lager führte schließlich zur Herausbildung eines einzigen.

249 Vgl. Caes. civ. 1,74–76; 1,8,2.

250 L. Caesar war ein Sohn des Konsuls L. Caesar (64 v. Chr.) und ein entfernter Cousin des Diktators. Im Bürgerkrieg kämpfte er auf der Seite des Pompeius (Caes. civ. 1,8,2).

251 Vgl. die Angaben bei Cass. Dio 43,39,1 zur Wiederherstellung der Statuen; nach Plut. Caes. 57,3 soll Cicero gesagt haben, Caesar habe auf diese Weise seine eigenen Statuen schützen wollen. Dies geschah 44 v. Chr., nachdem die Statuen nach der Schlacht von Pharsalos zerstört worden waren.

252 Die fortwährende Besetzung des Konsulats widersprach völlig den Rechtsprinzipien, die ausdrücklich ein Verbot der Kontinuation des Amtes vorsahen; auch eine Kumulation von Ämtern war nicht erlaubt. Vgl. Bleicken, S. 80 ff.

253 Caesar war nach seiner Rückkehr von Spanien zum ersten Mal

Diktator (vgl. Anm. 22), das zweite Mal nach der Schlacht von Pharsalos; 46 v. Chr. übernahm er das Amt des Diktators zunächst auf zehn Jahre, 45 auf Lebenszeit. Das Amt des höchsten Sittenrichters ist eine Erfindung Caesars, das er zunächst auf drei Jahre innehatte, dann für immer.

254 So redeten die Soldaten ihren Heerführer kurz nach gewonnener Schlacht an; mit dem Lorbeerkranz pflegte ein *imperator* auf dem Kapitol seinen Titel wieder abzugeben; Caesar hingegen behielt ihn auf Lebenszeit.

255 Nicht Caesar, sondern der Redner Cicero erhielt diesen ehrenvollen Titel als Erster, und zwar nach der Aufdeckung der sog. Catilinarischen Verschwörung.

256 Mit diesem Vorgang leistete Caesar erheblichen Vorschub für die Auffassung, er werde eines Tages den Königstitel annehmen; nichts jedoch hassten die Aristokraten so sehr wie diesen Titel. Für die Römer stand paradigmatisch der letzte König, nämlich Tarquinius Superbus, für das Symbol eines tyrannischen Alleinherrschers.

257 Damit stellte sich Caesar auf eine Ebene mit Iuppiter, der als Einziger einen erhöhten Sitz auf dem Kapitol hatte.

258 Nur wenige Götter wie Iuppiter, Mars und Quirinus hatten eigene Priester, *flamines*; diese waren einzig und allein für die Zeremonien eines Gottes verantwortlich; Caesar, der sich also gewissermaßen in die Gruppe der herausragenden Götter einreiht, bestimmte M. Antonius zum Inhaber dieses Amtes; dieser übte es in den Jahren 44 bis 31 v. Chr. aus.

259 Die *lupercalia* gelten als das Fest des Gottes Faunus (griech. Pan), der für die Hirten und Herden zuständig war; dieses Fest wurde am 15. Februar eines jeden Jahres gefeiert. Für die Feierlichkeiten waren zwei Genossenschaften verantwortlich, die *Quinctiales* und die *Fabiani*. 44 v. Chr. wurde zu Caesars Ehren eine dritte Genossenschaft eingesetzt, die *Iuliani*. Der Ursprung dieser Genossenschaften und die Etymologie des Wortes *lupercalia* sind umstritten.

260 Der Monat *Quinctilis* wurde 44 v. Chr. nach C. Iulius Caesar als »Juli« benannt.

261 In den Jahren 46 und 45 v. Chr.
262 Vgl. Anm. 22.
263 Der Titel *praefectus* war bereits im frühen Rom bekannt; sowohl die Könige als auch später die Konsuln ernannten Präfekten, die sie in ihrer Abwesenheit vertreten sollten.
264 Dieser »eintägige« Konsul war C. Caninius Rebilus.
265 Dies verstieß gegen das Prinzip der Annuität.
266 Also Konsuln, Prätoren, Quästoren usw.; vgl. Bleicken, S. 83 ff.
267 Vgl. I. Opelt / W. Speyer, »Art. ›Barbar‹, Nachtrag zum Reallexikon für Antike und Christentum«, in: *Jahrbuch für Antike und Christentum* 10 (1967) S. 251–290; I. Opelt / W. Speyer, »Barbar«, in: *Reallexikon für Antike und Christentum*, Suppl.-Bd. 1, Stuttgart 1992, S. 811–895.
268 Bis zu diesem Zeitpunkt war der Senat für die Finanzverwaltung zuständig, die Ritter sorgten für die Steuereinkünfte, und besondere Magistrate leiteten das Münzwesen.
269 Hierbei handelt es sich ganz offensichtlich um den Namen eines Sklaven.
270 Sulla hatte die Diktatur (vgl. Anm. 22) 82–79 v. Chr. inne. – Hier liegt ein Wortspiel vor, hat *dictatura* doch zwei Bedeutungen: 1. das Diktieren (etwa in der Schule) und 2. das politische Amt.
271 Vgl. Anm. 219.
272 L. Cornelius Balbus stammte aus Gades; seine Familie unterstützte Pompeius im Krieg gegen Sertorius und wurde mit dem Wahlrecht 72 v. Chr. belohnt. In den folgenden Jahren diente er unter Caesar in Spanien und Gallien. Bekannt wurde er vor allem durch einen Prozess, in dem ihn Cicero erfolgreich vertrat; Balbus war nämlich angeklagt worden, weil er zu Unrecht das Bürgerrecht erhalten habe; er erfreute sich aber der Unterstützung sowohl des Crassus als auch des Pompeius. Später, 40 v. Chr., wurde er sogar Konsul.
273 C. Trebatius Testa war Anwalt und ein Schützling Ciceros, der ihn Caesar 54 v. Chr. empfahl. Er überlebte den Bürgerkrieg und wurde ein Freund des Dichters Horaz, der ihm das erste Gedicht seines 2. Buches Satiren (*sermones*) widmete.
274 T. Pontius Aquila, Volkstribun 45 v. Chr., einer der Verschwörer gegen Caesar. Sein Hass gegen Caesar ist möglicherweise durch

den Einzug seines Besitzes in Neapel veranlasst, den der Machthaber bestimmt hatte.

275 Es handelt sich um die Volkstribunen.

276 Bundesfest der latinischen Stämme für Iuppiter Latiaris, eines der der wichtigsten und ältesten Feste, wurde jährlich in den Albaner Bergen gefeiert. Während der vier Tage ruhten die öffentlichen und privaten Geschäfte; vgl. Scullard, S. 174–179.

277 Zeichen der Königswürde.

278 Vgl. 76,1, dazu Anm. 259.

279 Aufgabe dieses Kollegiums war die Befragung und Interpretation der Sibyllinischen Bücher. Ursprünglich zwei, später zehn Mitglieder umfassend, war die Zahl auf 15 erhöht worden (unter Sulla), seit 47 v. Chr. sogar auf 16 Mitglieder (vgl. Cass. Dio 42,51,4).

280 Bei den Sibyllinischen Büchern handelt es sich um eine Sammlung von Orakelsprüchen, deren Original bei einem Brand auf dem Kapitol vernichtet worden war. Cicero glaubt hingegen, der von Sueton zitierte Spruch stamme nicht aus dieser Sammlung (Cic. div. 2,110). Die Parther galten als einer der gefährlichsten Feinde Roms, besonders nach der vernichtenden Niederlage, die Crassus 53 v. Chr. erlitten hatte. Es gelang erst unter Augustus, die Legionsfeldzeichen zurückzuerobern; vgl. dazu Wissemann (Anm. 165).

281 Caesar hatte auch Nichtrömern den Zugang zu solchen Ämtern ermöglicht, die ihnen die Aufnahme in den Senat sicherten.

282 *Bonum factum (sit)* (»das Geschehene soll gut sein«); die Rechtsformel wurde aus ihrem religiösen Umfeld herausgelöst und als Eingangsformel eines Ediktes verwendet.

283 Die Gallier galten als Volk, das Hosen trug, vgl. etwa Pomponius Mela (2,5,1) oder Plinius (nat. 3,31): *Gallia bracata*, im Gegensatz zu den Römern, die sich als *gens togata* verstanden. Bei den Römern waren Hosen unbekannt, sie trugen die *tunica*, ein Untergewand aus Wolle oder Leinen, und zwar sowohl Männer als auch Frauen; darüber legten die Männer die *toga*, das römische Gewand schlechthin. Nichtrömern war es nicht gestattet, eine Toga zu tragen.

284 Vgl. Anm. 48.

285 C. Cassius diente unter Crassus und Pompeius und erwarb sich

einen hervorragenden Ruf; Caesar begnadigte ihn 47 v. Chr. Plutarch berichtet von einem ausgeprägten Hass gegen Caesar (Brut. 8 f.).

286 M. Brutus stammte vom berühmten Brutus ab, der den letzten römischen König vertrieben hatte. Zunächst verhielt er sich Pompeius gegenüber aus verständlichen Gründen reserviert, war dieser doch für den Tod seines Vaters verantwortlich. Schließlich kämpfte er gemeinsam mit Cassius auf der Seite des Pompeius bei Pharsalos, wurde zusammen mit Cassius von Caesar begnadigt und bekleidete 44 v. Chr. das Amt des *praetor urbanus* (Stadtpräfekt). Cassius hatte zunächst große Mühe, Brutus zur Teilnahme an der Verschwörung zu bewegen (Plut. Brut. 10,2 f.). So ist es auch nachvollziehbar, dass Caesar die Gerüchte um einen Anschlag unter Beteiligung des Brutus nicht glauben wollte.

287 Decimus Brutus, nicht verwandt mit M. Brutus, diente in Gallien unter Caesar von 56–50 v. Chr. Er verwaltete in den folgenden Jahren die Gebiete Gallia Transalpina und Gallia Cisalpina und war für das Konsulat des Jahres 42 v. Chr. vorgesehen.

288 Da aus Sicherheitsgründen um das Marsfeld ein Graben angelegt war, musste man eine Brücke benutzen, um in den Innenbereich zu gelangen. Allerdings fehlen exakte Angaben über den Bau und die Funktionsweise der republikanischen *saepta* (Schranken), die ursprünglich aus Brettern errichtet waren und die Caesar durch solche aus Marmor ersetzen ließ.

289 Hier stand die Residenz des Pontifex Maximus, ein Amt, das Caesar schon lange bekleidete. Vgl. Kap. 46.

290 Also für den 15. März.

291 Vergil (Aen. 10,145) berichtet, Capys, ein Begleiter des Aeneas, habe eine Stadt gegründet: Capua.

292 Dieses Gesetz aus dem Jahr 59 v. Chr. regelte die Ansiedlung von Proletariern und Veteranen.

293 Als Blutsverwandte können ganz allgemein alle Römer gemeint sein, da sie von Iulus abstammen. Natürlich ist auch an Brutus zu denken (vgl. 50,2).

294 Vgl. Kap. 78, Anm. 272.

295 Vgl. Anm. 219.

296 Vgl. den merkwürdigen Traum Caligulas (Suet. Cal. 57,3).

297 Mit leichten Variationen berichten Plutarch (Caes. 63), Cassius Dio (44,17) und Velleius Paterculus (2,57,2) neben anderen Autoren von diesem Traum Calpurnias.

298 Vgl. Anm. 287.

299 Entsprechend dem römischen Aberglauben hätte Caesar die Versammlung absagen müssen.

300 Cicero soll sich gewundert haben, als er hörte, Cimber sei unter den Verschworenen (Phil. 2,27); unverständlich ist Cimbers Beteiligung allerdings nicht, wenn man berücksichtigt, dass Caesar seinen im Exil lebenden Bruder nicht zurückrufen wollte (Plut. Caes. 66,2; Brut. 19,2).

301 Dies ist nicht wörtlich zu verstehen, da viele Umstände dafür sprechen, dass Brutus nicht der Sohn Caesars war.

302 So ging man gewöhnlich mit Vaterlandsverrätern um.

303 Plutarch berichtet, außer Brutus seien alle Verschworenen während der Beratung der Tat dafür eingetreten, auch Antonius zu töten (Brut. 18,2).

304 Es war üblich, im Tempel der Vesta sein Testament oder auch andere wichtige Schriftstücke zu hinterlegen.

305 Die Griechen benutzten ursprünglich einen Baumstumpf, an den sie die während einer Schlacht erbeuteten Waffen u.a. hängten; die Römer hatten ähnliche Siegeszeichen, meist jedoch aus Stein oder Erz, die dann auch in der Stadt aufgestellt wurden. Sueton spielt offensichtlich auf die zahlreichen Triumphe Caesars an.

306 Zu Pacuvius vgl. Lefèvre (Anm. 138).

307 Ein Autor des 2. Jh.s v. Chr., der nach Ciceros Meinung eine schlechte Übersetzung der *Elektra* des Sophokles vorgelegt hat.

308 Vgl. Suet. Aug. Anm. 15.

309 Die Amulette (*bullae*), die zugleich als Schmuck und als Abwehr des bösen Blicks dienten, hatten meist Kapselform, waren aus Gold oder zumindest vergoldet und wurden freigeborenen Kindern um den Hals gehängt. Das traditionelle purpurverbrämte Gewand, die *toga praetexta*, trugen die Amtsinhaber und Priester sowie die Freigeborenen bis zum Alter von etwa 17 Jahren.

310 Caesar hatte gerade den Juden Vergünstigungen und Rechte eingeräumt; so durften sie etwa ihre Religion unbehindert in Rom ausüben; vgl. U. Baumann, *Rom und die Juden*, Frankfurt a. M. / Bern 1983.

311 In seiner *Kyrupaideia* (8,7). Xenophon, der als junger Mann eine kurze Zeit mit Sokrates zusammen war und als einer seiner Schüler gilt, ließ sich 401 v. Chr. von dem persischen Prinzen Kyros als Söldner anwerben; Ziel des Kyros war, seinen Bruder Artaxerxes vom Thron zu vertreiben. Das Heer des Kyros war zwar in der Schlacht von Kunaxa siegreich, Kyros aber kam zu Tode. Daraufhin übernahm Xenophon mit einigen anderen Offizieren das Kommando über die griech. Söldner und führte das Heer sicher durch das Perserreich an den Bosporus.

Der göttliche Augustus

1 Die Familie der Octavii gehörte nicht zur Nobilität. Augustus errang als Erster seiner Familie das Konsulat.

2 Dieser ältesten in den Einzelheiten noch einigermaßen fassbaren staatlichen Ordnung der späteren Königszeit muss ein Zustand vorangegangen sein, in dem das Gemeinschaftsleben ganz und gar auf den *gentes* beruhte; das gesamte Volk setzte sich zusammen aus den *gentes*, die ihrerseits aus den allein vollfreien Gentilen bestanden und den zugehörenden und unterworfenen Klienten. Vgl. Meyer, S. 34 f.

3 Dieser ist nicht eindeutig zu identifizieren, da es zahlreiche Mitglieder der Familie der Octavii mit diesem Namen gab. Vgl. *Realencyclopädie der classischen Altertumswissenschaft* XVII,2 (1937) Sp. 1853 f., mit weiteren Hinweisen.

4 Cic. ad Q. fr. 1,1,21; 2,7: »Und du glaubst, es störe mich nicht sehr, wenn ich höre, in welchem Ansehen C. Vergilius oder dein Nachbar C. Octavius stehen?«

5 59 v. Chr.

6 59 v. Chr.

7 Vgl. Suet. Caes. Anm. 292.

8 Cassius aus Parma, einer der Caesar-Mörder, Dichter von Satiren, Elegien und Epigrammen (vgl. Hor. epist. 1,4,3) kämpfte bei Actium mit und wurde hingerichtet. – Neben Cassius aus Parma nennt Sueton weitere Schriftsteller, die uns nur durch ihn bekannt sind: Aquilius Niger (11); Iulius Saturninus (27,2); Iulius Marathus (79,2; 94,3); C. Drusus (94,6). Des Weiteren zitiert Sueton aus den Werken uns bekannter Autoren, wie etwa Cremutius Cordus (35,2); Valerius Messalla (74); Cornelius Nepos (77) und Asklepiades von Mendes (94,4).

9 63 v. Chr.

10 Vgl. 3,1.

11 Munatius Plancus aus Tibur, geb. zwischen 90 und 85 v. Chr., beantragte am 16. Januar 27 v. Chr. im Senat den Augustus-Titel für Octavian. Vgl. Cass. Dio 53,16,6; Vell. Pat. 2,91,1.

12 Korrekte Etymologie vom Stamm *aug*-, eigentlich: »was mit Mehrung versehen ist« (A. Walde, *Lateinisches Etymologisches Wörterbuch*, Heidelberg 1965, Bd. 1, S. 83).

13 Vgl. Enn. ann. 502 (Ausg. J. Vahlen).

14 59 v. Chr.

15 51 v. Chr. hielt Augustus die Leichenrede für Iulia. Die *laudatio funebris*, die öffentliche Leichenrede, war der wesentliche Bestandteil bei dem Begräbnis eines Mitglieds der Nobilität. Diese *laudatio* hielt entweder ein Familienmitglied oder ein enger Freund der Familie. Vgl. die Angaben Ciceros über den Wahrheitsgehalt solcher Reden, Brut. 61 f.

16 Am 18. Oktober 49 v. Chr. nahm Augustus die *toga virilis* (vgl. *Corpus inscriptionum latinarum*, Bd. 1, hrsg. von Th. Mommsen, W. Henzen und Chr. Huelsen, Leipzig/Berlin [2]1893, S. 332).

17 45 v. Chr.; vgl. Suet. Caes. 37,1.

18 Im November oder Dezember 46 v. Chr. beschloss Caesar, nach Spanien aufzubrechen. Entschieden wurde der Feldzug mit dem Sieg Caesars am 17. März 45 v. Chr. bei Munda.

19 Vgl. Anm. 18.

20 Vgl. W. Schmitthenner, *Oktavian und das Testament Caesars*, München [2]1973.

21 Mutina: 44/43 v. Chr.; Philippi: Der Krieg dauerte bis 42 v. Chr.; Pe-

rusia: 41 v. Chr.; Sizilien: 44–36 v. Chr.; der Krieg bei Actium dauerte bis 30 v. Chr.

22 Diese waren die Mörder Caesars.

23 Octavian, M. Antonius und M. Aemilius Lepidus hatten sich 43 v. Chr. zu einem Triumvirat zusammengeschlossen, um nach Caesars Ermordung dessen politisches Erbe zu sichern.

24 Vgl. 8,2.

25 Gemeint ist Caesars Sieg bei Pharsalos 48 v. Chr.

26 Für das Amt des Volkstribuns waren nur Plebejer wählbar. Vgl. Meyer, S. 110 f.; 45 ff.

27 Vgl. Anm. 21.

28 Vgl. Anm. 8.

29 Vgl. I. Opelt, *Die lateinischen Schimpfwörter und verwandte sprachliche Erscheinungen. Eine Typologie*, Heidelberg 1965, S. 152. – Bei *tollere* liegt offenbar ein Wortspiel vor. Es kann heißen: »befördern« und »beseitigen, ins Jenseits befördern« (vgl. Cic. fam. 11,20,1).

30 In Umbrien; dieser Vorgang gehört wahrscheinlich zum Perusinischen Krieg; vgl. Cass. Dio 48,13,2.

31 Vgl. Anm. 21.

32 Vgl. Anm. 21.

33 Hierbei muss man die Finger schnell ausstrecken und die Mitspieler ihre Anzahl erraten lassen. Das Spiel ist auch heute noch in Unteritalien bekannt, unter dem Namen *alla mora*.

34 Vgl. Suet. Caes. Anm. 139.

35 Vgl. Anm. 8.

36 Baiae, Ort bei Cumae. Bekannt wegen der heißen Schwefelquellen. Vgl. Liv. 41,16,3. Angenehmes Klima und herrliche Vegetation zogen die Römer an; das Gebiet war aber nicht frei von Malaria.

37 Das Testament hat Antonius bei den Vestalinnen hinterlegen lassen. Kienast, S. 57 ff., sieht als Hauptgrund dafür, dass es sich um ein politisches Testament handelte und die Erben auch ausgedehnte Besitzungen im Westen des Reichs erhalten würden und die Klientel des Antonius übernehmen könnten. Zum Inhalt des Testaments vgl. Plut. Ant. 58, Cass. Dio 50,3,3 ff.

38 Augustus hatte Nikopolis als neues Zentrum des Griechentums

vorgesehen, anstelle von Athen, das für Antonius eingetreten war; vgl. Kienast, S. 373.

39 Außer M. Egnatius gehörten die genannten Verschwörer zur Senatsaristokratie.

40 Ein Nomenklator, ein Sklave oder Freigelassener, hatte die Aufgabe, seinem Herrn die Namen der Leute zu nennen, die ihm ihre Aufwartung machten oder auf der Straße begegneten.

41 Vgl. Kap. 65.

42 Der Krieg in Dalmatien dauerte von 35 bis 33 v. Chr., derjenige in Kantabrien von 29 bis 25 v. Chr.

43 Dies war ein Grundsatz des *bellum iustum*, des gerechten Krieges. Vgl. Suet. Caes. Anm. 86.

44 Vom 7. bis zum 3. Jh. v. Chr. siedelten Volksgruppen auf dem Gebiet der heutigen Ukraine, die man zusammenfassend als Skythen bezeichnet. Vgl. Hdt. 4. Die augusteischen Dichter kannten Einzelheiten über die Skythen. So etwa Horaz (65–8 v. Chr.), der von der Kälte ihres Landes zu berichten weiß (c. 1,26,4; 4,5,25), oder von ihrer Kampfesweise (c. 1,35,9; 4,14,42); in diesem Gedicht hebt Horaz besonders die Leistungen von Augustus hervor, V. 41 ff.: *Te Cantaber non ante domabilis / Medusque et Indus, te profugus Scythes / Miratur, o tutela praesens / Italiae dominaeque Romae.* (»Dich bewundert gezähmt der Kantaber, / der Meder, Inder, dich der flüchtige Skythe, / o stets gegenwärtiger Beschützer Italiens / und der Herrin Rom.«)

45 Vgl. dazu Wissemann (Suet. Caes. Anm. 165).

46 Bei der Ovation, dem »kleinen Triumph«, verliehen für geringere militärische Erfolge, zieht der siegreiche Feldherr nicht im Wagen, sondern zu Fuß oder zu Pferde in die Stadt ein. Zu den Ehrenzeichen eines Triumphators gehören eine purpurfarbene Toga und ein Lorbeerkranz, die bei der Ovation durch eine Toga mit breitem Purpurstreifen und einen Myrtenkranz ersetzt werden.

47 Nach dem Krieg um Philippi: um 42 v. Chr.; erst 36 v. Chr. wurde der Sizilische Krieg beendet; vgl. Anm. 21.

48 M. Lollius, Konsul 21 v. Chr., erlitt im Sommer 16 v. Chr. gegen die Germanen (Sugambrer, Usipeter, Tenkterer) eine schwere Niederlage; P. Quin(c)tilius Varus wurde 9 n. Chr. im Teutoburger Wald vernichtend geschlagen. Vgl. Tac. ann. 1,60 f.; Vell. Pat. 2,119,3.

49 D. h., er ließ jeden zehnten (*decimus*) Mann töten.

50 Vgl. Kienast, S. 119 f.

51 Σπεῦδε βραδέως entspricht lat. *festina lente*; vgl. Gell. 9,11. – Der Vers stammt aus Eur. Phoen. 5,599.

52 Das erste Konsulat erhielt Augustus zusammen mit seinem Onkel Q. Pedius am 19. April 43 v. Chr., das zweite trat er am 1. Januar 33 v. Chr. an, das dritte und die folgenden bis zum elften in den Jahren 31–23 v. Chr., 5 v. Chr. das zwölfte und das dreizehnte Konsulat 2 v. Chr.

53 Augustus trat am 1. Januar 26 v. Chr. das achte Konsulat in Tarraco, dem heutigen Tarragona, an.

54 Die Triumvirn Antonius, Lepidus und Octavian (vgl. Anm. 23) veröffentlichten am Beginn ihrer Herrschaft (November 43 v. Chr.) Listen geächteter Gegner. Dies erlaubte ihnen, das Vermögen der Proskribierten einzuziehen. Den Proskriptionen sollen 300 Senatoren und 2000 Ritter zum Opfer gefallen sein. Vgl. Kienast, S. 34 ff.

55 C. Toranius wurde nach dem Tod von C. Octavius, des Vaters von Augustus, Vormund des späteren Prinzeps. Während des Bürgerkriegs war er Anhänger des Pompeius und wurde 43 v. Chr. auf die Proskriptionsliste gesetzt. Vgl. Cic. fam. 6,20 f.

56 Vgl. Cass. Dio 47,7,5.

57 23 v. Chr. erhielt Augustus die *tribunicia potestas*, die tribunizische Gewalt. Mithilfe dieser Vollmacht konnte Augustus den Senat einberufen, mit dem Senat verhandeln, in jeder Senatssitzung ein Thema als Erster vortragen. Allerdings hat er nach Niederlegung des Konsulats 23 v. Chr. einige Privilegien eingebüßt, die er durch die Übertragung der *tribunicia potestas* nicht zurückbekam, so etwa das Recht, den Vorsitz bei der Wahl der höheren Amtsträger zu führen, oder das Recht auf Ernennung eines Stadtpräfekten. Vgl. Kienast, S. 88 ff.

58 Eine solche Schätzung fand alle fünf Jahre statt. Bekannt ist vor allem der *census* des Augustus, Lk 2,1–2: »Es begab sich aber zu der Zeit, dass ein Gebot von dem Kaiser Augustus ausging, dass alle Welt geschätzt würde. Und diese Schätzung war die allererste und geschah zu der Zeit, da Cyrenius Landpfleger in Syrien war.« – Zu den Aufgaben der Zensoren vgl. Suet. Tib. Anm. 7.

59 Die ersten beiden Fora waren das Forum Romanum und das Forum Iulium.

60 Zwischen Weihe und Gelübde lag ein Zeitraum von 40 Jahren!

61 Vgl. Anm. 46.

62 Vgl. Suet. Caes. Anm. 219.

63 Vgl. Suet. Caes. Anm. 280. – Während Augustus die Sibyllinischen Weissagungen unter der Statue des palatinischen Apollo verwahren ließ, blieben die alten Sibyllinischen Bücher weiter im Tempel des Iuppiter auf dem Kapitol. Vgl. Kienast, S. 195 ff.

64 Augurium: Das Einholen von Vorzeichen aus dem Vogelflug. – Der ursprüngliche Sinn des *augurium Salutis* war wohl die Bitte um Mehrung der *salus populi Romani*, des Wohlergehens des römischen Staates. Ein solches *augurium* durfte nur dann vorgenommen werden, wenn kein Heer ausrückte oder auf dem Schlachtfeld stand. Dies war 29 v. Chr. der Fall, als der Ianus-Bogen durch Augustus geschlossen wurde.

65 Vgl. Suet. Caes. Anm. 259.

66 Ein ursprünglich auf Veranlassung der *libri Sibyllini* – wohl aus Tarent – eingeführtes Sühnefest (249 v. Chr.). – Der Dichter Horaz verfasste zu den Hundertjahrspielen, *ludi saeculares*, 17 v. Chr. ein Gedicht, das *carmen saeculare*.

67 Ein altes bäuerliches Winterfest; es wurde an den *compita*, den Kreuzwegen, von den Anwohnern gefeiert.

68 Gemeint ist wohl, dass er bei einer Abweisung seiner Klage dieselbe Strafe erhalten sollte, die für den Angeklagten bei einer Verurteilung festgesetzt worden wäre.

69 Nach dem Mindestvermögen von 200 000 Sesterzen, das sie besitzen mussten, um wählbar zu sein.

70 Gesetz, das der Diktator L. Cornelius Sulla erließ; es sah Strafen für Fälschungen von Testamenten, Münzen usw. vor. Vgl. Dig. 48,10.

71 »Nach Caesars Tod hatte Antonius, um seine Hausmacht zu festigen, zahlreiche Senatoren ernannt, weil ihre Namen angeblich in Caesars Testament genannt waren. *Orcivi* oder *orcini* hießen gemeinhin Sklaven, die laut Testament ihres Herrn nach dessen Tod, d. h. nach dessen Weggang in den Orcus, freigelassen werden sollten« (Wittstock, S. 501, Anm. 144).

72 A. Cremutius Cordus, römischer Geschichtsschreiber der augusteischen Zeit; er verherrlichte in seinen *Annales* die Caesar-Mörder Brutus und Cassius. Deswegen wurde er angeklagt und nahm sich das Leben. Bruchstücke seines Werkes sind erhalten. Vgl. Quint. inst. 10,1,104, der die Freimut seines Urteils hervorhebt.

73 Die Hundertmänner traten bei einem Sondergerichtshof vor allem für Eigentums- und Erbschaftsprozesse von hohem Streitwert als Richter auf.

74 Vgl. Anm. 46.

75 Vgl. Suet. Caes. Anm. 139.

76 Vgl. Anm. 58.

77 Tribus heißen die angeblich vom König Servius Tullius eingeführten Abteilungen der römischen Vollbürger; es gab vier städtische und – seit 241 v. Chr. – 31 ländliche *tribus.*

78 Vgl. Verg. Aen. 1,282.

79 Vgl. Suet. Caes. Anm. 170.

80 Das Wort fehlt in den Handschriften.

81 Die sog. Naumachia des Augustus.

82 Vgl. Suet. Caes. Anm. 140.

83 Vgl. Suet. Caes. Anm. 3.

84 12 v. Chr.; vgl. Wittstock, S. 504, Anm. 198.

85 Die *Togata* ist eine römische Komödie und spielte im römischen Gewand und Milieu, im Gegensatz zu den *Palliatae* genannten Stücken, die in Athen spielten.

86 Berühmtester Gemmenschneider der augusteischen Zeit. Er fertigte 31 v. Chr. den Siegelstein für Augustus an. Vgl. Plin. nat. 37,8; Cass. Dio 51,3. Einige Gemmen sind noch heute erhalten.

87 Das war 22 v. Chr. – Vgl. auch Suet. Caes. Anm. 22.

88 Er war ein berühmter Jurist, gest. 10/11 n. Chr. Antistius Labeo genoss große Autorität bei allen späteren Juristen. Vgl. dazu W. Kunkel, *Herkunft und soziale Stellung der römischen Juristen*, Graz/Wien/Köln [2]1967, S. 114 f.

89 Der lat. Begriff *evocatus* bezeichnet einen Veteranen, der sich (etwa seit 100 v. Chr.), wenn das Vaterland in Gefahr war, noch einmal freiwillig einberufen ließ. Er stand dem Zenturio rangmäßig nahezu gleich und konnte sich als Angehöriger eines Elitekorps betrachten.

90 »Ein jetzt verschwundener, mit Wasser gefüllter […] Hohlraum auf dem Gelände des Forum Romanum, in den der Sage nach der junge Ritter M. Curtius hineingesprungen war, um einen dort entstandenen Erdspalt zu schließen. Vgl. Livius VII,6« (Heinemann, S. 119, Anm. 3). – Vgl. Die unterschiedlichen Versionen bei Varro l. l. 5,148–150.

91 Vgl. Anm. 77.

92 Nicht nur in der Dichtung, sondern auch auf Münzen und Inschriften ehrte man Augustus als Retter des Staates, und zwar bereits ab 27 v. Chr. mit dem Titel eines *parens* oder eines *pater*. Aber erst 2 v. Chr. nahm Augustus das Angebot des Konsulars M. Valerius Messalla Corvinus an, den Titel *pater patriae* zu tragen. Vgl. Kienast, S. 110 ff.; A. Alföldi, *Der Vater des Vaterlandes*, Darmstadt 1971, S. 92 ff.

93 Zur Behandlung des Arztes Antonius Musa vgl. J.-F. Schulze, »Die Entwicklung der Medizin in Rom und das Verhältnis der Römer gegenüber der ärztlichen Tätigkeit von den Anfängen bis zum Beginn der Kaiserzeit«, in: *Živa Antika* 21 (1971) S. 498 ff.

94 Griech. Gott der Heilkunde, Sohn des Apollon und der Koronis. Nach Rom wurde der schlangenleibige Gott auf Anraten der Sibyllinen 293 v. Chr. geholt. Vgl. Liv. 10,47,7; Ov. met. 15,622 ff.

95 Diesen Namen erhielten zahlreiche Städte im gesamten Römischen Reich, etwa das heutige Cherchel in Algerien; das Caesarea am südlichen Abhang des Hermon an einer der Hauptquellen des Jordan; das am Meer, wo Vespasian zum Kaiser ausgerufen wurde; das in Kappadokien usw.

96 Er war als Nachfolger des Augustus vorgesehen. Vgl. Hor. carm. 1,12,45 f.; Verg, Aen. 6,867 ff. Marcellus starb 23 v. Chr.

97 Hom. Il. 3,40, wo Hektor dem Paris zuruft: »Wärest du nie geboren und unvermählt gestorben.«

98 Verfasser von Elegien, in denen er seine Geliebte Lycoris besang. Er war 30 v. Chr. einer der Heerführer gegen Antonius im alexandrinischen Krieg. Wegen seiner Überheblichkeit wurde er 26 v. Chr. angeklagt und verurteilt, tötete sich aber selbst. Vgl. Cass. Dio 53,23,6 f.

99 Vgl. *Comicorum Atticorum fragmenta. Comicorum incertae aetatis fragmenta*, hrsg. von Th. Kock, Leipzig 1988, S. 143.

100 Kreis im doppelten Sinn: Kreis der Handpauke und der Erdkreis. – Die Priester der Kybele waren Eunuchen.

101 Vgl. *Fragmenta poetarum Romanorum*, hrsg. von E. Baehrens, Leipzig 1886, S. 340

102 Vgl. ebd., S. 341. – Argentarius: Geldwechsel, Bankier; Korinthiarius: Sammler wertvoller korinthischer Vasen.

103 Vgl. *Fragmenta poetarum Romanorum* (s. Anm. 101), S. 341.

104 Vgl. I. Opelt, *Vom Spott der Römer*, München 1969.

105 Man verwendete als Würfel Knöchelchen, wobei die vier Längsseiten jeweils eine Zahl trugen: Vier Einsen waren der Hundewurf; ein Venuswurf lag dann vor, wenn alle Würfel verschiedene Zahlen zeigten: 1, 3, 4, 6.

106 »Die Aufgabe bei diesem Spiel bestand darin zu erraten, ob der Gegenspieler eine gerade oder ungerade Zahl von Gegenständen, z. B. Münzen, in der Hand verborgen hielt« (Wittstock, S. 509, Anm. 287).

107 Schwarzes vulkanisches Tuffgestein aus den Albaner Bergen; vgl. Martinet, S. 1064, Anm. z. St.

108 D. h. mindestens Vorspeise, Hauptgericht und Dessert; vgl. Heinemann, S. 134, Anm. 1.

109 Vgl. Anm. 8.

110 »ein schmarotzender Philosoph, meist Zyniker od. Stoiker, der sich am Tische der Reichen einfand und dadurch, daß er mit lächerlichem Ernste seine Weisheit auskramte, die Gäste ergötzte« (*Der Neue Georges, Ausführliches Handwörterbuch*, Darmstadt 2013, Bd. 1, s. v. *aretalogus*).

111 Die Saturnalien, das beliebteste römische Volksfest, wurde zur Zeit Ciceros vom 17. bis 23. Dezember – vielleicht zu Ehren des Saatgottes Saturnus – mit einem Opfer und Festmahl gefeiert. Bei diesem sehr fröhlichen Fest, das bis zu fünf Tage dauern konnte, wurden die Sklaven für kurze Zeit wie Gleichgestellte behandelt und z. B. von ihren Herren bei Tisch bedient. Vgl. Scullard, S. 287–290. – Von den Geschenken, die während dieser Festtage verteilt wurden, berichtet der Dichter Martial in verschiedenen Epigrammen (Buch 14).

112 Vgl. Anm. 8.

113 Vgl. Verg. georg. 2,96: *et quo te carmine dicam Raetica?* (»Dich, Räterwein, mit welchem Lied soll ich dich rühmen?«)

114 Vgl. Anm. 8.

115 Vgl. Anm. 93. Vgl. auch Kap. 59.

116 Die Stelle ist verderbt.

117 Vgl. Suet. Caes. Anm. 148.

118 Vgl. Anm. 21.

119 Die hier genannten Schriften sind uns nicht überliefert, wohl aber ein Rechenschaftsbericht, das sog. *Monumentum Ancyranum.*

120 Der richtige Aiax hatte sich in das Schwert gestürzt, derjenige des Augustus in den Schwamm, mit dem das Werk ausgewischt wurde.

121 Diese sind grammatisch nicht notwendig; Augustus schrieb demnach für »in Rom« *in Roma* statt *Romae.*

122 T. Annius Cimber stand im Krieg aufseiten des Antonius, 44–43 v. Chr. Ihm wurde vorgeworfen, seinen eigenen Bruder ermordet zu haben. Vgl. Quint. inst. 8,3,28; Cic. Phil. 11,14. – Die *Origines* (»Urgeschichte«), ein Werk des älteren Cato (239–149 v. Chr.), gelten als das älteste Geschichtswerk in lat. Sprache. – Unter asiatischem Stil versteht man eine überladene, pompöse Ausdrucksweise, dem der nüchterne attische Stil gegenübergestellt wird.

123 Die römischen *Kalendae* bezeichnen den ersten Tag im Monat. Die Griechen kannten diese Datumsbestimmung nicht, »griechische Kalenden« bedeutet demnach: nie.

124 Im Sinne von: »Da wir keinen großen Cato mehr haben, müssen wir mit den Leuten unser Zeit vorliebnehmen« (Lambert, S. 107, Anm. 69).

125 *Domuos:* ältere Genitivform für *domus.*

126 Vgl. 8,2; 94,12.

127 Bekannter stoischer Philosoph aus Alexandria, von dem eine Trostschrift an Livia in Auszügen erhalten ist. Vgl. Sen. dial. 6,4,3–5,6.

128 Q. Caecilius Metellus Macedonicus hielt als Zensor 131 v. Chr. eine berühmte Rede, in der er die Römer aufforderte, zur Erhaltung der Geschlechter mehr Ehen einzugehen.

129 Höchstwahrscheinlich handelt es sich hierbei um P. Rutilius Rufus, Konsul 105 v. Chr., der auch im *Brutus* von Cicero als Redner erwähnt wird (Brut. 110 f.). Vgl. Vitr. 2,8,8 und 17; Strab. 5,3,7.

130 Vgl. 29,3.
131 Vgl. Anm. 21.
132 Vgl. 79,2.
133 Von Rom aus gerechnet; die Meilensteine an den Heerstraßen waren jeweils 1,5 km voneinander entfernt.
134 Damit ist der Senatorenstand gemeint.
135 Vgl. 8,2.
136 Vgl. Anm. 64.
137 Vgl. Anm. 23.
138 Vgl. Suet. Caes. Anm. 219.
139 »Der volle Name in der Inschrift lautete ›M. Agrippa‹, und das *M* wurde als *mors*, ›Tod‹, verstanden« (Wittstock, S. 512, Anm. 363).
140 Also 14 n. Chr.
141 Das Munizipium ist eine peregrine Gemeinde mit römischem oder latinischem Stadtrecht, eine Kolonie eine aus militärischen Gründen angelegte Siedlung römischer Bürger; vgl. R. Metzner, *Die Prominenten im Neuen Testament*, Göttingen 2008, S. 627, Anm. 17.
142 13 n. Chr.
143 Vgl. Anm. 77.
144 Das *Monumentum Ancyranum*; vgl. Anm. 119.

Tiberius

1 Die patrizische *gens* trug den Beinamen Pulcher, die plebejische den Beinamen Marcellus.
2 Die Klienten waren ursprünglich Ackerbauern oder Hirten, die dem besonderen Schutz der *gens* / eines *patronus* unterstanden und ihrerseits zu bestimmten Hilfeleistungen verpflichtet waren.
3 Der Sage nach wurde Rom 753 v. Chr. gegründet.
4 Tarquinius Superbus, der letzte römische König, wurde der Überlieferung nach 510 v. Chr. vertrieben. – Zur Übersiedelung der Claudier nach Rom im Jahr 504 vgl. auch Liv. 2,16,4.
5 »Eine Begräbnisstätte in der Stadt zu besitzen war eine große Ehre, die nur den Vestalinnen oder sehr angesehenen Männern zugebilligt wurde« (Wittstock, S. 514, Anm. 3).

6 Vgl. Suet. Caes. Anm. 22.

7 Den Zensoren oblag die Volkszählung, Vermögenseinschätzung und Sittenkontrolle sowie die Aufsicht über die Staatsländereien und öffentlichen Gebäude.

8 Vgl. Suet. Aug. Anm. 46.

9 Dieser Beiname ist seit dem 3. Jh. v. Chr. belegt. Als Letzter führte ihn Kaiser Nero (reg. 54–68); vgl. Wittstock, S. 514, Anm. 4.

10 »Dieser Teil der Familiengeschichte spiegelt am ehesten das Eigenbewusstsein der Claudier selbst [...]. Es folgen, nach gut und schlecht geordnet, je drei herausragende Claudier als Individuen (2,1–2), wobei der relativ schmale Zeithorizont – zwischen 450 und ca. 200 – auffällt; kein prominenter Claudier aus der Frühzeit der Ständekämpfe wird namentlich genannt, ebenso keiner aus der Epoche nach dem Hannibalkrieg« (Walter, S. 122).

11 Vgl. Cic. Cato 16.

12 Das richtige Praenomen lautet Gaius; vgl. Walter, S. 122.

13 Mitglied der Zehnmännerkommission, die das Zwölftafelgesetz ausarbeitete (um 450 v. Chr.).

14 Vgl. Liv. 3,44,1–58,11: Danach wurde die junge Frau namens Verginia von ihrem verzweifelten Vater getötet, woraufhin die Plebs aus Empörung die Stadt verließ. – Die erste Sezession wird auf das Jahr 494 v. Chr., die zweite auf 450/449 v. Chr. datiert. Der zweite Auszug der Plebejer führte zur Annahme des Zwölftafelgesetzes, zur Abschaffung des Decemvirats sowie zur Wiederherstellung des Volkstribunats.

15 Zeichen der (bei den Römern verhassten) Königswürde.

16 Vgl. Anm. 2.

17 Vgl. Suet. Caes. Anm. 111.

18 Ebenso Cic. nat. 2,7.

19 Vgl. Suet. Caes. Anm. 22.

20 204 v. Chr. »Die erwähnte Claudia (Quinta) war Vestalin und suchte eine Anklage wegen Bruchs der Keuschheitsgelübde durch dieses Gottesurteil zu widerlegen, erfolgreich, wie auch Ovid (fast. 4,291–327) berichtet« (Wittstock, S. 514, Anm. 9).

21 246 v. Chr.

22 Nur ein Plebejer konnte Volkstribun werden; Clodius (die plebeji-

sche Namensversion von Claudius) wurde hierbei von Caesar unterstützt; vgl. Suet. Caes. 20,4.

23 Vogt, S. 19, Anm. z. St., verweist auf das Beispiel des App. Claudius, Konsul 471 v. Chr. (vgl. Liv. 2,61,5).

24 Nach einer anderen Überlieferung handelte es sich um Claudias Vater; vgl. Val. Max. 5,4,6.

25 Ti. Claudius Nero, Prätor 42 v. Chr.

26 Vgl. Anm. 7.

27 Vgl. Suet. Caes. Anm. 22.

28 Adjutant des Diktators.

29 Vgl. Anm. 7.

30 Vgl. Suet. Aug. Anm. 77.

31 Weil er nach dem Illyrischen Krieg (219 v. Chr.) angeblich die Beute ungerecht verteilt hatte; vgl. Frontin. strat. 4,1,45. Er zog sich daraufhin aufs Land zurück, bis er 210 v. Chr. von den Konsuln nach Rom zurückgerufen wurde.

32 387 v. Chr. belagerten die Senonen das Kapitol. Laut Liv. 5,49,1 ff. verhinderte Camillus die Auszahlung des Lösegeldes, mit dem die Römer die Einnahme des Kapitols verhindern wollten.

33 M. Livius Drusus der Ältere, Volkstribun 122 v. Chr. Er war »durch die Aufstellung eines agrarreformerischen Gegenprogramms maßgeblich am Sturz des C. Gracchus (›Gracchos‹ also ungenau) beteiligt« (Vogt, S. 23).

34 Vgl. Suet. Caes. 35,1. – Nach der Niederlage des Pompeius bei Pharsalos verfolgte Caesar den Flüchtenden bis nach Ägypten und griff in den Thronstreit zwischen den Ptolemaiern ein; er eroberte Alexandria und machte Kleopatra zur Mitregentin des Landes (48/47 v. Chr.).

35 P. Scipio, nach seiner Adoption Q. Caecilius Metellus Scipio Nasica, hatte sich nach der Niederlage seines Schwiegervaters Pompeius bei Thapsos 46 v. Chr. das Leben genommen.

36 Dort wurden die Veteranen aus zwei Legionen Caesars angesiedelt.

37 Vgl. Suet. Aug. Anm. 23.

38 Vgl. Suet. Aug. 14. – L. Antonius bekämpfte mit seiner Schwägerin Fulvia Octavian und wurde von diesem im sog. *bellum Perusinum* (Winter 41/40 v. Chr.) besiegt.

39 »Hier sollten die Freilassungen unter der Bedingung erfolgen, daß die ehemaligen Sklaven für Antonius kämpften« (Wittstock, S. 515, Anm. 26).

40 Da ja seine Amtszeit abgelaufen war; vgl. 4,2. – Das Rutenbündel mit dem Beil wurde als Zeichen der Strafgewalt von den Liktoren (vgl. Suet. Caes. Anm. 48) den höchsten Magistraten vorangetragen.

41 Nach der Niederlage der Caesar-Mörder bei Philippi (42 v. Chr.) hatten die Triumvirn Antonius den Osten (Griechenland und Kleinasien) als Amtsbereich zugewiesen.

42 Gemeint ist der Friede zwischen Sex. Pompeius und den Triumvirn; vgl. Tac. ann. 5,1.

43 Vgl. Suet. Aug. 62,2.

44 Sie hieß Alfidia; vgl. Vogt, S. 30, Anm. z. St.

45 42 v. Chr. Vgl. Anm. 41.

46 »Der Pontifex Maximus führte die Fasti, Listen der Tage des Jahres und der amtierenden Beamten, in welchen zunehmend auch andere wichtige Ereignisse festgehalten wurden« (Wittstock, S. 516, Anm. 30).

47 Vgl. 4,2 f.

48 Vgl. Suet. Caes. Anm. 309.

49 Der Adoptierte bekam den Namen des Adoptivvaters sowie ein *cognomen*, das seinen ursprünglichen Familiennamen anzeigte (Claudius › Claudianus).

50 33 v. Chr. – Vgl. Suet. Aug. Anm. 15.

51 Der Triumph wurde 29 v. Chr. gefeiert, Tiberius war also 13 Jahre alt.

52 Der Triumphwagen wurde von vier Pferden gezogen; der schlechtere Platz des Tiberius ist bezeichnend für Augustus' Einstellung zu ihm; vgl. Heinemann, S. 167, Anm. 3.

53 Sie wurden zu Ehren des Gottes Bacchus gefeiert.

54 Vgl. Suet. Caes. Anm. 140.

55 27 v. Chr.

56 Da Tiberius 14 n. Chr. auf den Thron kam, geht es hier also um die Zeit bis zu seinem 55. Lebensjahr.

57 Erbaut von T. Statilius Taurus auf dem Marsfeld; vgl. Suet. Aug. 29,5.

58 Vgl. Suet. Aug. 63,2. – Mit dieser Heiratspolitik wollte Augustus das

Thronerbe für einen seiner direkten Nachkommen sicherstellen. »Tiberius mußte bewußt sein, dass die Hochzeit mit Iulia seine eigene Nachfolgeregelung auf deren Söhne aus ihrer Ehe mit Agrippa, Gaius und Lucius Caesar, festlegen sollte und somit seinen eigenen Sohn aus erster Ehe, Drusus, ausschloß« (v. Haehling, S. 52).

59 M. Vipsanius Agrippa war 12 v. Chr. gestorben.

60 Er war im Sommerlager einer Krankheit erlegen; vgl. Suet. Claud. 1,3.

61 Dieses Verhalten steht in einem gewissen Widerspruch zu 50,1, wo von Tiberius' Hass auf seinen Bruder die Rede ist.

62 Der kappadokische König war von seinen Untertanen angeklagt worden; vgl. Cass. Dio 57,17,3. Was den Bewohnern von Tralleis und den Thessaliern angelastet wurde, ist nicht bekannt; vgl. Vogt, S. 46, Anm. z. St.

63 26/25 v. Chr.

64 22 v. Chr. Vgl. auch Suet. Aug. 19,1.

65 »Besondere Strafräume für Sklaven, die dort sogar beim Schlaf angekettet wurden und dann auch bei der Arbeit Ketten tragen mußten« (Heinemann, S. 96, Anm. 1).

66 Vgl. Suet. Aug. 32,1.

67 In der Schlacht bei Carrhae (53 v. Chr.).

68 Tiberius war 26–24 v. Chr. in Kantabrien, 20 v. Chr. in Armenien (der Vorgänger des Tigranes war umgebracht worden) und 16 v. Chr. in Gallien. Ein Jahr später begann er den Krieg gegen die Räter und Vindeliker (bis 13), 12–9 kämpfte er gegen die Pannonier und ab dem Jahr 8 v. Chr. gegen die Germanen.

69 Es handelte sich um Sugambrer und Sueben; vgl. Suet. Aug. 21,1.

70 9 v. Chr. für den Pannonischen Krieg; vgl. Cass. Dio 55,2,4. – Zur »Ovation« vgl. Suet. Aug. Anm. 46.

71 7 v. Chr. für den Germanischen Krieg; vgl. Cass. Dio 55,6,5.

72 Vgl. Suet. Aug. Anm. 46. – »Suet. verschweigt, dass die Triumphalinsignien nur ein Ersatz für den im J. 12 v. vom Senat beschlossenen, aber von Augustus verbotenen Triumph waren (Dio 54,31,4)« (Vogt, S. 52, Anm. z. St.).

73 *paene iunctim*, »fast nacheinander«, ist übertrieben: Tiberius wurde 23 v. Chr. (im Alter von 19) Quästor, 16 v. Chr. (im Alter von 26) Prätor, 13 und 7 v. Chr. Konsul und 6 v. Chr. erhielt er die *tribunicia po-*

testas (vgl. Suet. Aug. Anm. 57). Zur Zeit des Augustus lag das Mindestalter für die Quästur bei 33, für die Prätur bei 30 und für das Konsulat bei 33 Jahren; vgl. Vogt, S. 53, Anm. z. St.

74 Vgl. Anm. 73. Damit wurde er formell Mitregent. »Mit der Verleihung der tribunizischen Gewalt trafen die Kaiser in der Regel eine Vorentscheidung über die in Aussicht genommenen Nachfolger« (Wittstock, S. 516, Anm. 48).

75 Er war 36 Jahre alt.

76 Tiberius lebte von 6 v. bis 2 n. Chr. auf Rhodos. Die Insel – eine renommierte Stätte der Wissenschaften – dürfte er mit Bedacht gewählt haben, um sich philosophischen Studien zu widmen; vgl. v. Haehling, S. 53.

77 Gemeint sind Augustus' Enkel Gaius und Lucius, die er 17 v. Chr. adoptiert hatte. Vgl. auch 11,5.

78 Ähnlich Vell. 2,99,2, der Tiberius nur edle Motive unterstellt.

79 Vgl. Suet. Aug. 66,3.

80 Als Inhaber der tribunizischen Gewalt hatte Tiberius ein Anrecht auf deren Dienste. – Vgl. auch Suet. Caes. Anm. 48.

81 Sportgelände, auch Treffpunkt für Philosophen und Rhetoren.

82 Vgl. dazu Vell. 2,100,3–5.

83 »Ursprünglich war der Austausch von Geschenken zwischen Mann und Frau verboten, weil man befürchtete, hierdurch könne der eine über den anderen einen unzulässigen Einfluß gewinnen; später wurde er in bestimmten Fällen gestattet, so im Falle des Todes und der Scheidung« (Wittstock, S. 517, Anm. 55).

84 Die auf fünf Jahre verliehene tribunizische Gewalt (vgl. 9,3) endete mit dem Jahr 2 v. Chr.

85 »Tiberius bekam Rang und Titel eines Gesandten ohne die sonstigen Rechte eines solchen. Dies war eine sog. *legatio libera*, wie sie früher der Senat oft verliehen hatte, um Senatoren auf Reisen einen öffentlichen Charakter zu verschaffen« (Heinemann, S. 173, Anm. 1).

86 Der frühere Statthalter von Gallien war mit Tiberius verfeindet, weil dieser ihn nach der Niederlage gegen die Germanen (16 v. Chr.) kritisiert hatte; vgl. Vogt, S. 71, Anm. z. St.

87 D. h., er kleidete sich wie ein Grieche und zeigte damit, dass er seine Herrschaftsansprüche aufgab; vgl. Wittstock, S. 517, Anm. 60.

88 2 n. Chr.
89 Vgl. 9,1.
90 Bei den Losen handelte es sich um Täfelchen aus Eiche oder Bronze, in die Inschriften eingraviert waren.
91 Er galt als Herrschaftssymbol.
92 Vgl. den nüchternen Bericht Suetons mit der dramatisch ausgestalteten Szene in Tac. ann. 6,21.
93 Anlässlich der Feier von Drusus' Volljährigkeit, 2 n. Chr.
94 Ungenau: Lucius starb 2, Gaius 4 n. Chr. Für ihren frühen Tod war vielleicht ein Anschlag Livias verantwortlich; vgl. Tac. ann. 1,3.
95 4 n. Chr. Vgl. auch Tac. ann. 1,3.
96 Den Status des *pater familias* hatte Tiberius mit der Adoption verloren, weil er jetzt wieder der *patria potestas* unterstand; vgl. Wittstock, S. 518, Anm. 71.
97 Die Vorrechte einer *persona sui iuris*.
98 »Dieser Besitz (lat. *peculium*) war streng genommen nicht Eigentum des Haussohns, sondern des Hausvaters. Tiberius wird nach den Erfahrungen der Verbannungszeit gewusst haben, warum er diese demütige Haltung annahm« (Heinemann, S. 176, Anm. 4).
99 Vgl. Suet. Aug. 65,1.
100 Vgl. 9,3.
101 Vgl. Suet. Aug. Anm. 57.
102 Dieser Aufstand, der im kurz zuvor eroberten Pannonien ausbrach, dauerte von 6 bis 9 n. Chr. und verzögerte die endgültige Unterwerfung Germaniens.
103 9 n. Chr. in der Schlacht im Teutoburger Wald.
104 Er wurde 12 n. Chr. nachgeholt.
105 Nach Cass. Dio 56,1,1 gehört dieses Ereignis allerdings in das Jahr 9 n. Chr., vor die endgültige Niederwerfung des Pannonischen Aufstandes; vgl. Vogt, S. 95, Anm. z. St.
106 10 n. Chr.
107 Vgl. 17,2.
108 Vgl. Suet. Aug. Anm. 46.
109 »Suet. verwechselt offenbar hier den Breuker Bato, den Anführer der Pannonier, mit dem Daesitiaten Bato, dem Anführer der Dalmater; dieser tötet jenen im J. 8 n. wegen Verrats […], kapituliert

nach der Einnahme von Andetrium durch Tiberius […], wird im Triumphzug mitgeführt und begnadigt« (Vogt, S. 100, Anm. z. St.).

110 Normalerweise wurden die Feldherren der Feinde hingerichtet.

111 Damit wurde der Zensus beendet.

112 Vgl. Suet. Aug. 98,5. Nach Tac. ann. 1,5 ist nicht gewiss, ob Augustus bei Tiberius' Eintreffen noch lebte.

113 »Sueton verteidigt in dieser Partie nicht so sehr den Tiberius, als vielmehr die Wahl des Augustus« (Mouchová, S. 84). – Einige Passagen in den Briefen sind im Original auf Griechisch.

114 Wegen der Wiederholung von *iucundissime* und *vale* in einer so kurzen Passage dürfte es sich, anders als in der Ausgabe Ihms angegeben, um zwei verschiedene Briefe handeln; vgl. Vogt, S. 110, Anm. z. St.

115 Anspielung auf Enn. ann. 12,363 (Skutsch). Dort heißt es allerdings, bezogen auf Hannibals Gegner Fabius Cunctator, *cunctando* (statt *vigilando*).

116 Hom. Il. 10,246 f. (Übers. J. H. Voß).

117 Nach Tac. ann. 1,6 war eindeutig Tiberius (wahrscheinlich zusammen mit Livia) für Agrippas Tod verantwortlich.

118 Vgl. 16,1.

119 Vgl. 15,2.

120 Ebenso Suet. Aug. 101,2. Vgl. auch Tac. ann. 1,8.

121 Vgl. aber 21,3. – In Tac. ann. 1,10 wird Augustus verdächtigt, er habe Tiberius zum Nachfolger bestimmt, um selbst in einem strahlenderen Licht dazustehen.

122 Nach Vell. 2,124,2 opfert sich Tiberius für das Gemeinwohl.

123 Vgl. Tac. ann. 1,7, wo das zögerliche Verhalten des Tiberius damit begründet wird, dass er »lieber den Anschein erwecken wollte, von dem Gemeinwesen berufen und auserwählt zu sein, als durch das Ränkespiel einer Frau und die Adoption eines Greises sich eingeschlichen zu haben« (Übers. W. Sontheimer). – Zu Tiberius' Taktieren beim Amtsantritt vgl. auch Cass. Dio 57,2,1 ff.

124 Wegen seiner kleinen Ohren lässt sich ein Wolf nur schwer festhalten. In Ter. Phorm. 506 besagt das griech. Sprichwort, dass man nicht weiß, was man tun soll.

125 Zu den Machenschaften und dem weiteren Schicksal des Clemens ausführlich Tac. ann. 2,39 f. sowie Cass. Dio 57,16,3 f.

126 Zur Meuterei im Illyricum vgl. Tac. ann. 1,16–30, zu der in Germanien Tac. ann. 1,31–52.

127 Als Leibwache des Kaisers erhielten die Prätorianer den doppelten Sold; vgl. Wittstock, S. 519, Anm. 93.

128 Vgl. Suet. Cal. 1,1.

129 Ähnlich Tac. ann. 1,12.

130 Zu Libo und seinem Prozess vgl. Tac. ann. 2,27–31.

131 Die *ludi plebei* gab es wahrscheinlich seit 220 v. Chr.; sie hatten einen sakralen und einen unterhaltsamen Teil; vgl. Scullard, S. 276.

132 Dabei handelt es sich um Priester für bestimmte Gottheiten, die auch den Kult von göttlich verehrten Kaisern versahen.

133 Das war unter Augustus jeweils am 1. Januar üblich gewesen; vgl. Heinemann, S. 185, Anm. 2.

134 Vgl. 67,2. Danach lehnte Tiberius den Schwur auf seine Anordnungen und den Titel »Vater des Vaterlandes« ab, weil er seine Charakterschwäche vorausahnte und befürchtete, sich dessen nicht würdig zu zeigen.

135 Zur Bürgerkrone vgl. Suet. Caes. Anm. 11.

136 Sie fielen in die Jahre 18, 21 und 31 n. Chr.

137 Der ehemalige Konsul ist Q. Haterius; vgl. Tac. ann. 1,13.

138 Auch Augustus empfand diese Bezeichnung als Beschimpfung und Beleidigung; vgl. Suet. Aug. 53,1.

139 Vgl. aber Kap. 58.

140 Vgl. aber Tac. ann. 1,13, wo Haterius von Tiberius sehr rüde behandelt wird.

141 Diese Titulierung ist umso schmeichelhafter, als Tiberius diese für sich selbst zurückgewiesen hatte; vgl. Kap. 27.

142 »Die Aufwertung der altehrwürdigen Institution des Senats bildete den wesentlichen Programmpunkt seiner Regierungszeit. Tiberius wollte kein Autokrat sein, er wollte wie kaum ein zweiter nach ihm ein Senatskaiser sein« (v. Haehling, S. 58).

143 »[…] ein wichtiges Indiz für die Absicht des Tiberius, seine Sonderstellung nicht etwa zu betonen« (Baar, S. 166).

144 Vgl. Anm. 85.

145 Ebenso Cass. Dio 57,11,2. Die Schlussformel enthielt Wünsche für das kaiserliche Wohlergehen.

146 Sprachwissenschaftlich tätiger Gelehrter und Textinterpret.

147 Mit »Sabbat« ist nicht der jüdische Sabbat gemeint, sondern der jeweils siebte Tag. Das Wort »kam mit dem Bekanntwerden jüdischer Eigentümlichkeiten auf, da die Griechen und Römer unsere Wocheneinteilung und die damit zusammenhängenden Bezeichnungen nicht kannten« (Heinemann, S. 189, Anm. 1).

148 Ebenso Cass. Dio 57,10,5.

149 Eine positive Beurteilung der Anfangsjahre als Kaiser findet sich auch in Tac. ann. 4,6 und Cass. Dio 57,7,1 ff. – Von geradezu paradiesischen Zuständen im Staat und fast übermenschlichen Qualitäten des Kaisers berichtet Vell. 2,126.129 f.

150 »Auf dem Tribunal saßen der leitende Beamte und seine Ratgeber sowie Schreiber und andere Gehilfen, auf den gegenüber stehenden Bänken die streitenden Parteien, Zeugen und Zuschauer« (Wittstock, S. 520, Anm. 109).

151 Ähnliche Antiluxusgesetze sind auch von Caesar (Suet. Caes. 43,2), Augustus (Suet. Aug. 34,1) und später von Nero (Suet. Ner. 16,2) überliefert.

152 Zur Kritik an seiner Sparsamkeit vgl. Kap. 47 f.

153 Wohl eine hygienische Maßnahme gegen eine aus dem Orient eingeschleppte Hautkrankheit; vgl. Plin. nat. 26,1 ff.

154 Damit hatte er möglicherweise gegen seine Residenzpflicht verstoßen. Wieso die Mieten nach dem 1. Juli günstiger waren, ist unklar.

155 Vielleicht musste man, um das Amt antreten zu dürfen, verheiratet sein; in dem Fall wäre der Quästor bestraft worden, weil er nur eine Scheinehe geschlossen hatte; vgl. Lambert, S. 141, Anm. 26.

156 Dahinter steht wohl die Absicht, wie schon bei den Antiluxusgesetzen und den Maßnahmen gegen »unsittliches« Verhalten, dem *mos maiorum* Geltung zu verschaffen; vgl. Baar, S. 59.

157 Nach Tac. ann. 2,85 wurden bei dieser Maßnahme 4000 Männer nach Sardinien geschickt.

158 Zur Verfolgung der »Christianer« vgl. Tac. ann. 15,44.

159 Vgl. Suet. Aug. 49,1.

160 Die *relegatio* war die mildeste Form der Verbannung; sie war nicht mit dem Entzug des römischen Bürgerrechts verbunden.
161 Zenturio des ersten Manipels der Triarier (Reserve). Er galt als der beste Legat in der Legion.
162 Zu den Hintergründen vgl. Tac. ann. 4,36.
163 Bezugspunkt ist vermutlich der Tag seiner Thronbesteigung.
164 »So gab es 19 u. Z. Unruhen in Thrakien, 21 u. Z. einen Aufstand der Häduer und Treverer, 26 wieder einen in Thrakien, 28 einen in Untergermanien, von den Wirren im Osten ganz abgesehen« (Wittstock, S. 522, Anm. 134).
165 Ihm wurde Ravenna als Wohnsitz angewiesen; Tac. ann. 2,63.
166 Vgl. Tac. ann. 2,67; Vell. 2,129,1.
167 Tiberius hatte Archelaos früher sogar einmal verteidigt; vgl. Kap. 8. – Zu Archelaos' Ende vgl. Tac. ann. 2,42.
168 17 n. Chr.
169 Vgl. Suet. Aug. Anm. 141.
170 Cicero zitiert dieses Sprichwort in Att. 13,12,3 (Bailey).
171 Im Parallelbericht Tac. ann. 4,59 wirft sich Seianus über den Kaiser, um ihn vor den herabfallenden Steinen zu schützen.
172 Gemeint ist der Iuppiter-Tempel; vgl. Tac. ann. 4,57.
173 Zu den Gründen von Tiberius' Weggang vgl. Tac. ann. 4,57.
174 Vgl. auch die sehr positive Schilderung der Insel in Tac. ann. 4,67.
175 Vgl. den ausführlichen Bericht in Tac. ann. 4,62 f.
176 Zu den möglichen Motiven für Tiberius' Verhalten (Angst vor Neuerungen, Neid, Unschlüssigkeit) vgl. Tac. ann. 1,80.
177 Zum gescheiterten Versuch des Partherkönigs Artabanos III., Armenien zu unterwerfen; vgl. Tac. ann. 6,31–37.
178 Dies führt nun zu einigen Widersprüchen zu dem, was Sueton im ersten Teil der Biographie berichtet hatte. Eigenschaften und Verhaltensweisen, die dort positiv bewertet wurden, erscheinen im Folgenden als Laster. Die Zweiteilung in eine gute und eine schlechte Phase der Regierung entspricht der historischen Überlieferung und ist auch von Tacitus und Cassius Dio übernommen, von Sueton aber sehr ungeschickt umgesetzt worden. Vgl. Döpp, S. 453 ff.
179 Bibulus ist von *bibere*, »trinken«, Caldius von *caldum*, »Glühwein«, und Mero von *merum*, »unverdünnter Wein«, abgeleitet.

180 Vgl. Kap. 33.
181 Abgeleitet von griech. *sphinkter*, »Schließmuskel« (am After).
182 Capri (in Anlehnung an *capra*) = Ziegeninsel. – Zu Tiberius' sexuellen Ausschweifungen vgl. auch Tac. ann. 6,1.
183 Die Atellane ist eine oskische Volksposse, die nach einer Tragödie aufgeführt wurde, um das Publikum wieder zu erheitern.
184 Da man darin eine Anspielung auf Tiberius erkannte.
185 Vgl. aber 34,1, wo seine Sparsamkeit in einem positiven Licht erscheint.
186 »Was mit ›Griechen‹ gemeint ist, ist unklar, vielleicht eine Anspielung auf den rhodischen Aufenthalt des Tiberius oder darauf, daß vornehme Römer griechische Gelehrte, Künstler oder Spaßmacher in ihrem Gefolge hatten. Vgl. Kap. 56« (Heinemann, S. 199, Anm. 2).
187 Von Pompeius 55 v. Chr. als erstes Theater aus Stein errichtet, 22 n. Chr. durch einen Brand beschädigt.
188 Nach Tac. ann. 6,45 wurden beide Bauwerke vollendet, aber von Tiberius nicht mehr eingeweiht.
189 Cass. Dio 57,11,4 behauptet das Gegenteil. – Vgl. auch 34,1, wo die Einschränkung des Aufwands für die Spiele zu den positiven Maßnahmen gerechnet wird.
190 Augustus hatte Hortalus eine Million Sesterzen geschenkt, um ihm eine Heirat und Familiengründung zu ermöglichen; vgl. Tac. ann. 2,37 f.
191 Anders Tac. ann. 1,75 und Cass. Dio 57,10,3, wo Tiberius' Großzügigkeit gerühmt wird.
192 Vgl. Tac. ann. 4,64.
193 Auf diese Weise sollte mehr Geld in Umlauf gebracht werden: Die Geldverleiher kauften Grundstücke, die Schuldner verkauften ihr Land, um ihre Schulden zu tilgen. Zu den Gründen für das Scheitern dieses Dekrets vgl. Tac. ann. 6,17.
194 Nach Tac. ann. 4,64 lag dieser Umbenennung eine Senatsinitiative zugrunde: Nur ein Standbild des Tiberius war von den Flammen verschont geblieben.
195 Zu den Vermächtnissen des Augustus vgl. Suet. Aug. 101,2 f.
196 »Lucius Älius Sejanus […] war der einzige Römer, dem das sonst nur Mitgliedern der kaiserlichen Familie vorbehaltene Recht ge-

währt worden war, daß seine Büste in allen Lagerheiligtümern unter den dort aufbewahrten Feldzeichen aufgestellt werden durfte« (Heinemann, S. 201, Anm. 1).

197 So brauchte er den Veteranen nicht die ihnen zustehende Abfindung zu zahlen.

198 Zum Erdbeben (17 n. Chr.) und der von Tiberius geleisteten Unterstützung vgl. Tac. ann. 2,47.

199 Nach Sen. benef. 2,27,1 f. war er mit 400 Millionen Sesterzen der reichste Mann Roms; vgl. Vogt, S. 230, Anm. z. St.

200 Zum Prozess der Lepida vgl. Tac. ann. 3,22 f.

201 Vgl. aber 7,3.

202 Regium an der Meerenge von Messina; vgl. Tac. ann. 1,53.

203 Zu Lebzeiten des Augustus hatte sich Tiberius, vielleicht aus taktischen Gründen, noch für sie eingesetzt; vgl. 11,4.

204 Zu Tiberius' Eifersucht auf seine Mutter vgl. auch Tac. ann. 1,14 und Cass. Dio 57,12,1 ff.

205 »Wie in den Tempeln Archive bestanden, so mag auch im Palast ein dem August geweihter Raum zur Aufbewahrung von Dokumenten aller Art gedient haben« (Wittstock, S. 524, Anm. 167).

206 Vgl. demgegenüber die zitierten Briefe, in denen Augustus seinem Stiefsohn sehr freundlich begegnet (21,4–7). Dieser Widerspruch muss aber nicht Sueton angelastet werden, da sich der Kaiser je nach Adressat und Situation unterschiedlich über Tiberius geäußert haben kann; vgl. Döpp, S. 456.

207 Die Vergöttlichung erfolgte aber 42 n. Chr. durch Claudius; vgl. Suet. Claud. 11,2.

208 Caligula ließ später die Legate in bar auszahlen; vgl. Suet. Cal. 16,3.

209 Zur Adoption des Germanicus s. 15,2.

210 Ähnlich Cass. Dio 57,13,1 f. – Nach Tac. ann. 2,43 liebte Tiberius Drusus und gab ihm den Vorzug vor Germanicus.

211 Während dieser Zeit ruhte die Tätigkeit der Gerichte und Behörden.

212 19 n. Chr. – »Ägypten war kaiserliche Provinz, d. h. sie unterstand Tiberius direkt. Nach Tacitus (Ann. 2,59,3) durfte kein Senator oder Ritter Ägypten ohne Zustimmung des Kaisers betreten« (Wittstock, S. 524, Anm. 172).

213 Zum Verdacht eines Giftanschlags vgl. Suet. Cal. 1,2; 2.
214 Vgl. Tac. ann. 3,16.
215 Seianus hatte Agrippina vor einem auf sie geplanten Giftanschlag gewarnt; vgl. Tac. ann. 4,54.
216 Ebenso Tac. ann. 6,25.
217 20 bzw. 23 n. Chr.
218 Zu Seianus' Machenschaften in dieser Angelegenheit vgl. Tac. ann. 4,59 f.
219 Die Zeichen dafür, dass er zum Tode verurteilt war.
220 Ebenso Tac. ann. 6,23.
221 In Suet. Cal. 15,1 lässt Caligula allerdings die Asche Neros nach Rom überführen.
222 Zum Verhältnis des Tiberius zu Seianus vgl. v. Haehling, S. 61 f.
223 Tiberius lebte von 6 v. bis 2 n. Chr. auf Rhodos; vgl. Kap. 10–13.
224 Vgl. Anm. 146.
225 Vgl. aber Kap. 6, wo über seine Kindheit und Jugend nichts Negatives berichtet wird.
226 Vgl. Kap. 26 ff.
227 Ebenso Cass. Dio 14,57,1 f.
228 Viele Pompejaner, die Anhänger des Pompeius Magnus, hatten im Bürgerkrieg mit Caesar ihr Leben verloren.
229 Ebenso Tac. ann. 1,72. – Vgl. aber Kap. 28.
230 Nach Tac. ann. 1,74 wurde er freigesprochen.
231 Vgl. aber Kap. 35, wo über Tiberius' Maßnahmen gegen eine Verrohung der Sitten wohlwollend berichtet wird.
232 »Ein römischer Ritter mußte ein Vermögen von 400 000 Sesterzen besitzen […]. Doch wird hier böswillig sein ›Exil‹ als Grund seiner Armut genannt. – Ein Verbannter verlor auch sein Bürgerrecht. Da Tiberius von seinem Aufenthalt auf Rhodos lange nicht zurückkehren durfte, sahen viele darin eine Verbannung […]. Schon aus diesem Grunde konnte Tiberius kein römischer Bürger, geschweige denn Ritter sein« (Wittstock, S. 525, Anm. 189).
233 Zum Mythos der vier Zeitalter vgl. Ov. Met. 1,89–150.
234 Zu seiner Trunksucht vgl. 42,1.
235 Anspielung auf Sullas Beinamen Felix.
236 Damit variiert er den bekannten Vers des altlat. Dichters Accius

(Acc. trag. 203 f., Ribbeck) *Oderint, dum metuant*, der später von Caligula (Suet. Cal. 30,1) zitiert wird.

237 Vgl. Kap. 40.

238 Damit sind vermutlich die Prätorianer gemeint.

239 Nero war 30, Drusus 33 n. Chr. gestorben; Seianus wurde 31 verhaftet und hingerichtet.

240 »[…] das krasseste Beispiel für die Nichtbeachtung der ›dies sacri‹« (Vogt, S. 274, Anm. z. St.).

241 Der Dichter war Mamercus Aemilius Scaurus, der 34 n. Chr. vor Gericht stand; vgl. Tac. ann. 6,29; Cass. Dio 58,24,3 f. – »Tiberius glaubte, diese Kritik sei auf ihn selbst gemünzt, da Agamemnon ebenso ein großer König war wie er selbst ein Kaiser« (Wittstock, S. 525, Anm. 200).

242 A. Cremutius Cordus; vgl. Tac. ann. 4,34.

243 »Sachlich bezieht sich der erste Teil dieser Aussage sowohl auf Cremutius als auch auf Scaurus, während der zweite […] nur auf den Historiker zutrifft« (Vogt, S. 276, Anm. z. St.).

244 So etwa Pomponius Labeo; vgl. Tac. ann. 6,29.

245 Das ist in Tac. ann. 6,40 für Vibulenus Agrippa überliefert.

246 Von einem solchen Fall berichten Tacitus (ann. 5,9) und Cassius Dio (58,11,5) im Zusammenhang mit der Tochter des Seianus.

247 Tacitus (ann. 4,7) sieht im Tod des Drusus den Wendepunkt in Tiberius' Verhalten.

248 Vgl. 52,1.

249 Ebenso Cass. Dio 58,27,3.

250 Seianus hatte Drusus' Frau Livilla verführt; vgl. Tac. ann. 4,3. – Vgl. aber Kap. 55, wo der Kaiser seinem Enkel die Nachfolge sichern will.

251 Beim Fall Trojas war Priamos noch am Leben, während die meisten seiner 50 Söhne bereits gefallen waren; vgl. Wittstock, S. 526, Anm. 207.

252 Vgl. Suet. Caes. Anm. 219.

253 »Es waren Holzstäbe mit Schriftzeichen, die ein Knabe aus dem Kasten zog und die dann zu Worten zusammengezogen wurden« (Heinemann, S. 215, Anm. 2).

254 Vgl. 53,2 (Agrippina) und 54,2 (Enkel).

255 Vor seinem Regierungsantritt hatte Tiberius das Konsulamt zweimal, als Kaiser dreimal bekleidet; vgl. 26,2.

256 Tiberius hatte Seianus die Ehe mit seiner Enkelin Iulia in Aussicht gestellt.

257 Vgl. Suet. Aug. Anm. 57.

258 Dabei muss es sich, da Tiberius und Seianus die amtierenden Konsuln waren, um die *consules suffecti* handeln.

259 Vielleicht so genannt nach einem im Haus befindlichen Gemälde, das die Zeus-Geliebte Io zeigte.

260 Das Zitat findet sich auch in Tac. ann. 6,6.

261 Zu Tiberius' positiver Einstellung zur Astrologie vgl. Kap. 69.

262 Vgl. 26,2.

263 Vgl. Tac. ann. 1,10.

264 Vgl. aber Kap. 36.

265 Vgl. Suet. Caes. Anm. 148.

266 Während die bisherige Darstellung des Tiberius in vielen Punkten der antiken Tyrannentypologie entspricht – Genaueres dazu bei Baar, S. 188–191 –, erscheint der Prinzeps jetzt, trotz aller Skurrilitäten, als hochgebildeter Mann.

267 Alle drei waren »›gelehrte‹ Lyriker, denen man Künstelei und Dunkelheit vorwarf, die aber Catull und die Dichter der augusteischen Zeit sehr stark beeinflusst haben« (Heinemann, S. 220, Anm. 3).

268 Gemeint sind die voralexandrinischen Klassiker.

269 Vgl. 32,2 und 56. – Zum Begriff »Grammatiker« vgl. Anm. 146.

270 Thetis, Achills Mutter, wollte verhindern, dass ihr Sohn am Trojanischen Krieg teilnahm, ließ ihn Mädchenkleider tragen und versteckte ihn am Königshof des Lykomedes, wo er allerdings von Odysseus erkannt wurde.

271 »Minos erhielt bei einer Opferhandlung die Nachricht vom Tode seines Sohnes und ließ die Flöten schweigen. Das ahmt Tiberius nach. Weihrauch und Wein wurden zu Minos' Zeiten nicht geopfert, darauf bezieht sich die Parallele also nicht« (Wittstock, S. 527, Anm. 228).

272 Nach Cass. Dio 57,15,1 f. fiel die Verordnung in das Jahr 16 n. Chr. Es ging um die Frage, ob man Silbergefäße mit goldener Einlegearbeit besitzen dürfe. – Zur Antiluxusgesetzgebung des Tiberius vgl. 34,1.

273 Tacitus und Cassius Dio berichteten von mehreren Aufenthalten in der Nähe Roms; vgl. Vogt, S. 323, Anm. z. St.
274 Kriegsschiff mit drei gestaffelt angeordneten Ruderbänken.
275 Vgl. Suet. Aug. Anm. 133.
276 Vermutlich sportliche Wettkämpfe der Soldaten.
277 Vgl. Suet. Caes. Anm. 48.
278 Am Kap Misenum (Golf von Neapel).
279 Vgl. Anm. 213.
280 Ob der ältere oder der jüngere Seneca gemeint ist, lässt sich nicht klären.
281 Der Siegelring galt als Herrschaftssymbol.
282 Zu Tiberius' Ende und einer abschließenden Beurteilung seiner Person vgl. Tac. ann. 6,50 f.; Cass. Dio 58,28,1–5.
283 Cicero erwähnt dieses Kunstwerk in Verr. 4,119.
284 Vgl. Kap. 47.
285 »doppelte Verhöhnung des toten Kaisers: Statt Ehrenbegräbnis in Rom wird ›Abtransport‹ in eine nahe gelegenen Kleinstadt [...] gefordert; außerdem wird gerade die Stadt genannt, die als Heimat der Charaktertypen der derb-dreisten Atellanenposse offenbar in zweifelhaftem Ansehen stand« (Vogt, S. 335, Anm. z. St.). – Wie Heinemann (S. 225, Anm. 1) vermutet, fordert das Volk hier statt der offiziellen Leichenfeier ein »Mittelding zwischen Atellanenposse (...), Zirkusschauspiel und Folterung«.
286 Für den Fall, dass einer von beiden vor Antritt des Erbes starb.
287 Diese waren vor allem für den Kult der Laren zuständig.

Caligula

1 4 n. Chr.; vgl. Suet. Tib. 15,2.
2 Die Quästur bekleidete er im Alter von 20 (das gesetzliche Mindestalter betrug damals vermutlich 25) im Jahr 7, das Konsulat 12 n. Chr.
3 Germanicus wurde 13 n. Chr. von Augustus nach Germanien entsandt.
4 Vgl. Suet. Tib. 25,2.

5 17 n. Chr.

6 18 n. Chr., zusammen mit Tiberius.

7 Tiberius wollte den beliebten Feldherrn absichtlich in Gefahr bringen; vgl. Tac. ann. 2,5.

8 »Die Armenier hatten ihren eigenen König Vonones abgesetzt und wollten stattdessen Zenon, den Sohn des Königs von Pontos. Germanicus erfüllte ihren Wunsch und setzte in Armenien Zenon unter dem Namen Artaxias als König ein (Tac. Ann. 2,56,2–3); Kommagene und Kappadokien wurden kaiserliche Provinzen, letzteres 18 u. Z., nachdem sein König Archelaos wegen Hochverrats nach Rom zitiert (Cass. Dio 57,17,7), dort aber freigesprochen worden war (Tacitus, Ann. 2,42,2–5)« (Wittstock, S. 529, Anm. 11).

9 Vgl. Suet. Tib. 52,3. – Zu Germanicus' Krankheit, seiner Überzeugung, dass Piso ihm Gift gegeben habe, und seinem Tod vgl. die ausführliche Schilderung in Tac. ann. 2,69–73.

10 Diese Ansicht vertritt der älterere Plinius in nat. 11,71.

11 Vgl. Tac. ann. 2,69.

12 Zum Prozess gegen Piso und dessen Selbstmord vgl. Tac. ann. 3,10–15.

13 Vgl. auch das Lob des Germanicus in Tac. ann. 2,73 und Cass. Dio 57,18,6.

14 »Durch solche Reden suchten sich normalerweise junge Männer einen Namen zu machen« (Wittstock, S. 529, Anm. 14).

15 Von seinen Schriften ist nur ein lat. astronomisches Lehrgedicht, eine Nachdichtung der *Phainomena* des Griechen Aratos, erhalten.

16 Vgl. Suet. Caes. Anm. 48.

17 Vgl. die ausführliche Schilderung dieser Szene in Tac. ann. 1,61 f.

18 Genaueres bei Tac. ann. 2,69.

19 Vgl. Suet. Tib. 15,2.

20 Vgl. Suet. Aug. Anm. 133.

21 Weil sie an einem Unglückstag auf die Welt gekommen waren.

22 »Bei ihnen war der Bart eine Zierde. Die Römer ließen sich im Gegenteil bei Trauer einen Bart wachsen, d. h. sie unterließen das übliche Rasieren« (Wittstock, S. 530, Anm. 21).

23 Die übliche Bezeichnung für den Partherkönig. Hier handelte es sich um Artabanos III.

24 Vgl. Suet. Tib. Anm. 211.

25 Gemeint sind die Saturnalien; vgl. Suet. Aug. Anm. 111.

26 Dass der Tod des Germanicus den Wendepunkt in Tiberius' Verhalten bedeutete, bestätigen Tac. ann. 6,53 und Cass. Dio 57,13,6.

27 »Hier soll natürlich angeknüpft werden an die Herleitung des Geschlechtes der Iulier von der göttlichen Venus« (Martinet, S. 1116, Anm. z. St.).

28 Zu den Lebensdaten der Kinder vgl. Hurley 1993, S. 17 f., Anm. z. St.; Wardle, S. 125 f., Anm. z. St.

29 Zum Verhältnis des Tiberius zu seinen beiden Großneffen vgl. Suet. Tib. 54.

30 12 n. Chr.

31 Übers. A. Lambert. – Auch Tac. ann. 1,41 lässt ihn im Feldlager auf die Welt kommen.

32 Vgl. Kap. 7.

33 Plinius hatte offenbar von dem Begriff *puerperium* auf die Geburt eines Jungen geschlossen.

34 Vgl. 49,2.

35 Vgl. Tac. ann. 1,69.

36 Zu unterschiedlichen Versionen vom Ende der Meuterei vgl. Hurley 1993, S. 26, Anm. z. St.

37 Im Jahr 18.

38 Im Jahr 29; vgl. Suet. Tib. 53,2. – Zur *relegatio* vgl. Suet. Tib. Anm. 160.

39 Vgl. Suet. Caes. Anm. 3.

40 Tiberius hatte sich im Jahr 27 nach Capri zurückgezogen; vgl. Suet. Tib. 40 ff.

41 Normalerweise zwei zeitlich getrennte Zeremonien. Die erste öffentliche Rasur erfolgte bei den Römern im Alter zwischen 17 und 20 Jahren.

42 »Am Tage der Mündigkeitserklärung wurde zunächst den Hausgöttern ein Opfer dargebracht, danach der junge Mann in feierlichem Zug, von Eltern, Verwandten und Freunden begleitet, aufs Forum geführt und dort mit der *toga virilis* bekleidet. […] Die Feierlichkeit endete mit einem Opfer für Jupiter auf dem Kapitol« (Wittstock, S. 531, Anm. 38). – Tiberius feierte die Volljährigkeit von Caligulas Brüdern mit einer Spende an das Volk; vgl. Suet. Tib. 54,1.

43 Mit dieser Strategie stürzte Tiberius seine Großneffen Nero und Drusus ins Verderben; vgl. Suet. Tib. 54,2. – Die hier erwähnten Leute wollten Caligula zu Fall bringen, um die Position des Caligula-Vetters Ti. Gemellus zu stärken; vgl. Hurley 1993, S. 29, Anm. z. St.

44 Caligulas Mutter Agrippina und sein Bruder Nero wurden vom Prinzeps verbannt und in den Selbstmord getrieben, während Drusus in den Kellern des Palastes verhungerte; vgl. Suet. Tib. 54,2.

45 Vgl. den Parallelbericht in Tac. ann. 6,20.

46 Vgl. auch 27,4; 32,1.

47 Vgl. ebenso 54,1.

48 Vgl. auch das negative Urteil des Tiberius über Caligula in Tac. ann. 6,46 und Cass. Dio 58,23,3 f.

49 Der Bezugspunkt für die Zeitangabe ist unklar. Tac. ann. 6,20,1 verlegt die Heirat ins Jahr 33, Cass. Dio 58,25,2 ins Jahr 35.

50 Die Auguren deuteten aus dem Flugverhalten von Vögeln den göttlichen Willen.

51 Caligula wurde im Jahr 31 *pontifex*; vgl. Hurley 1993, S. 33, Anm. z. St.

52 Drusus, der Sohn des Tiberius, war im Jahr 23, die beiden älteren Brüder Caligulas, Nero und Drusus, acht bzw. zehn Jahre später gestorben.

53 Nach Tac. ann. 6,45 und Cass. Dio 58,28,4 bot Macro seine Frau dem Kaiser an, um sich dessen Gunst zu versichern.

54 Vgl. Suet. Tib. Anm. 281.

55 Vgl. die ähnlichen Berichte in Suet. Tib. 73,2; Tac. ann. 6,50; Cass. Dio 58,28,3.

56 Nach römischem Recht durften nur Sklaven gekreuzigt werden; vgl. Wardle, S. 147, Anm. z. St.

57 37 n. Chr.

58 Vgl. Kap. 9.

59 Zum Schicksal Agrippinas und der Germanicus-Söhne Nero und Drusus vgl. Suet. Tib. 53 f.

60 Dort in der Nähe war Tiberius gestorben; vgl. Suet. Tib. 73,1.

61 Vgl. Suet. Caes. Anm. 3.

62 Vgl. Suet. Tib. 76. – Zur Annullierung des Testaments durch Caligula vgl. Cass. Dio 59,1,1 f.

63 Vgl. 15,1.

64 Nämlich als Gladiatoren. Mit dem Tod des Unterlegenen sollte von den Göttern Caligulas Leben erkauft werden; vgl. Wittstock, S. 531, Anm. 49. – Später mussten sie ihr Gelübde einlösen; vgl. 27,2.

65 »Es war ja die Absicht derer, die solche Gelübde taten, daß dies auch bekannt werde. Daher wurde der Wortlaut der Gelübde auf Tafeln geschrieben und diese an die Wände der Tempel der Götter gehängt, an die die Bitte gerichtet war« (Wittstock, S. 531, Anm. 50).

66 Vgl. Suet. Tib. 66.

67 Ebenso Suet. Vit. 2,4.

68 Nach Cass. Dio 59,3,7 sollte diese Rede nicht so sehr Tiberius loben als vielmehr das Volk an Augustus und Germanicus erinnern.

69 Dorthin waren Agrippina und Nero von Tiberius verbannt worden; vgl. Suet. Tib. 53 f.

70 Nach Cass. Dio 59,3,4 verlieh er ihr den Titel Augusta (den sie jedoch nach Suet. Claud. 11,2 ablehnte), ernannte sie zur Augustus-Priesterin und verlieh ihr die Vorrechte einer Vestalin. – Zu seinen späteren Gemeinheiten ihr gegenüber vgl. 23,2.

71 Tiberius hatte Claudius die Bekleidung hoher Ämter verweigert; vgl. Suet. Claud. 5.

72 Tiberius (Gemellus) war eigentlich sein Vetter. Ihn wird er später umbringen lassen; vgl. 23,3.

73 Diesen Titel (»Erster der Jugend«) erhielten in der Kaiserzeit die designierten Thronerben.

74 Ebenso Cass. Dio 59,3,4. – Zum Schicksal der Schwestern vgl. 29,1.

75 »Gemeint sind Fälle von Majestätsbeleidigung, die als besonders drückend empfunden wurden, weil gegen derartige Vorwürfe kaum eine Verteidigung möglich war« (Wittstock, S. 532, Anm. 59).

76 Vgl. aber 30,2.

77 Vgl. Cass. Dio 59,6,3.

78 Vgl. Suet. Tib. 43,1. – Zu Caligulas homosexuellen Neigungen vgl. 36,1.

79 Zu den gegen Cordus Cremutius erhobenen Vorwürfen vgl. Suet. Tib. 61,3.

80 Später zeigte er sich anderen Schriftstellern gegenüber weniger freundlich; vgl. 34,2.

81 Vgl. Suet. Aug. 28,1 und 101,4; Cass. Dio 59,9,4.

82 Zur Musterung der Ritter, die von Augustus wieder aufgenommen worden war; vgl. Suet. Aug. 38,3 f.; 39.

83 Um welche Art von Wahlen es sich handelte, ist unklar; vgl. Wardle, S. 172, Anm. z. St.

84 Vgl. Suet. Tib. 51,2. – Zur Auszahlung der Vermächtnisse vgl. Cass. Dio 59,2,1–4.

85 Später wird Caligula jedoch neue Steuern einführen; vgl. Kap. 40 f.

86 Ebenso Cass. Dio 59,9,4.

87 Gemeint ist die Zeit, in der das Land römische Provinz war.

88 Ungenau, da Caligula in den Jahren 37, 39, 40 und 41 Konsul war.

89 39/40 n. Chr. überwinterte der Kaiser dort während seines germanischen Feldzugs.

90 Dieselbe Summe hatte auch Tiberius ausgezahlt; vgl. Suet. Tib. 20.

91 Zu Ehren von Caligulas Schwester Drusilla; vgl. Cass. Dio 59,13,9.

92 Vgl. Suet. Aug. Anm. 111.

93 Auf dem Marsfeld; vgl. Suet. Aug. 29,5.

94 Ein Zeichen von *civilitas*; vgl. Wardle, S. 184, Anm. z. St.

95 »Getrocknetes Obst, Kuchen, auch Täfelchen, auf denen geschrieben stand, wie viel man dafür an Getreide, Geld od. anderen Dingen erhalten sollte« (*Der Neue Georges* [s. Suet. Aug. Anm. 110], Bd. 2, s. v. *missilis*).

96 Vgl. Suet. Caes. Anm. 140.

97 Die rote und die grüne Farbe verweisen auf die Anhänger der verschiedenen Rennställe. Bei den Wagenrennen im Circus gab es vier »Parteien«, die nach der Farbe des Trikots der Wagenlenker benannt waren. Außer den »Roten« und »Grünen« gab es noch die »Weißen« und die »Blauen«. Caligula war ein fanatischer Anhänger der »Grünen«; vgl. 55,2.

98 »Gaius Maenius, Konsul 338 v. u. Z., erlaubte als erster den Bau von Balkons an den um den Circus herum gelegenen Häusern. Später wurde sein Name zur Bezeichnung der Sache, *Maeniana* = Balkons« (Wittstock, S. 533, Anm. 80).

99 Vgl. Suet. Caes. Anm. 11. – Hurley 1993, S. 76, Anm. z. St., vermutet, dass Caligula sich hier mit dem Eichenkranz schmückt, weil er die Parther unterworfen (vgl. 14,3) und somit Rom gerettet habe.

100 »Die Kleidung eines Wagenlenkers bestand aus einer festsitzen-

den Kappe und einer mit Lederriemen eng gegürteten kurzen Tunika von der Farbe der Partei, der der Betreffende angehörte« (Wittstock, S. 533, Anm. 83).

101 Zu den anlässlich dieses Ereignisses begangenen Grausamkeiten vgl. 32,1. – Vgl. auch die ausführliche Schilderung des Baus und der Überquerung der Brücke in Cass. Dio 59,17,1–11.

102 Vgl. Hdt. 7,35 f.

103 Ti. Gemellus; vgl. aber Suet. Tib. 62,3.

104 Gemeint sind die Spiele zu Ehren des Gottes Dionysos, wie sie in Athen veranstaltet wurden.

105 Zum Pompeius-Theater vgl. Suet. Tib. Anm. 187.

106 Daher trug diese Wasserleitung den Namen Aqua Claudia; vgl. Suet. Claud. 20,1.

107 An dem Heiligtum des Apollon von Didyma hatte man drei Jahrhunderte lang gebaut und war an der Überdachung gescheitert; vgl. Heinemann, S. 243, Anm. 2.

108 Das hatte sich auch schon Caesar vorgenommen; vgl. Suet. Caes. 44,3.

109 Vgl. Suet. Tib. Anm. 161.

110 Die Liste von Caligulas Baumaßnahmen ist unvollständig; vgl. Wardle, S. 198, Anm. z. St.

111 Hom. Il. 2,204 f. (Übers. J. H. Voß).

112 Die berühmte goldelfenbeinerne Statue des Phidias; vgl. auch 57,1. – Von der Rückgabe geraubter Standbilder durch Claudius berichtet Cass. Dio 60,6,8.

113 Vgl. Cass. Dio 59,28,5.

114 Vgl. Cass. Dio 59,28,2.4.6.

115 Hom. Il. 23,724.

116 Vgl. Cass. Dio 59,28,2.

117 Bei Naulochoi wurde 36 n. Chr. die Flotte des Sex. Pompeius besiegt.

118 Die *gens* Livia war ein plebejisches Geschlecht; vgl. Suet. Tib. 3,1.

119 Ein Irrtum Suetons; vgl. Hurley 1993, S. 93 f., Anm. z. St.

120 Nach Cass. Dio 59,3,6 zwang er sie zum Selbstmord.

121 Vgl. aber 15,2.

122 Gemeint ist sein Vetter Ti. Gemellus.

123 Vgl. 15,1.

124 Nach Cass. Dio 59,4,4 f. wurden ihm seine Charakterstärke und Verwandtschaft mit dem Kaiser zum Verhängnis.

125 Eine andere Begründung für Tiberius' Ermordung bei Cass. Dio 59,8,1: Caligula wirft ihm vor, für seinen Tod gebetet zu haben.

126 Zu den Kränkungen, denen Claudius durch die Familie ausgesetzt war; vgl. Suet. Claud. 8 f.

127 Den Inzest mit Agrippina, Drusilla und Livia bestätigt Cass. Dio 59,3,6.

128 Vgl. Suet. Caes. Anm. 3.

129 Vgl. Suet. Tib. Anm. 211.

130 Zu den Ehren, die Caligula seiner toten Schwester erweisen ließ; vgl. Cass. Dio 59,11,2 ff.

131 »Ämilius Lepidus war nach der Tötung des Tiberius Gemellus […] mit Drusilla vermählt worden […] und machte sich seitdem Hoffnung auf die Nachfolge. Als diese sich als gegenstandslos herausstellte, knüpfte er Beziehungen zu den beiden lebenden Schwestern Caligulas an, um sie mit deren Hilfe trotzdem zu erlangen (Tac. Ann. XIV,2). Er wurde 39 hingerichtet, die Schwestern vorübergehend verbannt (s. Kap. 29 u. 59)« (Heinemann, S. 247, Anm. 2).

132 Ebenso Cass. Dio 59,22,7.

133 Zur *relegatio* vgl. Suet. Tib. Anm. 160.

134 Romulus hatte den Raub der Sabinerinnen initiiert (vgl. Liv. 1,9,1 ff.), und Augustus hatte Tiberius Claudius Nero befohlen, sich von seiner Frau Livia zu trennen, damit er sie heiraten konnte; vgl. Suet. Aug. 62,2.

135 Caligula hatte Memmius zu diesem Zweck gezwungen, sich als ihr Vater auszugeben; vgl. Cass. Dio 59,12,1.

136 Zu den Gründen vgl. Cass. Dio 59,23,7.

137 Ebenso Cass. Dio 59,28,7; nach dieser Quelle kam das Baby aber erst 30 Tage nach der Hochzeit auf die Welt.

138 Caligula war durch seine Großmutter Antonia ein Urenkel des M. Antonius.

139 Vgl. 12,2.

140 Zur Ermordung des Ptolemaios s. 35,1. Laut Cass. Dio 59,10,6 wurden Macro und Ennia zum Selbstmord gezwungen.

141 So warteten Sklaven bei Tisch auf.

142 Vgl. Cass. Dio 59,20,1–3.

143 Vgl. Sen. dial. 5,18,3. – Ein *quaestor (Augusti)* war ein vom Kaiser ausgewählter Mann aus guter Familie, der u. a. als dessen Sprecher fungierte. – Die Strafe der Auspeitschung war eigentlich nur für Sklaven und Ausländer vorgesehen; vgl. Hurley 1993, S. 109, Anm. z. St.

144 Übersetzung unsicher. Die genaue Bedeutung von *decimae* lässt sich nicht mehr ermitteln, aber es muss sich um irgendeine Art der Vergünstigung handeln. Vgl. auch Wardle, S. 244 f., Anm. z. St.

145 Dies wurde zu einer sprichwörtlichen Redensart. Da die Gefangenen kahlgeschoren waren, sollten also alle abgeführt werden. – Die Formulierung ist auch in Cass. Dio 59,22,3 zitiert, allerdings in anderem Zusammenhang.

146 So wurden Opfertiere geschmückt.

147 Zu den Gelübden vgl. 14,2.

148 Ebenso Cass. Dio 59,10,4.

149 »Der persönliche Schutzgeist des Kaisers schirmte in seiner Person auch das Reich. Daher war seine Mißachtung sofort ein Staatsverbrechen. Auch die Christenverfolgungen wurden mit diesem Vorwurf begründet« (Wittstock, S. 536, Anm. 129).

150 Vgl. Suet. Tib. Anm. 183.

151 Übliche Orte der Verbannung.

152 Zu Caligulas Foltermethoden vgl. auch Sen. dial. 5,19,1 ff.

153 Gemeint ist Caligulas Vetter Ti. Gemellus. Vgl. 23,3.

154 Zu ihrer Verurteilung vgl. 24,3.

155 Während seiner Amtszeit durfte ein Prätor sich nur für zehn Tage aus Rom entfernen.

156 Die in Antikyra wachsende Nieswurz galt als Heilmittel gegen Wahnsinn und Epilepsie. »Man glaubte, daß das Gehirn von schädlichem Schleim gereinigt (lat. *purgare*) würde, wenn dieser beim Niesen durch die Nase abging« (Wittstock, S. 539, Anm. 201).

157 Seit dem Jahr 21 n. Chr. bestand (als Bedenkzeit) eine Frist von zehn Tagen zwischen dem Todesurteil und seiner Vollstreckung; vgl. Hurley 1993, S. 120, Anm. z. St.

158 Ein anderer Name für das kleinasiatische Galatien, »bewohnt von

Griechen, die unter Alexander d. Gr., und Galliern, die im darauffolgenden Jahrhundert dorthin gelangt waren. Das Land war sehr schwer zu unterwerfen; erst von Pompejus konnte es zum Vasallenstaat und erst von Augustus zur Provinz gemacht werden« (Heinemann, S. 252, Anm. 2).

159 Vgl. Cass. Dio 59,22,4.

160 Der Vers stammt aus der Atreus-Tragödie des Accius (170 – um 85 v. Chr.).

161 Vgl. 15,4. Ebenso Cass. Dio 59,4,3.

162 Der Ausspruch ist auch (indirekt) zitiert in Sen. dial. 5,19,2.

163 »Die als Fischer gedachten, nur mit der Tunika (Hemd) bekleideten Netzfechter hatten die Sekutoren, ihre ›Verfolger‹, durch Überwerfen eines Netzes kampfunfähig zu machen und sie dann mit dem Dreizack, wie man ihn zum Fischstechen benutzte, zu durchbohren. Die Sekutoren kämpften gegen sie mit Schild und Schwert« (Heinemann, S. 254, Anm. 2).

164 Vgl. Suet. Aug. 23,1 f.

165 Vgl. Suet. Tib. 40; Tac. ann. 4,62 f.

166 Vgl. 19,1.

167 Ein Murmillo ist ein Gladiator, auf dessen Helm sich ein Fisch befindet; er kämpft ohne Rüstung mit Schwert und großem Schild.

168 Zu Caligulas Verhältnis zu Iuppiter vgl. 22,4.

169 »Das hier gebrauchte Wort *fidicula* bezeichnet ein Seil, mit dem der Gefolterte in die Höhe gezogen wurde« (Heinemann, S. 256, Anm. 1).

170 Vgl. 25,3.

171 Platon kritisiert Homer wegen der Art seiner Götter- und Heroendarstellung; vgl. etwa rep. 377d/e, 378d u.ö.

172 »Beide unterstützten in ihren Werken ›Aeneis‹ bzw. ›Ab urbe condita libri‹ die augusteische Politik in ihrer Tendenz. [...] Diese Drohung ist wohl im Zusammenhang mit seiner generellen Haltung gegenüber Augustus zu sehen; vgl. Cal. 23,1; 26,1« (Martinet, S. 1123, Anm. z. St.).

173 »*(D. Iunius Silanus) Torquatus:* der Name leitet sich her vom lateinischen Substantiv *torques* »Halskette«; die Torquati führten diesen Namen nach ihrem Vorfahr Manlius, der einem Gallier, den er in

einem Zweikampf getötet hatte, seine goldene Halskette abnahm [...] – *L. Quinctius Cincinnatus:* 460 v. Chr. Konsul, 458 Dictator, hatte seinen Namen auf Grund seines lockigen Haares erhalten, lat. *cincinnus* ›das gekräuselte Haar‹« (Martinet, S. 1123 f., Anm. z. St.).

174 Vgl. 26,1.

175 Nach Cass. Dio 59,25,1 hatte es Caligula auf Ptolemaios' Reichtum abgesehen.

176 Caligula selbst hatte sehr schütteres Haar; vgl. 50,1.

177 Vgl. Suet. Tib. Anm. 161.

178 »Kolosseros: stark wie ein Koloß und schön wie der Liebesgott Eros« (Heinemann, S. 257, Anm. 4).

179 Ein Thraker war mit einem kleinen Rundschild und einem sichelförmigen Schwert ausgestattet, ein Hoplomachus kämpfte in schwerer Rüstung.

180 »Nach alter Sitte war der Priester dieses Heiligtums [des Diana-Heiligtums am Nemisee] ein entlaufener Sklave, Rex Nemorensis (Hainkönig) geheißen, der um seine Würde zu kämpfen hatte« (Lambert, S. 186, Anm. 42).

181 Vgl. 24,3; Cass. Dio 59,11,1.

182 D. h., Catullus hatte die aktive (und gesellschaftlich akzeptierte) Rolle übernommen, weshalb er sich zu dieser Beziehung bekennen konnte; vgl. Hurley 1993, S. 137, Anm. z. St.

183 Vgl. 24,1.

184 Vgl. das Beispiel in Sen. dial. 2,18,2.

185 Nach Sen. dial. 12,10,4 gab Caligula einmal für ein Essen 10 Millionen Sesterzen aus.

186 Vgl. Cass. Dio 59,25,5. Dort hatte Caligula allerdings auch Eisenstückchen unter die Münzen gemischt.

187 Zwei solcher Schiffe wurden 1929 und 1930 aus dem Nemisee geborgen; vgl. G. Ucelli, *Le navi di Nemi*, Rom [3]1996.

188 Ein Topos; vgl. Sall. Cat. 20,11.

189 Cass. Dio 59,2,6 spricht von 2300 oder 3300 Millionen Sesterzen.

190 Ohne das römische Bürgerrecht waren die betreffenden Personen nicht erbberechtigt; vgl. Hurley 1993, S. 145, Anm. z. St.

191 Vgl. Suet. Tib. Anm. 161. – Cass. Dio 59,15,2 berichtet Ähnliches von Testamenten von Zenturionen.

192 Was sie dann aber nicht mehr getan hatten, d. h., der Kaiser ging leer aus.

193 Zu Caligulas Auktionen vgl. auch Cass. Dio 59,14,1–4.

194 Vgl. 24,3.

195 Vgl. auch Cass. Dio 59,21,5 f.

196 Vgl. die Beispiele in Cass. Dio 59,28,8.

197 D. h., die *infamia* der Prostitution ließ sich durch eine Heirat nicht rückgängig machen; vgl. Hurley 1993, S. 154, Anm. z. St.

198 Auf diese Weise provozierte Caligula Gesetzesübertretungen, die er dann wiederum bestrafen konnte; vgl. Cass. Dio 59,28,11.

199 Ebenso Cass. Dio 59,28,9.

200 Vgl. Suet. Aug. Anm. 40.

201 Von einer ähnlichen Szene berichtet Cass. Dio 59,22,3 f.

202 Iulia Drusilla; vgl. 25,4.

203 Ebenso Cass. Dio 59,28,10.

204 Wahrscheinlich Moguntiacum; vgl. Wardle, S. 305, Anm. z. St.

205 Vermutlich wollte er an der Abfindungssumme sparen, die ihnen nach der (im Allgemeinen) 20-jährigen Dienstzeit zustand; vgl. Hurley 1993, S. 161 f., Anm. z. St.

206 Richtig ist wohl 6000 Sesterzen, die Hälfte der von Augustus festgesetzten Summe; vgl. Heinemann, S. 265, Anm. 1.

207 Für besondere Verdienste gab es bislang die Bürgerkrone (vgl. Suet. Caes. 11) sowie die Mauer- und Schiffskrone (für die erste Besteigung eines feindlichen Walls bzw. Schiffs).

208 Nach Hurley 1993, S. 165, Anm. z. St., könnte es sich bei ihnen um die Kinder germanischer Fürsten gehandelt haben.

209 Vgl. Verg. Aen. 1,207.

210 Laut Cass. Dio 59,29,1 ff., wo dieselbe Szene am Ärmelkanal beschrieben wird, tat der Kaiser so, als wolle er einen Feldzug nach Britannien unternehmen, und fuhr mit einer Triere auch ein Stück aufs Meer hinaus, bevor er den Soldaten den Befehl gab, Muscheln aufzulesen.

211 Ein solcher Befehl muss die Soldaten in ihrer militärischen Ehre sehr gekränkt haben.

212 »Ein symbolischer Teil der Beute wurde den Göttern, besonders Jupiter, dargebracht« (Wittstock, S. 538, Anm. 187).

213 Nach Tac. Germ. 4 waren die Germanen rotblond.
214 Vgl. Anm. 210.
215 Vgl. 1,1 und 9.
216 Caligula lehnte Ehrungen durch den Senat ab, weil sie seine Machtstellung untergruben. Andererseits war er beleidigt, wenn diese nicht groß genug ausfielen; vgl. Cass. Dio 59,23,4.
217 D. h. des Senates.
218 Vgl. Suet. Aug. Anm. 46.
219 »Tatsächlich nicht ganz 5 Monate, 31.8.40 bis 24.1.41« (Heinemann, S. 268, Anm. 2). – Zur Ermordung Caligulas vgl. 58,1.
220 Vgl. 8,5.
221 Vgl. Cass. Dio 59,26,1.
222 Zur Vernichtung der Schriften und Gifte durch Claudius vgl. Cass. Dio 60,4,5.
223 Vgl. auch die ähnliche Schilderung von Caligulas abstoßendem Äußeren in Sen. dial. 2,18,1.
224 Tertium comparationis sind die mageren Beine und die starke Körperbehaarung.
225 Mit Nieswurz; vgl. Anm. 156.
226 Auch Augustus (Suet. Aug. 90) und Tiberius (Suet. Tib. 69) fürchteten sich vor Gewittern.
227 Im Sommer des Jahres 38.
228 Die in 58,3 erwähnten germanischen Leibwachen.
229 Zu den verschiedenen Kostümierungen vgl. Cass. Dio 59,26,6–10.
230 Augustus hatte versucht, die altrömische Kleidung wieder einzuführen, und das Tragen von Mänteln in der Gegend um das Forum verboten; vgl. Suet. Aug. 40,5.
231 »Das Tragen von Seidengewändern war Männern untersagt; auch das mit Gold und Purpur gesäumte Rundgewand [d. h. die *cyclas*], das seinen Namen von seinem rundum verlaufenden Ziersaum hat, war den Frauen vorbehalten« (Wittstock, S. 539, Anm. 205).
232 Der Blitz ist das Attribut Iuppiters, der Dreizack das des Meeresgottes Neptun, der von zwei Schlangen umwundene Heroldstab das des Götterboten Merkur.
233 Vgl. Kap. 43 ff.
234 Vgl. Suet. Caes. Anm. 148.

235 »Damit scheint die lateinische und griechische Sprach- und Literaturwissenschaft gemeint zu sein; doch könnte man auch an eine fundierte fachliche Bildung denken, die der oberflächlichen rhetorischen Redefertigkeit entgegengesetzt wird« (Wittstock, S. 539, Anm. 208).

236 Vgl. auch das positive Urteil bei Tac. ann. 13,3.

237 Ob hier der Philosoph oder sein Vater gemeint ist, lässt sich nicht mit Sicherheit entscheiden.

238 Stroux, S. 349 ff., ersetzt das handschriftlich überlieferte *commissiones* durch *commissuras* (Fugen) und deutet die beiden Aussagen über Senecas Stil als Metaphern aus dem Maurerhandwerk: »Das Wortmauerwerk hatte also nicht bloß Fugen, sondern der Mörtel darin war auch ungebunden ohne Kalk, also zerfiel es …«; vgl. Heinemann, S. 272, Anm. 4.

239 Vgl. Anm. 179.

240 Ebenso Cass. Dio 59,5,5.

241 Vgl. Kap. 11.

242 »[…] dicke Holzsandale mit Metalleinlage, mit deren kastagnettenartigem Klang man den Takt angab, aber auch andere Instrumente begleitete« (Wittstock, S. 540, Anm. 214).

243 Ebenso Cass. Dio 59,5,5.

244 Für die Angehörigen der Oberschicht war es selbstverständlich, dass sie schwimmen konnten; vgl. Hurley 1993, S. 193, Anm. z. St.

245 Vgl. Cass. Dio 59,5,2 f.

246 Vgl. 36,1.

247 Vgl. Anm. 179.

248 Vgl. Anm. 167. – Dadurch erhöhten sich natürlich die Siegchancen der gegen sie antretenden Thraker.

249 Zu Caligulas Giftsammlung vgl. 49,3.

250 Zu dem konkurrierenden Rennställen vgl. Anm. 97. – Vgl. auch 18,3 und Cass. Dio 59,14,6.

251 Zu Caligulas Verhältnis zu seinem Pferd Incitatus vgl. Cass. Dio 59,14,7; 28,6.

252 Zwei Verschwörungen werden explizit erwähnt; vgl. 24,3 (Lepidus) und 26,3 (Quästor).

253 Nämlich Cassius Chaerea (56,2) und Cornelius Sabinus (58,2).
254 Vgl. Cass. Dio 59,29,1.
255 Die Bedeutung von *magnam fecit invidiam* ist nicht ganz klar; vielleicht hatte Caligula die beiden auch mit seinem Hass verfolgt (Lambert, S. 197) oder bei seinen Anhängern verhasst gemacht (Heinemann, S. 275; ähnlich Martinet, S. 533).
256 Vgl. Cass. Dio 59,25,8.
257 Diese Spiele wurden von Livia zu Ehren des Augustus gestiftet und jährlich auf dem Palatin gefeiert; vgl. *Der Neue Georges* (s. Suet. Aug. Anm. 110), Bd. 2, s. v. *Palatinus*.
258 Ebenso Sen. dial. 2,18,3.
259 Prodigien sind »Naturwunder«, die auf ein gestörtes Verhältnis zwischen den Göttern und Menschen verweisen und als Vorzeichen für gute und schlechte Geschehnisse gedeutet werden. Sie gelten als Manifestationen des göttlichen Willens und müssen durch verschiedene Rituale gesühnt werden.
260 Vgl. 22,2.
261 Einer der Caesar-Mörder hieß ebenfalls Cassius.
262 Am 15. März 44 v. Chr. wurde Caesar umgebracht.
263 Vgl. 22,3. – Durch das Blut des Opfertieres wurde er selbst zum Opfer; vgl. Hurley 1993, S. 205, Anm. z. St.
264 »In dieser Tragödie ›Kinyras‹ wird der Titelheld mit seiner Tochter Myrrha erschlagen, mit der er, ohne sie zu erkennen, in Blutschande lebte. Philipp, der Vater Alexanders d. Gr., wurde 336 ermordet. Auch damals galt der ›Kinyras‹ als böses Omen« (Heinemann, S. 276, Anm. 4).
265 In diesem Mimus (Possenspiel) »werden die Abenteuer, die Gefangennahme und Kreuzigung eines entlaufenen Sklaven dargestellt, der es bis zum Bandenchef gebracht hatte« (Martinet, S. 1126, Anm. z. St.).
266 »Mitunter wurden nach der Theateraufführung von anderen Schauspielern die Worte und das Agieren der Darsteller des Stücks nach Art eines Clowns parodiert« (Wittstock, S. 541, Anm. 232).
267 Vgl. Cass. Dio 59,29,6.
268 Nach Sen. dial. 2,18,3 schlug er ihm den Hals durch.
269 »Religiöse Formel. Der Opferschlächter fragt den Priester vor dem

eigentlichen Opfer: ›*agone?*‹ (soll ich's tun?), worauf der Priester antwortet: ›*hoc age!*‹ (tu es!)« (Lambert, S. 199, Anm. 54).

270 Darunter befand sich auch Caligulas Nachfolger Claudius; vgl. Suet. Claud. 10,1.

271 »*Accipe ratum* ist wohl so zu verstehen, dass Caligula mit Iupiter diesen – natürlich gegen seine Absicht – gleichsam zum Eingreifen aufforderte und Chaerea mit seinem Schwerthieb stellvertretend für den Blitz des Gottes tätig wurde. Frei könnte man die Wendung vielleicht mit »Dein Wunsch sei erfüllt« übersetzen« (Scherberich, S. 81, Anm. 22).

272 Nach Cass. Dio 59,29,6 aßen einige Attentäter sogar von seinem Fleisch.

273 Sie wurden von Claudius zurückgerufen; vgl. Cass. Dio 60,4,1.

274 Ti. Iulius Lupus; vgl. Hurley 1993, S. 214, Anm. z. St.

275 Drusilla; vgl. 25,4 und 42.

276 Vgl. Cass. Dio 60,1,1; Suet. Claud. 10,3.

277 Nämlich der Diktator C. Iulius Caesar (44 v. Chr.), der Augustus-Enkel Gaius Caesar (vgl. Tac. ann. 1,3) und jetzt C. Iulius Caesar Caligula.

278 »Die Zeit, in der Cinna […] Diktator war, gilt als Zeitraum, in dem alles drüber und drunter gegangen ist. Sueton meint hier wohl C. Iulius Caesar Strabo, der Konsul werden wollte, ohne zuvor das Amt des Praetors bekleidet zu haben; er wurde 87 v. Chr. ermordet« (Martinet, S. 1126, Anm. z. St.).

Der göttliche Claudius

1 Da Sueton, der seine *Kaiserbiographien* meist mit einem Rückblick auf die Familie beginnt, bereits in Tib. 1,1 ff. ausführlich auf die Claudier eingegangen ist, wird hier nur Claudius' Vater kurz vorgestellt.

2 Zu Augustus' Ehen vgl. Suet. Aug. 62. Von wem Livia bei der Heirat schwanger war, wird dort nicht thematisiert.

3 Der (im Lat.) jambische Trimeter könnte ein Zitat aus der Neuen Komödie sein.

4 »Dr. war […] im Jahr 18 v. Quästor und 11 v. Praetor urbanus; die Zuordnung zu den Feldzügen ist S. mißlungen: gegen die Raeter kämpfte Drusus erst 15 v., der Feldzug in Germanien begann schon 12 v.: in dieses Jahr fällt auch die Fahrt entlang der Nordseeküste« (Kierdorf, S. 74, Anm. z. St.). – Der von Drusus erbaute Kanal verband wahrscheinlich den Rhein mit der Zuidersee; vgl. Hurley 2001, S. 58, Anm. z. St.

5 Vgl. Suet. Aug. Anm. 46.

6 Tatsächlich nahm er die Kämpfe schon 10 v. Chr. wieder auf, ein Jahr vor seinem Konsulat.

7 Vgl. Suet. Aug. Anm. 141.

8 Im Augustus-Mausoleum; vgl. Cass. Dio 55,2,3.

9 Zur Lokalisierung dieses Kenotaphs in Mainz vgl. H. Bellen, »Das Drususdenkmal apud Moguntiacum und die Galliarum civitates«, in: *Jahrbuch des Römisch-Germanischen Zentralmuseums Mainz* 31 (1984) S. 385–396.

10 Die Erbeutung einer solchen Rüstung, die dann im Tempel des Iuppiter Feretrius auf dem Kapitol aufgehängt wurde, galt als besondere Heldentat.

11 Seine Enkel Gaius und Lucius Caesar, die Söhne Iulias, die er 17 v. Chr. adoptiert hatte.

12 Lyon. Deshalb wird er in Sen. apocol. 6,1 als »waschechter Gallier« denunziert.

13 Nach Liv. per. 139 wurde der Altar der Roma und des Augustus 12 v. Chr. geweiht; vielleicht hat Sueton *constitutio* und *dedicatio* verwechselt; vgl. Kierdorf, S. 78, Anm. z. St.

14 Nach dem Tod seiner Adoptivsöhne Lucius und Gaius (2 bzw. 4 n. Chr.) adoptierte Augustus Tiberius und wies diesen an, seinerseits Germanicus zu adoptieren; vgl. Suet. Cal. 4; Tac. ann. 1,3.

15 Das lat. *Germanici* könnte auch Genitivus possessivus sein; dann hätte Claudius Germanicus' Beinamen Nero erhalten; vgl. Hurley 2001, S. 68, Anm. z. St. – Zum Problem der Namensgebung ausführlich Scherberich, S. 69 f., Anm. z. St.

16 Vgl. Kap. 31. – Die körperlichen Defekte könnten auf frühkindliche Enzephalitis oder eine schwierige Geburt zurückzuführen sein; vgl. Kierdorf, S. 78, Anm. z. St.

17 Cass. Dio 60,2,1 erwähnt zwar auch Claudius' körperliche Behinderungen, lobt aber seine geistigen Fähigkeiten.

18 In Rom wurde man gewöhnlich mit der Vollendung des 14. Lebensjahres mündig. – Ein Pädagoge, ein Sklave oder Freigelassener, pflegte minderjährige Kinder in der Öffentlichkeit zu begleiten.

19 In der Regel wurde dieses Fest im Kreise der Familie und Freunde mit einer Prozession zum Forum und mit einem Opfer auf dem Kapitol begangen. In Claudius' Fall wollte man offenbar jedes Aufsehen vermeiden.

20 Vgl. Suet. Caes. Anm. 148.

21 Nach Sen. apocol. 1,1 war er »zum Trottel bereits geboren«.

22 Augustus war der Bruder von Claudius' Großmutter Octavia.

23 »Wohl die am 12. Mai zur Erinnerung an die Einweihung des Marstempels auf dem Kapitol durch Augustus [...]. Der Brief stammt aus dem Jahre 12 n. Chr., in dem Claudius, der hier mit seinem Vornamen Tiberius genannt wird, fast 22 Jahre alt war« (Heinemann, S. 284, Anm. 4).

24 Germanicus war 7 n. Chr. Quästor, etwa seit derselben Zeit Augur, erhielt 9 die *ornamenta praetoria* und wurde 12 Konsul; vgl. Kierdorf, S. 81, Anm. z. St.

25 »Gemeint ist der Ort im Circus Maximus, an den die in der Zirkusprozession mitgeführten Götterbilder gebracht wurden [...]. Augustus hatte zu einem unbestimmten Zeitpunkt ein neues Pulvinar errichtet [...], von wo er bisweilen mit seiner Frau Livia und anderen Familienangehörigen den Spielen zusah« (Scherberich, S. 81, Anm. z. St.).

26 »Das alljährliche Bundesopfer auf dem Albanerberg [...], das 4 Tage dauerte und in Anwesenheit sämtlicher Beamten abgehalten wurde. In der fast menschenleeren Stadt ließ man den Latinerfest-Stadtpräfekten zurück. Dieser reine Repräsentationsposten war für Senatorensöhne und namentlich für Verwandte des Kaisers der Beginn der Ämterlaufbahn« (Heinemann, S. 285, Anm. 4). – Zum Latinerfest vgl. Suet. Caes. Anm. 276.

27 Als Konsul des Jahres 12 n. Chr. war Germanicus für die Durchführung der Feier zuständig.

28 Seit augusteischer Zeit fand die Ausbildung zum Redner in Rheto-

renschulen statt. Dort gehörte es zum Lehrplan, Übungsreden über ein vorher bestimmtes Thema zu halten.

29 Frühestens 8 n. Chr. – Zum Augur vgl. Suet. Cal. Anm. 50.

30 D. h., Claudius würde nur erben, wenn die Erben ersten und zweiten Grades (Tiberius und Livia bzw. Drusus, Tiberius' Sohn, und Germanicus, Claudius' Bruder) ausfielen.

31 »Insgesamt betrug das Vermächtnis des Augustus 150 Millionen Sesterze. [...] Zum Vgl.: Ein Legionär verdiente 900, ein Centurio bis zu 60 000, ein Arzt am Kaiserhof 250 000 Sesterze jährlich. Tageslohn eines Arbeiters: ca. 4 Sesterze« (G. Veit, *Interpretationen und Unterrichtsvorschläge zu »Kaiser Claudius«*, Göttingen 1995, S. 20, Anm. z. St.).

32 Dazu gehören etwa die purpurverbrämte Toga und ein Ehrenplatz bei öffentlichen Banketten. – »In der Kaiserzeit wurden oft nur die äußeren Ehrenzeichen eines Amtes verliehen, teils weil dieses dem Kaiser selbst vorbehalten bleiben sollte [...], teils wie hier, weil die vorgesehenen Träger des Amtes unwürdig waren, sich aber eine Ehrung nicht vermeiden ließ« (Wittstock, S. 542, Anm. 27).

33 »Im Anschluß an das Fest der Saturnalia (Mitte Dezember) fand sieben Tage lang ein Markt statt, bei dem nicht nur die traditionellen Statuetten (*sigilla*), sondern auch andere Waren [...] feilgeboten wurden; mit *Sigillaria* sind hier wohl [...] diese Markttage gemeint, für die man Freunden eine Art ›Jahrmarktsgeld‹ verehrte« (Kierdorf, S. 83, Anm. z. St.). – Zu den Saturnalien vgl. Suet. Aug. Anm. 111. – Ein Goldstück (*aureus*) = 100 Sesterze.

34 Zu ihnen gehörte Iulius Paelignus (vgl. Tac. ann. 12,49) und P. Petronius (vgl. Sen. apocol. 14,2).

35 Vgl. 33,1 f.

36 Da Claudius noch kein Senatsmitglied war, gehörte er zum Ritterstand, dem zweithöchsten Stand der römischen Gesellschaft.

37 Augustus war am 19. August 14 n. Chr. in Nola gestorben; vgl. Suet. Aug. 100,1 f.

38 Bei öffentlichen Anlässen mussten die Römer in der Toga erscheinen; vgl. Suet. Aug. 40,5.

39 Das von Tiberius 14 n. Chr. ins Leben gerufene Priesterkollegium war zuständig für den Kult des vergöttlichten Augustus.

40 Sie wurden im Senat als Ranghöchste zuerst befragt.

41 Vgl. dazu Suet. Cal. 15 f.

42 Juli/August 37 n. Chr.

43 Vgl. Suet. Tib. Anm. 40.

44 Zum Adler vgl. Suet. Tib. Anm. 91.

45 Wohl für das Jahr 41 n. Chr.; ein solches Losverfahren ist sonst nicht bezeugt.

46 »Die beiden ältesten Söhne des Germanicus, Brüder des Gaius, spielten (als Enkel des Augustus) zeitweise eine Rolle in den Nachfolgeplänen des Tiberius […], fielen aber den Intrigen Sejans zum Opfer; Gaius rehabilitierte sie postum durch […] Errichtung von Ehrenstatuen und Prägung kommemorativer Münzen« (Kierdorf, S. 86, Anm. z. St.).

47 39 n. Chr.; vgl. Suet. Cal. 24,3.

48 Zum Feldzug Caligulas gegen Germanien vgl. Suet. Cal. 43–46.

49 Die Kränkung besteht darin, dass Claudius' Unterzeichnung des Testaments den Verdacht der Täuschung hätte ausschließen müssen.

50 Caligula hatte für den Kult seiner Göttlichkeit einen Tempel und ein neues Priesterkollegium eingerichtet; vgl. Suet. Cal. 22,3.

51 Claudius hatte sich offenbar bei der Staatskasse Geld geliehen und als Sicherheit einigen Landbesitz verpfändet; vgl. Kierdorf, S. 87, Anm. z. St.

52 Ungenau. 41 n. Chr. war Claudius bereits 50 Jahren alt.

53 Zum Attentat auf Caligula unter Führung des Cassius Chaerea vgl. Suet. Cal. 56,2–58,3.

54 Am Stadtrand, außerhalb des Pomeriums. Die Prätorianer dienten als kaiserliche Leibwache.

55 Hier handelt es sich um den Iuppiter-Tempel auf dem Kapitol; vgl. Suet. Cal. 60.

56 Etwas ungenau; auch Caligula ließ bei seinem Amtsantritt, als er die Vermächtnisse des Tiberius ausbezahlte, den Prätorianern ein Geldgeschenk zukommen; vgl. Cass. Dio 59,2,1. Zu weiteren kaiserlichen Donativen vgl. Scherberich, S. 120, Anm. z. St.

57 Tiberius hatte sich ihrer Konsekration widersetzt; vgl. Suet. Tib. 51,2; Tac. ann. 5,2.

58 Bei dieser Prozession, mit der die Feier begann, wurden Statuen der römischen Staatsgötter mitgeführt, die dann, auf Polstern (*pulvinaria*) platziert, den Spielen zuschauten.

59 Bei Cass. Dio 60,5,1 bekommt auch die Mutter diese Spiele.

60 Den Beinamen hatte ihr bereits Caligula verliehen; vgl. Cass. Dio 59,3,4.

61 Zu Germanicus' Komödien in griech. Sprache vgl. Suet. Cal. 3,2. – Die alle vier Jahre gefeierten Neapolitanischen Sebasta wurden 2 n. Chr. als sportliche Wettkämpfe gegründet und später durch Theateraufführungen erweitert; vgl. Hurley 2001, S. 105, Anm. z. St.

62 Die Geburtstage sind nur identisch, wenn für den Geburtstag des Antonius der vorjulianische Kalender zugrunde gelegt wird; vgl. Kierdorf, S. 92, Anm. z. St.

63 A. A. Lund, »Emendationen zu Sueton (Claud. 11,2; 27,2; 42,2 u. 1,2)«, in: *Rheinisches Museum* 141 (1998) S. 375, sieht darin ein Zeichen von Claudius' »natürlicher Großzügigkeit«.

64 Octavia wurde 42 n. Chr. mit L. Silanus verlobt; der Enkel war vermutlich der Sohn Antonias aus ihrer zweiten Ehe mit Faustus Sulla; vgl. Kierdorf, S. 93, Anm. z. St.

65 Ebenso Tac. ann. 12,60. – »es geht [...] um Rechtsprechung von Finanzprocuratoren in Streitigkeiten der Steuerpflichtigen mit dem Fiscus, nicht nur in den Provinzen, sondern auch in Italien« (Kierdorf, S. 93, Anm. z. St.).

66 Die vorsitzenden Magistrate konnten sich von einem Gremium von Beratern unterstützen lassen; vgl. Hurley 2001, S. 109, Anm. z. St.

67 Weil die Soldaten den Kaiser nicht geschützt hatten und man den Senat für den Anschlag verantwortlich machte.

68 Von solchen Anschlägen berichtet auch Tac. ann. 11,22.

69 46 n. Chr. (Cass. Dio 60,27,5).

70 »[...] in Form eines Kranzes oder von Girlanden [...] für das Defilee vor dem neuen Kaiser« (Scherberich, S. 148, Anm. z. St.).

71 Die Tatsache, dass die Feldzeichen sich nicht aus dem Boden ziehen lassen, galt als schlechtes Vorzeichen; vgl. Val. Max. 1,6,11. – Bei Cass. Dio 60,15,3 flieht Camillus vor den Soldaten, die ihm die Gefolgschaft verweigern, und nimmt sich das Leben.

72 Zum ersten Konsulat (37 n. Chr.) vgl. Kap. 7. – Die anderen Konsula-

te, die er als *consul ordinarius* bekleidete, gehören in die Jahre 42, 43, 47 und 51 n. Chr.; vgl. Kierdorf, S. 96, Anm. z. St.

73 Zu Datierung und Dauer der Konsulate vgl. Kierdorf, S. 96, Anm. z. St.; Scherberich, S. 153 f., Anm. z. St. – Die Nachwahl war ungewöhnlich, denn »man konnte darin eine Herabsetzung erblicken, so als ob er erst als zweitrangiger Kandidat nachrückte« (Wittstock, S. 544, Anm. 57).

74 So etwa am Verlobungs- bzw. Hochzeitstag seiner Töchter; vgl. Cass. Dio 60,5,7.

75 »Angenommen, jemand verlangt Schadenersatz. Selbst wenn ihm solcher zugestanden wurde, mußte er doch mit seinem ganzen Antrag durchfallen, wenn er eine zu hohe Forderung gestellt hatte« (Wittstock, S. 544, Anm. 59).

76 Römer, die mindestens drei Kinder hatten, genossen besondere Privilegien; neben Steuervergünstigungen und besseren Aufstiegschancen gehörte dazu auch die Freistellung vom Richterdienst.

77 Die Interpretation dieses Satzes ist höchst umstritten; vgl. Scherberich, S. 170–174, der mehrere kontroverse Deutungsversuche auflistet. Unklar ist sowohl die Situation als auch insbesondere die Bedeutung von *interpellatum ab adversariis de propria lite.* Vielleicht hat Kierdorf, S. 98 f., Anm. z. St., recht: »Cl. zwang den Richter, den Fall vor dem kaiserlichen Tribunal [...] als Partei zu vertreten [...]. Das Vorspiel ist am ehesten so zu verstehen, daß die Prozeßgegner den Richter in einem privatrechtlichen Streit beim Kaiser zu belangen versuchten [*interpellare* ›anklagen‹], der Beklagte sich aber gegen die Verhandlung vor dem Kaisergericht sträubte, da die Sache in die Kompetenz der ordentlichen Gerichte falle.«

78 Anders Scherberich, S. 176, Anm. z. St.: Im Sinne des improvisierten Charakters der Bestrafung sei mit *machaera* eher das Hackmesser eines Metzgers und mit *mensa lanionia* ein Tisch oder ähnliches gemeint, auf dem der Metzger das Fleisch zerlegte.

79 In Sen. apocol. 10,4 wird Claudius vorgeworfen, Angeklagte ohne vorherige Anhörung hingerichtet zu haben.

80 So Kierdorf, S. 101, Anm. z. St.

81 Sie waren nach römischem Recht als Zeuginnen eigentlich ausgeschlossen; vgl. Dig. 22,5,3,5 (*infamia vitae*).

82 Zu den Aufgaben der Zensoren vgl. Suet. Tib. Anm. 7. – »Lucius Munatius Plancus [...] und Lucius Ämilius Lepidus Paulus [...] waren 22 v. Chr. Censoren gewesen, später hatte Augustus ohne den Censortitel noch zweimal den Census abgehalten [...]. Der Census des Claudius fand 47–48 statt, sein Mitcensor war Lucius Vitellius« (Heinemann, S. 296, Anm. 2).

83 Nach Suet. Aug. 39 gab es drei Stufen des Tadels: *poena* (Geldstrafe), *ignominia* (Rüge / Entzug der Ehre) und *admonitio* (Verwarnung).

84 Ein schriftlicher Tadel wurde in den Senatoren- oder Ritterlisten neben dem Namen des Betreffenden vermerkt.

85 Nach Cass. Dio 60,17,4 f. bestand Claudius darauf, dass ein römischer Bürger die römische Sprache verstehen müsse. Andererseits war er in der Erteilung des römischen Bürgerrechts auch sehr großzügig; vgl. Sen. apocol. 3,3.

86 Diese Regelung, die bisher nur für die Senatoren galt, wurde von Claudius also auch auf andere Personen angewendet.

87 »Das Unschickliche bestand darin, daß der Begleiter die unrömischen Sitten des Königs mitmachen mußte« (Wittstock, S. 545, Anm. 71).

88 Rabirius Postumus stand allerdings nicht wegen *maiestas*, sondern aufgrund des Repetundengesetzes vor Gericht.

89 Für die Senatoren gab es ein vorgeschriebenes Mindestvermögen. Die Vermögensvergeudung konnte ebenfalls mit einem zensorischen Tadel belegt werden; vgl. Kierdorf, S. 103, Anm. z. St.

90 Nach Dig. 48,21,3,6 war der Versuch der Selbsttötung straffrei, wenn er aus Lebensüberdruss oder wegen unerträglicher Schmerzen erfolgte. Andernfalls galt dieser Versuch als Eingeständnis eines begangenen Verbrechens; vgl. Hurley 2001, S. 132, Anm. z. St.

91 Vgl. Suet. Tib. Anm. 7.

92 Vgl. Anm. 33.

93 Gemeint als Demonstration gegen übertriebenen Luxus.

94 Zu anderen Maßnahmen, die Claudius als Zensor traf; vgl. Tac. ann. 11,13.

95 41 n. Chr., für die Niederschlagung eines Aufstandes in Mauretanien, die aber schon unter Caligula abgeschlossen worden war; vgl. Cass. Dio 60,8,6. – Zu den Triumphalinsignien vgl. Suet. Aug. Anm. 46.

96 Die Voraussetzungen dafür waren ein *bellum iustum*, die Tötung von mindestens 5000 Feinden auf dem Schlachtfeld und der Ausruf zum *imperator* durch die Soldaten. – Zum *bellum iustum* vgl. Suet. Caes. Anm. 86.

97 Zu Caesars britannischen Feldzügen vgl. Caes. Gall. 4,20–36 und 5,8–23.

98 »Durch den Tod des Königs der Catuvellauni, Cunobelinus, war die Lage destabilisiert; sein Sohn Adminius hatte sich unter Gaius in den Schutz der Römer begeben [...], zwei andere Söhne, Togodumnus und Caratacus, trieben durch aggressive Politik den Atrebaten-Fürsten Verica den Römern in die Arme [...]; wahrscheinlich sind mit *transfugae* diese beiden oder einer von ihnen mit Gefolge gemeint [...]; die Unruhe [...] muß sich gegen Rom gerichtet haben, vielleicht in Übergriffen gegen die Küste Galliens« (Kierdorf, S. 104, Anm. z. St.).

99 Eine andere Darstellung bei Cass. Dio 60,21,4: Danach besiegte Claudius die Feinde in einer Schlacht und unterwarf mehrere Völkerschaften, teils gütlich, teils mit Gewalt.

100 44 v. Chr.

101 Vgl. Suet. Caes. Anm. 11.

102 Diese mit Schiffsschnäbeln geschmückte Krone aus Gold erhielt ursprünglich nur derjenige, der in einem Seegefecht als Erster auf ein feindliches Schiff gestiegen war.

103 Es handelte sich um die Senatoren, die am Feldzug teilgenommen hatten; vgl. Cass. Dio 60,23,2. – Zu den Triumphalabzeichen vgl. Suet. Aug. Anm. 46.

104 Vgl. Suet. Caes. Anm. 3.

105 Das erste Mal wahrscheinlich als Legat in Mauretanien (*Inscriptiones Latinae Selectae*, hrsg. von H. Dessau, Berlin 1892, 954).

106 Nach Tac. ann. 12,43 fiel diese Hungersnot ins Jahr 51 n. Chr.

107 Rom bezog seine Getreidelieferungen vorrangig aus Afrika und Ägypten, im Winter aber galten Seefahrten als zu gefährlich (*mare clausum*).

108 Das Gesetz aus dem Jahr 9 n. Chr. erweiterte die augusteische Ehegesetzgebung aus dem Jahr 18 v. Chr.: Unverheiratete Personen verloren das Anrecht auf Erbschaften, kinderlose Ehepaare das An-

recht auf die Hälfte einer Erbschaft. Paare mit Kindern wurden durch Privilegien gefördert.

109 »Es kann nur um freigelassene Frauen […] gehen, die nach der Geburt von 4 Kindern oder durch Verleihung des entsprechenden Rechtsstatus von der Tutel des Patrons und erbrechtlichen Beschränkungen befreit wurden« (Kierdorf, S. 108, Anm. z. St.).

110 Vgl. Suet. Cal. 21.

111 Wegen häufiger Überschwemmungen hatte bereits Caesar (Suet. Caes. 44,3) seine Trockenlegung geplant.

112 Der neue Hafen diente vor allem der Sicherstellung der Lebensmitteltransporte; vgl. Cass. Dio 60,11,1–5.

113 Vgl. Plut. Caes. 58.

114 »Die genannte Wasserleitung brachte 60 km weit Flußwasser bis auf den Palatin, der vorher nur Zisternen besaß, eins der großartigsten Bauwerke der Römer, ihre Trümmer ein Wahrzeichen der Campagna« (Heinemann, S. 300, Anm. z. St.).

115 Zur Feier seiner Fertigstellung vgl. 21,6.

116 Von Caligula für den Circus Vaticanus, den er in den Gärten der Agrippina hatte anlegen lassen; der Obelisk steht heute auf dem Petersplatz.

117 Der aus dem 3. Jh. v. Chr. stammende Leuchtturm vor dem Hafen von Alexandria gehörte zu den sieben Weltwundern der Antike. – Zu dem von Claudius angelegten Portus Romae, einer der größten und bedeutendsten Hafenanlagen des Römischen Kaiserreiches; vgl. S. Keay / M. Millett / L. Paroli / K. Strutt, *Portus. An Archaeological Survey of the Port of Imperial Rome*, London 2005.

118 *Congiaria* (hier mit »Spenden« übersetzt) waren ursprünglich Zuteilungen von Öl oder Wein, seit Caesar auch Geldspenden. Von Claudius' *congiaria* sind zwei andernorts bezeugt: Cass. Dio 60,25,7 (Geld) und Tac. ann. 12,41 (Naturalien).

119 »Oberhalb des Zuschauerraums […] hatte Pompejus einen Tempel der Venus Victrix errichtet […] mit kleineren Heiligtümern für Honos, Virtus und Felicitas […]; vor diesen Tempeln opferte Cl. […], bevor er die Spiele eröffnete. Wegen der religiösen Zeremonie wurde wohl auf die üblichen Beifallskundgebungen […] verzichtet« (Kierdof, S. 111, Anm. z. St.).

120 Vgl. Suet. Aug. Anm. 66. – »Die *ludi saeculares* des Cl. fanden im J. 47, also fast 800 Jahre nach dem traditionellen Gründungsdatum Roms statt [...], während Augustus für die Ansetzung seiner Feier im J. 17 v. Chr. einen Zyklus von 110 Jahren zugrundelegte und außerdem recht eigenwillige Rechenoperationen anwenden mußte« (Kierdorf, S. 111, Anm. z. St.). – Zu Claudius' Säkularspielen vgl. auch Tac. ann. 11.

121 Vgl. dazu 41,2.

122 Überliefert ist der zweimalige Auftritt des Tänzers Stephanio (Plin. nat. 7,159).

123 Anders Cass. Dio 60,7,3.

124 Vgl. Suet. Caes. Anm. 140.

125 D. h. mit Tierhetze; vgl. Wittstock, S. 546, Anm. 91.

126 Eigentlich: »Die zeitweise übliche Bewirtung der Patrone für ihre Klienten wurden durch die Verteilung von Körbchen mit Lebensmitteln (*sportulae*) bzw. kleinere Geldspenden abgelöst« (Kierdorf, S. 113, Anm. z. St.).

127 Zu dieser Stelle vgl. K. Vössing, »Claudius bittet zum Imbiß – die *cenula condicta* in Suet. Claud. 21,4«, in: *Rheinisches Museum* (2000) S. 95.

128 »Es war für einen Römer und schon gar für einen Kaiser unschicklich, die Linke nicht von der Toga bedeckt zu halten« (Wittstock, S. 546, Anm. 93).

129 Ein bei den Fechtübungen benutzter Holzstab, der den Gladiatoren bei ihrer Entlassung aus dem Dienst überreicht wurde.

130 Dass Claudius für seine Bekanntmachungen lieber Tafeln als Herolde verwendete, bezeugt Cass. Dio 60,13,5.

131 Damit wollte er wohl sagen, dass nicht alle sterben werden.

132 Nach Tac. ann. 12,56 handelte es sich bei den Kämpfern um Sträflinge.

133 Zu Claudius' Humpeln vgl. auch Sen. apocol. 1,2 und 5,2.

134 Diese Angabe passt nicht zu Tacitus' ausführlicher Beschreibung (ann. 12,56), wonach 19 000 Mann an dem Gefecht beteiligt waren.

135 Die römische Gesellschaft war gegliedert in Senatoren, Ritter, Bürger, Freigelassene und Sklaven.

136 Indem er versicherte, dass er ihn für den Würdigsten halte.

137 Erdbeben und andere außergewöhnliche Naturereignisse galten als ungünstige Vorzeichen, die entsprechend gesühnt werden mussten.

138 »Die religiöse Zeremonie sollte nicht durch die Anwesenheit von Nichtbürgern und solchen, die ihren Alltagsgeschäften nachgingen, beeinträchtigt werden« (Kierdorf, S. 116, Anm. z. St.).

139 Dabei ging es um den Auftrag eines Erblassers an seine Erben, einem Dritten, der aus juristischen Gründen kein reguläres Legat erhalten konnte, bestimmte Leistungen zukommen zu lassen; vgl. Kierdof, S. 116, Anm. z. St.

140 Nach diesem Paragraphen sollten Männer über 60 und Frauen über 50, auch wenn sie heirateten, erbrechtlich wie Unverheiratete gestellt werden. – Zur Lex Papia Poppaea vgl. Anm. 108.

141 Vgl. Suet. Aug. Anm. 133.

142 Seit der späten Republik mussten sich Senatoren, die Italien verlassen wollten, offiziell beurlauben lassen.

143 Dazu gehören die Tunika mit dem breiten Purpurstreifen und ein goldener Siegelring.

144 Angehörige des Ritterstandes, die in der kaiserlichen Finanzverwaltung arbeiteten.

145 Bekannte Beispiele dafür sind P. Graecinius Laco (Cass. Dio 60,23,3) und Iunius Cilo (Tac. ann. 12,21).

146 Etwa weil Senatoren, anders als die Ritter, keinen Handelsgeschäften nachgehen und kein Gewerbe ausüben durften.

147 Nach Tac. ann. 11,22 erging 47 n. Chr. ein Senatsbeschluss, dass die designierten Quästoren eines jeden Jahres ein Gladiatorenschauspiel geben mussten. – Die Zuständigkeit der Quästoren für den Straßenbau wird nur hier erwähnt.

148 »Von den ursprünglich vier ›italischen‹ Quästoren war nur noch der *quaestor Ostiensis* (befaßt mit dem Hafen und der Getreidezufuhr) und der *quaestor Gallicus* (mit unbestimmten Aufgaben in der Gallia Cisalpina) übrig geblieben; diese Posten wurden im J. 44 beseitigt« (Kierdorf, S. 119, Anm. z. St.).

149 Vgl. Suet. Aug. Anm. 46.

150 Vgl. Suet. Aug. Anm. 46.

151 Gabinius war es bei dieser Unternehmung gelungen, einen Legi-

onsadler zurückzuholen, der sich nach der Niederlage des Varus noch im Besitz der Chauken befand; vgl. Cass. Dio 60,87.

152 »Die Deutung ist strittig; wahrscheinlich ist auch hier von den ritterlichen Offiziersstellen die Rede, für die entweder feste Dienstzeiten oder eher eine abgestufte Besoldung festgelegt wurde« (Kierdorf, S. 121, Anm. z. St.).

153 Dieses Verbot sollte wohl mögliche Verschwörungen zwischen Senatoren und Prätorianern verhindern; vgl. Hurley 2001, S. 172, Anm. z. St.

154 Die Patrone sollten also eine Freilassung gut überdenken.

155 Dort suchte man Heilung durch Inkubation. – Anlässlich einer Seuche war der Kult bzw. der Gott (als Schlange) 293 v. Chr. von Epidauros nach Rom gebracht worden; vgl. Val. Max. 1,8,2.

156 In Rom war es, außer für Vestalinnen und bestimmte Priester, schon lange verboten, einen Wagen zu benutzen; vgl. Wittstock, S. 548 f., Anm. 128.

157 Damit der Unterschied zwischen Ausländern und Römern erkennbar blieb.

158 43 n. Chr. – Die Föderation der lykischen Städte (im Südwesten Kleinasiens) war seit 167 v. Chr. mit den Römern verbunden. Bei den hier erwähnten Erhebungen waren auch einige Römer zu Tode gekommen.

159 Da die Rhodier römische Bürger gekreuzigt hatten, hatte Claudius ihnen die Freiheit genommen (vgl. Cass. Dio 60,24,4), die sie auf die Fürbitte Neros (vgl. Suet. Ner. 7,2) 53 n. Chr. hin zurückerhielten.

160 Zu Neros Engagement für die Ilienser (53 n. Chr.) vgl. Tac. ann. 12,58.

161 »In Rom lebten sehr viele Juden, denen Augustus die freie Ausübung ihrer Religion gestattet hatte; von Zeit zu Zeit kam es aber zum Eingreifen der röm. Behörden, so z. B. 19 n. Chr. […] und am Anfang der Regierungszeit des Cl. [Cass. Dio 60,6,6: Jahr 41]. Da Dio ausdrücklich erwähnt, daß Cl. 41 auf eine Ausweisung verzichtete und nur ein Versammlungsverbot aussprach, dürfte es sich hier um eine spätere Maßnahme handeln, deren Datierung unsicher ist« (Kierdorf, S. 124, Anm. z. St.). – Mit Chrestus (der Na-

me ist in römischen Inschriften auch sonst häufig bezeugt) kann nicht Jesus gemeint sein, da dieser in der Regierungszeit des Tiberius gekreuzigt wurde (Tac. ann. 15,44).

162 Dieser Vorfall ist auch in Tac. ann. 13,54 erwähnt, allerdings gehört er dort in neronische Zeit.

163 Die keltische Priesterschaft (zu Stellung und Funktion vgl. Caes. Gall. 6,13,3 ff.) war den Römern wegen ihrer magischen Riten und Opferbräuche (vgl. Tac. ann. 14,30) unheimlich.

164 In diesen bei den Römern hochgeschätzten Geheimkult hatte sich auch Augustus einweihen lassen (Suet. Aug. 93).

165 Vgl. Suet. Caes. Anm. 22.

166 Der Vater hatte sich gegen den Kaiser verschworen (Suet. Aug. 19,1), die Mutter sich angeblich sexueller Verfehlungen schuldig gemacht (Suet. Aug. 65,1).

167 M. Plautius Silvanus, Konsul 2 v. Chr., hatte für seine Erfolge in Pannonien die Triumphalinsignien erhalten.

168 Gemeint ist vermutlich Sex. Aelius Catus, Konsul 4 n. Chr.

169 Vater von Urgulanillas Tochter Claudia war nicht Claudius, sondern der Freigelassene Boter (vgl. 27,1). Ehebruch war ein üblicher Scheidungsgrund. Weshalb Urgulanilla unter Mordverdacht kam, ist nicht bekannt.

170 Ebenso Tac. ann. 11,26 f.

171 Laut Tac. ann. 11,37 gab Narcissus den Befehl zur Hinrichtung, da er fürchtete, der Kaiser könne wieder Messalinas Verführungskünsten erliegen.

172 Vgl. 26,2.

173 Vgl. Suet. Cal. 25,2.

174 Nach Tac. ann. 12,7 war der römische Ritter Alledius Severus der einzige Befürworter.

175 Vgl. Suet. Tib. Anm. 161.

176 Nach Tac. ann. 3,29 fiel die Verlobung in das Jahr 20, nach Tac. ann. 4,7 war Drusus im Jahr 23 aber noch am Leben; »entweder hat S. Verlobung und Tod des Drusus irrtümlich zusammengerückt, oder es kam 20 nur zu einer vorläufigen Absprache über das Verlöbnis« (Kierdorf, S. 128, Anm. z. St.).

177 »Kinder wurden dadurch als legitim anerkannt, daß der Vater das

ihm zu Füßen gelegte Neugeborene aufhob« (Wittstock, S. 550, Anm. 148).

178 41 n. Chr. (Cass. Dio 60,5,7).

179 46 n. Chr.

180 Britannicus wurde 41 n. Chr. geboren, Claudius' zweites Konsulat war ein Jahr später.

181 50 n. Chr.; vgl. Tac. ann. 12,26.

182 Vgl. 29,1 und Sen. apocol. 11,5.

183 Er war sehr reich und besaß einen Palast in Rom (Iuv. 14,91).

184 Vgl. 17,2.

185 Diese Miniaturlanze aus Silber war eine militärische Auszeichnung, vergleichbar dem modernen Ehrensäbel.

186 Der Freigelassene von Claudius' Mutter Antonia wurde wohl 52 n. Chr. Prokurator von Judäa; verheiratet war er mit Drusilla, der Tochter des judäischen Königs Agrippa I. und vermutlich mit der gleichnamigen Tochter Jubas II. von Mauretanien; die dritte Ehefrau ist nicht bekannt; vgl. Kierdorf, S. 130, Anm. z. St.

187 Harpocras, vermutlich identisch mit Ti. Claudius Arphocras, gehörte nach Sen. apocol. 13,5 zu Claudius' Opfern. – Nach Tac. ann. 4,63 musste ein Veranstalter von Gladiatorenspielen über ein Mindestvermögen von 400 000 Sesterzen verfügen.

188 Tatsächlich waren die beiden die eigentlichen Leiter des Staates, wobei sich Narcissus mehr um die Außen- und Heerespolitik, Pallas mehr um die Innen- und Finanzpolitik kümmerte. Narcissus wurde später durch Agrippina in den Tod getrieben (Tac. ann. 13,1), Pallas angeblich von Nero, der es auf seinen enormen Reichtum abgesehen hatte, vergiftet (Tac. ann. 14,65).

189 Narcissus soll ein Vermögen von 400 Millionen, Pallas eines von 300 Millionen Sesterzen besessen haben; vgl. Tac. ann. 12,53.

190 25,5.

191 Durch die Heirat mit Claudius' Schwiegermutter, also der Mutter Messalinas, Domitia Lepida.

192 Beide fielen Messalinas Eifersucht zum Opfer; vgl. Cass. Dio 60,18,4.

193 Der Verzicht auf eine gerichtliche Anhörung wird Claudius auch in Sen. apocol. 10,4 vorgeworfen.

194 Vgl. 27,2; Tac. ann. 12,3 f.

195 »Homosexuelle Beziehungen verheirateter Männer waren in Rom nicht ungewöhnlich […]; S. sieht darin nicht den Grund für die Beseitigung des Pompeius, sondern will nur die außergewöhnlichen Umstände des Todes verdeutlichen« (Kierdorf, S. 133, Anm. z. St.).

196 Er wurde beschuldigt, ein inzestuöses Verhältnis mit seiner Schwester zu haben; vgl. Tac. ann. 12,4.

197 Tacitus (ann. 12,8) vermutet, dass Silanus diesen Tag gewählt hat, um den Hass auf Claudius zu mehren.

198 Bei dem Prozess in der Unterwelt in Senecas *Apocolocyntosis* (14,1) wird Claudius die Ermordung von 35 Senatoren, 221 Rittern und zahllosen sonstigen Bürgern angelastet.

199 Zu Claudius' Gebrechen vgl. Sen. apocol. 5,2.

200 Die Zahl ist vermutlich nicht wörtlich zu nehmen, sondern bezeichnet nur eine unbestimmte große Menge; vgl. Kierdorf, S. 135, Anm. z. St.

201 Vgl. 20,2 und Tac. 12,57.

202 Dies können Kopf- oder Fußstützen sein; vgl. Hurley 2001, S. 203, Anm. z. St.

203 Es handelte sich um T. Vinius Rufus (Konsul 69); vgl. Tac. hist. 1,48.

204 Von diesem Problem war Claudius wohl auch selbst betroffen; vgl. Sen. apocol. 4,3.

205 Es lag im Nordosten des Forum Iulium.

206 »Das Erbrechen wurde nicht nur aus diätetischen Gründen, sondern von üppigen Essern auch zur Steigerung des Eßvermögens herbeigeführt […]. Mit einer solchen Feder soll Cl. 54 auch das tödliche Gift verabreicht worden sein« (Kierdorf, S. 136, Anm. z. St.).

207 Vgl. Kap. 5. – Passenderweise wird Claudius in Sen. apocol. 14,4; 15,1 dazu verurteilt, als Strafe für seine Morde auf ewig mit einem durchlöcherten Becher zu würfeln.

208 Eigentlich durften nur Sklaven auf der Folter verhört werden. Claudius hatte zu Beginn seiner Regierung angekündigt, keine Freigeborenen zu foltern, setzte sich aber über sein Versprechen hinweg; vgl. Cass. Dio 60,15,6.

209 »Für Verwandtenmörder war in Rom eine besonders grausige Art der Hinrichtung vorgesehen; sie wurden ausgepeitscht und dann zusammen mit einem Hund, einem Hahn, einer Schlange und einem Affen in einen Sack eingenäht und im Fluß oder Meer versenkt« (Kierdorf, S. 137, Anm. z. St.).

210 Die Verurteilten, nackt an einen Pfahl gefesselt oder in ein Gabelholz geschlossen, wurden mit Ruten ausgepeitscht und dann enthauptet; vgl. Liv. 2,5,8.

211 Sie kämpften mit Netz, Dreizack und Dolch und trugen keinen Helm.

212 »Nach Plinius (Naturgeschichte XXVIII,34) sollte Fleisch von Wild, das mit einem Messer erlegt war, durch das ein Mensch den Tod erlitten hatte, wirksam gegen Epilepsie helfen« (Heinemann, S. 316, Anm. z. St.).

213 Eine ausführliche Schilderung solcher äußerst grausamen Kämpfe findet sich in Sen. epist. 7,3–5.

214 Vgl. Suet. Aug. Anm. 40.

215 12,1.

216 Vgl. Suet. Caes. Anm. 3.

217 Schreibrohre und Metallgriffel könnten sich als Waffen verwenden lassen.

218 Vgl. 13,2.

219 Vgl. 13,1.

220 Ebenso in Tac. ann. 11,31.

221 Dass Sueton selbst sich von Träumen beeinflussen ließ, bezeugt Plinius (epist. 1,18).

222 Vgl. 29,1f.

223 Nach Cass. Dio 60,14,3 hatte sich Silanus Messalinas Feindschaft zugezogen, weil er nicht mit ihr schlafen wollte.

224 Vielleicht anlässlich seiner Rückkehr aus Britannien (vgl. 17,2).

225 »Unter Tiberius wurde das Speisenangebot der *popinae* radikal eingeschränkt und die Überwachung den Ädilen übertragen (Tib. 34,1)« (Kierdorf, S. 142, Anm. z. St.). – In der frühen Kaiserzeit waren die Ädilen für den Verkehr, die Straßen und Märkte zuständig.

226 »[…] man kann den Titel […] als Parodie zu νεκρῶν (ἐπ)ανάστασις auffassen und so deuten, dass ebenso wie kein Toter ins Leben zu-

rückkehrt, auch kein Tor wieder zur Vernunft kommt« (Kierdorf, S. 143, Anm. z. St.).

227 Im Herbst 48; vgl. 26,2.

228 Vgl. Kap. 5 und 33,2.

229 Als Tochter des Germanicus war sie seine Nichte.

230 50 n. Chr.

231 »Ironisch wird Cl. der unsinnige Gedanke unterstellt, die Adoption finde weniger Tadel, wenn schon ein erwachsener Sohn (übertrieben: Britannicus war 9 Jahre alt) vorhanden sei« (Kierdorf, S. 144, Anm. z. St.).

232 »Offenbar bei der Kap. 38 erwähnten Regelung des Schankwesens. Die Aufwandgesetze Cäsars, des Augustus und des Tiberius [...] hatten in den Schenken den Verkauf von Lebensmitteln immer stärker eingeschränkt« (Heinemann, S. 320, Anm. z. St.). Vgl. Anm. 225.

233 Vgl. Suet. Caes. Anm. 148.

234 Ein schwieriges Unterfangen, da sich Claudius sowohl Octavian (Augustus) als auch M. Antonius, die sich nach Caesars Tod bekämpften, verpflichtet fühlte; vgl. 11,2 f.

235 Der Bürgerkrieg endete mit Octavians Sieg bei Actium (31 v. Chr.).

236 Beide waren parteiisch: Claudius' Mutter Antonia als Tochter von M. Antonius, die Großmutter Livia als Augustus' Ehefrau.

237 »Sueton dürfte einen peinlichen Mangel an Urteilsvermögen über die eigene Person meinen; schon der Titel des Werkes, *De Vita Sua*, forderte ja den Vergleich mit Augustus heraus. Acht Bücher zu füllen mit einer Darstellung seines Lebens im Schatten, das allein war schon ein literarischer Regelverstoß« (J. Malitz, »Autobiographie und Biographie römischer Kaiser im 1. Jh. n. Chr.«, in: *Propaganda – Selbstdarstellung – Repräsentation im römischen Kaiserreich des 1. Jhs. n. Chr.*, hrsg. von G. Weber, Stuttgart 2003, S. 237).

238 Auch Tacitus (ann. 13,3) äußert sich lobend über Claudius' stilistische *elegantia.*

239 Asinius Gallus hatte in seiner Schrift *De comparatione patris et Ciceronis* seinen Vater über Cicero gestellt. – Von allen Schriften des Claudius ist nur das (auf zwei in Lyon gefundenen Bronzetafeln gefundene) Bruchstück einer Rede erhalten; vgl. Wittstock, S. 553, Anm. 196.

240 »Ein umgekehrtes Digamma für das V zum Unterschied von U, das Antisigma für BS oder PS und das Zeichen für das griechische Y« (Lambert, S. 229, Anm. 33).

241 Nach Tac. ann. 11,14 kamen diese Buchstaben nach Claudius' Regierungszeit jedoch wieder außer Gebrauch.

242 Mit den versammelten Vätern (*patres conscripti*) sind die Senatoren insgesamt gemeint: *Patres*, »Väter«, sind die dem altadligen Senatorenstand Entstammenden, während diejenigen, die aus dem Ritterstand zu Senatoren erhoben wurden, als *conscripti*, »Beigeordnete«, bezeichnet werden.

243 Vielleicht damals, als er die Provinz Griechenland wieder dem Senat überließ; vgl. 25,3.

244 Der Tribun, der im Palast die Wache der Prätorianer kommandierte, pflegte vom Kaiser höchstpersönlich das Losungswort zu bekommen.

245 Hom. Od. 21,133 (Übers. J. H. Voß); der Vers findet sich auch in Od. 16,72 und Il. 24,369.

246 Vgl. 26,3.

247 Vgl. 27,2.

248 Plautia Urgulanilla und Messalina hatten die Ehe gebrochen (vgl. 26,2), Agrippina stand unter einem entsprechenden Verdacht (vgl. Tac. ann. 12,65).

249 Das Zitat geht zurück auf einen Orakelspruch, durch den der mysische König Telephos die Auskunft erhielt, dass seine unheilbare Wunde nur von Achilles, der sie verursacht hatte, kuriert werden könne. Möglicherweise deutet Claudius mit diesem Ausspruch an, dass er Britannicus nicht länger zurücksetzen wolle; vgl. Kierdorf, S. 149, Anm. z. St.

250 Im Jahr 54 war Britannicus 13 Jahre alt.

251 »Was Cl. damit genau sagen wollte, ist unklar. Da Cl. nicht der julischen Familie entstammte, trug Britannicus den Namen *Caesar* nicht mit mehr Recht als Nero; entweder nimmt der Ausspruch also auf die Purpurgeburt des natürlichen Sohnes Bezug oder auf dessen erwartete Herrscherqualitäten (Caesar ~ ›Kaiser‹)« (Kierdorf, S. 149 f., Anm. z. St.).

252 Da das Testament nach seinem Tod nicht veröffentlicht wurde

(vgl. Tac. ann. 12,69), ist davon auszugehen, dass Claudius Britannicus als gleichberechtigten Erben neben Nero eingesetzt hatte.

253 Nach Tac. ann. 12,66 f. war eindeutig Agrippina für den Giftanschlag verantwortlich. Sie wollte verhindern, dass sich Claudius wieder stärker seinem Sohn Britannicus zuwandte.

254 Bis zum Mittag des nächsten Tages; vgl. Tac. ann. 12,69.

255 Nach Sen. apocol. 4,2 f. starb er, während er einigen Komödianten zuhörte. Seine letzten Worte waren angeblich *vae me, puto, concacavi me* (»O je, ich glaube, ich habe mich vollgeschissen«).

256 54 n. Chr.

257 Nach Tac. ann. 13,2 auf Beschluss des Senats; zur Lobrede Neros auf den Verstorbenen vgl. Tac. ann. 3,1 ff. – In Sen. apocol. 8,1–11,6 diskutieren Apollo, Ianus und Diespiter über Claudius' Vergöttlichung, bis Augustus – mit Verweis auf dessen Verbrechen – mit seinem Antrag Erfolg hat, ihn aus dem Himmel in die Unterwelt zu verbannen.

258 »Die Divinisierung des Cl. wurde keineswegs zurückgenommen [...], aber der Kult wurde insofern nicht voll praktiziert, als der Tempel des *divus Claudius* auf dem Caelius [...] nicht fertiggestellt, sondern schließlich sogar im Zusammenhang mit dem Bau der Domus Aurea beseitigt wurde [...]. Vespasian erbaute den Tempel des *divus Claudius* [...], in dem dann auch ein eigenständiger Kult stattfand« (Kierdorf, S. 152, Anm. z. St.).

259 Gemeint ist vermutlich der Ehrenbogen an der Via Appia (vgl. 1,3).

260 Nach Tac. ann. 12,64 waren es ein Quästor, ein Ädil, ein Tribun, ein Prätor und ein Konsul.

Nero

1 Kastor und Pollux, die Dioskuren in ihrer Eigenschaft als Nothelfer, die den Sieg der Römer über die vertriebenen Tarquinier am See Regillus bei Tusculum verkündeten, den sie selbst miterfochten hatten (496 v. Chr.); vgl. Cic. nat. deor. 2,2,6; 3,5,1 und Plut. Aem. 25. – Ahenobarbus heißt »Rotbart«.

2 121 v. Chr. besiegte Cn. Domitius Ahenobarbus als Prokonsul die Allobroger und ließ die Via Domitia, die große Küstenstraße in Südgallien, ausbauen. Der genannte Volkstribun war sein Sohn, der 96 Konsul und 93 mit dem Redner L. Licinius Crassus (aus Ciceros *De oratore* bekannt) Zensor war.

3 L. Domitius Ahenobarbus, 54 v. Chr. Konsul, einer der führenden Politiker Roms und unversöhnlicher Gegner Caesars (vgl. Suet. Caes. 23 f.).

4 Zur Gefangennahme des Domitius bei Corfinium (heute Corfinio) vgl. Suet. Caes. 34, Plut. Caes. 34, Lucan. Pharsalia 2,478; 7,220.600 ff. Zu seinem Abzug aus Massilia (Marseille) vgl. Caes. civ. 2,22. Das Gift hatte er genommen, als er sah, dass er nach der Einnahme von Corfinium in Caesars Hände fallen werde. Dieser ließ ihn jedoch als lebendes Beispiel für die *clementia Caesaris*, für seine Milde, wieder frei.

5 Q. Pedius, Verwandter und Mitkonsul Octavians 43 v. Chr., brachte ein Gesetz zur Verfolgung und Ächtung der Caesar-Mörder ein *(lex Pedia)*. Zu diesem Domitius vgl. Plut. Ant. 63. Er war 32 Konsul und starb 31, kurz vor der Seeschlacht von Actium. Vgl. Cass. Dio 48,7,16; 50,2.13.

6 Eigentlich Scheinkäufer, denn dieser kaufte zum Schein die ganze Habe des Erblassers und verpflichtete sich, den Erben ihren Anteil und sonstige Legate auszuzahlen.

7 Vgl. Suet. Aug. Anm. 46.

8 Gaius Caesar ist der Enkel des Augustus, 20 v. – 4 n. Chr. (Nero ist Augustus' Ururenkel).

9 Lücke im Text.

10 Edikte waren nur für die Amtszeit des verkündigenden Beamten gültig, daher konnte dieses nur als Hohn betrachtet werden, da es den gegenwärtigen Schaden nicht regelte.

11 Das Neugeborene wurde auf den Boden gelegt und vom Vater aufgehoben (*sufferre*, daher Ende Kap. 5: *sublato filio Nerone*), der es damit anerkannte.

12 »Reinigungstag«, der 9. (bei Knaben) bzw. 8. (bei Mädchen) Tag nach der Geburt, an dem eine Opferzeremonie stattfand und das Kind seinen Namen erhielt, ähnlich dem jüdischen und christlichen Reinigungs- bzw. Taufritus.

13 Claudius konnte seiner Behinderung wegen nicht als *felix* gelten, daher wäre die Namensgebung ein *signum infelicitatis*.

14 Agrippina die Jüngere, die in Köln geborene Tochter des Germanicus, wurde wegen angeblicher Teilnahme an einer Verschwörung gegen ihren Bruder, Kaiser Caligula, verbannt (vgl. Suet. Cal. 24; Cass. Dio 59,22,6 f.) und nach dessen Tod 41 n. Chr. von ihrem Onkel und späteren Gemahl, Kaiser Claudius, wieder zurückgeholt.

15 Die Schlange galt als göttliches Zeichen, s. z. B. die Geburtsgeschichte des Herkules und Alexanders des Großen sowie Tac. ann. 11,11.

16 Vgl. Suet. Caes. Anm. 140.

17 Der Philosoph Seneca war auf Betreiben der Kaiserin Messalina von Claudius nach Korsika verbannt worden. Agrippina berief ihn zurück und rechnete damit, dass er als Erzieher Neros sich loyal verhalten und nicht mit dem Sohn seiner Feindin, Britannicus, sympathisieren werde.

18 Vgl. Suet. Caes. Anm. 276.

19 Tochter des Claudius und der Messalina, Schwester des Britannicus, Titelheldin einer dem Seneca zugeschriebenen Tragödie. Die Verlobung mit der Kaisertochter hatte Agrippina gleich nach ihrer Heirat mit Claudius durchgesetzt, um, wie Tacitus sagt, »ihrem Sohn den Weg nach oben zu bahnen« (ann. 12,9).

20 Der Zeitpunkt war von den Astrologen als günstig errechnet worden. Suet. Claud. 44 f. und Tac. ann. 12,66 ff. berichten, dass Agrippina Claudius vergiftet und alle anderen, besonders den eigentlichen Thronanwärter Britannicus, im Palast zurückgehalten habe, um Nero den Weg freizumachen.

21 Vgl. Suet. Claud. Anm. 108.

22 Gewöhnlich nannte der *nomenclator*, ein begleitender Sklave, die Namen der Personen. – Neros Ausruf: »O hätte ich doch nie schreiben gelernt!«, zitiert Seneca (clem. 2,1) als rühmenswertes Beispiel für Neros Milde und Menschlichkeit. Der Ausspruch: »Wenn ich es mir verdient habe« spielt auf ein Wort des Augustus an; vgl. Suet. Aug. 56,2.

23 Jugendspiele, ein musischer und gymnastischer Agon, dazu Tac. ann. 14,15: »Da er sich noch nicht getraute, seinem Hang zu öffentli-

chen Auftritten nachzugeben, veranstaltete er Spiele unter dem Namen Juvenalien.« Er brachte durch Geldzahlungen unbemittelte junge Leute aus vornehmem Stand dazu, bei diesen Spielen als Tänzer, Sänger oder Schauspieler aufzutreten. »Und er bildete sich ein, die Schande dadurch zu mildern, indem er möglichst viele damit befleckte« (14,14). Ähnlich klagt Cass. Dio 61,17 ff. über den Niedergang der vornehmen Familien Roms, die sich auf der Bühne prostituieren mussten.

24 Vgl. Tac. ann. 15,32. Claudius hatte den Senatoren eigene Sitzreihen anweisen lassen; vgl. Suet. Claud. 21,3.

25 Einen seiltanzenden Elefanten erwähnt Sueton auch in Galba 6,1; vgl. auch Cass. Dio 61,17.

26 Pyrrhichischer Tanz, ursprünglich ein Schwerter- und Kriegstanz aus Kleinasien; vgl. Suet. Caes. 39,1.

27 Gemahlin des kretischen Königs Minos, die sich in einen Stier verliebte. Die Kuhattrappe baute ihr Daidalos, der dann vor der Rache des Königs Minos mit seinem Sohn Ikaros auf Flügeln aus Federn und Wachs entfloh. Ikaros kam der Sonne zu nahe und stürzte ab (vgl. Ov. met. 8,244 ff.).

28 Wie es in Griechenland Sitte war; vgl. Tac. ann. 14,47.

29 Die Prätoren leiteten sonst die Spiele.

30 Vgl. Suet. Caes. Anm. 139.

31 Vgl. Anm. 50.

32 Augustus hatte verboten, dass Frauen bei den Athletenwettkämpfen, Ringen und Faustkampf, zusahen (vgl. Suet. Aug. 44). Nero betont durch die Missachtung des Gebots sein Philhellenentum.

33 Sueton berichtet hier wie auch im Folgenden (etwa Kap. 18) nichts über Neros erfolgreiches Eingreifen in die Kämpfe im Osten des Reiches. Die Parther waren in Armenien einmarschiert, das zur römischen Einflusssphäre gehörte. Nero handelte energisch und umsichtig und ernannte den fähigen und beliebten Statthalter Syriens, Domitius Corbulo, zum Befehlshaber gegen die Parther. Tacitus berichtet, dass man dem Kaiser dafür aus ehrlicher Überzeugung Dankfeste und einen Triumph bewilligen wollte (ann. 13,8). Corbulo kämpfte siegreich und setzte Tigranes V. als König von Armenien ein (58–60 n. Chr.). Nero wurde dafür zum Imperator ausgerufen

(58 n. Chr.; vgl. Tac. ann. 13,41). Nachdem Tigranes 62 vertrieben worden war, begann der Krieg mit Corbulo als Oberkommandierendem erneut. Er endete mit einem Kompromissfrieden: Als Klientelfürst nahm Tiridates, der Bruder des Partherkönigs, i. J. 66 in Rom aus der Hand Neros die Krone entgegen. – Corbulo fiel später trotz seiner Verdienste in Ungnade und wurde von Nero zum Selbstmord gezwungen.

34 Bei der Übereinkunft mit Corbulo im Vorjahr in Rhandeia hatte Tiridates das Diadem abgelegt und feierlich versprochen, es erst in Rom wieder aus der Hand Neros entgegenzunehmen (vgl. Tac. ann. 15,29; Cass. Dio 62,23).

35 Gemeint ist der steinerne Bau des Pompeius, der zu öffentlichen Veranstaltungen aller Art diente; vgl. Suet. Tib. Anm. 187. Cassius Dio berichtet (63,6), Nero habe den Fußboden des Theaters für diesen einen Tag mit Gold auslegen lassen, um den orientalischen Potentaten zu beeindrucken.

36 In den Jahren 55, 57, 58, 60. Wie aus Kap. 43,2 hervorgeht, nahm er das Konsulat i. J. 68 ein fünftes Mal für sich in Anspruch.

37 Caesar hatte, als am 31. Dezember ein Konsul starb, einem ihm genehmen Bewerber das Amt für die restlichen Stunden verliehen. Darin hatte man eine besondere Herabwürdigung des Senats gesehen. Cicero pries sarkastisch die Wachsamkeit des Konsuls, der niemals seine Augen geschlossen habe (vgl. Suet. Caes. 76,2; Cic. fam. 7,30).

38 Vgl. Suet. Aug. Anm. 46.

39 Diese Maßnahmen stehen in Verbindung mit dem Brand Roms; vgl. Kap. 38. Die Stelle ist ein Beispiel für die Nachteile der rubrizierenden Arbeitsweise Suetons (vgl. Nachwort S. 671 ff.).

40 Auch dies gehört in den Zusammenhang mit dem Brand Roms; vgl. Tac. ann. 15,44. Da das Gerücht nicht verstummen wollte, Nero selbst habe Rom in Flammen aufgehen lassen, schob er die Schuld auf andere, und dazu schienen die Christen geeignet. Sie hielten sich vom Kaiserkult fern und feierten die Eucharistie in völliger Abgeschiedenheit. Dadurch gaben sie bösen Gerüchten Nahrung, wie z. B. dass sie kleine Kinder opferten. So ist die negative Haltung des Sueton wie auch des Tacitus ihnen gegenüber zu verstehen; vgl. Tac.

ann. 15,44: »Nero ließ die wegen ihrer Schandtaten verhassten Leute, die im Volk Christen genannt werden, unter Martern hinrichten. Der Gründer dieser Sekte, Christus, war unter der Regierung des Tiberius von dem Prokurator Pontius Pilatus hingerichtet worden.«

41 Was hier als positive Maßnahme im Sinne augusteischer Ordnungspolitik erscheint, ist in Wahrheit eine Folge der Exzesse Neros, die Sueton in Kap. 26 beschreibt. Tacitus (ann. 13,25) berichtet, dass Nero schließlich den Volkszorn erregte und sich aus Furcht vor Unruhen zu einem Eingreifen genötigt sah. Schon Tiberius hatte die Umtriebe der Pantomimenschauspieler durch Verordnungen eingeschränkt; vgl. Tac. ann. 1,77.

42 Der Text befand sich auf den Innenseiten; bei einer Fälschung hätte man also die Siegel verletzen müssen. Eine Abschrift war auf die Außenseite geschrieben. Bei Streitigkeiten wurde in Gegenwart der Zeugen das Siegel gebrochen und die beiden Fassungen verglichen.

43 Der Testamentsvollstrecker trug erst nachher die Namen der Erben ein.

44 Ursprünglich wurde der Beistand vor Gericht von angesehenen Bürgern ehrenamtlich ausgeübt (vgl. Ciceros Anwaltslaufbahn). In der Kaiserzeit wurde die Tätigkeit des *patronus*, des Anwalts, zum Beruf, dem die Flut der Majestätsprozesse (vgl. Anm. 81) reiche Nahrung bot. Die Honorare stiegen ins Ungemessene und bildeten ein Präjudiz, so dass Claudius eine Höchstsumme von 10 000 Sesterzen festsetzte (Tac. ann. 11,7).

45 Die *recuperatores* waren ein Gerichtshof mit mindestens drei Richtern, die in beschleunigtem Verfahren Zivilsachen behandelten. Ursprünglich waren sie für Streitigkeiten zwischen römischen Bürgern und Fremden zuständig, später auch für rein römische Prozesse, speziell in Eigentumsfragen. Die Verordnung, dass alle Berufungen an den Senat zu richten seien, sollte dessen Ansehen erhöhen. Entsprechend berichtet Tacitus, für Appellationen an den Senat sei die gleiche Kautionssumme (ein Drittel des Streitwerts) festgesetzt worden wie bei Berufungen an den Kaiser (ann. 14,28).

46 Vgl. Tac. ann. 15,36. Die Reise nach Ägypten hing mit Neros Ostplänen zusammen; vgl. Anm. 48.

47 Die Landenge von Korinth. Ein Hinweis darauf findet sich in Senecas *Medea* 35 f. Den Plan hatte bereits Caesar gefasst; vgl. Suet. Caes. 44,3.

48 Engpass am Südufer des Kaspischen Meeres, wichtige Verbindung von Armenien ins Partherreich. Dort war bereits unter Tiberius gekämpft worden; vgl. Tac. ann. 6,31 ff. Dieser geplante Heereszug (in Neros Todesjahr 68) wird hier unter Reisen verbucht; er steht im Widerspruch zu Suetons kurz zuvor geäußerter Behauptung, Nero habe keinerlei Expansionsabsichten gehabt. Nero wollte jedoch die gesamte Schwarzmeerküste angliedern und Armenien und die Krim zu römischen Provinzen machen, was schon Caesar beabsichtigt hatte (vgl. auch Tac. ann. 15,36; hist. 1,6; Cass. Dio 63,8).

49 Zur Trennung in *virtutes* und *vitia*, Tugenden und Laster; vgl. Suet. Cal. 22,1: »Bis hierher habe ich sozusagen vom Kaiser zu berichten gehabt, jetzt muss ich vom Ungeheuer erzählen.«

50 Kitharöde, Sänger und Rezitator zur Kithara (Lyra), einem der Leier ähnlichen Saiteninstrument, aus der griech. Phorminx entwickelt, mit ursprünglich 7, später bis zu 18 Saiten.

51 Quintilian spricht in inst. 11,3,171 durchaus nicht abwertend von einer *fusca vox*, wie sie Antonius gehabt habe und die zur Erregung pathetischer Affekte besonders geeignet sei. Pathetischen Stoffen galt ja auch Neros Vorliebe. Cass. Dio 61,20 erklärt, die Stimme sei so dumpf und schwach gewesen, dass die Zuschauer nicht gewusst hätten, ob sie lachen oder weinen sollten.

52 Vgl. Gell. 13,31,3.

53 In Neapel, das als Griechenstadt ein besonderer kultureller Mittelpunkt war, fanden seit 2 n. Chr. zu Ehren des Augustus gestiftete musische und gymnische Wettspiele statt (vgl. Suet. Aug. 98). Nero wollte an diese Tradition anknüpfen und gleichzeitig von dort zu seiner Kunstreise nach Griechenland aufbrechen, was er dann jedoch erst drei Jahre später tat (vgl. Tac. ann. 15,33 f.), in den Jahren 66/67.

54 Vgl. Suet. Caes. Anm. 139.

55 Die Alexandriner waren schon zu Zeiten des Augustus für ihre besonderen Arten des huldigenden Beifalls bekannt (vgl. Suet. Aug. 98,2). Hierzu gehörten Sprechchöre, rhythmisches Händeklatschen, Summen (»Bienengesumm«), Klatschen mit hohlen Hand-

flächen (»Dachziegelpoltern«) und Klatschen mit der flachen Hand (»Fliesenklappern«). Diese Beifallskundgebungen wurden in der Art einer Claque eingeübt.

56 Wörtlich: bei privaten Schauspielen, d. h. vom Magistrat veranstalteten. *Privati* waren alle Personen im Gegensatz zum Kaiser.

57 Die Tochter des Windgottes Aiolos, die ein Kind vom eigenen Bruder bekam; Nero spielte also auch Frauenrollen, da diese ihm besondere Möglichkeiten zum Ausspielen pathetischer Gefühle boten.

58 D. h., er beschäftige sich mit dem Lehrstoff, dem 22. Gesang der *Ilias,* wo Hektors Leichnam von Achill auf seinem Gespann um die Mauern Trojas geschleift wird.

59 19,1 f.; Griechenland war die Provinz Achaia.

60 Vgl. Iuv. 8,218 ff. Nero wurde bei den Isthmischen und Nemeischen Spielen preisgekrönt.

61 Die Sänger pflegten kein Taschentuch zu gebrauchen; vgl. auch Tac. ann. 16,4 f.

62 Der Schauspieler, der den Vortrag des Kitharöden mit der dazugehörigen Mimik und Gestik begleitete.

63 D. h. das Recht der freien Selbstverwaltung und Steuerfreiheit. Neros Rede zu diesem Anlass (28. November 67) ist schriftlich erhalten. Sie zeigt Nero als Gönner und Verehrer alles Griechischen. (Auszüge in dem in Anm. 147 zitierten Artikel von M. P. Charlesworth.) Ebenfalls an den Isthmischen Spielen hatte i. J. 196 v. Chr. T. Quinctius Flamininus nach dem Sieg über Philipp V. von Makedonien die Griechen für frei erklärt.

64 Vgl. 20,3 und Tac. ann. 14,15. Der Bezeichnung *Augustiani* ist zu entnehmen, dass sich diese Männer als Verehrer des Nero Augustus zu einem Kultverein zusammengeschlossen hatten, wie sie sich in Nachwirkung hellenistischer Bräuche in Rom zur Verehrung des Genius des Kaisers gebildet hatten.

65 Mit den gespendeten Gaben huldigte man seiner Sangeskunst: Die Bänder symbolisierten die Purpurbänder, die von den Siegeskränzen herabhingen, die Bonbons waren für Hals und Kehle.

66 Lat. *quintana*: Der Markt- und Handelsplatz im Soldatenlager hatte seinen Namen von dem Standort an der Via Quintana, einer Straße, die jeweils zwischen der 5. und der 6. Abteilung hindurchging.

67 D. h., der den *latus clavus*, den breiten Purpurstreifen an der Tunika tragen durfte, auch wenn er keine Ämter bekleidete. Es war Julius Montanus; vgl. Tac. ann. 13,25. Er erlitt den Tod wegen Majestätsbeleidigung (Cass. Dio 61,9).

68 Vgl. Kap. 16 Ende und Anm. 41.

69 Lat. *mitellita*; *mitella* ist ein seidener Turban, den man bei bestimmten besonders verschwenderischen Gastmählern trug.

70 *Sigilla* waren kleine Statuen aus Wachs und Ton, die man sich am Sigillarienfest schenkte, und Sigillaria hieß die Gegend in Rom, wo Kunstgegenstände und Bilder verkauft wurden, offenbar eine Art Montmartre, wo sich Nero mit seinem Liebling öffentlich zeigen konnte.

71 Vgl. Suet. Aug. Anm. 46.

72 Vielleicht auch 400 000 (falls *sestertium* ausgefallen ist).

73 Kriegerischer Stamm aus Mauretanien, dessen Männer schlangenförmig gedrehte Armreifen als Zeichen ihrer Tapferkeit trugen. Auch metall- und silberbeschlagene Trensen und Vorderzeug mit Brustplatten für die Pferde wurden als Auszeichnung an verdiente Soldaten verliehen; vgl. Suet. Aug. 25,3. Bekanntlich ließ sich auch die Kaiserin Poppaea so eskortieren; ihre Maultiere waren sogar mit Gold beschlagen (Cass. Dio. 62,28). Die Angabe ist hier nicht als malerische Zutat zu werten; sie zeigt – wie die Verleihung der Triumphalinsignien an jedermann – die Abwertung der althergebrachten Ehrungen.

74 Augustus hatte seinen Palast auf dem Palatin, wo auch seine Nachfolger residierten. Er hatte die Gärten des Maecenas, eine Parkanlage auf dem Esquilin, geerbt, und Nero verband beide Anlagen durch einen Bau, den Sueton als »Durchgangshaus« bezeichnet; vgl. Tac. ann. 15,39.42. Reste des Goldenen Hauses sind erhalten (vgl. L. Curtius / A. Nawrath, *Das antike Rom*, Wien/Darmstadt [5]1970, Abb. 79–81.

75 Ähnlich wie bei der noch erhaltenen Hadriansvilla in Tivoli. An der Stelle des Teiches im natürlichen Becken zwischen Esquilin und Palatin erbaute Kaiser Titus das Kolosseum. Es hat seinen Namen von der Kolossalstatue des Nero. Sie war nach Neros Tod von Vespasian in eine Statue des Sonnengottes verwandelt worden, und

Kaiser Hadrian stellte sie dann in der Nähe des Amphitheaters auf.

76 Ein Planetarium. Man hat im Mittleren Orient ähnliche zeitgenössische Bauwerke gefunden, was Rückschlüsse auf Neros Selbstauffassung erlaubt, die von der orientalischen Ideologie des Herrschers als des Weltenschöpfers beeinflusst war. Darauf verweist auch der ins Kosmologische gesteigerte Neropreis in Lucans *Pharsalia* 1,48 ff. – Der Kuppelsaal ist noch erhalten.

77 Das Meerwasser wurde also 25 km weit hergeleitet; die Albulaquelle, die zwischen Rom und Tivoli in den Anio mündet, ist stark schwefelhaltig. Ihre Heilkraft wurde auch von Augustus genutzt, der sich allerdings mit einer hölzernen Badewanne begnügte (Suet. Aug. 82,2).

78 Beide Kanalprojekte dienten durchaus praktischen Zwecken. Der Avernersee war von Augustus' Feldherrn Agrippa als Portus Iulius in den Flottenstützpunkt Misenum einbezogen, dem auch dieser Kanal dienen sollte. Der Kanal nach Ostia begann in Puteoli, wo die Getreideflotte landete, und sollte einen ungefährdeten Korntransport nach Rom gewährleisten.

79 Ein Sklave bekam bei der Freilassung den Namen seines Herrn; er gehörte zu dessen *familia*, und daher hatte der *pater familias* Anspruch auf die Hälfte der Hinterlassenschaft eines Freigelassenen. In Fällen, in denen sich erweisen ließ, dass Freigelassene ihren Namen zu Unrecht führten und sich der Kaiser als *pater familias* verstand, erhöhte er seinen Erbanteil, so dass für die leiblichen Nachkommen des Verstorbenen nur ein Sechstel übrigblieb.

80 D. h., der ihn nicht oder nicht ausreichend bedacht hatte. In der Kaiserzeit war es üblich, in Testamenten Legate für den Kaiser auszusetzen.

81 Das Gesetz über Majestätsbeleidigung bzw. Hochverrat (*de laesa maiestate*) betraf ursprünglich ernste Schädigungen der Interessen des römischen Volkes und der Würde des Staates, begangen durch Magistrate, vor allem Feldherrn und Statthalter, die sich sträfliche Fehler im Amt hatten zuschulden kommen lassen, etwa verfehlte militärische Aktionen mit hohen Truppenverlusten oder Unterdrückung und Ausrottung der unterworfenen Völker. Seit Augustus

war der Begriff der *maiestas* in erster Linie auf die Person des Herrschers bezogen und sogar auf die Familienangehörigen (z. B. seine Gemahlin Livia) ausgedehnt worden. Tiberius versuchte dies zu Beginn seiner Herrschaft wieder einzuschränken, in seinen späteren Jahren und unter Caligula und Nero wurde das Gesetz zum hauptsächlichen Mittel der Unterdrückung Andersdenkender. Die *delatores*, Informanten bzw. Denunzianten, standen bereit, um auf den leisesten Wink jeden der widersinnigsten Verfehlungen anzuklagen. Das Vermögen der Verurteilten verfiel dem Staat. Wer der Verurteilung durch Selbstmord zuvorkam, konnte darauf hoffen, dass sein Testament in Kraft blieb. Tacitus bemerkte bitter zu der Selbstmordwelle: Es war der Mühe wert, sich zu beeilen (ann. 6,29; vgl. auch 1,72; 2,50; 4,30.34; 14,48).

82 Vgl. 24,2.

83 Um ihre Waren zu beschlagnahmen.

84 Er gab auch Befehl, die Reichtümer des Tempels von Jerusalem zu beschlagnahmen (67 n. Chr.). Daraufhin kam es zur Rebellion in der gesamten Provinz Judäa. Um den Aufstand niederzuschlagen, schickte Nero seinen erprobten General Vespasian, der sich dadurch eine solche Machtstellung schuf, dass er im Vierkaiserjahr 69 das Erbe Neros als Kaiser antreten konnte.

85 Cassius Dio (60,35 Ende) berichtet, Nero habe gesagt, die Pilze seien ein Götteressen, da Claudius durch sie zu einem Gott geworden sei. Er war nach seinem Tod konsekriert, d. h. zum Gott erklärt worden.

86 *mŏrari* – »verweilen«, *mōrus* – »töricht«.

87 *Lex Iulia de sicariis*, gegen Mord und Giftmord. Zu den Gründen für Britannicus' Ermordung vgl. Tac. ann. 13,14 ff. – Lucusta hatte auch das Gift für Claudius besorgt; vgl. Tac. ann. 12,66. Sie befand sich seinerzeit in Polizeigewahrsam; vgl. Tac. ann. 13,15 ff. Wie stadtbekannt sie war, zeigen Iuv. 1,71 und die *Medea* des Seneca, die teilweise deutliche Züge einer solchen Giftmischerin trägt.

88 Bei Tacitus wird dieses Detail auf den Zorn der Götter bezogen; vgl. ann. 13,17. Cassius Dio berichtet, der Regen habe den Gips weggeschwemmt, den Nero auf die durch das Gift blauverfärbten Gliedmaßen habe streichen lassen, so dass nun die Untat für jedermann klar zutage trat (61,7). Sueton charakterisiert durch diese Angabe die

Missachtung und Heimlichkeit, mit der die Beisetzung des Kaisersohnes vonstatten ging. Alle drei Schriftsteller folgen hier offenbar der gleichen Primärquelle, die jeder für sich auswertet.

89 Wie Tiberius i. J. 6 v. Chr., der dadurch den Unstimmigkeiten mit seiner Familie aus dem Weg gehen wollte.

90 Die sie als Tochter des Germanicus für sich beanspruchte.

91 Fünftägiges Fest der Minerva (19. bis 23. März); vgl. auch die dramatisch-hintergründige Schilderung der Geschehnisse bei Tac. ann. 14,1 ff.

92 Das kampanische Seebad, wo sie ihre Villa hatte.

93 Die Magier waren Astrologen, Zeichendeuter und Wahrsager, meist aus dem Orient, auch Chaldäer genannt, da die Einwohner von Chaldäa in Babylonien für ihre Wahrsagekunst und Sterndeutung berühmt waren. Verbindungen der Untertanen zu den Wahrsagern galten als Hochverrat und damit als todeswürdiges Verbrechen, da vorausgesetzt wurde, man suche bei ihnen eine Prophezeiung über den Tod des Prinzeps zu erhalten; vgl. auch Plut. Alex. 73 sowie Tac. ann. 12,59; 16,30 f. – Agrippinas rachekündender Schatten tritt in der dem Seneca zugeschriebenen Tragödie *Octavia* auf (vgl. Oct. 593 ff.).

94 D. h., dann wirst du ein erwachsener Mann sein. Die erste Bartabnahme, gewöhnlich mit 21 Jahren, war eine Zeremonie; vgl. 12,4. – Die Tante war Domitia, die erste Frau von Neros Stiefvater Crispus Passienus; vgl. auch Cass. Dio 61,17.

95 Mit M. Salvius Otho, dem späteren Kaiser; vgl. Tac. ann. 13,45; hist. 1,13; Suet. Oth. 3; Plut. Galba 19 ff.

96 Zum Tod des Atticus Vestinus vgl. Tac. ann. 15,69.

97 Die Konsularinsignien wurden ebenso wie die Triumphalinsignien sozusagen ehrenhalber verliehen. So konnte Nero auch die Insignien einer kaiserlichen Gattin verleihen und verlangen, dass sich die so Ausgezeichnete damit zufrieden gab. – Octavia war wie die gleichnamige Schwester des Octavian-Augustus, die Gattin des Antonius, die dieser Kleopatras wegen verließ, eine vorbildliche Gestalt in einer Zeit allgemeinen Niedergangs und wurde vom Volk besonders geliebt; vgl. Tac. ann. 14,60 und die Tragödie *Octavia* 780 ff.

98 Vgl. das Gespräch Seneca – Nero bei Tac. ann. 14,53 ff. Seneca und Afranius Burrus, der Gardepräfekt, waren die Berater Neros in seinen guten Anfangsjahren gewesen. Tacitus sagt: »Der Tod des Burrus brach auch Senecas Einfluss. Seit einer seiner beiden Berater fehlte, verlor das Gute an Einfluss auf Nero, er hielt es jetzt mit recht üblen Elementen« (14,52). Damit ist vor allem Tigellinus gemeint, der an Burrus' Stelle trat und auch Chef der Geheimpolizei war. Er übte einen ähnlich verhängnisvollen Einfluss auf Nero aus wie einst Sejan auf Tiberius. Vgl. auch Tac. hist. 1,72.

99 Vor allem Pallas und Doryphoros; vgl. Tac. ann. 14,65.

100 Vgl. Tac. ann. 15,48 ff.; Cass. Dio 62,24 ff. Die bekanntesten Opfer waren Seneca und sein Neffe, der Dichter Lucan, sowie Petron, der Verfasser des *Satyricon*.

101 Der Urheber der Vinicianischen Verschwörung 66 n. Chr. war möglicherweise Annius Vinicianus, ein Schwiegersohn des Feldherrn Corbulo, dessen Vater und Bruder als Teilnehmer von Verschwörungen bekannt sind.

102 Diese Äußerung berichtet Tacitus von dem Zenturio Sulpicius Asper (ann. 15,68). Offenbar berufen sich die Verschwörer hier auf Seneca – es gab ja einen Plan, Seneca nach Neros Tod zum Kaiser zu machen (Tac. ann. 15,65) –, der in seiner Schrift *De beneficiis* auf die Möglichkeit des Tyrannenmordes hingewiesen hatte: »Aber wenn man jede Hoffnung auf Besserung bei jemand endgültig aufgeben musste, dann wird die Wohltat, die ich ihm vergelte, gleichzeitig eine Wohltat für die ganze Welt sein. Denn für solche Menschen ist der Abschied vom Leben die einzige Heilung, und für einen, der niemals wieder zu seinem besseren Selbst zurückzufinden vermag, ist es das Beste, er tritt ab« (ben. 7,20).

103 Wörtlich Kapsarien, die Sklaven, die ihren jungen Herren die Schulsachen in einer Art Mappe (*capsa*) nachtrugen.

104 Paetus Thrasea, *virtus ipsa* – die Tugend selbst, wie ihn Tacitus nennt (ann. 16,21), war die Seele des senatorisch-republikanischen Widerstandes, Stoiker und Verfasser einer Lebensbeschreibung des Cato Uticensis. Seinen Untergang schildert Tacitus voller Hochachtung und Ergriffenheit (ann. 16,21 ff.; vgl. auch Cass. Dio 61,15).

105 Das sogenannte *arbitrium mortis* bzw. *liberum arbitrium*; vgl. den Tod des Seneca und des Petron bei Tac. ann. 15,60 ff. und 16,19.

106 Nach Plin. paneg. 23 gehörte dies zur Hofetikette.

107 Vermutlich aus dem verloren gegangenen *Bellerophon* des Euripides (*Tragicorum Graecorum Fragmenta*, hrsg. von A. Nauck, Leipzig ²1889, Nachdr. Hildesheim 1964, Adespota Nr. 513). Seneca hatte in clem. 2,2 der dort zitierten menschenfreundlichen Äußerung Neros (vgl. 10,2 und Anm. 22) diesen Vers als Extrem gegenübergestellt, ohne zu wissen, dass dies einmal zur Maxime seines Schützlings werden würde. Cassius Dio berichtet, dass Tiberius diesen Spruch gerne gebrauchte (58,23).

108 Auf dem Esquilin; vgl. Hor. carm. 3,29,10. Nero hatte diesen Palast mit dem seinen auf dem Palatin verbunden; vgl. 31,1 und Tac. ann. 15,39. Tacitus stellt die Schuld des Kaisers am Brand Roms nur als eine Möglichkeit dar; vgl. ann. 15, Schluss der Kapitel 38, 39, 40 und 67, während es für Sueton wie für Cassius Dio (62,16) keinen Zweifel an der Schuld des Kaisers gibt. Dio gibt an, dass sich Neros Künstlerauge an einem gewaltigen Brand weiden wollte.

109 Cass. Dio 62,29 und Iuv. 8,221 berichten von einem Gedicht Neros mit diesem Titel, ebenso Servius im Kommentar zu Vergils *Aeneis* 5,370; vielleicht handelte es sich auch um einen Gesang aus einem Epos des troischen Sagenkreises.

110 Der Aufstand der Königin Boudicca i. J. 61 n. Chr.; die Städte waren die Neugründungen Camulodunum (Colchester) und Verulanium (bei St. Albans in der Nähe von London), auch Londinium (London) wurde erobert. 70 000 Menschen sollen dabei umgekommen sein (Tac. ann. 14,29 ff.). Dem römischen General Suetonius Paulinus (nicht verwandt mit Sueton) gelang es, den Aufstand niederzuschlagen.

111 Während der Kämpfe in Armenien (vgl. Anm. 33) hatte Paetus, der Statthalter Kappadokiens, bei Rhandeia eine Niederlage erlitten (Tac. ann. 15,6 ff.). Dies war jedoch nur eine Episode in dem sonst (dank Corbulos Eingreifen) siegreichen Krieg. Dass die Legionen unters Joch geschickt wurden, d. h. zum Zeichen ihrer Niederlage unter gekreuzten Balken hindurchgehen mussten, bezeichnet Tac. ann. 15,15 als Gerücht.

112 Vgl. *Fragmenta Poetarum Epicorum et Lyricorum praeter Ennium et Lucilium*, hrsg. von Ae. Baehrens, Leipzig 1886, 2. Aufl. hrsg. von W. Morel, Leipzig 1927, Nachdr. Stuttgart 1963.

113 Sohn des Sehers Amphiaraos, tötete auf Befehl des Vaters seine Mutter, da diese den Vater gezwungen hatte, am Zug der Sieben gegen Theben teilzunehmen. Der Vers bezieht sich auf einen Spruch des Orakels von Delphi, das in gewohnter Doppeldeutigkeit bemerkt hatte, Alkmaion und Orest hätten Grund gehabt, ihre Mutter zu töten, wobei es offenblieb, ob sich der kaiserliche Muttermörder als der Dritte im Bunde fühlen durfte. Nero ließ auf seiner Griechenlandreise Delphi seine Rache spüren (Cass. Dio 63,14).

114 Im Griechischen wurden die Buchstaben auch als Zahlen verwendet. Der numerische Wert der Buchstaben des Namens Nero beträgt genausoviel wie die Summe des Zahlenwertes der Buchstaben des griechischen Worts für »Muttermörder«, nämlich 1005. Es wird also eine Gleichung aufgestellt: Nero = Muttermörder.

115 Aeneas rettete seinen Vater Anchises, indem er ihn auf seinem Rücken aus dem brennenden Troja trug. – Wortspiele mit den verschiedenen Bedeutungen von *tollere* boten sich offenbar an; von Cicero existiert der Ausspruch, man solle den jungen Octavian »befördern«, d. h. erst zu hohen Ehren erheben und dann von der politischen Bühne abtreten lassen (beidesmal *tollere*; vgl. Suet. Aug. 12).

116 Hier wird auf Münzbilder Bezug genommen, auf denen sich Nero als Apollon Kitharoidos, als Apollo der Leier und des Gesanges, abbilden ließ, während die Münzen des Partherkönigs diesen in kriegerischer Attitüde mit dem Bogen zeigten, dem fernhintreffenden Apollon der *Ilias* vergleichbar.

117 Nach der Zerstörung Roms durch die Gallier wollten die Römer nach Veji auswandern, etwa 20 km von Rom. Das Ganze ist eine Anspielung auf Neros Goldenes Haus und seine Ausdehnung.

118 Neros Langmut hatte jedoch durchaus Grenzen: Tac. ann. 16,21 berichtet, dass ein Prätor wegen eines Spottgedichts zum Tod verurteilt wurde.

119 Stück aus dem troischen Sagenkreis: Nauplios war der Vater des von Odysseus getöteten Palamedes, der sich am Mörder seines

Sohnes rächte, indem er dessen Schiffe in klippenreiches Gewässer lockte, wo sie scheiterten.

120 Die Atellanen, nach der oskischen Stadt Atella benannt, waren heitere szenische Darstellungen mit derb possenhaftem Charakter, in denen oft Personen des öffentlichen Lebens verspottet wurden; vgl. Suet. Tib. 45.

121 Der Hinweis auf den Untergang des Senats steht im Zusammenhang mit Neros in 37,3 berichteter Absicht.

122 C. Iulius Vindex, Sohn eines Senators aus aquitanischem Königsgeschlecht, 67 n. Chr. Legat von Gallia Lugdunensis, empörte sich 68 gegen Nero und trug Galba die Nachfolge an. Dagegen wandte sich Verginius Rufus, der Kommandant der germanischen in Gallien stationierten Legionen, es kam zur Schlacht bei Besontium (Besançon), die Verginius gewann. Vindex beging Selbstmord. Vgl. Plut. Galba 4 ff.; Cass. Dio 63,22 ff.; Tac. hist. 1,8.

123 Vgl. Cass. Dio 63,27.

124 Vgl. 39,1 und Anm. 110 und 111.

125 Sein Nachfolger im Vierkaiserjahr 69, der, damals 73-jährig, Statthalter in Spanien war; vgl. Suet. Galba 10 f.; Plut. Galba 3 ff.; Tac. hist. 1,8.

126 Damit spielt Nero auf das sprichwörtliche Glück des Polykrates an (vgl. Schillers Ballade *Der Ring des Polykrates*).

127 Vgl. 7,1.

128 D. h., er nehme ihm den Beifall weg, der ihm zuteil geworden wäre, wenn er nicht gerade durch die Politik am Auftreten gehindert wäre.

129 Auf diese Weise gelang es z. B. Otho, rebellierende Soldaten umzustimmen; vgl. Plut. Otho 3.

130 D. h., er nahm das von ihm selbst verschlechterte Geld nicht an.

131 Die Haartracht, die er in Griechenland bei den Festspielen trug; vgl. Kap. 51.

132 Mit dem Sack scheint der Bettelsack gemeint, es wird aber zugleich angespielt auf den ledernen Sack, in dem nach altem Gesetz die Vater- und Muttermörder eingenäht und zu Tode gebracht wurden; vgl. Suet. Aug. 33,1.

133 *Galli* sind die Hähne und die Gallier.

134 Der Ruf nach der Sklavenpolizei (*vindex*) ist zugleich eine Demonstration für den aufständischen Statthalter.

135 Diese war von Pluto in die Unterwelt entführt worden, ein böses Omen.

136 Für das Wohl des Kaisers und des Reiches, die am 1. Januar auf dem Kapitol geleistet wurden.

137 *Tragicorum Graecorum Fragmenta*, hrsg. von A. Nauck, Leipzig ²1889, Nachdr. Hildesheim 1964, Adespota Nr. 8.

138 Mit diesen Worten lehnt bei Vergil (Aen. 12,646) Turnus, der Gegner des Aeneas, den Fluchtplan seiner Schwester ab und stellt sich zum Kampf.

139 Ein von Nero erfundener abgekochter Trank, der in Eis gekühlt wurde (»Nero-Cocktail«); vgl. Plin. nat. 31,40.

140 Ein gabelförmiges Halseisen.

141 Il. 10,535.

142 Er wurde dafür von Domitian hingerichtet; vgl. Suet. Dom. 14,4.

143 Heute Monte Pincio; dort befanden sich viele Parkanlagen.

144 Der Carraramarmor heißt hier lunesisch nach dem Hafen Luna, von dem aus er verschifft wurde.

145 Dies erklärt auch den praktisch-politischen Charakter der ihm von Seneca gewidmeten Schrift *De clementia*, in der Seneca solchen Vorurteilen gegen die Philosophie entgegentrat.

146 Eine solch überraschend gehässige bzw. negative Beurteilung Senecas findet sich ähnlich auch bei Quintilian (inst. 10,1,125 ff.), bei Cassius Dio (61,10) und bei Tacitus, der offensichtlich nicht ungern Negatives über Seneca wiedergibt; vgl. ann. 13,3.11.42. Cassius Dio tadelt offen die mangelnde Übereinstimmung von Leben und Lehre des Philosophen und brandmarkt es als gefährlichen Irrtum, dass Seneca geglaubt hatte, Nero ohne Schaden für den Staat seinen Vergnügungen überlassen zu können (61,4). Bereits zu Beginn der Untaten Neros konnte es aber schon keinen Zweifel geben, dass es sich um Charakterfehler, nicht um Jugendsünden handelte (vgl. 26,1). Bei Sueton ist die Abneigung mehr stilistisch bedingt: Er vertritt einen klassizistisch-einfachen Stil und lehnt den neuen Asianismus, die barockmanieristische Art, wie wir sie bei Seneca finden, ab (sein Stilideal: vgl. Suet. Aug. 86).

147 M. P. Charlesworth, »Nero. Some Aspects«, in: *The Journal of Roman Studies* 40 (1950) S. 69–76, schließt sich dieser positiven Meinung an und diskutiert die Gegenstimmen. Negativ urteilt Tac. ann. 14,16, der jedoch zugibt, dass die Gedichte einige Bildung und Gelehrsamkeit erkennen lassen (ann. 13,3). Abwertend auch Pers. 1,99 ff., der dort einige Verse Neros zitiert. Folgende Verse Neros finden sich in den *Fragmenta Poetarum Epicorum et Lyricorum praeter Ennium et Lucilium*, hrsg. von Ae. Baehrens, Leipzig 1866, 2. Aufl. hrsg. von W. Morel, Leipzig 1927, Nachdr. Stuttgart 1963, S. 131: *Quique pererratam subductus Persida Tigris / deserit et longo terrarum tractus hiatu / reddit quaesitas iam non quaerentibus undas.* (»Das langdurchstreifte Perserland verlässt, heimlich entrückt, der Tigris; er wird in einem weiten Erdenschlund aufgehalten und ergießt dann wieder seine lang ersehnten Wasserfluten bei denen, die dies schon gar nicht mehr erwarten.«) Der Tigris verliert sich in Assyrien im See Sosingites, fließt dann unter der Erde fort und kommt erst in großer Entfernung wieder zum Vorschein; vgl. Lucan. 3,261 ff.: *At Tigrim subito tellus absorbet hiatu / occultosque tegit cursus rursusque renatum / fonte novo flumen pelagi non abnegat undis.* (»Den Tigris aber verschluckt unversehens die Erde in einem weiten Schlund, verbirgt seinen unterirdischen Lauf und lässt ihn aus neuer Quelle wiederum als Strom entspringen, um ihn dem Meer nicht vorzuenthalten.«) Vgl. Sen. epist. 104,15; Amm. 23,5.

148 So hatte ihn Seneca in der *Apokolokyntosis* 4 gepriesen.

149 Die orientalische Muttergottheit Astarte, Istar oder Kybele, hier speziell der Typus der in Nordsyrien verehrten Atargatis.

150 Man setzte den Sklaven zum Zeichen ihrer Freilassung eine Filzkappe (*pileus*) auf; vgl. die Abbildung einer solchen Freiheitsmütze auf der Münze des M. Brutus anlässlich der Iden des März.

151 Das prunkvolle Auftreten Neros hatte seinen Eindruck auf den Orient nicht verfehlt, und auch in Griechenland genoss er wegen seines Philhellenentums große Sympathien. Dort hielt sich noch lange der Glaube, Nero lebe im Verborgenen und werde dereinst wiederkehren (vgl. Dion von Prusa 21,9 f. [Arnim]). In der christlichen Überlieferung wurde er dagegen mit dem Antichrist gleichgesetzt.

152 Vgl. Tac. hist. 1,2; vgl. auch hist. 2,8 f.

153 Auch heute hat der Name Nero noch nicht seine Zugkraft verloren, wie die vielbesuchte Ausstellung *Nero. Kaiser, Künstler und Tyrann* 2016 in Trier zeigte.

Galba

1 D. h. der Kaiser, die ihre Herkunft in irgendeiner Weise (z. B. auch qua Adoption) auf Caesar zurückführten.

2 Aus seinen drei Ehen hatte Nero nur eine Tochter, die 63 n. Chr. als Baby verstarb (Tac. ann. 15,23).

3 Ebenso Plin. nat. 15,136 f.; Cass. Dio 48,52,3 f.

4 Die Triumphatoren zierte ein Lorbeerkranz, außerdem hielten sie einen Lorbeerzweig in den Händen.

5 Nach Plinius nat. 15,136 f. handelte es sich um die Zweige, die die Triumphatoren bei ihrem Triumph getragen hatten.

6 Wahrscheinlich der Tempel des Augustus auf dem Palatin; vgl. Heinemann, S. 386, Anm. 1.

7 »Augustus war als Triumphator dargestellt, mit den reichbestickten Triumphgewändern, einem Lorbeerzweig in der Rechten und einem Zepter mit einem Adler an der Spitze in der Linken. Sonst trugen die Kaiser damals noch keine Zepter« (Heinemann, S. 386, Anm. 2).

8 Tac. 1,49 und Plut. Galb. 3,1 erwähnen ebenfalls Galbas vornehme Herkunft sowie seinen großen Reichtum.

9 Dass er auf diese Verwandtschaft besonderen Wert legte, bezeugt Plut. Galb. 3,1.

10 Vgl. Suet. Ner. Anm. 27.

11 Harz einer syrischen Pflanze; vgl. Plin. nat. 12,126.

12 Oder Speiseeichen; vgl. *Der Neue Georges* (s. Suet. Aug. Anm. 110), Bd. 1, s. v. *aesculus*.

13 Eschenbohrer oder die Larve des Eschenspinners (Bombyx aesculi, L.); vgl. *Der Neue Georges* (s. Suet. Aug. Anm. 110), Bd. 1, s. v. *galba*.

14 Er wird auch in Cic. de or. 1,40 hoch gelobt.

15 Vgl. den Bericht in Val. Max. 9,6,2, wonach Ser. Galba 8000 Lusitaner in die Hände fielen – einige von ihnen wurden getötet, andere als Sklaven verkauft.

16 Dieser Krieg dauerte von 147 bis 139 v. Chr.

17 Ser. Sulpicius Galba diente 58 v. Chr. Caesar in Gallien, war 54 *praetor urbanus* und im Jahr 50 an der Kandidatur für das Konsulamt gehindert worden; vgl. Heinemann, S. 387, Anm. 4.

18 Vgl. Suet. Ner. Anm. 5.

19 Nicht erhalten.

20 Als Suffekt-Konsul des Jahres 5 v. Chr.

21 Zwischen einem Amt in Rom und der Teilnahme an der Verlosung für einen Posten in der Provinz mussten fünf Jahre liegen; vgl. Shotter, S. 104, Anm. z. St.

22 Als Prokonsul hätte er sich in seiner Provinz bereichern und seine finanzielle Lage verbessern können. – Zu Gaius' Selbstmord und seinen Motiven vgl. auch Tac. ann. 6,40.

23 3 v. Chr.; dies steht im Widerspruch zu Suet. Ner. 40,3, wonach Galba bereits 5 v. Chr. auf die Welt gekommen sein müsste.

24 In Tac. ann. 6,20 und Cass. Dio 63,1,1 wird diese Äußerung nicht Augustus, sondern Tiberius in den Mund gelegt.

25 Wohl durch einen Astrologen.

26 Dies galt als ungünstiges Omen, das entsprechend gesühnt werden musste.

27 Ebenso Cass. Dio 63,1,3.

28 Am 1. Januar 14 n. Chr.; vgl. Cass. Dio 56,29,5.

29 Dieses Vorzeichen ist auch in Cass. Dio 63,1,2 erwähnt.

30 Vgl. Suet. Caes. Anm. 148.

31 »Da gerade für die Oberschicht nur die mit allen Formalitäten (*confarreatio*) geschlossene Ehe mit ihren rechtlichen Konsequenzen [...] in Frage kam, hatte sich eine große Ehescheu ausgebreitet« (Wittstock, S. 568, Anm. 26).

32 Laut Plut. Galb. 3,1 verdankte er ihr sein erstes Konsulat (33 n. Chr.).

33 »*praecipuum* (›das Vorweggenommene‹) ist eine persönliche Zuwendung, die nicht in die Erbmasse eingeht, d. h. die der so Bedachte bekommt, bevor die Erbteilung vorgenommen wird« (Wittstock, S. 569, Anm. 30).

34 Die Abkürzung für 50 Millionen Sesterzen war HS |$\overline{\mathrm{D}}$|, die für 500 000 HS $\overline{\mathrm{D}}$; vgl. Shotter, S. 108, Anm. z. St.

35 Zu Tiberius' Ungültigkeitserklärung von Livias Testament vgl. Suet. Tib. 51,2; nach Suet. Cal. 16,3 wurden die Legate später von Caligula ausgezahlt.

36 Genaueres bei Shotter, S. 108, Anm. z. St.

37 Sechstägige jährlich veranstaltete Festspiele zu Ehren der Flora, der altitalischen Göttin der Blumen und der Vegetation; vgl. Scullard, S. 171–173.

38 Vgl. aber Suet. Ner. 11,2.

39 Vermutlich 31 oder 32 n. Chr; vgl. Shotter, S. 109, Anm. z. St.

40 Galba war vom 1. Januar bis zum 30. Juni 33 Konsul; vgl. Cass. Dio 58,20,5.

41 Sein richtiges Praenomen ist Cn. (Gnaeus).

42 Dort amtierte er von 39 bis 41/42. – Plut. Galb. 3,2 erwähnt ein dort rühmlich geführtes militärisches Kommando.

43 *Fragmenta poetarum Romanorum* (vgl. Suet. Aug. Anm. 101), S. 369. – Gaetulicus war wegen seiner Milde und Laxheit bei den Soldaten sehr beliebt gewesen; vgl. Tac. ann. 6,30.

44 Galba besiegte die Chatten; vgl. Cass. Dio 60,8,7. Auch Tac. hist. 1,49 lobt seine militärischen Erfolge.

45 Zu Caligulas Unternehmungen in Germanien vgl. Suet. Cal. 43 ff.

46 »Mit diesem Schild gab er die Kommandos zu den verschiedenen Schwenkbewegungen« (Wittstock, S. 556, Anm. 49).

47 Zu seiner Ermordung vgl. Suet. Cal. 58.

48 Im Jahr 43. Zum britannischen Feldzug vgl. Suet. Claud. 17.

49 Von 45 bis 47 n. Chr.

50 Tac. hist. 1,49 bescheinigt ihm besonnenes Maßhalten. Ebenfalls positiv Plut. Galb. 3,2.

51 Ein völlig überhöhter Preis; vgl. Wittstock, S. 569, Anm. 43.

52 Vgl. Suet. Aug. 50.

53 Das Fünfzehnmännerkollegium hatte die Aufgabe, die Sibyllinischen Bücher (vgl. Suet. Caes. Anm. 280) zu konsultieren. – Der Bruderschaft der Titier, von König Titus Tatius gegründet, oblag die Pflege sabinischer Riten, während die Augustales mit dem Kult des Augustus und seines Hauses betraut waren.

54 Wahrscheinlich um über genügend Mittel zu verfügen, falls er fliehen müsste.

55 Im Jahr 60.

56 Vgl. die Parallele in Cass. Dio 63,1,3.

57 Zu den (von Rutenbündeln umschnürten) Beilen vgl. Suet. Tib. Anm. 40.

58 60–68 n. Chr. Zu seinem dortigen positiven Verhalten vgl. Plut. Galb. 4,1 f.

59 Als solcher hatte er das Recht, beim Kaiser Berufung einzulegen.

60 Damit widerspricht er der Überzeugung Catos (Cic. Planc. 66), nach der Aristokraten für ihr Verhalten in und außerhalb ihrer Ämter Rechenschaft ablegen müssen.

61 Zu dem gegen Nero gerichteten Aufstand des gallischen Prinzen Vindex vgl. Suet. Ner. 40,1.

62 Ebenso Plut. Galb. 4,3.

63 Vgl. Suet. Claud. Anm. 144.

64 Vgl. Suet. Caes. Anm. 111.

65 »Die Erhebung Galbas war also als Wiederherstellung der Republik gedacht, daher auch ihre Einkleidung als ›Freilassung‹« (Heinemann, S. 394, Anm. 3). – Eine ähnliche Schilderung der Szene findet sich in Plut. Galb. 5,1 f.

66 Vgl. Suet. Tib. Anm. 211.

67 Vgl. Suet. Caes. Anm. 121.

68 Der Ehrenname *evocati* (zur ursprünglichen Bedeutung vgl. Suet. Aug. Anm. 89) wird »hier gebraucht, um die Ehrenwache als etwas Besseres zu bezeichnen als die gewöhnlichen Soldaten, da die jungen Leute ja als Ritter zum Offiziersdienst berechtigt und verpflichtet waren« (Heinemann, S. 395, Anm. 1).

69 Galbas Aufruf folgten nur M. Salvius Otho, der Statthalter von Lusitanien, und A. Caecina Alienus, Quästor in der Baetica; vgl. Tac. hist. 1,13. 53.

70 Bei Cass. Dio 63,1,2 sind es mehrere Schiffe.

71 Vgl. 10,2.

72 Vgl. auch Suet. Ner. 43,1.

73 Er hatte sich nach einer Niederlage gegen Verginius Rufus, den Statthalter von Obergermanien, das Leben genommen; vgl. Plut. Galb. 6,3.

74 Nach Plut. Galb. 7,1 f. wurde diese Nachricht von Icelus überbracht. – Zu Neros Tod vgl. Suet. Ner. 47–49.
75 Sachlich ungenau; vgl. Shotter, S. 118, Anm. z. St. – Am 8. Juni 68 wurde Galba vom Senat als Kaiser anerkannt; vgl. Plut. Galb. 7,2; Cass. Dio 63,29,1.
76 »Dieser Name wurde jetzt zum Titel des Inhabers der höchsten Macht und seiner Familie – das Geschlecht der Nachkommen Caesars war ausgestorben (s. Kap. 1) –; aus ihm entstand die Bezeichnung Kaiser« (Heinemann, S. 396, Anm. 2).
77 »Der Feldherrnmantel und der am Gürtel oder um den Hals getragene Dolch waren das Zeichen der prokonsularischen Gewalt des Kaisers, und sein An- bzw. Ablegen bedeutete die Übernahme der Macht bzw. Abdankung« (Wittstock, S. 570, Anm. 63).
78 Sein Marsch von Spanien nach Rom dauerte zwei Monate.
79 Nymphidius Sabinus – zu seinen Machenschaften ausführlich Plut. Galb. 8 f. – wurde von den Prätorianern erschlagen (Tac. hist. 1,5; Plut. Galb. 14,6); Fonteius Capito wurde in Germanien, Clodius Macer auf Befehl Galbas in Afrika ermordet (Tac. hist. 1,7; Plut. Galb. 15,2). – Seinen Strafaktionen fielen natürlich noch sehr viel mehr Männer zum Opfer; Einzelheiten bei Shotter, S. 119, Anm. z. St.
80 Vgl. Suet. Claud. Anm. 144.
81 Cass. Dio 63,2,1 bescheinigt Galba ebenfalls Raffgier und Geiz.
82 Plut. Galb. 15,3 f. verlegt dieses Ereignis vor Galbas Ankunft in Rom. Vgl. auch Cass. Dio 63,3,1, der Galbas Weigerung, den Soldaten nachzugeben, positiv wertet, da er sich nicht unter Zwang hatte setzen lassen.
83 Vgl. Suet. Aug. 49,1; Cal. 43.
84 »In Frage kommt die Befreiung von Abgaben und Dienstleistungen« (Wittstock, S. 571, Anm. 70).
85 Plut. Galb. 16,1 wertet dieses Geschenk als Zeichen dafür, dass der Kaiser nicht das rechte Maß einzuhalten wusste.
86 Vgl. Suet. Tib. Anm. 183.
87 *Comicorum Romanorum praeter Plautum et Terentium fragmenta*, hrsg. von O. Ribbeck, Leipzig 1873, S. 333. Onesius: »Geizhals«, abgeleitet von griech. ὀνίνημι »Nutzen, Vorteil haben«; vgl. Martinet, S. 1163, Anm. z. St.

88 Vgl. Tac. hist. 1,49.
89 Vgl. Cass. Dio 63,2,1–3.
90 Über diese beiden Männer fällt auch Tac. hist. 1,6 ein vernichtendes Urteil.
91 Vgl. Tac. hist. 1,13; Plut. Galb. 7,3.
92 Martinet, S. 1163, Anm. z. St., denkt an die Prätorianerpräfektur, Wittstock, S. 571, Anm. 80, an die Präfektur von Ägypten.
93 Anders Tac. hist. 1,49, wo Galba ein vernünftiger Umgang mit eigenem und fremdem Geld bescheinigt wird. Laut Cass. Dio 63,2,1 war Galba ungeheuer geldgierig, während Plut. Galb. 3,3 ihm maßhaltende Sparsamkeit bescheinigt.
94 Er war 73 Jahre alt.
95 Vgl. Suet. Claud. Anm. 76.
96 Caligula hatte, um die anderen zu entlasten, eine fünfte eingerichtet; vgl. Suet. Cal. 16,2.
97 Vgl. Suet. Claud. 23,1.
98 Damit wollte er offenbar vermeiden, dass allzu machthungrige Männer diese Ämter bekleideten.
99 Beispiele für Neros maßlose Geschenke nennt Sueton in Ner. 30,2.
100 In Tac. hist. 1,20 ist von 30 Rittern die Rede. Vgl. auch Plut. Galb. 16,2.
101 Vgl. Suet. Claud. Anm. 144.
102 Vgl. auch Plut. Galb. 17,4.
103 Nach Plut. Galb. 2,1 f. gab Nymphidius Sabinus dieses Versprechen.
104 Ebenso Tac. hist. 1,5; Plut. Galb. 2,2; 18,2; Cass. Dio 63,3,3.
105 In Tac. hist. 1,20 sind zwei namentlich genannt.
106 Ebenso Tac. hist. 1,12; vgl. auch Plut. Galb. 22,1 ff.
107 Vgl. Plut. Galb. 19,1 f. – Dass Galba wegen seines Alters verspottet wurde, bezeugt Tac. hist. 1,7.
108 Vgl. die in Tac. hist. 1,15 f. aufgeführte Rede, in der Galba die Wahl Pisos begründet.
109 Trotz ungünstiger Vorzeichen; vgl. Tac. hist. 1,18. – Die Adoption erfolgte am 10. Januar 69; vgl. Tac. hist. 1,18; Plut. Galb. 23,1 ff.; Cass. Dio 63,5,1. – Zu den Männern, die als Galbas Nachfolger ge-

handelt worden waren; vgl. Tac. hist. 1,13 f., zu Otho bes. Plut. Galb. 19 ff.

110 Zu Othos Umsturzvorbereitungen vgl. Tac. hist. 1,21 ff.

111 Vgl. 4,3.

112 »Alles das Gegenteil von dem, was hätte sein sollen: das Feuer hätte hell lodern, der Opfernde jung und weiß gekleidet sein müssen, der Weihrauch sollte aus einer kunstvoll geschmückten Büchse kommen und der Wein aus einer goldenen oder silbernen Schale gespendet werden« (Heinemann, S. 402, Anm. 1).

113 Vgl. Suet. Caes. Anm. 111.

114 Vgl. Suet. Caes. Anm. 219.

115 Bei dem Opfer war auch Otho zugegen; vgl. Suet. Oth. 6,2; Tac. hist. 1,27; Plut. Galb. 24,2 f.; Cass. Dio 63,5,3.

116 Zu Galbas Zwiespalt vgl. Tac. hist. 1,32 ff.

117 »Ein Panzer aus 18fach gefaltetem Leinen, der durch Lagern in Essig und Salzlake widerstandsfähig gemacht wurde« (Heinemann, S. 402 f., Anm. 4).

118 Nämlich dass Otho tot sei.

119 Ebenso Plut. Galb. 26,2 f.; Tac. hist. 1,35; Cass. Dio 63,6,2 f.

120 Etwas anders Tac. hist. 1,41.

121 Ebenso Tac. hist. 1,41; Plut. Galb. 27,1.

122 Als rühmliche Ausnahme wird in Tac. hist. 1,43, Plut. Galb. 26,5 und Cass. Dio 63,6,4 der Zenturio Sempronius Densus genannt.

123 Ebenso Tac. hist. 1,31.

124 Vgl. Suet. Aug. Anm. 90.

125 Vgl. Tac. hist. 1,41; Plut. Galb. 27,1 f.

126 Zur möglichen Identität des Attentäters vgl. Tac. hist. 1,41. Bei Cass. Dio 63,6,4 sind mehrere Soldaten beteiligt.

127 Galba war kahlköpfig; vgl. Kap. 21.

128 Zu Othos Reaktion vgl. Tac. hist. 1,44; vgl. auch Plut. Galb. 27,2 f.

129 Ebenso Tac. hist. 1,49; Plut. Galb. 27,3; Cass. Dio 63,6,4.

130 Vgl. Hom. Il. 5,254; Od. 21,426.

131 Ebenso Tac. hist. 1,49.

132 Vgl. Plut. Galb. 28,4.

133 Vermutlich handelte es sich um einen Leistenbruch.

134 Die Übersetzung des Satzes »beim abendlichen Bankett … vertei-

len ließ« stammt von K. Vössing, »Claudius bittet zum Imbiß – die *cenula condicta* in Suet. Claud. 21,4«, in: *Rheinisches Museum* (2000) S. 365; er interpretiert diese Stelle als Zeichen patronaler *liberalitas*.

135 Vgl. 14,2.

136 Am 15. Januar 69.

137 Nach Cass. Dio 63,8,6 lebte Galba 72 Jahre und 23 Tage und regierte neun Monate und 13 Tage.

138 D. h. nach der Festigung der flavianischen Herrschaft, also ungefähr Ende Dezember 69; vgl. Wittstock, S. 573, Anm. 110.

139 Dort kämpfte Vespasian gegen die aufständischen Juden.

140 Vgl. auch die durchaus positive Würdigung von Galbas Persönlichkeit bei Tac. hist. 1,49 und die ausgewogene Beurteilung in Plut. Galb. 29.

Otho

1 Vgl. Suet. Galb. 6,1.

2 Vgl. Suet. Claud. 13,2.

3 Vgl. Cass. Dio 60,18,4. Dieses Komplott wird in der Liste der gegen Claudius geplanten Anschläge (Suet. Claud. 13,1) allerdings nicht erwähnt.

4 »48 u. Z. war Claudius Zensor und nahm als solcher zahlreiche Senatoren in den Stand der Patrizier auf« (Wittstock, S. 574, Anm. 116).

5 Dieser, der spätere Kaiser, hieß also M. Salvius Otho.

6 Im Allgemeinen mit etwa 14 Jahren.

7 32 n. Chr.

8 Vgl. auch das negative Urteil bei Tac. hist. 1,13; Plut. Galb. 19,2.

9 Ähnlich trieb es auch Nero; vgl. Suet. Ner. 26,1.

10 Nach einem Gesetz Caesars verloren Amtsträger, die der Erpressung überführt waren, ihren Sitz im Senat, konnten aber begnadigt werden. »Die hier beschriebene Überrumpelung durfte sich Otho als Günstling des Kaisers leisten. Als Kaiser führte er alle wegen Erpressung Ausgestoßenen wieder in den Senat ein« (Heinemann, S. 408, Anm. z. St.).

11 Zum Tod Agrippinas vgl. Suet. Ner. 34,2 ff.; Tac. ann. 14,4 ff.
12 Zu Nero, Otho und Poppaea vgl. Tac. hist. 1,13; ann. 13,45 f.; Plut. Galb. 19,2 ff.
13 Rufrius Crispinus.
14 Nach Plut. Galb. 20,1 geschah dies auf Betreiben Senecas, der sich bei Nero für Otho einsetzte, um ihn vor dessen Zorn zu schützen.
15 D. h. eine Hinrichtung; vgl. Plut. Galb. 19,5.
16 *Fragmenta poetarum Romanorum* (vgl. Suet. Aug. Anm. 101), S. 370. Übers. A. Stahr / W. Krenkel.
17 Von 58 bis 68 n. Chr., eine ungewöhnlich lange Zeit; vgl. Shotter, S. 144, Anm. z. St.
18 Seit Augustus wurde Lusitanien als kaiserliche Provinz eigentlich von einem Proprätor verwaltet; vgl. Wittstock, S. 574, Anm. 126.
19 Ebenfalls positiv Tac. hist. 1,13; ann. 13,46,3; Plut. Galb. 20,1.
20 Im Kampf um die Nachfolge Neros; ebenso Tac. hist. 1,13; nach Plut. Galb. 20,3 unterstützte er ihn auch finanziell sehr großzügig.
21 Wahrscheinlich ein Irrtum Suetons; nach Tac. hist. 1,22 hieß dieser Astrologe Ptolemaeus.
22 Ebenso Tac. hist. 1,24.
23 Vgl. Tac. hist. 1,23; Plut. Galb. 20,4.
24 Ebenso Tac. 1,24.
25 Ebenso Tac. hist. 1,13; zu den Gründen, die Galba von einer Adoption Abstand nehmen ließen; vgl. Plut. Galb. 21,1 f.
26 Zu dessen Adoption vgl. Suet. Galb. 17; Plut. Galb. 23,1–3.
27 Zu seiner Geldnot vgl. Tac. hist. 1,21. Nach Plut. Galb. 21,3 beliefen sich seine Schulden auf 50 Millionen Denare; vgl. aber Murison, S. 103, Anm. z. St.
28 D. h. den Sturz Galbas.
29 Von einem etwas anderen Ablauf berichtet Tac. hist. 1,25.
30 Nach Tac. hist. 1,27 und Plut. Galb. 25,1 wurde Otho von nicht mehr als 23 Männern zum Kaiser ausgerufen.
31 Nach Tac. hist. 1,26 sollte Otho bereits am 14. Januar bei seiner Rückkehr vom Essen festgenommen werden, doch die Verschwörer scheuten das Risiko eines nächtlichen Überfalls.
32 Vgl. Suet. Cal. 58,2 und Ner. 47,1 f.
33 Bis zu Galbas Ermordung am 15. Januar 69.

34 »Der Zentralmeilenstein, an dem alle Straßen des Reiches zusammenliefen [...], 20 v. Chr. von Augustus errichtet. Sein Name rührt entweder von den in vergoldeter Schrift auf ihm angebrachten Entfernungsangaben her, oder davon, daß er selbst aus vergoldeter Bronze bestand« (Heinemann, S. 410 f., Anm. 4).

35 Dieser warnte vor einem drohenden Anschlag; vgl. Suet. Galb. 19,1; Tac. hist. 1,27; Plut. Galb. 24,2. – Zum Opferschauer vgl. Suet. Caes. Anm. 219.

36 Ebenso Plut. Galb. 24,3 f.; Tac. hist. 1,27.

37 Nach Plut. Galb. 25,1 geschah dies erst auf Drängen der Soldaten, da Otho angesichts der geringen Zahl derer, die sich beim Treffpunkt eingefunden hatten, aller Mut verlassen hatte.

38 Zu ihren Namen vgl. Tac. hist. 1,43.

39 Vgl. die genauere Schilderung der Szene im Senat bei Tac. hist. 1,47; Plut. Galb. 28,1.

40 Vgl. Cass. Dio 63,8,1.

41 Ebenso Plut. Oth. 3,1.

42 Vgl. Plut. Oth. 3,1; Tac. hist. 1,78.

43 Zum Goldenen Haus vgl. Suet. Ner. 31.

44 15./16. Januar.

45 Der Sturz aus dem Bett ist auch in Cass. Dio 63,7,1 erwähnt.

46 Vgl. Suet. Caes. Anm. 111.

47 Nach Cass. Dio 63,7,1 gilt der Ausspruch »für solche, die etwas betreiben, wofür sie ungeeignet sind«.

48 Anfang Januar 69. Vgl. Suet. Vit. 8.

49 Nach Tac. hist. 1,74 bot er ihm »Geld, Gunst und einen Ruhesitz« an.

50 Diese Textstelle ist inhaltlich etwas unklar; vgl. Shotter, S. 150 f., Anm. z. St. Murison, S. 114, Anm. z. St., vermutet, dass die Waffen nach Ostia transportiert werden sollten, um Othos Männer dort angemessen auszurüsten.

51 Nach Tac. hist. 1,80 glaubten sie, dass die Senatoren Otho stürzen wollten.

52 Otho dinierte dort gerade mit »hochgestellten Männern und Frauen«; vgl. Tac. hist. 1,81.

53 Vgl. die ausführliche Beschreibung dieser Szene in Tac. hist. 1,82; Plut. Oth. 3,4–6.

54 Ebenso Tac. hist. 1,98. – »Unter dem König Numa Pompilius soll einer dieser Schilde vom Himmel gefallen sein, die anderen elf hatte der König nacharbeiten lassen. Die Salierpriester holten diese Schilde jährlich am 1. März aus dem Tempel des Mars und trugen sie unter feierlichen, altertümlichen Tänzen durch die Stadt. Während der Feierlichkeiten, die bis zum 24. März dauerten, sollten keine Kriege geführt werden« (Martinet, S. 1165, Anm. z. St.).

55 Am 22. März. Mit der Göttermutter ist die phrygische Göttin Kybele gemeint, die von ihrem Geliebten Attis betrogen worden war. Nachdem er sich, mit Wahnsinn geschlagen, entmannt hatte und verblutet war, stiftete ihm Kybele einen Kult, um seinen Tod zu betrauern. Der Kybele-Kult wurde 205 v. Chr. in Rom eingeführt.

56 Vgl. Suet. Aug. Anm. 133.

57 Weitere Vorzeichen bei Tac. hist. 1,86.

58 »infolge der vielen Flüsse, Kanäle, Seen und Sümpfe des Po-Gebietes« (Heinemann, S. 414, Anm. 1).

59 Vgl. Tac. hist. 2,32.

60 Plut. Oth. 10,1 kritisiert dieses Verhalten als taktischen Fehler.

61 Zu diesem Treffen vgl. Tac. hist. 2,41 und Plut. Oth. 12.

62 Zu Othos Selbstmordmotiven vgl. Tac. hist. 2,47.

63 Vgl. Tac. hist. 2,46; Plut. Oth. 15,1 f.

64 »durch den sich die Kriegstribunen des plebejischen Standes von denen aus dem Ritterstande (*laticlavii*) unterschieden« (*Der Neue Georges* [s. Suet. Aug. Anm. 110], Bd. 1, s. v. *angusticlavius*).

65 Sie hatten sich nach der Niederlage bei Philippi (42 v. Chr.) das Leben genommen.

66 Vgl. den Parallelbericht in Cass. Dio 63,11,1 f.; 63,14,2; etwas anders Plut. Oth. 15,2.

67 Otho Titianus und L. Salvius Otho Cocceianus (zu ihm vgl. Tac. hist. 2,48).

68 »Die ordnungsgemäße Bestattung und die Erfüllung der Pflichten des Ahnenkultes hatten für Römer wie Griechen überaus große Bedeutung« (Wittstock, S. 576, Anm. 156).

69 Vgl. Tac. hist. 1,48.

70 Zu Othos Ende vgl. Tac. hist. 2,49; Plut. Oth. 16 f.

71 Etwas ungenau: Otho wurde (vgl. 2,1) am 28. April des Jahres 32 geboren und starb am 16. April des Jahres 69.

72 Ebenso Juv. 2,107. Juvenal empört sich außerdem darüber, dass Otho stets einen Spiegel bei sich hatte.

73 Der Kult der ägyptischen Göttin Isis war in Rom wiederholt verboten worden, zuletzt von Tiberius (Suet. Tib. 36). Otho scheint der erste römische Kaiser gewesen zu sein, der öffentlich am Isis-Kult teilnahm; vgl. Murison, S. 128, Anm. z. St.

74 Vgl. auch das negative Porträt Othos in Tac. hist. 1,30; 50,1.

75 Ähnlich Tac. hist. 2,49; Plut. Oth. 17,3; Cass. Dio 63,15,2.

76 Auch Cass. Dio 63,15,2 würdigt Othos Tod als »höchst ehrenvoll«.

Vitellius

1 Über Vitellius sind keine positiven Berichte erhalten; vgl. Murison, S. 130, Anm. z. St.

2 Hier ist der Text korrupt, der Name emendiert. »Es könnte sich um einen Freigelassenen des Vitellius handeln, der seinem Patron zum Dank einen (›frisierten‹?) Stammbaum lieferte« (Wittstock, S. 576, Anm. 161).

3 Ein *quaestor Caesaris* war mit besonderen Aufgaben betraut, z. B. mit dem öffentlichen Verlesen der kaiserlichen Reden; vgl. Shotter, S. 160, Anm. z. St.

4 Diese Göttin ist nirgends sonst bezeugt; vgl. Murison, S. 131, Anm. z. St.

5 Das latein. *stirps* könnte auch einen Plural bezeichnen.

6 D. h. durch das Anzeigen von Leuten, die dem Staat gegenüber Schulden hatten, wofür es eine Belohnung gab; vgl. Wittstock, S. 576, Anm. 165.

7 32 n. Chr.

8 17 n. Chr. Vgl. Tac. ann. 2,48.

9 Vgl. Tac. ann. 1,70.

10 Vgl. Suet. Tib. 52,3; Cal. 2; Tac. ann. 2,74; 3,10.

11 »Das war praktisch Hausarrest, für den der betreffende Verwandte die Verantwortung trug« (Wittstock, S. 577, Anm. 167).

12 35–39 n. Chr.; vgl. Tacitus' positives Urteil über seine Amtsführung in ann. 6,32.

13 Nach Suet. Cal. 14,3 huldigte er auch den Bildnissen des Kaisers. Vgl. auch Cass. Dio 59,27,3. – In dem Friedensvertrag erkannten die Römer den Euphrat als Reichsgrenze an und verzichteten darauf, sich in innerparthische Angelegenheiten einzumischen, während Artabanos seinen Anspruch auf Armenien aufgab.

14 43 und 47 war er Konsul, 47/48 Zensor. – Zur Zensur vgl. Suet. Tib. Anm. 7.

15 Zu diesem Feldzug vgl. Suet. Claud. 17.

16 Vgl. Tac. ann. 6,32. Vorher betont Tacitus, dass L. Vitellius in Rom in sehr schlechtem Ruf stand, sich aber in der Provinzverwaltung positiv profiliert habe.

17 »Anders als die Griechen beteten die Römer (außer zu Saturn) mit verhülltem Haupt. Der Betende trat von links an die Gottheit heran, drehte sich nach der Anbetung nach rechts und warf sich dann zu Boden« (Wittstock, S. 577, Anm. 171).

18 Vgl. Suet. Claud. 29,1.

19 Zu ihrer einflussreichen Stellung bei Claudius vgl. Suet. Claud. 28.

20 Im Jahr 47. Vgl. Suet. Claud. 21,2 und Aug. Anm. 66.

21 Vgl. das positive Urteil über sie in Tac. hist. 2,64.

22 Nämlich 48 n. Chr.

23 D. h. 15 n. Chr. Dies steht im Widerspruch zu Kap. 18, wonach der Kaiser im Jahr 12 geboren sein müsste. Vielleicht hat Sueton hier die Geburtsdaten des Kaisers und seines Bruders verwechselt; vgl. Wittstock, S. 777, Anm. 174.

24 Zu Tiberius' Aufenthalt auf Capri vgl. Suet. Tib. 39 ff.; Tac. ann. 4,67. – Zur chronologischen Unmöglichkeit vgl. Murison, S. 142, Anm. z. St.

25 »Schwuchtel«; abgeleitet von griech. *sphinkter*, »Schließmuskel« (am After); vgl. auch Suet. Tib. 43,1.

26 Lucius' Karriere begann aber schon vor der Geburt des Aulus; Murison, S. 142, Anm. z. St.

27 Vgl. Suet. Cal. 54,1. Cass. Dio 59,5,5.

28 Vgl. Suet. Claud. 5; 33,2.

29 Zu Neros Bewunderung für Vitellius vgl. Tac. hist. 2,71.

30 Zu den Neroniana vgl. Suet. Ner. 12,3; Tac. ann. 14,20.

31 Im Jahr 65.

32 Vgl. Suet. Ner. Anm. 50.

33 Vgl. den ausführlichen, etwas anders dargestellten Auftritt Neros in Tac. ann. 16,4 f.

34 Gemeint sind Caligula, Claudius und Nero. – Nach Tac. hist. 3,86 hatte er seine Karriere allein der Berühmtheit seines Vaters zu verdanken.

35 So war er im Jahr 48 Konsul; vgl. 3,1.

36 60/61 n. Chr.

37 Das Amt war von Augustus geschaffen worden; vgl. Suet. Aug. 37.

38 Ebenfalls positiv Tac. hist. 2,97.

39 P. Petronius war 19 n. Chr. Suffekt-Konsul.

40 »In der Kaiserzeit wurden Söhne auch nach der Mutter benannt. So haben sowohl Vespasian […] als auch Domitian ihren Namen von der Mutter erhalten« (Wittstock, S. 577, Anm. 180).

41 »Die *patria potestas*, d. h. die volle Verfügungsgewalt des Vaters über die Kinder, endete erst mit dem Tode des Vaters oder durch formelle Selbständigkeitserklärung (*emancipatio*), durch die der Betreffende ›aus der Hand‹ (*e manu*) des Vaters freikam. In unserem Falle wollte der Vater den Sohn beerben« (Wittstock, S. 577, Anm. 181).

42 Zum Sohn vgl. Kap. 18; nach Suet. Oth. 8,1 wollte Otho später seine Tochter mit Vitellius verheiraten.

43 Vgl. Tac. hist. 1,9. Er ersetzte den ermordeten Statthalter Fonteius Capito; vgl. Suet. Galb. 11.

44 Zu dessen Einfluss auf Galba vgl. Suet. Galb. 14,2.

45 Vgl. Cass. Dio 64,5,1. – Zu den verschiedenen Rennställen der Circusrennen vgl. Suet. Cal. Anm. 97.

46 Vgl. Cass. Dio 64,5,3.

47 »Vielleicht in seiner Funktion als Aufseher über die öffentlichen Bauten […], Vit. 5« (Wittstock, S. 577, Anm. 184).

48 U. a. wegen der Ermordung des Fonteius Capito und des nach dem Tod Neros erzwungenen Treueids auf Galba; vgl. Shotter, S. 173, Anm. z. St.

49 Vgl. 2,4.

50 Er war allerdings schon 53 Jahre alt.

51 »Angeklagte pflegten in Lumpen einherzugehen, um Mitleid zu erwecken« (Lambert, S. 296, Anm. 9).
52 Ähnlich Tac. hist. 1,52.
53 Vitellius wurde am 2. Januar zum Kaiser ausgerufen, obwohl der Tag nach den Kalenden (wie auch nach den Nonen und Iden) als Unglückstag galt; vgl. Shotter, S. 174, Anm. z. St.
54 Vgl. Tac. hist. 1,57.
55 Vgl. die andere Darstellung der Ereignisse bei Tac. hist. 1,56.
56 Vgl. Suet. Galb. 16,2; Tac. hist. 1,57.
57 Vgl. Tac. hist. 1,62; 2,90; anders hist. 3,58.
58 Bei Tacitus (hist. 1,64) erhält er diese Nachricht erst auf dem Marsch.
59 Dieser war in Rom zum Kaiser ausgerufen worden.
60 Genauer Tac. hist. 1,61.
61 Ebenso Tac. hist. 1,62. – Der Adler galt als Herrschaftssymbol.
62 Zur Interpretation dieses Omens vgl. Kap. 18.
63 Fabius Valens und A. Caecina, die Otho bei Betriacum (Suet. Oth. 9,2) besiegt hatten.
64 Von späteren ungünstigen Vorzeichen während Vitellius' Regierung berichtet Cass. Dio 64,8,1 f.
65 Vgl. Suet. Oth. 9,2.
66 Zu Othos Tod vgl. Suet. Oth. 11.
67 Anlässlich ihres Verhaltens bei der Ermordung Galbas; vgl. Suet. Galb. 19 f. – Nach Tac. hist. 2,67 erhielten sie eine ehrenvolle Entlassung.
68 Ebenso Tac. hist. 1,44.
69 In Richtung Rom, um sich vom Senat als neuer Kaiser bestätigen zu lassen.
70 Vgl. Tac. hist. 2,62.
71 Vgl. die Beschreibung des Schlachtfelds bei Betriacum und Vitellius' Reaktion in Tac. hist. 2,70.
72 Normalerweise wurde der Wein mit viel Wasser verdünnt.
73 Vgl. Plut. Oth. 18,2.
74 Eine Unverschämtheit, da Othos Grab sehr schlicht war; vgl. Tac. hist. 2,49.
75 »Nämlich dem ›rächenden Mars‹, Mars Ultor. Vitellius sieht sich als Rächer Galbas« (Wittstock, S. 578, Anm. 203).

76 Im Juni 69.

77 Vgl. Tac. hist. 2,89. Dort trägt er allerdings, auf Rat seiner Freunde, die – ihn als Zivilisten ausweisende – Praetexta; vgl. Suet. Caes. Anm. 3.

78 Schauplatz der vernichtenden Niederlage der Römer gegen die Gallier (387 v. Chr.). Der 18. Juli galt seitdem als Unglückstag.

79 Ebenso Tac. hist. 2,91.

80 In Tac. hist. 3,55 sind es »viele Jahre«.

81 Vgl. Tac. hist. 2,95. Cass. Dio 64,7,3.

82 Vgl. Suet. Ner. Anm. 50.

83 »Wahrscheinlich eine Sammlung von Neros Werken, den man mit *dominus* (Herr) ansprach« (Lambert, S. 298, Anm. 13).

84 Vgl. Tac. hist. 2,95.

85 Vgl. Tac. hist. 2,87. – Zu Vitellius' Leidenschaft für Wagenrennen vgl. Kap. 4; 7,1; 17,2. – Nach Tac. hist. 2,92 führten Caecina und Valens die Regierungsgeschäfte.

86 »ein Gemisch aus Essig, Wasser oder Wein mit geschlagenem Ei« (Martinet, S. 1167, Anm. z. St.).

87 »Die Fechtmeister erwarben Sklaven, bildeten sie zu Gladiatoren aus, zogen entweder, wie hier erwähnt, mit ihnen umher und gaben dabei Vorstellungen oder vermieteten sie an die Veranstalter von Spielen« (Wittstock, S. 579, Anm. 210).

88 Vgl. Suet. Caes. Anm. 121.

89 Ähnlich Tac. hist. 2,57. Dort fordert das Heer für Asiaticus die Ritterwürde. – Zu Asiaticus vgl. auch Tac. hist. 95,2 und 4,11 (Kreuzestod).

90 Vgl. Tac. hist. 2,62; Cass. Dio 64,2,2.

91 Die Römer nahmen meist nur zwei Mahlzeiten zu sich, Mittag- und Abendessen (das Frühstück war so bescheiden, dass es nicht zählte).

92 Ebenso Cass. Dio 64,2,2. Vgl. auch Suet. Claud. 33,1 und Anm. 206.

93 Im Original griechisch.

94 Nach Plin. nat. 35,163 kostete die Schale eine Millionen Sesterzen; zu ihrer Herstellung musste ein eigener Schmelzofen im Freien errichtet werden.

95 Vgl. Cass. Dio 64,3,2 f. Angeblich gab Vitellius in der Zeit seiner Regierung 900 Millionen Sesterzen für seine Gelage aus.

96 Zwei seiner Opfer sind namentlich bekannt: Cornelius Dolabella (Tac. hist. 2,64) und Iunius Blaesus (Tac. hist. 3,39).

97 Vgl. 7,1.

98 Vgl. Tac. hist. 2,62. – Seit Augustus waren die Astrologen schon viermal ausgewiesen worden, hatten sich aber immer wieder neu etablieren können.

99 »Eingangsformel aller amtlichen Bekanntmachungen. Nach Cassius Dio [64,1,4] hätte in der Bekanntmachung der Chaldäer der wirkliche Todestag des Vitellius gestanden« (Heinemann, S. 430, Anm. 3). – Zu den Chaldäern vgl. Suet. Ner. Anm. 93.

100 Zu diesem Beinamen vgl. 8,2.

101 Vgl. Cass. Dio 64,1,4.

102 Den Tod der Mutter bezeichnet Tac. hist. 3,67 lediglich als »rechtzeitig«.

103 Zum Aufstand vgl. Suet. Vesp. 6,3. Danach geschah er allerdings im Juli.

104 Vgl. Tac. hist. 3,58.

105 Seit Augustus betrug die Dienstzeit römischer Legionäre 25 Jahre. Sie wurden mit Geld oder Land entlohnt.

106 Laut Tac. hist. 3,58 gab der Kaiser seinem Bruder sechs Kohorten und 500 Reiter.

107 Vgl. 10,1. Die dort siegreichen Generäle waren C. Fabius Valens und A. Caecina Alienus. Zu ihrer Entsendung vgl. Tac. hist. 2,99 f.

108 Vgl. die sehr ausführliche Schilderung der militärischen Aktionen in Tac. hist. 2,96–3,63.

109 Nach Tac. hist. 3,63 hatte er ähnliche Angebote früher abgelehnt.

110 Zu Vitellius' Abdankung vgl. Tac. hist. 3,67 f. Tacitus fasst die von Sueton beschriebenen Abdankungsversuche des Kaisers zu einem einzigen zusammen.

111 Zu den Kämpfen zwischen den Flavianern und den Vitellianern vgl. Tac. hist. 3,69 ff. – Zum Brand des Tempels vgl. hist. 3,71; wer ihn legte, lässt Tacitus offen. Nach Cass. Dio 64,17,3 waren es die Soldaten des Vitellius.

112 Das Symbol der kaiserlichen Macht. Vgl. Suet. Galb. 11 und Anm. 77.

113 Caecilius Simplex (Tac. hist. 3,68).

114 Vgl. Tac. hist. 3,68.
115 Zu Concordia-Darstellungen auf Münzen des Vitellius vgl. Murison, S. 171, Anm. z. St.
116 Vgl. Tac. hist. 3,80 f.; Cass. Dio 64,18,3.
117 Nach Tac. hist. 3,84 wollte er nach Tarracina (Latium), wo sich sein Bruder Lucius mit einigen Kohorten aufhielt; ebenso Cass. Dio 64,20,1.
118 Zur Szene im Palast vgl. Tac. hist. 3,84.
119 Vgl. Tac. hist. 3,84 f.; Cass. Dio 64,20,2–21,2.
120 Wegen des Brands auf dem Kapitol; vgl. 15,3.
121 Vgl. 13,3.
122 Vgl. Kap. 4.
123 Zu Vitellius' Tod vgl. Tac. hist. 3,85; Cass. Dio 64,21,2.
124 Vgl. 3,2 und Anm. 23.
125 Zum Tod des Bruders (ein oder zwei Tage später) vgl. Tac. hist. 4,2; Cass. Dio 64,22,1, zu dem des Sohnes Tac. hist. 4,80; Cass. Dio 64,22,2.
126 Vgl. Kap. 9. Der dort erwähnte *gallus* bedeutet sowohl Hahn als auch Gallier.
127 Zum abschließenden Urteil über Vitellius vgl. Tac. hist. 3,86: »Konsulat, Priestertümer, Namen und Stellung unter den führenden Männern hat er nicht durch persönliche Leistung, sondern alles nur durch die Berühmtheit seines Vaters erlangt. Das Prinzipat haben ihm Leute übertragen, die ihn selbst gar nicht kannten. Die Sympathie des Heeres hat wohl selten jemand, der sich um sie mit anständigen Mitteln bemühte, in dem Maße genossen, wie er, der ein schwächlicher Mensch war. Doch besaß er eine Veranlagung zu Harmlosigkeit und Freigebigkeit, Eigenschaften, die zum Verderben ausschlagen, wenn man dabei nicht Maß hält. Um Freundschaften hat er sich mehr beworben, als sie wirklich besessen, da er glaubte, sie beruhen auf der Größe von Geschenken und nicht auf einem festen Charakter. Für das Gemeinwesen war es ohne Zweifel gut, daß Vitellius besiegt wurde« (Übers. W. Sontheimer).

Der göttliche Vespasian

1 Vgl. Suet. Aug. Anm. 89.

2 Vgl. Suet. Tib. Anm. 161.

3 Ein Hafenzoll in Höhe von 2,5 % der Ladung.

4 Vgl. Suet. Aug. Anm. 133.

5 Am 17. März feierte man in Rom das Fest der Liberalia. An diesem Tag tauschten die jungen Römer im Alter zwischen 14 und 16 Jahren die (purpurverbrämte) *toga praetexta* gegen die *toga virilis*.

6 Im September des Jahres 39 unternahm der Kaiser Caligula diese Expedition gegen die Germanen. Vgl. Suet. Cal. 43 ff.

7 Vgl. Suet. Ner. Anm. 45.

8 Sie genoss einen sehr guten Ruf. Auch die Söhne Vespasians hingen an ihr. Da sie sich nie mehr Rechte herausnahm, als ihrer Verbindung entsprachen, gab es auch nie einen Skandal um diese Beziehung. In Rom nahm man ohnehin kaum Anstoß an ihrem Zusammenleben, da solche Verbindungen in den vornehmen Kreisen üblich waren.

9 Der einflussreichste Freigelassene am Hofe des Claudius. Er hatte das Amt *ab epistulis* inne. Bei fast allen wichtigen Ereignissen unter der Regierung des Claudius trat er hervor. Narcissus selbst wurde u. a. nach Britannien geschickt, um einen Aufstand der Soldaten beizulegen (Cass. Dio 60,19). Er sorgte für die Hinrichtung Messalinas und ihrer Freunde. Narcissus durfte es sogar wagen, mit Claudius Spott zu treiben (Cass. Dio 60,33). Eine Wendung in seiner Stellung ergab sich durch die Heirat des Claudius mit Agrippina. Narcissus hatte Aelia Paetina als neue Gattin des Claudius favorisiert. Agrippina zahlte ihm diese Parteinahme mit Feindseligkeiten heim. Im Jahr 54 widersetzte er sich vergeblich dem Todesurteil gegen Domitia Lepida. Als Nero den Thron bestieg, fiel Narcissus dem Hass Agrippinas zum Opfer (Tac. ann. 13,1). Vgl. auch 4,2 und Tit. 2.

10 Vgl. Suet. Aug. Anm. 46.

11 Im Jahr 66 begab sich Nero auf eine einjährige Künstlertournee nach Griechenland – obwohl damals in Judäa der Krieg ausbrach. Zu Neros Griechenlandreise vgl. Suet. Ner. 22,3–24,2.

12 Vespasian war immerhin bereits 57 Jahre alt. Die Reise war für ihn sicher strapaziös.
13 Vespasian wurde die Verwaltung der Provinz Palästina übertragen.
14 Vgl. Suet. Caes. Anm. 219.
15 Vgl. Suet. Caes. Anm. 3.
16 Gebirgszug am Kison, der sich von Nordsamaria bis Südphönizien erstreckt. Gleichzeitig auch der Name der Gottheit. Vgl. Tac. hist. 2,78.
17 Jüdischer Historiker. Kommandant der jüdischen Armee in Galiläa. Er geriet 67 bei der Eroberung von Jotapata in römische Gefangenschaft. Vgl. Ios. bell. Iud. 3,340 ff.
18 Die Schlacht bei Betriacum (zwischen Cremona und Mantua) fand Ende Oktober 69 zwischen Vitellius und Antonius Primus statt. Antonius Primus blieb Sieger. Vor der Stadt lagen ca. 50 000 Leichen. Mit der Schlacht wurde der Krieg in Italien im Wesentlichen entschieden.
19 C. Licinius Mucianus war ein wohlhabender und gebildeter Mann. In früher Jugend soll er recht verschwenderisch gewesen sein. Konsul im Jahr 52 unter Claudius; 57 wurde er zum Statthalter von Lykien und Pamphylien ernannt. Unter Nero bekleidete er ein weiteres Konsulat. Nero übertrug ihm auch die Provinz Syrien. Titus hatte die Sympathie Mucians gewonnen, was wesentlich dazu beigetragen hat, dass sich das Verhältnis zwischen Vespasian und Mucian entspannte. Mucians Bedeutung als Legat von Syrien ist nicht zu unterschätzen. Denn in Syrien waren vier Legionen stationiert, die im Vorderen Orient bedeutendes Gewicht hatten. Ohne die Zustimmung Mucians ging hier nichts. Seine Verbindungen reichten bis an den kaiserlichen Hof in Rom, wo er sich bestens aufs Intrigenspiel verstand.
20 Vespasian soll das Angebot des parthischen Königs dankend abgewiesen und ihn an den Senat in Rom verwiesen haben.
21 Der ägyptische Heilgott. Infolge der Heilungen (7,2 f.) wurde Vespasian von den Menschen für das lebende Abbild des Gottes gehalten. Er schien von diesem Gott auserkoren zu sein für höhere Aufgaben.
22 Der Name ist wohl sprechend. Er leitet sich ab vom griech. βασιλεύς, der »König«. Also auch hier ein Hinweis auf die höhere Bestimmung Vespasians.

23 Ende Oktober 69. Vgl. Anm. 18.

24 Im Juni 71. Der Senat hatte Vespasian und Titus einen eigenen Triumph bewilligt. Vater und Sohn feierten ihn aber gemeinsam. Eine ausführliche Beschreibung des Triumphzuges gibt Ios. bell. Iud. 7,121–157. Die wichtigsten Szenen sind festgehalten in den Reliefs des Titus-Bogens in Rom. Vgl. Suet. Tit. 6,1; Dom. 2,1.

25 Im Jahr 73 (74) zusammen mit seinem Sohn Titus. Im Jahr der Zensur ergänzte er die Reihen des Senats, die sich unter Nero sehr gelichtet hatten (vgl. 9,2). Er gewährte Grammatikern, Rhetoren und Ärzten Sonderrechte; so befreite er sie u. a. von der Steuerzahlung, erlaubte ihnen, sich in Korporationen zusammenzuschließen, ja er schützte sie vor Übergriffen vonseiten der Bürger. An diesen Vergünstigungen hatten die Philosophen keinen Anteil (vgl. Kap. 13). – Zu den allgemeinen Aufgaben des Zensors vgl. Suet. Tib. Anm. 7.

26 D. h., sie hatten wieder Steuern zu zahlen. Nero hatte sie ihnen erlassen. Vespasian brauchte Geld: für die Zahlungen an die entlassenen Soldaten, für Verwaltungsangelegenheiten, für die Finanzierung der öffentlichen Bauten und Spiele. Denn er musste dafür sorgen, dass das Volk ihm gewogen blieb.

27 Diese Maßnahmen hatten wohl auch strategisch-politische Gründe.

28 In den Kämpfen des Jahres 69 zwischen den Anhängern des Vitellius und denen der Flavier war das Kapitol ein Opfer der Flammen geworden. Vgl. Suet. Vit. 15,3.

29 Im Jahr 71. In Rom und Italien herrschte in den Jahren nach 71 unter Vespasian wirklich Frieden.

30 Vgl. Suet. Claud. 45. Er stand wohl Neros »Goldenem Haus« im Weg.

31 Begonnen wurde im Jahr 70 mit dem Bau; unter Vespasian wurde er bis zum zweiten Stockwerk vollendet. Unter Titus wurde der Bau um das dritte und vierte Stockwerk ergänzt und im Jahr 80 mit hunderttägigen Spielen eingeweiht (vgl. Suet. Tit. 7,3). Etwa 40 000 bis 50 000 Menschen konnten darin Platz finden.

32 Ein Sondergerichtshof, vor dem insbesondere Eigentums- und Erbschaftsprozesse verhandelt wurden.

33 Wohl im Dezember 69. – Zur tribunizischen Gewalt vgl. Suet. Aug. Anm. 57.

34 Wahrscheinlich seit 71. Im Jahr 2 v. Chr. nannten Senat, Ritterschaft und Volk von Rom Augustus *pater patriae*.

35 Vielleicht handelt es sich hier um (Ti. Claudius) Hipparchus. Er wurde wegen Hochverrats angeklagt, sein Vermögen wurde eingezogen.

36 Er lebte in Rom, war ein Freund von Seneca, Thrasea Paetus und Apollonius. Seneca spricht lobend über ihn. Nero vertrieb ihn im Jahr 66 aus Rom; nach seiner Rückkehr wurde er im Jahr 71 von Vespasian auf eine Insel verbannt. Unter Domitian lebte er in Puteoli.

37 Das war nichts anderes als die volkstümliche Bezeichnung für die Kyniker; das griech. Wort κυνικός trägt beide Bedeutungen: »hündisch« und »der kynischen Philosophie angehörig«. Gemeint ist wohl unser »Tu doch, was du willst«, worin ja auch ein Unterton von Missbilligung mitklingt.

38 D. h., wenn er einmal Kaiser wäre.

39 Er gehörte zur Opposition gegen die Flavier und betonte immer wieder die Freiheit des Senats. Vielleicht wollte er den Mitbürgern die Herrschaft des Augustus wieder ins Gedächtnis rufen, der ja die alten republikanischen Institutionen wenigstens formell wieder ins Leben zu rufen suchte. – Mit seinem Schwiegervater Thrasea Paetus feierte er die Geburtstage von Cassius und Brutus. Später war er in einen Prozess des Schwiegervaters verwickelt und wurde (66) von Nero verbannt. Unter Vespasian wurde er Prätor (70), wurde aber von diesem auch in die Verbannung geschickt. Im Jahr 73 ordnete der Kaiser an, ihn zu töten.

40 Vgl. Suet. Claud. Anm. 144.

41 Budé liest hier: *quadragies*, also 4 000 000 000 Sesterzen.

42 Ein Senator musste über ein Vermögen von 1 200 000 Sesterzen verfügen; vgl. Suet. Aug. 41,1.

43 Vespasian handelt hier aus Staatsinteresse. Der Römer, der hohe Staatsposten bekleiden sollte, musste dazu befähigt werden. Ein wichtiger Schritt hierzu war die Ausbildung bei einem Rhetor. Der erste besoldete Rhetorikprofessor war Quintilian.

44 Es ist nicht klar, worauf Sueton hier anspielt. Denkbar wäre, dass es sich bei dieser koischen Venus um die Aphrodite Anadyomene des Apelles handelt.

45 Es ist fraglich, ob Vespasian hier sozial oder fiskalisch denkt. Er will auf der einen Seite Staatsgelder sparen, auf der anderen Seite braucht er die Gunst des Volkes.

46 Caesar hatte 44 den Bau eines großen Theaters geplant und selbst den Grundstein gelegt. Augustus führte das Unternehmen zu Ende und nannte das Theater nach seinem Schwiegersohn Marcellus. Im Jahr 13 oder 11 v. Chr. wurde es eingeweiht. 69 n. Chr. wurde das Theater des Marcellus zusammen mit dem Kapitol zerstört.

47 Unter Caligula war Apelles von Askalon als Tragöde berühmt. Es ist zweifelhaft, ob der hier gemeint sein kann.

48 Er lehrte Nero die Kithara zu spielen und dazu zu singen (vgl. Suet. Ner. 20,1), begleitete ihn auch auf seiner Griechenlandreise (vgl. 4,4), trat ohne Erfolg gegen ihn als Konkurrent auf.

49 Wie Terpnus begleitete Diodorus Nero auf seiner Griechenlandreise. Als der Kaiser nach seiner Tournee als gefeierter Künstler in Rom einzog, soll er Diodorus gestattet haben, neben ihm auf dem Triumphwagen zu stehen.

50 Vgl. Suet. Aug. Anm. 111.

51 Man feierte am 1. März das Fest der Matronalien, ein Fest, das auf den Stiftungstag des Tempels der Iuno Lucina, der Geburtsgöttin, fiel. Zu ihr beteten die Frauen um Erhalt ihrer Ehen und um glückliche Geburten. Die Männer beschenkten an diesem Tag ihre Frauen. – Vespasian zeigt sich hier gar nicht knauserig. Es dient schließlich seinem eigenen Vorteil.

52 »Pökelfischhändler«. In Alexandria hatte man großartige Geschenke von ihm erwartet, Vespasian hingegen war nur darauf aus, neue Steuerquellen zu erschließen.

53 Auf Inschriften begegnet dieser Name häufig als Name von Schauspielern.

54 Vgl. Suet. Claud. Anm. 144.

55 L. Mestrius Florus war ein gebildeter Mann aus kleinen Verhältnissen, ein Freund des Plutarch. Er war 75 oder 76 Konsul. Als Konsular war er einer der Ratgeber des Kaisers. Im Jahr 83/84 oder 88/89 war er Prokonsul der Provinz Asia. – Unsere Episode geht wohl zurück auf die Bitte des Florus, der Kaiser möge ihm erlauben, einen Reise-

wagen zu benutzen; dabei habe er sich der unüblichen Form *plaustrum* statt des gebräuchlichen *plostrum* bedient.

56 Hom. Il. 7,213.

57 Auf ihn bezieht sich wohl das Epigramm 1,67 von Martial: ›*Liber homo es nimium*‹, *dicis mihi, Ceryle, semper. / In te qui dicit, Ceryle, liber homo est.* (»Du bist zu frei, sagst du mir, Cerylus, immer. / Wer sagt von dir ›er ist frei‹?«)

58 Men. frg. 223,2 Kock.

Der göttliche Titus

1 In der Kaiserzeit unterschied man Brüder durch das Cognomen. Es wurde meist der Verwandtschaft entnommen, häufig so, dass der älteste Sohn das Cognomen des Vaters, der jüngere ein vom Gentilnamen der Mutter abgeleitetes Cognomen erhielt.

2 Die Rollen des verantwortlichen Herrschers (Vespasian) und des unter ihm stehenden Thronfolgers waren so verteilt, dass der Letztere die »Akte der Kabinettsjustiz« zu verantworten hatte, während der Kaiser mehr dann in Erscheinung trat, wenn Gnaden verteilt wurden. Vgl. aber auch die Beschreibung des Titus und seiner Handlungsweisen in Kap. 6 und 7,1.

3 Da es hier als Ortsangabe dient, muss es ein bekanntes Gebäude gewesen sein. Vielleicht ein monumentaler öffentlicher Wochentagskalender.

4 Vgl. Suet. Dom. 1,1.

5 Ti. Claudius Caesar Britannicus, Sohn des Kaisers Claudius und seiner dritten Gemahlin Valeria Messalina; geb. wahrscheinlich am 12. Februar 41 n. Chr. Der gewaltsame Tod seiner Mutter hatte für Britannicus schlimme Folgen: 49 n. Chr. heiratete sein Vater Claudius die eigene Nichte Iulia Agrippina und adoptierte im folgenden Jahr deren Sohn unter dem Namen Nero Claudius Caesar Drusus Germanicus. Britannicus wurde auf Betreiben seiner Stiefmutter in der Folge hinter Nero zurückgesetzt und permanent gedemütigt. Nach der Thronübernahme durch Nero ließ dieser ihn im Jahr 55 durch Gift töten.

6 Es handelt sich hierbei wahrscheinlich um die Beherrschung der lateinischen und griechischen Sprache in gebundener und freier Rede sowie um Unterweisung in Musik und Gesang.

7 Einer der Lehrer ist bekannt: Sosibius.

8 Der Name des Metoposcopen (»Phrenologe«, »Anhänger der Schädellehre«) ist nicht bekannt. Vielleicht handelt es sich um einen Freund des bei Claudius einflussreichsten Astrologen Balbillus.

9 Vgl. Suet. Vesp. Anm. 9.

10 Sueton schildert die Verabreichung des Gifttrankes in der Vita Neros etwas abweichend; es heißt dort (33,2), Britannicus sei gleich nach dem ersten Schluck zusammengebrochen. Auch bei Tacitus (ann. 13,15) wird auf die schnelle Wirkung des Giftes hingewiesen.

11 Dieser Festzug führte über das Forum zum mittleren Haupttor des Circus. Es wurden außer den Götterbildern auch Bilder der Kaiser und Personen aus den kaiserlichen Familien mitgeführt.

12 Die Gestalt des Herrschers spielte beim Volk eine große Rolle (vgl. Tac. hist. 1,7; Nep. Iph. 3,1).

13 Die Erziehung des Römers umfasste die Bereiche *domi militiaeque* (vgl. Verg. Aen. 6,851–853). Vgl. auch Suet. Caes. Anm. 148.

14 Noch bei Nepos (Epam. 1,2) heißt es, dass sich nach römischer Sitte Musik und Tanz für eine Persönlichkeit in hoher Stellung nicht geziemten. Eine Beteiligung an Musik und Tanz könne den guten Ruf infrage stellen. Es gibt aber auch anders lautende Äußerungen (vgl. Hist. Aug. Hadr. 14,9).

15 Es wird sich Titus wohl der »Tironischen Noten« (*notae Tironianae*) bedient haben, entwickelt von Ciceros Freigelassenem Tiro, erweitert von Maecenas und Seneca. – Vgl. auch Suet. Caes. Anm. 202.

16 Titus hat wohl im Jahr 58 das Militärtribunat angetreten.

17 Manche Senatorensöhne waren bei zwei, bisweilen auch bei drei Einheiten Militärtribunen.

18 Vom Verhalten des Titus in der Hauptstadt zeichnet Sueton (7,1) ein völlig abweichendes Bild.

19 Tochter des M. Arrecinus Clemens, des Prätorianerpräfekten unter Caligula 41 n. Chr. Ihr Bruder, M. Arrecinus Clemens, bekleidete zweimal das Konsulat und war auch *praefectus praetorio*; es war eine Ausnahme, dass er als Senator dieses Amt innehatte.

20 Seit den flavischen Kaisern galt diese Präfektur als das höchste ritterliche Amt.

21 (Flavia) Iulia, geb. wahrscheinlich um 64, vor der Quästur des Vaters. Von Titus dem Domitian zur Frau angetragen und von diesem zurückgewiesen, heiratete sie vor 81 den T. Flavius Sabinus. Noch zu Lebzeiten des Titus verkehrte Domitian mit ihr in ehebrecherischem Umgang; den T. Flavius Sabinus ließ Domitian vor dem Jahr 90 töten. Iulia hatte auf Domitian großen Einfluss. Sie starb an einer Abtreibung (vgl. Suet. Dom. 22), wahrscheinlich vor dem Jahr 90.

22 Im Jahr 66.

23 Galba war am 8. Juni 68 vom Senat als Kaiser anerkannt worden.

24 Der offizielle Anlass der Reise war sicherlich die Loyalitätsbekundung des Vespasian durch seinen Sohn Titus.

25 Vgl. den Bericht bei Tacitus (hist. 2,3 f.).

26 Seit der Ausrufung Vespasians zum Imperator (1. Juli 69) war Titus neben Domitian Anwärter auf den Thron. Bereits im Jahr 69 wurde Titus von Vespasian dazu herangezogen, das Imperium mit einzurichten (vgl. Ios. bell. Iud. 5,2).

27 Dem Titus war die Armee im Osten anvertraut, so dass Vespasian eine starke Stütze seiner Macht in zuverlässigen Händen wusste. Im Osten war er Stellvertreter seines Vaters.

28 Gemeint sein kann hier nur der letzte Sturmangriff auf die erste Mauer der Stadt.

29 Am 26. September 70.

30 Die Ausrufung zum Imperator war in republikanischer Zeit üblich, wenn ein römischer General den Feind entscheidend besiegt hatte. Seit der Kaiserzeit war der Titel »Imperator« allein dem regierenden Kaiser vorbehalten. Wenn die Truppen einer Armee ihren General als Imperator akklamierten, so bedeutete dies die Erhebung zum Gegenkaiser. Im Falle des Titus war die Sache natürlich anders.

31 Titus hat eine solche Absicht nie gehegt.

32 Seinen Einzug hielt er gegen 7 Uhr am Morgen des 25. April des Jahres 71.

33 Apis war ein den Ägyptern heiliger Stier, der nach besonderen Kennzeichen ausgesucht wurde: weißes Dreieck auf der Stirn, mondförmiger Fleck auf den Flanken, adlerförmiger auf dem Nacken etc.

34 Vgl. Suet. Vesp. Anm. 24.
35 Vgl. Vesp. Anm. 25. – Zum Zensoramt vgl. Suet. Tib. Anm. 7.
36 Seit dem 1. Juli 71. Die Teilnahme an der *tribunicia potestas* (vgl. Suet. Aug. Anm. 57) weist Titus als Nachfolger aus.
37 In den Jahren 70, 72, 74–77, 79 n. Chr.
38 Der Amtsinhaber hatte wesentlichen Einfluss auf das Reichsregiment, und somit bestand die Möglichkeit, dass hieraus dem Prinzeps ein Nebenbuhler erwuchs. Ein römischer Ritter, dem man dieses Amt in der Regel übertrug, hatte geringe Chancen, selbst Kaiser zu werden. – Die Hauptaufgabe des Prätorianerpräfekten war der Schutz von Leib und Leben des Kaisers.
39 Denn: Die Verhältnisse im Staat waren noch nicht stabilisiert, und es waren noch Verschwörungen im Gange.
40 A. Caecina Alienus. Sueton bezieht sich auf Vorgänge um 79, als Caecina zusammen mit Eprius Marcellus eine Verschwörung anzuzetteln suchte.
41 (Iulia) Berenike war die älteste Tochter des jüdischen Königs Agrippa I., geb. wahrscheinlich 28 n. Chr. Sie kam im Jahr 75 nach Rom und lebte bis 79 mit dem elf Jahre jüngeren Titus wie Mann und Frau zusammen.
42 Sie berieten den Kaiser in allgemein politischen Fragen und verwaltungstechnischen Angelegenheiten.
43 Anders berichtet Cassius Dio (67,2,1): Domitian sei in seiner späteren Regierungszeit gegen die Ratgeber des Vespasian und Titus auf grausame Art vorgegangen.
44 Titus legte Wert auf ein ungetrübtes Verhältnis zum Senat. Er wird sich an Kleopatra und Antonius erinnert haben. Ferner kam hinzu, dass Berenike Jüdin war, und gegen dieses Volk hatte man in jüngster Vergangenheit einen schweren Kampf austragen müssen.
45 Vgl. Suet. Vesp. Anm. 31.
46 Es handelt sich hierbei wohl um die Thermen der Domus Aurea des Nero, die restauriert und umgebaut wurden.
47 Erbaut von Augustus 2 v. Chr. Hier veranstaltete Titus am dritten Tag der Spiele dieses Seegefecht, in welchem 3000 Menschen in der Rolle der Athener und Syrakusaner gegeneinander kämpften.
48 Hierunter fallen z. B. die Gewährung des *ius trium liberorum* (vgl.

Suet. Claud. Anm. 76) und das Recht der unentgeltlichen Nutzung von Teilen öffentlichen Grundbesitzes. Der verleihende Prinzeps konnte sie zurücknehmen; mit seinem Tod erlosch ihre Gültigkeit.

49 Die Neuerung besteht also darin, dass er die *beneficia* seiner Vorgänger durch ein generelles Edikt bestätigte.

50 Zur Ausrüstung des thrakischen Gladiators vgl. Suet. Cal. Anm. 179.

51 Am 24./25. August des Jahres 79 n. Chr. Ein Augenzeugenbericht liegt in zwei Briefen Plinius' des Jüngeren vor (epist. 6,16 und 20).

52 Im Jahr 80.

53 Es gibt Berichte über eine Seuche, die im Jahr 77 bis zu 10 000 Menschen täglich hinweggerafft haben soll. Es ist denkbar, dass sie mit der unter Titus bezeugten identisch ist.

54 Titus ließ wohl die von den Schicksalsschlägen getroffenen Menschen aus der kaiserlichen Kasse mit dem Nötigsten versorgen. Auch scheint ein Bittfest stattgefunden zu haben.

55 Die Tätigkeit der Delatoren ist von nicht zu unterschätzender Bedeutung. Sie waren mit ein Garant für das Funktionieren der öffentlichen Ordnung und das Befolgen staatlicher Anordnungen, da es die Instanz des öffentlichen Anklägers nicht gab.

56 Titus übernahm dieses Amt nach dem Tod Vespasians. Als Inhaber dieses Amtes konnte er religiöse Fragen ohne Umschweife entscheiden.

57 Die Namen der Verschwörer sind nicht bekannt. Metastasio hat den Stoff in der von Mozart vertonten Oper *La clemenza di Tito* ausgesponnen.

58 Dies lehrten die Stoiker und Astrologen.

59 Seit dem Tod Vespasians intrigierte Domitian gegen Titus: Suet. Dom. 2,3. So versprach er den Soldaten ein doppeltes Donativ.

60 Sueton verzeichnet die Stellung Domitians: Titus hatte seinem Bruder in Wirklichkeit jegliche Teilnahme an der Ausübung seiner Macht versagt.

61 Cassius Dio (66,18) äußert die Vermutung, die Herrschaft des Titus sei nur deshalb als glücklich empfunden worden, weil sie so kurz war und Titus infolgedessen nicht die Möglichkeit hatte, seine negativen Züge zu zeigen.

62 Bei Reate; vgl. Suet. Vesp. 1,2.

63 Cassius Dio (66,26,3–4) äußert die Vermutung, Titus habe bereut, dass er Domitian nicht habe hinrichten lassen. Somit trage er die Schuld, dass das Reich nun in die Hände eines solchen Mannes falle.

64 Titus hatte am 24. Juni 79 die Herrschaft angetreten.

65 Denn die Nacht war bereits angebrochen. Hier erkennt man, wie beliebt Titus war.

66 Sicherlich hat man hier an ähnliche Ehrungen zu denken, wie sie beim Tod des Augustus vorgeschlagen wurden; vgl. Suet. Aug. 100,2 f.

Domitian

1 51 n. Chr.

2 Vespasian war also in ein vornehmeres Viertel umgezogen. Ähnliche Straßennamen sind überliefert, z. B. *ad pirum* (»Beim Birnbaum«); *ad gallinas albas* (»Bei den weißen Hühnern«).

3 »Der Blödsichtige« oder »Der Einäugige« – falls man *Lusco* liest; man hat auch *Lusio* vorgeschlagen, auf Deutsch wohl »Das Spiel«, im Sinne von Unzuchttreiben. – Tacitus (ann. 15,49) berichtet über die Schriftstellerei Neros.

4 Die beiden Konsuln waren nicht in Rom, Vespasian war in Ägypten, Titus in Palästina. So wurde ihm das *imperium consulare* übertragen. Vgl. Tac. hist. 4,3.

5 Vgl. Tac. hist. 4,2.

6 Vgl. Suet. Tit. 10,2.

7 Über die möglichen Gründe für die Beseitigung Lamias vgl. 10,2.

8 Cassius Dio (66,2) schreibt, Vespasian habe Domitian sogar schriftlich gedankt, dass er ihn nicht habe ablösen lassen.

9 In Gallien tobte nach dem Tod des Vitellius wieder der Aufstand. Als Mucian, der in Rom die wichtigsten Fäden in Händen hielt, die Nachricht hiervon erreichte, fasste er den Entschluss, nach Gallien aufzubrechen. Da er Bedenken hatte, den unberechenbaren Domitian in der Hauptstadt zurückzulassen, erlaubte er ihm, an dem Feldzug teilzunehmen. Das war im Jahr 70. An der Beendigung des Aufstandes hatte Domitian keinen Anteil.

10 Vgl. Suet. Vesp. Anm. 24.
11 In der Kaiserzeit wurden mehr als nur zwei Konsuln gewählt. Die angesehensten waren aber die, die zuerst gewählt wurden und auch als Erste das Konsulat bekleideten (die sog. *consules ordinarii*).
12 Er appelliert wohl an die Könige von Armenien und Medien, Tiridates und Pacorus.
13 Vespasian starb am 23. Juni, 69 (vgl. Suet. Vesp. 24).
14 Also doppelt so hoch wie das entsprechende Geschenk seines Bruders Titus.
15 Vgl. Suet. Tit. 3,2.
16 Q. Vibius Crispus war Konsul unter Nero, Vespasian und Domitian. Unter Vespasian war er wahrscheinlich im Jahr 72/73 Prokonsul von Afrika. Ferner war er Legat im diesseitigen Spanien. Er war ein enger Freund Vespasians und ein Ratgeber Domitians. Seine Beredsamkeit wird gerühmt. Er war auch ein erfolgreicher Anwalt. Vgl. Tac. hist. 2,10.
17 Im Jahr 73.
18 Ein berühmter Pantomime aus Ägypten. Sein Einfluss am Hofe Domitians war groß; seinen Günstlingen verschaffte er einflussreiche Posten. Cassius Dio (67,3) berichtet, Domitian habe Paris auf offener Straße ermorden lassen.
19 Cassius Dio (67,3) sagt, dass das Volk dieses tatsächlich verlangt hatte.
20 Vgl. Suet. Vesp. 9,1; Tit. 7,3.
21 Der Circus Maximus lag zwischen dem Aventin und dem Palatium. Die erste Rennbahn soll von Tarquinius Priscus, dem ersten König Roms, angelegt worden sein. Der Sage nach haben aber bereits noch früher in dieser Gegend Wagenrennen stattgefunden; während eines dieser Rennen sollen die Sabinerinnen geraubt worden sein. Der Circus Maximus wurde oft ein Opfer von Bränden. Er konnte zwischen 150 000 bis 250 000 Besucher fassen.
22 Schon zur Zeit Neros nahmen Frauen aus vornehmen Familien an Gladiatorenkämpfen und Tierhetzen teil. Auch bei der Einweihung des Amphitheaters unter Titus sollen Frauen, allerdings solche von niederer Herkunft, an den Tierhetzen teilgenommen haben.
23 Das war im Jahr 54 unter Nero.

24 Es gab deren vier in Rom: den *ludus matutinus*, den *ludus magnus*, den *ludus Gallicus* und den *ludus Dacicus*. Die Gladiatorenschulen von Capua und Praeneste sind in Italien wohl die bekanntesten gewesen.

25 Cassius Dio (67,8) berichtet, dass bei diesem Gefecht nicht nur nahezu alle aktiven Teilnehmer, sondern auch viele Zuschauer umkamen. Denn Domitian hatte trotz des Unwetters allen verboten, das Theater zu verlassen, bevor das Schauspiel zu Ende war. So erkrankten viele und starben.

26 Die Feiern fanden im Jahr 88 statt. Die Berechnung der Daten war schwierig, da ein *saeculum* 100 oder 110 Jahre umfassen konnte und die Chronologie der *ludi saeculares* vor Augustus nicht ganz klar ist. Augustus scheint 17. v. Chr., Claudius 47 n. Chr., 800 Jahre nach der Gründung Roms die *ludi saeculares* gefeiert zu haben (vgl. Suet. Claud. 21,2). – Vgl. auch Suet. Aug. Anm. 66.

27 Vgl. Suet. Ner. Anm. 50.

28 Das Fest wurde am 11. Dezember gefeiert. Es fand ein Opfer auf dem Palatium statt. Es gab wohl auch Darbietungen der Gladiatoren. In der Zeit Domitians ging es vermutlich über mehrere Tage.

29 Im Jahr 80. Vgl. Mart. 9,3: Der ganze Himmel würde bankrott gehen, wollten die Götter ihre Schulden abtragen für die Bauten, die Domitian hat errichten lassen.

30 In der Nähe des Pantheons. Es fasste etwa 15 000 Zuschauer. Hier fanden Wettkämpfe unter Athleten statt.

31 Es lag auf dem Marsfeld. Es handelt sich hierbei um ein überdachtes Theater für musikalische Darbietungen. Es fasste ungefähr 5000 Zuhörer.

32 Der Anlass für den Feldzug Domitians im Jahr 83 ist nicht eindeutig auszumachen. Es ist möglich, dass die Chatten im Jahr 83 aufgerüstet hatten. Es wird auch vermutet, Domitian habe einen Limes bauen wollen.

33 Der Feldzug fand im Jahr 92/93 statt. Sie waren wohl ihren Verpflichtungen gegenüber den Römern während des Dakerkrieges nicht nachgekommen.

34 Vgl. Suet. Cal. Anm. 97.

35 Vgl. Suet. Vesp. Anm. 32.

36 Vgl. Suet. Ner. Anm. 45.

37 Wir wissen nur von einer Anklage: 93 wurde der Prokurator von Hispania Baetica, Baebius Massa, wegen Erpressung angeklagt.

38 Gemeint ist wohl Caecilius Rufus.

39 Bereits Caesar hatte kinderlosen und unverheirateten Frauen sowie Frauen unter 45 den Gebrauch der Sänfte untersagt. Dieses Privileg wurde in der Regel nur freigeborenen Personen eingeräumt.

40 Die Vestalischen Jungfrauen hatten 30 Jahre ihre Jungfräulichkeit zu bewahren. Verstießen sie gegen dieses Gebot, wurden sie »nach alter Sitte« lebendig begraben. – Auf die von Sueton hier beschriebenen Ereignisse bezieht sich Stat. silv. 1,1,35.

41 Valerius Licinianus. Den Vorgang beschreibt Plin. epist. 4,11.

42 Vespasian traf im Jahr 70 erst im Sommer, von Alexandria kommend, in Rom ein.

43 Verg. georg. 2,537.

44 Das Archiv von Rom. Hier wurden alle Gesetzestexte, Erlasse und sonstigen amtlichen Schreiben aufbewahrt. Auch die Steuerschuldner wurden hier registriert. Auf den *tabulae publicae* fanden die Angeklagten ihre Namen wieder.

45 Vielleicht die Lex Claudia (218 v. Chr.), nach der Senatoren keine Handelsschiffe besitzen und auch keinen Handel betreiben durften; vgl. Wittstock, S. 591, Anm. 191.

46 Vgl. Anm. 18.

47 Der hier erwähnte Hermogenes von Tarsos ist offensichtlich nicht identisch mit dem gleichnamigen griech. Rhetor (etwa 160–225 n. Chr.).

48 Zu den thrakischen Kämpfern vgl. Suet. Cal. Anm. 179, zum *murmillo* Suet. Cal. Anm. 167.

49 Vgl. Suet. Vesp. 14.

50 Domitian als Oberbefehlshaber aller Streitkräfte hat wohl eingewandt, dass die Waffen nur seinen Namen hätten tragen dürfen.

51 Zu Paetus Thrasea vgl. Suet. Ner. Anm. 104; zu Helvidius Priscus Suet. Vesp. Anm. 39.

52 Paris, der Sohn des Priamos, hatte sich in Oinone, die Tochter des Flussgottes Kebren, verliebt, sie aber wegen Helena sitzenlassen. Sie gab ihm ihr Versprechen, ihn zu heilen, wenn er einmal im Krieg

verwundet werde. Als dies eintrat, ging Paris zu ihr. Sie aber verweigerte die Hilfe. Sie bereute das, eilte ihm nach Troja nach, aber kam zu spät.

53 Iulius Calvaster.

54 Im Jahr 70 schlug Mucian ihn zum *praefectus praetorio* vor, obwohl er dem Senatorenstand angehörte und das Amt in der Regel nur Rittern übertragen wurde (vgl. Suet. Tit. 6,1).

55 Vgl. 7,3.

56 Vgl. Suet. Vesp. 3.

57 Hom. Il. 2,204.

58 Vgl. Suet. Claud. Anm. 144.

59 In den Jahren 71, 73, 75, 76, 77, 79; 80 mit seinem Bruder Titus; von 82 bis 88; 90, 92, 95.

60 Anth. Pal. 9,75.

61 Ursprünglich die Tracht der Könige, dann der Konsuln und Priester. Eine Art Toga, besetzt mit purpurnen und weißen oder mit scharlachroten Streifen.

62 Vgl. Suet. Caes. Anm. 48.

63 Vgl. Suet. Ner. 49,3.

64 Als Sohn von Flavius Sabinus, des Bruders Vespasians, war er ein möglicher Kandidat für die Nachfolge, wenn Domitian kinderlos stürbe.

65 Vgl. Suet. Vesp. 5,4.

66 Die Fortuna Primigenia von Praeneste, eine Natur- und Schicksalsgöttin. Sie war angeblich die Mutter von Iuppiter und Iuno. Verbunden mit ihrem Heiligtum war ein Losorakel.

67 Ermordet wurde Domitian am 18. September 96. Die beschriebene Konstellation ergab sich zwischen dem 15./16. und dem 18./19. September.

68 Vgl. Suet. Caes. Anm. 219.

69 Freigelassener und Kämmerer Domitians. Er durfte sogar das Schwert tragen. Dieses Recht kam sonst nur dem *praefectus praetorio* zu, dem ›Mann mit dem Schwert‹.

70 Nichte Domitians und Frau des Flavius Clemens. Beide waren wohl Christen. Domitian soll Domitilla aufgefordert haben, ihrem Gatten in den Tod zu folgen.

71 Im Jahr 96. Domitian hatte am 14. September 81 die Herrschaft angetreten. Er regierte also 15 Jahre und 5 Tage (so auch korrekt Cass. Dio 67,18,2).

72 Vgl. Suet. Tit. 4,2.

73 Tacitus (Agr. 45,2) sagt, Domitian habe sich mit dieser Röte gegen Scham geschützt.

74 Hom. Il. 21,108.

75 Vgl. Suet. Caes. Anm. 148.

76 Vgl. Suet. Tib. 61,1.

77 Die Frucht trägt ihren Namen nach C. Matius Calvena, der wohl als Erster die Bäume zurückgeschnitten, also einen wesentlichen Beitrag zu ihrer Kultivierung geleistet hat.

78 Vgl. Suet. Tit. 4,2.

79 Vgl. dagegen Suet. Tit. 11.

80 *Fragmenta Poetarum Romanorum* (vgl. Suet. Aug. Anm. 101) S. 370.

81 Die Nachfolger Domitians, Nerva (96–98) und Trajan (98–116), werden von den antiken Autoren positiv – als gütig und milde – beurteilt.

Maße und Gewichte

Genannt werden nur die von Sueton in den *Kaiserbiographien* verwendeten Einheiten.

Längenmaße

Doppelschritt: etwa 1,5 m
Elle: 44 cm
Fuß: etwa 30 cm
Meile: etwa 1,5 km

Hohlmaße

Amphore: 26,25 l
Scheffel: etwa 8,75 l

Gewichte

Pfund: etwa 327 g
Unze: 27,3 g

Währungen

Denar: röm. Silbermünze (nachklass. 3,5 g)
Sesterz: röm. Messingmünze
Talent: größte griech. Münzeinheit

Verzeichnis der Eigennamen

Die Erläuterungen sind bewusst kurz gehalten und sollen nur eine grobe Einordnung ermöglichen. Wo für das Textverständnis zwingend, gibt es weitere Informationen in der jeweiligen Anmerkung.

Römische Namen finden sich – wie in den einschlägigen Lexika, die für eine tiefer gehende Information zu Rate zu ziehen sind (etwa DNP oder RE) – unter ihren Gentilnamen, Caesar z. B. also unter Iulius. Die Praenomina sind wie üblich abgekürzt: A. = Aulus; App. = Appius; C. = Gaius; Cn. = Gnaeus; D. = Decimus; L. = Lucius; M. = Marcus; M'. = Manius; P. = Publius; Q. = Quintus; Ser. = Servius; Sex. = Sextus; T. = Titus; Ti. = Tiberius.

Sueton selbst nannte Namen uneinheitlich – so schrieb er einen Vornamen z. B. mal aus, mal kürzte er ihn ab; die Übersetzung folgt ihm hierin jeweils.

Bei den Kaisern wurde jeweils der heute gebräuchliche Name zur leichteren Auffindbarkeit im Haupteintrag in Versalien gesetzt.

Aboriginer: sagenhaftes Stammvolk der Latiner Vit. 1,2

Cn. Acerronius Proculus: Konsul 37 n. Chr. Tib. 73,1

Achaia: seit 146 v. Chr. röm. Provinz, die seit 27 v. Chr. das griech. Kernland mit den Inseln sowie Thessalien, Ätolien, Akarnanien und Teile von Epirus umfasste Tib. 4,3; Claud. 25,3; 42,1; Vesp. 8,4

Achill: Sohn des Peleus und der Nereïde Thetis; Held vor Troja Tib. 70,3

C. Acilius: Soldat im Heer Caesars Caes. 68,4

M'. Acilius Aviola: Konsul 54 n. Chr. Claud. 45

M'. Acilius Glabrio: Konsul 91 n. Chr. zusammen mit Trajan Dom. 10,2

Acte: Freigelassene; Mätresse Neros Ner. 28,1; 50

Actium: Vorgebirge und Stadt in Nordwestgriechenland; hier besiegte Augustus 31 v. Chr. M. Antonius und Kleopatra Aug. 9; 17,2 f.; 18,2; 22; 96,2; Tib. 6,4; Cal. 23,1

Actius: Komödienschauspieler Tib. 47

M. Actorius Naso: Verfasser eines geschichtlichen Werks über Caesar oder dessen Zeit Caes. 9,3; 52,1

Atta Claudius: Urahn der *gens* Claudia Tib. 1,1

Ti. Claudius Caesar Germanicus Britannicus: 41–55 n. Chr. (vergiftet); Sohn des Claudius und der Valeria Messalina Claud. 27,1 f.; 43; Ner. 6,4; 7,1; 33,2 f.; Tit. 2

Ti. Claudius Drusus: Sohn des Claudius und der Plautia Urgulanilla Claud. 27,1

D. Claudius Drusus Nero: Drusus der Ältere; 38–9 v. Chr.; Stiefsohn des Augustus; Bruder des Tiberius; als Ehemann von Antonia der Jüngeren Vater des Claudius, des Germanicus und der Livilla Aug. 99,1; Tib. 4,3; 7,3; 50,1; Cal. 1,1; Claud. 1,1.2 (+ drusinisch). 5; 11,3; 46

C. Claudius Marcellus: Ehemann der jüngeren Octavia; Vetter von M. Claudius Marcellus; Konsul 50 v. Chr. Caes. 27,1; 29,1

M. Claudius Marcellus

1. Konsul 51 v. Chr.; Gegner Caesars Caes. 28,2 f.; 29,1
2. 43–23 v. Chr.; Sohn der jüngeren Octavia; Ehemann der Augustus-Tochter Iulia; zum Nachfolger des Kaisers ausersehen; ihm zu Ehren errichtete Augustus ein Theater Aug. 29,4; 43,5; 63,1; 66,3; Tib. 6,4; 10,1; Vesp. 19,1

C. Claudius Nero: Feldherr im Zweiten Punischen Krieg; schlug mit M. Livius Salinator 207 v. Chr. am Metarurus den punischen Heerführer Hasdrubal Tib. 2,1

Ti. Claudius Nero

1. Vorfahre von 2. Tib. 3,1
2. gest. 33 v. Chr.; erster Ehemann der Livia Drusilla, der späteren Frau des Augustus; Vater des Tiberius; Quästor 48; Prätor 42 Aug. 62,2; Tib. 4,1
3. Ti. Claudius NERO: 37–68 n. Chr.; Sohn des Cn. Domitius Ahenobarbus und der Iulia Agrippina; Stiefsohn des Claudius; sechster röm. Kaiser, reg. 54–68 Claud. 27,2; 39,2; 43; 45; Ner. 1,2 und *passim*; Galb. 1; 2; 6,1; 8,1 f.; 9,1 f.; 10,1.5; 11; 12,2; 15,1 f.; 22; Oth. 2,2; 3,1 f.; 4,1; 6,1; 7,1; 10,2; Vit. 2,2; 4; 11,2 (+ Adj.); Vesp. 4,4; 5,1.5.7; 6,3; 9,1; 14; 25; Tit. 7,1; Dom. 1,1; 14,4

Ti. CLAUDIUS Nero Drusus Germanicus: 10 v. – 54 n. Chr.; Sohn des älteren Drusus und der jüngeren Antonia; Vater des Drusus, der Claudia, Antonia, Octavia und des Britannicus; fünfter röm. Kaiser, reg. 41–54 n. Chr. Cal. 15,2; 21; 23,3; 49,3; Claud. 1,1 und *passim*; Ner.

Falacrinae: Dorf im Sabinerland Vesp. 2,1
Fannius Caepio: verschwor sich gegen Augustus Aug. 19,1; Tib. 8
Faunus: Feld- und Waldgott; in der Mythologie der dritte König von Latium Vit. 1,2
Faustus (Sulla) → Faustus Cornelius Sulla
M. Favonius: Prätor 49 v. Chr.; Gegner der Triumvirn und Anhänger Catos Aug. 13,2
Favor: Schauspieler Vesp. 19,2
Felicitas: Göttin des glücklichen Gelingens mit Tempel in Rom Tib. 5
Felix → M. Antonius Felix
Ferentium: Bergstadt in der Nähe von Viterbo; heute Ferento Oth. 1,1; Vesp. 3
Fest der sieben Hügel: gefeiert mit Opfer auf dem Palatin und Gladiatorendarbietungen (?) Dom. 4,5
Fetialen: alte Priesterschaft, zuständig für die völkerrechtlichen Beziehungen Claud. 25,5
Fidenae: Stadt in Latium Tib. 40; Cal. 31
Flavia Domitilla
1. Ehefrau Vespasians Vesp. 3
2. Tochter Vespasians Vesp. 3
3. Ehefrau des Flavius Clemens Dom. 17,1
Flavianer: Anhänger des (Flavius) Vespasian Vit. 15,3
Flavier/flavisch: Angehöriger der *gens* Flavia Vesp. 5,2; 12; Dom. 4,4; 5; 15,2; 17,3
T. Flavius Clemens: Vetter Domitians Dom. 15,1
T. Flavius Domitianus: DOMITIAN; 51–96 n. Chr.; reg. 81–96 Vesp. 1,1; 3; Dom. 1,1 und *passim*
Flavius Iosephus: 37–100 n. Chr.; jüdischer Geschichtsschreiber Vesp. 5,6
Flavius Liberalis: Schwiegervater Vespasians Vesp. 3
T. Flavius Petro: Bürger der Stadt Reate Vesp. 1,2.4
Flavius Sabinus: Sohn des Vorherigen; Vater Vespasians Vesp. 1,2; 5,2
T. Flavius Sabinus
1. älterer Bruder Vespasians Vit. 15,2 f.; Vesp. 1,3; Dom. 1,2
2. Vetter Domitians; verheiratet mit der Titus-Tochter Iulia Dom. 10,4

Hannibal: 247/246–183 v. Chr.; Oberbefehlshaber der Karthager im Zweiten Punischen Krieg Tib. 2,1; Dom. 10,3

Harpocras: Ti. Claudius Arphocras (?), Freigelassener Claud. 28

Hasdrubal: Bruder Hannibals; im Zweiten Punischen Krieg Heerführer der Karthager in Spanien; fiel 207 v. Chr. in der Schlacht am Metaurus Tib. 2,1

Q. *Haterius:* Senator Tib. 29

Hektor: Held der Trojaner, von Achill getötet Tib. 52,2; Ner. 22,1

Hekuba: Frau des trojanischen Königs Priamos Tib. 70,3

Helius: Freigelassener Neros Ner. 23,1

Hellespont: Meerenge zwischen Europa und Kleinasien; die heutigen Dardanellen Caes. 63; Cal. 19,3

Helvetier: kelt. Völkerschaft in der heutigen Schweiz Vesp. 1,3

Helvidius: Sohn des Helvidius Priscus Dom. 10,4

Helvidius Priscus: Schwiegervater des Thrasea Paetus; Stoiker; Prätor 70 n. Chr. Vesp. 15; Dom. 10,3

C. *Helvius Cinna:* Volkstribun 44 v. Chr. Caes. 52,3; 85

Herkules (Herakles): Held der griech. Sage Caes. 7,1; 56,7; Aug. 29,5; 72,2; Cal. 8,2; 34,2; Ner. 21,3; 53; Vesp. 12

Hermaeum: Name eines Pavillons Claud. 10,1

Hermogenes von Tarsos: Geschichtsschreiber; nicht weiter bekannt Dom. 10,1

Hiempsal: König von Numidien; verlangte durch seinen Sohn von Caesar die Auslieferung des Masintha, der ihm den Tribut verweigert hatte und nach Rom geflohen war Caes. 71

Hilario: Freigelassener des Augustus Aug. 101,1

Hipparchus: nicht genau identifizierbar Vesp. 13

A. *Hirtius:* 43 v. Chr. Konsul zusammen mit C. Vibius Pansa; Gefolgsmann und nächster Vertrauter Caesars; Verfasser des 8. Buchs von dessen *Gallischem Krieg*; fiel im Kampf gegen M. Antonius vor Mutina Caes. 56,1.3; Aug. 10,3; 11; 68; Tib. 5

Hispania Tarraconensis: ganz Nord- und Ostspanien sowie ein großer Teil Mittelspaniens Galb. 8,1

Homer/homerisch: griech. Dichter (um 800 v. Chr.), dem die *Odyssee* und die *Ilias* zugeschrieben werden Tib. 21,6; Cal. 34,2; Claud. 42,1; Ner. 47,1; 49,3

Kapitol/kapitolinisch

1. Hügel in Rom mit der Burg und dem Tempel des Iuppiter Optimus Maximus Caes. 10,1; 15; 37,2; 54,3; 79,2; 84,3; Aug. 29,1; 57,1; 59; 91,2; 94,8 f.; Tib. 1,1; 2,4; 3,2; 20; 53,2; Cal. 6,1; 7; 16,4; 22,4; 34,1; 46; 60; Claud. 2,2; 10,3; 22; 24,3; Ner. 10,2; 12,4; 13,2; 46,2; Galb. 18,2; Vit. 15,3; Vesp. 8,5; 18; Dom. 1,2; 4,4; 5; 8,5; 13,1 f.; 15,2; 23,2
2. Iuppiter-Tempel in Capua Tib. 40; Cal. 57,2

Kappadokien: Landschaft im Osten Kleinasiens Cal. 1,2; Vesp. 8,4

Kappadokier: Bewohner Kappadokiens Tib. 37,4

Karinen: Stadtteil in Rom am Esquilin Tib. 15,1

Karmel: Gebirge in Galiläa (Israel) mit Orakelstätte Vesp. 5,6

Karthager: Bewohner der nordafrikanischen Stadt Karthago Claud. 42,2

Kaspische Pforte: Engpass am Südufer des Kaspischen Meeres Ner. 19,2

Kassiope: Stadt mit dem Heiligtum des Zeus Kasios auf Kerkyra (Korfu) Ner. 22,3

Kastor: Zwillingsbruder des Pollux; einer der Dioskuren Caes. 10,1; Tib. 20; Cal. 22,2; Oth. 9,2

Keraunisches Gebirge: zwischen Illyrien und Epirus im heutigen Albanien Aug. 17,3

Kilikien: Landschaft im Südosten Kleinasiens zwischen Pamphylien und Syrien; der westliche, bergige Teil, bis zum Meer reichend, wurde das »raue« (τραχεῖα) Kilikien genannt Caes. 3; 8; Vesp. 8,4 (Kilikia Trachia)

Kimbern: german. Volksstamm; von Marius 101 v. Chr. vernichtend geschlagen Caes. 11; Aug. 23,2; Cal. 51,3

Kinaria: Insel in der Ägäis; heute Kinara Tib. 56

Kleinarmenien → Armenien

Kleinasien: seit 133 v. Chr. die röm. Provinz Asia Caes. 2; 4,2; 22,2; 28,1; 39,1; 63; Aug. 3,2; 17,3; 26,3; 86,3 (Adj.); Tib. 48,2; Cal. 57,3; 58,1; Vesp. 1,2; Dom. 10,2

Kleopatra: 69–30 v. Chr.; Königin von Ägypten; Geliebte von Caesar und M. Antonius Caes. 35,1; 52,1 f.; Aug. 17,1.3 f.; Ner. 3,2

Kolosseros: Beiname des Aesius Proculus Cal. 35,2

Koloss: der Nero-Koloss des Zenodor, etwa 30 m hoch; nach ihm trägt das Kolosseum seinen Namen Vesp. 18

Kommagene: Landschaft in Nord-Syrien; seit 18 n. Chr. röm. Provinz Cal. 16,3; Vesp. 8,4

Kompitalienfest: bäuerliches Winterfest Aug. 31,4

Korinth/korinthisch: griech. Stadt am Isthmos Aug. 70,2; Tib. 34,1; Ner. 37,3; Galb. 3,4

Kos: griech. Insel in der Ägäis Vesp. 18 (Adj.)

Kreta Vesp. 2,3

Ktistes: Beiname von Augustus' Freund Masgaba Aug. 98,4

Kybele: orientalische Mutter- und Fruchtbarkeitsgöttin; lat. Magna Mater, »Göttermutter« Aug. 68; Oth. 8,3

Kybiosaktes: »Pökelfischhändler«; Spottname des Ptolemaios XIII. Vesp. 19,2

Kynaigeiros: hielt bei der Schlacht bei Marathon (490 v. Chr.) ein feindliches Schiff so lange fest, bis man ihm die Hand abschlug Caes. 68,4

Kyniker: Anhänger der kynischen Philosophenschule Vesp. 13

Kynische Philosophenschule: von Diogenes im 4. Jh. v. Chr. gegründet; ihr Ideal war die Bedürfnislosigkeit Ner. 39,3

Kyrene: Stadt in Nordafrika Vesp. 2,3

Kyros II.: König der Perser, reg. etwa 559–529 v. Chr. Caes. 87

Kyzikos: Stadt am Südufer des Marmarameeres Tib. 37,3

D. Laberius: röm. Ritter; Mimendichter Caes. 39,2

T. Labienus: bekannter Redner zur Zeit des Augustus Cal. 16,1

Laches: griech. Name Vesp. 23,1

Lacus Curtius: See auf dem Forum Romanum Aug. 57,1; Galb. 20,2

C. Laetorius: Patrizier Aug. 5

Lakedaimonier: Bewohner von Lakedaimon (Sparta), der Hauptstadt Lakoniens Tib. 6,2

Lamia → L. Aelius Lamia

Lanuvium: Stadt in Latium Aug. 72,2

Laodikeia: Stadt in Phrygien Tib. 8

Laren: Hausgötter, Schutzgeister Ner. 46,2; Vit. 2,5; Dom. 17,2

Lateinisch Caes. 44,2; Aug. 25,4; 29,3; 31,1; 89,1; Tib. 70,1; 71; Cal. 3,1; 20; Claud. 1,2; 16,2; 42,1; Ner. 7,2; 39,2; Vesp. 18; Tit. 3,2; Dom. 4,4

Latiaris: Beiname Iuppiters als Schutzgott des Latinerbundes Cal. 22,2

Latinerfest: Bundesfest der latinischen Stämme Caes. 79,1; Claud. 4,3; Ner. 7,2

Latinische Straße: Straße von Rom Richtung Capua Dom. 17,3

Latinus: Mime Dom. 15,3

Latium/latinisch: Gegend um Rom Caes. 8; Aug. 45,2; 47; Vit. 1,2; Vesp. 3

Laureolus: Titel eines Mimus Cal. 57,4

Lavicum: Stadt in den Albaner Bergen Caes. 83,1

Lentulus → L. Cornelius Lentulus

Lepida

1. → Aemilia Lepida
2. → Domitia Lepida
3. Frau des Konsuls P. Quirinus Tib. 49,1

Lepidus → M. Aemilius Lepidus

Lex Papia Poppaea: Gesetz zur Förderung der Ehe Claud. 19; 23,1; Ner. 10,1

Lex Pedia: Gesetz zur Bestrafung der Caesar-Mörder Ner. 3,1; Galb. 3,2

Libitina: Totengöttin etruskischen Ursprungs, in deren Hain die Todesfälle und Begräbnisse registriert wurden Ner. 39,1

Liburner/liburnisch: Volk in Illyrien; ihre Schiffe waren für ihre Leichtigkeit und Schnelligkeit bekannt Aug. 17,3; Cal. 37,2

C. *Licinius Calvus:* 82–48 v. Chr.; berühmter Redner und Dichter Caes. 49,1; 73; Aug. 72,1

L. *Licinius Crassus:* 140–91 v. Chr.; bedeutender Redner Ner. 2,2

M. *Licinius Crassus Dives:* 115–53 v. Chr.; Konsul 70, zusammen mit Pompeius; bildete mit diesem und Caesar das erste Triumvirat; von den Parthern bei Carrhae vernichtend geschlagen Caes. 9,1 f.; 19,2; 21; 24,1; 50,1; Aug. 21,3; Tib. 9,1

M. *Licinius Crassus Frugi:* Konsul 27 n. Chr. Claud. 17,3

L. *Licinius Lucullus:* 117–56 v. Chr.; röm. Feldherr; bekannt als Feinschmecker Caes. 20,4; Tib. 73,1

C. *Licinius Mucianus:* Konsul 52 n. Chr. Vesp. 6,4; 13

Licinus: Freigelassener des Augustus Aug. 67,1

Ligurien: oberitalische Landschaft um Genua Claud. 17,2

Livia (Augusta) → Livia Drusilla

Livia Drusilla: 58 v. – 29 n. Chr.; von ihrem ersten Mann Mutter des Tiberius; seit 38 v. Chr. dritte Ehefrau des Augustus; Mutter des älteren Drusus; nach dem Tod des Augustus (14 n. Chr.) erhielt sie, in die iulische Familie adoptiert, den Titel Augusta Aug. 29,4; 40,3; 62,2; 63,1; 69,1 f.; 84,2; 99,1; 101,2; Tib. 4,3; 6,2; 14,2; 22; 50,2; 51,1; Cal. 7; 10,1; 15,2; 16,3; 23,2; Claud. 1,1; 3,2; 4,1.4.6; 11,2; Galb. 1; 5,2; Oth. 1,1

Livia Medullina (Camilla): Tochter des M. Furius Camillus (Konsul 8 n. Chr.) und der Scribonia; Verlobte des Claudius Claud. 26,1

Livia Ocellina: Stiefmutter Galbas Galb. 3,4; 4,1

Livia Orestilla: Ehefrau des C. Calpurnius Piso Cal. 25,1

Livier: vornehme plebejische *gens* Tib. 3,1

Livilla

1. Tochter des Nero Claudius Drusus und der jüngeren Antonia; Ehefrau von Drusus, dem Sohn des Tiberius Tib. 62,1; Claud. 1,6; 3,2
2. (Livia Iulia); Tochter des Germanicus und der älteren Agrippina; Schwester Caligulas Cal. 7; 24,1

Livius

1. abgelehnter Monatsname Tib. 26,2
2. Beiname Galbas Galb. 4,1

T. Livius: 59 v. – 17 n. Chr.; Verfasser eines Geschichtswerks von der Gründung Roms bis ins Jahr 9 v. Chr. Cal. 34,2; Claud. 41,1; Dom. 10,3

M. Livius Drusus: Großvater des Tiberius Tib. 7,1

M. Livius Salinator: Konsul 219 und 207 v. Chr. (Sieg über Hasdrubal am Metaurus); führte als Zensor 204 eine Salzsteuer ein (daher der Beiname Salinator) Tib. 3,1 f.

Lokroi: griech. Kolonie an der Ostküste Kalabriens Aug. 16,3

Lollia: Frau des A. Gabinius Caes. 50,1

Lollia Paulina: dritte Ehefrau Caligulas Cal. 25,2; Claud. 26,3

M. Lollius: Konsul 21 v. Chr.; erlitt als Legat 16 v. Chr. eine Niederlage gegen die Germanen Aug. 23,1; Tib. 12,2; 13,2

Luca: Stadt in Oberitalien; heute Lucca Caes. 24,1

L. Lucceius: bewarb sich vergeblich um das Konsulat des Jahres 59 v. Chr. Caes. 19,1

Lucius
1. → L. Iulius Caesar
2. → L. Licinius Lucullus
3. von den Claudiern verworfener Vorname Tib. 1,2
4. Vorname in der Familie der Ahenobarbi Ner. 1,2
5. von Galba gewählter Vorname Galb. 4,1

Lucriner See: heute Strandlagune Mariallo in Kampanien Aug. 16,1
Lucullus → L. Licinius Lucullus
Lucusta: berüchtigte Giftmischerin Ner. 33,2 f.; 47,1
ludi saeculares → Jahrhundertspiele
Lugdunum: Lyon Cal. 17,1; 20; Claud. 2,1
Lukullisch: Adj. zu C. Sallustius Lucullus Dom. 10,3
Lunesisch: Adj. zur etruskischen Stadt Luna Ner. 50
Luperkalienfest: Fest des Hirten- und Fruchtbarkeitsgottes Lupercus (Faunus) Caes. 79,2; Aug. 31,4
Luscio: »Der Blödsichtige«; Titel eines Gedichts Neros Dom. 1,1
Lusitaner: Bewohner Lusitaniens Caes. 54,1; Galb. 3,2
Lusitanien: Westspanien Oth. 3,2
Lustraltag: »Reinigungstag«, an dem röm. Babys ihren Namen bekamen Ner. 6,2
Q. *Lutatius Catulus:* Konsul 78 v. Chr.; Zensor 65; weihte 69 noch einmal den bei einem Brand zerstörten Tempel des Iuppiter Capitolinus Caes. 15; Aug. 94,8; Galb. 2; 3,4
Lycius: Zwerg Aug. 43
Lykien: gebirgige Landschaft im südlichen Kleinasien Aug. 65,1; Vesp. 8,4
Lykier: Bewohner Lykiens Claud. 25,3

Macro → Q. Naevius Macro
Maecenas → C. Cilnius Maecenas
Maecius: nicht weiter bekannt Dom. 20
Mago: jüngster Bruder des punischen Feldherrn Hannibal Dom. 10,3
Makedonen: Bewohner Makedoniens Cal. 57,4
Makedonien: Landschaft in Nordgriechenland; seit 148 v. Chr. röm. Provinz Caes. 35,1; Aug. 3,1; 4,1; Tib. 14,3; 16,2; Claud. 25,3
Mallia: nicht weiter bekannt Aug. 70,1

C. Matius Calvena: Freund Caesars Caes. 52,2; Dom. 21
Mauren: Bewohner Mauretaniens Caes. 52,1
Mauretanien: Landschaft im Nordwesten Afrikas Aug. 83; Cal. 55,1
Mausoleum: 28 v. Chr. errichtete kaiserliche Begräbnisstätte auf dem Marsfeld in Rom, benannt nach dem zu den Weltwundern gehörenden Grabmal des karischen Königs Mausolos Aug. 100,4; 101,4; Cal. 15,1; Ner. 46,2; Vesp. 23,4
Maximus
1. → Q. Fabius Maximus
2. Freigelassener des Parthenius Dom. 17,2
Mazaker: mauretanisches Volk, berühmt für seine Reiter und Pferde Ner. 30,3
Mediolanum: Mailand Aug. 20
Meleager: Held der griech. Mythologie; bezwang den kalydonischen Eber Tib. 44,2
C. Memmius: Prätor 58 v. Chr.; Proprätor in Bithynien (57/56); erst Gegner, dann Anhänger Caesars Caes. 23,1; 49,2; 73
P. Memmius Regulus: Konsul 31 n. Chr.; Oberbefehlshaber in Moesien, Makedonien und Achaia; Ehemann der Lollia Paulina Cal. 25,2
Memphis: eine der Hauptstädte des alten Ägypten am Westufer des Nils, südlich des heutigen Kairo Tit. 5,3
Menas: Flottenkommandant des Sex. Pompeius Aug. 74
Mendes: Stadt im Nil-Delta Aug. 94,4
Menecrates: Kitharasänger Ner. 30,2
Mero: Spitzname des Tiberius Tib. 42,1
Messala → M. Valerius Corvinus Messala
Messalina → Valeria Messalina
Messina: Stadt auf Sizilien Tib. 2,1; Cal. 51,1
L. Mestrius Florus: Konsul 75 oder 76 n. Chr.; 83/84 oder 88/89 Prokonsul der Provinz Asia Vesp. 22
Metellus → Q. Caecilius Metellus Nepos
Mettius Pompusianus: Konsul zwischen 70 und 75 n. Chr. Vesp. 14; Dom. 10,3
Mettius Rufus → M. Iunius Mettius Rufus
Mevania: Stadt in Umbrien mit Orakelstätte, am Zusammenfluss des Clitumnus mit dem Tinia; heute Bevagna Cal. 43

Mysterien: hier der Geheimkult der Demeter (Ceres) Aug. 93
Mytilene: Stadt auf Lesbos in der Ägäis Caes. 2; Aug. 66,3; Tib. 10,1

Q. *Naevius Macro:* 31 n. Chr. von Tiberius zum Prätorianerpräfekten eingesetzt mit dem Auftrag, seinen Vorgänger Seianus zu stürzen; 38 mit seiner Familie zum Selbstmord gezwungen Cal. 12,2; 23,2; 26,1
Narbo: röm. Kolonie in Gallien; heute Narbonne Tib. 4,1
Narcissus: einflussreicher Freigelassener; Sekretär des Claudius Claud. 28; 37,2; Vit. 2,5; Vesp. 4,1 f.; Tit. 2
Naso → M. Actorius Naso
Naulochos: Ort an der Nordküste Siziliens Aug. 16,1
Naumachie: von Augustus angelegter See, auf dem Scheingefechte durchgeführt wurden Tib. 72,1; Tit. 7,3; Dom. 5
Nauplios: rächte seinen von Odysseus getöteten Sohn Ner. 39,3
Neapel/neapolitanisch Aug. 92,2; 98,5; Tib. 4,2; 6,1; Claud. 11,2; Ner. 20,2 f.; 25,1; 40,4
Nemausenser: Bewohner der Stadt Nemausus (heute Nîmes) Tib. 13,1
Nemisee: See in Latium Caes. 46
Neoptolemos: berühmter Tragöde am Hofe des Makedonenkönigs Philipp II. Cal. 57,4
Neptun: Gott des Meeres Aug. 16,2; 18,2
Nero
1. → Ti. Claudius Nero (2.)
2. → Nero Iulius Caesar
3. Beiname in der *gens* Claudia Tib. 1,2
4. Beiname Othos Oth. 7,1
5. Sohn des Germanicus; Bruder Caligulas Claud. 9,1
Neroneus: von Nero eingeführter Name des Monats April Ner. 55
Neronia / Neronische Spiele: von Nero eingeführter Agon mit musischen und athletischen Wettkämpfen sowie Wagenrennen Ner. 12,3; 21,1; Vit. 4
Neropolis: von Nero geplanter Name für Rom Ner. 55
Nerulum: Stadt in Lukanien Aug. 4,2
Nerva → M. Cocceius NERVA
P. *Nigidius Figulus:* Senator und Freund Ciceros; unterstützte Pompeius im Bürgerkrieg; starb im Exil um 45/44 v. Chr. Aug. 94,5

Nikanor: Sohn des stoischen Philosophen Areios; Lehrer des Augustus Aug. 89,1
Nikomedes III.: König von Bithynien, reg. 128/127 – um 94 v. Chr. Caes. 49,3
Nikomedes IV. Philopator: König von Bithynien, reg. etwa 91–74 v. Chr.; Verbündeter Roms im Krieg gegen Mithridates Caes. 2; 49,1–4
Nikon: Name eines Esels Aug. 96,2
Nikopolis: Stadt in Ägypten Aug. 18,2
Nil: Fluss in Ägypten Aug. 18,2
Niobe: Tochter des Tantalus; wegen ihrer Arroganz Latona gegenüber mit dem Tod ihrer Kinder bestraft und in Stein verwandelt; Titel eines Gesangsstücks Neros Ner. 21,2
Nola: Stadt in Kampanien Aug. 98,5; 100,2; Tib. 40
Nonius Asprenas: von Augustus mit einer Halskette (*torquis*) und dem Beinamen Torquatus ausgezeichnet Aug. 43,2; 56,3
Norbanus Flaccus: Konsul 15 n. Chr. Vit. 3,2
Noricum: Königreich im Gebiet des heutigen Österreich Tib.16,2
Novius Niger: Untersuchungsrichter Caes. 17,1 f.
Novum Comum: heute Como am Comer See Caes. 28,3
Nuceria: Stadt in Kampanien; heute Nocera de' Pagani Vit. 1,3; 2,2
Numidisch: Adj. zu Numidien (Ostalgerien und Tunis) Caes. 85; Cal. 22,3
Nursia: Stadt im Sabinerland am Fuße des Apennin; heute Norcia Aug. 12; Vesp. 1,3
Nymphidius Sabinus: Prätorianerpräfekt Galb. 11; 16,1
Nysa: Tochter des Königs Nikomedes III. von Bithynien Caes. 49,3

Obergermanien → Germanien
Ocella: Beiname Galbas Galb. 4,1
Octavia
1. die Ältere: geb. vor 70 v. Chr.; Tochter des C. Octavius und der Ancharia Aug. 4,1
2. die Jüngere: gest. 11 v. Chr.; Tochter des C. Octavius und der Atia, der Schwester des Augustus; Frau des C. Marcellus; seit 40 v. Chr. Frau des M. Antonius Caes. 27,1; Aug. 4,1; 29,4; 61,2; 63,1; Tib. 6,4
3. Tochter des Claudius und der Valeria Messalina; seit 53 n. Chr. mit

Orest: Sohn des Agamemnon und der Klytaimestra; rächte die Ermordung seines Vaters, indem er seine Mutter und deren Geliebten tötete Ner. 21,3; 39,2

Orient Tib. 9,1; 12,2; Cal. 1,2; Ner. 5,1; 39,1; 40,2; Vesp. 4,5; 6,4; Tit. 5,3

Origines: Schrift des M. Porcius Cato; erste (fragmentarisch erhaltene) Geschichte in lat. Sprache Aug. 86,3

Orkus: Unterwelt Ner. 39,3

Ostia: Hafen an der Tibermündung Tib. 10,2; 11,1; Cal. 15,1; 55,1; Claud. 12,3; 17,2; 20,1.3; 24,2; 25,2; 38,1; 40,3; Ner. 16,1; 27,3; 31,3; 47,1; Vesp. 8,3

Otho → M. Salvius Otho

Ozean: das die Erdscheibe umgebende Weltmeer Cal. 46; 47; Claud. 1,2; 17,3

Paconius: der Majestätsbeleidigung angeklagt und hingerichtet Tib. 61,6

Pacuvius: um 220–130 v. Chr.; Verfasser von Tragödien Caes. 84,2

Paetina → Aelia Paetina

Paetus Thrasea: Senator zur Zeit Neros; Stoiker Ner. 37,1; Dom. 10,3

Palatin/palatinisch: einer der sieben Hügel Roms Aug. 5; 29,1.3; 31,1; 52; 57,2; 72,1; Tib. 5; Cal. 14,2; 46; Claud. 17,3; 18,2; Ner. 25,2; Oth. 1,3; 6,1

Palatinische Spiele: auf dem Palatin gefeierte Spiele zu Ehren des Augustus Cal. 56,2

Palatium: (Kaiser-)Palast Cal. 22,4; Ner. 31,1; Tit. 2

Palfurius Sura: bekannter Delator unter Domitian Dom. 13,1

Pallas → M. Antonius Pallas

Palumbus: Name eines berühmten Gladiators Claud. 21,5

Pan: griech. Wald- und Hirtengott; röm. Faunus Caes. 76,1; Tib. 43,2

Pandateria: kleine Insel nordwestlich von Ischia; heute Ventotene Tib. 53,2; Cal. 15,1

Panerus: Wucherer Ner. 30,2

Pannonicus: für Tiberius vorgeschlagener Beiname Tib. 17,2

Pannonien: Landschaft zwischen Dakien, Noricum und Illyrien Aug. 21,1; Oth. 9,3; Vit. 15,1

Pannonier/pannonisch Aug. 20; Tib. 9,1 f.; 17,1; 20

Pansa → C. Vibius Pansa

Postumia: Ehefrau des Ser. Sulpicius Rufus Caes. 50,1
Praeneste: Stadt in Latium Aug. 72,2; 82,1; Tib. 4,2; 63,1; Dom. 15,2
Priamos: König von Troja Tib. 62,3
Priapus: Fruchtbarkeitsgott mit übergroßem Phallus Cal. 56,2
Proserpina: Tochter der Ceres; von Pluto in den Hades entführt Ner. 46,2
Psyller: libyscher Volksstamm; die Psyller waren angeblich gegen Schlangengift immun; ihre Hilfe bei derartigen Verwundungen galt als besonders wirksam Aug. 17,4
Ptolemaier: Angehöriger des von Ptolemaios I. gegründeten Herrschergeschlechts Aug. 18,1
Ptolemaios: Sohn des Königs Iuba II. von Mauretanien und der Selene, der Tochter des M. Antonius; König von Mauretanien, reg. 23–40 n. Chr. Cal. 26,1; 35,1; 55,1
Ptolemaios XII. Auletes: um 111 – 51 v. Chr.; König von Ägypten; 58 v. Chr. vertrieben, 55 wieder zurückgerufen Caes. 54,3; Claud. 16,2
Ptolemaios XIII.: Sohn des Vorherigen Caes. 35,1
Punier: Karthager Tib. 2,1
Punische Kriege: drei Kriege (264–241; 218–201; 149–146 v. Chr.), in denen Rom mit Karthago um die Vorherrschaft im Mittelmeerraum kämpfte Aug. 2,2; Tib. 16,1; Ner. 38,2
Puteoli: kampanische Hafenstadt bei Neapel; heute Pozzuoli Aug. 44,1; 98,2; Cal. 19,1; 32,1; Claud. 25,2; Vit. 12; Vesp. 8,3; Tit. 5,3
Pylades: Schauspieler Aug. 45,4
Pyrallis: Prostituierte Cal. 36,1
Pyrenäen: Gebirge zwischen Frankreich und Spanien Caes. 25,1
Pyrgi: Stadt in Etrurien Ner. 5,2
Pyrrhos: König von Epirus; 275 v. Chr. bei Beneventum von den Römern geschlagen Tib. 2,1
Pythisch: Adj. zu Pythia, der Orakelgöttin in Delphi Ner. 25,1

Quinquaternfest: Fest der Minerva Ner. 34,2
P. Quintilius Varus: Konsul 13 v. Chr.; Heerführer in Germanien, dort 9 n. Chr. vernichtend geschlagen (Schlacht im Teutoburger Wald) Aug. 23,1 f.; 49,1; Tib. 17,1 f.; 18,1; Cal. 3,2; 31
Quintus → Q. Tullius Cicero

Rufilla: Geliebte des Augustus Aug. 69,2
Rufio: Geliebter Caesars Caes. 76,3
Rufius Crispinus: Sohn der Poppaea; Stiefsohn Neros Ner. 35,5
Rufus
1. → C. Octavius Rufus / Cn. Octavius Rufus
2. → Salvidienus Rufus
Rustus Caepio: nicht weiter bekannt Dom. 9,2
P. Rutilius Rufus: Konsul 105 v. Chr. Aug. 89,2

Sabina Poppaea → Poppaea Sabina
Sabiner/sabinisch: Bewohner des Sabinerlandes Tib. 1,1 f.
Sabiner(land): Gebirgslandschaft nördlich von Latium Vit. 1,2; Vesp. 1,4; 2,1; Tit. 10,1
Sabinus → Flavius Sabinus / T. Flavius Sabinus
Sabrata: Stadt in Nordafrika Vesp. 3
Säkularspiele → Jahrhundertspiele
Saepten: Abstimmungsgelände auf dem Marsfeld; in der frühen Kaiserzeit Schauplatz von Spielen Aug. 43,1.4; Tib. 17,2; Cal. 18,1; 21; Claud. 21,4; Ner. 12,4
Salasser: Volk im nordwestlichen Italien, im heutigen Aostagebiet Aug. 21,1
Salier: Priesterkollegium des Gottes Mars Claud. 33,1
Salinator → M. Livius Salinator
C. Sallustius Crispus: 86–35 v. Chr.; Anhänger Caesars; Verfasser von *De coniuratione Catilinae* (Verschwörung des Catilina), *Bellum Iugurthinum* (Krieg gegen Jugurtha), *Historiae* und politischer Schriften Aug. 86,3
C. Sallustius Crispus Passienus: Stiefvater Neros; seit 44 n. Chr. Ehemann der jüngeren Agrippina; von dieser 48 ermordet Ner. 6,3
C. Sallustius Lucullus: Legat in Britannien 84–96 n. Chr. Dom. 10,3
Salvia Titisenia: Geliebte des Augustus Aug. 69,2
Salvidienus Orfitus
1. → Ser. Cornelius Scipio Salvidienus
2. Konsul, das Jahr ist unbekannt Dom. 10,2
Salvidienus Rufus: röm. Ritter; designierter Konsul für 39 v. Chr. Aug. 66,1 f.

Q. Servilius Caepio: Verlobter von Caesars Tochter Iulia Caes. 21
C. Servilius Casca: einer der Caesar-Mörder Caes. 82,1 f. (?)
P. Servilius Casca Longus: Volkstribun 43 v. Chr.; einer der Caesar-Mörder Caes. 82,1 f. (?)
P. Servilius Isauricus: 48 und 41 v. Chr. Konsul; seine Tochter war mit Augustus verlobt Aug. 62,1; Tib. 5
P. Servilius Vatia Isauricus: 79 v. Chr. Konsul; bekämpfte 78–75 die Seeräuber in Kilikien Caes. 3
Servius: Vorname Galbas Galb. 3,4; 4,1
Servius Galba → Ser. Sulpicius Galba
Servius Tullius: der Sage nach der sechste König Roms Aug. 2,1
Sestilia: Mutter des Vitellius Vit. 3,1; 7,2
Sextilis: sechster Monat des altröm. Kalenders; damals begann das Jahr am 1. März Aug. 31,2
Sibyllinische Bücher: Sammlung von Orakelsprüchen Caes. 79,3; Aug. 31,1
Sigillarien: Marktfest nach den Saturnalien Claud. 5; 16,4
Silanus → A. Iunius Silanus / D. Iunius Silanus / L. Iunius Silanus / M. Iunius Silanus
C. Silius
1. Konsul 13 n. Chr. Aug. 71,2; 101,1
2. Senator, für 49 n. Chr. als Konsul designiert; illegitimer Ehemann der Valeria Messalina Claud. 26,2; 29,3; 36
Silvanus → M. Plautius Silvanus
Sinuessa: Stadt im südlichen Latium Vit. 7,2
Sirenen: mythische Vögel mit Mädchenköpfen, die mit ihrem Gesang die Seereisenden ins Verderben lockten Tib. 70,3
Sizilien/sizilisch Aug. 2,2; 9; 16,1.3; 22; 25,3; 47; 70,2; 85,2; 96,2; Tib. 2,1 f.; 4,2; 6,2 f.; Cal. 20; 23,1; 51,1; Claud. 21,6; 25,5
Skythen: Volk zwischen Donau und Don Aug. 21,3
C. Sosius: Konsul 32 v. Chr.; Unterfeldherr des M. Antonius; eroberte mit Unterstützung von Herodes 37 v. Chr. Jerusalem Aug. 17,2
Spanien/spanisch: Das Land fiel nach dem Zweiten Punischen Krieg an die Römer; 197 v. Chr. in zwei Provinzen geteilt: Hispania citerior (oder Tarraconensis) umfasste den Norden und Osten des Landes, Hispania ulterior (oder Baetica) den Süden Caes. 7,1; 9,3; 18,1; 28,1;

A. *Terentius Varro Murena:* Bruder von Terentia, der Gattin des Maecenas; Konsul 23 v. Chr.; verschwor sich gegen Augustus Aug. 19,1; 56,4; 66,4; Tib. 8

Terpnus: Kitharasänger; Lehrer Neros Ner. 20,1; Vesp. 19,1

Tertia: Tochter der Servilia Caes. 50,2

Tertulla

1. Frau des M. Licinius Crassus Caes. 50,1
2. Geliebte des Augustus Aug. 69,2
3. Großmutter Vespasians Vesp. 2,1

Tetrinius: Straßenräuber Cal. 30,2

Teutonen: german. Volksstamm; 102 v. Chr. von Marius vernichtend geschlagen Caes. 11

Thallus: Sekretär des Augustus Aug. 67,2

Thasisch: Adj. zu der für ihren Marmor berühmten Insel Thasos vor der thrakischen Küste Ner. 50

Theodoros: Rhetoriklehrer des Tiberius Tib. 57,1

Theogenes: Astrologe Aug. 94,12

Thermus → M. Minucius Thermus

Thessalien: Landschaft im Nordosten Griechenlands Aug. 96,1

Thessalier/thessalisch: Bewohner Thessaliens Tib. 8; Claud. 21,3

Thraker: Bewohner Thrakiens; Typ eines Gladiators Aug. 3,2; Tib. 37,4; Cal. 35,2; 54,1; 55,2; Tit. 8,2; Dom. 10,1

Thrakien/thrakisch: Landschaft im Nordosten Griechenlands Caes. 44,3; Aug. 94,5; Tib. 16,2; Vesp. 2,3

Thrasyllus: gest. 36 n. Chr.; Hofastrologe des Tiberius Aug. 98,4; Tib. 14,4; 62,3; Cal. 19,3

Thurii: Stadt in Lukanien, neu erbaut an der Stelle der 510 v. Chr. zerstörten Stadt Sybaris Aug. 2,3; 3,1; 7,1

Thurinus: Beiname des Augustus Aug. 7,1

Thyateira: Stadt in Lydien (Kleinasien) Tib. 8

Tiber: Fluss; fließt auch durch Rom Caes. 44,3; 82,4; 83,2; Aug. 30,1; 37; 43,1; 100,4; Tib. 2,3; 61,4; 72,1; 75,1; Cal. 15,1; Claud. 38,1; Ner. 27,3; 47,3; Oth. 8,3; Vit. 17,2; Vesp. 19,2; Dom. 1,2; 4,2

Tiberius

1. → Tiberius Iulius Caesar Augustus
2. → Ti. Iulius Caesar Gemellus

Tiberius Alexander: Präfekt von Ägypten Vesp. 6,3

Tiberius Nero

1. → Ti. Claudius Nero
2. → Tiberius Iulius Caesar Augustus

Tibur: Stadt in Latium Aug. 72,2; 82,1; Cal. 8,1 f.; 21; Claud. 34,1

Tigillinus: Prätorianerpräfekt unter Nero Galb. 15,2

Tigranes III.: König von Armenien, reg. 20–8 v. Chr. Tib. 9,1

L. Tillius Cimber: Teilnehmer an der Verschwörung gegen Caesar Caes. 82,1

Tiridates: König von Armenien Ner. 13,1; 30,2

Titianus → L. Salvius Otho Titianus

Titier: Priesterkollegium Galb. 8,1

Q. Titurius Sabinus: Legat Caesars in Gallien Caesar 25,2; 67,2

Titus → T. Flavius Vespasianus

Tolosa: Stadt in Gallia Narbonnensis; heute Toulouse Vit. 18

Tonans: »Donnerer«; Beiname Iuppiters Aug. 29,1.3; 91,2

Toranius: Sklavenhändler Aug. 69,1

C. Toranius: Vormund des Augustus Aug. 27,1

Torquatus: Beiname des Nonius Asprenas und seiner Nachkommen Aug. 43,2; Cal. 35,1

Tragoedus: hier »in der Tragödenstraße«; auch Beiname Iuppiters Aug. 57,1

Tralleis: Stadt in Karien (Kleinasien) Tib. 8

Transalpina → Gallia Comata (Transalpina)

Transpadana: der nördliche Teil des cisalpinischen Galliens, vom Po bis zum Alpenrand Vesp. 1,4

Transpadaner: Bewohner der Transpadana Caes. 9,3

C. Trebatius: Jurist Caes. 78,1

Trebiae: Stadt in Umbrien Tib. 31,1

Treverer: kelt.-german. Volk an der Mosel Cal. 8,1

Triton: Meeresgott; Sohn Neptuns Claud. 21,6

Troja: Ilion; von den Griechen eroberte Stadt in Kleinasien; Heimat des Aeneas; Caes. 79,3; Ner. 38,2

Trojaspiel: Reiterspiel Caes. 39,2; Aug. 43,2; Tib. 6,4; Cal. 18,3; Claud. 21,3; Ner. 7,1

Tubero → Q. Aelius Tubero

M. Tullius Cicero: 106–43 v. Chr.; bedeutendster röm. Redner; Konsul 63 (Niederschlagung der Catilinarischen Verschwörung); vom Volkstribunen Clodius wegen seines damaligen Verhaltens terrorisiert, ging er 58 freiwillig in die Verbannung Caes. 9,2; 14,2; 17,2; 20,4; 30,5; 42,3; 49,3; 50,2; 55,1; 56,1.6; Aug. 3,2; 5; 94,9; Tib. 2,4; 7,2; Claud. 41,3

Q. Tullius Cicero: geb. um 102 v. Chr.; Bruder des Marcus; 65 Ädil; 62 Prätor; seine Statthalterschaft in der Provinz Asia wurde zweimal verlängert; fiel 43 den Proskriptionen zum Opfer Aug. 3,2

Turnus: König der Rutuler; Gegner des Aeneas Ner. 54

Tusculum: Stadt in Latium Galb. 4,3; 18,2

Tuscus: Sohn von Neros Amme Ner. 35,5

Tyros/tyrisch: Stadt in Phönizien Caes. 39,4; Ner. 31,4

Tyrrhener/tyrrhenisch: anderer Name der Etrusker Aug. 49,1; Claud. 42,2

Ultor: »Rächer«; Beiname des Mars Aug. 21,2; 29,1; Cal. 24,3

Umbrien: Landschaft in Mittelitalien Caes. 34,1; Vesp. 1,4

Untergermanien → Germanien

Urgulanilla → Plautia Urgulanilla

Valeria Messalina: Tochter des M. Valerius Messala Barbatus; seit etwa 38 n. Chr. dritte Frau ihres Onkels Claudius; Mutter der Octavia und des Germanicus (Britannicus); 48 hingerichtet Claud. 17,3; 26,2; 27,1; 29,3; 36; 37,2; 39,1; Ner. 6,4; Vit. 2,5

M. Valerius Barbatus Messala: Sohn der jüngeren Marcella, der Halbschwester von Claudius' Mutter Antonia Claud. 26,2

Valerius Catullus: nicht weiter bekannt Cal. 36,1

C. Valerius Catullus: um 88–54 v. Chr.; berühmter Dichter Caes. 73

M. Valerius Corvinus Messala: Konsul 31 v. Chr.; Redner und Schriftsteller Aug. 58,1 f.; 74; Tib. 70,1; Claud. 13,2

M. Valerius Messala: Konsul 3 v. Chr. Galb. 4,1

Varro → M. Terentius Varro

Varro Murena → A. Terentius Varro Murena

Varronilla: Vestalin Dom. 8,4

Varus → P. Quintilius Varus

Via Sacra: Straße im Zentrum Roms Caes. 46; 80,4; Vit. 17,1

Via Salaria: »Salzstraße«; auf ihr soll das Salz aus den Salzbergwerken in der Nähe von Ostia in das Innere Italiens transportiert worden sein Ner. 48,1; Vesp. 12

Via Vitellia: Straße vom Ianiculum zum Meer Vit. 1,3

Q. *Vibius Crispus:* Konsul unter Nero, Vespasian und Domitian Dom. 3,1

C. *Vibius Pansa:* Konsul 43 v. Chr.; starb an einer Verwundung, die er sich in der Schlacht bei Mutina zugezogen hatte Aug. 10,3; 11; Tib. 5

Victoria: Siegesgöttin Galb. 10,4

Vienna: Hauptstadt der Allobroger; heute Vienne Vit. 9; 18

Vindeliker/vindelikisch: kelt. Volk auf der oberbayerisch-oberschwäbischen Hochebene Aug. 21,1; Tib. 9,1 f.

Vindex → C. Iulius Vindex

Vinicianisch: Adj. zu Vinicius, dem Anführer einer Verschwörung gegen Nero Ner. 36,1

Vinicius: Gast des Augustus Aug. 71,2

L. *Vinicius:* vornehmer Römer Aug. 64,2

T. *Vinius Philopoemen:* Freigelassener Aug. 27,2

T. *Vinius Rufinus:* Vertrauter Galbas Galb. 14,2; Vit. 7,1

Vipsania Agrippina

1. 33 v. – 20 n. Chr.; erste Ehefrau des Tiberius; Mutter des Drusus Tib. 7,2 f.
2. Agrippina die Ältere: 14 v. – 33 n. Chr.; Enkelin des Augustus; Tochter des Agrippa und der Iulia; seit 5 n. Chr. mit Germanicus verheiratet; Mutter Caligulas Aug. 64,1; 86,3; Tib. 53,1; Cal. 7; 8,1.3 f.

M. *Vipsanius Agrippa*

1. 64/63–12 v. Chr.; Freund und Schwiegersohn des Augustus; Schwiegervater des Germanicus; Feldherr und Politiker Aug. 16,2; 25,3; 29,5; 35,1; 42,1; 63,1; 64,1; 66,3; 94,12; 97,1; Tib. 7,2; 10,1; Cal. 7; 23,1
2. Beiname Postumus; 12 v. – 14 n. Chr.; Sohn der Iulia und des M. Vipsanius Agrippa; von Augustus adoptiert und später verbannt; vor Tiberius' Thronbesteigung ermordet Aug. 19,2; 51,1; 64,1; 65,1.4; Tib. 15,2; 22; 25,1

Stammtafeln

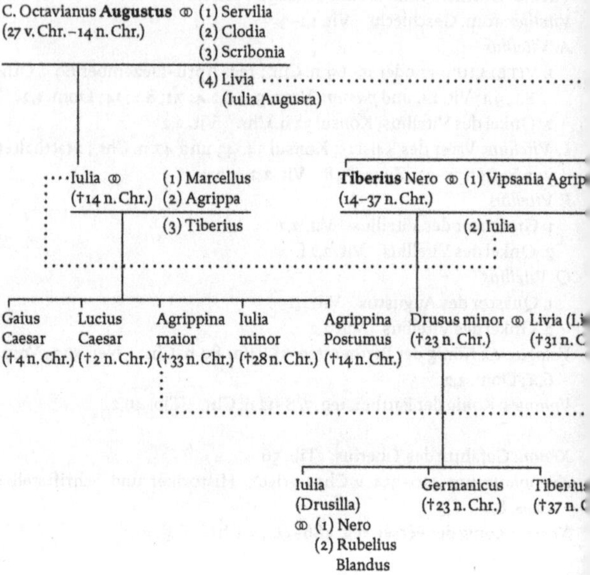

Zeichenerklärung:

∞ = verheiratet mit
→ = Sohn oder Tochter von

Die Namen der Herrscher sind durch Fettdruck hervorgehoben

Das iulisch-claudische Kaiserhaus

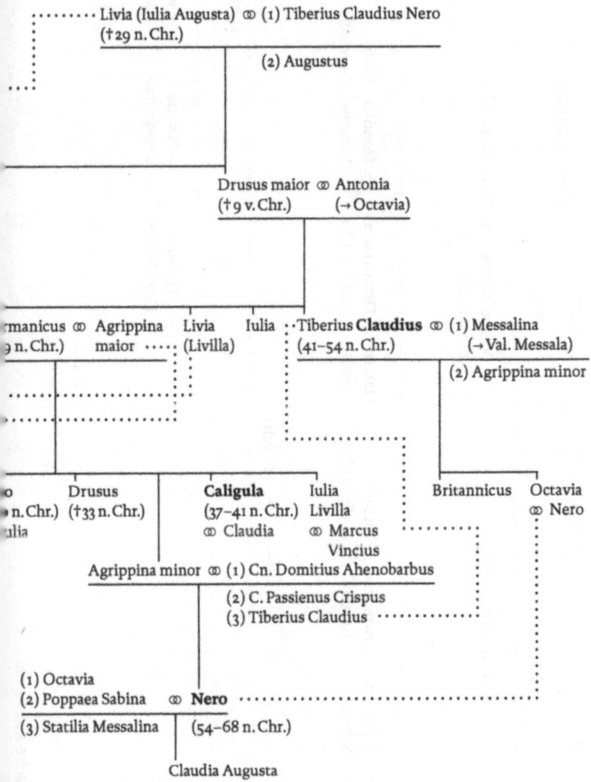
Livia (Iulia Augusta) ⚭ (1) Tiberius Claudius Nero
(†29 n. Chr.)
(2) Augustus
Drusus maior ⚭ Antonia
(†9 v. Chr.) (→ Octavia)
rmanicus ⚭ Agrippina maior
9 n. Chr.)
Livia (Livilla)
Iulia
Tiberius **Claudius** ⚭ (1) Messalina (→ Val. Messala)
(41–54 n. Chr.)
(2) Agrippina minor
o
n. Chr.)
ılia
Drusus
(†33 n. Chr.)
Caligula
(37–41 n. Chr.)
⚭ Claudia
Iulia
Livilla
⚭ Marcus Vincius
Britannicus
Octavia
⚭ Nero
Agrippina minor ⚭ (1) Cn. Domitius Ahenobarbus
(2) C. Passienus Crispus
(3) Tiberius Claudius
(1) Octavia
(2) Poppaea Sabina
(3) Statilia Messalina
⚭ **Nero**
(54–68 n. Chr.)
Claudia Augusta

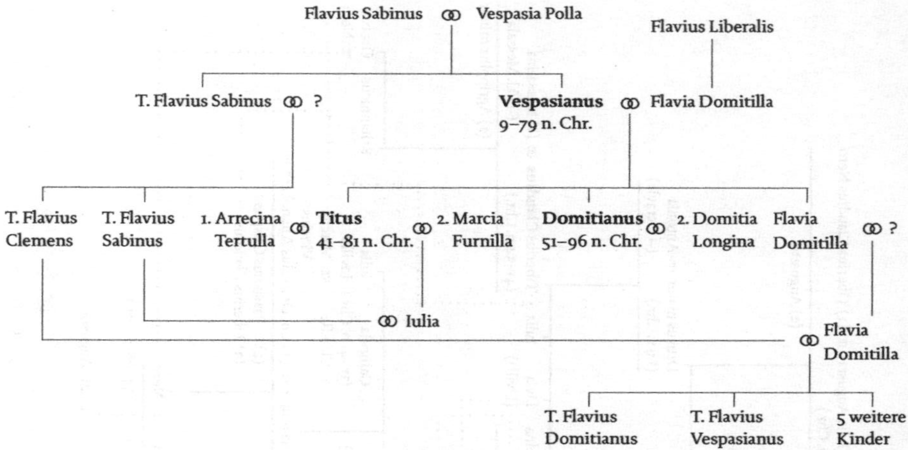

Das flavische Kaiserhaus

Zeittafel

100 v. Chr.	Geburt Caesars
88–82	Bürgerkrieg zwischen Marius und Sulla
82–79	Diktatur Sullas
80	Caesar in Kleinasien
75/74	Caesar in der Gefangenschaft von Seeräubern
72	Beginn von Caesars Ämterlaufbahn als Militärtribun
68 (?)	Caesar als Quästor in Spanien
65	Caesar kurulischer Ädil
63	Caesar Pontifex Maximus; Konsulat Ciceros; Catilinarische Verschwörung; Geburt Octavians (Augustus')
62	Prätur Caesars; Bona-Dea-Skandal (Clodius)
61	Caesars Statthalterschaft in Spanien
60	Erstes Triumvirat (Caesar, Crassus und Pompeius)
59	Caesar Konsul
58–51	Eroberung Galliens
56	Erneuerung des Triumvirats
49–48	Bürgerkrieg zwischen Caesar und Pompeius
48	Sieg über Pompeius bei Pharsalos
46	Sieg über die Pompejaner bei Thapsos, 45 bei Munda
45	Caesar Diktator auf Lebenszeit
44	Ermordung Caesars
43	Zweites Triumvirat (Antonius, Lepidus, Octavian); Proskriptionen; Ermordung Ciceros
42	Schlachten bei Philippi: Sieg des Antonius und Octavian über die Caesar-Attentäter; Geburt des Tiberius
41/40	Bellum Perusinum
31	Schlacht bei Actium: Sieg Octavians über Antonius und Kleopatra; Ägypten wird römische Provinz
27 v. – 14 n. Chr.	**Prinzipat des Augustus**
26–25	Augustus in Spanien
23	Augustus erhält die *tribunicia potestas* auf Lebenszeit
20	Friedensvertrag mit den Parthern
18	Ehe- und Sittengesetzgebung

16–15	Unterwerfung der Alpenstämme
16–13	Augustus in Gallien
12	Tod Agrippas; Augustus Pontifex Maximus
12–9	Eroberung Pannoniens durch Tiberius
12–8	Vorstöße nach Germanien
10	Geburt des Claudius
3	Geburt Galbas

---

2 n. Chr.	Tod des Lucius Caesar
4	Tod des Gaius Caesar
6–9	Niederschlagung des dalmatisch-pannonischen Aufstandes durch Tiberius
9	Schlacht im Teutoburger Wald (Niederlage des Varus); Geburt Vespasians
12	Geburt Caligulas
12 (oder 15)	Geburt des Vitellius
14–37	**reg. Kaiser Tiberius**
19	Tod des Germanicus
27–37	Tiberius auf Capri
31	Sturz des Seianus
32	Geburt Othos
37	Geburt Neros
37–41	**reg. Kaiser Caligula**
39	Geburt des Titus
41–54	**reg. Kaiser Claudius**
43	Feldzug gegen Britannien
48	Sturz und Tod der Messalina
51	Geburt Domitians
54–68	**reg. Kaiser Nero**
64	Brand Roms; Christenverfolgung
65	Pisonische Verschwörung; Tod Senecas
66	Griechenlandreise Neros
59	Ermordung Agrippinas
55	Ermordung des Britannicus
67–70	Judäischer Aufstand
68/69	**Galba, Otho, Vitellius als Kaiser**

69–79	**reg. Kaiser Vespasian**
70	Eroberung Jerusalems durch Titus; Geburt Suetons (um das Jahr 70)
70–80	Bau des Kolosseums
79–81	**reg. Kaiser Titus**
79	Ausbruch des Vesuvs
81–96	**reg. Kaiser Domitian**
um 90	Einrichtung der Provinzen Germania inferior und superior
96–98	**reg. Kaiser Nerva**
98–117	**reg. Kaiser Trajan**

Literaturhinweise

Ausgaben, zweisprachige Ausgaben und Teilausgaben, Kommentare

C. Suetonius Tranquillus: Opera. Vol. 1. De vita Caesarum Libri VIII. Hrsg. von M. Ihm. Leipzig: Teubner, 1908/1933. Neudr. Stuttgart 1958.

C. Suetoni Tranquilli De vita Caesarum libri VIII et De grammaticis et rhetoribus liber. Hrsg. von Robert A. Kaster. Oxford: Oxford University Press, 2016.

Suétone: Vies des douze Césars. 3 Bde. Hrsg. und übers. von H. Ailloud. Paris: Les Belles Lettres, 1931/1932.

Suetonius: Lives of Caesars. 2 Bde. Hrsg. und übers. von J. C. Rolfe. Cambridge: Harvard University Press, 2001.

Suetonius: Divus Julius. Hrsg. und komm. von H. E. Butler und M. Cary. Oxford: Clarendon Press, 1927. Neudr. 1966.

C. Suetonius Tranquillus: Caesar. Lat./Dt. Übers. und hrsg. von D. Schmitz. Stuttgart: Reclam, 2010.

Suetonius: Divus Augustus. Hrsg., übers. und komm. von J. M. Carter. Bristol: Bristol Classical Press, 1982.

C. Suetonius Tranquillus: Augustus. Lat./Dt. Übers. und hrsg. von D. Schmitz. Stuttgart: Reclam, 2010.

Vogt, W.: Vita Tiberii. Kommentar. Diss. Würzburg 1975. [Zit. als: Vogt.]

Suetonius on the life of Tiberius. Hrsg. und komm. von M. J. DuFour and J. R. Rietra. New York: Arno Press, 1979.

Suetonius: Tiberius. Hrsg., übers. und komm. von H. Lindsay. London: Bristol Classical Press, 1995.

C. Suetonius Tranquillus: Tiberius. Lat./Dt. Übers. und hrsg. von U. Blank-Sangmeister. Stuttgart: Reclam, 2015.

Maurer, J. A.: A commentary on C. Suetonii Tranquilli vita C. Caligulae Caesaris. Chapters 1–21. Diss. Philadelphia 1949.

Gaio Suetonio Tranquillo: La Vita di Caligola. Hrsg., übers. und komm. von Gianni Guastella. Rom: La Nouva Italia Scientifica, 1992.

Hurley, D. W.: An Historical and Historiographical Commentary on Suetonius' Life of C. Caligula. Atlanta: Scholars Press, 1993. (American Classical Studies. 32) [Zit. als: Hurley 1993.]

Suetonius: Caligula. Hrsg., eingel. und komm. von H. Lindsay. London: Bristol Classical Press, 1993.

Wardle, D.: Suetonius' Life of Caligula. A Commentary. Brüssel: Latomus, 1994. (Coll. Latomus. 225.) [Zit. als: Wardle.]

C. Suetonius Tranquillus: Caligula. Lat./Dt. Übers. und hrsg. von U. Blank-Sangmeister. Stuttgart: Reclam, 2016.

C. Suetonius Tranquillus: Vita Divi Claudii. Komm. von H. Smilda. Groningen: Wolters, 1896.

Suetonius: Claudius. Hrsg., eingel. und komm. von J. Mottershead. Bristol: Bristol Classical Press, 1986.

Sueton: Leben des Claudius und Nero. Textausgabe mit Einl., krit. Apparat und Komm. Hrsg. von W. Kierdorf. Paderborn [u. a.]: Schöningh, 1992. [Zit. als: Kierdorf.]

Suetonius: Divus Claudius. Hrsg. von D. W. Hurley. Cambridge: Cambridge University Press, 2001. [Zit. als: Hurley 2001.]

C. Suetonius Tranquillus: Claudius. Lat./Dt. Übers. und hrsg. von U. Blank-Sangmeister. Stuttgart: Reclam, 2015.

Bradley, K. R.: Suetonius' Life of Nero. An Historical Commentary. Brüssel: Latomus, 1978. (Coll. Latomus. 157.)

Suetonius: Nero. Hrsg., eingel. und komm. von B. H. Warmington. London: Bristol Classical Press, [2]1999.

C. Suetonius Tranquillus: Nero. Lat./Dt. Übers. und hrsg. von M. Giebel. Stuttgart: Reclam, 2011.

C. Suetoni Tranquilli De vita Caesarum Libri VII–VIII. Übers. und komm. von G. W. Mooney. London / New York [u. a.]: Longmans, Green and Co., 1930.

Venini, P.: Svetonio, Vite di Galba, Otone, Vitellio. Turin: Paravia, 1977. (Historica, Politica, Philosophical il pensiero antico – studi e testi. 10.)
Suetonius: Galba, Otho, Vitellius. Hrsg., eingel. und komm. von Ch. L. Murison. Bristol: Bristol Classical Press, 1992. [Zit. als: Murison.]
Gaius Suetonius Tranquillus: Lives of Galba, Otho & Vitellius. Hrsg., übers. und komm. von D. Shotter. Westminster: Aris & Phillips, 1993. [Zit. als: Shotter.]

Suetonius: The Flavian Emperors. A Historical Commentary. Hrsg. und eingel. von B. Jones und R. Milns. Bristol: Bristol Classical Press, 2002.
C. Suetonius Tranquillus: Vespasian, Titus, Domitian. Lat./Dt. Übers. und hrsg. von H. Martinet. Stuttgart: Reclam, 2009.
C. Suetoni Tranquilli Divus Vespasianus. Eingel. und komm. von A. W. Braithwaite. Oxford: Clarendon Press, 1927.
Suetonius: Vespasian. Hrsg., eingel. und komm. von B. W. Jones. London: Bristol Classical Press, 2000.

McGuire, M. E.: Historical Commentary on Suetonius' Life of Titus, Diss. Pennsylvania 1978.
Martinet, H.: C. Suetonius Tranquillus. Divus Titus. Kommentar. Königstein i. Ts. 1981. (Beiträge zur Klassischen Philologie. 123.)
Janssen, J.: C. Suetoni Tranquilli Vita Domitiani. Diss. Groningen 1919.
Suetonius: Domitian. Hrsg. und komm. von Brian W. Jones. Bristol: Bristol Classical Press, 1996.

Übersetzungen

Sueton: Cäsarenleben. Hrsg. und erläutert von M. Heinemann. Mit einer Einl. von R. Till. Stuttgart: Kröner, 1957. [Zit. als: Heinemann.]
Sueton: Kaiserbiographien. Übers. von A. Stahr. Bearb. von M. Vosseler. 2 Bde. München: Goldmann, 1961.
Sueton: Leben der Caesaren. Übers. und hrsg. von A. Lambert. München: Deutscher Taschenbuchverlag, 1972. [Zit. als: Lambert.]

Sueton: Kaiserbiographien. Lat./Dt. Hrsg. von O. Wittstock. Berlin: Akademie Verlag, 1993. [Zit. als: Wittstock.]

C. Suetonius Tranquillus: Das Leben der römischen Kaiser. Übers. von H. Martinet. Düsseldorf: Albatros, 2001.

C. Suetonius Tranquillus: Sämtliche erhaltene Werke. Unter Zugrundelegung der Übertr. von Adolf Stahr neu bearb. von F. Schön und G. Waldherr. Mit einer Einf. von F. Schön. Essen: Magnus, 2004.

Sueton: Leben und Taten römischer Kaiser. Über berühmte Männer. Übers. von A. Stahr und W. Krenkel. Köln: Anaconda, 2008.

C. Suetonius Tranquillus: Die Kaiserviten / De vita Caesarum. Berühmte Männer / De viris illustribus. Lat./Dt. Hrsg. und übers. von H. Martinet. Berlin: Akademie Verlag, [4]2013. (Sammlung Tusculum.) [Zit. als: Martinet.]

Sueton. Die Kaiser der Julisch-Claudischen Dynastie. Neu übers. von L. Möller. Wiesbaden: Marix, 2013.

Literaturberichte und Bibliographien

Benediktson, D. T.: A Survey of Suetonius Scholarship, 1938–1987. In: The Classical World 86 (1992) S. 377–447.

Galand-Hallyn, P.: Bibliographie suétonienne (Les ›Vies des XII Césars‹), 1950–1988. Vers une réhabilitation. In: Aufstieg und Niedergang der römischen Welt. Bd. II,33,5. Hrsg. von W. Haase und H. Temporini. Berlin / New York 1991. S. 3574–3622.

Gerstmann, D.: Bibliographie: Lateinunterricht. Lateinische Autoren: Sekundärliteratur. Werkausgaben. Kommentare und Übersetzungen. Paderborn 1997. S. 420–422.

Walter, U.: Der Princeps als Produkt und Gestalter. Augustus, Tiberius und ihre neueren Biographen. In: Zwischen Strukturgeschichte und Biographie. Probleme und Perspektiven einer neuen Römischen Kaisergeschichte 31 v. Chr. – 192 n. Chr. Hrsg. von A. Winterling. München 2011. S. 235–252. (Schriften des Historischen Kollegs. 75.)

Index

Howard, A. A. / Jackson, C. N.: Index verborum C. Suetoni Tranquilli. Cambridge (Mass.) 1922. Reprogr. Nachdr. Hildesheim 1963.

Weiterführende Literatur

Albrecht, M. von: Geschichte der römischen Literatur. 2 Bde. München ²1994. [Sueton: Bd. 2, S. 1104–19.]

Baar, M.: Das Bild des Kaisers Tiberius bei Tacitus, Sueton und Cassius Dio. Stuttgart 1990. (Beiträge zur Altertumskunde. Bd. 7.)

Baldwin, B.: Biography at Rome. In: Studies in Latin Literature and Roman History. Bd. 1. Hrsg. von C. Deroux. Brüssel 1979. S. 101–118. (Coll. Latomus. 164.)

– Suetonius. The Biographer of the Caesars. Amsterdam 1983.

Bleicken, J.: Die Verfassung der Römischen Republik. Paderborn 1975. ²1978.

Braun, L.: Vitellius und Tiberius bei Tacitus und Sueton. In: Würzburger Jahrbücher für die Altertumswissenschaft 16 (1990) S. 205–219.

– Galba und Otho bei Plutarch und Sueton. In: Hermes 120 (1992) S. 90–102.

Bringmann, K.: Zur Tiberiusbiographie Suetons. In: Rheinisches Museum 114 (1971) S. 268–285.

Brutscher, C.: Analysen zu Suetons Divus Julius und der Parallelüberlieferung. Bern/Stuttgart 1958.

Christ, K.: Geschichte der römischen Kaiserzeit. München 1992.

Della Corte, F.: Suetonio, eques Romanus. Mailand 1958, ²1967.

Dihle, A.: W. Steidle und die antike Biographie. In: Göttingische Gelehrte Anzeigen 208 (1954) S. 45–55.

– Studien zur griechischen Biographie. Abhandlungen der Akademie der Wissenschaften in Göttingen, Phil.-Hist. Kl. 3,37. Göttingen ²1970.

– Die Entstehung der historischen Biographie. Heidelberg 1986.

Döpp, S.: Zum Aufbau der Tiberius-Vita Suetons. In: Hermes 100 (1972) S. 444–460.

Dorey, T. A. (Hrsg.): Latin Biography. London 1967.

Drexler, H.: Suetons Divus Iulius und die Parallelüberlieferung. In: Klio 51 (1969) S. 223–266.
Ehlers, W. W. (Hrsg.): La biographie antique. Genf 1998. S. 193–210.
Flach, D.: Zum Quellenwert der Kaiserbiographien Suetons. In: Gymnasium 79 (1972) S. 273–289.
Fuhrmann, M.: Art. »Biographie«. In: Der Kleine Pauly. Bd. 1. Hrsg. von K. Ziegler und W. Sontheimer. München 1979. Sp. 902–904.
– Art. »Suetonius«. In: Der Kleine Pauly. Bd. 5. Hrsg. von K. Ziegler, W. Sontheimer und H. Gärtner. München 1979. Sp. 411–413.
Funaioli, G.: I Cesari di Suetonio. Raccolta di Scritti in onore di R. Ramorino. Pubblicazione della Università Cattolica Del Sacro Cuore. Serie quarta: Scienze filologiche. Bd. 7. Mailand 1927. S. 1–26.
Gascou, J.: Suétone historien. Paris/Rom 1984.
Gerstinger, H.: Art. »Biographie«. In: Reallexikon für Antike und Christentum. Bd. 2. Hrsg. von Th. Klauser. Stuttgart 1954. S. 386–391.
Görgemanns, H.: Art. »Biographie«. In: Der Neue Pauly. Enzyklopädie der Antike. Bd. 2. Hrsg. von H. Cancik und H. Schneider. Stuttgart/Weimar 1997. Sp. 682–689.
Graf, H. R.: Kaiser Vespasian. Untersuchungen zu Suetons Vita Divi Vespasiani. Stuttgart 1937.
Grant, M.: Roms Caesaren. Von Julius Caesar bis Domitian. München 1978.
Gugel, H.: Studien zur biographischen Technik Suetons. Wien/Köln/Graz 1977.
Haehling, R. von: Tiberius 14–37. In: Die römischen Kaiser. 55 historische Porträts von Caesar bis Iustinian. Hrsg. von M. Clauss. München [4]2010. S. 50–63.
Haenisch, E.: Die Kaiserbiographien Suetons. Münster 1937.
Kienast, D.: Augustus. Prinzeps und Monarch. Darmstadt [4]2009.
Lambrecht, U.: Suetons Domitian-Vita. In: Gymnasium 102 (1995) S. 508–536.
Leo, F.: Die griechisch-römische Biographie nach ihrer literarischen Form. Leipzig 1901.
Lewis, R. G.: Suetonius' ›Caesares‹ and their Literary Antecedents. In: Aufstieg und Niedergang der römischen Welt. Bd. II,33,5. Hrsg. von W. Haase und H. Temporini. Berlin / New York 1991.

Lounsbury, R. C.: The Art of Suetonius. An Introduction. New York / Frankfurt a. M. 1987.
Luck, G.: Über Suetons ›Divus Titus‹. In: Rheinisches Museum 107 (1964) S. 63–75.
Macé, M.: Essai sur Suétone. Paris 1900.
Malitz, J.: Autobiographie und Biographie römischer Kaiser im 1. Jhdt. n. Chr. In: Propaganda – Selbstdarstellung – Repräsentation im römischen Kaiserreich des 1. Jhs. n. Chr. Hrsg. von G. Weber. Stuttgart 2003. S. 227–242.
Meier, Ch.: Caesar. München ³1993.
Meyer, E.: Römischer Staat und Staatsgedanke. Darmstadt 1961.
Mouchová, B.: Studien zu Kaiserbiographien Suetons. Prag 1968.
Pausch, D.: Biographie und Bildungskultur. Personendarstellungen bei Plinius dem Jüngeren, Gellius und Sueton. Berlin / New York 2004.
Power, T. / Gibson, R. K. (Hrsg.): Suetonius the Biographer. Studies in Roman Lives. Oxford 2014.
Sallmann, K.: Art. »S. Tranquillus«. In: Der Neue Pauly. Enzyklopädie der Antike. Bd. 11. Hrsg. von H. Cancik und H. Schneider. Stuttgart/Weimar 2001. Sp. 1084–88.
Scullard, H. H.: Römische Feste. Mainz 1985.
Scherberich, K.: Untersuchungen zur vita Claudii des Sueton. Diss. Köln 1995.
Sonnabend, H.: Geschichte der antiken Biographie. Von Isokrates bis zur Historia Augusta. Stuttgart/Weimar 2002.
Steidle, W.: Sueton und die antike Biographie. München 1951. (Zetemata. 1.)
Stuart, D. R.: Epochs of Greek and Roman Biography. New York ²1967.
Swain, S.: Biography and Biographic in the Literature of the Roman Empire. In: Portraits. Biographical Representation in the Greek and Latin Literature of the Roman Empire. Hrsg. von M. J. Edwards und S. Swain. Oxford 1997. S. 1–37.
Townend, G. B.: The Date of Composition of Suetonius' Caesares. In: Classical Quarterly 9 (1959) S. 285–293.
– The Sources of the Greek in Suetonius. In: Hermes 88 (1960) S. 98–120.

– The Hippo Inscription and the Career of Suetonius. In: Historia 10 (1961) S. 99–109.
– Suetonius and His Influence. In: Latin Biography. Hrsg. von Th. A. Dorey. London 1967. S. 79–111.
Wallace-Hadrill, A.: Suetonius. The Scholar and his Caesars. London 1983. [²1995.]
Walter, U.: Memoria und res publica. Zur Geschichtskultur im republikanischen Rom. Frankfurt a. M. 2004.
Wittke, W.: Das Tiberiusbild und seine Periodisierung in der Tiberiusvita Suetons. Diss. Freiburg i. Br. 1974.

Nachwort

Suetons Leben

Über das Leben des C. Suetonius Tranquillus gibt es nur wenige gesicherte Fakten. In der Nero-Vita (57,2) erzählt der Autor, er sei 20 Jahre nach dem Tod des Kaisers ein junger Mann gewesen (*adulescente me*), und in der Vita Domitians bezeichnet er sich zum Zeitpunkt, als der Kaiser (reg. 81–96 n. Chr.) die Judensteuer eintrieb, ebenso als *adulescens* (12,2). Somit dürfte er um das Jahr 70 geboren sein, vielleicht, wie eine Inschrift vermuten lässt,[1] im nordafrikanischen Hippo Regius. Als Angehöriger des Ritterstandes genoss er – wahrscheinlich in Rom – die standesübliche rhetorische Ausbildung, verzichtete aber auf eine politische Karriere und arbeitete zunächst als Advokat. Der jüngere Plinius (61 – um 113), sein Freund und Gönner, erwähnt ihn mehrfach in seinen Briefen. So unterstützte er ihn beim Kauf eines Gütchens vor den Toren Roms (Plin. epist. 1,24), erwirkte für ihn ein Militärtribunat (3,8), ermutigte ihn zur Veröffentlichung einer Schrift (5,10) und bat den Kaiser Trajan, Sueton, »einem rechtschaffenen, ehrenhaften, hochgebildeten Mann«, das *ius trium liberorum* (Genuss des Dreikinderrechts[2]) zu gewähren (10,94). Wohl noch im Dienste Trajans (reg. 98–117) hatte Sueton zwei wichtige Ämter inne: In der Funktion *a studiis* diente er dem Kaiser als wissenschaftlicher Sachverständiger und Berater, und in der Funktion *a bibliothecis* betreute er die kaiserlichen Bibliotheken in Rom. Unter Trajans Nachfolger Hadrian (reg. 117–138) bekleidete er

1 Dazu und zu anderen Fragen der Chronologie ausführlich Scherberich, S. 1 ff.

2 Vgl. Suet. Claud. 15,1 und Anm. 76.

den Spitzenposten *ab epistulis*, in dem er für die kaiserliche Korrespondenz zuständig war und Zugang zu den staatlichen Archiven hatte. Dies machte ihn zu einem der bestinformierten Männer im Kaiserreich. Im Jahr 121 war es jedoch mit seiner Karriere vorbei: Ebenso wie sein Freund C. Septicius Clarus, dem die *Kaiserbiographien* gewidmet sind, wurde er aus dem Dienst entlassen, weil er gegenüber der Kaiserin gegen die Hofetikette verstoßen hatte (Hist. Aug. Hadr. 11,3). Nach diesem Ereignis verliert sich Suetons Spur, und auch sein Todesdatum ist unbekannt.

Das Gesamtwerk

In der sog. *Suda* und in der sonstigen Überlieferung sind zahlreiche – teilweise auf Griechisch verfasste – Schriften Suetons bezeugt, die ihn als einen echten Universalgelehrten ausweisen. So befasste er sich mit historischen, antiquarischen, naturhistorischen und sprachlich-grammatischen Fragen. Viele dieser Schriften dürften Teil eines Sammelwerks mit dem Titel *Pratum*[3] gewesen sein. Auf die Nachwelt gekommen sind aber neben einigen griechischen Exzerpten nur Teile aus *De viris illustribus*, Biographien von römischen Geistesheroen (Dichtern, Rednern, Geschichtsschreibern, Grammatikern und Rhetoren) sowie die (fast vollständig überlieferten) *Kaiserbiographien*: *De vita Caesarum*.

3 Vgl. P.L. Schmidt, »Suetons ›Pratum‹ seit Wessner (1917)«, in: *Aufstieg und Niedergang der römischen Welt*, hrsg. von W. Haase und H. Temporini, Bd. II,33,5, Berlin / New York 1991, S. 3794–3825.

Die *Kaiserbiographien*

Allgemeines

Die *Kaiserbiographien* enthalten in acht Büchern die Lebensbeschreibungen der ersten zwölf Herrscher von Caesar (hier fehlt der Anfang bis zu Caesars 16. Lebensjahr) bis Domitian. Dass Caesar und nicht der erste Prinzeps Augustus den Anfang bildet, dürfte zwei Gründe haben: Zum einen hatte Caesar mit seinen »diktatorischen Vollmachten das monarchische Prinzip sozusagen vorexerziert«[4], zum anderen war er quasi der Ahnherr des iulisch-claudischen Hauses, dem die Kaiser von Augustus bis Nero angehörten. Jede der zwölf Lebensbeschreibungen ist eine in sich geschlossene Einheit, die durch keine expliziten Querverweise mit den anderen Texten verbunden ist. Aus der Tatsache, dass die letzten sechs Biographien deutlich kürzer sind als die früheren, haben manche vermutet, dass sie nach dem Jahr 122 erschienen sind, als Sueton nach seinem Ausscheiden aus dem kaiserlichen Dienst schon keinen Zugang mehr zu den staatlichen Archiven und Originaldokumenten hatte.[5]

Zum Quellenwert der Kaiserbiographien[6]

Die *Kaiserviten* gelten als bedeutende Quelle sowohl für die Geschichte von Caesar bis Domitian als auch für die Art der Geschichtsbetrachtung des frühen 2. Jahrhunderts und geben

4 Sonnabend, S. 172.

5 Zur Problematik der Datierung und relativen Chronologie vgl. Pausch, S. 252–258.

6 Hier folge ich den Ausführungen Sonnabends, S. 173 ff.

zudem Aufschluss über den Geschmack des Publikums und das Verhältnis zwischen Herrscher und Beherrschten. Lehrreich ist der Vergleich mit Tacitus, der in seinen *Annalen* und *Historien* denselben Stoff behandelt wie Sueton, ihn aber gänzlich anders darstellt.[7] Im traditionellen Stil der Historiographie erzählt Tacitus die geschichtlichen Ereignisse jahresweise und schildert sie aus dem Blickwinkel eines politisch interessierten Senators. Sueton hingegen personalisiert die Geschichte, konzentriert sich auf die Person des Kaisers und schreibt aus der Perspektive eines am Kaiserhof lebenden Funktionsträgers. Gegenüber Tacitus hat er den Vorteil, dass er sich (neben der mündlichen Überlieferung) nicht nur auf die üblichen historiographischen und biographischen Schriften[8] und allgemein zugänglichen »offiziellen« Dokumente (wie die *Fasti* und die *Acta diurna populi Romani*) stützen muss, sondern in seinen kaiserlichen Ämtern wirklich »an der Quelle« sitzt und – wenn er etwa aus Briefen des Augustus oder einem an den Senat gerichteten Schreiben des Tiberius zitiert[9] – über Detailkenntnisse verfügt, die jener nicht haben kann. »So kann man über die *Kaiserbiographien* Suetons viel Kritisches vorbringen, sich über seine Vorliebe für Klatsch und Anekdoten beschweren (wobei andere diese Facette für besonders attraktiv halten) – nicht vorwerfen kann man Sueton auf jeden Fall, kein erstklassiges Material zur Verfügung gehabt zu haben.«[10]

7 Ob Tacitus von Sueton als Gewährsmann genutzt wurde, lässt sich nicht mehr klären. Manche Übereinstimmungen könnten auch auf eine gemeinsame Quelle zurückzuführen sein. Vgl. v. Albrecht, S. 1106.

8 Zu den von Sueton namentlich erwähnten Autoren vgl. v. Albrecht, S. 1106.

9 Briefauszüge des Augustus finden sich in Aug. 21,2–4; 86,3; 87,1–3; Tib. 21,4–7; Cal. 8,4; Claud. 4,1–6. – Der Anfang eines Tiberius-Briefes ist in Tib. 67,1 zitiert.

10 Sonnabend, S. 174.

Der hohe historische Wert der *Kaiserviten* beruht nicht nur auf der Qualität der Quellen, mit denen sich Sueton bisweilen ganz explizit auseinandersetzt,[11] sondern auch auf der nüchternen Art der Darstellung. Somit liefert der eher unpolitische Sueton gleichsam das historische »Rohmaterial«, das dem antiken (und modernen) Leser eine eigenständige Interpretation gestattet.

Schließlich geben die Viten auch Auskunft über die Interessen, den Geschmack und die Bedürfnisse ihrer zeitgenössischen Rezipienten. Sueton schreibt für ein römisches Publikum, Angehörige der »Salonkultur« (D. Pausch), ein Publikum, das über seine Kaiser nicht nur als politische Herrscher, sondern auch als Privatpersonen möglichst alles wissen wollte.

Form der Darstellung und literarische Bewertung

Für die moderne Leserschaft überraschend ist der Aufbau der einzelnen Lebensbeschreibungen, da sie alle einem mehr oder weniger konstanten Schema folgen, unabhängig von der Person des Kaisers. Dabei folgt der Autor zwei Prinzipien, einem chronologischen und einem rubrizierend-systematischen; in der Augustus-Vita (Kap. 9) benennt er sie selbst: »Nachdem ich gewissermaßen einen allgemeinen Überblick über sein [= des Augustus] Leben gegeben habe, will ich nun die Abschnitte im Einzelnen darstellen, jedoch nicht nach zeitlichen [*per tempora*], sondern nach thematischen Gesichtspunkten [*per species*], damit Darlegung und Verständnis umso deutlicher werden können« (Übers. D. Schmitz).

11 Vgl. etwa seine »Quellenkritik« im Zusammenhang mit der Abstammung des Augustus (Aug. 1,1–3), Caligulas Geburtsort (Cal. 8,1–5) oder der Herkunft der Vitellier (Vit. 1,1–2,1) und Flavier (Vesp. 1).

Inhaltlich sind Suetons Rubriken »ganz und gar römischem Denken«[12] verpflichtet. So stehen zu Beginn einer Vita zunächst Ausführungen über das Geschlecht, die Familie und die Geburt des Herrschers, gefolgt von einer chronologischen Schilderung des Lebenslaufes (Erziehung, *toga virilis*, Anfänge der Laufbahn) bis zur Thronbesteigung. Der mittlere Abschnitt orientiert sich an – variablen – thematischen Kategorien (›Zettelkastenprinzip‹), unterteilt in einen mehr politischen und einen mehr privaten Teil. So geht es etwa um militärische Aktionen, Maßnahmen im Rahmen der Ämterlaufbahn, private Lebensführung, das Äußere sowie positive und negative Handlungen oder Charaktereigenschaften[13]. Der Schluss der Vita – letzte Lebenszeit, (durch Prodigien angekündigter) Tod und Testament – ist dann wieder chronologisch aufgebaut.

Die jeweiligen Rubriken werden häufig durch ein Stichwort eingeleitet, das den Leser über den Inhalt des Abschnitts informiert. Die dann aufgeführten Beispiele sind bisweilen zeitlich geordnet, oft aber auch nur assoziativ, adversativ oder gar nicht miteinander verbunden. Dabei steht Faktisches neben Anekdotischem, Wichtiges neben Unwichtigem, Verbürgtes neben Unverbürgtem. Die Aufteilung in Sachkategorien fördert gewiss die Übersichtlichkeit, doch werden dadurch zusammengehörige Ereignisse und Fakten häufig auseinandergerissen, sie werden zurechtgebogen oder falsch zugewiesen, und die

12 v. Albrecht, S. 1107.

13 Auf diese Unterteilung in Gut und Böse weist Sueton bisweilen ausdrücklich hin, so etwa in Cal. 22,1: »Bis hierher habe ich sozusagen von ihm als Prinzeps berichtet, im Folgenden muss ich mich mit dem Ungeheuer befassen.« Vgl. auch Ner. 19,3: »Das bisher Berichtete verdient zum Teil keinen Tadel, zum Teil sogar ausgesprochenes Lob. Ich habe es deshalb hier zu einem Abschnitt zusammengefasst, weil ich es von Neros Schandtaten und Verbrechen trennen will, von denen ich jetzt zu sprechen habe« (Übers. M. Giebel).

Chronologie gerät aus dem Blick, mit der Folge, dass die Informationen, anders als in der Geschichtsschreibung, zu keinem geschlossenen Bild der historischen Epoche führen.[14] Dabei ist allerdings zu berücksichtigen, »daß dem römischen Leser die geschichtlichen Zusammenhänge ganz anders gegenwärtig waren, daß für ihn das rein Faktische, das uns manchmal unwesentlich oder gar überflüssig erscheinen mag, mit ganz anderen Gefühls- und Tatsachenwerten erfüllt war als für uns«.[15] Das Rubrikenschema ermöglicht zwar trotz allem eine Charakterisierung des Kaisers, verhindert aber – ein zentraler Gesichtspunkt heutiger Lebensbeschreibungen – einen genaueren Einblick in die *Entwicklung* der Persönlichkeit, abhängig von »Umwelt, Anlage und eigenem Wollen«[16]. Dass der Autor die modernen Anforderungen und Erwartungen an eine Biographie nicht erfüllt, ist ihm allerdings schwerlich vorzuwerfen. Bezogen auf die antiken Rezipienten ermöglicht die nach Rubriken gegliederte Aufbereitung des biographischen Materials eine rasche inhaltliche Orientierung, erleichtert den Vergleich zwischen den Kaisern und eignet sich, so Pausch, »in hohem Maße zur Memorierung und damit auch zur Wiederverwendung im Kontext der zeitgenössischen Bildungskultur, die in verschiedenen gesellschaftlichen Institutionen dem Einzelnen reichlich Gelegenheit bot, kulturelle Kompetenz zu demonstrieren«.[17] Vor diesem Hintergrund sind Stoffauswahl und literarische Technik also nicht mehr als künstlerische Ungeschicklichkeit zu bewerten, sondern als bewusste Formgebung im Dienste der Leser. Sueton will sein Publikum infor-

14 Zu den Mängeln, die sich aus dem Rubrikenschema ergeben, ausführlich Flach, bes. S. 285.

15 Lambert, S. 349.

16 Lambert, S. 348.

17 Pausch, S. 274.

mieren und unterhalten, und dies auf eine narrativ und sprachlich möglichst ansprechende Weise.

Stilistisch unterscheiden sich Suetons Biographien deutlich von der zu seiner Zeit verbreiteten ›Kunstprosa‹ der Historiographie, die sich dem Archaismus verschrieben hat; die *Kaiserviten* stehen in der Tradition des Klassizismus (Quintilian) und streben nach »cäsarischer *elegantia*«[18]. In die Nähe der Fachschriftstellerei (*genus tenue*) gehören sie insofern, als der Autor sich um eine eher nüchterne und präzise Ausdrucksweise bemüht, auf rhetorische Effekte verzichtet, sich griechischer und umgangssprachlicher Wörter bedient und Zitate wörtlich übernimmt. Gleichwohl finden sich auch, abhängig vom zu erzählenden Inhalt, anspruchsvoller gestaltete Passagen.[19]

Zur Zeit Suetons gab es für die Kaiser-Biographie keine festen Gattungsvorgaben,[20] und in der Forschung wurde viel Mühe darauf verwandt, mögliche Vorbilder sowie Parallelen und Unterschiede zu anderen biographischen Schriften ausfindig zu machen.[21] Dabei ging es immer auch um eine Bewertung von Suetons künstlerisch-literarischen Qualitäten.[22] In ganz groben Zügen: Während Friedrich Leo[23] die Leistungen unse-

18 v. Albrecht, S. 1110.

19 Vgl. etwa den Passus, der die Einzelheiten von Claudius' Thronbesteigung erzählt (Claud. 10,1–4), oder die ausführliche Schilderung von Neros Tod (Ner. 47–50).

20 Vgl. Pausch, S. 42–47.

21 Vgl. etwa Lewis.

22 Dazu ausführlich Galand-Hallyn; ebenso Pausch, S. 233–236.

23 Laut Leo gab es zwei Arten der antiken Lebensbeschreibung: auf der einen Seite die »peripatetische«, die chronologisch vorging, literarisch gestaltet war und bedeutende Persönlichkeiten des öffentlichen Lebens behandelte, und auf der anderen Seite die »alexandrinische«, die sich, in nüchterner Sprache verfasst und in Rubriken gegliedert, in eher wissenschaftlicher Weise mit Literaten, Künstlern

res Biographen noch sehr negativ beurteilte, trat 50 Jahre später Wolf Steidle den Beweis an, »dass Suetons Caesares ein klarer Gestaltungswille, verbunden mit festen, wenn auch ohne Reflexion vorgebrachten moralischen Urteilen zugrunde liegt. Dabei bedient [sich Sueton] auch einer Reihe von Mitteln, die nach Leo sonst nur der künstlerisch gestalteten Biographie geläufig sind, so der dauernden Hervorhebung leitender Gesichtspunkte, der grundlegenden Eingangscharakteristik und der überlegten Zusammenstellung und Verknüpfung der einzelnen Rubriken und Gesichtspunkte.«[24] Steidles Rehabilitationsversuch fand natürlich ebenso Gegner wie Befürworter, doch mittlerweile überwiegen – auch dank der Monographien von Barry Baldwin und Andrew Wallace-Hadrill – die wohlwollenden Beurteilungen.[25]

Nachleben

Suetons *Caesares* übten großen Einfluss auf spätere Biographen aus und wurden als Muster für Lebensbeschreibungen rezipiert, so u. a. von Marius Maximus (gest. um 230), der die Viten der Kaiser von Nerva bis Elagabal beschrieb, vom sog. Aurelius Victor (2. Hälfte des 4. Jh.s) in seinem Werk *De Caesaribus* sowie von der wohl um 400 entstandenen (recht dubiosen) *Historia Augusta*, die, angefangen bei Hadrian, 30 Viten römischer Kaiser und Usurpatoren versammelt. In der christli-

und Philosophen befasste. Sueton habe, so Leo, das »alexandrinische« Modell, dem er vorher in seinen *De viris illustribus* gefolgt sei, in unangemessener Weise auf die *Kaiserviten* übertragen. – Vgl. auch das bekannte Verdikt von Gino Funaioli, S. 25: »Ma un vero scittore non è.«

24 Steidle, S. 108.

25 Vgl. Pausch, S. 235.

chen Biographie lassen sich Suetons Spuren ebenfalls nachverfolgen, so etwa in Possidius' *Vita S. Augustini* (5. Jh.) sowie in Eugipps *Vita Sancti Severini* (um 500). Auch im Mittelalter wurden Suetons Viten, wie die hohe Zahl von Handschriften beweist, eifrig gelesen. In seiner *Vita Caroli Magni* hat sich Einhard (um 800) an den Gliederungsprinzipien Suetons orientiert. In der Renaissance gibt es eine *aetas Suetoniana* und eine des Plutarch. Und heutzutage gilt Sueton für Holger Sonnabend gar als »Trendsetter für die populäre Prominenten-Biographie«.[26]

26 M. Balzert, »Trendsetter der antiken Kunst und Kultur«, in: *Forum classicum* 1 (2006) S. 52 [Rez. zu: H. Sonnabend, *Wie Nero das Chanson erfand. Trendsetter der antiken Kunst und Kultur*, Düsseldorf/Zürich 2005].

Übersicht über den Aufbau der Viten

Aufbau und Inhalt der Caesar-Vita

1. Der politische und militärische Werdegang bis zum Ende des Bürgerkriegs (Kap. 1–36)

Die Vita beginnt mit einigen Informationen über Caesars familiäre Verhältnisse sowie seine schwierige Lage unter dem Diktator Sulla, der vor ihm als einem zweiten Marius warnt (Kap. 1), und berichtet dann über seine ersten militärischen Posten. In Bithynien soll er der Geliebte des Königs Nikomedes gewesen sein (Kap. 2). Nach Sullas Tod und seiner gescheiterten Anklage gegen den Konsul Dolabella versucht Caesar den Wirren der Zeit durch einen Studienaufenthalt in Rhodos zu entgehen, gerät aber in die Gefangenschaft von Seeräubern, bevor er sich in Kleinasien weiter militärisch auszeichnet (Kap. 3 f.).

Das erste Amt, in das er gewählt wird, ist das des Militärtribuns, gefolgt von den üblichen Ämtern des *cursus honorum*: Quästur, Ädilität, Prätur, Konsulat und Prokonsulat.

In seinem Militärtribunat setzt er sich für die Stärkung der unter Sulla eingeschränkten tribunizischen Gewalt und die Rückkehr der Anhänger des Lepidus ein (Kap. 5).

Während der Quästur hält er die Leichenrede auf seine Tante Iulia und seine Frau Cornelia und heiratet die Tochter des Q. Pompeius Rufus, von der er sich später wieder scheiden lässt. In Spanien empfindet er vor einem Bildnis Alexanders des Großen Schmerz darüber, dass er selbst bisher noch nichts Bedeutendes geleistet hat. Ein Traum weckt in ihm die Hoffnung auf unbeschränkte Macht, und er verlässt vorzeitig die Provinz. In Rom gerät er in den Verdacht, an zwei geplanten Verschwörungen teilgenommen zu haben (Kap. 6–9).

Als Ädil errichtet er einige Säulenhallen und verschafft sich dank zahlreicher Spiele (auf Kosten seines Amtskollegen) einige Popularität, bemüht sich aber vergeblich um die Statthalterschaft der Provinz Ägypten. Er hebt einige Maßnahmen Sullas wieder auf und betreibt die Anklage des C. Rabirius. Mithilfe massiver Bestechungen gelangt er in das Amt des Pontifex Maximus (Kap. 10–13).

In seine Prätur fällt die Catilinarische Verschwörung. Caesar widersetzt sich vergeblich der Hinrichtung der Verschwörer. Ohne Erfolg versucht er, Q. Catulus die Leitung des Wiederaufbaus des Kapitols zu entziehen. Nachdem er einige gefährliche Situationen überstanden hat (vorübergehende Amtsenthebung wegen der Unterstützung eines revolutionären Volkstribuns, Vorwurf der Teilnahme an der Verschwörung Catilinas), verlässt er, vielleicht aus Furcht vor einem Prozess, übereilt Italien, befriedet als Proprätor das südliche Spanien und bewirbt sich erfolgreich um das Konsulat. Verärgert über die Optimaten, die die konsularischen Befugnisse einschränken wollen, schließt er sich noch vor Amtsantritt mit Pompeius und M. Crassus zu einem Triumvirat zusammen (Kap. 14–19).

Als Konsul sorgt er als Erstes für die Veröffentlichung der Verhandlungen des Senats und des Volkes und regiert, nachdem er seinen unbotmäßigen Kollegen Bibulus gewaltsam ausgeschaltet hat, faktisch allein. Er nimmt Landverteilungen vor und erweist sich insgesamt als großzügig. Politische Kontrahenten werden von ihm energisch bekämpft. Dank seiner guten Verbindungen zu Pompeius (inzwischen Ehemann von Caesars Tochter Iulia) bekommt er, wie von ihm selbst gewünscht, die Provinz Gallien und das Illyricum als Prokonsul zugesprochen (Kap. 20–22).

Nach seiner Abreise in die Provinz ist er, da er zahlreiche erbitterte Gegner hat, bestrebt, sich die Amtsträger eines jeden Jahres zu verpflichten. Dank der Unterstützung durch Crassus und Pompeius wird ihm sein Kommando um fünf Jahre verlängert (Kap. 23–24,1).

Die Kap. 24,2–25 geben Auskunft über Caesars militärische Aktionen während seines neunjährigen Kommandos in Gallien: Er macht ganz Gallien zur römischen Provinz, bringt den Germanen schwere Niederlagen bei und besiegt die Britannier.

In den Wirren nach der Ermordung des Volkstribuns Clodius bemüht sich Caesar – er will sich *in absentia* um ein zweites Konsulat bewerben –, durch Beweise seiner Freigebigkeit seine Position zu festigen. Er stärkt die Beziehung zu Pompeius, gibt allen möglichen Leuten großzügige Kredite und Geschenke, setzt sich für Angeklagte und Schuldner ein und wirbt, indem er sie massiv unterstützt, um die Gunst von Provinzen und Königen. Caesars Verhalten weckt großes Misstrauen, und so beantragt der Konsul Marcellus, ihm die Provinzverwaltung zu entziehen und eine Bewerbung um das Konsulat in Abwesenheit zu untersagen. Da es Caesar trotz heftiger Bemühungen nicht gelingt, mithilfe seiner politischen Parteigänger seine Interessen auf friedliche Weise durchzusetzen, ist er zum bewaffneten Widerstand bereit (Kap. 26–30,1).

Für Caesars weiteres Handeln referiert Sueton eine Reihe unterschiedlicher Motive: Nach Pompeius' Meinung habe er sich überfordert gefühlt, die Erwartungen des Volkes zu erfüllen. Andere vermuten, er habe nach seiner Rückkehr als Privatmann eine Anklage und Verurteilung befürchtet, wieder andere, wie auch Cicero, meinen, er habe nach der seit seiner Jugend begehrten Alleinherrschaft gestrebt (Kap. 30,2 f.).

Unter Missachtung von Recht und Gesetz führt Caesar seine Truppen an die Grenze der Provinz und macht, nachdem sich ihm ein Wunder gezeigt hat, den entscheidenden Schritt über den Rubikon. Im anschließenden Bürgerkrieg besetzt er etliche Gebiete, bekämpft die pompejanischen Heere in Spanien und besiegt zunächst Pompeius bei Pharsalos und schließlich, nach etlichen kriegerischen Auseinandersetzungen mit auswärtigen Feinden, auch die restlichen Parteigänger des Pompeius (vor allem Scipio) sowie die Söhne des Pompeius. Bei all seinen Unternehmungen ist ihm das Kriegsglück fast immer hold (Kap. 31–36).

2. *Caesars Herrschaft (Kap. 37–44,3)*

Nach der Feier von fünf Triumphen (für die Erfolge in Gallien, Alexandria, Pontos, Afrika und Spanien) belohnt er seine Soldaten, verteilt Spenden an das Volk und veranstaltet öffentliche Festessen (Kap. 37 f.). Im Folgenden wird die chronologische Erzählung aufgegeben und der Bericht über Caesars Aktivitäten als Herrscher orientiert sich an inhaltlichen Kriterien: Caesar gibt unterschiedliche Arten von Schauspielen (Kap. 39) und widmet sich der Ordnung des Gemeinwesens: Er führt eine Kalenderreform durch (Kap. 40), reorganisiert den Senat und die politischen Ämter, modifiziert das Wahlrecht, das Justizwesen und die Getreidezuweisung an bedürftige Bürger (Kap. 41). Im Bestreben, die Einwohnerzahl Roms nicht absinken zu lassen, beschränkt er Auslandsaufenthalte und verleiht einem neuen Personenkreis das römische Bürgerrecht. Er trifft neue Darlehensregelungen und sanktioniert Verbrechen mit höheren Strafen (Kap. 42). Er betätigt sich als gestrenger Richter und sorgt für die Einhaltung des Antiluxusgesetzes (Kap. 43). Kap. 44 handelt von seinen geplanten ehrgeizigen Baumaßnahmen sowie seiner Absicht, das Zivilrecht zu reformieren, öffentliche Bibliotheken zu errichten und Krieg gegen die Parther zu führen. Bevor er seine Ziele umsetzen kann, ereilt ihn der Tod.

3. *Caesars Persönlichkeit (Kap. 45–80)*

Auch dieser Abschnitt ist nach Themen gegliedert: Kap. 45 beschreibt das äußere Erscheinungsbild Caesars, seine gesundheitliche Verfassung und Eitelkeit (er leidet unter seiner Glatze und liebt auffällige Kleidung). Die Kap. 46–48 thematisieren Caesars Liebe zum Luxus: Er legt Wert auf geschmackvolles Wohnen, begeistert sich für Perlen, Edelsteine und Kunstwerke und gibt in den Provinzen aufwendige Festessen.

Die nächsten Kapitel handeln von Caesars Sexualleben: Dabei geht es um das homosexuelle Verhältnis mit König Nikomedes, das Caesar von vielen angelastet wird, sowie um die von ihm verführten zahlreichen (Ehe-)Frauen aus der römischen Oberschicht und den Provinzen. Mit einer seiner königlichen Geliebten, Kleopatra, hat er einen gemeinsamen Sohn. Angeblich will Caesar sogar ein Gesetz einbringen, das ihm gestatten sollte, beliebig viele Frauen zu heiraten, um Kinder zu zeugen (Kap. 49–52).

Während Caesar nur wenig Wein trinkt und auch im Essen genügsam ist (Kap. 53), zeigt er andererseits eine ausgeprägte Habgier: er lässt sich beschenken, plündert Städte und Tempel (Kap. 54).

Sueton schildert Caesar als einen hervorragenden Redner und Schriftsteller. Als Autor eines vielfältigen Werks wird er für seinen *Gallischen Krieg* z. B. auch von Cicero hoch gelobt, während Augustus die Veröffentlichung seiner frühen Schriften verbietet (Kap. 55 f.).

Sueton würdigt ausführlich Caesars militärische Fähigkeiten: Er ist ein sehr guter Reiter und scheut keine Strapazen (Kap. 57). Bei seinen Feldzügen ist er sowohl vorsichtig als auch, falls notwendig, verwegen

(Kap. 58) und lässt sich durch keine religiösen Bedenken von einem Vorhaben abschrecken (Kap. 59). Seine Art der Gefechtsführung wird in Kap. 60–62 beschrieben. Seinem eigenen Pferd – nach Auskunft von Wahrsagern der Garant seiner Herrschaft – errichtet er später sogar ein Standbild. Beispiele für Caesars Beharrlichkeit, Mut und Tapferkeit finden sich in Kap. 63 f.

Caesars Geschick bei der Behandlung seiner Truppen (er achtet sehr auf Disziplin, aber auch auf das Wohlergehen seiner Soldaten; nur Deserteure und Aufrührer finden keine Nachsicht) bringt ihm deren überaus treue Ergebenheit ein; zu Beginn des Bürgerkrieges sind sie sogar bereit, auf ihren Sold zu verzichten, und zeichnen sich durch besondere Tapferkeit aus (Kap. 65–68). Caesars Erfolg im Umgang mit meuternden Legionen wird in Kap. 69 f. geschildert.

Das Beispiel des Numiders Masintha illustriert, wie sehr sich Caesar für seine Klienten engagiert (Kap. 71). Er erweist seinen Freunden Gefälligkeiten, fördert selbst Leute aus den untersten Schichten und ist stets geneigt, Feindschaften wieder beizulegen. Seine Rache fällt milde aus (Kap. 72–74).

Während des Bürgerkriegs und besonders danach beweist Caesar im Umgang mit seinen militärischen und politischen Gegnern häufig eine bewundernswerte Milde und Mäßigung (Kap. 75). Andererseits kennt er im Hinblick auf eigene Auszeichnungen kein Maß, erhebt sogar Anspruch auf göttliche Ehren, übt seine Macht, etwa bei der Ämtervergabe, willkürlich aus und hält arrogante Reden (Kap. 76 f.). Als er auch noch den Senat schwer kränkt, in den Verdacht gerät, die Königswürde, die er bei zwei Gelegenheiten pro forma abgelehnt hatte, anzustreben und das Zentrum der Macht nach Alexandria oder Troja verlegen zu wollen, ruft er die Verschwörer auf den Plan. Auch im Volk regt sich Widerstand gegen den Diktator (Kap. 78–80).

4. Caesars Ende und seine Folgen (Kap. 81–89)

Trotz mehrerer eindeutiger Vorzeichen, die auf seinen baldigen gewaltsamen Tod hinweisen und ihn vor den Iden des März warnen, begibt sich Caesar am fraglichen Tag in den Senat und wird dort von den Verschwörern umgebracht (Kap. 81 f.). Kap. 83 referiert den Inhalt seines Testaments, in dem er die Enkel seiner Schwestern zu seinen Erben bestimmt und C. Octavius sogar adoptiert. Bei der Leichenfeier auf dem Forum erinnert der Konsul M. Antonius an Caesars Verdienste, und der Leichnam des Ermordeten wird unter großer Anteilnahme der Bevölkerung verbrannt. Nicht nur bei den Römern, sondern auch bei den in Rom lebenden Ausländern, insbesondere den Juden, ist die Trauer groß (Kap. 84). Das Volk kann zwar daran gehindert werden, sich an den Verschwörern Brutus und Cassius zu rächen, tötet aber Helvius Cinna, den es mit einem Caesar-Gegner verwechselt, und errichtet später Caesar eine Ehrensäule auf dem Forum (Kap. 85). Ob Caesar mit seinem Tod ›einverstanden‹ war oder doch hätte weiterleben wollen, ist Gegenstand etlicher Spekulationen. Sicher scheint, dass er sich einen plötzlichen und schnellen Tod gewünscht hat (Kap. 86 f.). Seine Erhebung unter die Götter wird nicht nur von Staats wegen beschlossen, sondern auch durch einen Kometen bezeugt (Kap. 88). Die Biographie schließt mit dem Schicksal der Verschwörer, die alle innerhalb der nächsten Jahre eines unnatürlichen Todes sterben (Kap. 89).

Aufbau und Inhalt der Augustus-Vita

1. Die Familie und die Zeit bis zum Antritt der Herrschaft (Kap. 1–8)

In der Einleitung (Kap. 1–8) berichtet Sueton von der dem Ritterstand angehörigen Familie der Octavier. Augustus' Vater erwirbt sich als Proprätor in Makedonien hohes Ansehen, seine Mutter Atia ist eine Tochter von Caesars Schwester Iulia (Kap. 1–4). Das Licht der Welt erblickt der künftige Kaiser in Rom (nach anderer Überlieferung in der Nähe von Velitrae), verbringt seine ersten Jahre auf dem großväterlichen Landgut und erhält den Beinamen Thurinus; später nennt er sich Gaius Caesar und schließlich Augustus (Kap. 5–7). Mit zwölf Jahren hält er die Leichenrede für seine Großmutter Iulia, und als junger Mann begleitet er Caesar auf seinem spanischen Feldzug. Als er im griechischen Apollonia wissenschaftlichen Studien nachgeht, erreicht ihn die Nachricht von seiner testamentarischen Adoption durch Caesar. Er kehrt nach Rom zurück und tritt sein Erbe an (Kap. 8).

2. *Vita publica (Kap. 9–60)*

a) Der Prinzeps als Feldherr (Kap. 9–25)

Am Anfang von Kap. 9 weist Sueton explizit darauf hin, dass er in der nun folgenden Darstellung des Augustus nicht chronologisch, sondern thematisch vorgehen wird.

Der erste Unterabschnitt schildert ausführlich die Hintergründe und den Verlauf der Bürgerkriege gegen M. Antonius (Sieg bei Mutina), gegen die Caesar-Mörder Brutus und Cassius (Sieg bei Philippi), gegen L. Antonius (Einnahme von Perusia) und Sex. Pompeius (Sieg auf Sizilien) bis zu Octavians endgültigem Triumph über M. Antonius (und Kleopatra) bei Actium (Kap. 9–18).

Kap. 19 handelt von den zahlreichen erfolgreich niedergeschlagenen Erhebungen von Leuten sowohl höchsten als auch niedrigsten Ranges, Kap. 20 f. von den auswärtigen (stets »gerechten«) Kriegen, die niemals eine Expansion des Reiches zum Ziel haben, und Kap. 22 von den von Augustus gefeierten Triumphen. Nur zweimal werden seine Truppen vernichtend geschlagen, wobei die Niederlage des Varus fast den Untergang des Staates bedeutet und den Prinzeps in tiefe Verzweiflung stürzt (Kap. 23). Als Militär achtet Augustus auf strenge Disziplin, sanktioniert Vergehen mit schweren Strafen und setzt Freigelassene nur selten als Soldaten ein. Er belohnt zwar seine Soldaten, ist aber sparsam bei der Vergabe von besonders ehrenvollen Auszeichnungen. Übereilte oder waghalsige Unternehmungen lehnt er entschieden ab (Kap. 24 f.).

b) Der Prinzeps als Staatsmann (Kap. 26–60)

Der zweite Unterabschnitt listet die Ämter und Ehrenstellen auf: Der Kaiser bekleidet mehrere Konsulate (Kap. 26). In seinem Triumvirat führt er brutale Proskriptionen durch und macht sich durch die drakonische Bestrafung wirklicher und vermeintlicher Gegner verhasst (Kap. 27,1–4). Er übernimmt die tribunizische Gewalt und die Aufsicht über die Sitten und Gesetze. Zweimal erwägt er, die Macht niederzulegen, entscheidet sich aber dagegen, um dem Staat eine bestmögliche Verfassung zu geben (Kap. 27,5–28,2).

Die ausgedehnte Bautätigkeit des Prinzeps ist Thema von Kap. 28,3–29: Er errichtet eine Vielzahl von profanen und sakralen Gebäuden und fordert auch führende Mitbürger auf, die Stadt durch neue Bauten zu verschönern. Er reformiert die Stadtverwaltung, sorgt für die Sicherheit der Bevölkerung vor Feuer und Wasser, kümmert sich um den Straßenbau und renoviert Tempel, die er prachtvoll ausstatten lässt (Kap. 30). Als Pontifex Maximus vernichtet er sämtliche Orakelschriften mit Ausnahme der Sibyllinischen Bücher, reformiert den Kalender und das Priesterwesen, belebt alte religiöse Zeremonien und ehrt das Andenken bedeutender früherer Feldherren (Kap. 31). Augustus bekämpft die Wegelagerei, trifft neue Regelungen im Bereich der Justiz und betätigt sich selbst als sorgfältiger und milder Richter (Kap. 32 f.). Er erlässt strengere Gesetze zur Hebung von Sitte und Moral (Kap. 34), säubert den Senat und führt dort und in den amtlichen Zuständigkeiten einige Neuerungen ein (Kap. 35 f.). Um mehr Personen an der Staatsverwaltung zu beteiligen, schafft er neue Ämter (Kap. 37). Er ist großzügig in der Vergabe militärischer Auszeichnungen und ermöglicht den Söhnen von Senatoren eine schnelle Karriere (Kap. 38,1 f.). Die Kap. 38,2–40,1 beschreiben Augustus' Umgang mit dem Ritterstand. Den Stimmenkauf bei Wahlen dämmt er ein (Kap. 40,2). In der Vergabe des Bürgerrechts ist er sehr sparsam, er erschwert die Freilassung von Sklaven und setzt die alte Kleiderordnung wieder in Kraft (Kap. 40,3–5).

Bei zahlreichen Gelegenheiten beweist Augustus seine Freigebigkeit (Kap. 41). Dass er mehr auf das Wohl als auf die Gunst des Volkes bedacht ist, wird in Kap. 42 anhand mehrerer Beispiele belegt. Die vom Prinzeps in großer Zahl an ganz unterschiedlichen Orten veranstalteten prachtvollen Schauspiele und die mit ihnen verbundenen Attraktionen, Vorfälle und Regelungen sind Thema von Kap. 43 f. Augustus' eigenes Zuschauerverhalten sowie seine Einstellung zu den Spielen und den daran Beteiligten wird in Kap. 45 dargestellt. Ehrenpreise stiftet er häufig aus seinem Privatvermögen, er schützt Schauspieler und Athleten (so verbietet er etwa den Gladiatorenkampf auf Leben und Tod) und achtet streng auf die Einhaltung von Regeln.

Er sorgt für das Wohlergehen der von ihm gegründeten Kolonien, regelt die Provinzverwaltung und behandelt verbündete Städte gemäß ihren Verfehlungen, Bedrängnissen und Verdiensten (Kap. 46 f.). Kap. 48 handelt von Augustus' Umgang mit unterworfenen und befreundeten Königreichen, Kap. 49 von der Verteilung seiner Heere und Flotten und von der Neuregelung des Militärdienstes und der Nachrichtenübermittlung. Der Kaiser siegelt seine Schreiben mit seinem eigenen Bild (Kap. 50).

Die Kap. 51–56 illustrieren anhand vieler Beispiele die Milde und Leutseligkeit des Prinzeps. So ist er nachsichtig gegenüber Gegnern und Kritikern (Kap. 51), weist übermäßige Ehren und die Anrede »Herr« zurück, tritt in der Öffentlichkeit bescheiden auf, behandelt die Senatoren respektvoll und erträgt andere Meinungen (Kap. 52 f.). Gegen ihn gerichtete Schmähungen lässt er straflos durchgehen; er nimmt wie ein gewöhnlicher Bürger an den Wahlen teil und lässt sich als Zeuge befragen und widerlegen. Er fördert seine Freunde, ohne ihnen etwa vor Gericht Sonderrechte einzuräumen (Kap. 54–56).

Aufgrund seines verdienstvollen Wirkens erfreut sich Augustus im In- und Ausland großer Beliebtheit. Alle Stände lassen ihm vielfältige Ehrungen, darunter auch den Titel »Vater des Vaterlandes«, sowie Spenden und Geschenke zukommen. In den Provinzen werden ihm zu Ehren Tempel und Altäre errichtet sowie Spiele veranstaltet. Verbündete Könige erweisen ihm auf unterschiedliche Weise ihre Reverenz (Kap. 57–60).

3. *Vita privata (Kap. 61–93,2)*

In Kap. 61,1 weist Sueton ausdrücklich darauf hin, dass er sich im Folgenden mit dem Kaiser als Privatmann befasst. Er beschreibt Augustus' Verhältnis zu Mutter und Schwester und berichtet von seinen Ehen und Scheidungen (Kap. 61,2–62). Seine Tochter Iulia verheiratet er in dritter Ehe mit Tiberius (Kap. 63). Er adoptiert seine Enkel Gaius und Lucius und bereitet sie auf die Staatsverwaltung vor. Bei seiner Tochter und seinen Enkelinnen achtet er auf eine konservative Erziehung und unterrichtet sie auch selbst (Kap. 64). Die widrigen Schicksale seiner Tochter, seiner Enkelin und seiner Enkel sind Thema von Kap. 65: Die ersten beiden werden wegen ihres unmoralischen Lebenswandels verbannt, wobei seine Tochter seine ganze Härte erfährt. Nach dem vorzeitigen Tod von Gaius und Lucius adoptiert Augustus seinen Enkel Agrippa Postumus, schickt ihn aber später ebenfalls in die Verbannung.

Nur wenn sie sich schwerer Vergehen schuldig machen, wendet er sich von Leuten, mit denen er Freundschaft geschlossen hat, wieder ab; er ist nachsichtig gegenüber deren Fehlern, achtet aber genau darauf, wie sie sich testamentarisch über ihn äußern. Vermächtnisse von Unbekannten schlägt er aus (Kap. 66). Mehrere Beispiele zeigen, dass der Prinzeps als Patron sowohl milde als auch streng sein konnte (Kap. 67).

Die Augustus nachgesagten negativen Charakterzüge – homosexuelle Beziehungen (Kap. 68), ehebrecherische Verhältnisse (Kap. 69), Schwelgerei, Habgier und Spielsucht (Kap. 70). – werden im Folgenden z. T. relativiert. Bestätigt aber werden seine sexuellen Ausschweifungen, und zu seiner Liebe zum Würfelspiel bekennt er sich selber ganz offen (Kap. 71).

Ausdrücklich gewürdigt wird seine anspruchslose Lebensweise: Er legt keinen Wert auf luxuriöses Wohnen und kleidet sich unauffällig (Kap. 72 f.). Seine Gäste bewirtet er gemäß ihrem Rang, und er erweist sich als liebenswürdiger Gastgeber (Kap. 74). An Festen und Feiertagen verteilt er sehr unterschiedliche Geschenke (Kap. 75). Er ernährt sich bescheiden und trinkt nur wenig Wein (Kap. 76 f.). Kap. 78 umreißt kurz seinen üblichen Tagesablauf und seine Schlafgewohnheiten.

Der Kaiser verfügt über ein sehr ansprechendes Äußeres, leidet aber unter verschiedenen körperlichen Beschwerden, ist sehr krankheitsanfällig und nimmt Rücksicht auf seine schwächliche Konstitution (Kap. 79–82). Kap. 83 erzählt von seinen Freizeitaktivitäten (Sport und Spiel). Seit frühester Jugend widmet er sich engagiert den freien Künsten. Seine Reden sind sorgfältig ausgearbeitet, und auf Gespräche mit Einzelpersonen bereitet er sich schriftlich vor (Kap. 84). Neben wenigen poetischen Texten verfasst Augustus vor allem Prosaschriften (u. a. eine Aufforderung zur Philosophie sowie Lebenserinnerungen). Er strebt nach einer eleganten und klaren Ausdrucksweise und kritisiert an anderen deren allzu modischen oder altertümelnden Stil (Kap. 85 f.). Kap. 87 versammelt Beispiele aus Augustus' umgangssprachlichem Wortschatz, Kap. 88 berichtet von seinem Desinteresse an einer korrekten Orthographie. Mit großem Eifer studiert der Prinzeps die griechische Sprache und Literatur, interessiert sich besonders für die praktische Nutzanwendung der Lehren lateinischer und griechischer Schriftsteller und teilt seine »Lesefrüchte« Mitgliedern seines Hauses, Amtsträgern und dem Volk mit. Begabte Autoren werden von ihm ausdrücklich gefördert (Kap. 89).

Augustus hat eine panische Angst vor Gewittern und glaubt an die Bedeutung von Träumen und Vorzeichen (Kap. 90–92). Er begeht auch die traditionellen nichtrömischen Feierlichkeiten. In Athen lässt er sich in die Mysterien einweihen (Kap. 93).

4. *Vorzeichen (Kap. 94–97,1–3a)*

Ausführlich beschreibt Sueton die Wunderzeichen, die sich im Umkreis von Augustus' Geburt sowie im Laufe seines Lebens ereigneten und die auch den Tod des Kaisers und seine Aufnahme unter die Götter ankündigten.

5. *Das Ende (Kap. 97,3b – 101)*

Sueton kehrt jetzt zur chronologischen Erzählweise zurück und schildert die letzte Reise des Prinzeps. Unterwegs wird er – zu seiner großen Freude – von alexandrinischen Seeleuten umjubelt. Er verbringt einige Tage auf Capri, wo er großzügige Geschenke verteilt, und begibt sich, bereits kränkelnd, weiter bis nach Neapel, um einen ihm zu Ehren gegebenen Agon zu besuchen. Auf der Rückreise verschlechtert sich sein Gesundheitszustand so sehr, dass er seinen designierten Nachfolger Tiberius zu einem letzten Gespräch zu sich nach Nola kommen lässt. Kurz darauf stirbt er dort im Beisein Livias. Er hat den von ihm gewünschten leichten Tod (97,3b – 99). Seine Leiche wird nach Rom überführt, und die Senatoren überbieten sich mit ihren Vorschlägen für die Gestaltung der Leichenfeier und der Ehrung seines Andenkens. Der Leichnam wird auf dem Marsfeld verbrannt und im Mausoleum bestattet (Kap. 100,2–4). Das Schlusskapitel gibt detailliert Auskunft über

Augustus' Testament und weitere hinterlassene Schriften: Anordnungen für seine Beisetzung, ein Verzeichnis seiner Taten sowie eine Übersicht über die im Reich stationierten Soldaten und die staatlichen Finanzen.

Aufbau und Inhalt der Tiberius-Vita

1. Die Vorfahren des Tiberius (Kap. 1–4)

Die Biographie beginnt mit einem Überblick über die erlauchte Familie, der der künftige Kaiser sowohl väterlicher- wie auch mütterlicherseits entstammte, und berichtet von den Verdiensten und Verfehlungen prominenter Mitglieder dieser *gens*. Tiberius' Vater, ein erfolgreicher Militär im Dienste Caesars, der sich später M. Antonius anschloss, musste sich von seiner (mit Tiberius) schwangeren Frau trennen und sie Augustus zur Ehe überlassen.

2. Tiberius' Leben bis zur Regierungsübernahme (Kap. 5–25)

Über das Geburtsdatum und den Geburtsort gibt es unterschiedliche Überlieferungen (Kap. 5 f.). In seiner Kindheit muss Tiberius zunächst seine Eltern auf ihrer gefährlichen Flucht begleiten. Wieder in Rom hält er die offizielle Leichenrede für seinen Vater, veranstaltet als junger Erwachsener etliche Schauspiele, wird zur Scheidung von seiner ersten Frau Agrippina, die er sehr liebt, und zur Heirat mit Augustus' Tochter Iulia gezwungen, mit der er sich aber bald wieder entzweit. Seinem in Germanien verstorbenen Bruder Drusus gibt er das Ehrengeleit (Kap. 7). Kap. 8 informiert über Tiberius' erste öffentliche Aktivitäten, Kap. 9 würdigt seine militärischen Erfolge in zahlreichen Kriegen, für die ihm eine Ovation zugesprochen wird. Die Ämterlaufbahn durchläuft er vorzeitig bis zum Konsulat, und er erhält auch die tribunizische Gewalt.

Ohne äußeren Anlass kehrt er gegen den anfänglichen Widerstand seines Stiefvaters Rom den Rücken (Sueton nennt dafür drei mögliche Motive; Tiberius selbst gibt später an, er habe nicht mit den designierten Thronerben Gaius und Lucius rivalisieren wollen) und zieht sich auf die Insel Rhodos zurück. Dort führt er ein bürgerlich-einfaches Leben, widmet sich seinen philosophischen Studien und macht nur einmal von seiner tribunizischen Gewalt Gebrauch. Als ihm nach fünf Jahren die Rückkehr nach Rom verwehrt wird – zum Schein wird ihm der Titel eines Gesandten verliehen –, zieht er sich, verschreckt, immer mehr zurück und legt seine römische Lebensweise ab, was ihm große Abneigung und Verachtung einträgt. Zwei Jahre später darf er endlich nach Rom zurückkehren, allerdings unter der Bedingung, auf jede politische Betätigung zu verzichten (Kap. 10–13).

Günstige Vorzeichen, die sich in seinem früheren Leben und kurz vor der Rückberufung ereigneten, erfüllen ihn mit Zuversicht (Kap. 14).

In Rom lebt er zunächst zurückgezogen, bis er nach dem Tod der Augustus-Enkel Gaius und Lucius von Augustus adoptiert wird und zum Thronfolger aufgebaut wird (Kap. 15). Er erhält erneut die tribunizische Amtsgewalt sowie militärische Kommandos im Illyricum und in Germanien, die er allesamt mit Bravour meistert und die ihm hohe Auszeichnungen eintragen (Kap. 16 f.). Nach einem erneuten Feldzug in Germanien, wo er sich als auf strenge Disziplin achtender Heerführer beweist, feiert Tiberius einen Triumph und finanziert aus der Kriegsbeute Spenden an das Volk sowie die Weihung zweier Tempel (Kap. 18–20).

Auf dem Weg in die ihm übertragene Provinz Illyricum wird er zu dem lebensgefährlich erkrankten Augustus nach Nola gerufen und führt mit diesem noch ein letztes Gespräch. Im Anschluss befasst sich Sueton mit der Frage, aus welchen Motiven heraus Augustus seinen Stiefsohn zu seinem Nachfolger bestimmt habe, und kommt, gestützt auf positive briefliche Äußerungen, zu dem Schluss, dass der Prinzeps von dessen Fähigkeiten überzeugt gewesen sein müsse (Kap. 21).

Erst nach der Ermordung des Agrippa Postumus, seines letzten Thronrivalen, gibt Tiberius Augustus' Tod bekannt und lässt dessen Testament verlesen (Kap. 22 f.). Er ziert sich zunächst, die Herrschaft anzutreten, da er sich von vielen Gefahren – u. a. meuternden Soldaten – bedroht sieht. Die Soldatenrevolten können niedergeschlagen, seine anderen Gegner ausgeschaltet werden (Kap. 24 f.).

3. *Vom Antritt der Herrschaft bis zum Rückzug nach Capri (Kap. 26–40)*

Der Beginn von Tiberius' Herrschaft ist durch republikanische *civilitas* und *modestia* gekennzeichnet: Tiberius lehnt allzu hohe Ehren ab (Kap. 26), verwahrt sich gegen Schmeicheleien (Kap. 27), geht über Beleidigungen großzügig hinweg und tritt für freie Meinungsäußerung ein (Kap. 28). Er erweist dem Senat einen fast übertriebenen Respekt, lässt ihm und den staatlichen Amtsträgern all ihre frühere Würde und Macht und gibt sich auch gegenüber niedriger gestellten Personen und in geringfügigeren Angelegenheiten sehr moderat (Kap. 29–32).

Mit der Zeit wird er immer autokratischer, doch noch überwiegt sein Interesse am Allgemeinwohl. So sorgt er etwa für die Einhaltung des geltenden Rechts und die Behebung von Missständen (Kap. 33), kürzt die Kosten für Theateraufführungen und Gladiatorenspiele, begrenzt den Luxus und geht selbst mit gutem Beispiel voran (Kap. 34). Ferner achtet er auf die Einhaltung der guten Sitten (Kap. 35), bekämpft ausländische Religionen und entfernt die Anhänger fremder Kulte und die Astrologen aus der Stadt (Kap. 36). Maßnahmen zum Schutz der öffentlichen Sicherheit und sein Umgang mit Erhebungen im Volk und auswärtigen Gegnern sind Thema von Kap. 37 f. In den ersten zwei Jahren nach Herrschaftsantritt besucht er lediglich benachbarte Ortschaften und sagt geplante Reisen immer wieder ab (Kap. 38). Nach dem Tod seiner beiden Söhne zieht er sich nach Kampanien zurück, wo er nur mit viel Glück den Einsturz einer Grotte überlebt (Kap. 39). Anschließend reist er nach Capri und setzt nur noch einmal, anlässlich einer Katastrophe in Fidenae, aufs Festland über (Kap. 40).

4. *Tiberius' Persönlichkeit (Kap. 41–71)*

a) Vitia (Kap. 41–67)

Auf Capri vernachlässigt der Kaiser seine Regierungsgeschäfte und lässt seinen – vorher mühsam verborgenen – schlechten Eigenschaften freien Lauf (Kap. 41–42,1a). Sueton gibt jetzt die chronologische Erzählung auf und bezieht in seiner nach Rubriken geordneten Darstellung auch die Vergangenheit mit ein. Die Kap. 42,1b – 45 handeln u. a. von Tiberius' Trunksucht, seinen sexuellen Perversitäten und Ausschweifungen, die Kap. 46–48 thematisieren seinen ausgeprägten Geiz. So zahlt er seinen Begleitern auf Reisen und Feldzügen keinen Sold, errichtet keine Bauten und veranstaltet keine Schauspiele. Nur zweimal erweist er sich dem Volk gegenüber notgedrungen als freigebig, während er seinen Soldaten, nachdem er die Legate des Augustus verdoppelt hatte, sonst nichts mehr zukommen lässt. Beispiele für seine Habgier, mit der er sich über Recht und Gesetz hinwegsetzt, sind in Kap. 49 aufgeführt.

Die nächste Rubrik handelt von Tiberius' feindseligem Umgang mit den eigenen Verwandten: Er kompromittiert seinen Bruder Drusus, verweigert seiner verbannten Frau Iulia jegliche Anteilnahme und bringt sie sogar um ihr Vermögen (Kap. 50,1). Er meidet den Kontakt mit seiner Mutter Livia, in der er eine Rivalin um die Macht sieht, und ist schließlich so mit ihr verfeindet, dass er ihrer Bestattung fernbleibt, ihre Aufnahme unter die Götter verbietet und ihr Testament für ungültig erklärt (Kap. 50,2 – 51). Für seine Söhne empfindet er keine Zuneigung: Den Tod seines leiblichen Sohnes Drusus nimmt er gelassen hin, und es besteht der Verdacht, dass er seinen Adoptivsohn Germanicus aus Eifersucht auf dessen Verdienste umbringen ließ (Kap. 52). Seine Schwiegertochter Agrippina schickt der Kaiser aus fadenscheinigen Gründen in die Verbannung und verfolgt sie selbst noch nach ihrem Tod mit seinem Hass (Kap. 53). Zwei seiner Enkel erklärt er zu Staatsfeinden und lässt sie den Hungertod sterben (Kap. 54). Er verschont kaum einen seiner Ratgeber (auch der mächtige Prätorianerpräfekt Seianus gehört zu seinen Opfern) und wütet auch gegen seine griechischen Gefährten (Kap. 55 f.).

Der nächste Unterabschnitt (Kap. 57–62) steht unter dem Stichwort Grausamkeit – ein Charakterzug, der mit der Zeit immer stärker hervortritt und den Sueton anhand einer Vielzahl von Beispielen ausführlich belegt. Aus nichtigen Gründen lässt Tiberius Menschen hart bestrafen oder hinrichten und begeht etwa unter dem Vorwand der Anhebung der öffentlichen Moral zahlreiche Brutalitäten, die auch vom Volk scharf gegeißelt werden. Nach dem Sturz des Seianus, seines mächtigen Gardepräfekten, und erst recht, nachdem er erfahren hat, dass sein Sohn Drusus nicht an einer Krankheit verstorben war, sondern von dessen Frau und Seianus vergiftet wurde, verliert Tiberius jedes Maß:

Jedes wirkliche oder vermeintliche Verbrechen gilt als todeswürdig, und so vergeht kein Tag ohne willkürliche Hinrichtungen, wobei auch Frauen und selbst Kinder zu den Opfern gehören. Auf Capri lässt Tiberius Verurteilte auf besonders qualvolle Weise foltern und sie dann vor seinen Augen ins Meer stürzen. Vermutlich hat nur sein vorzeitiger Tod dem Morden ein Ende gesetzt und seinen beiden Enkeln Gaius und Tiberius Gemellus das Leben gerettet.

Die Kap. 63–67 handeln von Tiberius' Ängsten und den daraus resultierenden Verhaltensweisen. Wohl um ungünstige Voraussagen zu unterbinden, wendet er sich gegen Opferschauer und Orakelstätten. Er hält (offenbar fähige) Statthalter in Rom zurück und lässt seine Schwiegertochter und Enkel nur gefesselt und vor der Öffentlichkeit verborgen von Ort zu Ort bringen (Kap. 63 f.). Mit List und Tücke bringt er den mächtigen Seianus, der einen Putsch vorbereitet, zu Fall und verlässt auch nach dessen Sturz einige Monate lang nicht sein Haus (Kap. 65). Auf den Hass des Volkes, geäußert in Beleidigungen und Schmähschriften, reagiert Tiberius mit Scham oder Verachtung. Besonders getroffen ist er von einem Brief des Partherkönigs, der ihm seine Verbrechen vorhält und ihn zum Selbstmord auffordert (Kap. 66). Schließlich findet Tiberius seine Situation auch selbst unerträglich und aussichtslos. Da er wohl schon früh seinem Charakter misstraute und seine Schande vorausahnte, hatte er gleich nach der Thronbesteigung den Schwur auf seine Anordnungen und den Titel »Vater des Vaterlandes« zurückgewiesen (Kap. 67).

b) Nichtmoralische Eigenschaften (Kap. 68–71)

Kap. 68 handelt vom Aussehen des Kaisers, einigen körperlichen Auffälligkeiten und Allüren sowie seinem Gesundheitszustand. Kap. 69 berichtet von seinem Desinteresse bzgl. Religion, von seinem Glauben an die Astrologie und seiner panischen Furcht vor Gewittern. Die beiden nächsten Kapitel porträtieren Tiberius als einen sehr bildungsbeflissenen Mann, dessen Redestil aber allzu manieriert ist. Er verfasst selbst Gedichte und verehrt vor allem gelehrte alexandrinische Poeten. Sein besonderes Interesse gilt (entlegenen Details) der Mythologie. Obwohl er fließend Griechisch spricht, räumt er etwa im Senat oder vor Gericht dem Lateinischen den unbedingten Vorzug ein (Kap. 70 f.).

5. *Krankheit und Tod (Kap. 72–76)*

Eine Reise nach Rom bricht der Kaiser, durch ein ungünstiges Vorzeichen gewarnt, wieder ab und erleidet in Kampanien einen Schwächeanfall. Da er, um sein Leiden zu verschleiern, an seiner üblichen Lebensweise festhält, verschlimmert sich sein Zustand. Er kann nicht mehr nach Capri zurückkehren und stirbt in einem Landhaus am Kap Misenum. Über die Art, wie er gestorben ist, gibt es verschiedene Versionen (Kap. 72 f.). In Kap. 74 werden mehrere Vorzeichen im Zusammenhang mit seinem Tod nachgetragen.

In Rom jubeln die Menschen über Tiberius' Tod und lassen ihrer Erbitterung über dessen grausames Regime freien Lauf. Dennoch erhält der Kaiser ein feierliches Staatsbegräbnis (Kap. 75). In seinem Testament bestimmt er seine Enkel Gaius Caligula und Tiberius Gemellus zu seinen Haupterben und bedenkt sehr viele Menschen mit einem Vermächtnis (Kap. 76).

Aufbau und Inhalt der Caligula-Vita

1. *Caligulas Vater (Kap. 1–7)*

Sueton schildert Germanicus, den Vater Caligulas, als reine Lichtgestalt, der nach einer glänzenden politischen und militärischen Karriere mit 33 Jahren verstarb. Möglicherweise wurde er auf Geheiß des Tiberius vergiftet (Kap. 1 f.). In Germanicus waren alle positiven Eigenschaften vereint: Er sah gut aus, war hochgebildet, hatte ein bescheidenes und liebeswürdiges Auftreten und war auch seinen Widersachern gegenüber nachsichtig (Kap. 3). Infolgedessen genoss er hohes Ansehen und große Beliebtheit (Augustus ließ ihn als möglichen Thronfolger von Tiberius adoptieren), und sein vorzeitiger Tod wurde im Volk und im Ausland tief betrauert (Kap. 4–6). Mit Agrippina, der Tochter des M. Agrippa und der Augustus-Tochter Iulia, hatte Germanicus neun Kinder (Kap. 7).

2. *Caligulas Leben bis zum Tod des Tiberius (Kap. 8–14)*

Caligulas Geburtsdatum steht fest, bezüglich seines Geburtsorts herrscht aber Unsicherheit. Gestützt auf eine ausführliche Quellenkritik gibt Sueton Antium den Vorzug vor einem Dorf in Germanien (Kap. 8).

Der künftige Kaiser wächst im Feldlager auf, erfreut sich der Zuneigung der Soldaten (ihnen verdankt er seinen Beinamen Caligula, »Soldatenstiefelchen«) und begleitet seinen Vater auf dessen syrischem Feldzug (Kap. 9). In Rom lebt Caligula zuerst bei seiner Mutter, dann bei seiner Urgroßmutter (für die er die Leichenrede hält) und anschließend bei seiner Großmutter. Als junger Erwachsener verbringt er einige Zeit bei Tiberius auf Capri, wo er über alle Provokationen und Kränkungen scheinheilig hinweggeht und sich seinem Großvater gegenüber äußerst unterwürfig zeigt (Kap. 10). Wieder in Rom treten seine Grausamkeit (er schaut gern bei Folterungen und Hinrichtungen zu) und seine Lasterhaftigkeit (er besucht Spelunken und Bordelle) früh zutage, was Tiberius mit den düstersten Erwartungen bezüglich seiner weiteren Entwicklung erfüllt (Kap. 11). Nach seiner ersten Heirat, der Ernennung zum Oberpriester und dem Sturz des mächtigen Seianus wächst in Caligula die Hoffnung auf die Thronfolge. Daher verführt er die Frau des Prätorianerpräfekten Macro und schmeichelt sich mit ihrer Hilfe bei diesem ein. Dass Caligula bei Tiberius' gewaltsamem Tod seine Hand mit im Spiel hatte, hält Sueton für sehr wahrscheinlich (Kap. 12). Da der junge Prinz bei den meisten Provinzialen und Soldaten sehr beliebt ist und das Schicksal seines Vater Germanicus und seiner Familie im Volk auf großes Mitleid stößt, ist er der heißersehnte neue Prinzeps; gegen Tiberius' Willen, der seinen zweiten Enkel testamentarisch zum Miterben bestimmt hatte, wird er vom Senat mit der uneingeschränkten Regierungsgewalt betraut. Die Begeisterung seiner Mitbürger kennt keine Grenzen, und selbst Ausländer wie der Partherkönig erweisen ihm ihre Reverenz (Kap. 13 f.).

3. *Caligulas Regierung (Kap. 15–49)*

a) Virtutes (Kap. 15–21)

Sueton verlässt jetzt die chronologische Darstellung und schildert Caligulas Charakter anhand inhaltlicher Kriterien.

Die ersten Maßnahmen, mit denen Caligula seine Popularität weiter steigert, gelten seiner Familie. Unter dem Zeichen der *pietas* erweist der Prinzeps einigen verstorbenen sowie seinen noch lebenden Verwandten hohe Ehren (Kap. 15,1–3). Er rehabilitiert Verurteilte und Verbannte und kassiert alte Anklagen, beseitigt unter Tiberius eingetretene Missstände und sorgt für die Wiederherstellung (und den Ausbau) von Recht und Ordnung. Er zahlt die Vermächtnisse aus Tiberius' und Iulias Testament gewissenhaft aus und ist sowohl gegenüber Privatleuten als auch gegenüber ausländischen Herrschern finanziell großzügig. Für all diese Verdienste werden ihm hohe Ehren zuerkannt (Kap. 15,4–16).

Der nächste Abschnitt (Kap. 17–20) befasst sich mit der *liberalitas* des Kaisers und seinem Unterhaltungsprogramm im In- und Ausland. Caligula, der vier unterschiedlich lange Konsulate bekleidete, lässt dem Volk Spenden zukommen, gibt opulente Bankette und verlängert die Saturnalien um einen Tag. Er veranstaltet Gladiatorenwettkämpfe sowie zahlreiche verschiedenartige Schauspiele und Circusspiele (Kap. 17 f.). Das größte Spektakel ist die Feier anlässlich der Überbrückung der Bucht von Neapel. Mit diesem Prestigeobjekt will Caligula, so Sueton, die Aussage des Astrologen Thrasyllus widerlegen, nach der er ebenso wenig Kaiser werde, wie er die Bucht von Baiae mit einem Pferdegespann überqueren könne (Kap. 19). Kap. 20 berichtet von im Ausland gegebenen Spielen, Kap. 21 von Caligulas tatsächlichen und geplanten Bauprojekten.

b) Vitia (Kap. 22–42)

Zu Beginn des zweiten großen Unterabschnitts weist Sueton explizit darauf hin, dass er nun auf Caligula als *monstrum* zu sprechen kommen müsse.

Am Anfang stehen dessen Geltungssucht und Anspruch auf Göttlichkeit: Götterbildern lässt er seinen eigenen Kopf aufsetzen, er verbindet seinen Palast mit dem Tempel von Kastor und Pollux, stiftet sich selbst einen Tempel samt Priestern und Opfern, begehrt die Mondgöttin und pflegt einen vertrauten Umgang mit Iuppiter (Kap. 22).

Er verleumdet und kränkt viele seiner Familienangehörigen: Er ist für den Tod seiner Großmutter Antonia verantwortlich, lässt seinen Vetter Tiberius Gemellus umbringen und treibt seinen Schwiegervater mit falschen Anschuldigungen in den Suizid. Seinen Onkel Claudius verschont er nur, um sich über ihn lustig zu machen (Kap. 23). Mit allen seinen Schwestern hat er inzestuöse Beziehungen. Drusilla ist er besonders verfallen, während er die anderen beiden als Ehebrecherinnen und Mitwisserinnen einer Verschwörung später in die Verbannung schickt (Kap. 24). Kap. 25 thematisiert Caligulas schamloses Verhalten bei seinen Eheschließungen und Scheidungen; nur mit der übel beleumdeten Caesonia hat er eine längere Beziehung. Kap. 26 bringt etliche Belege für seine Arroganz und Brutalität im Umgang mit weiteren Verwandten, mit Freunden, politischen Amtsträgern und allen Ständen der Gesellschaft.

Das Stichwort »Grausamkeit« überschreibt die nächsten sieben Kapitel, die anhand zahlreicher Beispiele die Unmenschlichkeit des Tyrannen in Wort und Tat ausführlich belegen (Kap. 27–33).

Missgunst und Bösartigkeit prägen Caligulas Beziehungen zu berühmten Männern der Vergangenheit und Gegenwart. So lässt er z. B. deren Statuen zertrümmern, erwägt die Vernichtung der Schriften Homers, Vergils und des Livius und nimmt erlauchten Familien ihre Ehrenzeichen (Kap. 34–35,1). Darüber hinaus ist er auf alle Leute neidisch, die irgendetwas Positives aufzuweisen haben, und lässt sie bedenkenlos umbringen (Kap. 35,2 f.).

Seine sexuellen Gelüste lebt der Kaiser – außer mit seinen Schwestern – sowohl mit Männern als auch mit (verheirateten vornehmen) Frauen schamlos aus (Kap. 36).

Ein weiterer hervorstechender negativer Charakterzug ist Caligulas Neigung zu extravagantem Luxus (Bäder, Speisen, Vergnügungsschiffe, Paläste), verbunden mit dem Ehrgeiz, Unmögliches wirklich zu machen. Die unermesslichen Summen, die er dafür ausgibt, machen ihn innerhalb eines Jahres zu einem mittellosen Mann (Kap. 37).

Daraufhin versucht Caligula, mit allen nur erdenklichen Mitteln (Rechtsverdrehungen, abgepresste Erbschaften, Auktionen, Steuererhöhungen, neue Abgaben, Einrichtung eines Bordells im Kaiserpalast, Betrug beim Würfelspiel, erzwungene Spenden) seine Finanzen zu sanieren. In seiner Habgier liebt er es besonders, sich in seinem Gold zu wälzen (Kap. 38–42).

c) Der germanische Feldzug (Kap. 43–49)

Auf seinem germanischen Feldzug, der keinerlei militärischen Zwecken dient, geriert sich der Kaiser als gestrenger Oberbefehlshaber, meldet die Kapitulation eines britannischen Prinzen als die Unterwerfung ganz Britanniens an den Senat, inszeniert Kampfhandlungen und lässt – als Höhepunkt der gesamten absurden Unternehmung – seine Soldaten am Ärmelkanal Aufstellung beziehen und als Beutestücke Muscheln einsammeln. Seinen »Sieg« feiert er mit einem riesigen Leuchtturm sowie Geldgeschenken an das Heer. Anschließend trifft er Vorbereitungen für einen Triumph in Rom (Kap. 43–47). Als vor Verlassen der Provinz sein Plan scheitert, an den Legionen, die nach Augustus' Tod gemeutert hatten, Rache zu nehmen, richtet er seine ganze Verbitterung gegen den Senat und zieht schließlich mit einem kleinen Triumph in der Hauptstadt ein. Er wird ermordet, ehe er noch weitere Verbrechen (u. a. wollte er die bedeutendsten Patrizier und Ritter umbringen lassen) begehen kann (Kap. 48 f.).

4. *Caligulas Persönlichkeit (Kap. 50–55)*

Caligulas äußere Erscheinung ist sehr abstoßend, und mit einstudierten Grimassen versucht er, sich ein noch schrecklicheres Aussehen zu verleihen. Er ist weder körperlich noch geistig gesund. Seines Wahnsinns, vielleicht verursacht durch einen Liebestrank seiner Frau, ist er sich selbst bewusst. Er leidet an Schlaflosigkeit und Albträumen (Kap. 50).

Dass Caligula sowohl dreist als auch überängstlich ist, führt Sueton auf dessen Geisteskrankheit zurück. So hat er, obwohl er die Götter verachtet, etwa große Angst vor Gewittern und gerät angesichts möglicher Gefahren in übermäßige Panik (Kap. 51 f.).

Caligula präsentiert sich völlig »unrömisch«, trägt unangemessene

Gewänder und Schuhe, manchmal auch Frauenkleider, stilisiert sich als Gottheit oder Triumphator und schmückt sich mit dem Panzer Alexanders des Großen (Kap. 52).

Bei den *artes liberales* gilt Caligulas Hauptinteresse der Beredsamkeit. Er ist sehr schlagfertig und wortgewandt, verachtet Senecas allzu gefälligen Stil und verfasst Anklage- und Verteidigungsreden, die er im Senat vorträgt (Kap. 53).

Mit Leidenschaft betätigt sich der Kaiser als Gladiator, Wagenlenker, Sänger und Tänzer und fördert nach Kräften seine Lieblingsschauspieler und -gladiatoren. Er ist ein fanatischer Anhänger des Rennstalls der »Grünen« und bedenkt sein Pferd Incitatus, das er angeblich sogar zum Konsul ernennen wollte, mit aberwitzigen Geschenken (Kap. 54 f.).

5. *Das Ende (Kap. 56–60)*

Verständlicherweise trachten viele Menschen dem grausam-verrückten Despoten nach dem Leben. Nachdem einige Verschwörungen entdeckt worden sind, schreiten schließlich Cassius Chaerea und Cornelius Sabinus, die zu Unrecht in Ungnade gefallen waren, zur Aktion. Mehrere Prodigien verweisen auf Caligulas gewaltsames Ende (Kap. 56 f.).

Für den genauen Ablauf des Attentats führt Sueton zwei Versionen an (Kap. 58). Da Caligulas Leichnam zunächst nur notdürftig verscharrt wird, kommt es zu Gespenster- und Spukerscheinungen, die erst enden, als die kaiserlichen Schwestern nach ihrer Rückkehr aus der Verbannung die sterblichen Überreste ordnungsgemäß bestatten. Auch die Frau und Tochter des Tyrannen werden umgebracht (Kap. 59).

Im Volk stößt die Nachricht von Caligulas Ermordung zunächst auf Unglauben, und man hält sie für einen vom Kaiser inszenierten Test. Die Verschwörer hatten keinen Thronfolger vorgesehen, und so gibt es im Senat massive Bestrebungen, die republikanische Freiheit wiederherzustellen und die Erinnerung an die Caesaren zu tilgen (Kap. 60).

Aufbau und Inhalt der Claudius-Vita

1. Der Vater des Claudius (Kap. 1)

Am Anfang steht ein Porträt von Claudius' Vater Drusus. Dieser war ein bedeutender und hochdekorierter Feldherr, brachte es bis zum Konsul und zeichnete sich durch seine republikanische Gesinnung aus. Dass er keines natürlichen Todes gestorben, sondern auf Betreiben des Augustus vergiftet worden sei, hält Sueton angesichts von dessen Wertschätzung für seinen Stiefsohn für ausgeschlossen. Mit der jüngeren Antonia hatte Drusus mehrere Kinder, darunter Germanicus und Claudius.

2. Claudius' Leben bis zur Regierungsübernahme (Kap. 2–10)

Als Kind und Jugendlicher leidet der künftige Kaiser an verschiedenen Krankheiten, die ihn körperlich und geistig so beeinträchtigen, dass man ihm keine öffentlichen Ämter und Auftritte zutraut und ihm lange einen gestrengen Erzieher zur Seite stellt. Obwohl er sich seit frühester Jugend nicht ohne Erfolg den freien Künsten widmet, wird er von seinen engsten Verwandten zutiefst missachtet. Augustus attestiert ihm zwar in einem Brief an Livia einen gewissen »Adel der Seele« und beachtliche rhetorische Fähigkeiten, hält ihn aber dennoch aus der Öffentlichkeit möglichst fern und gesteht ihm außer der Würde eines Auguralpriesters kein offizielles Amt zu (Kap. 2–4).

Da ihm auch unter Tiberius die Bekleidung von Ehrenämtern verwehrt wird, gibt Claudius sich dem Müßiggang hin und zieht sich den Ruf eines Trunkenbolds und Würfelspielers zu. Trotzdem genießt er den Respekt der Menschen, wird vom Ritterstand und vom Senat mit einigen Ehren und von Tiberius in dessen Testament bedacht (Kap. 5 f.).

Unter Caligula erhält Claudius zweimal das Konsulat und wird als Vorsitzender bei Schauspielen vom Volk umjubelt (Kap. 7), sieht sich jedoch am Hof weiterhin Demütigungen und zahlreichen gefährlichen Situationen ausgesetzt (Kap. 8 f.). Völlig zufällig gelangt er nach Caligulas Ermordung mithilfe der Soldaten – der Senat will eigentlich zur Republik zurückkehren – auf den Kaiserthron (Kap. 10).

3. *Claudius' Regierungszeit (Kap. 11–25)*

Die ersten Maßnahmen – Claudius erteilt eine Amnestie für Vergehen, die während des Thronwechsels begangen wurden, bestraft nur wenige der Verschwörer, lässt den engsten Verwandten hohe Ehren zukommen, kassiert die Verfügungen Caligulas, gibt sich bürgerlich bescheiden und geht mit dem Senat und den verschiedenen Amtsträgern sehr respektvoll um – tragen dem neuen Prinzeps eine hohe Popularität ein. Dennoch kommt es zu Attentatsversuchen, einer Verschwörung und zum Putsch eines Statthalters (Kap. 11–13).

Der nächste Abschnitt (Kap. 14–16) zeigt Claudius in der Ausübung seiner Ämter als Konsul, Richter und Zensor. Sein besonderes Interesse gilt der Rechtsprechung. Sein Verhalten hier ist, wie zahlreiche Beispiele belegen, unberechenbar – mal umsichtig und scharfsinnig, mal unüberlegt und geradezu albern – und trägt ihm viel Verachtung ein. Auch in seiner Zensur, etwa bei der Erteilung von Rügen, lässt er es an einer klaren Linie und der notwendigen Sorgfalt vermissen. An einem einzigen Tag erlässt Claudius 20 z. T. völlig läppische Edikte.

Seine einzige und dazu unbedeutende militärische Unternehmung ist ein Feldzug gegen die Britannier, den er nur führt, um einen höchst prachtvollen Triumph zu feiern (Kap. 17).

Als positiv verbucht Sueton Claudius' Sorge um das öffentliche Wohl (Lebensmittelversorgung, Bekämpfung einer Feuersbrunst und Sicherstellung der Getreidezufuhr auch im Winter) sowie seine Bautätigkeit (Aquädukt, Abfluss des Fuciner Sees, Hafenausbau in Ostia) (Kap. 18–20).

Claudius lässt dem Volk des Öfteren Spenden zukommen und veranstaltet prachtvolle Spiele aller Art, darunter auch die Säkularspiele und anlässlich des Abflusses des Fuciner Sees ein Seegefecht (Kap. 21).

Die letzten vier Kapitel des öffentlichen Wirkens befassen sich mit administrativen Regelungen vor allem im Bereich der religiösen Zeremonien (Kap. 22), der Justiz (Kap. 23) sowie der zivilen und militärischen Auszeichnungen (Kap. 24). Die in Kap. 25 aufgelisteten Maßnahmen betreffen Ritter, Freigelassene und Sklavenbesitzer und schildern den Umgang des Kaisers mit Ausländern, mit verschiedenen Provinzen und auswärtigen Kulten.

Wie Sueton abschließend feststellt, hat der Kaiser jedoch selten autonom gehandelt, sondern sich meist von den Interessen und Wünschen seiner Frauen und Freigelassenen leiten lassen.

4. Vita privata (Kap. 26–42)

Claudius ist zweimal verlobt. Nach dem Scheitern seiner ersten drei Ehen (von Urgulanilla und Paetina lässt er sich scheiden, Messalina lässt er hinrichten) heiratet er, nachdem der Senat auf kaiserliche Veranlassung hin das Verbot der Verwandtenehe aufgehoben hat, seine Nichte Agrippina (Kap. 26). Kap. 27 berichtet vom Schicksal seiner fünf Kinder, von denen ihm besonders Britannicus am Herzen liegt. Seine Tochter Octavia verheiratet er mit seinem Stiefsohn Nero, den er später auch adoptiert.

Die nächsten beiden Kapitel thematisieren Claudius' Beziehungen zu einigen seiner Freigelassenen, denen er hohe Ehren zukommen lässt. Seine besondere Wertschätzung genießen der Kabinettssekretär Narcissus und Pallas, der Verwalter der kaiserlichen Finanzen. Ihnen gestattet er nicht nur, sich schamlos zu bereichern, sondern er lässt sich auch von ihren Interessen und Launen manipulieren. Ihr verderblicher Einfluss wird anhand mehrerer Beispiele illustriert (Kap. 28 f.).

Der Prinzeps verfügt über ein angenehmes äußeres Erscheinungsbild, hat aber auch etliche abstoßende Züge. Sein Lachen ist ordinär, er stottert und leidet unter ständigem Kopfzittern. Von einem Magenleiden abgesehen, erfreut er sich während seiner Regierung guter Gesundheit (Kap. 30 f.).

Claudius gibt gern glanzvolle Bankette, ist dem Essen und Trinken übermäßig zugetan, leidet an Schlafstörungen, hat ein übermäßiges Interesse an Sex mit Frauen und ist ein leidenschaftlicher Würfelspieler (Kap. 32 f.).

Seine Grausamkeit zeigt sich z. B. darin, dass er gerne bei Folterungen und Hinrichtungen zuschaut (Kap. 34). Beispiele für seine übergroße Ängstlichkeit und sein oft grundloses Misstrauen finden sich in Kap. 35–37, Belege für seine Neigung zum Jähzorn in Kap. 38,1 f. Claudius bekennt sich zu seiner Dummheit; niemand aber glaubt, dass er sie, wie von ihm selber behauptet, unter Caligula nur vorgetäuscht hat, um nicht in Gefahr zu geraten (Kap. 37,3).

Weitere Charakterzüge des Kaisers sind seine Vergesslichkeit sowie seine Gedankenlosigkeit, die sich besonders in der Situation unangemessenen Äußerungen niederschlägt (Kap. 39 f.).

Claudius widmet sich (schon von Jugend an) erfolgreich der Schriftstellerei, insbesondere der Historiographie, erfindet drei neue Buchstaben, verfügt über sehr gute Griechisch-Kenntnisse und verfasst sogar geschichtliche Werke auf Griechisch, die in Alexandria regelmäßig öffentlich vorgetragen werden (Kap. 41 f.).

5. *Das Ende (Kap. 43–46)*

Gegen Ende seines Lebens bereut Claudius sowohl die Ehe mit Agrippina als auch die Adoption Neros und wünscht sich seinen Sohn Britannicus zum Nachfolger (Kap. 43). Kurze Zeit nach Abfassung seines Testaments wird er, entweder von seinem Vorkoster oder von Agrippina höchstpersönlich, vergiftet. Zu den Einzelheiten seines Sterbens liefert Sueton zwei Versionen (Kap. 44). Bis die Nachfolge geregelt ist, wird sein Tod verheimlicht. Claudius erhält ein pompöses Begräbnis und wird unter die Götter erhoben, eine Ehre, die Nero später wieder aussetzt, die aber von Vespasian erneut in Kraft gesetzt wird (Kap. 45).

Im Schlusskapitel (Kap. 46) werden die Vorzeichen nachgetragen, die den Tod des Kaisers ankündigten. Claudius selbst hatte sein baldiges Ableben geahnt: So ermahnte er in seiner letzten Senatssitzung seine Kinder zur Eintracht, bat den Senat, sich ihrer anzunehmen, und wies bei seiner letzten Gerichtsverhandlung wiederholt auf sein nahes Ende hin.

Aufbau und Inhalt der Nero-Vita

1. Der familiäre Hintergrund (Kap. 1–5)

Zunächst werden die Familien Neros, die Domitii und Ahenobarbi, anhand einiger prominenter Mitglieder vorgestellt, die sich ganz überwiegend durch negative Eigenschaften auszeichnen.

2. Neros Leben bis zur Regierungsübernahme (Kap. 6 f.)

Gleich bei und nach seiner Geburt deutet sich an, dass Nero dazu bestimmt ist, der Welt Unheil zu bringen. Dank des Einflusses seiner Mutter Agrippina hat er als Jugendlicher am Hof eine so starke Stellung, dass Messalina, die Frau des Kaisers Claudius, in ihm einen Rivalen für ihren Sohn Britannicus sieht und ihm nach dem Leben trachtet (Kap. 6). Nach seiner Adoption durch Claudius wird er von Seneca erzogen, der in einem Traum Neros Grausamkeit voraussieht, die dieser auch rasch zu erkennen gibt. Zu seinen ersten öffentlichen Auftritten gehören die Teilnahme am Trojaspiel, Spenden an das Volk und die Soldaten, Tätigkeiten als Anwalt und Richter sowie zu Claudius' Ehren gegebene Spiele (Kap. 7).

3. Neros Regierung (Kap. 8–39)

a) Neutrale und löbliche Verhaltensweisen und Maßnahmen (Kap. 8–19)

Nach Antritt der Herrschaft (von allen Ehren, mit denen er überschüttet wird, weist er nur den Titel »Vater des Vaterlandes« zurück) ist er zunächst bestrebt, seine *pietas* gegenüber seinen Verwandten zu bekunden (Kap. 8 f.) und sich in die Nachfolge des Augustus einzureihen, indem er seine *liberalitas* (Steuererleichterungen, Renten für mittellose Senatoren, unentgeltliche Getreiderationen für die Prätorianer), seine *clementia* (Abneigung gegen Todesurteile) und *comitas* (öffentliche Rezitationen) unter Beweis stellt (Kap. 10). Neros Freigebigkeit zeigt sich auch in den verschiedenen Arten von Schauspielen, die in Kap. 11–13 ausführlich geschildert werden. Den Höhepunkt bildet der Empfang des Königs Tiridates in Rom – eine spektakuläre Demonstration von Neros Milde.

Kap. 14 berichtet von Neros Konsulaten, Kap. 15 von seinem Verhalten als Richter und seiner Art der Vergabe von Ämtern und Auszeichnungen. Während Kap. 16 und 17 ganz unterschiedliche Maßnahmen auflisten – vom Schutz der öffentlichen Sicherheit und Ordnung über die Form von Testamenten bis zur Zuständigkeit des Rekuperatorengerichtshofs –, erwähnt Sueton in den nächsten zwei Kapiteln kurz Neros Außenpolitik (keine Expansionsabsichten) sowie seine geplanten Auslandsreisen, von denen er nur die nach Griechenland tatsächlich durchführt (Kap. 18 f.).

b) Schandtaten und Verbrechen (Kap. 20–39)

Kap. 20 f. handelt von Neros Leidenschaft für die Musik und das Theater sowie der »pathologische[n] Sucht des Kaisers, sich als Bühnenheld zu produzieren« (M. Giebel). Obwohl seine Stimme trotz erheblicher Trainingsanstrengungen schwach bleibt, gibt er in Neapel sein öffentliches Debüt und tritt dann auch in Rom immer wieder als Gesangskünstler und Tragöde auf. Außerdem begeistert er sich seit frühester Jugend für Pferde und Circusrennen und präsentiert sich selbst als Wagenlenker (Kap. 22,1 f.).

Da er glaubt, dass nur die Griechen sein musikalisches Können angemessen würdigen können, reist er nach Griechenland und dort von Agon zu Agon. Bei seinen Auftritten, bei denen niemand das Theater verlassen darf, ist er peinlich darauf bedacht, alle Vortragsregeln einzuhalten. Er nimmt auch an Heroldswettbewerben und Wagenrennen teil. Zum Dank für die auf seiner Tournee errungenen Siege schenkt er bei seiner Abreise der gesamten Provinz die Freiheit und kehrt im Triumphzug zurück nach Rom. Auch danach ist er weiterhin bestrebt, seine Stimme zu pflegen (Kap. 22,3–25).

Die Laster, die anfangs noch als Jugendsünden gelten konnten, bilden sich mit der Zeit immer stärker heraus. Am Anfang dieses Unterabschnitts steht Neros Dreistigkeit (nächtliche Überfälle auf Passanten, Raubzüge, Raufereien; Kap. 26), gefolgt von seiner Genusssucht (private und öffentliche Bankette; Kap. 27) und seinen sexuellen Ausschweifungen sowohl mit Frauen, darunter einer Vestalin, als auch mit freigeborenen Knaben. Mit Sporus, den er nach dessen Entmannung feierlich geheiratet hat, tauscht er in aller Öffentlichkeit Zärtlichkeiten aus. Angeblich begehrt er sogar seine Mutter Agrippina (Kap. 28 f.).

Neros Verschwendungssucht wird anhand seiner Schenkungen und Ausgaben für den eigenen Lebensstil sowie seiner Bautätigkeit – seines Goldenes Hauses, einer überaus weitläufigen und luxuriösen Palastanlage, und weiterer äußerst ehrgeiziger Projekte – in Kap. 30–31,3 illustriert. Als sich seine Hoffnung auf einen verborgenen Schatz, mit dem er seine Vorhaben finanzieren wollte, als trügerisch erweist, ist er so verarmt, dass er mit allen erdenklichen Mitteln wieder an Geld zu kommen versucht und auch vor Tempelplünderungen nicht zurückscheut (Kap. 31,3–32).

Die nächste Rubrik ist Neros Mordlust gewidmet: Er ist zumindest als Mitwisser an der Ermordung seines Stiefvaters Claudius beteiligt, dem er noch nach dessen Tod seine ganze Missachtung bezeugt, und seinen Stiefbruder Britannicus lässt er vergiften, weil er in ihm einen Rivalen fürchtet (Kap. 33). Er entmachtet seine Mutter Agrippina und lässt sie schließlich nach dem Scheitern eines ersten Attentatsversuches unter einer erfundenen Anschuldigung umbringen – ein Verbrechen, das ihn lebenslang verfolgt. Auch seine Tante gehört zu seinen Opfern (Kap. 34). Zwei von Neros Ehefrauen, Octavia und Sabina Poppaea, sterben ebenfalls eines gewaltsamen Todes, desgleichen weitere nahe und ferne Verwandte, außerdem sein Lehrer Seneca, den er zum Selbstmord zwingt, der Gardepräfekt Burrus sowie verdiente Freigelassene (Kap. 35). Nach dem Erscheinen eines Kometen, der angeblich den Untergang des Herrschers anzeigt, und der Aufdeckung zweier Verschwörungen beschließt der Kaiser die Vernichtung des gesamten römischen Adels, lässt unter jedem beliebigen Vorwand Leute ermorden oder zwingt sie zum Suizid. Besonders der Senat bekommt seinen Hass zu spüren (Kap. 36 f.). Ihren Höhepunkt findet Neros blindwütige Raserei im Brand Roms, den er mit seinem Gesang begleitet (Kap. 38).

Zu den vom Kaiser verschuldeten Katastrophen kommen weitere Desaster: der Ausbruch der Pest sowie zwei verheerende militärische Niederlagen in Britannien und im Orient. Gegenüber den im Volk kursierenden Schmähgedichten auf seine Person zeigt der Despot eine bemerkenswerte Langmut – für Sueton ein Zeichen für dessen Menschenverachtung oder sein Bemühen, die Gemüter nicht noch mehr zu reizen (Kap. 39).

4. Das Ende (Kap. 40–50)

Neros Ende wird durch den Aufstand der gallischen Provinz unter dem Proprätor Vindex eingeleitet. Im Vertrauen auf einen (von ihm falsch gedeuteten) Orakelspruch nimmt der Kaiser, der gerade in Neapel weilt, die Bedrohung zunächst gelassen hin. Am meisten trifft ihn, dass er von Vindex als miserabler Kitharasänger bezeichnet wird. Erst als sich die Unglücksbotschaften jagen, kehrt er nach Rom zurück, wobei er ein Vorzeichen zu seinen Gunsten deutet (Kap. 40 f.). Als er nach dem Abfall Galbas und der spanischen Provinzen den Ernst der Lage erkennt und sich seine Rachepläne (etwa Ermordung der Heerführer, Statthalter und sämtlicher Senatoren) als undurchführbar erweisen, rüstet er schließlich zum Feldzug gegen Gallien, für den er auch Sklaven rekrutiert und alle Bürger zu einer Vermögensabgabe zwingt (Kap. 42–44). Durch die Ankunft eines Schiffes aus Alexandria, das kein Getreide für die notleidende Bevölkerung, sondern Sand für Neros Ringkämpfer an Bord hat, wird die feindselige Stimmung weiter angeheizt, und die Menschen äußern offen ihren Hass (Kap. 45).

Der Kaiser ist bereits von mehreren schlimmen Vorzeichen geängstigt, da erreicht ihn die Nachricht von der Rebellion der übrigen Heere. Zunächst erwägt er verschiedene Möglichkeiten, sich in Sicherheit zu bringen, doch als er sich von seinen Wachen und Freunden verlassen sieht, will er sich von einem Gladiator töten lassen. Aber da sich keiner für die Tat findet, flieht er schließlich mit den wenigen noch verbliebenen Getreuen in das Landgut seines Freigelassenen Phaon (Kap. 46–48). Mithilfe seines Sekretärs nimmt er sich dort – der Senat hat ihn zum Staatsfeind erklärt, und die Verfolger, die ihn gefangen nehmen sollen, sind ihm schon auf den Fersen – auf pathetische Weise das Leben. Die gefürchtete Verstümmelung bleibt ihm erspart. Seine Kinderfrauen und seine Mätresse setzen seine Asche im Familiengrab der Domitier würdig bei (Kap. 49 f.).

5. Neros Persönlichkeit (Kap. 51–56)

Kap. 51 befasst sich mit dem äußeren Erscheinungsbild des Kaisers, mit seiner guten Gesundheit sowie seiner unangemessenen Haartracht und Kleidung. Unter den Künsten und Wissenschaften gilt Neros Interesse der Malerei und Bildhauerei, daneben aber besonders der Dichtkunst. Über die von ihm verfassten Verse äußert sich Sueton durchaus beifällig (Kap. 52).

In seiner Gier nach dem Beifall der Menge gibt sich Nero nicht mit seinen Auftritten als Sänger und Wagenlenker zufrieden, sondern trägt sich angeblich auch mit dem Gedanken, als Athlet bei den Olympischen Spielen aufzutreten. Außerdem soll er einen Löwen abgerichtet haben, um sich im Amphitheater als ein zweiter Herkules zu präsentieren. Gegen Ende seines Lebens gelobt er sogar, sich bei der Siegesfeier über seine Gegner als Musikant und Balletttänzer zu präsentieren (Kap. 53 f.). In seiner Sehnsucht nach Unsterblichkeit und ewigem Ruhm benennt er viele Dinge und Orte nach sich selbst um (Kap. 55).

Während er für die herkömmliche Religion nur Verachtung übrighat, verehrt er als einzige Göttin eine ihm von einem Unbekannten geschenkte Mädchenstatuette und verlegt sich gegen Ende seines Lebens auch auf die Eingeweideschau (Kap. 56).

6. Reaktionen auf Neros Tod (Kap. 57)

Im Volk wird Neros Tod als Befreiung von der Tyrannei bejubelt, doch es gibt auch Leute, die dem Kaiser weiterhin treu ergeben sind, seinen Tod nicht wahrhaben wollen und auf seine Rückkehr hoffen. Als sich 20 Jahre später bei den Parthern ein Unbekannter als der noch lebende Nero ausgibt, findet er dort große Unterstützung, und die Römer können nur mit Mühe seine Auslieferung durchsetzen.

Aufbau und Inhalt der Galba-Vita

1. Das Ende des iulisch-claudischen Kaiserhauses (Kap. 1)

Dass mit Nero die Herrschaft des iulisch-claudischen Kaiserhauses endet, wird durch zahlreiche Vorzeichen angekündigt.

2. Der familiäre Hintergrund (Kap. 2 f.)

Neros Nachfolger ist mit dem alten Herrscherhaus nicht verwandt, kann sich aber sowohl väterlicherseits als auch mütterlicherseits eines erlauchten Stammbaums rühmen. Für die Herkunft des Beinamens Galba bei den Sulpiciern führt Sueton mehrere Möglichkeiten an, bevor er Galbas Vorfahren und Eltern genauer vorstellt.

3. Geburt, Vorzeichen, Privates (Kap. 4 f.)

Kap. 4 berichtet von Galbas Geburt und mehreren Vorzeichen, die schon früh seine spätere Thronbesteigung voraussagen, Kap. 5 von einigen Details aus seinem Privatleben: Er hält an der morgendlichen und abendlichen Aufwartung durch seine Freigelassenen und Sklaven fest, beschäftigt sich mit den freien Künsten und der Rechtswissenschaft, verzichtet nach seiner Verwitwung auf eine neue Ehe und wird von Tiberius um das hohe Vermächtnis gebracht, das seine Förderin Livia Augusta testamentarisch für ihn bestimmt hat.

4. Galbas politische und militärische Karriere bis zur Regierungsübernahme (Kap. 6–13)

Galba beschreitet die übliche Ämterlaufbahn, gibt als Prätor eine neue Art von Schauspiel und verwaltet die Provinz Aquitanien. Nach seinem Konsulat bewährt er sich als Statthalter und Feldherr in Obergermanien und wird von Caligula für seine Leistungen ausgezeichnet (Kap. 6). Nach dessen Tod genießt er die Wertschätzung des Kaisers Claudius, verwaltet als strenger und gerechter Prokonsul Afrika und wird für seine Verdienste in beiden Provinzen hoch dekoriert, bevor ihm Nero die Provinz Hispania Tarraconensis überträgt. Wieder weisen Vorzeichen auf seine künftige Herrschaft hin (Kap. 7 f.). In Spanien führt Galba zunächst ein hartes Regiment, wird aber, um beim Prinzeps keinen Anstoß zu erregen, mit der Zeit immer nachlässiger. Nach Ausbruch des gallischen Aufstandes wird er von dessen Anführer Vindex aufgefordert, sich dem Kampf gegen den Tyrannen anzuschließen und sich als »Retter und Führer der Menschheit« zu beweisen. Wiederum durch günstige Vorzeichen bestärkt, nimmt er den Auftrag an, zumal, wie er inzwischen weiß, Nero seine Ermordung in Auftrag gegeben hatte (Kap. 9).

Als Galba bei einem öffentlichen Auftritt, Neros Untaten und die schlimmen Zeiten beklagend, zum Kaiser ausgerufen wird, erklärt er sich lediglich zum Statthalter von Senat und Volk, verstärkt sein Heer, bildet einen Beraterstab und wirbt in den Provinzen um breite Unterstützung. Erneute Vorzeichen versichern ihn des Beistands der Götter (Kap. 10,1–4). Nachdem er einige brenzlige Situationen überstanden und erfahren hat, dass nach Neros Tod alle Heere den Huldigungseid auf ihn geleistet haben, nimmt er den Titel »Caesar« an und zieht im Feldherrnmantel nach Rom. Seine noch verbliebenen Gegner werden ausgeschaltet (Kap. 10,5–11).

Den ihm vorauseilenden Ruf der Grausamkeit und Habgier (beide Eigenschaften werden anhand mehrerer Beispiele belegt) bestätigt er durch einige Verhaltensweisen gleich nach seiner Ankunft in Rom, weshalb man dort über den neuen Kaiser nicht sehr erfreut ist und ihn schon bei der ersten Theateraufführung verspottet (Kap. 12 f.).

5. *Galbas Regierung (Kap. 14–17)*

Bei Herrschaftsantritt ist er beliebter und angesehener als während seiner Regierung. Obwohl er seine Herrscherqualitäten (für die Sueton allerdings keine Beispiele nennt) häufig unter Beweis stellt, tragen ihm seine schlechten Taten viel Hass ein. Unter dem Einfluss dreier sehr lasterhafter Männer, die ihrerseits eine Willkürherrschaft ausüben, legt er ein zwischen übermäßiger Strenge, Geiz und Nachsicht schwankendes Verhalten an den Tag und bringt fast alle Stände gegen sich auf. Besonders verhasst aber ist er bei den Soldaten, da er diesen die für den Huldigungseid zugesagten Geldzahlungen verweigert. Das obergermanische Heer, das sich um den Lohn für seinen Kampf gegen die Gallier betrogen fühlt, verweigert als Erstes Galba die Gefolgschaft und fordert einen anderen Kaiser (Kap. 14–16). Indem er vor der Soldatenversammlung Piso, einen jungen Adeligen, adoptiert, glaubt Galba, seine Position wieder stärken zu können. Doch dadurch, dass er auch in dieser Situation nicht daran denkt, seine Soldaten finanziell zu entlohnen, spielt er seinem Rivalen Otho in die Hände (Kap. 17).

6. *Das Ende (Kap. 18–20)*

Der Bericht von Galbas Ende wird in Kap. 18 mit einer Liste der ungünstigen Vorzeichen eingeleitet, die seit Anbeginn seiner Regierung auf einen gewaltsamen Tod hindeuteten. Die Kap. 19 f. schildern seinen Tod. Nach einer Überlieferung wurde er durch falsche Gerüchte aus dem Palast gelockt und, von allen seinen Leuten im Stich gelassen, auf dem Forum von den Verschwörern niedergemetzelt, nach Auskunft der meisten Quellen aber soll er – die ihm zu Hilfe gerufenen Truppen verweigern den Befehl, und die Abteilung der Germanen kommt zu spät – den Angreifern freiwillig seine Kehle dargeboten haben. Sein abgeschlagener Kopf wird erst zu Otho gebracht und dann, auf eine Lanze gespießt, unter dem Spott der Soldaten im Lager herumgetragen, bevor er später zusammen mit dem verstümmelten Leichnam von Galbas Haushofmeister beigesetzt wird.

7. *Galbas Persönlichkeit (Kap. 21 f.)*

Kap. 21 beschreibt Galbas wenig einnehmende äußere Erscheinung sowie seine schlechte körperliche Verfassung, Kap. 22 charakterisiert den Kaiser als einen Mann, der gern üppig speist und vor allem dem männlichen Geschlecht zugeneigt ist.

8. Die Reaktion auf Galbas Tod (Kap. 23)

Der Beschluss des Senats, für den Ermordeten ein Standbild auf dem Forum zu errichten, wird von dessen Nachfolger Vespasian für ungültig erklärt, da dieser glaubt, Galba habe ein Attentat auf ihn in Auftrag gegeben.

Aufbau und Inhalt der Otho-Vita

1. Othos Vorfahren (Kap. 1)

Othos Vorfahren entstammten einer vornehmen Familie Etruriens. Sein Großvater wuchs im Haus der Livia Augusta auf und brachte es bis zum Prätor, sein Vater, verheiratet mit einer Frau aus dem Adel, genoss die Zuneigung des Tiberius, bewährte sich in mehreren zivilen und militärischen Ämtern, deckte ein Komplott gegen Kaiser Claudius auf und wurde deshalb von diesem zum Patrizier erhoben und für seine charakterlichen Qualitäten mit hohem Lob bedacht.

2. Die Zeit bis zur Regierungsübernahme (Kap. 2–5)

Wegen seiner jugendlichen Ausschweifungen (Verschwendungssucht, nächtliche Überfälle auf Passanten) wird Otho von seinem Vater des Öfteren ausgepeitscht. Nach dessen Tod gewinnt er mithilfe einer Freigelassenen, der er seine Liebe vorgaukelt, die Gunst Neros, mit dem er angeblich auch sexuell verkehrt, und wird bei der geplanten Ermordung der Kaisermutter Agrippina zu seinem Spießgesellen. Als Otho sich jedoch weigert, Neros Geliebte Sabina Poppaea, die er auf Wunsch des Prinzeps bei sich aufgenommen und zum Schein geheiratet hatte, wieder freizugeben, wird er als Statthalter nach Lusitanien entsandt, wo er sich durch seine Zurückhaltung und Uneigennützigkeit große Verdienste erwirbt (Kap. 2 f.). Er schließt sich als Erster Galbas Kampf gegen Nero an. Im Vertrauen auf die Prophezeiung eines Astrologen hofft er aber auch selbst auf die Kaiserwürde, und da er sich durch verschiedene Gefälligkeiten bei jedermann beliebt macht, gilt er als der allein würdige Thronfolger. Als er entgegen seinen Erwartungen nicht von Galba adoptiert wird, entschließt er sich – auch unter dem Druck seiner gewaltigen Schulden – zum Aufstand gegen den Kaiser und wirbt einige Männer für seine Verschwörung an (Kap. 4 f.).

3. *Der Beginn der Regierung (Kap. 6 f.)*

Am festgesetzten Termin macht Otho Galba noch seine übliche Aufwartung, entfernt sich unter einem Vorwand und wird auf dem Rückweg ins Lager von seinen Begleitern zum Kaiser ausgerufen. Als Erstes gibt er die Ermordung Galbas und Pisos (dessen Adoptivsohn) in Auftrag. Später im Senat behauptet er, zur Übernahme der Herrschaft gezwungen worden zu sein, und erklärt, dass er sie nach dem Willen aller ausüben werde. Er hat nichts gegen die Anrede »Nero«, lässt zu, dass die Büsten und Statuen seines Vorvorgängers wieder aufgestellt werden, gibt dessen Finanzverwaltern und Freigelassenen ihre Ämter zurück und stellt Gelder für die Fertigstellung des Goldenen Hauses zur Verfügung. Ein Albtraum, in dem er von den Manen Galbas verfolgt wird, und ein unheilvolles Vorzeichen erfüllen ihn mit bösen Vorahnungen.

4. *Der Krieg mit Vitellius und das Ende Othos (Kap. 8–11)*

Als seine Bemühungen scheitern, mit Vitellius, der vom Heer in Germanien zum Kaiser erhoben wurde, zu einer einvernehmlichen Lösung zu kommen, zieht Otho trotz ungünstiger Prodigien in den Krieg gegen seinen Rivalen und dringt unbesonnen auf eine rasche Entscheidung. Nach einigen siegreichen kleineren Gefechten wird er bei Betriacum geschlagen und beschließt, obwohl er noch über schlagkräftige Truppen verfügt und weitere Armeen zu seiner Unterstützung im Anmarsch sind, seinem Leben ein Ende zu setzen. Dafür hat er nach Auskunft vieler Quellen ein sehr edles Motiv: Er will den Römern eine Fortsetzung des Bürgerkriegs ersparen. Zum Beweis dafür, wie sehr

Otho Bürgerkriege verabscheute, führt Sueton das Zeugnis seines eigenen Vaters an, der als Tribun im kaiserlichen Heer gedient hatte.

Nachdem der Kaiser sich von seinen Verwandten und Freunden verabschiedet, seine Angelegenheiten geordnet und die unter seinen Soldaten aufgekommenen Unruhen eingedämmt hat, lässt er noch eine Nacht vergehen, bis er sich am nächsten Morgen gefasst das Leben nimmt und seinem Wunsch gemäß umgehend bestattet wird.

5. *Othos Persönlichkeit (Kap. 12,1)*

Otho ist ziemlich hässlich und von einer fast weiblichen Koketterie (so ist er am ganzen Körper enthaart, trägt ein Toupet und bekämpft seinen Bartwuchs). In Bezug auf seine Einstellung zu den Göttern erfährt der Leser nur, dass der Kaiser an Isis-Feierlichkeiten teilnahm.

6. *Reaktionen auf Othos Tod (Kap. 12,2)*

Der seiner Lebensführung widersprechende edelmütige Tod Othos erregt große Bewunderung, und viele Soldaten sind so verzweifelt, dass sie ihrem Leben ebenfalls ein Ende setzen oder sich gegenseitig töten. Viele Menschen, die den Kaiser zu seinen Lebzeiten verachteten, unterstellen ihm jetzt sogar, dass er seinen Vorgänger Galba nicht gestürzt habe, um selbst zu herrschen, sondern weil er die republikanische Freiheit wieder habe herstellen wollen.

Aufbau und Inhalt der Vitellius-Vita

1. *Der familiäre Hintergrund (Kap. 1–3,1)*

Über die Herkunft der Vitellier gibt es höchst unterschiedliche Überlieferungen. So gilt mal ein uralter latinischer König, mal ein Freigelassener als Ahnherr des Geschlechts. Sicher bezeugt ist der Großvater des künftigen Kaisers, der unter Augustus Vermögensverwalter war und dessen vier Söhne allesamt Spitzenpositionen erreichten. Ausführlich geht Sueton auf Vitellius' Vater Lucius ein, einen verdienstvollen Mann aus dem Ritterstand und mehrfachen Konsul, der sich dank seines Talents zum Schmeicheln bei Claudius sehr beliebt machte und vom Senat mit einem Staatsbegräbnis und einer Statue auf dem Forum geehrt wurde.

2. *Die Zeit bis zur Regierungsübernahme (Kap. 3,2–8)*

Das bei der Geburt des Vitellius erstellte Horoskop erfüllt die Eltern mit Angst und Schrecken. Seine Kindheit und frühe Jugend verbringt der künftige Kaiser auf Capri unter den Lustknaben des Tiberius und ist später – er teilt deren Leidenschaften – mit Caligula, Claudius und insbesondere Nero eng befreundet. Infolgedessen wird er von ihnen allen mit den höchsten Ehrenämtern und Priesterstellen ausgezeichnet. Während er sich als Prokonsul von Afrika positiv bewährt, macht er sich als Aufseher über die öffentlichen Bauten angeblich des Tempelraubs schuldig (Kap. 3,2–5).

Vitellius war zweimal verheiratet. Den Sohn aus erster Ehe soll er, weil dieser ihm angeblich nach dem Leben trachtete, getötet haben (Kap. 6).

Galba entsendet den späteren Prinzeps nach Germanien, damit er dort seine Habgier befriedigen könne. Zu diesem Zeitpunkt ist Vitellius so hoch verschuldet, dass er sich nur mit Mühe der Gläubiger, die seine Abreise verhindern wollen, erwehren kann (Kap. 6–7,2). Bei seiner Ankunft in Germanien wird er – wegen seines leutseligen Wesens ist er sehr populär – vom Heer mit offenen Armen empfangen; durch seine ersten Maßnahmen bestätigt er seinen guten Ruf (er hat ein offenes Ohr für seine Soldaten und kassiert Ehrenstrafen). So wird er schon nach einem Monat von seinen Soldaten zum Kaiser ausgerufen und nimmt trotz eines ungünstigen Vorzeichens das Amt (und den Beinamen Germanicus) an (Kap. 7,3–8).

3. *Der Marsch nach Rom (Kap. 9 f.)*

Nachdem er von Galbas gewaltsamem Tod erfahren hat, teilt Vitellius seine Truppen. Dem Heer, das er gegen Otho schickt, wird ein günstiges Vorzeichen zuteil, ihm selbst jedoch, der das andere Heer nach Rom führen will, zeigen sich zwei unheilvolle Prodigien. Nach Othos Niederlage bei Betriacum und dessen Freitod entlässt er wegen ihrer Beteiligung am Sturz Galbas sämtliche Kohorten der Prätorianer und befiehlt die Hinrichtung der Männer, die von Otho eine Belohnung für die Ermordung von dessen Vorgänger gefordert hatten. Diese Aktion hätte nach Meinung Suetons auf einen guten Kaiser hoffen lassen können, aber Vitellius macht diese Hoffnung durch sein Verhalten auf dem Weg nach Rom sofort wieder zunichte: Auf seiner Reise schwelgt er im Luxus und legt seinen marodierenden Dienern und Soldaten keinerlei Zügel an. Beim Besuch des Schlachtfelds bei Betriacum verunglimpft er die gefallenen Mitbürger und das Andenken Othos.

4. *Vitellius' Regierung (Kap. 11–14)*

In seiner Regierung, in der er sich über alles göttliche und menschliche Recht hinwegsetzt, stellt Vitellius sich in die Nachfolge Neros und richtet sich nach den Ratschlägen der verächtlichsten Schauspieler und Wagenlenker sowie vor allem des Freigelassenen Asiaticus, mit dem ihn auch eine sexuelle Beziehung verbindet (Kap. 11 f.). Vitellius ist von einer unersättlichen und schamlosen Fress- und Genusssucht – seine Bankette mit den erlesensten Speisen sind legendär – beherrscht (Kap. 13), und auch seine Grausamkeit kennt keine Grenzen. Völlig willkürlich lässt er viele Menschen aus allen Schichten umbringen, hasst besonders die Witzbolde und Astrologen und ist angeblich auch für den Tod der eigenen Mutter verantwortlich (Kap. 14).

5. *Das Ende (Kap. 15–18)*

Vitellius ist erst wenige Monate im Amt, als mehrere in verschiedenen Provinzen stationierte Heere von ihm abfallen und ihren Treueid auf Vespasian leisten. Durch äußerst großzügige Geschenke versucht der Kaiser, sich die Treue der restlichen Soldaten zu erkaufen. Er schickt eine Flotte und eine Armee gegen den Feind, wird aber an allen Fronten besiegt und gibt auf, nachdem er sich von Vespasians Bruder das Leben und eine hohe Summe hat garantieren lassen. Vor seinem Palast und tags darauf auf dem Forum erklärt er sich bereit, die Herrschaft niederzulegen, gibt aber der Forderung der Soldaten und des Volkes nach, weiter im Amt zu bleiben. Er überfällt die Flavianer, die mit keinen Feindseligkeiten mehr rechnen, und treibt sie auf das Kapitol, wo er sie, indem er den Iuppiter-Tempel in Brand steckt, überwältigt. Seine Tat bereuend, bietet er erneut seinen Rücktritt an, lässt sich aber ein weiteres Mal umstimmen (Kap. 15). Dem Senat rät er zu Friedensverhandlungen mit dem heranrückenden Vespasian. Auf die Nachricht hin, dass der Frieden bewilligt worden sei, gibt er seinen Plan, nach Kampanien zu fliehen, wieder auf. Doch als er den Kaiserpalast verlassen vorfindet und sich ganz auf sich allein gestellt sieht, verbarrikadiert er sich in der Kammer des Pförtners. Dort wird er von Vespasians Soldaten entdeckt und unter Misshandlungen und Verhöhnungen seiner körperlichen Gebrechen auf das Forum geschleppt, langsam zu Tode gemartert und an einem Haken in den Tiber geschleift (Kap. 16 f.).

Sein Tod bestätigt das Vorzeichen, das ihm auf seinem Marsch nach Rom gegeben worden war, nämlich dass er durch einen *gallus* (»Hahn« oder »Gallier«) umkommen werde: Der Feldherr, der ihn tötete, war gallischer Herkunft und trug den Beinamen Becco, »Hahnenschnabel« (Kap. 18).

Aufbau und Inhalt der Vespasian-Vita

1. Der familiäre Hintergrund (Kap. 1)

Der Ursprung der *gens Flavia*, die nach dem Tod von Galba, Otho und Vitellius auf den Kaiserthron gelangte, liegt im Dunkeln. Historisch bezeugt sind Vespasians Großvater, der im Bürgerkrieg im Dienst des Pompeius stand, und sein Vater, der als Steuereintreiber und Geldverleiher tätig war. Die Mutter des ersten flavischen Kaisers entstammte einer vornehmen sabinischen Familie.

2. Die Zeit bis zur Regierungsübernahme (Kap. 2–7)

Erzogen wird der künftige Prinzeps von seiner Großmutter in Etrurien; erst auf Drängen seiner Mutter beginnt er die Ämterlaufbahn. Als Militärtribun dient er in Thrakien, als Quästor in Kreta und Kyrene. Während seiner Prätur bemüht er sich um die Gunst Caligulas (Kap. 2). Mit seiner Frau, die ursprünglich nur das latinische Bürgerrecht besaß, hat er drei Kinder: Titus, Domitian und eine Tochter. Nach seiner Verwitwung lebt Vespasian auch als Kaiser ganz offiziell mit seiner Geliebten Caenis, einer Freigelassenen, zusammen (Kap. 3).

Unter Kaiser Claudius bekleidet er zwei Posten in Germanien und Britannien, wird für seine Verdienste ausgezeichnet und zum Konsul erhoben. Sein Prokonsulat in Afrika verwaltet er uneigennützig, gerät aber später durch sein Finanzgebaren ins Zwielicht. In Griechenland zieht er sich – er gehört zum kaiserlichen Gefolge – Neros Missgunst zu und lebt zurückgezogen, bis er den Auftrag erhält, den judäischen Aufstand niederzuschlagen. Dort sorgt er für ein diszipliniertes Verhalten seiner Soldaten und zeichnet sich durch seinen Mut aus (Kap. 4).

Während des Bürgerkriegs zwischen Otho und Vitellius wächst in Vespasian aufgrund zahlreicher Vorzeichen, die sich seit seiner Geburt bis zu seinem Kommando in Judäa ereignet hatten, die Hoffnung auf den Kaiserthron (Kap. 5).

Legionen aus dem moesischen Heer schlagen Vespasian als neuen

Kaiser vor. Er gilt als inthronisiert, als das Heer in Ägypten den Treueid auf ihn ablegt, gefolgt von der in Judäa stationierten Armee. Gestärkt wird seine Position u.a. durch einen echten oder gefälschten Brief Othos, in dem dieser Vespasian bittet, ihn zu rächen und dem Staat zu Hilfe zu kommen, sowie durch die militärische Unterstützung des Statthalters von Syrien und des Partherkönigs (Kap. 6).

Während des sich anschließenden Bürgerkriegs mit Vitellius besucht Vespasian den Tempel des Heilgottes Sarapis, um dort ein Orakel hinsichtlich der Dauerhaftigkeit seiner Herrschaft einzuholen. Dort erreicht ihn die Nachricht von Vitellius' Niederlage und Ermordung. Erstes Ansehen gewinnt der neue und noch recht unbekannte Kaiser, als er zwei Männer heilt, die sich auf Geheiß des Sarapis hilfesuchend an ihn wenden (Kap. 7).

3. *Vespasians Regierung (Kap. 8–19)*

Nach seiner Rückkehr nach Rom feiert er einen Triumph über die Juden und setzt alles daran, den Staat wieder zu stärken. Er übernimmt weitere Konsulate und außerdem die Zensur (Kap. 8,1).

Bei den Soldaten sorgt er für Zucht und Ordnung, unterwirft ausländische Staaten und macht Kilikien und Kommagene zu römischen Provinzen (Kap. 8,2–4). In Rom kümmert er sich um die Beseitigung von Kriegsschäden und den Wiederaufbau des niedergebrannten Kapitols und lässt zwei neue Tempel sowie das Kolosseum errichten (Kap. 8,5–9,1). Er ordnet den Senat, den Ritterstand und das Gerichtswesen, bekämpft Zügellosigkeit und Verschwendungssucht (Kap. 9,2–11).

An positiven Eigenschaften erwähnt Sueton Vespasians Leutseligkeit und Milde: Der Kaiser zeigt seine Bescheidenheit, indem er weder Hehl aus seiner niederen Herkunft macht noch auf besondere Auszeichnungen Wert legt (Kap. 12). Respektlose Äußerungen und Verhaltensweisen nimmt er gelassen hin (Kap. 13), und auch Beleidigungen und Feindseligkeiten lässt er ungesühnt durchgehen (Kap. 14). Wenn unschuldige Menschen bestraft werden, geschieht dies ohne sein Wissen oder gegen seinen Willen. In seiner Milde versucht der Kaiser sogar, Helvidius Priscus, der ihn heftig gekränkt und dessen Tod er befohlen hatte, doch noch vor dem Henker zu retten. Selbst zu Recht erfolgte Hinrichtungen erfüllen ihn mit Schmerz (Kap. 15).

Vespasians einzige negative Eigenschaft ist seine anhand mehrerer Beispiele belegte Habgier, die Sueton aber relativiert, indem er die Raubzüge des Prinzeps mit den desolaten Staatsfinanzen entschuldigt (Kap. 16).

Andererseits gibt sich Vespasian äußerst freigebig: Er unterstützt Senatoren und Konsulare, hilft von Katastrophen heimgesuchten Städten, fördert Rhetoriklehrer, Dichter, Künstler und Schauspieler, gibt zahlreiche Bankette und verteilt Geschenke. Dennoch haftet ihm weiter der Ruf der Habgier an (Kap. 17–19).

4. *Vespasians Persönlichkeit (Kap. 20–23)*

Nach der Beschreibung seines Äußeren und seiner hervorragenden körperlichen Verfassung (Kap. 20) widmet sich Sueton Vespasians üblichem Tagesablauf (Kap. 21) und seiner Freude an derben Scherzen und – auch selbstironischen – Witzen (Kap. 22 f.).

5. *Das Ende (Kap. 24 f.)*

Angesichts seines angeschlagenen Gesundheitszustandes begibt sich Vespasian auf sein Landgut bei Reate, wo er, bis zum Schluss seinen kaiserlichen Geschäften nachgehend, verstirbt. Im Vertrauen auf sein Horoskop und das seiner Söhne und bestärkt durch einen Traum ist er sich sicher, dass Titus und Domitian seine Nachfolge antreten werden.

Aufbau und Inhalt der Titus-Vita

1. Allgemeine Charakteristik (Kap. 1)

Während Titus als Privatperson unter der Regierung seines Vaters Vespasian noch gehasst wurde, erwarb er sich als Kaiser dank seiner Qualitäten und vom Glück begünstigt die Liebe der gesamten Menschheit.

2. Erziehung (Kap. 2)

Titus wird am Hofe zusammen mit Britannicus, dem Sohn des Kaisers Claudius, erzogen und von einem Metoscopen als der künftige Kaiser erkannt. Nach dem Gifttod des Britannicus ehrt Titus diesen, seinen Freund, mit einer Statue und einem Reiterstandbild.

3. Körperliche und geistige Fähigkeiten (Kap. 3)

Titus zeichnet sich nicht nur durch sein gutes Aussehen aus, sondern auch durch seine Sportlichkeit (Umgang mit Waffen, Reiten) sowie durch seine Bildung: Er besitzt die Gabe der Rede (auch auf Griechisch), verfasst lateinische und griechische Gedichte, verfügt über musikalisches Talent, beherrscht die Kurzschrift und kann Handschriften kopieren.

4. Ämter und familiäre Verhältnisse (Kap. 4)

In Germanien und Britannien erwirbt Titus sich als Militärtribun hohes Ansehen, in Rom engagiert er sich auf dem Forum, heiratet zweimal (von der Frau, die er nach seiner Verwitwung ehelicht, lässt er sich wieder scheiden) und unterwirft nach der Quästur als Legionskommandant zwei judäische Städte.

5. *Hoffnung auf den Thron (Kap. 5)*

Auf einer Reise (man vermutet, dass Galba ihn adoptieren wolle, was dann aber nicht geschieht) bestärkt ihn das Orakel von Paphos in der Hoffnung auf den Kaiserthron. Als Oberbefehlshaber in Judäa erobert Titus Jerusalem und wird von seinen Soldaten zum Imperator ausgerufen. Durch einen Besuch in Memphis, wo er bei der Weihe des Apis-Stieres dem Ritus gemäß ein Diadem trägt, gerät er in Verdacht, von Vespasian abfallen zu wollen. Diesen Verdacht entkräftet er, indem er nach Rom zurückkehrt.

6. *Titus als Mitherrscher und Kaiser (Kap. 6–9)*

Den Triumph über Judäa feiert Titus, jetzt Teilhaber an der Herrschaft, gemeinsam mit seinem Vater; mit diesem zusammen bekleidet er mehrere Ämter. Als Prätorianerpräfekt verhält er sich in der Sorge um seine Sicherheit so tyrannisch, dass er bei seiner Thronbesteigung bei vielen verhasst ist (Kap. 6).

Anfangs steht Titus nicht nur wegen seiner Grausamkeit, sondern auch wegen seiner Verschwendungssucht, seiner sexuellen Ausschweifungen und seiner Raffgier – er gilt schon als zweiter Nero – in sehr schlechtem Ruf, der sich aber im Laufe der Zeit in sein Gegenteil verkehrt (Kap. 7,1).

Sueton nennt einige Beispiele positiven Verhaltens (etwa die Wahl kompetenter Ratgeber und die Trennung von seiner Geliebten, der jüdäischen Königin Berenike) und lobt anschließend insbesondere Titus' Verzicht darauf, sich zu bereichern, sowie seine große Freigebigkeit (7,2 f.). Immer bestrebt, die Menschen für sich zu gewinnen, beweist der Prinzeps Güte, Konzilianz und Leutseligkeit (Kap. 8,1 f.). Bei Katastrophen in Italien und Rom (Ausbruch des Vesuvs, Brand der Stadt, Ausbruch einer Seuche) zeigt er sich, auch auf sein Privatvermögen zurückgreifend, äußerst hilfsbereit (Kap. 8,3 f.). Mit aller Härte bekämpft er das Denunziantentum (Kap. 8,5).

Nach seiner Ernennung zum Pontifex Maximus ist er darauf bedacht, keine Schuld auf sich zu laden: So lässt er niemanden töten und verschont sogar zwei Verschwörer, denen er darüber hinaus noch besondere Ehren zukommen lässt. Selbst gegenüber seinem Bruder Domitian, der ihm nach dem Leben trachtet, lässt er Nachsicht walten und präsentiert ihn weiterhin als seinen Nachfolger (Kap. 9).

7. Das Ende (Kap. 10 f.)

Als Titus sein Ende nahe fühlt, beklagt er sein unverdientes Schicksal, da er in seinem ganzen Leben höchstens eine Tat, die er aber nicht preisgibt, zu bereuen habe (dass er, wie einige vermuten, mit seiner Schwägerin Ehebruch begangen haben könnte, hält Sueton für ausgeschlossen). Der beliebte Herrscher wird von allen zutiefst betrauert und vom Senat mit außerordentlichen Ehren überhäuft.

Aufbau und Inhalt der Domitian-Vita

1. Domitians Leben bis zur Regierungsübernahme (Kap. 1 f.)

Seine Kindheit und Jugend soll Domitian in entehrender Armut zugebracht, sich einem Prätor angeboten haben und von seinem späteren Nachfolger Nerva zur Unzucht verführt worden sein. Während des Krieges gegen Vitellius hält er sich versteckt und zeigt sich erst nach dessen Niederlage wieder in der Öffentlichkeit. In Abwesenheit von Vespasian und Titus erhält er die Stadtpräfektur mit konsularischer Gewalt und gibt erste Proben seiner Zügellosigkeit (Kap. 1).

Um sich gegenüber seinem Bruder Titus zu profilieren, unternimmt er einen (überflüssigen) Feldzug nach Germanien und Gallien, für den er heftig kritisiert wird. In der Folgezeit tritt er nur in Begleitung seines Vaters und Bruders in der Öffentlichkeit auf. Er bekleidet mehrere Konsulate, aber nur ein ordentliches, und dies auch bloß, weil Titus seine Bewerbung zurückzieht. Er heuchelt Selbstbescheidung und ein besonderes Interesse an der Dichtkunst. Als ihm ein Kommando – der Partherkönig bittet um Hilfstruppen, die von einem der Söhne Vespasians geführt werden mögen – versagt wird, versucht er, mithilfe von Geschenken und Versprechungen andere Könige dazu zu bewegen, ihn anzufordern. Nach dem Tod seines Vaters erwägt er, die Soldaten mit einem hohen Geldgeschenk auf seine Seite zu bringen, und erklärt sich – Vespasians anders lautendes Testament sei gefälscht – zum Mitregenten. Immer wieder intrigiert er gegen seinen Bruder, dem er nach dessen Tod nur die Ehre der Vergöttlichung zugesteht (Kap. 2).

2. Domitians Herrschaft (Kap. 3–13)

Zu Beginn seiner Herrschaft tut er nichts anderes, als Fliegen zu fangen und sie aufzuspießen. Seine Frau Domitia, die er wegen ihrer Affäre mit einem Schauspieler verstoßen hat, nimmt er bald darauf wieder bei sich auf, nicht, wie von ihm behauptet, auf Verlangen des Volkes, sondern weil er die Trennung von ihr nicht erträgt.

Während sich anfangs seine guten und schlechten Eigenschaften noch die Waage halten, kehren sich seine Raffgier – eine Folge seiner erlebten Armut – und seine in Angst wurzelnde Grausamkeit mit der Zeit immer stärker heraus (Kap. 3).

a) Neutrale und positive Maßnahmen (Kap. 4–9)

Domitian veranstaltet aufwendige Schauspiele unterschiedlicher Art, darunter auch Seegefechte, *ludi saeculares* und einen von ihm zu Ehren Iuppiters gestifteten sportlichen und musischen Agon, und bedenkt das Volk mehrfach mit Geschenken (Kap. 4).

Als Bauherr sorgt er für den Wiederaufbau des Kapitols und anderer niedergebrannter Gebäude und errichtet neue Tempel und Unterhaltungsstätten (Kap. 5).

Kap. 6 berichtet von Domitians militärischen Aktionen: Er führt mehrere erfolgreiche Feldzüge (nur der gegen die Chatten erfolgt ohne äußeren Anlass) und beendet den Putsch des Statthalters von Obergermanien.

Kap. 7 versammelt einige neue Regelungen in ganz unterschiedlichen Bereichen.

Domitian betätigt sich als umsichtiger Richter und sorgt für Recht und Ordnung im Justizwesen sowie in der Stadt- und Provinzverwaltung. Dazu passend ergreift er eine Fülle von Maßnahmen zur Hebung von Sitte und Moral (Kap. 8).

In den ersten Jahren seiner Herrschaft schreckt er so sehr vor jedem Blutvergießen zurück, dass er nicht einmal das Opfern von Rindern zulassen will (Kap. 9,1), und stellt immer wieder seine Uneigennützigkeit und Großzügigkeit unter Beweis. So verzichtet er z. B. auf Erbschaften, kassiert Anklagen und Strafen und bekämpft das Denunziantentum (Kap. 9,2 f.).

b) Negative Eigenschaften (Kap. 10–13)

Doch im Laufe der Zeit verkehren sich die positiven Eigenschaften des Kaisers in ihr Gegenteil. Früher noch als seine Habsucht zeigt sich seine Grausamkeit: Aus z. T. nichtigen Gründen lässt er, verschlagen und unberechenbar, zahllose wirkliche und vermeintliche Gegner oder Kritiker gnadenlos umbringen (Kap. 10 f.).

In seiner Geldnot (die Bauten, Schauspiele und Solderhöhungen haben ihn ruiniert) versucht er mit allen erdenklichen Mitteln seine Finanzen aufzubessern. Besonders drastisch geht er beim Eintreiben der Judensteuer vor (Kap 12,1 f.).

Domitians Dreistigkeit und Maßlosigkeit in Wort und Tat wird anhand mehrerer Beispiele belegt. So lässt er sich etwa als »Herr und Gott« titulieren und nur goldene und silberne Statuen errichten, er bekleidet 17 Konsulate und benennt zwei Monate nach sich selbst (Kap. 12,3–13).

3. *Das Ende (Kap. 14–17)*

Aufgrund seines Schreckensregimes ist der Kaiser so verhasst, dass sich seine Freunde, Freigelassenen und auch seine Frau gegen ihn verschwören. Da ihm in seiner Jugend von den Astrologen Zeit und Art des Todes prophezeit worden waren, wird er, als der fragliche Zeitpunkt naht, immer ängstlicher und argwöhnischer und versucht, allen Risiken aus dem Weg zu gehen. Dass er seinen Vetter, dessen Söhne er zu seinen Nachfolgern bestimmt hatte, auf einen winzigen Verdacht hin umbringen lässt, beschleunigt sein vorzeitiges Ende (Kap. 14–15,1). Sueton schildert ausführlich zahlreiche Unheil verkündende Prodigien

(Kap. 15,2–16). Der Kaiser wird in seinem Schlafzimmer von den Verschwörern überfallen und trotz heftiger Gegenwehr ermordet. Seine Amme erweist ihm auf ihrem Landgut die letzten Ehren und setzt seine Überreste heimlich im Tempel der Flavier bei (Kap. 17).

4. *Domitians Persönlichkeit (Kap. 18–22)*

In seiner Jugend sieht Domitian durchaus gut aus, und seine schüchterne Miene trägt ihm große Sympathien ein. Später jedoch ist er sehr beleibt und leidet unter seiner Kahlköpfigkeit (Kap. 18). Er scheut körperliche Anstrengungen, ist aber ein eifriger und sehr guter Bogenschütze (Kap. 19).

Zwar interessiert er sich wenig für die freien Künste, aber er kümmert sich dennoch engagiert um die Wiederherstellung von zerstörten Bibliotheken und deren Ausstattung. Er beschäftigt sich weder mit Geschichte, Poesie noch Stilistik, sondern liest nur die Schriften des Tiberius und lässt seine eigenen Briefe, Reden und Edikte von anderen anfertigen. Im Gespräch gelingen ihm indes durchaus treffende Formulierungen (Kap. 20).

In seiner Freizeit widmet sich Domitian insbesondere dem Würfelspiel. Mittags isst er so viel, dass seine Abendmahlzeit sehr bescheiden ausfällt. Er speist gerne in Gesellschaft, zieht die Gelage aber nicht in die Länge, und beendet den Tag mit einem Spaziergang (Kap. 21). Der Kaiser ist äußerst sexbesessen und badet mit den gemeinsten Dirnen. Er verführt auch die verheiratete Tochter des Titus; später, als sie Witwe ist, liebt er sie leidenschaftlich. Sie stirbt, als er sie zur Abtreibung ihres gemeinsamen Kindes zwingt (Kap. 22).

5. *Die Reaktion auf Domitians Tod (Kap. 23)*

Während das Volk Domitians Tod gleichgültig hinnimmt, trauern die Soldaten und dringen auf die Bestrafung der Attentäter. Die Senatoren hingegen bejubeln das Ende des Tyrannen und fassen den Beschluss, jede Erinnerung an ihn aus dem Gedächtnis der Menschen zu tilgen.

Ein Vorzeichen kurz vor seinem Tod, das auf eine glücklichere Zukunft des Staates hindeutet, sowie ein entsprechender Traum Domitians bestätigen sich: Die Nachfolger auf dem Kaiserthron zeichnen sich durch Selbstbeschränkung und Milde aus.

Inhalt